Karl Brugmann, Berthold Delbrück

Grundriss der vergleichenden Grammatik der indogermanischen Sprachen

Zweiter Band: Lehre von den Wortformen und ihrem Gebrauch

Karl Brugmann, Berthold Delbrück

Grundriss der vergleichenden Grammatik der indogermanischen Sprachen
Zweiter Band: Lehre von den Wortformen und ihrem Gebrauch

ISBN/EAN: 9783742875310

Hergestellt in Europa, USA, Kanada, Australien, Japan

Cover: Foto ©Andreas Hilbeck / pixelio.de

Manufactured and distributed by brebook publishing software
(www.brebook.com)

Karl Brugmann, Berthold Delbrück

Grundriss der vergleichenden Grammatik der indogermanischen Sprachen

GRUNDRISS
DER
VERGLEICHENDEN GRAMMATIK
DER
INDOGERMANISCHEN SPRACHEN.

KURZGEFASSTE DARSTELLUNG
DER GESCHICHTE
DES ALTINDISCHEN, ALTIRANISCHEN (AVESTISCHEN UND ALTPERSISCHEN), ALTARMENISCHEN, ALTGRIECHISCHEN, ALBANESISCHEN, LATEINISCHEN, OSKISCH-UMBRISCHEN, ALTIRISCHEN, GOTISCHEN, ALTHOCHDEUTSCHEN, LITAUISCHEN UND ALTKIRCHENSLAVISCHEN

VON

KARL BRUGMANN UND **BERTHOLD DELBRÜCK**

ORD. PROFESSOR DER INDOGERMANISCHEN SPRACHWISSENSCHAFT IN LEIPZIG.

ORD. PROFESSOR DES SANSKRIT UND DER VERGLEICHENDEN SPRACHKUNDE IN JENA.

ZWEITER BAND:
LEHRE VON DEN WORTFORMEN UND IHREM GEBRAUCH.

DRITTER TEIL. ERSTE LIEFERUNG:

VORBEMERKUNGEN. VERBALE KOMPOSITA. AUGMENT. REDUPLIZIERTE VERBALBILDUNGEN. DIE TEMPUSSTÄMME IM ALLGEMEINEN. PRÄSENS UND STARKER AORIST. DIE S-AORISTE. DAS PERFEKT UND SEIN AUGMENTTEMPUS.

ZWEITE BEARBEITUNG.

STRASSBURG.
KARL J. TRÜBNER.
1913.

VERGLEICHENDE
LAUT-, STAMMBILDUNGS- UND FLEXIONSLEHRE
NEBST LEHRE VOM GEBRAUCH DER WORTFORMEN

DER

INDOGERMANISCHEN SPRACHEN

VON

KARL BRUGMANN.

ZWEITE BEARBEITUNG.

ZWEITER BAND:

LEHRE VON DEN WORTFORMEN UND IHREM GEBRAUCH.

DRITTER TEIL. ERSTE LIEFERUNG:

VORBEMERKUNGEN. VERBALE KOMPOSITA. AUGMENT. REDUPLIZIERTE VERBALBILDUNGEN. DIE TEMPUSSTÄMME IM ALLGEMEINEN. PRÄSENS UND STARKER AORIST. DIE *S*-AORISTE. DAS PERFEKT UND SEIN AUGMENTTEMPUS.

STRASSBURG.
KARL J. TRÜBNER.
1913.

Inhalt der ersten Lieferung des dritten Teiles des zweiten Bandes.

WORTLEHRE
(LEHRE VON DEN WORTFORMEN UND IHREM GEBRAUCH). DRITTER TEIL.

Verbum finitum[1]).

I. Vorbemerkungen.

1. Die Wortformen, die zusammen ein Verbalsystem ausmachen, sind von zweierlei Art. Die einen sind die Verbalformen im engeren und eigentlichen Sinne: die Formen des Indikativus,

1) Allgemeinidg. Bopp Vergleich. Gramm. 2³ § 426 ff. S. 255 ff., 3 § 672 ff. S. 1 ff. Schleicher Compendium⁴ S. 644 ff. Fr. Müller Grundr. der Sprachw. 3 S. 580 ff. Verfasser Kurze vergl. Gr. 480 ff., Meillet Einführung S. 113 ff. Bopp Über das Conjugationssystem der Sanskritsprache in Vergleichung mit jenem der griech., lat., pers. und german. Sprache, 1816. W. Wackernagel Über Conjugation und Wortbildung durch Ablaut im Deutsch., Griech. und Lat., Seebode und Jahn's Jahrbb., Supplementb. 1 (1831) S. 17 ff. F. Graefe Das Sanskrit-Verbum im Vergleich mit dem griech. und lat., aus dem Gesichtspunkte der class. Philologie, St. Petersb. 1836. A. Kuhn De conjugatione in -μι linguae Sanscritae ratione habita, Berl. 1837. C. W. Bock Analysis verbi oder Nachweis der Entstehung der Formen des Zeitwortes namentlich im Griech., Sanskr., Lat. und Türk., Berl. 1845. M. Rapp Der Verbal-Organismus d. indisch-europäischen Sprachen, 3 Bde., 1859 (I. Das ind., das pers. und das slaw. Verbum, II. Das griech. und das roman. Verbum, III. Das goth., das skand. und das sächs. Verbum). Fr. Müller Der Verbalausdruck im ārisch-semitischen Sprachkreise, Wien 1858. Stenzler Über die verschiedenen Conjugationen u. s. w. (s. 2, 2, 109 Fussn. 1). Schleicher Die Unterscheidung von Nomen und Verbum in der lautlichen Form, 1865. Ascoli Studj Ārio-Semitici, Articolo secondo, letto alla Classe di lettere etc. [del R. Istituto Lombardo] (über das idg. Verbum mit Rücksicht auf die Frage der Verwandtschaft des Idg. mit dem Semit.), Milano 1865. Merguet Welche Beweiskraft hat das Verbum *possum* für die Entstehung der Verbalendungen aus Hilfsverben?, Gumbinnen 1869. Ders. Die Ableitung der Verbalendungen aus Hilfsverben, Berl. 1871. Ders. Die Hilfsverba als Flexionsendungen, Fleckeisen's Jahrbb. 1874 S. 145 ff. Ders. Bemerkungen

des Injunktivus, des Konjunktivus, des Optativus (Prekativus) und des Imperativus. Sie werden zusammen als Verbum finitum bezeichnet. Die andern sind dem Verbum angeschlossene Nominal-

zur lat. Formenbildung, KZ. 22, 141 ff. Pauli Die Ableitung der Verbalendungen aus Hilfsverben, ebend. 20, 321 ff. Leo Meyer Über Vocalsteigerung, insbesondere in der Verbalflexion, ebend. 21, 341 ff. Westphal Das indogerm. Verbum nebst einer Übersicht d. einz. idg. Sprachen und ihrer Lautverhältnisse, 1873. A. Kerber Gedanken üb. die Entwickelung der Conjugation, Erstes Heft: Einleitung, Präsens, Rathenow 1873. Grotemeyer Üb. die Verwandtschaft der idg. und semit. Sprachen, 3. Theil: Das Verbum, Kempen 1876 (vgl. auch 4. Theil, ebend. 1877). W. Scherer Zur Gesch. d. deutsch. Sprache[2] S. 212 ff. Verfasser Das verbale Suffix *ā* im Idg., die griech. Passivaoriste und die sogen. äolische Flexion der verba contracta, Morph. Unters. 1, 1 ff. J. Schrammen Üb. die Bedeutung der Formen des Verbum, Heiligenstadt 1884. Moulton Notes in Verbal Morphology, A. J. of Ph. 10, 280 ff. H. D. Müller Zur Entwickelungsgeschichte des idg. Verbalbaues, 1890. Bréal Les commencements du verbe, Mém. 11, 268 ff. H. M. Chadwick Ablaut Problems in the Idg. Verb, IF. 11, 145 ff. H. Reichelt Beiträge zur Geschichte der idg. Konjugation, BB. 27, 63 ff. H. Zimmer Sind die ai. Bedingungen der Verbalenklise idg.?, Festgruss an Roth S. 173 ff. H. Hirt Üb. den Ursprung der Verbalflexion im Idg., IF. 17, 145 ff., Ders. Zur Verbalflexion, IF. 17, 278 ff. Meillet La place du ton dans les formes moyennes du verbe, Mém. 13, 110 ff.

Arisch. Bartholomae Zur [ar.] Verbalflexion, Ar. Forsch. 2, 61 ff. Ders. Zur [ar.] Verballehre, in: Beiträge zur Flexionslehre der idg. Sprachen, 1888, S. 1 ff. (= KZ. 24, 271 ff.). Whitney Sanskr. Gramm. S. 200 ff. Thumb Hdb. des Skr. 1, 279 ff. Macdonell Vedic Gramm. S. 312 ff. Whitney The System of the Sanskrit Verb, Proceed. of the Am. Phil. Ass., 1876, p. 6 sqq. Ders. Die Wurzeln, Verbalformen und primären Stämme der Sanskrit-Sprache (Anhang zur Ind. Gramm.), 1885. Delbrück Das altind. Verbum aus den Hymnen des Rigveda seinem Baue nach dargestellt, 1874. J. von Negelein Zur Sprachgeschichte des Veda: das Verbalsystem des Atharva-Veda, Berlin 1898. A. Berriedale Keith Tenses and Moods in the Kāṭhaka Saṃhita, Journ. of the Roy. As. Soc. 1909 S. 149 ff. J. Avery Contributions to the History of Verb-Inflection in Sanskrit, Journ. of the Am. Or. Soc. 10, 217 sqq. Neisser Zur ved. Verballehre, BB. 7, 211 ff. Henry Précis de gramm. pâlie S. 78 ff. Pischel Gramm. der Prakrit-Sprachen S. 321 ff. Bartholomae Handb. der altiran. Dialekte S. 113 ff. Ders. Gr. d. iran. Ph. 1, 51 ff. 188 ff. Ders. Das altiran. Verbum in Formenlehre und Syntax dargestellt, 1878. Spiegel Gramm. der altbaktr. Sprache S. 205 ff. Jackson Av. Gramm. S. 127 ff. Reichelt Aw. Elem. S. 296 ff. E. Wilhelm De verbis denominativis linguae Bactricae, Jena 1878. Spiegel Die altpers. Keilinschr.[2] S. 184 ff. Ders. Der Organismus des neupers. Verbums, Kuhn-Schleicher's Beitr. 2, 464 ff. H. A. Barb Der

formen: die Formen des Infinitivus (Supinum) und Gerundium (Absolutivus) und des Partizipium (Verbaladjektivum, Gerundivum). Sie bilden zusammen das sogen. Verbum infinitum.

Organismus des pers. Verbums, Wien 1860. Fr. Müller Die Conjugation des neupers. Verbums, sprachvergleichend dargestellt, Wien 1864. Ders. Die Conjugation des avghānischen Verbums, sprachvergleichend dargestellt, Wien 1867. Ders. Die Grundzüge der Conjugation des ossetischen Verbums, Wien 1864. Salemann Versuch über die Conjugation im Ossetischen, Kuhn-Schleicher's Beitr. 8, 48 ff.

Armenisch. Fr. Müller Beiträge zur Conjugation des armen. Verbums, Wien 1863 (vgl. auch desselben Gelehrten Armeniaca II, Wien 1870, S. 1 ff.). Meillet Gramm. de l'arm. 75 ff. Ders. Altarm. El. 91 ff.

Griechisch und Lateinisch. V. Henry Précis[5] 270 ff. King and Cookson The Principles of Sound and Inflection as illustrated in the Greek and Latin Languages p. 373 sqq. G. Curtius Die Bildung der Tempora und Modi im Griech. und Lat., sprachvergleichend dargestellt, 1846. F. A. Landvoigt Üb. die Personenformen u. Tempusformen der griech. u. lat. Sprache, Abdruck des Merseburger Programms von 1831, Merseburg 1847. Birkenstamm Über die lat. Conjugation in Vergleichung mit der griech., Rinteln 1869. Fröhde Zur griech. und lat. Conjugation, BB. 9, 107 ff.

Griechisch. Kühner-Blass Ausf. gr. Gr.[3] 2, 1 ff. G. Meyer Griech. Gramm.[3] S. 531 ff. Brugmann-Thumb Griech. Gramm.[4] 301 ff. Pezzi La lingua greca antica p. 216 sqq. Hirt Gr. L. u. Fl. 332 ff. Buck Introduct. 103 ff. Monro A Grammar of the Homeric Dialect[2] p. 1 sqq. Lobeck Rhematicon, sive verborum Graecorum et nominum verbalium technologia, 1846. Curtius Das Verbum der griech. Sprache, seinem Baue nach dargestellt, 1[2] 1877, 2[2] 1880. Ahrens Über die Conjugation auf μι im Homerischen Dialekte, Nordhausen 1838. L. Junius On the Evolution of the Greek Verb from Primary Elements, London 1843. A. Haacke Die Flexion des griech. Verbums in der att. und gemeinen Prosa, Nordhausen 1850. Inama Osservazioni sulla teoria della conjugazione greca, Rivista di filol. 1, 149 sqq. Fick Zum Aorist- und Perfectablaut im Griech., BB. 4, 167 ff. Bloomfield The 'Ablaut' of Greek Roots which show variation between *e* and *o*, A. J. of Ph. 1, 281 sqq. J. Wackernagel Der griech. Verbalaccent, KZ. 23, 457 ff. Vogrinz Beiträge zur Formenlehre des griech. Verbums, 1886. Von der Pfordten Zur Geschichte der griech. Denominativa, 1886. Johansson De derivatis verbis contractis linguae Graecae, Upsala 1886. Lautensach, Verbalflexion der att. Inschriften, Gotha 1887. G. Mekler Beiträge zur Bildung des griech. Verbums (1. Verba contracta mit langem Themenvocal, 2. Die Flexion des activen Plusquamperfects), Dorpat 1887. Bezzenberger Die Entstehung der griech. Verbalbetonung, BB. 30, 167 ff. (vgl. dazu KZ. 42, 62 ff.). Meillet Sur la place du ton dans les verbes grecs, Mém. 11, 313 ff. —

2. Die Formen des Verbum finitum beruhen auf dem Subjekts- und Prädikatsverhältnis. Ihr hauptsächlichstes Kennzeichen sind die sogenannten Personalendungen, z. B. *-te* in

G. Traut Lexicon über die Formen der griech. Verba, 1867. Veitch Greek Verbs Irregular and Defective, their forms, meaning and quantity, embracing all the tenses used by the Greek writers, with references to the passages in which they are found, New ed., Oxford 1887. A. A. Σακελλάριος Ἀνώμαλα καὶ ἐλλιπῆ ῥήματα πεζῶν συγγραφέων καὶ ποιητῶν τῆς Ἑλληνικῆς γλώσσης, 5. Aufl., Athen 1877. C. Thiemann Homerisches Verballexicon, 1879. Frohwein Verbum Homericum, die homer. Verbalformen zusammengestellt, 1881. Γ. Ζηκίδης Λεξικὸν ἁπάντων τῶν ῥημάτων τῆς Ἀττικῆς διαλέκτου, περιέχον καὶ τύπους ἐξ Ἀττικῶν ἐπιγραφῶν κτλ., Athen 1888. A. Hogue The Irregular Verbs of Attic Prose, their forms, prominent meanings, and important compounds, Boston 1889.

Italisch. Kühner-Holzweissig Ausf. lat. Gr. 1², 649 ff. Stolz-Schmalz Lat. Gr.⁴ 245 ff. Lindsay-Nohl D. lat. Spr. 521 ff. Sommer Lat. L. u. Fl. 506 ff. Neue-Wagener Formenl.³ 3, 1 ff. Merguet Die Entwickelung der lat. Formenbildung S. 167 ff. K. L. Struve Über die lat. Declination und Conjugation, 1823. K. Hagena Über die Einheit der lat. Conjug., Oldenburg 1833. Heffter Über den Ursprung von Bildungen von Verben und der Conjugationsformen in der lat. Sprache. Seebode und Jahn's Jahrbb., 4. Supplementb. (1836), S. 114 ff. Fuchs Über die sogen. unregelmässigen Zeitwörter in den roman. Sprachen, 1840. Seemann De conjugationibus Latinis, Culm 1846. A. Tobler Darstellung der lat. Conjugation und ihrer romanischen Gestaltung, Zürich 1857. Westphal Die Verbalflexion der lat. Spr., 1872. L. C. M. Aubert Den latinske Verbalflexion, Christiania 1875. E. Eisenlohr Das lat. Verbum, Heidelberg 1880. Stolz Zur lat. Verbal-Flexion 1, 1882. A. Probst Beiträge zur lat. Gramm., I. Zur Lehre vom Verbum, 1883. M. Engelhardt Die lat. Conjugation, nach den Ergebnissen der Sprachvergleichung dargestellt, 1887. Meillet Observations sur le verbe latin, Mém. 13, 350 ff. Pascal I suffissi formatori delle conjugazioni latini, Riv. di filol. 19, 449 ff. F. Schultz De obsoletis coniugationum Plautinarum formis, Konitz 1864. A. W. Ahlberg De Latini verbi finiti collocatione et accentu quaestiones, Sonderabdr. aus: Från filologiska föreningen i Lund. Språkliga uppsatser III, tillegnade Axel Kock, Lund 1906. G. Koffmane Lexicon lateinischer Wortformen, 1874. Georges Lexikon der lat. Wortformen, 1889. — v. Planta Osk.-umbr. Gr. 2, 235 ff. Buck Gramm. 151 ff. Ders. The Oscan-Umbrian Verb-System, Chicago 1895.

Keltisch. Zeuss-Ebel Gr. C. p. 410 sqq. Pedersen Vergl. kelt. Gramm. 2, 303 ff. Vendryes Gramm. du vieil-irl. 167 ff. Thurneysen Hdb. des Air. 1, 308 ff. Windisch Die ir. Auslautgesetze, PBS. Beitr. 4, 204 ff. Lottner Die altir. Verbalclassen, Kuhn-Schleicher's Beitr. 2, 322 ff. Stokes Bemerkungen über das altir. Verbum, ebend. 3, 47 ff. 6, 459 ff. 7, 1 ff. Ders. The Old-Irish Verb Substantive, KZ. 28. 55 ff. Ebel Cel-

**bhere-te* 'ferte' ai. *bhárata* griech. φέρετε. Nach der Ansicht Bopp's und der meisten seiner Nachfolger entsprang diese Formkategorie in der uridg. Zeit dadurch, dass eine ein Sein oder

tische Studien: Aus der Conjugation, Kuhn Schleicher's Beitr. 3, 257 ff., Das Verbum, ebend. 5, 1 ff. Zimmer Keltische Studien, KZ. 28, 313 ff. (Das sogen. *t*-Futurum); 328 ff. (Das sogen. *b*-Präteritum); 335 ff. (Das sogen. *u*-Imperf.); 342 ff. (Deponentiale Conjunctivformen auf *-ra*); 348 ff. (3. sing. praet. pass. auf *-as*); 352 ff. (3. plur. praet. pass. auf *-ait*); 363 ff. (3. sing. praet. auf *-ta*, *-tha*); 30, 112 ff. (Die Schicksale des idg. *s*-Aorists im Ir. und die Entstehung des kelt. *s*-Präteritums); 198 ff. (Das sogen. *t*-Präteritum der kelt. Sprachen). Loth Essai sur le verbe néoceltique en irlandais ancien et dans les dialectes modernes, son caractère, ses transformations, Paris 1882. Thurneysen Zum kelt. Verbum, KZ. 37, 52 ff. Ders. L'accentuation de l'ancien verbe irl., Rev. Celt. 6, 129 ff. Meillet Sur l'origine de la distinction des flexions conjointe et absolue dans le verbe irl., Rev. Celt. 28, 369 ff. Zimmer Üb. verbale Neubildungen im Neuir., Z. f. celt. Ph. 3, 61 ff. Sarauw Remarks on the verbal system of the modern Irish, Z. f. celt. Ph. 4, 72 ff. Ebel De verbi Britannici futuro et coniunctivo, Schneidemühl 1866. Stokes Die mittelbretonischen unregelmässigen Verba, Kuhn-Schleicher's Beitr. 5, 306 ff. Loth L'optatif, les temps secondaires dans les dialectes britanniques, Mém. 5, 133 sqq. Ernault Études bretonnes, VI: La conjugaison personnelle et le verbe 'avoir', Rev. Celt. 9, 245 sqq., VII: Sur l'analogie dans la conjugaison, ibid. 11, 94 sqq. Nettlau Observations on the Welsh Verbs, Y Cymmrodor 9, 56 sqq. Rhys Notes etc., Revue Celt. 6, 14 sqq.

Germanisch. Grimm D. Gr. 1² (1870) S. 754 ff. Scherer Zur Gesch. d. d. Spr.² 212 ff. Kluge, Noreen, Behaghel, te Winkel, Kluge, Siebs Gr. d. germ. Phil. 1², 429 ff. 511. 630 ff. 733 ff. 848 ff. 1067 ff. 1306 ff. Streitberg Urgerm. Gr. 276 ff. Dieter Laut- u. Formenl. 345 ff. Wilmanns D. Gr. 3, 1 ff. Braune Got. Gr.⁴ 67 ff. Streitberg Got. Elem.³ 137 ff. Braune Althochd. Gr.³ 247 ff. Behaghel Gesch. d. d. Spr.³ (Strassb. 1911) S. 236 ff. Franck Altfränk. Gr. 228 ff. Holthausen As. Elem. 145 ff. Sievers Ags. Gr.³ 186 ff. Noreen Anord. Gr. 1², 215 ff. Ch. S. Th. Berndt Die doppelform. Zeitwörter d. deutsch. Sprache mit Zuziehung der verwandten Sprachen, Aachen und Leipz. 1837. H. Schweizer Die zwei Hauptklassen der unregelmässigen Verba im Deutschen, Höfer's Ztschr. 3, 74 ff. Ch. W. M. Grein Ablaut, Reduplication und secundäre Wurzeln der starken Verba im Deutschen, 1862. Braune Üb. den grammatischen Wechsel in der deutsch. Verbalflexion, PBS. Beitr. 1, 513 ff. Kluge Beiträge zur Geschichte der germ. Conjugation (Quellen und Forschungen XXXII), 1879. Grein Das goth. Verbum in sprachvergleichender Hinsicht, 1872. Peterson Vom Ablaut mit bes. Rücksicht auf den Ablaut des starken Zeitworts im German., Lund 1877. T. E. Karsten Beiträge zur Gesch. der *ē*-Verba im Altgerm., Helsingfors

Tun bezeichnende Wortform und ein persönliches Pronomen, die zusammen als Satz fungierten, wobei das Pronomen das Subjekt, jene Wortform das Prädikat des Satzes war, sich zu

1897. Wood Studies in Germ. Strong Verbs I—III, Modern Philology 4, 489 ff. 5, 265 ff. 6, 441 ff. Feist Die sog. reduplizierenden Verba im Germ., PBS. Beitr. 32, 447 ff. C. H. F. Walter Die starke Conjugation im Tatian, 1868. J. Kelle Otfrid's Verbalflexion ausführlich erläutert. Z. f. d. A. 12, 1 ff. Ders. Verbum und Nomen in Notker's Boethius, Ber. d. Wien. Ak. CIX (1885) S. 229 ff. Ders. Verbum und Nomen in Notker's Aristoteles, Z. f. d. Ph. 18, 342 ff. Ders. Verbum und Nomen in Notker's Capella, Z. f. d. A. 30, 295 ff. B. Thüns Das Verbum bei Orm. Ein Beitrag zur ae. Grammatik, Weida i. Th. 1909. C. Günther Die Verba im Altostfries., 1880.

Baltisch-Slavisch. A. Ludwig Der Infinitiv im Veda, mit einer Systematik des lit. und slav. Verbs, 1871. — V. K. Poržezinskij K istorii form sprjaženija v baltijskich jazykach (Zur Gesch. der Konjugationsformen in den balt. Sprachen), Moskau 1901. Schleicher Lit. Gr. 221 ff. Kurschat Gramm. 270 ff. Wiedemann Handb. 108 ff. Bezzenberger Beitr. zur Gesch. der lit. Spr. S. 192 ff. Bielenstein Lett. Spr. 1, 334 ff. 2, 107 ff. Rosenberger Das lett. Verbum, Dorpat 1843. Berneker Preuss. Spr. 211 ff. Trautmann Apreuss. Sprachd. 272 ff. Bezzenberger Die Hauptsachen der Konjugation [im Apreuss.], KZ. 41, 84 ff. — Miklosich Vergl. Gramm. 3², 62 ff. Vondrák Vergl. Slav. Gr. 2, 129 ff. Pfuhl De verborum Slav. natura et potestate, Dresd. 1857. Leskien Die Präsensbildungen des Slav. und ihr Verhältnis zum Infinitivstamm, Arch. f. slav. Ph. 5, 497 ff. Jagić Klassifikation des slav. Verbums, Arch. f. slav. Ph. 28, 17 ff. Leskien Untersuchungen über Betonungs- und Quantitätsverhältnisse in den slav. Sprachen: die Betonung des Verbums, Arch. f. slav. Ph. 24, 104 ff. A. Breznik Die Betonungstypen des slav. Verbums. Arch. f. slav. Ph. 32, 399 ff. A. Kalina Przyczynek do historyi konjugacyi słowiańskiej, Warschau 1880. J. Horák Z konjugace souhláskové (Aus der konsonantischen Konjugation). Ein Beitrag zur historischen Grammatik der slav. Sprachen. Mit dem Jubil.-Preis der Kgl. Böhm. Ges. gekrönte Schriften, N. VII, Prag 1896. Leskien Handb.⁴ 117 ff. Ders. Gramm. d. abulg. Spr. 171 ff. Vondrák Aksl. Gr. 197 ff. Miklosich Lehre von der Conjugation im Altsloven., Denkschriften der Wiener Ak. 1 (1850) S. 167 ff. Ders. Beiträge zur altsloven. Gramm. (part. praet. act. I; part. praes. act. auf ę statt auf y; Aorist; die Personalsuffixe des Dualis: Imperativ), Wien 1875. O. Wiedemann Beiträge zur abulg. Conjugation, St. Petersburg 1886. Leskien Die Betonungstypen des Verbums im Bulgarischen, Arch. f. slav. Ph. 21, 1 ff. E. Budde Russkij glagol sravitel'no s cerkovnoslavjanskim, Russkij filol. věst. 27 (1892) S. 1 ff. P. Boyer De l'accentuation du verbe russe, Paris 1895.

Vgl. auch die Literatur, welche dem Abschnitt über die Bildung der Tempusstämme (§ 27 ff.) vorausgeschickt ist.

einer Worteinheit verbanden; z. B. soll das Element *-mi* von **ei-mi* 'eo' ai. *émi* griech. εἶμι mit dem Pronomen ai. *mā* griech. μέ 'me' wurzelhaft identisch gewesen sein und der Form **eimi* die ich-Bedeutung zugeführt haben. Grundsätzlich ist gegen diese Anschauung nichts einzuwenden. Nur ist dann aber anzuerkennen, dass durch Suffigierung solcher Pronomina bloss die Grundschicht des ganzen Systems der Formen mit Personalendungen entstanden ist. Nachdem der Typus ins Leben getreten und bis zu einem gewissen Grade fest geworden war, wurde ihm im Lauf der Zeiten mancherlei funktionell angeschlossen und einverleibt, was morphologisch von anderer Art war. So war z. B. im Lateinischen der Ausgang der 2. Plur. *-minī* wahrscheinlich ursprünglich entweder mit dem -μενοι von λεγόμενοι oder mit dem -μεναι von λεγέμεναι oder mit beiden zugleich identisch (2, 1, 231). Die 2. Sing. Imper. **aĝe* 'age' = ai. *ája* griech. ἄγε scheint von dem Vokativ **aĝe* 'Führer!' ai. *ajá* griech. ἀγέ nicht verschieden gewesen zu sein. So ist ferner das uridg. *e* im Ausgang der 3. Sing. **ĝeĝone*, **u̯oide* griech. γέγονε, οἶδε ursprünglich wohl kein Subjektspronomen, sondern der Ausgang eines nominalen Gebildes gewesen (§ 358). Überhaupt ist die 3. Sing. diejenige Person, die am leichtesten ohne ursprünglich hinzugefügtes Subjektspronomen zu denken ist. Weshalb es denn nicht gerade nötig ist, das *-t* der Endungen *-ti -t -tai -to* mit dem Demonstrativstamm *to-* (griech τό usw.) zusammenzubringen (vgl. Pedersen KZ. 40, 149, Siebs KZ. 43, 269). Die meisten von denjenigen Personalendungen, die wahrscheinlich von Haus aus etwas anderes als Subjektspronomina gewesen sind, erscheinen in den Imperativsystemen der verschiedenen idg. Sprachen.

Anm. Ausführlich über diese ganze Frage Hirt IF. 17, 36 ff. Er will zeigen, dass keine einzige von allen Personalendungen jenen von Bopp u. a. angenommenen Ursprung gehabt habe; sämtliche Formen sollen ursprünglich nominal gewesen sein nach Art der Formen, die wir soeben als wahrscheinlich sekundär angeschlossen bezeichnet haben. Inbezug auf die 3. Personen mag Hirt Recht haben. Im übrigen aber bleibt Hirts Ansicht so lange unwahrscheinlich, als nicht gezeigt ist, wie sich in dem ererbten Formensystem der Gegensatz von 1., 2. und 3. Person einstellen konnte, ohne dass von Anfang an an gewissen Formen etwas war, was auf die 1. und die 2. Person hindeutete, d. h. ohne dass die Formen der

1. und 2. Person in ihrem Grundbestand schon von Haus aus zweigliedrige Satzgebilde waren, die in ihren Schlusselementen einen Ausdruck für den Sprechenden oder den Angeredeten enthielten (vgl. Łoś Bullet. de l'Académie des Sciences de Cracovie. 1909 S. 105 ff.).

3. Das Verbum infinitum bilden nominale Formen, Nomina actionis oder agentis, die im Unterschied von den Nomina im engeren Sinn an charakteristischen Eigenschaften des Verbums teil bekommen haben, an der Aktionsart, der Zeitstufe, der Diathesis (Genus verbi) und der Rektion der abhängigen Kasus, ferner, soweit sie Komposita waren, auch an der sogen. Tmesis (2, 2 § 596, 5 S. 770 f.).

Die Partizipia waren schon in uridg. Zeit eine fertige mehrgliedrige Formenklasse, und diese erfuhr in den einzelsprachlichen Entwicklungen keine wesentlichen Änderungen. Dagegen fällt die Erstarrung der Kasus von Nomina actionis zu Infinitiven der Hauptmasse nach in die Zeit der einzelsprachlichen Entwicklungen. Daher die grossen Verschiedenheiten in der Bildung des Infinitivs zwischen den verschiedenen Sprachzweigen.

Soweit die Formen des Verbum infinitum rein nominale Eigenschaften aufweisen und mit andern nominalen Gebilden Hand in Hand gehen, ist ihre Geschichte schon beim Nomen behandelt worden. S. besonders 2, 1 § 502 ff. S. 638 ff. und § 516 ff. S. 649 ff. Soweit sie anderseits in Bildung und Gebrauch von den Formen des Verbum finitum sich nicht unterscheiden, z. B. als Angehörige eines bestimmten Tempussystems (z. B. griech. λείπων zu λείπω, λιπών zu ἔλιπον, λείψων zu λείψω), werden sie hier, beim Verbum finitum, mit berücksichtigt. Nach Behandlung des Verbum finitum werden dann aber noch solche Anwendungsweisen von ihnen zu besprechen sein, die sich speziell aus der Mittelstellung zwischen Nomen und Verbum herleiten.

II. Verbale Komposita.

4. Formen des Verbum finitum, die vom Standpunkt der historischen Sprachperioden und der zunächst erschliessbaren idg. Urgemeinschaft aus als fertige Verbalformen erscheinen, konnten mit beliebigen Wortklassen kompositionelle Verbindung eingehen. Das eine von beiden Gliedern bekam dann oft rein formantische Geltung (2, 1, 12 f.).

1) Verbalform + Verbalform: ai. *píba-piba*, Aeschyl. ἔρεσσ' ἔρεσσε, nhd. *geh-géh*. S. 2, 1, 53. 56 und vgl. Wood Modern Philology 9, 2, 1 ff., Fraenkel Glotta 4, 31 ff.

2) Adverbiales Wort (Präposition, Partikel) + Verbalform: ai. *prá bharati pra-bhárati*, griech. προ-φέρει, lat. *prō-fert*; lat. *ne-scio*, lit. *nè-neszu*. S. 2, 1, 53. 2, 2, 764 ff. Ein Kompositum dieser Art ist auch die sogen. augmentierte Verbalform gewesen: **é-bherom* ai. *ábharam* griech. ἔφερον (2, 1, 53. 2, 2, 818. 2, 3, 10 ff.).

Von diesen verbalen Komposita sind der Entstehungsweise nach zu trennen: 1) Verba, die von einem mit einem adverbialen Wort zusammengesetzten Nomen aus gebildet worden sind, wie lat. *praesentāre* von *prae-sēns*. Zuweilen hat ein so aussehendes Denominativum einen doppelten Ursprung, z. B. *dēformāre* 'abformen, abbilden' aus *dē* + *formāre*, dagegen *dēformāre* 'entstellen' von *dē-formis*. 2) Denominativa mit einem adverbialen Präfix, die nicht, wie *dēformāre* 'abformen', ein von vornherein vorhandenes Denominativum als Schlussglied bekommen haben, auch nicht, wie *dēformāre* 'entstellen', von einem nominalen Kompositum abgeleitet worden sind, sondern dadurch entstanden sind, dass man aus einem Adverbium und einem Nomen unmittelbar ein Verbum ableitete, wie nhd. *ver-körpern*, *ent-völkern*, lat. *con-gregāre*, *con-farreāre*. Vgl. Prellwitz Γέρας S. 72 ff.

3) Kasus + Verbalform. In einem Teil der Fälle ist der Kasus als lebendiger Kasus in die Verbindung eingegangen, hat dann aber einen Isolierungsprozess durchgemacht, in andern Fällen war der Kasus schon von Anfang an nicht mehr voll lebendig, vielmehr ein infinitivartiges Gebilde. Diese beiden Fälle genau auseinanderzuhalten, ist nicht mehr möglich. Z. B. ai. *śrád dhā-*, lat. *crēdo*; lat. *animadverto* (*animum adverto*); ai. *datā́smi* (*dātā́ asmi*), lat. *potis sum possum*; lat. *vēnum-do vēndo*, *vēnum eo vēneo*; lat. *ārē-facio*, *ārē-bam*; lit. *sùktum-bime*. S. 2, 1, 53.

4) Verbalform + adverbiales Wort. Besonders oft erfahren Verbalformen mit voluntativem (adhortativem) Sinn solche Erweiterung, z. B. ai. *bhárata-na* 'ferte', lit. *eī-ki* 'geh', preuss. *ēi-lai* 'er gehe', *quoitī-lai* 'er wolle'; schon in uridg. Zeit

entstand wahrscheinlich so **bhére-tōd* ai. *bháratāt* griech. φερέτω (2, 2, 697). S. 2, 1, 56. Indem das Schlussglied seine ursprüngliche Bedeutung einbüsste, konnten derartige Verbindungen abermals, nach der Art eines einfachen Wortes, durch Personalendungen erweitert werden. So wurde die lit. 2. Sing. *eĩ-ki* Grundlage für eine 2. Plur. *eĩki-te*, eine 1. Plur. *eĩki-me*, ferner *eĩksz* 'komm her', das aus *eĩ-k(i)* + *szè* 'her' besteht, Grundlage für eine 2. Plur. *eĩksz-te*. Zu preuss. *quoitī-lai* schuf man 2. Sing. *quoitīlai-si* 'du wollest', 2. Plur. *quoitīlai-ti* 'wollet', zu *turī-lai* die 1. Plur. *turrīli-mai* 'wir müssten'. Von gleicher Art waren griech. 3. Plur. φερέτω-ν und φερέτω-σαν, zu φερέ-τω (ἐλθετως· ἀντὶ τοῦ ἐλθέ. Σαλαμίνιοι, Hesych), lat. *agitō-te*, zu *agi-tō*. Vgl. dazu ngriech. δόσμου-τε als 2. Plur. zu δός μου 'gib mir' und ebenso in slav. Dialekten *dajmi-te* als 2. Plur. zu *daj mi*.

5) Verbalform + Kasus. Diese Verbindung liegt vor in den exozentrischen Komposita wie ai. *pacalavaṇā* 'beständiges Kochen von Salz' auf Grund von *paca lavaṇam* 'koch das Salz', lat. *Tenegaudia*, nhd. *Fürchtegott*. S. 2, 1, 55. 63 ff.

III. Augment[1]).

1. Allgemeines.

5. Das vor den Indikativformen mit sekundärer Personalendung erscheinende sogen. Augmentum (αὔξησις), uridg. **e*, selten **ē*, diente seit uridg. Zeit dazu, die Vergangenheit zu

---

[1]) R. Garnett On the Origin and Import of the Augment in Sanskrit and Greek, Proceed. of the Philol. Soc. 1 (1844) p. 265 sqq. Fr. Müller Einiges über das Augment, Kuhn-Schleicher's Beitr. 3, 250 ff. J. Davies On the Temporal Augment in Sanskrit and Greek, Hertford 1865. Faust Zur idg. Augmentbildung, Strassburg 1877. A. H. Sayce The Origin of the Augment, Transact. of the Philol. Soc. 1885—1887, p. 652 sqq. Bréal De l'augment, Mém. 6, 333 sq.

J. Avery The Unaugmented Verb-Forms of the Rig- and Atharva-Vedas, Proceed. of the Amer. Or. Soc., May 1884, p. XI sq. und Journ. of the Amer. Or. Soc. 11, 326 sqq.

Ebel Die scheinbaren Unregelmässigkeiten des griech. Augments, KZ. 4, 161 ff. La Roche Das Augment des griech. Verbums, Linz 1882. Pöhlmann Quomodo poetae epici augmento temporali usi sint, Tilsit 1858. Grashof Zur Kritik des homer. Textes in Bezug auf die Abwerfung

bezeichnen, ist aber nur noch im Ar., Arm., Phryg. und Griech. sicher belegt. Es war ursprünglich ein selbständiges Wort, vermutlich ein temporales Adverbium, dem sich die Verbalform enklitisch anschloss. Z. B. ai. *á-bharat* arm. *e-ber* griech. ἔ-φερε 'er trug', ai. *a-ricat* arm. *e-lik̄* griech. ἔ-λιπε 'er liess', ai. *á-dhāt* arm. *e-d* griech. ἔ-θηκε 'er legte, setzte'.

*ē im Ai. vor *v-*, *y-*, *n-*, *r-*, im Griech. altererbt vor ϝ-, z. B. ai. *ā-vr̥nak* (*vr̥j-* 'umwenden'), *ā-yunak ā-yukta* (*yuj-* 'anschirren'), *ā-nat* (*naš-* 'erreichen'), *ā-riṇak ā-rāik* (*ric-* 'freilassen'), hom. ἠ-[ϝ]είδη att. ᾔδει, att. ἑάλων aus *ἠ-ϝαλων (*h-* nach ἁλίσκομαι), hom. att. ἀν-έῳξα aus *ἠ-ϝοιξα (Part. hom. οἴξασα), att. ἑώρων aus *ἠ-ϝοραον, hom. ἀπ-ηύρων aus *-η-ϝρα[σ]ον (Sommer Glotta 1, 63 f.). Dieses *ē statt des sonstigen *e kann nicht lediglich durch die Natur des folgenden Konsonanten hervorgerufen worden sein. Es muss zugleich damit zusammengehangen haben, dass das Augment ursprünglich ein selbständiges Wort war. Der Wechsel erinnert einerseits an die Quantitätsdoppelheit *ĕ̄ in den Reduplikationssilben (§ 14, 3), anderseits an *nĕ̄ 'nicht', *prŏ̄ 'vor' u. dgl. Vgl. 1, 496 f., Brugmann-Thumb Griech. Gramm.[4] 308 f., Wackernagel Ai. Gramm. 1, 46 f., Oldenberg ZDMG. 60, 163, Ehrlich KZ. 38, 69 f.

War die Grundbedeutung von *ĕ̄ 'da, damals', so kann dieses Adverbium mit der Präposition *ĕ̄ identisch gewesen sein (2, 2, 818).

des Augments, Düsseldorf 1852. K. Koch De augmento apud Homerum omisso, Braunschweig 1868. Skerlo Über den Gebrauch (die Bedeutung) des Augments bei Homer, Graudenz 1874. Platt The Augment in Homer, Journ. of Phil. 1891 No. 38. G. Dottin Études de grammaire homérique: L'augment des verbes composés dans l'Odysée et l'Iliade, Rennes 1894. Drewitt The Augment in Homer, Class. Quarterly 6, 44 ff. 104 ff. Molhem De augmenti apud Homerum Herodotumque usu, Lund 1876. Bumke De augmento verbi Herodotei, Braunsberg 1835. H. Lhardy Quaestionum de dialecto Herodot. caput primum: De augmento, Berl. 1844. Kloppe Dissert. de augmento Herodoteo, cap. I. II., Schleusingen 1848. Sorof De augmento in trimetris tragicis abiecto, praemissa de crasi, elisione, aphaeresi quaestione, Breslau 1851. Lautensach Gramm. Studien zu den griech. Tragikern u. Komikern. Augment u. Reduplikation. Hannover 1899. Χατζιδάκις Περὶ ἀναυξήτων τινῶν ῥηματικῶν τύπων, Ἀθηνᾶ 14, 133 ff. Stolz Studien zur Doppelaugmentierung der griech. Verba, Wien. Stud. 25, 127 ff. 26, 157 f.

Seinen Charakter als ursprünglich selbständiges Wort zeigt das Augment ferner durch seine fakultative Setzung in den ältesten Denkmälern der Arier und der Griechen. Vgl. § 7.

Ein anderer Beweis für anfängliche Selbständigkeit ist, dass die im Griechischen für Verba mit mehreren Präfixen geltende Betonungsregel, nach der der Hauptton nicht über das dem Verbum nächststehende Präfix zurückgehen darf (z. B. παρ-έν-θες, συμ-πρό-ες, wie ai. *sam-ā-cinutē* 'er häuft zusammen', lit. *ne-nù-neszė* 'er trug nicht hin'), auch für das Augment galt, z. B. παρ-έ-σχον, ἐν-ῆσαν. S. 1, 954.

Endlich ist als eine Nachwirkung dieses Charakters anzusehen die Gestaltung des Anlauts der Wurzelsilbe in griechischen Formen wie ἔ-ρρηξα aus *ἐ-Fρηξα, womit ἔ-ρρωγα aus *Fε-Fρωγα, ἄ-ρρηκτος aus *ἀ-Fρηκτος, ἀπο-ρρήγνῦμι aus *ἀπο-Fρηγνῦμι auf gleicher Stufe stehen. S. 1, 880. 907. 2, 3 § 14, 4.

Anm. Ein Überrest vom Augment kann im Germanischen in got. *iddja* 'ich ging' gesehen werden, falls es Präteritum zu ai. *yā-mi* lit. *jó-ju* (§ 104) gewesen sein sollte (1, 283). Die Deutung dieser Verbalform bleibt nicht nur wegen der lautgeschichtlichen Schwierigkeit, die die Anfangslaute *iddj-* bieten, sondern auch wegen des schon in vorhistorischer Zeit abgeschlossenen Übergangs der Flexion in die Weise der schwachen Präterita (Plur. *iddjēdum*) problematisch. S. Kretschmer Einl. 169, Holthausen IF. 14, 342, Trautmann Germ. Lautges. 48. Janko IF. Anz. 19, 45, Loewe KZ. 40, 266. Collitz Schwach. Prät. 142 ff., Verf. PBS. Beitr. 39. Unsicher ist ferner die Zurückführung des Ausgangs des slav. Imperfekts, z. B. aksl. *nesěachъ*. auf ein **ēsom* 'eram', das themavokalisches Imperfekt zu aksl. *jesmь* (§ 53) gewesen sein soll. Das *ė* von lit. *ė̃same* 'wir sind' *ė̃sąs* 'seiend' stammt wohl nicht aus dem augmentierten Imperfekt zu *esmì*, sondern aus *nė́smi* = *ne esmi* (1. 840, Zubatý IF. Anz. 3, 162). Dagegen darf *ė́jaũ* 'ich ging', 3. Sing. *ė̃jo* (W. *ei̯-*), als augmentierte Form mit ai. *ā́yam* (§ 51) näher zusammengebracht werden und kann ebenso *ė́miaũ* 'ich nahm', 3. Sing. *ė̃mė* (Inf. *im̃ti*), das Augment enthalten.

6. Bei sonantischem Anlaut des Verbums erscheint das Augment mit diesem kontrahiert. Der Kontraktionsprozess gehörte der uridg. Zeit an. **ēst* 'erat' ai. *āh* dor. ἦς, zu Präs. **ésti* ai. *ásti* griech. ἔστι. **āǵet* 'agebat' ai. *ājat* dor. ἆγε att. ἦγε, zu Präs. **áǵeti* ai. *ájati* griech. ἄγει; arm. *ac* 'er führte' kann ebensogut altes *ā* als altes *ă* haben (§ 11). Griech. ὦζον zu ὄζω 'rieche'; ai. *ā́pasyat* zu *apasyá-ti* 'er ist tätig', vgl. lat. *opus*. Die

Vokalqualitäten der griechischen *ē-*, *ā-*, *ō-* haben als die urindogermanischen zu gelten, s. 1, 495. 840, Solmsen KZ. 39, 230 f.

Bei Verben mit *ĭ-*, *ŭ-*, *r̥-* ist, wenn ihr Augment **e* gewesen ist, theoretisch uridg. Anlaut *ei-*, *eu-*, *er-* zu erwarten. Doch zeigen weder das Arische noch das Griechische die lautgesetzlich zu erwartende Fortsetzung davon. S. § 10, 2. 12, 4.

7. Setzung und Nichtsetzung des Augments. In den Sprachzweigen, die augmentierte Präterita haben, erscheinen die Präterita bei gleicher Bedeutung auch ohne Augment, z. B. ved. *bhárat* hom. φέρε 'er trug' wie *á-bharat*, ἔ-φερε. Dieses Schwanken stand bis zu einem gewissen Grad in Zusammenhang mit dem Umfang des Wortes, was am besten im Arm., bei Homer, im Ved. und Mittelind. zu beobachten ist. Im Altarm. erscheint das Augment nur bei solchen Präteritalformen, die sonst einsilbig wären, z. B. *e-ber* 'er trug' neben *beri* 'ich trug', *e-di* 'ich setzte', 2. Sing. *e-dir* usw. Bei Homer war Augmentierung Regel, wenn ohne Augment das Präteritum ein kurzvokalisches Monosyllabum gewesen wäre, daher z. B. zwar ἔχε neben εἶχε (aus *ἔεχε), aber nur ἔ-σχε, zwar πέλε, aber nur ἔ-πλε, ebenso nur ἔ-κτα ἔ-κταν. Langvokalische Formen ohne Augment, wie στῆν στῆ, begegnen gewöhnlich nur im Satz- oder Versanfang. Im RV. beobachtet man ebenfalls Abneigung gegen präteritale Einsilbler, z. B. nur *á-pām* 'ich trank', *á-yāḥ*, *á-gan*, *á-kri*, woneben allerdings auch *dhāḥ*, *várk*, *dhat*. Das Mittelindische zeigt dasselbe Gesetz wie das Arm.: für Monosyllaba war Augmentierung obligatorisch. Bei den andern Formen war das Augment zwar fakultativ, aber mit Zunahme der Augmentlosigkeit, wobei die Drei- und Viersilbler frühzeitiger und allgemeiner augmentlos gelassen wurden als die Zweisilbler. S. Wackernagel Wortumfang u. Wortform, Gött. 1906 S. 1 ff.

Anm. 1. Auffallend und noch nicht aufgeklärt ist, dass bei Homer, bei dem der Gebrauch des Augments im allgemeinen fakultativ ist, das Augment regelmässig im sogen. gnomischen Aorist auftritt. Auch die Form κάτθανε in I 320 κάτθαν' ὁμῶς ὅ τ' ἀεργὸς ἀνὴρ ὅ τε πολλὰ ἐοργώς hat als augmentiert zu gelten, da sie rein lautgesetzlich aus κατέθανε verkürzt war (IF. Anz. 24, 217).

Das Schwanken zwischen Setzung und Nichtsetzung wird aus der Zeit der idg. Urgemeinschaft überkommen sein. Dann werden aber einst auch z. B. neben lat. *dīxit* 'er sagte', lit. *bùvo* 'er war', aksl. *veze* 'er fuhr' dieselben Formen mit Augment gestanden haben. Dass diese Partikel nur im südöstlichen Teil des uridg. Gebiets zur Bezeichnung der Vergangenheit in Gebrauch gekommen und auf diesen Teil beschränkt geblieben sei, ist nicht erweislich. Denn in den westlichen und nördlichen Gebieten kann leicht unter irgend welchen Einflüssen die augmentlose Form in vorhistorischer Zeit die augmentierte verdrängt haben.

Anm. 2. Bündig bewiesen wäre einstiges Vorhandensein des Augments in der gesamten idg. Urgemeinschaft, wenn die Ansicht richtig wäre, die sogen. sekundären Personalendungen der Präteritalformen seien als solche in uridg. Zeit erst durch das haupttonige Augment ins Leben getreten, wie dieselben Personalendungen auch z. B. in **mḗ dhēs* 'setze nicht', **mḗ dhēt* 'er setze nicht' (ai. *mā́ dhāḥ, mā́ dhāt*) durch die vorausgehende haupttonige Partikel sollen erzeugt worden sein. Doch ist diese Ansicht sehr problematisch.

8. Bekam die Verbalform ausser dem Augment noch andere Präfixe, so wurde das Augment seit uridg. Zeit unmittelbar vor das Verbum gestellt. Das vergleicht sich damit, dass vielfach die Stellung der Präpositionen unmittelbar vor dem Verbum mit der Zeit fest geworden ist (2, 2, 764 ff.). Doch wurde, wenn ein mit einer Präposition verbundenes Verbum die Natur eines einfachen Verbums bekommen hatte, das Augment vor diese Einheit gesetzt, z. B. ai. *a-pīḍayat* griech. ἐ-πίεζε 'er drückte, presste', zu *pi-s(e)d-* (2, 2, 839), ai. ep. *a-sambhramat* 'er zitterte', att. ἐ-κάθευδον neben καθ-ηῦδον 'ich schlief', hom. ἠνώγει, zu ἄνωγα 'ich heisse'.

9. Im Plural und Dual zu **ēst* 'erat' (§ 6) und **ē͡it* 'ibat' (ai. *āit*, av. *para-āit̰* 'er ging fort' § 51) sollte man im Ar. und Griech. neben den augmentlosen Formen wie 3. Plur. ai. *san* av. *hən* griech. 3. Du. ἴτην Augmentformen wie ai. **á-san*, griech. *εἴτην (aus *ἐ-ἴταν) erwarten. Es heisst aber ai. *ā́sma ā́san* (apers. *āhaⁿ*), *ā́ima ā́yan*, griech. ἦμεν ἤστην, ᾖμεν ᾔτην, als wenn in diesem Tempus Stammabstufung nicht gegolten hätte oder das Augment **ē* statt **ĕ* (§ 5) gewesen wäre (über gthav. *ahvā* jgav. *avāitəm* u. dgl. s. Bartholomae Gr. d. iran. Ph. 1, 206). Vermutlich hat der Umstand, dass anderwärts, auch wo Sing. und Plur.-Du. ablautlich verschieden waren, die Augmentgestaltung für das ganze Präter. Akt. dieselbe war (z. B. ai. *á-gan á-gman*, griech. ἔ-φην ἔ-φαμεν), frühzeitig Ausgleichung zwischen Plur.-Du. und Sing. im Anlaut bewirkt.

2. Einzelsprachliches.

10. Arisch. 1) Während im Ved., von den einsilbigen Formen abgesehen (§ 7), Augmentierung zwar vorwiegend üblich, aber doch fakultativ war, fehlt sie im Epos nur noch selten, und im klass. Sanskrit gelangte sie zur Alleinherrschaft. Die Verhältnisse im Mittelindischen (§ 7) begreifen sich aus einem Zustand, der dem des Vedischen ähnlich war. Doch mögen hier auch Umstände mitgewirkt haben, wie der, dass Formen, die prinzipiell augmentiert waren, satzphonetisch augmentlos geworden waren (z. B. *tē 'bharan* = *tē abharan* 'diese brachten', 1 § 1008, 1), was Anlass dazu geben konnte, auch unter andern Verhältnissen das Augment wegzulassen (Wackernagel a. a. O. 170f.).

Im Av. war Nichtgebrauch des Augments das gewöhnliche; so auch bei einsilbigen Formen, wie *čōišt* 'er hat versprochen', 2. Sing. *čōiš*. Das Altpersische führt das Augment streng durch, gleichwie das klassische Indisch.

2) Im Ar. erscheint das Augment im Imperfekt, z. B. ai. *á-gacchat* 'er ging', av. *a-pərᵊsaṯ* 'er fragte', apers. *a-janam* 'ich schlug', im Aorist, z. B. ai. *á-gan a-gamat a-jīgamat*, gthav. *a-mə̄hmaⁱdī* 'wir erkannten', apers. *a-daršiy* 'ich nahm in Besitz', im Plusqu., z. B. ai. *á-jagan*, und im Kondiz., z. B. ai. *a-gamiṣyat*.

Die augmentierten, mit *ā* beginnenden Präterita zu Wurzeln, die mit urar. *ă-* anlauteten, setzten unmittelbar die § 6 bezeichnete uridg. Weise (vollzogene Kontraktion) fort, z. B. ved. *ā́s* av. *ās* 'erat', zu Präs. ai. *ásti*; ai. *ā́syat* 'er warf' av. *uz-ā̊əhaṯ* 'er schickte hinaus', zu Präs. ai. *ásyati*; ai. *ā́ñjan* 'sie salbten', zu Präs. *añjánti*; *ā́sta* 'er sass', zu Präs. *ā́stē*. Die mit *ĭ-*, *ŭ-*, *r̥-* anlautenden Verba zeigen im Ai. in den Augmenttempora *āi-*, *āu-*, *ār-*: *ā́icchat* zu *icchā́ti* 'er wünscht', *ā́išata* zu *ī́šatē* 'er hat zu eigen', *ā́unat* zu *unátti* 'er benetzt', *ā́urṇōt* zu *ūrṇṓti* 'er umgibt', *ā́rdhnōt* zu *r̥dhnṓti* 'er gedeiht'. Es scheint hier Augment *ā-* = uridg. **ē-* (§ 5) vorzuliegen. Doch s. Bartholomae Ar. Forsch.

2, 74 f. und Wackernagel Ai. Gr. 1, 53, die für solche Präterita erst auf indischem Boden vollzogene Kontraktion mit *a-* = uridg. **e-* annehmen und daraus den auffallenden Anlaut erklären zu können glauben. Augmentierte Präterita zu so anlautenden Verba sind im Altiran. nicht überliefert, was die Deutung der ai. Erscheinung erschwert.

3) Die unaugmentierten Formen fungierten seit uridg. Zeit zugleich injunktivisch. Damit hängt es zusammen, dass im Pāli augmentierte Formen auch hinter *mā* 'ne' zu stehen gekommen sind. S. Wackernagel Wortumfang u. Wortform S. 170.

11. Im Armenischen fungieren alle augmentierten Präteritalformen, die in die historische Periode der Sprache hineingekommen sind (§ 7), als Aorist. Darunter sind nicht nur ursprüngliche Aoriste, wie *e-d* 'er setzte' = ai. *á-dhāt* (1. Sing. *e-di*, 2. Sing. *e-dir*), *e-kn* 'er kam' = ai. *á-gan* (1. Sing. *e-ki*, 2. Sing. *e-kir*), *e-likʻ* 'er liess' = griech. ἔ-λιπε (1. Sing. *lkʻi*), sondern auch ursprüngliche Imperfekta, wie *e-ber* 'er trug' = ai. *á-bharat*, *e-harç* 'er fragte' = ai. *á-pṛcchat*. Bei letzteren war der Übergang zu aoristischer Bedeutung durch die Neubildung des Imperfekts, z. B. 1. Sing. *berei* zum Präs. *berem*, veranlasst. S. § 27, 1.

Vokalisch anlautende Verba zeigen in der klass. Sprache nichts, was als ein Augmentum empfunden werden konnte, z. B. *ac* 'er führte' (1. Sing. *aci*), zu Präs. *acem*, *el* 'er ging hinauf' (1. Sing. *eli*), zu Präs. *elanem*. *ac* kann nach den Lautgesetzen dem dor. ἆγε gleich gewesen sein (§ 6), während das *e* von *el* lautgesetzlich nicht auf altes *ē* zurückführbar ist (1, 132). Erst später kamen bei den mit *a* anlautenden Verba augmentierte Formen, wie *eac*, auf.

Da das Augment in seiner Beschränkung nach Massgabe der Silbenzahl der Verbalform (§ 7) seine Bedeutsamkeit als Träger der Vergangenheitsbedeutung einbüsste, drang es vom Ind. Aor. in den als Fut. fungierenden Konj. Aor. auf *-iç* ein: 1. Sing. *ediç*, aber 2. Sing. *diçes* usw., zu *e-di*; 1. Sing. *ekiç*, zu *e-ki*. Aber auch noch weitere Verschleppung fand statt: z. B. Part. Prät. *eleal* oder *ek* (*i*-Stamm) 'Ankunft'.

Phryg. ἐ-δαες 'er errichtete', Prät. zu W. *dhē-* 'setzen' (Meister IF. 25, 317, Fraser Transact. of the Cambridge Philol. Soc. 6, 2, 6 f. 12).

12. Griechisch. 1) Bei Homer und in der von ihm abhängigen Dichtersprache war der Gebrauch des Augments, abgesehen von den S. 13 genannten Ausnahmen, fakultativ. In der Prosa aber erscheint die Augmentierung im allgemeinen zur Regel geworden, wonach denn hier auch ἐ-χρῆν neben χρῆν = χρὴ ἦν 'es war nötig' aufgekommen ist. Doch tritt in verschiedenen Teilen des griechischen Sprachgebiets und zwar mit der Zeit sich steigernd die Tendenz hervor, sich der Augmentierung wieder zu entledigen. Vgl. unten 6 S. 19.

2) Dass ἠ- neben ἐ- vor ϝ- altererbt war, ist § 5 schon bemerkt. Die nachhom. Präterita ἤμελλον, zu μέλλω 'ich bin im Begriff', ἠδυνάμην, zu δύναμαι 'ich kann', ἠβουλόμην, zu βούλομαι 'ich will', neben ἔμελλον usw. hatten wohl nicht dieses alte ἠ-, wie es in ἠ[ϝ]είδη usw. vorliegt. Wahrscheinlich sind sie dem ἤθελον (ἐθέλω 'ich will') neben ἔθελον (θέλω) nachgebildet worden, wobei die Begriffsverwandtschaft mitwirkte; man vergleiche, dass dieselbe Gruppe von Verba übereinstimmend -η- in der Bildung ausserpräsentischer Tempora aufweist, z. B. Fut. ἐθελήσω, μελλήσω, δυνήσομαι, βουλήσομαι (IF. 30, 372 f.).

3) Das syllabische Augment ἐ- wurde oft dadurch verdunkelt, dass *s*, *i̯*, *si̯*, *u̯*, *su̯* im Anlaut des Verbums schwanden und darauf Vokalzusammenziehung geschah. Wozu noch verschiedene analogische Neuerungen hinzukamen.

a) Bei den Anlauten *s*-, *i̯*-, die schon urgriechisch wegfielen, zeigt sich nirgends mehr unkontrahierte Form. Teils erscheint α) die lautgesetzlich zu erwartende Kontraktion, z. B. ion. att. εἷρπον dor. ἧρπον aus *ἐέρπον, zu ἕρπω 'serpo' aus *σερπω, ion. att. εἶχον dor. ἦχον aus *ἐέχον, zu ἔχω 'ich habe' aus *σεχω, ἥβησα aus *ἐήβασα, zu ἡβάω 'ich bin jugendkräftig' aus *i̯ηβ- (1, 270. 746. 748. 842). Eine Ausnahme macht hom. ἕηκα neben ἧκα (Plur. εἷμεν aus *ἐέμεν), eine Analogiebildung nach ἔθηκα neben θῆκα. Teils wurde β) nach der Analogie der Präterita mit temporalem Augment (4) verfahren, z. B. hom. ἤνυτο att. ἡνυσάμην dor. ἄνυον, zu ἀνῦμι 'ich vollende' aus *σανῦμι (1, 405), att. ἡγήσατο dor. ἁγήσατο, zu ἡγοῦμαι 'ich führe, meine' aus *σαγ- (1, 166), ὡμοιώθην, zu ὁμοιῶ 'ich mache gleich' aus *σομ- (2,

1, 165). Stets erscheint diese letztere Weise bei den Anlauten *σι-, *συ-, z. B. hom. ἵκετο 'er kam', zu Konj. ἵκωμαι (1, 572), att. ὑγίανα, zu ὑγιαίνω 'ich gesunde' (1, 104). Man beachte, dass die erste Weise (α) zumteil, z. B. bei dem genannten ἥβησα, lautgesetzlich in Übereinstimmung gekommen war mit der zweiten (β), und vergleiche das Verfahren bei den reduplizierten Formen § 16, 1, b.

b) *u̯*- und das *u̯* von *su̯*- schwanden erst einzeldialektisch. Noch mit ϝ z. B. arg. ἐ-ϝεργάσατο, zu ϝέργον ἔργον 'Werk', kret. ἔ-ϝαδε = hom. äol. εὔαδε aus *ἐ-σϝαδε, zu ἁνδάνω 'ich gefalle' (1, 314). Ohne ϝ, aber unkontrahiert, z. B. hom. ἔ-ειπον 'ich sagte', ἐ-άγην 'ich zerbrach', hom. att. ἔωσα 'ich stiess', att. ἐωνούμην 'ich kaufte'. Mit Kontraktion z. B. att. εἰργαζόμην, εἶπον, hom. att. εἶδον 'ich sah' aus *ἐ-ϝιδον (lesb. εὔιδε). Auch hier fand temporales Augment Eingang, z. B. att. ὤρθωσα, zu ὀρθῶ 'ich richte auf' (1, 296. 306. 474), ᾤκησα, zu οἰκῶ 'hause, wohne' (1, 306).

4) Temporales Augment. Nach Art von dor. ἦς neben ἔστι, dor. ἆγον ion. ἦγον neben ἄγω, ὦζον neben ὄζω (§ 6), ἧστο neben ἧσται 'er sitzt' (ai. *ā́s-tē*) wurden zu den mit *ĭ*-, *ŭ*- anlautenden Verba die Präterita mit ῑ-, ῡ- gebildet, z. B. ἰαίνετο, zu ἰαίνω 'ich erquicke', υφηνα, zu ὑφαίνω 'ich webe', ὕβουν, zu ὑβῶ 'ich mache krumm'.

Die scheinbar augmentlosen Formen wie ion. αἴτεε (αἰτέω 'ich fordere'), εὔχετο (εὔχομαι 'ich flehe'), αὔξετο (αὔξω 'ich mehre') können ursprünglich *āi*-, *ēu*-, *āu*- gehabt haben nach dem Kürzungsgesetz 1 § 929, 1. Att. ᾔτουν, ηὐξάμην, ηὖξον, ᾤδησα, zu οἰδῶ 'ich schwelle', ᾤχετο, zu οἴχομαι 'gehe fort, bin fort' (so auch arg. ηὗρεν, zu εὑρίσκω 'ich finde'), sowie ἤντησα (ἀντῶ 'ich begegne'), ἦρχον (ἄρχω 'ich gehe voran, stehe an der Spitze'), ὤρνυον (ὄρνῡμι ὀρνύω 'ich errege, bewege') u. a. dgl. waren Neubildung nach ἦγον (ἄγω), ἤριζον (ἐρίζω) usw. Durch ein jüngeres Kürzungsgesetz (1 § 929, 2) wurde ηυ- zu ευ-, wodurch die Augmentierung bei den mit ευ- anlautenden Verba wieder verschwand, wie εὐξάμην aus ηὐξάμην, εὗρον aus ηὗρον (vgl. Jacobsohn KZ. 43, 42).

Anm. Das 2, 2, 997 genannte angebliche Präteritum ἐάγαγον auf einer archaischen Inschrift aus Delphi, das wie ein Analogon zu arm. *eac* (§ 11) aussieht, beruht wahrscheinlich auf falscher Lesung. Ansprechend wird von Joh. Baunack Philol. 69, 312f. [Ἡραϊόνδ]ε ἄγαγον (d. i. ἄγαγον) vermutet.

5) 'Verschleppung' des Augments in der nachklassischen Zeit aus dem Ind. Prät. in andere Formen des Tempussystems und selbst in Nominalformen hatte verschiedenartige Anlässe. Beispiele sind Konj. ἀνηλώσωσιν, Part. κατεάξαντες, Inf. εἰδεῖν, Subst. ἀνήλωμα, κατέαγμα, neugriech. κατεβαίνω 'ich gehe hinab', κατεβασιά ('das Herabfliessen') 'Katarrh'. Von den Anlässen war beispielsweise einer der, dass man später Augment und Reduplikation nicht mehr auseinanderhielt und die letztere von je nicht auf den Indikativ beschränkt war: so entstand z. B. κατ-εάξας nach κατ-εαγώς. Sieh G. Meyer Gr. Gr.[3] 562f., Schweizer Pergam. 172, Wackernagel Wortumfang u. Wortform 173, Thumb Handb. d. ngr. Volksspr.[2] 112, Brugmann-Thumb Griech. Gramm.[4] 311f.

6) Der Verschleppung steht Aufgabe gegenüber. Ob die stets augmentlosen ion. Iterativa auf -σκον, wie φεύγεσκον, zu φεύγω 'ich fliehe', jemals Augment gehabt hatten, bleibt fraglich (s. Brugmann-Thumb Griech. Gramm.[4] 341). Sonst aber zeigt sich in der ion. Prosa und dann in der Koine eine, mit der Zeit sich steigernde, Tendenz, auf das Augment zu verzichten. Inwieweit dabei der ursprüngliche, bei Homer noch vorliegende fakultative Gebrauch Grundlage war, ist unklar; sicher können Formen vorbildlich mitgewirkt haben, bei denen das Augment rein lautgesetzlich geschwunden war, durch Vokalkontraktion (ἧστο), Vokalkürzung (αἴτεε), sogen. Aphärese (κείνῳ 'δωκεν). Zunächst verzichtete man im Plusquamp., d. h. in den durchschnittlich silbenreichsten Präteritalformen, ein Verzicht, der auch dem Attischen nicht ganz fremd war. In den neueren Mundarten ist das Augment zumteil Regel, wenn es den Wortton auf sich hat, z. B. ἔγραψα 'ich schrieb', aber 1. Plur. γράψαμε neben ἐγράψαμε, andere vermeiden es in mehr als zweisilbigen Formen. S. Wackernagel a. a. O. 171ff., Hatzidakis Ἀθηνᾶ 14, 133ff., Thumb a. a. O. 111ff.

IV. Reduplizierte Verbalbildungen[1]).

1. Allgemeines.

13. Alles, was man beim Verbum Reduplikation nennt, beruht im letzten Grund auf der Wiederholung eines einzelnen Wortes, wie sie überall zur Bezeichnung eines sich wiederholenden Geschehens oder zu nachdrücklicherer Begriffsbetonung

1) Arbeiten über Reduplikation im allgemeinen s. 2, 1, 46 Fussn. 1; hierzu Wood Iteratives, Blends, and 'Streckformen', Modern Philology 9 (1911) S. 157 ff., A. Zanolli Studio sul raddoppiamento, allitterazione e ripetizione nell' armeno antico, Florenz 1911. Über Doppelung im Verbum im besondern handeln folgende Arbeiten. A. Williams On Verb-Reduplication as a means of expressing completed action, Transact. of the Amer. Phil. Ass. 1875 S. 54 ff. G. Uljanov Die Iterativbedeutung reduplizierter Stämme (russ.), Russ. Filol. Věst. 49, 235 ff. (IF. Anz. 20, 22 f.). C. Pauli Das praeteritum reduplicatum der idg. Sprachen und der deutsche Ablaut, KZ. 12, 50 ff. H. Osthoff Zur Gesch. d. Perf. S. 264 ff. und passim. Andersen Den Reduplikations-Vokalen i Verbernes Perfektformer i de indoeuropäiske Sprog, Festskrift til V. Thomsen (1894) S. 131 ff. H. Hirt Die reduplizierten Bildungen, in: Ablaut S. 190 ff. G. Burchardi Die Intensiva des Sanskrit und Avesta, Halle 1892 und BB. 19, 169 ff. Verfasser Zu den reduplizierten Verbalbildungen des Indoiranischen, IF. 31, 89 ff. H. Ebel Reduplicierte Aoriste im Griech., KZ. 2, 46 ff. H. von der Pfordten Zur Gesch. des griech. Perf. S. 42 ff. O. Lautensach Gramm. Studien zu den griech. Tragikern und Komikern: Augment und Reduplikation, Hannover 1899. W. Deecke De reduplicato linguae Latinae praeterito, Leipz. 1869. A. Meillet Deux notes sur les formes à redoublement, Mélanges Havet S. 263 ff. Wh. Stokes Reduplication im altir. Verbum, Kuhn-Schleicher's Beitr. 2, 396 ff. E. Windisch Das reduplicierte Perfectum im Ir., KZ. 23, 201 ff. A. Moller Die reduplicierenden Verba im Deutschen als abgeleitete Verba, eine etymologische Untersuchung, Potsdam 1866. W. Scherer Die reduplicierten Präterita, Z. f. österr. Gymn. 24, 295 ff. und Z. f. d. Alt. 19, 154 ff. 390 ff. E. Sievers Die reduplicierten Präterita, PBS. Beitr. 1, 504 ff. Pokorny Üb. die reduplizierten Präterita der german. Sprachen und ihre Umwandlung in ablautende, Landskron 1874. F. Holthausen Die reduplicierenden Verba im German., KZ. 27, 618 ff. R. E. Ottmann Die reduplicierten Präterita in den germ. Sprachen. Alzey 1890. G. Holz Die im Got. noch reduplicierten Perfecta, in: Urgerm. $\bar{e}$ u. Verwandtes (Leipz. 1890) S. 21 ff. H. Lichtenberger De verbis quae in vetustissima Germanorum lingua reduplicatum praeteritum exhibeant, Nancy 1891. R. Kögel Zu den reduplizierten Präterita, PBS. Beitr. 16, 500 ff. F. A. Wood Germanic Studies, II: Reduplicating verbs

von jeher vorkommt. Besondere Doppelungsarten haben schon in uridg. Zeit den Charakter eines blossen Formans angenommen, indem sie in den Dienst der Tempusstammbildung gestellt und hier zu produktiven Bildungsprinzipien wurden. Zunächst dienten sie dazu, bestimmte Aktionsarten (Iteration usw.) zu bezeichnen, später aber wurde die Reduplikation auch zu einem Mittel der Zeitenunterscheidung (z. B. lat. *pe-pendit* 'er wägte', *pendit* 'er wägt'). Vgl. 2, 1, 46 f. Vermutungen über die innere Beziehung der Reduplikation zur Bedeutung des Perfektstamms u. dgl. neuerdings bei Loewe KZ. 40, 268 ff.

Von dem Verhältnis der reduplizierten Verba zu den reduplizierten Nomina ist 2, 1, 126 ff. gehandelt.

Verschiedene Arten von Reduplikation haben sich mit verschiedener Bedeutung in uridg. Zeit festgesetzt. Vollständigere Reduplikation war gewöhnlich Zeichen von Iterativ- oder Intensivbedeutung. So charakterisierte Formen bildeten dann ein Verbum für sich, z. B. ai. Präs. *dár-darti*, Prät. *a-dar-diruḥ* (zu *dar-* 'spalten, zerbrechen'), griech. πορ-φύρω 'bin in unruhiger Bewegung'. Selten nur gehörte diese Art von Reduplikation bloss einem bestimmten einzelnen Tempusstamm an, z. B. griech. ἀγ-αγεῖν, Aor. zu ἄγειν 'treiben, führen'. Dagegen ist einsilbige, auf *-i* und auf *-e* auslautende Reduplikation schon seit uridg. Zeit ganz vorzugsweise an bestimmte Tempusstämme geknüpft gewesen, wie griech. Präs. γί-γνομαι, Perf. γέ-γονα, zu W. *ĝen-* 'gignere'.

In der Geschichte der reduplizierten Formen haben dissimilatorische Tendenzen eine Rolle gespielt. Die Einzelheiten werden unten zur Sprache kommen. Hier sei beispielsweise darauf hingewiesen, dass das Lateinische zwar Formen wie *ce-cinī*, *me-minī* hatte, aber keine gleichartigen Bildungen zu Wurzeln mit *r-*, *l-*, vgl. z. B. *rūpī* : ai. *ru-rōpa a-rū-rupat*; *līquī* : griech. λέ-λοιπα; im

---

in Germanic, Chicago 1895. O. Hoffmann Das Präteritum der sogen. reduplizierenden Verba im Nord- u. Westgerm., Γέρας S. 33 ff. A. Bezzenberger Zu den germ. reduplizierten Präteriten, KZ. 42, 383. J. Hoffory Die reduplicierten Präterita im Altnord., KZ. 27, 618 ff.

Vgl. auch die Literaturangaben zu der Bildung der Tempora.

Urgriech. wurden in der Zeit, als uridg. *r-* prothetischen Vokal bekam (1, 824. 907), zu Wurzeln mit anlautendem *r* keine reduplizierten Formen gebildet (später hom. ῥερυπωμένος, Curtius Griech. Verb.² 2, 148)[1]). Unklar bleibt dabei aber, wie weit in solchen Fällen der Dissimilationstrieb Anlass zum Aufgeben von bestehenden reduplizierten Formen gewesen ist und wie weit er Schöpfung von solchen Formen verhindert hat. Ferner ist nicht mehr zu ersehen, wie weit er als haplologischer Trieb beteiligt gewesen ist, wenn eine reduplizierte Tempusklasse in einer Sprache die Reduplikation verloren hat. Z. B. got. *laiƕ* ahd. *lēh* : griech. λέ-λοιπα, ahd. *rōȝ* : ai. *ru-rōda*. Wobei nicht etwa aus got. *lai-lōt*, *rai-rōþ* gefolgert werden darf, dass für got. *laiƕ* und ahd. *rōȝ* Haplologie nicht in Frage komme. Denn erstlich haben überall Dissimilation und Systemzwang (Tendenz zu stofflicher oder formaler Ausgleichung) im Kampf mit einander gelegen, und zweitens sind die dissimilatorischen Tendenzen nicht in allen Perioden einer Sprachentwicklung in gleichem Masse wirksam. Zu dem Verlust der Perfektreduplikation im Germ. vgl. § 404.

14. Von uridg. Zeit her hat sich in einigen Sprachzweigen die Reduplikation im Verbum, ähnlich wie das Augment (§ 5), eine gewisse Selbständigkeit bewahrt nach Art des ersten Gliedes eines Kompositums. Diese bekundet sich in verschiedenem:

1) Im Altindischen in Doppelaccenten wie *bál-balīti*, (*pra-*)*jí-janayišḗt*, vgl. Doppelaccente wie *abhí-gōpāyḗt*, *ḗka-saptatíḥ*. Damit hängt vielleicht zusammen das Schwanken der Accentsetzung z. B. in 3. Sing. *dá-dhīta* und *da-dhītá*, *bí-bharti* und *bi-bhárti*, *dá-dr̥šē* und *da-dr̥šḗ* (vgl. § 58); dies erinnert daran, dass neben *ḗka-saptatíḥ* zugleich *ḗka-saptatiḥ* und *ēka-saptatíḥ* vorkommen. Vgl. Leumann KZ. 31, 25 f., Bartholomae IF. 7, 99, Wackernagel Ai. Gr. 1, 295, Verf. K. vergl. Gr. 55.

2) Darin, dass im Ai. (nach den indischen Grammatikern) der Nasal im Auslaut von Reduplikationssilben so behandelt

1) Dass im Urgriech. z. B. zu ἐρείκω 'reisse auf' kein redupliziertes Perfekt (**re-roika*) bestand (vgl. ai. *li-lḗkha*), hing wohl zugleich mit der Stimmhaftigkeit des *r* zusammen, und Perfekta wie das genannte hom. ῥε-ρυπωμένος kamen vermutlich erst auf, als Formen mit anlautendem stimmlosen *r* entsprungen waren.

wurde, als stände er im Wortauslaut, z. B. *tạtanyatē* neben *tantanyatē*, gleichwie *sạtanyatē* neben *santanyatē* (Präposition *sam*). S. 1 § 1001, 5 S. 879 f.

3) In dem Quantitätswechsel des die Reduplikation schliessenden Vokals, z. B. ai. 3. Sing. *bharī-bharti* neben 3. Plur. *bhari-bhrati* und (mit uridg. *-ē*) hom. δη-δέχαται 'sie bewillkommnen' (δειδέχαται falsche Schreibung) neben δέ-δεγμαι, ai. *dā-dharti dā-dhāra* gthav. *dā-drē* neben ai. *da-dhāra da-dhrē*. S. 1, 496, K. vergl. Gramm. 145. Im Perfekt scheint bei rein perfektischer (nicht intensiver) Bedeutung schon in uridg. Zeit *ĕ* verallgemeinert worden zu sein, da, wie das Griechische, so auch das Italische, Keltische, Germanische hier nur *ĕ* kennen: lat. *cecinī*, ir. *ce-chan*, got. *rai-rōþ* ags. *reord* (vgl. § 16, a. 401). Formen wie ai. *dā-dhāra*, gthav. *dā-drē* waren also Intensivperfekta.

4) In der Gestaltung des konsonantischen Anlauts der Wurzelsilbe, indem dieser sich nach den Gepflogenheiten des Wortanlauts richtet. So besonders in griech. Formen wie ἔρρωγα = urgriech. *ϝε-ϝρωγα, vgl. arg. ϝεϝρημένα = εἰρημένα. Dieselben Verhältnisse hinter den Präpositionen und dem Augment, s. 1, 880. 907. 2, 3, 12. Mit dieser Erscheinung des Griech. vergleicht sich, dass im Lat. die Wurzelsilbe in Perfekta wie *fe-fellī* das lautgesetzlich nur dem Wortanlaut zukommende *f* (1, 668 f.) aufweist, dass im Ir. die Gruppen *gl*, *gr*, *chl* gegen 1 § 938, 1 oft erhalten geblieben sind, z. B. *-gegrainn* (*ad-greinn* 'er verfolgt'), *-cechladatar* (*claidid* 'er gräbt'), und dass im Germ., von aisl. *sera* aus **sezō* (got. *saisō*) und got. *saizlēp* (neben *saislēp*) abgesehen, im konsonantischen Anlaut der zweiten Silbe keine Wirkungen des Verner'schen Gesetzes (1, 697. 777) erscheinen, vielmehr, wie in den genannten got. *saisō*, *saislēp*, der Stand des Wortanlauts, vgl. noch got. *hai-hait*, *fai-fāh*, *fai-flōk*.

5) kann auch die Schreibung *vhe* : *vhaked* ('fecit') auf einer pränestinischen Spange (1, 501 Fussn.) und *pe* : *para*[*i*] auf einer altfalisk. Inschrift (Herbig IF. 32, 84 ff.) erwähnt werden.

2. Die verschiedenen Reduplikationstypen.

15. Die folgenden Reduplikationstypen haben als uridg. zu gelten. Wir beginnen mit den verbreitetsten Typen und ordnen an nach dem Formalen, nicht nach der Bedeutung der reduplizierten Form.

16. I. Einsilbige Reduplikation auf *ĕ* (§ 14, 3).

1) Reduplikation auf *ĕ*: Typus γέγονε. Seit uridg. Zeit sicher in perfektischen Formen (§ 355). Vielleicht erst im Anschluss ans Perfekt ist *ĕ* in nichtperfektische Tempora gelangt.

a) Konsonantischer Wurzelanlaut.

Perfekt. W. *men-* 'denken, sinnen, trachten': ai. *ma-mnātē ma-manyāt*, av. *ma-mne*, griech. μέ-μονα μέ-μαμεν, lat. *me-minī*. W. *g^u^hen-* 'schlagen, töten': ai. *ja-ghāna ja-ghnē*, av. *ǰa-γnvā*, griech. πέ-φαται, ir. *-ge-goin*. W. *stā-* 'stehen': ai. *ta-sthāú ta-sthimá*, av. *ri-ša-star^ə^*, griech. ἕ-στηκα (dor. ἕ-στᾱκα) ἕ-σταμεν, lat. *ste-tī*. W. *dhē-* 'setzen, legen': ai. *da-dhāú*, griech. τέ-θεται, lat. *con-didī* aus **-dedai*, osk. prú-ffed 'posuit' aus **pro-fefed* (alat. *vhe-vhaked*, osk. *fe-facid*), ahd. *te-ta* (§ 400, 2). W. *dō-* 'geben': ai. *da-dāú*, griech. δέ-δοται, lat. *de-dī*, osk. deded umbr. dede, gall. *de-de*. W. *pāk- pāĝ-* 'fest machen': griech. πέ-πηγα (dor. πέ-πᾱγα), lat. *pe-pigī*, got. *fai-fāh*. Nichtperfektische Formen. W. *seq^u^-* 'sequi': ai. *sá-ščati*, griech. ἑ-σπέσθαι. W. *g^u^hen-* 'schlagen, töten': ai. *ja-ghnant-*, av. *ni-ǰa-γnənte*, griech. ἔ-πε-φνον. W. *u̯eq^u^-* 'sprechen': ai. *á-vōcat* av. *vaočat̰* (urar. **u̯a-u̯č-*), griech. Ϝειπέ (§ 24, 2, a). W. *i̯es-* 'wallen, sieden': ai. *yḗṣati* av. *yaēšənta* (urar. **i̯a-i̯š-*). W. *dhē-* 'setzen, legen': ai. *dá-dhāti*, av. *da-δā^i^ti* apers. *a-da-dā^h^*, lit. *de-dù*.

Dass auch ar. *a* auf uridg. *e* zurückgeht, wird durch die Palatalität des Konsonanten der Reduplikationssilbe in den Formen wie ai. *ja-ghāna* av. *ǰa-γnvā*, ai. *ca-kāra* apers. *ča-xriyā^h^* bewiesen (1 § 643. 690).

Got. *ai*, durchgehend in der Reduplikationssilbe, ist vermutlich so zu erklären, dass es von den Verba, die mit *h-* und *r-* begannen (*hai-hait*, *-rai-rōþ*, s. 1 § 126 Anm.), auf alle andern übertragen wurde (s. Feist PBS. Beitr. 32, 470 f.). Weniger wahrscheinlich ist mir Entstehung aus uridg. *ē* (vgl. ai. *dā-dhāra*, unten 2), der namentlich die Vokalkürze in aisl. *sera* = got. *saísō*, ags. *reord* = got. *rairōþ* widerspricht. Vgl. noch Meillet Mél. Havet S. 271, Bezzenberger KZ. 42, 383.

Wo im Perfekt nicht **e* in der Reduplikationssilbe auftritt, scheint dies auf einzelsprachlicher Neuerung zu beruhen:

α) Im Arischen drang, wenn die Wurzelsilbe *i* oder *u* hatte, im Perfekt *i*, *u* für *a* in die Reduplikationssilbe ein. Ai. *di-dvḗṣa*, av. *di-dvaēša di-dvišma*; ai. *ru-rṓdha*, av. *"rū-raoδa*; ai. *ju-hā́va ju-huvuḥ* (griech. κέ-χυται). Jedoch ai. *ba-bhū́va* (hom. πε-φύασι) neben av. *brāva* d. i. **bu-bāva*, ai. *sa-sū́va* neben *su-ṣā́va su-ṣuvé*. S. § 373, 1. Vgl. das unursprüngliche *ŭ* für *ĭ* in ai. Präs. *ju-hṓmi ju-humáḥ* (Perf. *ju-hā́va*) neben *pí-parmi*, Aor. *a-šu-šruvat a-dū-duṣat* neben *á-pi-spr̥šat*, *á-jī-janat* in § 17, 1. Man beachte dabei, dass vor dem *u* der Reduplikationssilbe regelmässig *č-*, *ǰ-* (nicht *k-*, *g-*) erscheinen, die durch das vorar. *e* = urar. *a* (ai. *ca-kā́ra* usw.) bedingt waren: z. B. ai. *cu-kup-*, *ju-ghuṣ-* (1 § 640). Über diese Neuerungen in den ar. Sprachen s. Bartholomae Gr. d. iran. Ph. 1, 53 f. und unten bei den einzelnen Tempora. Im älteren Latein herrschte im Perfekt vielleicht noch allgemein *ĕ*, wie *me-mordī*, *spe-pondī*, *pe-pugī*. Später erscheint überall qualitative Übereinstimmung des Reduplikationsvokals mit dem Wurzelvokal, wo dieser dem Vokal in der ersten Silbe des Präsens gleich war, daher z. B. *momordī* (*mordeo*), *pupugī* (*pungo*), *scicidi* (*scindo*), aber immer *pepulī* (*pello*), *cecidī* (*cado*), *dedī* (*dō*) usw. Dass das Faliskische und das Oskische die analoge Erscheinung kannten, scheint aus den Formen falisk. *fifiked*, osk. fifikus hervorzugehen, s. Herbig IF. 32, 71 ff. 78 ff. Im Irischen begegnet neben den Formen mit *e* das Perf. *-cuala* (in *ro-cluinethar* 'er hört'), das, nach mkymr. 3. Sing. *cigleu* zu schliessen, auf **cu-clou̯* beruht (vgl. 1 § 938, 1), also dem ai. *šu-šrā́va* gleicht. Ferner gleicht dem lat. *mo-mordī*, mit *mo-* nach *mordeo*, im Ir. *ro-cachain* für *-ce-chain*, mit *ca-* nach *canid* 'er singt', *-bobig* für **-bebig*, mit *bo-* nach *bongid* 'er bricht' u. a. (Thurneysen Handb. d. Altir. 1, 394).

Die Übereinstimmung zwischen ai. *šu-šrā́va* und mkymr. *cigleu* und zwischen ai. *tu-tudḗ* und lat. *tu-tudī* im Vokalismus des Reduplikanten möchte ich hiernach trotz Meillet Bullet. de la Soc. de lingu. no. 59 S. XVII nicht für altüberkommen halten.

β) Die dem Indischen eigentümlichen Perfektformen wie *uvā́ca ūcúḥ* (von *vac-* 'sprechen') neben *vavā́ca* av. *vavača* 1. Plur. gthav. *vaox*ᵊ*mā* (gleichartige Formen erscheinen von *vaš-*, *vap-* u. a. dgl.) und *iyā́ja ījúḥ* (von *yaj-* 'opfern') neben *yḗjé* waren

Neubildungen nach der Art der Perfekta von Wurzeln, die mit urar. *au-*, *ai-* anlauteten, wie *uv-ṓṣa ūṣúḥ*, zu *uṣ-* 'brennen' (*ṓṣati*, *uṣṇánt-*), *uv-ṓca ūciṣḗ*, zu *uc-* 'Gefallen finden' (*ṓcana-m ucyati*), *iy-ḗṣa īṣúḥ*, zu *iṣ-* 'suchen, verlangen' (*ēṣati -iṣant-*), über deren Reduplikationsweise § 22, 3 zu handeln ist. Die Möglichkeit dieser Nachbildung war durch die Schwundstufenformen des Verbalsystems geboten, die beiderseits *u-* und *i-* hatten, z. B. *ucyátē* zu *vac-* wie *ucyati* zu *ōc-*. S. IF. 31, 98 ff.

Anm. Diese in der 1. Aufl. (2, 1220 f.) gegebene Deutung von *uvāca* usw. vertritt auch Bartholomae IF. 3, 38 f., IF. Anz. 8, 13. 17. Anders, aber mich nicht überzeugend Thumb Handb. des Skr. 1, 361 f., Meillet Einführung 106.

b) Ob bei sonantischem Wurzelanlaut einmal *e* als Reduplikationssilbe im Perfekt in ähnlicher Weise wie bei konsonantischem Wurzelanlaut, ohne Rücksicht auf Zugehörigkeit der Wurzelsilbe zu dieser oder jener Ablautreihe, verbreitet gewesen ist, bleibt unklar. Tatsächlich erscheinen von alters her lange Vokale im Anlaut, z. B. ai. *ása* gegenüber Präs. *ásti*, Vokallängen, die wohl ebenso Ergebnis einer Zusammenziehung waren, wie die langen Vokale, in denen das Augment **e* aufgegangen war (§ 6). Besondere Schwierigkeiten ergeben sich aber daraus, dass im Perfekt der vokalisch anlautenden primären Verba einmal ebenso ablautliche Stammabstufung vorhanden gewesen sein muss wie bei den konsonantisch anlautenden Verba (Ϝοῖδα Ϝίδμεν Ϝειδώς, γέ-γονα γέ-γαμεν). Die hieraus entstandenen Verschiedenheiten der kontrahierten Formen werden schon frühe, wohl schon in uridg. Zeit, zu Ausgleichungen zwischen den starken und den schwachen Stammformen geführt haben (vgl. beim Augment ai. *ásma* griech. ἦμεν wie *ásam* ἦα gegenüber Präs. *smáḥ* : *ásmi*, § 9). Im Griech., das für die Bestimmung der Qualität der uridg. langen Vokale besonders wichtig ist, komplizieren sich die einschlägigen Fragen durch das frühe Umsichgreifen der sogen. attischen Reduplikation (z. B. ὄρ-ωρα gegen ai. *ára*) und durch die analogische Einwirkung der augmentierten auf die reduplizierten Formen. Zuletzt hat Solmsen versucht (KZ. 39, 227 ff.)[1]), die einschlägigen uridg. Verhältnisse zu bestimmen.

[1]) Vgl. Grundr. 1, 495. 840, K. vergl. Gramm. 544, Bartholomae IF. 3. 15 ff., Hirt D. idg. Acc. 146, Lorentz IF. 8, 68 ff., Loewe KZ. 40. 282. 308 f., Janko IF. 20, 313.

Formen, die unter andern für die Rekonstruktion des uridg. Typus in Betracht kommen, sind die folgenden. Ai. *āsa āsúḥ*, av. *åŋha*, griech. ἦσθα (§ 367), zu W. *es-* 'sein'; dass litt. *ės-* in *ė̃same* aus dem Perfekt stamme, ist sehr unsicher (§ 5 Anm. S. 12). Ai. *āja*, att. ἦχα (dor. ἀγ-άγοχα § 22, 1), lat. *ēgī*, aisl. *ók*, zu W. *aĝ-* 'agere'. Ai. *āna*, got. *-ōn -ōnun*, zu W. *an-* 'atmen'. Ai. *āra āruḥ* (griech. ὄρ-ωρα), zu ὄρνῡμι 'ich errege'. Griech. ἄν-ωγα zu ἦ 'sprach', W. *ēĝ-* (§ 57).

Neuerungen nach der Analogie der konsonantisch anlautenden Wurzeln waren got. *aíauk* aisl. *iók*, zu got. *aukan* 'mehren', *af-aíaik*, zu *af-aikan* 'absagen'; so vermutlich auch ahd. *iar iarun*, zu *erien* (got. *arjan*) 'arare', aus **e-ara*. Vgl. Janko IF. 20, 305. 313, Feist PBS. Beitr. 32, 479 f. 488 f.

2) Reduplikation auf *ē*: Typus δη-δέχαται. Vgl. § 14, 3. Alle hergehörigen Formen, Präsentia und Perfekta, waren vielleicht begrifflich von Haus aus Intensiva. Auf der uridg. Qualität von *ē* beruhen die ar. *č*, *ǰ* der Reduplikanten *čā-*, *ǰā-* (1 § 640). Ai. *jā-garti jā-gāra* griech. ἐγρήγορα für *ἐγήγορα (ρ nach ἐγρέσθαι), zu W. *ger-* 'wachen'. Ai. *dā-dharti dā-dhāra* gthav. *dā-drē*, zu ai. *dhar-* 'halten'. Ai. *cā-kandhi* (Imper.), gthav. *čā-xnarə*, zu *kan-* 'Gefallen finden an, Verlangen tragen nach'. Ai. *jā-grah-* (Gramm.), av. *jā-gərəbuš-*, zu ai. *grabh- grah-* 'ergreifen'. Ai. *mā-mr̥juḥ*, zu *marj-* 'wischen'. *nā-nadati* (3. Plur.), zu *nad-* 'schreien, brüllen'. *bā-badhāna-ḥ*, zu *bādh-* 'drängen, verdrängen'. Gthav. *rā-rəšyeᵉntī*, zu *rah-* 'abtrünnig sein'. Ai. *pā-pr̥-* (Gramm.), av. *pā-frāᶦti*, zu ai. *par- prā-* 'füllen'. Dazu Nomina wie ai. *dādhr̥ṣi-ḥ* 'kühn' apers. *dādarši-š* Eigenn., zu ai. *dā-dhr̥ṣuḥ* (2, 1, 129).

Von dem genannten ἐγρήγορα für *ἐγήγορα abgesehen, ist hom. δη-δέχαται δή-δεκτο das einzige einigermassen sichere Beispiel dieses Typus im Griech. Sehr zweifelhaft ist, ob dazu hom. -νηνέω (-ενήνεον) 'ich häufe' (παρα-νηνέω u. a.) gehört.

17. II. Einsilbige Reduplikation auf *-ĭ*: Typus γί-γνομαι, *á-jījanat*. Diese Reduplikationsweise erscheint seit uridg. Zeit im Präsens und in dem reduplizierten *s*-Desiderativum (§ 262).

Der Gedanke liegt nahe, *ĭ* sei zunächst nur dann der Vokal der Reduplikationssilbe gewesen, wenn die Wurzel ein *i*-Element gehabt habe, und von da aus sei *ī* auf Formen mit *i*-loser Wurzel übertragen worden (so z. B. Reichelt BB. 27, 71 f.). Doch bleibt das eine sehr unsichere Vermutung.

1) Konsonantischer Wurzelanlaut. Der Wechsel *i* : *ī* ist nur im Ai. sicher belegt. Auf die Quantitätsbezeichnung im Av. ist nach 1 § 64, 1 nichts zu geben.

Ai. *tí-ṣṭhati* av. *hi-štənti* apers. *a-ʰi-štatā*, griech. ἵ-στημι, lat. *si-sto*, ir. *ar-sissedar*, W. *stā-* 'stehen'. Ai. *jí-gāti*, griech. βί-βησι, W. *g*ᵘ*ā-* 'gehen'. Av. *zī-zanənti*, griech. γί-γνομαι, lat. *gi-gno*, ir. *gi-gnithir* ('nascetur'), ai. Aor. *á-jī-janat*, W. *ĝen-* 'gignere'. Ai. *bí-bharti bi-bhr̥máḥ*, griech. ἐσ-πιφράναι, W. *bher-* 'ferre'. Ai. *pí-parti*, griech. -πίπλημι -πίπλαμεν, W. *pel-* 'füllen'. Ai. *sí-ṣakti* av. *hi-šaxti* gthav. *hi-šč̣amaidē*, W. *seq*ᵘ*-* 'sequi'. Av. *-zī-zušte* 'er findet Geschmack an', W. *ĝeus-*. — Ai. Desid. *bí-bhitsa-ti*, W. *bheid-* 'findere'. Ir. Fut. 3. Plur. *lilsit* (Präs. 3. Sing. *ligid*), W. *leiĝh-* 'lecken'.

Ai. *á-dī-dhēt* 'er schaute' *dī-dhimáḥ dī́-dhyē* av. *di-δāiti*, apers. Imper. *dīdiy* haplologisch für **dī-dīdiy*, Perf. ai. *dī-dhaya* av. *ā-di-δaya*, zu ai. *dhāy-* 'sehen'. Ai. *pī-pyāna-ḥ*, Perf. *pī-pā́ya*, zu *pāy-* 'schwellen'. Vgl. Wackernagel KZ. 41, 309.

Im Ai. wechselten im Aor. *i* und *ī* in der Art, dass *i* vor mehrfacher Konsonanz und dann vor einfacher, wenn die nächste Silbe lang war, *ī* vor einfachen Konsonanten bei folgender kurzer Silbe gesprochen wurde, z. B. *á-pi-spr̥šat*, *á-di-dīkṣat*, aber *á-jī-janat*. Vgl. § 14, 3. Bei Wurzeln mit *u*-Vokalismus erscheint (im Ai. regelmässig) in der Reduplikationssilbe *ū* für *ī*. Daher z. B. ai. *á-šu-šruvat* und *á-du-dušat*, Desid. *šu-šrūṣatē*, av. *su-srušəmna-*. Vgl. § 16, a, α S. 25.

Anm. Griech. πίπτω 'falle', von W. *pet-*, hatte schwerlich uridg. *ī* wie ai. *a-pī-patat*. Vielmehr wird sein ῑ von dem bedeutungsverwandten ῥίπτω 'werfe' entlehnt sein.

2) Sonantischer Wurzelanlaut. Die hier in schwachen Stammformen auftretenden *ī-* sind in uridg. Zeit durch Kontraktion von *i-* mit dem geschwächten Anlaut der Wurzel erwachsen (1 § 543, 2, K. vergl. Gramm. 145, Kretschmer KZ. 31, 385).

Ai. *íy-arti*, Med. *īrtē*, zu *ar-* 'in Bewegung setzen', dazu av. Konj. *uzyarāt̰* 'er soll aufgehen' d. i. *-iyarāt̰*, gthav. *īratū* 'er soll sich erheben'. Ai. *īkṣatē* 'er sieht', zu av. *aiwy-āxšayāt̰* (1, 153);

dasselbe uridg. $\bar{\imath}q^{\mu}$- in gr. ἐν-ῑπή 'Ahndung', ὀπ-ῑπεύω 'ich begaffe' (IF. 12, 31). Ai. *ī́psati* (vgl. *apsanta* § 258, 1), zu *āpnṓti* 'er erlangt', *ī́rtsati*, zu *r̥dhnṓti* 'er gedeiht' (Fut. *ardhiṣyatē*). Ob die Annahme von Güntert IF. 30, 111 ff., *īrtḗ* und *ī́rtsati* seien für lautgesetzliche **i-r-tē*, **i-rtsa-ti* eingetreten, richtig ist, mag dahingestellt bleiben; über *ī́rtsa-ti* s. § 22 Anm., § 264, 4, b.

Griech. ἰ-αύω 'ich raste', zu αὖλις (IF. 15, 90); auch ἰ-άλλω 'ich schicke, werfe', falls zu W. *el-* (vgl. J. Schmidt Kritik 24), und ἰάσκειν· ἄγειν Hesych, falls zu ἄγω.

Für das *i-* in dem ir. redupl. *s*-Fut. *iorr-* (1. Sing. *-iurr*), zu *orgid* 'er schlägt', kommt in Betracht, dass das Wort zu einer W. *perg-* zu gehören scheint (§ 52, II, § 267). Über ir. *s*-Fut. *ī̆ss-*, zu W. *ed-* 'essen', s. § 267.

Hat die Wurzel einen *i*-Diphthong, und die Reduplikation ist *i-*, so hat man es mit der sogen. attischen Reduplikation zu tun, z. B. ai. *iy-áya*, *iy-ḗṣa*, s. § 22.

18. III. Typus πορ-φύρω. Hier erscheinen besonders oft gleichartig reduplizierte Nomina daneben, wie griech. γαρ-γαίρω : γάρ-γαρα (2, 1 § 71 S. 127 f.), wobei es denn meist unklar bleibt, ob das Nomen postverbal oder das Verbum postnominal war.

Dafür, welches die Qualität des Vokals der Reduplikationssilbe in uridg. Zeit war, ist kein zuverlässiger Anhalt gegeben. Jedenfalls war aber die Reduplikationssilbe von uridg. Zeit her meist oder regelmässig vollstufig, auch wenn die Wurzelsilbe selbst schwundstufig war (ai. *car-kr̥dhi*, *jō-huvanta*). Im Ar. erscheinen dabei, wenn die Wurzel mit *k-*, *g-*, *gh-* anlautete, in der Reduplikation allermeist Palatale, wie *car-karti*, *jáṅ-ghanti* (jedoch *galgalīti*, zu *galati* 'er träufelt herab', gleichwie beim Nomen *gárgara-ḥ*, *gharghara-ḥ* u. dgl.). Daraus darf aber nicht auf vorar. *e* geschlossen werden, weil sich bei diesen Bildungen mit einsilbiger Reduplikationssilbe (vgl. dagegen *ghání-ghnat-*, § 19) der Reduplikationsanlaut leicht nach den Typen I und II (*ja-ghnant-*, *ja-ghā́na* und *jí-ghnatē*, *a-jī-ghanat*) gerichtet haben kann. Vgl. Burchardi BB. 19, 182 f., J. Schmidt KZ. 32, 351 f.

Der Bedeutung nach waren diese Verba von uridg. Zeit her Intensiva (Iterativa), doch blieb ihnen dieser Sinn nur dann regelmässig gewahrt, wenn daneben eine unreduplizierte Bildung von derselben Wurzel am Leben war, wie ai. *jáṅ-ghanti* : *hánti*.

1) Die ganze, auf éinen Konsonanten ausgehende Wurzel ist wiederholt.

a) Der Schlusslaut der Wurzel ist ein Sonorlaut. Ai. *jar-bhurīti* 'er zappelt, bebt' (über *j-* statt *b-* s. § 24 Anm. 2), griech. πορ-φύρω 'bin in unruhiger Bewegung' (wahrscheinlich mit lat. *ferveo* verwandt, s. Walde Lat. et. Wtb.² 329, Meillet Rev. slav. 2, 64f., Persson Beitr. 785). Arm. *mr̥-mr̥am* 'murmle, murre', griech. μορ-μύρω 'rausche, murmle', lat. *mur-murāre* (*murmur*); ahd. *murmurōn murmulōn* (mhd. *murmer murmel* 'Gemurmel, Murren') mag aus dem Lat. entlehnt sein. — Arisch. Ai. *car-kr̥dhi*, av. *čarᵊ-kərᵊmahī*, zu ar. *kar-* 'gedenken'. Ai. *dár-darti dar-dirat*, av. *darᵊ-daⁱryāṯ*, zu ar. *dar-* 'spalten, zerbrechen'. Ai. *tar-tūryantē*, zu ar. *tar-* 'überschreiten'. *nán-namīti*, zu ar. *nam-* 'beugen'. Ai. *jō-havīmi jō-huvanta*, gthav. *zao-zaomī*, zu ai. *hū-* 'rufen'. Ai. *dō-dhavīti*, zu *dhū-* 'schütteln' (vgl. arm. *de-devim* 'ich schwanke, wanke'). *vē-vēti*, zu *vī-* 'appetere', *vē-vīyatē*, zu *vī-* 'flattern' (vgl. § 19 Anm.). — Armenisch. *sor-sorem* 'sprudle', *sar-sr̥am* 'zittre', *tʻr̥-tʻr̥am* 'flattre', *kot-kotim* 'jammre', *rat-ratem* 'beeile mich', *pʻal-pʻalim* 'glänze'. Vgl. Meillet Mém. 11, 397ff., Scheftelowitz BB. 19, 65f. — Griechisch. γαρ-γαίρω 'wimmle' (γάργαρα 'Gewimmel'), zu γέρ-γερα (2, 1, 127), μαρ-μαίρω μαρ-μαρίζω 'flimmere', καρ-καίρω 'dröhne'. παμ-φαίνω 'leuchte hell' (hom. παμφανόωσα), zu φαίνω, βαμ-βαίνω 'klappre mit den Kinnbacken' oder 'taumle'. Etwas zweifelhaft ist, ob ἀίσσω att. ᾄττω 'stürme, fahre auf etwas los' als *[F]αι-Fικιω hierher gehört (§ 133). — Lateinisch. *tin-tinnāre*, *tin-tinnīre* (*-nn-* hatte das Wort als onomatopoietisches Gebilde). — Slavisch. Aksl. *glagolją glagolati* 'sprechen', russ. *gologólitʹ* 'plappern' aus **gol-gol-* (*glagolъ* 'Schall, Wort'). Aksl. *plapolati* 'iactari, excitari', čech. *plápolati* 'flammen' (*plápol* 'Flamme'). Aksl. *mrъmrją mrъmrati* aus **mr̥r-mr̥r-*, aruss. *moromrati* 'nagen'. Russ. *torotóritʹ* čech. *trá-tořiti* 'plappern' (aksl. *trъtorъ* 'sonus').

Anm. Dass ahd. *murmurōn* aus dem Lat. entnommen sein mag, ist oben erwähnt. Ob unter den echt germanischen Verba Vertreter dieses Typus sind, ist zweifelhaft. Man nennt got. *reiraiþ* 'er bebt, zittert', das als *rei-raiþ* (urgerm. *rī-* aus **rei-*?) zu ai. *lē-lāyati* 'er schwankt' gehören soll, doch s. Rozwadowski Quaest. gramm. et etym. 2, 11 ff., Ciardi-Dupré Actes du 12me Congrès des Orient. 3, 159 f. Ferner got. *-geigaiþ* 'er sucht zu gewinnen' (nebst ahd. *gingēn* 'verlangen', Typus V?), zu ahd. *gīēn* 'hiare, begehren'? Vgl. Feist Et. Wtb. d. got. Spr. 97, Meringer IF. 16, 135. Am wenigsten bedenklich ist mir, dass man aus ahd. *rērēn* ags. *rárian* 'brüllen, blöken' eine urgerm. 1. Sing. **rai-rējō* entnimmt und diese zu lit. *rėju* 'ich brülle' zieht (§ 141, 2).

b) Der Schlusslaut der Wurzel ist ein Geräuschlaut. Dieser Typus kommt nur im Ai. (vereinzelt) und im Arm. vor und dürfte einzelsprachlichen Ursprungs sein; vgl. über die Nomina ai. *gadgada-ḥ* arm. *kskic* 2, 1 § 71 Anm. S. 128. Ai. *badbadhḗ*, zu *bādh-* 'drängen'. Arm. *bek-bekim* 'ich breche in Stücke', *tʻaptʻapʻim* 'ich flattre'. Vgl. Meillet Mém. 11, 397 ff., Scheftelowitz BB. 19, 65 f.

2) Von der auf zwei Konsonanten (Sonorlaut und Geräuschlaut) ausgehenden Wurzel ist in der Reduplikationssilbe der Schlusskonsonant weggelassen. Nur im Ar. sicher nachweisbar. Ai. *vár-vart(t)i*, 3. Plur. *vár-vṛtati*, zu *vart-* 'vertere'; *mar-mṛjyátē*, zu *marj-* 'abwischen'; *dán-daśāna-ḥ*, zu *dąś-* 'beissen'; *jañ-jabhyátē*, zu *jambh-* 'schnappen'; av. *sąsaṇhąm* (vermutlich 3. Plur. Konj., s. 1 § 403, 3), zu *sąh-* (= ai. *śąs-*) 'verkünden'. Ai. *dḗ-diṣṭē* gthav. *daē-dōišt*, zu W. *deik̑-* 'zeigen', ai. *nē-niktē*, av. *naē-nižaiti*, zu W. *neig^{u}-* 'waschen' (vgl. § 19 Anm.). Ai. *śṓ-śucāna-ḥ*, av. *sao-sučyō*, zu ai. *śuc-* 'leuchten', ai. *rṓ-rucāna-ḥ*, zu *ruc-* 'leuchten'. Griech. δαρδάπτω 'zerreisse' hierher, wenn es zu δρέπω 'ich reisse ab, breche ab' gehört und in der zweiten Silbe ρ eingebüsst hat (1, 435).

19. IV. Typus ai. *bhárī-bharti*: die Reduplikation ist zweisilbig und endigt auf *ĭ* (§ 14, 3). Intensiva bildend. Nur im Ai. belegt, aber dennoch wohl altüberkommen. Vgl. Burchardi BB. 19, 175 ff. *bhárī-bharti* (klass. *barī-bharti*; § 24, 2, a), 3. Plur. *bhári-bhrati*, zu *bhar-* 'tragen', *várī-vṛjat-*, zu *varj-* 'wenden, drehen', *ghánī-ghnat-*, zu *han-* 'schlagen, töten', *ganī-ganti gáni-gmat-*, zu *gam-* 'gehen', *kani-kradyátē*, zu *krand-* 'brüllen', *návī-nōt*, zu *nu-* 'schreien'. Bezüglich des Anlauts der Reduplikation beachte *kári-krat-* und *-cárikrat-*, zu *kar-* 'machen', *káni-ṣkan* und *cani-ṣkadat*, zu *skand-* 'springen'.

Anm. Es ist wohl kein Zufall, dass bei Wurzeln mit *i*-Diphthong die Reduplikation immer einsilbig erscheint, wie *rē-vēti*, *dé-diṣṭē* (§ 18, 1), *nē-niktē* (§ 18, 2), *nē-nīyátē*, *vē-vēṣṭi*. Die Gruppe *ayi* musste nach 1 § 288 in urar. Zeit durch Wegfall des *y* einsilbig werden, so dass danach Typus IV mit Typus III äusserlich zusammenkam.

Das *ī* ist etymologisch wohl dasselbe Element, das sonst oft am Schluss der Wurzelsilbe auftritt, vgl. z. B. *návī-nōt* und *nó-navī-ti* (§ 18, 1, a). Nähere formale Beziehung bestand vermutlich zu den Nominalbildungen wie *carā-cará-ḥ* 'weithin laufend', *calā-calá-ḥ* 'schwankend', *ghanā-ghaná-ḥ* 'mit leichter Mühe erschlagend' (zu *gháni-ghnat-*), falls deren *-ā* uridg. *-ē(i̯)* gewesen ist (1, 203 ff.), ferner zu av. *fra-γrā-γrāye'ti* 'er weckt auf', von *gerēi̯-* *grēi̯-* (*fra-γrisəmnō* § 141, 2).

Das *n* in der Reduplikation von *gam-* hat sich wohl zuerst in Fällen eingestellt, wo die Wurzelsilbe lautgesetzlich zu *gan-* geworden war (*ganī-ganti*).

anī kam sekundär in die Reduplikation von Wurzeln, die nasallos waren, wie klass. *panī-padyatē*, zu *pad-* 'gehen', nach dem Muster solcher Formen wie *kanī-krad-* (zu *krand-*).

20. V. Typus γαγ-γαλίζω, wie τον-θρύς (2, 1 § 72): die Reduplikationssilbe geht auf einen Nasal aus, der sich, vielleicht schon in uridg. Zeit, bei Wurzeln auf Liquida dissimilatorisch eingestellt (1, 425 f., Brugmann-Thumb Griech. Gramm.[4] 92, Meillet Mém. 13, 33) und von da aus analogisch weiter verbreitet hat. Dieser Typus wäre hiernach im Grunde identisch mit dem gleichlautenden Typus III (§ 18). Vgl. Burchardi BB. 19, 179 f.

Ai. *can-curyatē* (Gramm.) neben *car-carīti*, zu *car-* 'bewegen', *pam-phulyatē* (Gramm.), zu *phal-* 'bersten'. Griech. γαγ-γαλίζω neben γαρ-γαλίζω 'kitzele'. Ai. *gaṃ-gūyati* 'jauchzt' neben *gó-guvē*, griech. γογ-γύζω 'murre, gurre'.

Epidaur. δεν-δρύω 'tauche unter', zu δρύεται· κρύπτεται Hesych; ebenso δενδρυάζω neben δρυάζω.

Lat. *gin-grio*, zu *garrio*, *graculus*, mnd. *krīten* 'schreien, heulen' u. dgl.

Ai. *jáṃ-gahē*, zu *gāh-* 'eintauchen', *dan-dahīti*, zu *dah-* 'brennen', *jañ-japyatē*, zu *jap-* 'flüstern'. Hier werden Formen wie *dan-daś-* von W. *deñk̑-* (§ 18, 2) vorbildlich mitgewirkt haben. Vgl. *panī-pad-* nach *kanī-krad-* (§ 19).

21. VI. Typus ποι-πνύω, wie παι-πάλη (2, 1 § 73): die Reduplikationssilbe hat einen *i*-Diphthong. Nur im Arm. und Griech., aber, wie die Nominalbildungen (a. a. O.) zeigen, sicher uridg. Alters. Die Verba dieser Art sind von Haus aus Intensiva. Griech. ποι-πνύω 'ich schnaufe', ποι-φύσσω 'ich keuche', παι-φάσσω 'ich blicke wild umher', μαι-μάω 'ich verlange heftig'. Ein sicherer arm. Beleg scheint *ci-catim* 'ich lache' (*cicatkot* 'wer viel lacht') zu *catr* 'Lachen, Gelächter'; nach 1 § 204 ist *ci-* aus **ĝoi-* oder **ĝei-* entstanden.

22. VII. Sogen. attische Reduplikation, bei sonantischem Wurzelanlaut und ein- oder zweikonsonantischem Wurzelauslaut, vgl. ὄλ-ολυς 2, 1 § 74. Die Formen zeigen teils Intensivbedeutung, wie ai. klass. *aš-āšyatē*, zu *aš-* 'essen', teils gehören sie einem bestimmten Tempusstamm an, wie im Griechischen ὀρ-ορεῖν Aor., ὄρ-ωρα Perf., zu ὄρνῡμι 'ich errege'.

1) Einkonsonantischer Wurzelauslaut: Typus ἀρ-αρεῖν. Arm. *ar-ari* Aor. 'ich machte', zu Präs. *aṙnem*, griech. ἀρ-αρεῖν Aor. 'anfügen', Präs. ἀρ-αρίσκω, Perf. ἄρ-ᾱρα, vgl. ai. *ar-arí-ḥ* 'Türflügel'. Ai. ved. *ál-arti* (1, 430) 'regt sich', klass. *ar-arti*, griech. ὀρ-ορεῖν Aor. 'erregen', Perf. ὄρ-ωρα.

Ai. *ām-amat* (*-am-* vermutlich = **-m̥m-*), zu *am-* 'schädigen'. *prāṇinat* (Gramm.) d. i. *pra* + *ān-inat*, zu *an-* 'atmen'. *áš-išišati*, bei Gramm. (Aor.) *āš-išat* und *aš-āšyatē*, zu *aš-* 'essen', *aṭ-āṭyatē* (Gramm.), zu *aṭ-* 'umherschweifen'. Av. *išåŋhaēta* Opt. M. 'er würde empfangen' wohl = urar. **iš-āsaita*, zu einer ar. W. *ās-* (*iš-* = uridg. **əs-*).

Arm. *ot-otem* 'überflute' (*ot-ot* 'Flut, Überschwemmung'), *az-azim* 'vertrockne'.

Griech. ἀγ-αγεῖν und dor. ἀγ-άγοχα (vgl. Solmsen KZ. 39, 229), zu ἄγω 'ich führe'; ἀκ-αχεῖν 'betrüben' Präs. ἀκ-αχίζω. Perfekta: ὄδ-ωδα, zu ὄζω 'rieche', ὄλ-ωλα, zu ὄλλῡμι 'verderbe', ὄπ-ωπα, zu ὄψομαι 'werde sehen', ὀμ-ώμομαιόμ -ώμοκα, zu ὄμ-νῡμι 'schwöre', ἐδ-ηδώς, zu ἔδω 'esse'. Durch diesen Typus ist bei der Perfektbildung der Typus I (S. 26) eingeschränkt worden, vgl. ἀγ-άγοχα : ἦχα ai. *ája*; ὄρ-ωρα : ai. *āra*; ὄδ-ωδα : lit. *ūdęs*, wobei es unsicher ist, ob und wie weit diese griech. Perfekta überhaupt erst auf Grund des Typus I entwickelt worden sind. Von den zweisilbigen Verbalstämmen des Typus Vok. + Kons. + Vok. (ὀμ-ώμομαι ὀμ-ώμοκα, ἐλ-ήλα-μαι ἐλ-ήλακα) hat sich diese Perfektformation auf zweisilbige Verbalstämme des Typus Vok. + Kons. + Vok. + Kons. ausgedehnt, z. B. ἀλ-ήλιφα ἀλ-ήλιμμαι, zu ἀλείφω 'salbe', ὀρ-ώρυχα ὀρ-ώρυγμαι, zu ὀρύττω 'grabe'.

Nach dem Typus ἀγ-αγεῖν (vgl. ai. *áš-išiṣa-ti*) sind gebildet die homer. ἐρύκ-ακον, zu ἐρύκω 'halte zurück', ἠνίπ-απον, zu ἐνίπτω 'rede an'.

2) Zweikonsonantischer Wurzelauslaut: Typus ἀλ-αλκεῖν. Der Schlusskonsonant der Wurzel bleibt von der Reduplikation ausgeschlossen. Ai. *ān-ą́śa* 'er erlangte', *ān-aśúḥ*, griech. ἐν-εγκεῖν 'hinbringen', ir. *t-ān-aic* 'er kam' (*-c-* aus *-nc-*, 1 § 419, 1), zu Präs. ai. *aśnóti* aus **n̥k-*.

Ai. *ar-arṣati al-arṣati*, zu *arṣ-* 'strömen'; *ān-áñja ān-ajé*, zu *añj-* 'salben'; nach den Formen mit Nasal in der Wurzel entstanden solche wie *ān-arca ān-r̥cuḥ*, zu *arc-* 'preisen', *ān-r̥dhuḥ*, zu *ardh-* 'gedeihen'. Desid. *ín-akṣati* 'er sucht zu erlangen' zu *ān-ą́śa* (s. o.), wie z. B. *ví-vr̥tsati* (zu *vā-várta*), also eine Nachbildung durch Einführung des *i* des Typus II (§ 17).

3) Anhang zu 1 und 2. Als attisch redupliziert betrachte ich die perfektischen Formen des Arischen von Wurzeln, die einen *i*- oder *u*-Diphthong enthalten. Zu 1: ai. *iy-áya*, 2. Sing. *iy-étha*, 3. Plur. *īyúḥ*, zu ar. *ai- i-* 'gehen', 3. Plur. *ūvuḥ* (3. Sing. **uv-āva*), zu ar. *au- u-* 'weben' (*ṓtum*, *utá-*). Zu 2: ai. *iy-ḗṣa īṣúḥ*, zu *iṣ- ēṣ-* 'suchen, verlangen' (wohl auch av. *yaēša* d. i. *iy-aēša*, s. Bartholomae Altiran. Wtb. unter [1] *aēš-*), *uv-ṓca ūciṣḗ*, zu *uc-* 'Gefallen finden an', *uv-ṓṣa ūṣúḥ*, zu *uṣ-* 'brennen'. Vgl. § 16, 1, a, β S. 25 f. An ai. *iyā́ya* hat sich, vermutlich unter dem Einfluss des bedeutungsverwandten *íy-arti* (§ 17, 2 S. 28), schon in urar. Zeit angeschlossen das Präsens **i̯i-ai-ti*, Med. **ī-tai*, das belegt ist durch ai. 2. Sing. Imperf. *āíyēḥ*, 1. Plur. Präs. *ī́mahē*, Part. *īyāná-ḥ* und die av. (sekundär themavokalisch gewordene) 3. Plur. *yeyenti* d. i. *iy-eyenti*. Das Perf. *iyā́ya* selbst aber kehrt vermutlich im Italischen wieder in lat. *iī* und umbr. *iust* 'ierit' *ier* 'itum sit' oder 'itum est'. *iī* zeigt nämlich auffallend oft eine

auf alten *i*-Diphthong weisende Gestaltung der zweiten Silbe: nicht nur 3. Sing. *red-ieit*, *sub-īit* u. dgl., sondern auch inschr. *inter-ieisti* und *ad-iesed -iesent* (*ie-* = *ię-*), also *ię-* wohl gleich ar. **i̯ai-* in ai. *iyḗ-tha*. Zur schwachen Stammform ar. *i̯i-* in ai. *īy-úḥ īy-áthuḥ* aber gehört *ierant* (Terenz) u. dgl. S. IF. 31, 98 ff.

Anm. Ferner möchte ich als attisch redupliziert betrachten die öfters, z. B. von Bartholomae Ar. Forsch. 2, 93 f., Burchardi BB. 19, 174, behandelten ved. Formen *irajyá-ti* (zu *arj- ṛj-*), *iradhanta* (zu *ardh- ṛdh-*, Desid. *ī́rtsa-ti*). *iraj-*, *iradh-* aus urar. **ṛ-arž-*, **ṛ-ardh-*; sie verhielten sich zu *ṛj-*, *ṛdh-* wie *iy-ēš-*, *uv-ōš-* zu *iš-*, *uš-*. *ir-* aus **ṛr-* wie in *irasyá-ti* aus uridg. **ṛres-* (2, 1, 192). Das zweite *r* dissimilatorisch geschwunden, so wie 2. Sing. *iyátha* für *iyétha* d. i. **i̯i-ai̯tha* zu stehen scheint (IF. 31, 100). *iraj-yá-* als Intensivum mit attischer Reduplikation vergleicht sich mit *ál-arti* (S. 33) und *aś-āśya-* (Gramm.) zu *aśnā́-ti*. Ist diese Auffassung von *iradhanta* richtig, so kann auch *ī́rtsa-ti* attisch redupliziert gewesen sein: aus **ṝdh-*, auf gleicher Linie stehend mit *īš-* neben *iy-ēš*, *ūš-* neben *uv-ōš-*.

4) Im Ai. wurden nach der Art und dem Vorbild von *āš-išat áš-išiṣati*, *āp-ipat* u. dgl. (1) Formen von zweikonsonantisch auslautenden Wurzeln gebildet (meist nur bei Gramm.), wie *arp-ipat* (AV.), zu *arpáyati* 'er setzt in Bewegung', *arj-ihišati*, zu *árhati* 'er verdient', *ārd-idhat ard-idhišati*, zu *ṛdhnṓti* 'er gedeiht', *ind-idhiṣati*, zu *inddhḗ* 'er flammt' (W. *aidh-*), *āubj-ijat ubj-ijiṣati*, zu *ubjáti* 'er hält nieder, drückt zusammen', *-ēṣiṣiṣu-ḥ*, zu *-ēṣati* 'verlangt'. Dass in der geschwächten reduplizierenden Binnensilbe mit *i* = *ə* (vgl. α = *ə* in griech. ἐρύκ-ακον) der erste Konsonant der wurzelschliessenden Konsonantengruppe ohne weiteres ausgelassen wurde, hat sein Gegenstück darin, dass bei Initialreduplikation mit uridg. *e* oder *i* der zweite Konsonant wurzelanlautender zweifacher Konsonanz ausblieb, z. B. ai. *šu-šrā́va* griech. κέ-κλυτε (§ 23, 2). Anders, aber mich nicht überzeugend, über ai. *arp-ipat* usw. Güntert IF. 30, 127 ff.

3. Behandlung des konsonantischen Anlauts in beiden Komponenten der reduplizierten Formen.

23. Aus uridg. Zeit stammen die beiden Gewohnheiten,

1) dass bei einkonsonantischem Wurzelanlaut dieser Anlaut auch der Reduplikationsanlaut war, z. B. zu W. *dō-* 'geben' ai. *dá-dāti*, griech. δί-δωσι, lat. *de-dit* osk. deded, aksl. *da-dętъ*,

2) dass bei mehrkonsonantisch anlautender Wurzel nur der erste Konsonant in den Reduplikanten aufgenommen wurde, z. B.: Ai. *šu-šrāva* av. *su-sruma*, griech. κέ-κλυτε, ir. *-cuala* aus **cu-clou̯-* (S. 25), W. *ḱleu̯-* 'hören'. Ai. *ši-šriyē*, griech. κέ-κλιται, W. *ḱlei̯-* 'lehnen'. Griech. πέ-πληγα, got. *fai-flōk*, W. *plāq- plāg-* 'schlagen'. Ai. *dí-drāpayiṣati*, griech. -δι-δράσκω -δέ-δρᾱκα, W. *drā-* 'laufen'. Ai. *sa-smāra* av. *hi-šmarənt-*, griech. εἴμαρται aus *σε-σμαρται (1, 752), W. *smer-* 'gedenken, bedenken, begaben' (Solmsen KZ. 29, 84, Beitr. 1, 40 f.). Ai. *ja-jñāú ji-jñāsatē*, av. *zi-xšnāṇhəmna-*, griech. γι-γνώσκω, W. *ĝnō-* 'noscere'. — Griech. κέ-κριμαι, zu κρίνω 'ich urteile', ἵληθι 'sei gnädig' aus *σι-σληθι (1, 751). πέ-πνευκα ποι-πνύω, zu πνέω 'wehe, atme'. Ir. *-ge-grannatar*, zu *ad-greinn* 'er verfolgt', *-senaig* d. i. *-se-šnaig*, zu *snigid* 'es tropft' (1, 772). Got. *gai-grōt*, zu *grētan* 'weinen', *sai-slēp sai-zlēp*, zu *slēpan* 'schlafen'. Ai. *sa-svāna*, ir. *-sephainn* aus **-se-su̯-* (1, 329), W. *su̯en-* 'tönen' (zu dem *-nn* des ir. Wortes s. Thurneysen Handb. d. Altir. 1, 331). Ai. *di-dvēṣa*, av. *di-dvaēša*, zu ai. *dviṣ-* 'hassen', ai. *šá-švasat-*, zu *švas-* 'blasen, schnaufen', *ta-tyajē*, zu *tyaj-* 'verlassen', *cu-cyuvé*, zu *cyu-* 'sich bewegen'. Hom. δείδιμεν d. i. δέ-δϝιμεν, zu δϝει- 'fürchten', mit ai. *dviṣ-* verwandt.

Ai. *ci-kṣāya* griech. κέ-κτημαι, W. *qþē(i̯)-* 'Verfügung erhalten über etwas'. Ai. *ca-kṣāṇa*, zu *kṣan-* 'verletzen, verwunden'.

So auch bei Wurzelanlaut *s* + Verschlusslaut im Iranischen, Griechischen, Italischen, Keltischen. Av. *hi-šta'ti vi-ša-star²* apers. *a-ʰi-štatā*, griech. ἵ-στημι ἕ-σταμεν, lat. *si-sto* umbr. se-stu, ir. *ar-sissedar*, W. *stā-* 'stehen' (ahd. *sestōm* ist der Entlehnung aus dem Lat. verdächtig, Streitberg Urgerm. Gramm. S. 320). Av. *hi-spōsəmna-* (für *hi-spas-*), zu *spas-* 'conspicere'. Ir. *-se-scaind*, zu *scinnim* 'ich springe heraus'. Vgl. hierzu § 26.

24. Oft entstand seit uridg. Zeit Ungleichheit zwischen dem konsonantischen Anlaut der Reduplikation und dem der Wurzelsilbe, ohne dass von den beiden in § 23 genannten Reduplikationsweisen grundsätzlich abgewichen wurde. Die wichtigsten einschlägigen Erscheinungen sind die folgenden.

1) Uridg. entstandene Verschiedenheiten.

a) Der Anlaut der Wurzelsilbe wurde, wenn er eine Media war, zur Tenuis vor stimmlosem Geräuschlaut, z. B. zu W. *dō-*

'geben' ai. Med. 2. Sing. *da-tsē*, 3. Sing. *da-ttē* (neben Akt. *dá-dā-ti*), Desid. *dí-tsati* (1 § 696). Er wurde, wenn er eine Tenuis war, zur Media vor stimmhaftem Geräuschlaut, z. B. zu W. *ped-* 'festmachen' ai. *pi-bdamāna-ḥ*, zu W. *sed-* 'sitzen' av. *ha-zdyāt̰* ai. *sēdúḥ* (1 § 697. 815). Er verlor, wenn er eine Aspirata war, vor folgendem Geräuschlaut seine Aspiration, z. B. zu W. *dhē-* 'setzen, legen' ai. Imper. *dhēhí* aus uridg. **dhe-dᶻdhi* d. i. **dhe-dh-dhi*, zu ai. *bhas-* 'verzehren' *babdhām* d. i. **bha-bhs-tām* (1 § 699. 700).

b) Ai. *píbati* und ir. *ibid* (corn. *evaf* 'bibam') weisen auf uridg. **pi-beti*. Zur selben Wurzel ai. 3. Plur. *pi-patē*, griech. πέπομαι, falisk. *pi-pafo* 'bibam' (vermutlich mit *ă*) und lat. *bibo*. Die Erklärung ist strittig.

Anm. 1. Dass im Uridg. **pi-pō-* dissimilatorisch zu **pi-bō-* geworden sei (so neuerdings z. B. Fraenkel Glotta 2, 37), ist nicht glaublich. Gegen die Vermutung (Grundr. 2[1], 856. 933 f. 1433, Johansson IF. 2, 8 ff.), **pi-beti* sei von Formen wie **pi-b-dhi* (Imper.) ausgegangen, spricht, dass die hierfür angenommene Schwundstufe *p-* aus *pə-* vor konsonantisch anlautendem Formans (vgl. falisk. *pi-pă-fo* griech. πέ-πο-ται) sonst nicht belegt ist. Ansprechend nimmt Thurneysen (Verhandl. der Philologenvers. 1907 S. 152 f. 154, Handb. d. Air. 1, 138) an, die W. sei ursprünglich *bō-* gewesen, in einer frühen Periode des Uridg. aber sei anlautendes *b-* lautgesetzlich zu *p-* geworden, daher **pibeti*, **pōti* (ai. *pắti*) aus **bibeti*, **bōti*; ebenso verhalte sich ir. *ebra* 'er wird gewähren' (zum Konj. *era* aus **perā-*), als uridg. **pi-brā-*, zu griech. πορεῖν. Ist das richtig, so sind ai. *pi-patē* und lat. *bibo* durch Ausgleichung in verschiedener Richtung entsprungen (s. unten § 25, 1).

Falls zur selben W. arm. *ump* 'das Trinken' *əmpem* 'ich trinke' gehört, was von vornherein recht wahrscheinlich ist, so wird hier *p-* im Anlaut geschwunden sein (1 § 565, 5, a S. 517) und *-p-* ist uridg. *-b-* (1 § 726 S. 650). Doch macht die Form im übrigen Schwierigkeiten, für die eine glaubhafte Erklärung noch aussteht. Vgl. u. a. Hübschmann Arm. Gramm. 1, 447, Bartholomae ZDMG. 50, 712, Charpentier IF. 25, 249 ff.

2) Einzelsprachlich entstandene Verschiedenheiten.

a) Die meisten Differenzen entstanden auf lautgesetzlichem Wege. Beispiele:

Dissimilatorische Veränderungen. Ai. *dá-dhāti* aus **dha-dhāti*, *ba-bhúva* aus **bha-bhūva*, *pam-phaṇat* aus **pham-phaṇat*. Doch geschah diese Dissimilation anfangs nicht bei zweisilbiger Reduplikation (§ 19), z. B. ved. *bhárī-bharti*; erst in jüngerer ved. Zeit ging man dazu über, hier ebenso wie bei einsilbigen Reduplikanten zu verfahren, z. B. ved. *ā-pániphaṇat-*, klass. *barībharti*. S. 1, 642, Wackernagel Ai. Gr. 1, 124. — Griech. τί-θημι aus *θι-θημι, πε-φύασι aus *φε-φυαντι. S. 1 § 740. Fειπεῖν 'sagen' aus *Fε-Fπε-, zu ai. *á-vōca-m* (S. 24), s. 1 § 346, Solmsen Unters. 237 f. (anders Bezzenberger KZ. 42, 316). Für ἔκτημαι, ἔγραμμαι, ἐβλάστηκα statt κέκτημαι, γέγραμμαι, βεβλάστηκα wird wohl weniger Dissimilation anzunehmen sein als analogische Anlehnung an die augmentierten Formen ἐκτησάμην usw., was daher kam, dass die augmentierten und die reduplizierten perfektischen Formen anderwärts oft im Anlaut lautgesetzlich gleich geworden waren (ἔσχον : ἔσχηκα, ἔρρῑψα : ἔρρῑμμαι, ἦγον : ἦχα usw.). Dafür spricht, dass Präsentia, wie τετραίνω, γίγνομαι, den anlautenden Konsonanten nie eingebüsst haben[1]. — Im Ir. fiel dissimilatorisch der Konsonant der Reduplikationssilbe weg in Fällen wie *for-roichan* 'du hast gelehrt' = **-ro-chechan* (*oi* aus *o-e* kontrahiert). S. 1 § 982 Anm., 2, 3 § 395, 3, Thurneysen Handb. d. Altir. 1 108. 394.

Sonstiges. Übergang von *k*, *g*, *gh* zu *č*, *ǰ*, *ǰh* in urar. Zeit vor palatalen Vokalen, z. B. ai. *ca-kāra* apers. Opt. Perf. *ča-xriyāʰ* ai. *ci-kīrṣati*, ai. *ja-gāma* av. Opt. Perf. *ǰa-gmyąm* ai. *ji-gamiṣati* (1 § 640. 687). Im Griech. Übergang von *s-* in *h-*: ἵ-στημι, ἕ-σταμεν (1 § 850, 1). Lat. *sero* 'säe' aus **si-sō* (1 § 874, 1). Got. *ga-saí-zlēp* (zu *slēpan* 'schlafen'), aisl. *sera* 'säte' (got. *saí-sō*) aus urgerm. **se-zō-* mit *z* aus *s* nach 1 § 903.

Durch lautgesetzliche Wirkung wurde das Aussehen der Form als einer reduplizierten oft stärker beeinträchtigt oder völlig vernichtet. So bei den in diesem Paragraphen schon genannten ai. *sēdúḥ*, *dhēhí* (1, a), ir. *ibid* (1, b), griech. Fειπεῖν, ir. *for-roichan* (2). Andere Beispiele: griech. εἵμαρται (S. 36), ion. usw. γίνομαι γῑνώσκω = att. γί-γνομαι γι-γνώσκω (1, 661), ir. *-cuala* (S. 25), *-gēnar* 'ich wurde geboren' aus **ge-gn-* (1, 693). Nicht selten hatte solche Lautungsveränderung die Folge, dass an die Form, wie an eine

[1] Sicher ist so ἔλογχα (auf jungen Inschriften) für λέλογχα aufgekommen nach ἔλαχον ἔλαχα. — Das ἐ- von ἐγείρω ἐγρήσσω usw. betrachte ich nicht als Reduplikation, sondern als Adverbium uridg. **e*, wie das ἐ- von ἐ-θέλω (2, 2, 817).

nicht reduplizierte, eine analogische Neubildung sich anschloss, z. B. thess. γινύμενος für γι-γνόμενος durch Übertritt in die Analogie der νυ-Präsentia (1, 661), ir. redupl. Fut. *ibait* 'bibent' aus **i-ibā-*, zu Präs. *ibid* (§ 86), vgl. *-i-urr* zu Präs. *orgid* (S. 29).

b) Zuweilen entstand eine Differenz durch Analogiewirkung. Z. B. ai. *ci-kituḥ* nach *ci-kḗta* für **ci-cituḥ* (av. *či-čiϑwā*), s. 1, 618.

Anm. 2. Hierher stellt man auch ai. *ja-bhā́ra* mit der Intensivform *jar-bhṛtáḥ* neben *ba-bhā́ra bhári-bhrati*, zu *bhar-* 'ferre', und *jár-bhurīti* Intens. zu *bhur-* 'zucken, beben', indem man annimmt, zunächst sei *ja-bhā́ra* durch Vermischung von *ja-hā́ra* (W. *ĝher-*) mit *bhar-* entsprungen, und dem *jar-bhṛ-* sei dann *jár-bhurīti* nachgebildet worden. S. Osthoff Suppl. 10 f., v. Bradke ZDMG. 40, 665 f. Eine andere Vermutung über den Anlaut *j-* in IF. 31, 94 ff.

25. Solche Ungleichheiten wurden oft durch Neubildungen wieder beseitigt.

1) Bei einkonsonantischem Wurzelanlaut. Z. B. ai. 3. Plur. *pi-patē* falisk. *pi-pafo* und lat. *bi-bo* gegen ai. *pí-bati* (§ 24, 1, b); ai. *si-sicē*, gegen *si-ṣicē*, zu *sic-* 'ausgiessen'; kret. θι-θέμενος gegen att. τι-θέμενος.

2) Bei zweikonsonantischem Wurzelanlaut. Arisch. Av. Opt. *šu-šuyąm* 'ich möchte gehen' statt **ču-š(y)u-*, zu Präs. *š(y)avaitē*, vgl. ai. *cu-cyuvḗ* (1, 268). Av. Part. Perf. *za-zuštəma-* 'siegreichst' statt **ha-zuš-* = uridg. **se-zĝh-us-*, zu gthav. *zaēmā*, W. *seĝh-* (1, 558. 723). Griechisch. Lesb. μέ-μορθαι gegen hom. εἵμαρται aus *σε-σμαρται (S. 38), zu μείρομαι aus σμερ- (1, 750); vgl. av. *mi-mara-* 'eingedenk' neben altertümlicherem *hi-šmarənt-*, zu *marənt-* aus **hmar-* (1, 738), und lat. *me-mor* (zu einem Perf. **me-morī*) von derselben Wurzel wie μέμορθαι (S. 36)[1]. Lokr. Ϝε-Ϝαδηκότα statt urgriech. *(h)ε-ϜϜhαδ- aus *σε-σϜαδ-, zu (Ϝ)αδεῖν 'gefallen' (Korinna-Papyrus Ϝᾶδο[μη), vgl. ai. *sa-svadē* (1, 313. 314. 749). Pindar ῥε-ρῖφθαι statt *Ϝε-Ϝρῖφθαι (vgl. arg. Ϝε-Ϝρημένα), zu ῥίπτω 'ich werfe' aus *Ϝρῖπτω, att. ἔ-ρρῖμμαι (vgl. 1 § 333, 2). Dor. πέ-πᾱμαι 'ich habe Verfügung über' statt *κε-πᾱμαι, zu πάσασθαι, πᾱ- aus **ku̯ā-* (1, 312). Vgl. auch βε-βλωκώς nach

1) Lat. *memor* von W. *smer-* ai. *smárati sa-smāra* zu trennen und zu W. *men-* (*meminī*) zu ziehen (Bréal, Henry, Meillet), halte ich für ungerechtfertigt. Die Reduplikationsweise ist dieselbe wie die des sogleich zu nennenden *me-mordī* von W. *smerd-*.

βλώσκω 'komme', statt με-μβλωκώς, woneben überdies die Mischform βέμβλωκεν. Lateinisch. *me-mordī mo-mordī*, zu *mordeo*, W. *smerd-* griech. σμερδνός ahd. *smerzo* (vgl. 1 § 849. 877, a). Irisch. *rir* aus **re-r-*, zu *renid* 'er verkauft' aus **pr̥nə-* griech. πέρνημι πέπραμαι (1, 468). Auch sind hier die reduplizierten Formen einiger mit *chl-*, *gl-*, *gr-* anlautender Verba, wie *-cechlaid* (zu *cladid* 'er gräbt'), *-ge-grannatar* (zu *ad-greinn* 'er verfolgt'), zu nennen, da der wurzelanlautende Konsonant ehedem nach 1 § 783. 787 mit Ersatzdehnung schwinden musste, wie in den dort genannten, den älteren lautgesetzlichen Stand noch repräsentierenden reduplizierten *-cuala* (S. 25), *-gēra*. Gotisch. *sai-slēp* neben *sai-zlēp* (S. 38), wahrscheinlich Neubildung nach *slēpan*.

26. Bei Wurzeln mit dem Anlaut *s* + Verschlusslaut erscheinen im Ai., Lat., Germ. Reduplikationsweisen, die von dem Reduplikationstypus lat. *si-sto* (§ 23, 2) grundsätzlich abweichen: ai. *t—st-*, lat. *st—t-*, got. *st—st-*; überdies ahd. *st—r-* angeblich aus *st—s-*[1]). Ai. *ti-ṣṭhati* Perf. *ta-sthāú* zu *sthā-* 'stehen', *ca-skánda káni-ṣkan cani-ṣkadat* zu *skand-* 'springen', *pa-spr̥dhḗ* zu *spardh-* 'wetteifern'. Lat. *ste-tī sti-tī* zu *stō*, *sci-cidī* zu *scindo*, *spo-pondī* zu *spondeo*. Got. *stai-stald* zu *staldan* 'besitzen', *skai-skaiþ* zu *skaidan* 'scheiden'. Der Typus *t—st-* kommt bei Nomina auch im Griech. vor: κο-σκυλμάτια 'Lederschnitzel' (über das damit zusammenhängende lat. *quisquiliae* s. Walde Lat. et. Wtb.[2] 637, Persson Beitr. 375 f.), κα-σκάνδιξ 'Lauch' u. a. (Fritzsche Curtius' Stud. 6, 310 f.).

Wahrscheinlich ist, dass *t—st-* und *st—t-* irgendwann aus *st—st-* hervorgegangen sind, vermutlich jenes durch regressive, dieses durch progressive Dissimilation, wie sie bei solchen Laut-

1) Z. B. *sterōʒ* 'stiess' angeblich aus urgerm. **ste-sáute*, jünger **ste-záute* (1 § 903), zu *stōʒan* got. *stautan*. S. hierüber zuletzt Loewe KZ. 40 343 ff., Feist PBS. Beitr. 32, 472. 488 ff. Ich vermute, dass diesen Formen solche zugrunde gelegen haben wie aisl. *grera* (*gróa* 'keimen'), *snera* (*snúa* 'wenden'), die dem Muster von *sera* (*sá* 'säen'), *rera* (*róa* 'rudern') gefolgt sind. Diese ursprünglich nur im Kreis von vokalisch auslautenden Wurzeln aufgekommene analogische Neuerung wurde im Ahd. auf konsonantisch schliessende Wurzeln d. h. in deren Inneres übertragen (vgl. aisl. *slera* zu *slá* 'schlagen').

folgen auch in nichtreduplizierten Formen vorkommt, z. B. *t—st-* wie ngriech. παστρικός aus σπαστρικός, *st—t-* wie lat. *vestipica* aus *vesti-spica* (Leo Mélanges Boissier S. 355 ff.). Bei der Herstellung von *t—st-* mag hie und da mitgewirkt haben, dass mit *s*+Konsonant anlautende Wurzeln zumteil auch ausserhalb der Reduplikationsformen das *s* nicht hatten, wie ai. *páśya-ti* (vgl. Perf. *pa-spaśé*) gegen av. *spasye'ti* lat. *specio* (1, 725 ff.). Was dann aber das geschichtliche Verhältniss von *st—st-* zu dem Typus *s—st-* betrifft, so ist aller Wahrscheinlichkeit nach der letztere der ursprüngliche gewesen. Er ist nicht nur schon für die älteste Zeit des Griechischen und des Italischen anzunehmen wegen des *h-* aus *s-* in ἵ-στημι ἕ-σταμεν u. dgl. und wegen umbr. sestu = lat. *sisto*, er muss auch dem Urarischen angehört haben, da av. Opt. Perf. *hisidyāt̰*, von W. *sk̑(h)id-* 'scindere' (ai. *chidya-tē*, *ci-chidē*), nur verständlich ist, wenn die Reduplikationssilbe in urar. Zeit *si-* gelautet hat. Der Typus *st—st-* kam infolge davon auf, dass sich *s*+Verschlusslaut ähnlich wie die sogen. aspirierten Verschlusslaute (*th*, *dh* usw.) im Anlaut dem Charakter einer einfachen, einheitlichen Konsonanz näherte; in der germanischen Alliterationspoesie stehen *st*, *sk*, *sp* einfachen Konsonanten gleich, und in der irischen Alliterationspoesie alliteriert *sc* nur mit *sc*. S. Osthoff PBS. Beitr. 8, 513. 540 ff., Verf. IF. 31, 89 ff.

V. Die Tempusstämme im allgemeinen[1]).

1. Einteilung der Tempusbildungen.

27. Bei der Gruppierung der Formen eines Verbalsystems nach den sogen. Tempusstämmen ist die traditionelle Grammatik von der Bedeutung der Formen ausgegangen, nicht von for-

1) Da in manchen Arbeiten über Präsensstammbildung (Bildung des Imperfektpräsens und des Aoristpräsens) eingehender über solches gehandelt ist, was die Tempusstammbildung überhaupt angeht, so dass man zweifeln kann, soll man sie hier oder dort zitieren, so mag hier mit der Litteratur über die Tempora im allgemeinen zugleich die über die Präsensstämme genannt sein. Die Abhandlungen über die *s*-Aoriste s. vor § 310, die über das Perfekt vor § 355.

mantischer Gleichartigkeit. Infolge davon hat sie zumteil solches, was formal zusammengehört, voneinander getrennt und solches, was formal verschieden ist, vereinigt. Wo die Formgeschichte

---

Idg. L. Tobler Übergang zwischen Tempus und Modus, ein Capitel vergleichender Syntax im Zusammenhang mit Formenlehre und Völkerpsychologie, Z. f. Völkerpsych. 2, 29 ff. S. H. A. Herling Vergleich. Darstellung der Lehre vom Tempus u. Modus, Hannov. 1840. L. Meyer Über Tempusbildung und Perfecta mit Präsensbedeutung, Benfey's Orient und Occident 1, 201 ff. F. H. Trithen On the Formation of the Past Tense in certain of the Indo-European languages, Proceed. of the Philol. Soc. 1 (1844) S. 273 f. H. Osthoff Über Aoristpräsens und Imperfectpräsens, PBS. Beitr. 8, 287 ff. F. Hartmann De aoristo secundo, Berl. 1881. A. Fick Heta u. Sigma in der Tempusbildung, BB. 29, 1 ff. F. Ribezzo I deverbativi sigmatici e la formazione del futuro indoeuropeo, Napoli 1907. O. Hoffmann Das Präsens der idg. Grundsprache in seiner Flexion und Stammbildung, Gött. 1889. W. Schulze Üb. den Zusammenhang der idg. Präsensbildung mit der nominalen Stammbildung, Ber. d. Berl. Ak. d. Wiss. 1911. K. Sandfeld-Jensen Dominative Verber, Nord. Tidskr. f. filol. 7, 113 ff. Verfasser Zur Geschichte der präsensstammbildenden Suffixe, Sprachwiss. Abhandl. aus G. Curtius' Gramm. Gesellsch. 1874 S. 153 ff. A. Meillet Sur les suffixes verbaux secondaires en indo-europ., Mém. 11, 297 ff., De quelques formations de présents en indo-européen, Mém. 17, 193 ff. P. Gärtchen Die primären Präsentia mit *o*-Vokalismus, Breslau 1905. Bartholomae Altindisch *āsīṣ* > lateinisch *erās*, Stud. 2, 61 ff. N. van Wijk Zur Konjugation des Verbum substantivum, IF. 18, 49 ff. J. Schmidt Die ursprüngl. Flexion des Optativs und der auf *ā* auslautenden Präsensstämme, KZ. 24, 303 ff. G. Curtius Die Verstärkungen im Präsensstamme, KZ. 1 259 ff. A. Kuhn Über die durch Nasale erweiterten Verbalstämme, KZ. 2, 392 ff. 455 ff. H. Osthoff Über eine bisher nicht erkannte Präsensstammbildung des Idg., Vortrag auf der Münchener Philologenvers. 1891 (Z. f. d. Ph. 24, 215 ff., IF. Anz. 1, 82 ff.). Verfasser Die achte Conjugationsclasse des Altindischen und ihre Entsprechung im Griechischen, KZ. 24, 255 ff. J. H. Moulton The *-nā*-Class of Unthematic Verbs, A. J. of Ph. 10, 283 sqq. H. Pedersen Das Präsensinfix *n*, IF. 2, 285 ff. Ders. Die Nasalpräsentia u. der slav. Akzent, KZ. 38, 297 ff. 341 ff. Nils Flensburg Zur Stammabstufung der mit Nasalsuffix gebildeten Präsentia im Ar. u. Griech., Lund 1894. Verfasser Umbr. *persnihimu* u. die ai. 9. Präsensklasse, IF. 16, 509 ff. F. Lorentz Zu den idg. *i̯o*-Präsentien, IF. 8, 68 ff. Fr. Ribezzo Il tipo causativo lat. *sōpiō* = a. i. *svāpayāmi* nell' indoeuropeo, Atti R. Accademia Arch. Lett. Bell. Arti, 2 (1910) S. 151 ff. A. Ludwig Die Verba auf [lat.] *-erare* [germ.] *-izon*, KZ. 18, 52 ff. Th. Benfey Einige ursprüngliche Causalia aus Bildungen durch sanskritisch *paya*, KZ. 7, 50 ff.

des idg. Verbums zu betrachten ist, entstehen daher für die Darstellung ganz ähnliche Schwierigkeiten, wie wir sie beim Nomen 2, 2 § 108 angetroffen haben.

Arisch. Verfasser Die siebente Präsensclasse des Arischen, Morph. Unters. 3, 148 ff. Bartholomae Zur dritten, achten, neunten Präsensclasse, zur Desiderativbildung [im Arischen], Ar. Forsch. 2, 69 ff. 86 ff. 89 f. 90 ff. G. Burchardi Die Intensiva des Sanskrit u. Avesta, 1. Teil Halle 1892, 2. Teil BB. 19, 169 ff. J. Vendryes Le type verbal en *-$sk^e/_o$ de l'indo-iranien, Mélanges Lévi, Paris 1911, S. 173 ff. O. Keller Die Nasalpräsentia in den ar. Sprachen, KZ. 39, 137 ff. E. W. Fay The indo-iranian nasal verbs, A. J. of Ph. 25, 369 ff. Ders. A semantic study of the indo-iranian nasal verbs, A. J. of Ph. 26, 172 ff. 377 ff. Whitney Numerical Results from Indexes of Sanskrit Tense- and Conjugations-Stems, Proceed. of the Americ. Or. Soc., May 1885, p. XXXII sqq. Lanman On Multiform Presents and on Transfers of Conjugation in the Sanskrit Verb System, ebend. p. XXXVI sqq. Whitney On the Classification of the Sanskrit Aorists, ebend. 1875—76 p. XVIII sq. E. Leumann Zur Geschichte der 4. Präsensklasse des Skr., Verhandl. der 46. Philologenvers. (1903) S. 159 ff. Ders. Die Herkunft der 6. Präsensklasse im Ind., Actes du 10. Congr. internat. orient. 1, 41 ff. (mit Nachtrag KZ. 34, 587 f.). Verfasser Über einige ai. Verba der fünften und neunten Conjugationsclasse, KZ. 24, 286 ff. A. H. Edgren On the Verbs of the so-called *tan*-class in Sanskrit, Proceed. of the Americ. Or. Soc., May 1885, p. XXXIX sq. Van den Gheyn Note sur la 8e classe des verbes sanscrits, Brüssel 1880. Ders. Remarques sur quelques racines sanscrites de la 8e classe, Brüssel 1884. Ders. Nouvelles recherches sur la 8e classe des verbes sanscrits, Brüssel 1886. A. H. Edgren On the Propriety of Retaining the Eighth Verb-Class in Sanskrit, University Studies Published by the Univ. of Nebraska I 1 (1888). J. Schmidt Die 9. Präsensklasse der Inder, Festgruss an Roth S. 179 ff. Chr. Bartholomae Die 9. Präsensklasse der Inder, IF. 7, 50 ff. Marouzeau Sur les formes et l'emploi du verbe *être* dans le Divyāvadāna, Mélanges Lévi, Paris 1911, S. 151 ff. L. Sütterlin Denominativverba im Altindischen, IF. 19, 480 ff. H. Güntert Zur Bildung der ai. Desiderativa, IF. 30, 80 ff. S. Goldschmidt Bildungen aus Passiv-Stämmen im Prākrit, ZDMG. 29, 491 ff. 30, 779. Jacobi Über unregelmässige Passiva im Prākrit, KZ. 28, 249 ff. E. Wilhelm Zum Übergang von der unthematischen in die thematische Conjugation [im Avest.], BB. 10, 314 ff. Ders. De verbis denominativis linguae Bactricae, Jena 1878. Bartholomae Zur fünften und neunten Präsensclasse [im Iran.], BB. 13, 60 ff.

Armenisch. A. Meillet Notes sur la conjugaison arménienne, Revue Banasêr II, 2.

Griechisch und Lateinisch. Herm. Schmidt Doctrinae temporum verbi Graeci et Latini expositio historica, Halle 1836. Ders. De

1) Zunächst ist zu betonen, dass ein Bildungsunterschied zwischen den Formen des Präsensstamms und den Formen des Aorists ursprünglich nicht vorhanden war. Formen der-

verbi Graeci et Latini doctrina temporum, Wittenb. 1842. A. Kerber Significationes temporum verbi Graeci et Latini in uno conspectu collocantur, Halle 1864. Düntzer Über die dem Griech. und Latein. eigentümlichen Tempus- und Modusbildungen, Höfer's Zeitschr. 2, 76 ff.

Griechisch. G. B. Bonino Il tema del presente nel verbo greco, Turin 1879. H. Malden On connecting vowels in Greek, Transact. of the Pilol. Soc. 1862—63 p. 283 sqq. G. Mahlow Über den Futurgebrauch griech. Präsentia, KZ. 26, 570 ff. W. Kühne Das Causativum in der griech. Sprache, Leipz. 1882. H. Rumpf Quaestionum Homericarum specimen: De formis quibusdam verborum in μι in aliam declinationem traductis, Giessen 1850. H. Ebel Verkannte Präsensformen [Ϝεῖμαι ἔρχαται u. a.], KZ. 4, 201 ff. L. Meyer Die homer. Formen des Zeitworts εἶναι, KZ. 9, 373 ff. 423 ff. G. Meyer Die mit Nasalen gebildeten Präsensstämme des Griechischen mit vergleichender Berücksichtigung der andern idg. Sprachen, Jena 1873. Derselbe Die Präsentia auf -ώνυμι, BB. 1, 222 ff. Max Müller Die siebente [skr.] Conjugation im Griech., KZ. 4, 270 ff. Verfasser Das νν in ἕννυμι, ζώννυμι, κορέννυμι und ähnl. Präsentien, KZ. 27, 589 ff. R. Fritzsche Über die Ausdehnung der Nasalclasse im Griech., Curtius' Stud. 7, 381 ff. R. Thurneysen Der Präsenstypus λιμπάνω, IF. 4, 78 ff. A. Stolpe Iterativorum Graecorum vis ac natura ex usu Homeri atque Herodoti demonstrata, Bresl. 1849. G. Curtius Die iterativen Präterita auf σκον, KZ. 1, 27 ff. Verfasser Die ion. Iterativpräterita auf -σκον, IF. 13, 267 ff. J. Schmidt Die griech. Präsentia auf -ίσκω, KZ. 37, 26 ff. Max Müller Die griech. Verba auf πτ, KZ. 4, 362 ff. I. Herrmann De verbis Graecorum in αθειν εθειν exeuntibus, Erfurt 1832. Wentzel Qua vi posuit Homerus verba quae in θω cadunt? Oppeln 1836. A. Debrunner Zu den konsonantischen *i̯o*-Präsentien im Griech., IF. 21, 13 ff. 201 ff. Johanna Richter Ursprung u. analogische Ausbreitung der Verba auf -άζω, Leipzig 1909. G. Mekler Griech. verba contracta mit langem Themavocal, in: Beiträge zur Bildung des griech. Verbums (Dorpat 1887) S. 1 ff. H. von der Pfordten Zur Geschichte der griech. Denominativa, Leipz. 1886. L. Sütterlin Zur Geschichte der verba denominativa im Altgriech. I, Strassb. 1891. E. Fraenkel Griech. Denominativa in ihrer geschichtlichen Entwicklung und Verbreitung, Gött. 1906. Lobeck De mutatione terminationum coniugationis circumflexae, Königsb. 1845. G. Curtius Zur Geschichte der griech. zusammengezogenen Verbalformen, Curtius' Stud. 3, 377 ff. B. Mangold De diectasi Homerica, inprimis verborum in -αω, ebend. 6, 139 ff. F. D. Allen The Epic Forms of Verbs in άω, Transact. of the Am. Phil. Ass. 4 (1873) S. 1 ff. J. Wackernagel Die epische Zerdehnung, BB. 4, 259 ff. Inama Degli aoristi greci, Rivista di filol. 2, 249 sqq.

selben Bildungsart erscheinen teils mit präsentischer, teils mit aoristischer Bedeutung: z. B. waren ai. *ábhāt* und griech. ἔφη (W. *bhā-* 'erscheinen lassen, kund tun') Imperfekta, dagegen ai.

L. Meyer, Griech. Aoriste, Berl. 1879. O. Lautensach Die Aoriste bei den att. Tragikern u. Komikern, Gött. 1911. A. Zickler, De causis duplicis formae aoristi Graeci, 1865. Th. Nölting Über den genetischen Zusammenhang des Aoristus II mit dem Perfectum II der griech. Sprache, Wismar 1843. Verfasser Über einige griech. Präteritalformen mit α vor der Personalendung, BB. 2, 245 ff. L. Doederlein De aoristis quibusdam secundis, Erl. 1857. W. Schulze Zwei verkannte Aoriste [ἴαχον und ἄιον], KZ. 29, 230 ff. Ebel Reduplicierte Aoriste im Griech., KZ. 2, 46 ff. G. Curtius Der erste Aorist des Passivs, KZ. 1, 25 ff. J. Wackernagel Der Passivaorist auf -θην KZ. 30, 302 ff. W. Kühne De aoristi passivi formis atque usu Homerico, Marburg 1877 und Güstrow 1878. Walker Greek Aorists and Perfects in -κα, Class. Rev. 5, 446 sqq. Hatzidakis Zur Präsensbildung des Neugriechischen, KZ. 27, 69 ff.

Albanesisch. G. Meyer Das Verbum substantivum im Albanesischen, in: M. Hertz zum 70. Geburtst., 1888, S. 81 ff.

Italisch. Corssen Zur Bildung der Präsensstämme, in: Beitr. zur ital. Sprachkunde S. 475 ff. L. Job Le présent et ses dérivés dans la conjugaison latine, Paris 1893. A. Meillet De l'expression de l'aoriste en latin, Rev. de phil. 21 (1897) S. 81 ff. L. C. Crimi Il 'tempus actionis perfectae' in Latino, Caltanisetta 1900. Cludius Über die Bildung des Verbi *sum*, Günther und Wachsmuth's Athenäum 2 (Halle 1817) 136 ff. Marouzeau Sur l'enclise du verbe 'être' en latin, Mém. 15, 230 ff. J. Darmesteter De coniugatione Latini verbi *dare*, Paris 1877. Ph. Thielmann Das Verbum *dare* im Lateinischen, Leipz. 1882. F. Fröhde Die lat. Präsentia auf *-llo*, BB. 3, 285 ff. K. F. Johansson Några ord om de latinska verbalbildningarne med *n* i presensstammen, Akadem. afhandlinger til prof. S. Bugge, Christiania 1889, S. 21 ff. Ch. Ploix Des verbes latins en *sco*, Mém. 6, 399 ff. K. Sittl De linguae Latinae verbis incohativis, Wölfflin's Arch. 1, 465 ff. E. Dahnén De verbis Latinis suffixo *-sco-* formatis, Lund 1896. C. Pascal I suffissi formatori delle conjugazione latine, Rivista di filol. 19, 449 ff. R. Thurneysen Über Herkunft und Bildung der lat. Verba auf *-io* der 3. und 4. Conj. und ihr gegenseitiges Verhältniss, Leipz. 1879. E. Berneker Zur Präsensflexion der lat. primären *i̯o*-Verba, IF. 8, 197 ff. F. Skutsch Die [lat.] *-io*-Präsentia, Wölfflin's Arch. 12, 210 ff. Ch. Exon Latin verbs in *-io* with infinitives in *-ĕre*, Hermathena 1901 S. 382 ff. C. Peter Über die schwachen Verba der lat. Sprache, Rhein. Mus. 3, 95 ff. 360 ff. M. Bréal Verbes dérivés latins, Mém. 6, 342 ff. F. de Saussure Sur une classe de verbes latins en *-eo*, Mém. 3, 279 ff. C. Pauli Geschichte der lat. Verba auf *uo*, Stettin 1865. O. I. Fehrnborg De verbis Latinis in *uo* divisas desinentibus, Stockholm 1889. C. Paucker Die verba

ásthāt und griech. ἔστη (W. *stā-* 'stehen') Aoriste, oder ai. *ábhujat* (W. *bheug-* 'biegen, ausbiegen, fliehen') und griech. ἔγλυφε (W. *gleubh-* 'spalten, eingraben') Imperfekta, dagegen ai. *ábudhata*

denominativa auf *-are*, KZ. 26, 261 ff. 415 ff. R. Jonas De verbis frequentativis et intensivis apud comoediae Latinae scriptores, I, Posen 1871, II, Meseritz 1872. Ders. Gebrauch der Verba frequentativa und intensiva in der älteren lat. Prosa (Cato, Varro, Sallust), Posen 1879 und 1884. C. Paucker Die verba frequentativa, KZ. 26, 243 ff. 409 ff. Wölfflin Die verba frequentativa und intensiva, Wölfflin's Arch. 4, 197 ff. Ders. Die verba desuperlativa, ebend. 2, 355 ff. R. Jonas Üb. den Gebrauch der Verba frequentativa und intensiva in Ciceros Briefen, Festschrift für L. Friedländer (Leipzig 1895) S. 149 ff. v. Rozwadowski Üb. die lat. Verba denominativa auf *-tare*, Anzeiger der Ak. der Wiss. in Krakau 1892 S. 268 ff., Łacińskie słowa pochodne urobione z pnia imiesłowu biernego na *-to-* (t. z. Iterativa lub Frequentativa i Intensiva), Krakau 1893, Quaest. gramm. et etym. 2, 1 ff. G. Curtius Über die Spuren einer lat. *o*-Conjugation, Symbola philol. Bonn. 1864 S. 271 ff. = Kleine Schriften 2, 133 ff. Wölfflin Die verba desiderativa, Wölfflin's Arch. 1, 408 ff. G. Curtius De aoristi Latini reliquiis, Kieler Lectionsverzeichn. 1857—58 = Curtius' Stud. 5, 429 ff. Corssen Kein Aoristus II im Lateinischen, in: Beitr. zur ital. Sprachk. S. 538 ff. F. G. Fumi Sulla formazione latina del preterito e futuro imperfetti, Progr. del R. Liceo Chiabrera in Savona 1875—76. E. Schwyzer Osk. íst, IF. 27, 293 ff.

Italisch und Keltisch. F. Prestel Das Aoristsystem der lateinisch-keltischen Sprachen, Kaiserslautern 1893.

Keltisch. D'Arbois de Jubainville Etude sur le présent du verbe irlandais, Mém. 5, 237 sqq. Wh. Stokes The Neo-Celtic Verb Substantive, Transact. Phil. Soc. 1885—87, S. 202 ff. Ders. The Old-Irish Verb Substantive, KZ. 28, 55 ff. J. H. Lloyd The Irish Substantive Verb, Ériu 1, 49 ff. Windisch Das ir. praesens secundarium, KZ. 27, 156 ff. Ders. Das ir. *t*-Präteritum, Kuhn-Schleicher's Beitr. 8, 442 ff. Thurneysen Das sogen. Präsens der Gewohnheit im Irischen, IF. 1, 329 ff. Lottner Traces of the Italic imperfect in the Keltic languages, Transact. Phil. Soc. 1859, S. 31 ff. Thurneysen Zu den ir. Verbalformen sigmatischer Bildung, KZ. 31, 62 ff. — Andres s. S. 4 f. Fussn.

Germanisch. Amelung Die Bildung der Tempusstämme durch Vocalsteigerung im Deutschen, Berl. 1871. A. Moller Die reduplicierenden Verba im Deutschen als abgeleitete Verba, eine etymolog. Untersuchung, Potsd. 1866. H. Lichtenberger De verbis quae in vetustissima Germanorum lingua reduplicatum praeteritum exhibeant, Nancy 1891. G. Burghauser Idg. Präsensbildung im German., Wien 1887. J. von Fierlinger Zur deutschen Conjugation (Präsentia der Wurzelclasse, Zur westgerm. Flexion des verb. subst.), KZ. 27, 432 ff. H. Kern Over eenige

(ved. *budhánta*) und griech. ἐπύθετο (W. *bheudh-* 'wachen, aufmerken') Aoriste. Öfters fungierte dieselbe Stammform desselben Wortes in der einen Sprache als Imperfekt, in der andern als Aorist, z. B. zu Stamm **ĝéne-* (W. *ĝen-* 'gignere') ai. Imperf.

vormen van 't werkwoord *zijn* in 't Germaansch, Taal- en Letterbode 5, 89 ff. J. Schmidt Die german. Flexion des verbum substant. und das hiatusfüllende *r* im Hochd., KZ. 25, 592 ff. W. Wilmanns Die Flexion der Verba *tuon*, *gân*, *stân* im Ahd., Z. f. d. Alt. 33, 424 ff. Skladny Über das gotische Passiv, Neisse 1873. Egge Inchoative or *n*-Verbs in Gothic, A. J. of Phil. 7, 38 ff. Meillet Sur la place du ton dans les présents du type *fraíhnan*, Mém. 15, 98 ff. Sievers Zur Flexion der schwachen Verba, PBS. Beitr. 8, 90 ff. Kögel Die schwachen Verba zweiter und dritter Classe, PBS. Beitr. 9, 504 ff. Verfasser Die got. Imperativform *hiri* und die Denominativa von consonantischen Stämmen, Morph. Unters. 4, 414 ff. W. Streitberg Die *jan*-Verba [des German.] und ihre Verwandten, IF. 6, 152 ff. M. Sweet The third class of weak verbs in primitive teutonic, with special reference to its development in Anglo-Saxon, A. J. of Ph. 14, 409 ff. H. Hirt Die Verba causativa im German., PBS. Beitr. 18, 519 ff. H. Collitz Die german. *ai*-Conjugation, BB. 17, 49 ff. T. E. Karsten Beiträge zur Geschichte der *ē*-Verba im Altgerman., Helsingfors 1897. I. Hortling Studien üb. die *ō*-Verba im Altsächs., Helsingfors 1907. E. Hellquist Om nordiska verb på suffixalt *-k*, *-l*, *-r*, *-s* och *-t* samt af dem bildade nomina, Ark. f. nord. filol. 14 (1897) S. 1 ff. 136 ff. O. Hoffmann Das Präteritum der sogen. reduplizierenden Verba im Nord- u. Westgerman., Γέρας S. 33 ff. R. Loewe Das starke Präteritum des German., KZ. 40, 266 ff. H. Hirt Zu den Aoristpräsentien im German. u. zum Nom. Acc. Plur., PBS. Beitr. 18, 522 ff. H. Collitz Das schwache Prät. u. seine Vorgeschichte, Gött. 1912.

Baltisch-Slavisch. O. Wiedemann Das litau. Präteritum, ein Beitrag zur Verbalflexion der idg. Sprachen. Strassb. 1891. Endzelin Zum lett. Präteritum, KZ. 43, 6 ff. V. Jagić Klassifikation des slav. Verbums, Arch. f. slav. Ph. 28, 17 ff. Leskien Die Präsensbildungen des Slavischen und ihr Verhältniss zum Infinitivstamm, Arch. f. slav. Ph. 5, 497 ff. P. Diels Zur Akzentverschiebung im Präsens der slav. Verba, Arch. f. slav. Ph. 31, 82 ff. Miklosich Das Imperf. in den slav. Sprachen, Ber. d. Wien. Ak. 77, 5 ff. O. Wiedemann Zur Stammbildung der Verben auf *-nąti*, Arch. f. slav. Ph. 10, 652 ff. Horák Die Formen des Präsensstammes der Verba der III. Klasse 2. Gruppe *trъpěti*, Arch. f. slav. Ph. 14, 152 ff. W. Burda Ein Beispiel der Präsensstammbildung mittels *ta* im Slavischen, Kuhn-Schleicher's Beitr. 6, 392. v. Rozwadowski Zu den slav. Iterativa, IF. 4, 406 ff. Miklosich Verba intensiva im Altslowenischen, Kuhn-Schleicher's Beitr. 1, 67 ff. Ders. Einfacher Aorist [im Altslow.], Ber. der Wiener Ak. 81, 100 ff. G. A. Il'jinskij Zur Geschichte des altslav. Aorists, Izv. russk. jaz. 5, 191 ff. (IF. Anz. 13, 249).

ájanat, griech. Aor. ἐγένετο, zu Stamm **bhugé-* ai. Imperf. *ábhujat*, griech. Aor. ἔφυγε, zu Stamm **dn̥ké-* (W. *deñk-* 'beissen') ai. Imperf. *ádašat*, griech. Aor. ἔδακε.

Der jeweilige Gebrauch, ob als Imperfekt oder als Aorist, wurde in den älteren Phasen der idg. Sprachen durch die Stellung der Form zu andern Formen bestimmt. Äusserlich betrachtet, hängt es von der Personalendung ab, ob diese im Indikativ, dem durch das Augment Vergangenheitssinn zugeführt wurde, eine primäre (*-mi -si* usw.) oder eine sekundäre (*-m -s* usw.) war: Präsensstämme waren die, welche im Indikativ sowohl primäre als auch sekundäre Endungen hatten, Aoriststämme die, die im Indikativ nur sekundäre Endungen hatten, z. B. ai. *ábōdhata* griech. (hom.) ἐπεύθετο war Imperfekt neben Präsens *bṓdhatē* πεύθεται, *ábudhata* ἐπύθετο aber war Aorist, weil daneben kein **budháte*, *πύθεται stand.

Diese Bestimmung nach der Personalendung trifft auch auf die *s*-Aoriste zu. Ihr wesentliches Bildungselement, das *s*, ist wahrscheinlich dasselbe Element, das auch in nichtaoristischen Formen (Präsentia, Futura, Desiderativa) erscheint, und kann den sogen. Wurzeldeterminativa (§ 35 f.) zugezählt werden, und bestimmend für die aoristische Bedeutung erscheinen auch hier die sekundären Personalendungen.

Nicht alle präsentischen Stammtypen, die von uridg. Zeit her Indikative mit primärer Personalendung lieferten, lieferten von derselben Zeit her auch Aoriste. Die meisten waren vielmehr auf das Präsens beschränkt, z. B. die reduplizierten Formen mit einsilbiger auf *-i* ausgehender Reduplikation wie ai. *bi-bhar-ti* (§ 58 ff.) und *bi-bhra-ti* (§ 83 ff.), die Stämme mit *-o-* hinter vollstufiger Wurzelsilbe wie ai. *bhára-ti* (§ 69 ff.), die Stämme auf *-(i)i̯o- -i̯o-* (§ 122 ff.), die Nasalstämme, wie ai. *yunák-ti yuñjá-ti* (§ 192 ff.), die Stämme auf *-sk̑o-* (§ 268 ff.) und auf *-to-* (§ 282 ff.). Einzelsprachlich rückten aber auch solche Stämme vielfach in den Aorist ein, und zwar geschah dies gewöhnlich dadurch, dass neben die betreffende Imperfektform als Konkurrent eine anders gestaltete Imperfektform zu stehen kam. Hier lassen sich zwei Arten der Neuerung unterscheiden. 1) Der konkurrierende Stamm ist nicht auf das Präteritum beschränkt, sondern erscheint auch als Ind. Präs. Z. B. wurde im Griech. ἐγενόμην (= ai. Imperf. *á-janat*) Aorist wegen γίγνομαι ἐγιγνόμην, ἔπιτνον Aorist (πιτνῶν att. Tragiker und Pindar) wegen πιτνῶ ἐπίτνουν, ἔβλαστον, ἥμαρτον, ὤλισθον Aoriste wegen βλαστάνω ἐβλάστανον, ἁμαρτάνω ἡμάρτανον, ὀλισθάνω ὠλίσθανον (vgl. κεύθω und κευθάνω, ἀλύσκω und ἀλυσκάνω u. dgl.). Ebenso entstanden im Armen. öfters Aoriste infolge von Neubildung des Präsens mittels *-anem*, z. B. *lizi* = griech. Imperf. ἔλειχον, zu *lizanem* 'lecke', *harçi* = ai. Imperf. *á-pṛccham*, zu *harçanem* 'frage'. 2) Als Ausdruck nur der imperfektischen Vergangenheit kommt eine Neubildung auf, die dann das alte Imperfekt zum Aorist werden lässt. Im Arm. z. B. *beri*, 3. Sing. *e-ber* (= griech. ἔφερον) Aorist wegen Imperf. *berei*, zu Präs. *berem*, ebenso *aci*, 3. Sing. *ac* (= griech. ἦγον) u. a. Aksl. z. B. *padъ* Aorist neben Präs. *padą* 'werde fallen' (das Präsens der slav. perfektiven Verba übersetzt man mit unserm Futurum) wegen Imperf. *paděachъ*. Ebenda Einstellung der 2. 3. Sing. auf *-e* (= **-e-s*, **-e-t*) der zu Präsentia mit dem Wurzelvokal *e* gehörigen Imperfekta in den *s*-Aorist, z. B. *vede* 2. 3. Sing. zur 1. Sing. Aor. *věsъ* (1. Plur. *věsomъ*), neben *vedą vesti* 'führen', wegen Imperf. *veděachъ*; ingleichen *iz-ě* 2. 3. Sing. zu Aor. *iz-ěsъ*, neben *iz-ěmъ -ěsti* 'aufessen' (§ 53, 2), wegen Imperf. *jaděachъ*. Im Lat. mögen die 'Perfekta' 3. Sing. *lambit*, *scandit*, *pandit* (vgl. § 386) alte Imperf. zu *lambo*, *scando*, *pando*, gewesen sein, die wegen *lambēbam*, *scandēbam*, *pandēbam* zunächst aoristische Funktion bekommen hatten.

Natürlich waren es nun nicht die sekundären Personalendungen, die ursprünglich die aoristische Bedeutung hervorgerufen hatten. Darüber, wie diese zuerst ins Leben getreten zu sein scheint, s. § 47.

2) Die in den verschiedenen Sprachen als Futurum bezeichneten Formen sind ihrem Ursprung nach teils Konjunktive, teils Indikative. Jene, z. B. lat. *eri-s*, *agē-s*, sind unten unter dem Konjunktiv zu behandeln. Diese, z. B. ai. *dāsyáti* 'dabit', stellen sich, wie die Aoriste, in formaler Hinsicht zu den Präsensbildungen (s. § 299 ff.).

3) Nur das aus uridg. Zeit überlieferte Perfekt, wie **de-dorke* = ai. *dadárša* griech. δέδορκε (W. *derk-* 'sehen'), zeigt

einen seit uridg. Zeit von den andern Tempusstämmen sich schärfer abhebenden Bildungstypus. Es hat besonderen Ablautvokalismus im Sing. Ind. Akt., einige besondere Personalendungen, eine eigenartige Bildung des Part. Akt.; meist ist das Perfekt den andern Tempora gegenüber auch durch Reduplikation charakterisiert. Vgl. § 48.

Sonach ergeben sich in formaler Beziehung zunächst zwei Hauptgruppen von 'Tempora': Präsens-Aorist und Perfekt. Von diesen umfasst die erstere Gruppe wieder eine grössere Zahl von verschiedenartigen Typen. Verschieden sind diese z. B. danach, ob der Stamm themavokalisch ist oder nicht. Inbezug auf die Personalendungen, den Ablaut (die Abtönung) und die Partizipialendung heben sie sich alle gemeinsam gegen das Perfekt ab.

Nur um eine leichtere Übersicht zu ermöglichen, soll der *s*-Aorist unten nicht mit den *s*-Präsentien (§ 255) zusammen, sondern, wie es in einzelsprachlichen Grammatiken, z. B. in der griechischen Grammatik, von jeher üblich war, in einem eignen Kapitel ausserhalb und hinter der Präsensstammbildung behandelt werden (§ 310 ff.).

Das Perfekt folgt in § 355 ff.

2. Verhältnis der Tempusstämme zum Verbalstamm und die verschiedenen Arten der Verbal- und Tempusstammbildung.

28. Stammformen im Bereich des Verbum finitum ergeben sich durch Abtrennung der Personalendungen, speziell Tempusstammformen durch Abtrennung der Personalendungen des Indikativs. Dabei ist unter allen Umständen auch noch der nur dem Indikativ eigne Zuwachs, welcher Augment heisst (§ 5), abzurechnen.

Der Gegensatz zwischen Tempusstamm und Verbalstamm bestimmt sich danach, wie weit formantische Elemente da sind, die nicht allen Tempora des Verbums eigen sind. Nicht ganz selten fallen Verbalstamm und Tempusstamm zusammen, z. B. beim Präsens ai. *é-ti* griech. εἶ-σι (*ei̯-* 'gehen'), beim Aorist ai. *á-sthā-t* griech. ἔ-στη (*stā-* 'stehen'), beim Perfekt ai. *vid-má* hom. ἴδ-μεν (*u̯eid-* 'videre'). Meistens aber zeigen die Tempusstämme noch besondere morphologische Charakteristika. So kennzeichnet zunächst die Reduplikation, deren Hinzutritt zu der einfachen 'Wurzel' ursprünglich die Vorstellung einer besonderen 'Aktionsart' bewirkt haben muss, nicht nur das Verbum im ganzen, wie namentlich bei den sogen. Intensiva, z. B. griech. πορ-φύρω (§ 18), sondern auch, seit uridg. Zeit, bestimmte Tempusstämme, z. B. Präsens ai. *tí-ṣṭhati* griech. ἵ-στημι, Perfekt ai. *ta-sthimá* griech. ἕ-σταμεν (*stā-* 'stehen'), Aorist arm. *ar-ari* griech. ἀρ-αρεῖν (*ar-* 'fügen'). Ferner treten hinter der Wurzelsilbe mannigfache stammformantische Elemente auf, besonders im Präsens, wie ai. *gá-ccha-ti* griech. βά-σκω uridg. **g̯ᵘm̥-sk̑e-ti*, zu W. *g̯ᵘem-* 'gehen, kommen'.

29. Man unterscheidet zwischen denominativen Verba, z. B. ai. *rajasyá-ti* 'wird zu Staub', und nichtdenominativen (primären), z. B. ai. *páśya-ti* 'sieht', *ás-ti* 'er ist'. Dieser Unterschied, der allgemeinidg. ist und sicher aus uridg. Zeit stammt, geht die Frage, welche Formantien zur Charakterisierung der einzelnen temporalen Stämme seit uridg. Zeit verwendet worden sind, insofern nichts an, als die Denominativa ausschliesslich solche Bildungsmittel aufweisen, die auch nichtdenominative verbale Stämme haben. In einer Darstellung der Tempusstammbildung, die die Verschiedenheit der temporalen Bildungsmittel zum Einteilungsgrund nimmt, machen daher die Denominativa an sich keine besondere Klasse aus. Übrigens ist nicht unwahrscheinlich, dass Denominativa wie ai. *rajas-yá-ti* got. *riqiz-ja* (zu *riqis* 'Finsternis'), hom. τελέω τελείω att. τελῶ aus *τελεσ-ι̯ω (zu τέλος 'Ende') und solche wie lat. *planta-t* (zu *planta*), got. *sunjō-þ* 'rechtfertigt' (zu *sunja* 'Wahrheit'), lit. *jūsto* 'gürtet' (zu *jūsta* 'Gürtel') in der Zeit der idg. Urgemeinschaft für gewöhnlich nur erst die Präsensstammbildung hatten, noch nicht eine Mannigfaltigkeit von Tempora, wie sie einzelsprachlich z. B. im Griechischen erscheint: Präs. τιμάω, Fut. τιμήσω, Aor. ἐτίμησα, Perf. τετίμηκα. Die Herstellung eines ganz vollständigen Systems von Tempora erfolgte, wo dieses erscheint, wohl jedesmal erst in jüngeren Zeiten. Vgl. § 142.

Neben den Verba wie lat. *plantat*, got. *sunjōþ* usw., deren Charakter als Nominalverba auf der Hand liegt, gibt es noch zahlreiche andere Verbal- und Tempusstämme, die zugleich als verbale und als nominale Stämme auftreten und möglicherweise ursprünglich nur nominal angewendet waren. So z. B. der Stamm *g^{u}(*i*)*i̯ā*-, der in ai. *ji-jyāú* 'überwältigte', Fut. *jyā-sya-ti*, ion. βε-βίη-ται als verbaler, in ai. *jyā́* F. 'Obergewalt', griech. βία als Nominalstamm erscheint; überhaupt kann das Femininformans -*ā*- etymologisch dasselbe Element gewesen sein, das, auch abgesehen von den klar denominativen Verba, in so vielen verbalen Stämmen auf -*ā* begegnet (§ 91 ff.). Ferner können Präsensstämme, die auf -*o* : -*e*, den sogen. thematischen Vokal, ausgehen (Stämme auf -*o*-, -*u̯o*-, -*to*-, -*no*-, -*i̯o*- u. dgl.), als Stämme angesehen werden, die anfänglich nur mit nominaler Funktion bestanden hatten. Vgl. z. B. ai. *ája-ti* 'treibt, führt', griech. ἄγω : griech. ἀγό-ς 'Führer'; ai. *árca-ti* 'stralt' : *arcá-ḥ* 'stralend' *arká-ḥ* 'Stral'; *turá-tē* 'ist eilig, rennt' : *turá-ḥ* 'eilig'; ai. *jī́va-ti* 'lebt', lat. *vīvo*, aksl. *živą* : ai. *jīvá-ḥ* 'lebendig', lat. *vīvo-s*, aksl. *živъ*; lat. *plecto* ahd. *flihtu* 'flechte': griech. πλεκτό-ς 'geflochten'; ai. *vḗṣṭa-tē* 'wickelt sich um': *vḗṣṭa-ḥ* 'Binde, Schlinge'; *paṇa-tē* 'handelt ein, kauft': *paṇa-ḥ* 'Wette, Stipulation'; *vḗna-ti* 'ersehnt': *vēná-ḥ* 'sehnsüchtig'; got. *fraíhna* 'frage': ai. *praśná-ḥ* 'Frage'; *kṛpáṇa-tē* 'tut jämmerlich, erbittet': *kṛpaṇá-ḥ* 'jämmerlich'; griech. θηγάνω 'wetze': θήγανο-ν 'Wetzinstrument'; lit. *kùpinu* 'häufe': *kùpina-s* 'gehäuft'; ai. *pū́ya-ti* 'stinkt': *pū́ya-m* 'stinkiger Ausfluss, Eiter'. Beispiele von *o*-Stämmen, bei denen die nominale Geltung die ältere war, finden sich namentlich im Indischen, wofür noch genannt sein mögen *puṣpa-ti* 'blüht': *púṣpa-m* 'Blüte', *gardabha-ti* 'spielt den Esel': *gardabhá-ḥ* 'Esel' (Sütterlin IF. 19, 572 ff.). Aus andern Stammklassen mögen genannt sein ai. *dhṛṣṇu-máḥ* 'wir sind kühn': *dhṛṣṇú-ḥ* 'kühn', ai. *minu-máḥ* 'wir mindern, schädigen': griech. μινύ-ωρος μινυώριος 'kurze Zeit lebend' und ai. *rā́ṣ-ṭi* 'herrscht, glänzt': *rā́j*- 'Herrscher'. Keines von den angeführten Nomina kann freilich an sich beweisen, dass die betreffende Stammklasse ursprünglich einmal nur nominal gedacht war. Tatsache ist nur, dass seit uridg. Zeit vielfach dieselben Stämme zugleich verbal und nominal fungierten, und dass eine derartige lebendige Beziehung zwischen den betreffenden verbalen und nominalen Bildungsklassen ererbt war, dass ein nominaler Stamm durch Antritt von Personalendungen, d. h. durch Einstellung in die formal gleichartige Verbalklasse, in ein Verbum und ein verbaler Stamm durch Antritt von Kasusformantien, d. h. durch Überführung in die formal gleichartige Deklinationsklasse, in ein Nomen verwandelt werden konnte. Es sind also nur mehr Erwägungen allgemeinerer Art, die es wahrscheinlich machen, dass die ältesten uridg. Beispiele der betreffenden verbalen Stammtypen als Gebilde nominalen Sinnes in die Verbindung mit Personalendungen eingegangen sind (vgl. Wundt Völkerps. 1², 2, 135 ff.), und von diesem Standpunkt der Betrachtung aus handelt es sich in den Fällen, wo die verbale Verwendung des Stammes die frühere gewesen ist, ebenso um retrograde Ableitung wie z. B. bei lat. *pugna*, das aus dem von *pugnus* abgeleiteten *pugnāre* gewonnen worden ist (2, 1, 18. 2, 3 § 160).

Denominativa, die das Aussehen von 'primären' Verba haben, sind nicht immer der durch den Stammauslaut des Nomens unmittelbar gewiesenen verbalen Flexionsweise gefolgt. So entstanden z. B. ai. *vidhava-ti* 'gleicht dem Mond' zu *vidhú-ḥ* 'Mond', *savitarati* 'erscheint als Sonne' zu *savitár-* 'Sonnengott' nach dem Muster von Denominativa ähnlichen Sinnes auf *-a-ti*, wie *prālēya-ti* 'gleicht dem Hagel': *prālēya-m* 'Hagel' (Sütterlin a. a. O. 573 f.). Ein ähnliches formantisches Verhältniss wie hier liegt bei den uridg. *-éi̯o*-Präsentia, wie ai. *bōdháya-ti* griech. στροφέω, vor, die als Denominativa zu *i*-Stämmen (*bṓdhi-ḥ*, στρόφι-ς) zu betrachten sind (2, 1, 168. 2, 3 § 40. 162). In Fällen, wo das Nomen schon *o*-Stamm war und dem entsprechend auch das Verbum als ein themavokalisches erscheint, wurde zuweilen zur Bildung des Denominativums noch ein besonderes konsonantisches Element als Präsensformans herangezogen, was immer auf dem Bestreben beruhte, am Verbum eine besondere Aktionsart zum Ausdruck zu bringen. So entstanden im Gotischen nach dem Muster von *af-lifnan* 'übrig bleiben', *ga-þaúrsnan* 'verdorren' u. a., die vom Standpunkt dieser Sprache aus nicht nominal waren, die Nominalverba *ga-hailnan* 'heil werden', zu *hails* 'heil', *gabignan* 'reich werden', zu *gabigs* 'reich' u. a. (§ 223), im Litauischen ebenso nach *kùpin-ti*, *krìvin-ti* u. dgl. zu *liñksmas* 'fröhlich' ein *línksminti* 'erheitern' u. dgl. (§ 233, 2), nach *virstù vir̃sti*, *mirsztù mir̃szti* u. dgl. zu *gel̃tas* 'gelb' ein *gelstù gel̃sti* 'gelb werden' u. dgl. (§ 289, 1), nach *tenkù tèkti* u. dgl. zu *rẽtas* 'dünn' ein *rentù rèsti* 'dünn werden' (§ 210, 2).

Eine reinliche Scheidung der Verba in denominative und nichtdenominative auf Grund der verbalen Bildungselemente ist hiernach für keine idg. Einzelsprache und erst recht nicht für die uridg. Zeit möglich. Im Sinne der naiven Sprecher lässt sich von einem Denominativum nur dann sprechen, wenn ein Verbum für das Sprachgefühl in so unmittelbarer Beziehung zu einem Nomen steht, wie es z. B. bei ai. *rajasyá-ti* : *rájas-*, lat. *planta-t* : *planta*, griech. δουλόω : δοῦλο-ς der Fall war und bei lit. *línksminu* : *liñksmas*, nhd. *ich frevle* : *frevel* heute der Fall ist. Für den auf die Entstehungsgeschichte schauenden Sprachforscher aber ist ein Verbum sehr oft klar denominativ, das dem Sprecher nicht mehr als solches erscheinen kann, und am letzten Ende ist, wie gesagt, das idg. Verbum überhaupt vielleicht durch Zusammenwachsen von Nominalstämmen mit Personalendungen ins Leben getreten.

Anm. Zuweilen ist nur scheinbar der Nominalstamm unmittelbar als Präsensstamm gebraucht, z. B. bei griech. φαείνω, θέρμω u. a. (§ 145, c).

30. Man stellt ferner einander gegenüber primäre Verba und Deverbativa. Die letzteren sind solche, die, neben primären Verba stehend, ausser der auch diesen Verba eigenen 'Temporalbedeutung' noch einen besondern, aktionellen Nebensinn haben, und die man auf Grund dieser Nebenbedeutung im einzelnen als Kausativa, Iterativa, Intensiva, Desiderativa usw. bezeichnet. Z. B. ai. Kausat. *tar̥ṣáya-ti* 'lässt dürsten' (lat. *torreo*, ahd. *derr(i)u* 'ich dörre') neben *tŕ̥ṣya-ti* 'dürstet', ai. Iterat. *patáya-ti* 'flattert, fliegt umher' (griech. ποτέομαι) neben *páta-ti* 'fliegt' (griech. πέτομαι).

Für eine Darstellung des idg. Verbums, die zum Einteilungsprinzip nicht die Bedeutung, sondern die jedesmal etymologisch zusammengehörigen verbalformantischen Elemente nimmt, ist auch diese Gegensätzlichkeit nicht geeignet, als Einteilungsgrund benutzt zu werden. Denn die Formationsweise solcher 'Deverbativa' war im Prinzip keine andere als die der sogen. primären

Verba. Die ganze Unterscheidung läuft für die entwicklungsgeschichtliche Betrachtung auf zweierlei hinaus. Einerseits darauf, dass bei einem grossen Teil der als nicht-deverbativ erscheinenden Verba speziellere Aktionsbedeutungen, die ursprünglich auch an ihre mit der 'Wurzel' vereinigten Bildungselemente geknüpft waren, frühzeitig verblasst sind, z. B. bei griech. βαίνω, βάσκω, zu W. *g^u̯em-*, während sie bei den 'Deverbativa' länger lebendig blieben. Anderseits darauf, dass Präsensformationen von gewissen Verba aus auf Grund eines besonderen Bedeutungsfaktors, der durch die Wurzelbedeutung an die Hand gegeben war, mit dieser Nebenbedeutung produktiv geworden sind und dadurch eine Spaltung ursprünglich einheitlicher Formklassen eingetreten ist, vgl. z. B. die lat. Inkohativbildung auf *-sco*, auf Grund deren z. B. neben *rubeo* ein *rubēsco* zu stehen kam (§ 43. 275). Von 'Ableitung' eines Verbums aus einem andern Verbum kann hier nur in dem uneigentlichen Sinne gesprochen werden, in dem man z. B. den Komparativ ai. *sányas-* ir. *siniu* ('senior') als vom Positiv ai. *sána-ḥ* ir. *sen* aus, den Komparativ ai. *svā́dīyas-* griech. ἡδίω ('suavior') als vom Positiv ai. *svādú-ḥ* griech. ἡδύς aus geschaffen zu betrachten pflegt (2, 1, 547 ff. 656 ff.).

Von uridg. Zeit her als 'Deverbativa' erscheinende Verbalklassen sind die folgenden:

1) 'Intensiva' mit Vollreduplikation, wie ai. *jáṅ-ghan-ti jaṅ-ghanya-tē* neben *hán-ti*, griech. πορ-φύρω (§ 18. 45. 133). Auch die nur im Ai. belegten 'Intensiva' mit zweisilbigem Reduplikanten auf *-ī*, wie ai. *bhárī-bharti*, scheinen aus uridg. Zeit überkommen zu sein (§ 19. 45).

2) 'Iterativa' und 'Kausativa' auf *-éi̯o-*, wie ai. *patáya-ti* griech. ποτεῖ-ται 'flattert, fliegt umher' neben *páta-ti* πέτε-ται; ai. *sādáya-ti* got. *satji-þ* 'macht sich setzen, macht sitzen, setzt' neben *sī́da-ti siti-þ* (§ 29 S. 53, § 40. 45. 161 ff.).

3) 'Desiderativa', mit einem *s*-Formans, z. B. ai. *vivitsa-ti vividiṣa-ti* 'wünscht kennen zu lernen' neben *vḗt-ti*, vgl. lat. *vīso* got. *ga-weisō* 'besuche' von demselben *u̯eid-* und lit. *kláusiu* 'frage' = 'will hören' (§ 41. 255 ff. 300).

Dabei haben aber solche Verba oft einzelsprachlich durch Verblassen des Nebensinns dieses Verhältnis zu einem andern

Verbum verloren, so dass sie nun nicht mehr als Sekundärbildungen erscheinen, z. B. ai. *car-kar-ti* 'gedenkt rühmend, feiert', lat. *spondeo* (: griech. σπένδω). Besonders oft sind 'Iterativa' an die Stelle ihrer Grundverba getreten, z. B. franz. *jeter* (= lat. *jactāre*), *chanter* (= lat. *cantāre*) für lat. *jacere*, *canere* und im klass. Latein selbst schon z. B. *hortātur* für vorklass. *horītur*, *dubitāre* für vorklass. *dubāre*, *gustāre* für ein dem gr. γεύειν got. *kiusan* entsprechendes Primitivum. Dieser Vorgang des Verblassens der Grundbedeutung ist nur eine Wiederholung dessen, dass auch bei den ohnehin als 'primär' erscheinenden Verba wie griech. βαίνω und βάσκω eine einst mit dem besonderen präsensbildenden Formans verbundene besondere Bedeutung mit der Zeit aufgegeben worden ist (S. 55).

Anm. Nicht spricht man von Deverbativa in Fällen, wo eine Form zwar in der Weise in eine andere Bildungsklasse übergeführt worden ist, dass der Stamm eine Erweiterung erfuhr, diese formale Neuerung aber nicht mit einer Bedeutungsänderung verbunden gewesen ist, wie z. B. bei griech. ἐρύκω 'halte zurück': ἐρῡκάνω und ἐρῡκανάω.

3. Die verbal- und tempusstammbildenden Formantien und die sogen. Wurzeldeterminative.

31. Oft erscheint ein stammformantisches Element bei einem Verbum in einem gewissen Zeitpunkt einer Sprachentwicklung nur als tempusstammbildend, gewöhnlich als präsensstammbildend, das in einer jüngeren Periode derselben Sprache oder in einer andern Sprache, die dasselbe Verbum hat, als verbalstammbildend auftritt. Es ist in diesem Fall der einzelne Tempusstamm Grundlage für die Bildung auch anderer Tempora, öfters zugleich auch noch für die Bildung von Formen des Verbum infinitum und andrer nominaler Gebilde geworden. So schlossen sich im Griech. an κρίνω, mit einem präsentischen *n*-Formans, zunächst κρινῶ, ἔκρῖνα an, dann auch noch ἐκρίνθην für ἐκρίθην (vgl. lat. *cerno* aus **cri-nō* : *crē-vi*). Vgl. ferner lat. *jungo* : *junxī*, *junctus* gegen ai. *yunákti yuṅktḗ* : *yōkṣyati*, *yuyṓja*, *yuktá-ḥ*; ai. *jīva-ti* : *jīviṣyati*, *jijīva*, *jīvitá-ḥ* gegen aksl. *ži-vą* : *žichъ*, *žiti*. Da nun auch die erschliessbare Gestaltung der uridg. Sprache schon das Produkt einer langen Entwicklung war, werden vielfach auch solche uridg. Bildungselemente, die uns für den damaligen Sprachzustand als das ganze Verbum kennzeichnend erscheinen, ursprünglich doch nur einem einzelnen Tempusstamm angehört haben. Dies mag z. B. der Fall gewesen sein bei dem *s*-Formans von ai. *tąsati* 'zerrt', Aor. *átasat*, Perf. *tataśrḗ*, Kaus. *tąsayati*, got. *-þinsa* 'ziehe' ahd. *dinsu*, Prät. *dans* neben ai. *tanṓ-ti* griech. τείνω usw. (§ 256).

Da die vergleichende Grammatik, wenn sie sich in den Grenzen des entwicklungsgeschichtlich genauer zu Kontrollierenden halten will, ihre Einteilungen nach dem nächsterreichbaren uridg. Sprachstand vorzunehmen hat, so kommen hiernach für eine Einteilung nach den verschiedenen Tempusstämmen des Verbums nur solche stammbildende Elemente in Betracht, welche damals einzelne Tempusstämme im Gegensatz zu andern charakterisierten.

32. Als uridg. tempusstammbildendes Binnenformans erscheint ein *n*-Formans, z. B. in ai. *yunákti*, lat. *jungo* (§ 31).

Sehr mannigfaltig sind die Endformantien. Als solche erscheinen zunächst ebenfalls *n*-Formantien, wie *-nā-* in ai. *mr̥ṇā́-ti* 'zermalmt', griech. μάρνα-ται 'kämpft'. Dann Formantien mit Geräuschlauten (Verschluss- und Reibelauten), wie das *-sk̑o-* in ai. *gáccha-ti* 'kommt', griech. βάσκω, oder das *-s-* in ai. *ávākṣam* 'führte', lat. *vēxī*. Dazu noch verschiedene vokalische Bildungselemente, wie das *i*-Formans in ahd. *liggu* 'liege' aus **ligi̯u*, 2. Sing. *ligi-s*, aksl. *ležą* 'liege' aus **legi̯ą*, 2. Sing. *leži-ši*. Ein *u*-Element kombiniert mit einem *n*-Formans erscheint z. B. in ai. *r̥ṇṓ-ti* 'setzt in Bewegung', 1. Plur. *r̥ṇu-máh*, 3. Plur. *r̥ṇv-ánti*, ein *i*-Element mit einem *s*-Element verbunden z. B. in ai. *dāsyá-ti* 'wird geben', lit. *dŭsiu* 'werde geben'.

Ihre die Tempusstämme als solche charakterisierende Gestaltung haben solche Formantien zumteil dadurch bekommen, dass sie mit den 'Wurzelelementen' zusammen eine Ablautbasis bildeten und in der Zeit, als die ablautschaffenden Faktoren wirkten, verschiedene Veränderung erfuhren. So beruht z. B. auf der Basis **menē̮i̯-* ('geistig rege sein, sinnen') sowohl der präsentische Stamm mit *i*-Formans in griech. μαίνομαι 'bin verzückt' aus **μανι̯ομαι, aksl. *mьnją* 'denke', 2. Sing. *mьni-ši*, als auch der aoristische Stamm auf *-ē* in griech. ἐμάνη, lit. *mìnė* (Grundf. **mn̥nē-t*).

33. Im weitesten Umfang wurde unter den vokalischen stammbildenden Elementen produktiv der sogen. thematische Vokal *e* : *o*, der hinter der 'Wurzel' teils für sich allein erscheint, z. B. in ai. *ája-ti* lat. *agi-t*, teils Begleiter von andern formantischen Lauten (Nasalen, Geräuschlauten, *i̯*, *u̯*) ist, z. B. in griech. τέμνω, ἀλφάνω, lat. *plecto*, griech. βάσκω, ai. *vivitsa-ti*, *patáya-ti*, *rajasyá-ti*, *dāsyá-ti*, aksl. *žive-tъ*, ai. *jr̥vá-ti*. Vgl. § 29 S. 52.

Die themavokalischen Tempusbildungen zeigen seit uridg. Zeit in den verschiedenen Personen des Indikativs teils *-e-*, teils die Abtönung *-o-*. Doch hatte die 1. Sing. der Systeme mit primären Endungen den Ausgang *-ō*, wie z. B. griech. φέρω, und wahrscheinlich in Abhängigkeit von diesem *-ō* hatte die 1. Dualis *-ō-* vor der mit *u̯* beginnenden Personalendung, z. B. ai. *bhárā-vaḥ* got. *baírōs* (IF. 24, 165 ff.). Die uridg. Verteilung von *e* und *o* ist am besten noch im Griechischen erkennbar (die ar. Sprachen können wegen des Zusammenfallens von *e* und *o* in *a* hier nichts lehren). Durch analogische Ausgleichungen hat sich in den verschiedenen Sprachen manches verschoben.

e war zu Hause: 1) in der 2. Sing., 2. Plur., 2. Du., z. B. Sing. ἔφερε-ς φέρε-αι ἐφέρε-ο lat. *agi-s* umbr. seste 'sistis' got. *baíri-s* aksl. *bere-ši*, Plur. φέρε-τε φέρε-σθε lat. Imper. *agi-te* got. *baíri-þ* aksl. *bere-te*, Du. ἐφέρε-τον. 2) in der 3. Sing. und 3. Du., z. B. Sing. ἔφερε φέρε-ται ἐφέρε-το lat. *agi-t* marruc. *fere-t* 'fert' got. *baíri-þ* aksl. *bere-tъ*, Du. ἐφερέ-την aksl. *bere-ta*.

o war zu Hause: 1) in der 1. Sing. bei sekundärer Endung und in der 1. Plur., z. B. Sing. ἔφερο-ν aksl. *mogъ* (*-ъ* aus **-om*), Plur. φέρο-μεν φερό-μεθα got. *baíra-m* aksl. *mogo-mъ*, 2) in der 3. Plur., z. B. dor. φέρο-ντι φέρο-νται ἔφερο-ν ἐφέρο-ντο lat. *agu-nt* got. *baíra-nd baíra-nda* aksl. *berǫtъ*.

Beispiele von Veränderung durch analogische Ausgleichung. Ai. 1. Plur. *bhárāmaḥ ábharāma* für **bhára-maḥ* **ábhara-ma* (nach *bhárāvaḥ ábharāva* s. oben). Osk. 3. Plur. fiiet 'fiunt' d. i. fiie^{n}t (nach dem Ausgang *-ent* der themavokallosen Stammklassen, wie sent set 'sunt'). Got. 2. Du. *baíra-ts*, Med.-Pass. 2. Sing. *baíra-za*

3. Sing. *baíra-da*; ahd. alem. 2. Plur. *bera-t*. Lit. 3. Sing. *vẽža*, 2. Plur. *vẽža-te*, 1. Du. *vẽža-va* (nach *vẽža-me*); aksl. 1. Plur. *bere-mъ*.

Etymologisch identisch mit dem thematischen Vokal war sehr wahrscheinlich der anlautende Vokal der Ausgänge *-enti -ent* und *-onti -ont* in der 3. Plur. der unreduplizierten themavokallosen Stämme, z. B. ai. *s-ánti s-án ás-an*, dor. ἐντὶ att. εἰσὶ (für *h-εντι § 53), hom. ἦεν (sekundär 3. Sing. geworden), umbr. *s-ent* lat. *s-unt*, got. *s-ind*, aksl. *s-ątъ*; ai. *cinv-ánti ácinv-an*, *dhr̥ṣṇuv-ánti ádhr̥ṣṇuv-an*. Da jedoch, wegen der Gruppierung mit den andern, themavokallosen Personen, z. B. ai. *sánti* neben *smáḥ sthá*, *cinvánti* neben *cinuthá*, der Vokal im Gefühl der Sprechenden einen Bestandteil der Personalendung ausmachte, rechnet man diese Formen der 3. Plur. Akt. nicht zur themavokalischen Flexionsweise (vgl. IF. 18, 49 ff.). Vielleicht ist dieses *-onti -ont* auch anzunehmen für griech. τῑνουσι ἔτῑνον = *τινϝ-οντι *ἐτινϝ-ον (§ 249), ὀμνύουσι ὤμνυον = *ὀμνυϝ-οντι *ὤμνυϝ-ον (§ 251, 3) und für ἔκλυον und ἔκτανον, indem ἔκλυον zu ai. *á-śrō-t*, ἔκτανον zu ἔ-κτα-μεν die 3. Plur. gebildet haben kann (§ 51). Die 3. Plur. hätte dann den Anstoss zur themavokalischen Flexion in den übrigen Personen gegeben (vgl. dor. ἵσαμι usw. nach 3. Plur. ἵσαντι, § 382, 4).

Die themavokalischen ('thematischen') Indikative heben sich überall in den älteren historischen Sprachphasen noch deutlich ab von den themavokallosen ('athematischen'). F. Bopp nahm diesen Unterschied zum obersten Einteilungsgrund des idg. Verbums, indem er die themavokalischen Klassen als erste Hauptkonjugation, die themavokallosen als zweite Hauptkonjugation bezeichnete. Obwohl dieser Unterschied für die Flexion des Verbums von grosser Wichtigkeit ist, empfiehlt es sich aber nicht, ihn in der Bopp'schen Weise zum Haupteinteilungsprinzip zu erheben. Denn viele themavokallose Tempusstammklassen hatten seit uridg. Zeit eine Klasse neben sich, die man äusserlich als aus ihr durch Hinzufügung des thematischen Vokals gebildet betrachten kann, und oft ist es dasselbe Verbum, das beide Flexionsweisen zugleich aufweist, z. B. ai. *bhár-ti* griech. φέρ-τε : ai. *bhára-ti* griech. φέρει got. *baíri-þ*; griech. ἵστη-σι : ai. *tíṣṭha-ti* av. *hišta'ti* lat. *sisti-t*; ai. *cinṓ-ti* : *cinva-ti* ion. τίνομεν aus *τινϝο-μεν; griech. ἔδειξ-α : ai. *ádikṣa-t*. Da würde häufig, was morphologisch engstens zusammengehört, auseinandergerissen werden. So fassen wir denn z. B. alle Präsensklassen, die durch einen Nasal charakterisiert sind, einheitlich zusammen, einerlei ob der Stamm themavokallos oder themavokalisch ausgeht, z. B. ai. *mṛṇā́-ti mṛṇá-ti, yunák-ti yuñja-ti, cinṓ-ti cinva-ti.*

34. Bei den themavokallosen Tempora erscheint *-mi* als primäre Endung der 1. Sing., z. B. griech. εἶ-μι ai. *ḗ-mi*, gegenüber *-ō* bei den themavokalischen, z. B. griech. ἄγω lat. *ago.*

Ein Kennzeichen der themavokallosen Tempora ist die schon 2, 1, 32 erwähnte Stammabstufung, nach der man starke und schwache Formen scheidet. Der Ablaut bestand in den meisten Fällen darin, dass die der Personalendung unmittelbar vorausgehende Silbe in den drei Singularformen des Ind. Akt. vollstufig und haupttonig, dagegen reduktions- und schwundstufig im Plur. und Du. des Ind. Akt. und in allen drei Numeri des Ind. Med. war. Z. B. Präsens ai. Akt. Sing. *dvḗṣmi dvḗkṣi dvḗṣṭi*, Plur. *dviṣmáḥ* usw., Du. *dviṣváḥ* usw., Med. Sing. *dviṣḗ* usw., griech. Akt. Sing. εἶμι εἶ aus *εἰ[σ]ι, εἶσι, Plur. ἴμεν usw., Du. ἴτον, ai. Akt. Sing. *aśnṓmi aśnṓṣi aśnṓti*, Plur. *aśnumáḥ* usw., Du. *aśnuváḥ* usw., Med. Sing. *aśnuvḗ* usw., Akt. Sing. *dádhāmi dádhāsi dádhāti*, Plur. *dadhmáḥ* usw., Du. *dadhváḥ* usw., griech. Akt. Sing. τίθημι τίθης τίθησι, Plur. τίθεμεν usw., Du. τίθετον, Med. Sing. τίθεμαι usw.; Perf. ai. Sing. *vḗda vḗttha vḗda*, Plur. *vidmá* usw., griech. Sing. οἶδα οἶσθα οἶδε, Plur. ἴδμεν usw. Die gleiche Abstufungsweise hatte, bei gleichen Ursachen, seit uridg. Zeit der zu den themavokallosen Indikativen gehörige Optativ, z. B. ai. Sing. *dviṣyā́m -yā́ḥ -yā́t*, Med. 3. Sing. *dviṣītá*, griech. τιθείην -ης -η, Plur. τιθεῖμεν (d. i. *τιθεῖμεν) usw., alat. Sing. *siem siēs siet*, Plur. *sīmus sītis sient* (d. i. *si-ent*).

Eigenartig ist die 2. Plur. des adhortativen Injunktivs (Imperativs) insofern, als sie sowohl starke als schwache Stammform aufweist: ai. *stṓta* (av. *staota*) 'preiset' neben *stuta*, *śrṓta* (gthav. *sraotā*) 'höret' neben *śruta*, *kárta* neben *kṛta* u. dgl., *dhāta* 'setzet', *dāta* 'gebet' u. dgl. (Macdonell Ved. Gramm. 370)[1]),

1) Auch die 2. Du. Imper. zeigt nicht selten starke Form, z. B. *kartam* neben *kṛtam*, *gantám* neben *gatám*, was ebenfalls altererbt sein wird. Ebenso sind dann auch *dhātam*, *dātam* u. dgl. als alt zu betrachten.

griech. φέρτε 'bringet' gegenüber ἴτε, δότε usw., weshalb auch die Ablautstufe von lat. *ferte*, *īte* pälign. *eite* 'ite' und von griech. ἔστε lat. *este* für altüberkommen gelten darf. Die Vollstufengestalt war hier sicher ebenso ein uridg. Erbe wie beim Vokativ ai. *santya*, zu *satyá-ḥ* (1, 953. 2, 1, 191). Wie weit bei dem Zustandekommen der doppelten Gestaltung die dem Imperativ und dem Vokativ eigne 'Affektbetonung' (2, 1, 44) eine Rolle gespielt hat, und wie weit die Wortstellung, nach Satzanlaut und Satzinlaut, massgebend gewesen ist, ist schwer zu sagen. Vgl. Brugmann-Thumb Griech. Gramm.[4] 315 Fussn. 1, Bartholomae Wiener Ztschr. f. d. K. d. Morg. 24, 168. Zweifelhaft bleibt, ob so auch die 1. Plur. ai. *karma*, *hōma* u. dgl. von alters her starke Stammgestalt gehabt hat, oder ob hier jüngere Nachahmung der Stammgestalt der 2. Plur. vorliegt.

Für den Zusammenhang zwischen Abstufung und Accentsitz ist zu beachten, dass im Griechischen der alte Tonwechsel fast nur noch im Verbum infinitum erhalten ist (1, 965 ff.). Daher z. B. zwar ὀρνύς wie ai. *r̥ṇvánt-*, aber ὄρνυτε gegen *r̥ṇuthá*.

Dass in den medialen Indikativen schwache Stammgestalt nicht überall ursprünglich geherrscht hat, zeigen Formen wie ai. *śḗ-tē* griech. κεῖ-ται mit Part. ai. *śáyāna-ḥ* griech. κείμενος (vgl. dazu δεδομένος, διδούς, ἁλούς mit Bewahrung des alten Tonsitzes), ai. *jáni-ṣva*, griech. κρέμα-μαι (§ 54. 91 ff.). Vgl. Meillet Mém. 13, 110 ff.

Im *s*-Aorist, in dem die Wurzelsilbe seit uridg. Zeit eigenartige ablautliche Verschiedenheiten hatte, zeigt das Altindische den Hochton nie auf der Endung, vgl. z. B. Med. *vąsi* 'ich gewann', Part. *dákṣat-* 'verbrennend'. Da auch im Griechischen den Partizipien und Infinitiven des *s*-Aorists Endbetonung fremd ist, z. B. δείξας δεῖξαι, so hat die ai. Betonungsweise des *s*-Aorists für altüberkommen zu gelten. Vgl. § 311.

Durch analogische Ausgleichung sind die ererbten Abstufungsverhältnisse in den verschiedensten Teilen der uridg. Verbalsysteme oft verändert worden, z. B. ai. Perf. 3. Plur. *tastambhuḥ* für *tastabhúḥ* nach dem Sing. *tastámbha* ('stützte sich'), griech. ἔοιγμεν ἐοίκαμεν für *ἔικμεν nach ἔοικα, lat. *eimus īmus* für **ĭmus* (ai. *imáḥ*) nach *eis īs*, *īt*, griech. ὄρνῡμι für *ὄρνευμι zu ὄρνῡμεν nach dem Verhältnis von -νᾱμι zu -νᾰμεν (§ 234). Ausserhalb des Indikativs z. B. Opt. ai. Plur. *dviṣyāma* für **dviṣīmá* (vgl. Med. *dviṣīmáhi*) nach *dviṣyām*, umgekehrt lat. *sim* für *siem* nach *sīmus*.

35. Warum diejenigen Elemente, die man als Formantien (Suffixe) bezeichnet, und diejenigen, die man Wurzeldeterminative nennt, im allgemeinen für wesensgleich gehalten werden müssen, ist 2, 1, 10 f. dargelegt. Dazu sind jetzt die eingehenden und überzeugenden Erörterungen von Persson gekommen in seinen Beiträgen zur idg. Wortforschung (Uppsala 1912) S. 553 ff.

Bezüglich der im Verbalbau der idg. Sprachen auftretenden Wurzeldeterminative sei zur Ergänzung des oben a. a. O. Gesagten noch folgendes hervorgehoben.

1) Man bezeichnete früher als Determinative gewöhnlich nur konsonantische Bildungselemente, die hinter der Wurzelsilbe erscheinen, z. B. *-s-* in **k̑leu-s-* 'hören' ai. *śrṓṣamāṇa-ḥ śruṣṭi-ḥ*, ir. *cluas*, ahd. *hlosēn* usw. neben ai. *á-śrō-t śrutá-ḥ* usw., *-d-* in **ĝheu-d-* 'giessen' lat. *fundo fūdī*, got. *giutan* neben griech. χέ[F]ω usw., *-k-* in **dhē-k-* griech. ἔθηκα τέθηκα lat. *facio fēcī* neben griech. τίθημι usw. Wer aber diese Konsonanten und ebenso gewisse Konsonantengruppen wie z. B. *-sk̑-* in **gᵘm̥-sk̑-* griech. βάσκω ai. *gáccha-ti* (neben griech. βαίνω ai. *gáma-ti*) als etwas betrachtet, was auf irgend eine Weise zu den Grundelementen des Wortes, der sogen. Wurzel — mag man die Wurzel für eine als Wort gebrauchte Urform oder nur für eine Abstraktion halten — hinzugekommen ist, der muss auch vokalische Elemente, wie *ā*, *ē*, *ō* oder *āi̯*, *ēi̯*, *ōi̯*, *āu̯*, *ēu̯*, *ōu̯*, als 'Wurzeldeterminative' gelten lassen. Es handelt sich hier um die vielen Verbalformen zu Grunde liegenden zweisilbigen Ablautbasen, deren (einsilbige) Wurzel meist auf *i̯*, *u̯*, Nasal, Liquida ausgeht, und deren zweite Silbe jene Vokale und Diphthonge bilden, z. B. **bherē-* in griech. -φρή-σω -έφρησα ai. *bhari-tra-m* neben **bher-* in griech. φέρ-τε φέρ-τρο-ν ai. *bhár-ti bhr̥-tá-ḥ*, **ei̯ā-* in lit. *jó-ju* ai. *yā-ti* neben **ei̯-* in ai. *é-ti i-tá-ḥ*, **menēi̯-* in ai. *manāy-ánt-mány-atē*, lat. *minī-scor* neben **men-* in ai. *man-tum ma-tá-ḥ* griech. αὐτό-ματος, **ghrebhāˣi̯-* in ai. *gr̥bhāy-áti gr̥bhī-tá-ḥ* neben

*ghrebh- in av. *gərᵊp-ta-*, **u̯erāˣu̯-* in ai. *varū-tár-* griech. Ϝέρυ-σθαι ῥύ-σιος neben **u̯er-* in ai. *vár-man- vár-ati.* Dass zweisilbige Lautkomplexe inbezug auf die ablautlichen Lautveränderungen eine Einheit bilden, beweist nicht im mindesten, dass sie in sich keine accessorischen Elemente enthalten. Der Wechsel zwischen *bher-* und *bherē-* u. dgl., d. h. zwischen sogen. *Aniṭ-* und *Sēṭ*-Formen, war sicher in manchen Fällen uralt und geht in die Zeit vor dem Entstehen des Ablauts zurück. Dann sind aber diese basisauslautenden Vokale entweder als wirkliche 'Suffixe' zu betrachten [1]), oder es ist doch wenigstens anzunehmen, dass sie schon sehr frühe als formantische Elemente empfunden und behandelt und somit an Basen, zu deren Lautbestand sie nicht von Haus aus gehört hatten, analogisch angefügt wurden.

2) Determinative erscheinen beim Verbum bald durch das ganze Verbalsystem durchgeführt, bald nur in einzelnen Tempora. Z. B. tritt das unter 1) genannte **dhē-k- *dhə-k-* im Lateinischen im ganzen Verbum, im Griechischen nur im Aorist und im Perfekt auf. Wie weit nun in solchen Fällen, die aus vorhistorischen Perioden ererbt waren, das determinative Element ein verallgemeinertes Tempusformans war oder anderseits sekundär Beschränkung auf ein bestimmtes einzelnes Tempus stattgefunden hat, ist bei dem Dunkel, das über der ursprünglichen funktionellen Bedeutung aller 'Determinative' liegt, nicht zu wissen.

3) Ausbreitung von determinativen Elementen hat nicht bloss stattgefunden, um ein Verbum oder ein Tempus nach einer bestimmten Richtung hin semantisch zu charakterisieren, sondern in manchen Fällen aus rein formalem Grund, namentlich um eine deutlichere Flexion zu gewinnen. Dies gilt z. B. für die Ausbreitung des κ im Perfekt des Griechischen, für die Formen wie ἕστηκα usw. (§ 382, 5).

---

1) Dass auch bloss aus vokalischem Stoff bestehende Wörter formantisch verwachsen, zeigen u. a. der av. Ausgang des Lok. Plur. *-hv-ă*, der aus der Kasusendung *-su* und dem Adverbium *ā* bestand (2, 2, 185. 248), die Pronomina griech. οὑτοσί, umbr. *poi poei*, die die Partikel *ī* enthielten (2, 2, 328), die sogen. augmentierten Präterita, deren **é* ein Adverbium war (S. 10 ff.).

36. Die Unklarheit der Herkunft aller wurzeldeterminativischen und der allermeisten sogen. suffixalen Elemente, die aus der Zeit der idg. Urgemeinschaft als Formantien überkommen sind, könnte nur dann schwinden, wenn zwischen der idg. Sprachfamilie und einer nichtidg. Sprache ein gleicher historischer Zusammenhang zu erweisen wäre, wie er zwischen den einzelnen idg. Sprachzweigen nachgewiesen ist. Denn durch Vergleichung der beiderseitigen Sprachen könnte man dann vermutlich, wie in andern Punkten, so auch bezüglich jener Bildungselemente zur Erkenntniss noch ursprünglicherer Verhältnisse gelangen.

Bei dem gegenwärtigen Stand unserer Kenntnisse ist demnach Zurückhaltung durchaus geboten. Nur möchte ich hier noch folgendes betonen. Wie die Behauptung falsch ist, die vokalischen Ausgänge von zweisilbigen Ablautbasen auf *-ā* usw. könnten nicht ursprünglich ebenso formantische Erweiterungen von 'Wurzeln' gewesen sein wie etwa das Element *-sk̑o-* in griech. βάσκω eine solche ist, so wäre es auch zu weit gegangen, wenn man behaupten wollte, keines von jenen Elementen könnte im letzten Grunde ein relativ selbständiges Satzelement d. h. Wort gewesen sein, das mit einem vorausgehenden Wort zu einer Einheit verschmolz. Wir müssen darauf gefasst sein, dass die sogen. Wurzeldeterminative auf denselben Wegen sich entwickelt haben wie die im engeren Sinn als Suffixe oder Formantien bezeichneten Elemente. Letztere waren aber zumteil anfänglich das, was man ein Wort nennt. Man denke etwa an lit. *dŭ́ki-te* 'gebet', das im Anschluss an *dŭ́-ki* gebildet worden ist, dessen zweites Element ein Partikel war, oder an lat. *agitō-te*, dessen Grundlage, *agitō* = uridg. **aĝe-tōd*, nach allgemeiner und vermutlich richtiger Annahme den Ablativ des Pronomens **to-* in adverbialer Geltung enthalten hat. Auf was alles man bei der Frage des Ursprungs von formantischen Elementen gefasst sein muss, mag auch der Umstand zeigen, dass das lit. Präsens *eitù* usw. aus der 3. Sing. *eĩ-ti eĩ-t*, mit der uridg. Personalendung **-ti*, erwachsen ist (§ 289, 2) und das ir. *t*-Präteritum 1. Sing. *-biurt* usw. aus der 3. Sing. *-ber-t*, mit der Personalendung *-t* (§ 282. 287).

4. Tempora und Suppletivismus.

37. Von dem Suppletivismus oder Suppletionswesen, d. h. dem Zusammenschluss von wurzelverschiedenen Formen zu einem Formsystem, im allgemeinen ist 2, 1, 47 ff.[1]) gehandelt worden. Beim Verbum zeigt sich der Suppletivismus in verschiedener Weise: bald kommen durch ihn Formen des Verbum finitum und des Verbum infinitum in Gegensatz, z. B. franz. *je fus* : *été* (italien. *stato*), aksl. *idą* : Part. *šьdъ* und *šьlъ*, bald verschiedene Tempusstämme, z. B. nhd. *bin* : *war*, franz. *je suis* : *je fus*, bald Indikativ und zugehöriger Modus, z. B. ags. 1. Plur. *earun* 'sumus': *sien* 'simus', ai. *bhavati* : *syāt*, aksl. *jesmь* : Imper. *bądi*, arm. *utem* 'esse': Imper. *ker*, umbr. *est* 'est': *futu* 'esto', bald verschiedene Personen innerhalb desselben Personensystems, z. B. ags. 2. Sing. *eard* : 3. Sing. *is*, lat. *volo* : *vīs* (zu *in-vītus* 1, 321. 2, 3, § 56, II), franz. *je vais* : *nous allons*, lit. *esmì* (*esù*): *yrà*. Auch ist es Suppletivismus, wenn wurzelverschiedene Verba zu einander in ein solches Verhältnis zu einander kommen, in dem sonst Verbum und zugehöriges Deverbativum (§ 30) stehen, z. B. aksl. *iti* 'gehen': Iterativum *choditi*, gleichwie *vesti* 'fahren': *voziti*, *vlěšti* 'ziehen': *vlačiti* usw.

Was insbesondere die Tempussuppletion betrifft, so erscheint sie vorzugsweise bei Vorgangsbegriffen, die der alltäglichen Anschauung des Menschen nahe liegen, am weitesten verbreitet bei essen, verzehren; geben, darreichen; gehen, kommen; laufen, rennen; nehmen, tragen, bringen, führen; sagen, sprechen; schlagen, treffen; sehen, schauen; sein, werden. Beispiele sind: Essen. Ai. Präs. *átti* : Aor. *ághaḥ* Perf. *jaghā́sa*. Arm. Präs. *utem* : Aor. *keray* mit der 3. Sing. *e-ker*, Imper. *ker*. Griech. Präs. ἔδω ἐσθίω (Fut. ἔδο-

1) Zu der S. 48 genannten Literatur über den Gegenstand ist, mit speziellem Bezug auf Suppletionserscheinungen beim Verbum, nachzutragen: Delbrück Grundr. 4, 256 ff., Meillet Notes sur la conjugaison arménienne, VII Les verbes à deux racines, Sonderabdr. aus der Revue Banasêr II, 2, S. 10 ff., Neisser Altindisch *bhavati/syāt*, Γέρας S. 215 ff., C. Wagener Perfektum u. Supinum von *ferio*, Beiträge zur lat. Grammatik (Gotha 1905) S. 23 ff., Gauthiot Gotique *briggan* : *brāhta*, Mélanges F. de Saussure S. 117 ff.

μαι) : Aor. ἔφαγον. Vgl. die ir. Suppletion Präs. *ithid*: *s*-Konj. *-estar*, Part. Pass. *eisse* und die lat. *vēscor* : *pāstus sum*. Tragen, bringen. Griech. Präs. φέρω : Aor. ἤνεγκον und ἤνεικα : Fut. οἴσω. Lat. Präs. *fero* : Perf. *tulī*. Ir. Präs. *berim* : Prät. *ro-uiccius*. Sein, werden. Ai. Präs. *ásti* : Aor. *ábhūt*, Fut. *bhaviṣyáti*. Lat. *sum* : *fuī*. Ir. 3. Sing. Präs. *is* : Prät. *ba*, Fut. *bid*. Got. Präs. *im* : Prät. *was*. Lit. Präs. *esmì* (*esù*) : Prät. *buvaũ*, Fut. *búsiu*; aksl. *jesmь* : Aor. *bychъ*, Imperf. *běchъ*.

In diesen und allen gleichartigen Fällen war ursprünglich eine materielle Bedeutungsverschiedenheit vorhanden in derselben Weise wie da, wo wurzelverschiedene Verba, die verschiedene Seiten eines allgemeineren Begriffs ausdrücken, ein volles Verbalsystem haben, also wie z. B. bei nhd. *trinken*, *saufen*; *geben*, *reichen*, *schenken*; *setzen*, *stellen*, *legen*. In den aus der Zeit der idg. Urgemeinschaft herstammenden Fällen temporaler Suppletion war der Anstoss zur Ausbildung eines Suppletivverhältnisses wahrscheinlich jedesmal dadurch gegeben, dass die betreffenden Verba auf Grund ihrer Wurzelbedeutung eine angeborene Affinität zu einem bestimmten einzelnen Tempusstamm hatten; diese verhinderte es, dass von diesen Verba die sämtlichen Tempora, die es als formale Kategorien in der Sprache gab, und die viele Verba besassen, gebildet wurden. Z. B. versagten sich *bher-* 'tragen' und *es-* 'sein' mit ihrem imperfektiven (durativen) Sinn dem Aorist, während z. B. *bheu-* 'werden' gleichwie das griech. ἐνεγκεῖν 'hinbringen' (zu ai. *aśnṓ-ti* 'erreichen') mit ihrem perfektiven Sinn dem Aorist zustrebten. Wenn sich nun infolge davon die Gewohnheit ergab, von verschiedenen Wurzeln gebildete Tempusstämme so zu sagen zu éinem Verbum zu vereinigen, so wirkten inbezug auf diese Gruppierung vorbildlich die zahlreichen Verba, bei denen éine Wurzel das Tempussystem lieferte. Dabei büssten aber die so vergesellschafteten wurzelverschiedenen Verbalformen nicht sofort die über den abstrakteren Begriff der Aktionsart hinausgehende Verschiedenheit ihrer Bedeutung ein; feinere Sinnesunterschiede, die mit den Aktionsarten nichts zu tun hatten, blieben gewahrt. Weshalb denn auch für ein bestimmtes Tempus nicht selten zwei oder drei wurzelverschiedene Verba mit einander konkurrieren:

zu dem ai. Präsens *páśyati* 'sieht' z. B. gehörten in einer gewissen Periode der Sprache als Perfektum zugleich *dadárśa* (griech. δέδορκα) und *cakhyāú*, ebenso zu att. ἀνταγορεύω 'widerspreche' als Aorist ἀντεῖπον und ἀντέλεξα; im Lat. heisst es *securi ferio*, *percussi*, *percussum*, aber *foedus ferio*, *ici*, *ictum*. Vgl. dazu ἀμείνων, βελτίων, κρείττων, λῴων, als Komparative zu ἀγαθός 'gut' fungierend, ohne dass sie genau dasselbe besagten. Erst wenn der über die Aktionsart hinaus liegende Sinnesunterschied zwischen den wurzelverschiedenen Tempora im Gefühl der Sprechenden sich ganz verloren hat, wie das z. B. bei nhd. *ich bin* : *ich war*, bei franz. *je vais* : *j'irai* der Fall ist und wohl auch beim klass. lat. *sum* : *fuī* der Fall war, ist vollständiger Parallelismus mit der regelmässigen, nicht suppletiven Abwandlung eingetreten, ist die Entwicklung des Suppletionsverhältnisses also zum Abschluss gekommen. Diesen Zeitpunkt für ältere Sprachperioden genau zu bestimmen, ist natürlich schwierig und wohl meistens unmöglich.

Ist der Anstoss zur temporalen Suppletionswirtschaft in alten Zeiten in den meisten Fällen sichtlich durch die Aktionsunterschiede gegeben worden, so haben doch, wahrscheinlich von jeher, auch noch andere Umstände mitgespielt. Z. B. verloren in den romanischen Sprachen verschiedene Formen von lat. *īre* wegen der Lautgestalt, die sie nach den jeweiligen Lautgesetzen bekamen, ihre Lebensfähigkeit; dieser Umstand rief *vādere* als Ersatz herbei (Schuchardt Z. f. roman. Ph. 24, 442 f.). Ähnliches mag wohl auch in den altidg. Sprachen vorgekommen sein[1]). Ferner mag lautliches Zusammenfallen verschiedener wurzelgleicher Tempora mitunter Suppletivismus hervorgerufen haben: dass z. B. im Griech., wo einst εἰμὶ als Präsens und *ἦα ἦσθα als Perfekt nebeneinander gestanden haben (§ 367), für letzteres γέγονα herangezogen wurde, darauf war vermutlich der Umstand nicht ohne Einfluss, dass ἦα zugleich die Form des Imperfekts war (§ 53).

1) Vgl. lat. *volo* : *vīs* (S. 65). Denn die Heranziehung von *vīs* als 2. Sing. ist vermutlich dadurch hervorgerufen worden, dass die Lautung der 2. Sing. von W. *u̯el-* unbequem geworden war.

Eine Art von Reaktion gegen den temporalen Suppletivismus besteht darin, dass, nach dem Vorbild von Tempussystemen aus éiner Wurzel, zu einem suppletivischen Tempus andere gleichwurzelige Tempora hinzugeschaffen werden. Um bei den S. 65 f. genannten Beispielen zu bleiben: Zu lat. *edo* trat als Perfekt *ēdi*, zu ahd. *iʒʒu* als Perfekt *āʒ*, zu aksl. *jamь* als Aorist *jasъ* (*jachъ*). Zu ai. *bhárati* als Perfekt *babhā́ra*, als Aorist *ábhāri*, *ábhār abhārṣīt*, als Futurum *bhariṣyáti*, zu got. *baíra* als Perfekt *bar*, zu aksl. *berą* als Aorist *bьrachъ*. Das im Ai. neben *ásmi* erscheinende Perf. *ā́sa*, dem im Griech. ein *ἦα entsprach (s. o.), mag schon in uridg. Zeit zu **ésmi* hinzugekommen sein. (Vgl. aus dem nominalen Gebiet spätgriech. ἀγαθώτερος für ἀμείνων usw. als Komparativ zu ἀγαθός, nhd. dial. *gutester* für *bester*.) Solche Neuschöpfungen stellten sich um so leichter ein, je mehr im Gebrauch der 'Tempora' mit der Zeit neben den Aktionsunterschieden die Zeitstufenverschiedenheiten hervortraten.

5. Vorbemerkungen über die Bedeutung der Tempus- und Verbalstämme (sogen. Aktionsarten) [1].

38. Eine Anzahl von semantischen Unterscheidungen, die man in der Grammatik der idg. Sprachen macht, betrifft die Tempusstämme und die Verbalstämme zugleich. Man spricht von Transitiva und Intransitiva, z. B. δίδωμι 'do' und εἰμὶ

1) W. Streitberg Perfektive u. imperfektive Aktionsart, PBS. Beitr. 15, 70ff., Die Benennung der Aktionsarten, IF. Anz. 22, 72ff., Zum Perfektiv, IF. 24, 311ff. G. Herbig Aktionsart u. Zeitstufe, Beiträge zur Funktionslehre des idg. Verbums, IF. 6, 157ff. H. Pedersen Zur Lehre von den Aktionsarten, KZ. 37, 219ff. 38, 421ff., Vorschlag [betr. die Benennungen der Aktionsarten], IF. Anz. 12, 152f. Ch. Sarauw Syntaktisches [Kritik des Begriffes punktuell usw.], KZ. 38, 145ff. H. Meltzer Zur Lehre von den Aktionen bes. im Griech., IF. 17, 186ff., Die Aktionsart als Grundlage der Lehre vom idg., besonders griech. Zeitwort, Verhandl. der 47. Philologenvers. S. 148ff. H. Lindroth Zur Lehre von den Actionsarten, PBS. Beitr. 31, 239ff. K. Kunst Die Aktionsarten in ihren wechselseitigen Beziehungen, Z. f. d. österr. Gymn. 60 (1909) S. 683ff. 865ff. K. Hemmerich Aktionsarten im Griech., Lat. und Germ., Progr. von Günzburg, 1902/3. E. Rodenbusch Präsensstamm und perfektive Aktionsart, IF. 22, 402ff. E. C. Hinsdale The Verbum perfectivum as a Substitute for the Future Tense, Mod. Lang. Notes 13 (1898) S. 265ff. Ul'janov Die Iterativbedeutung

'sum', ἵστημι lat. *sisto* 'stelle' und ἕσταμεν 'wir stehen' lat. *stetimus* 'wir standen', von Kausativa, z. B. ai. *sādáya-ti* 'macht, lässt sich setzen, setzt', wozu man aber auch die genannten ἵστημι, *sisto* in ihrem Verhältnis zu den Formen von *stā-*, die 'stehen' bedeuten, rechnen könnte, von Desiderativa, z. B. ai. *vivitsati* 'wünscht kennen zu lernen', von Inkohativa, z. B. griech. γηράσκω 'werde (nach und nach) alt', lat. *senēsco*, Deminutiva, z. B. nhd. *hüsteln*, *kränkeln*. Ferner spricht man bei den Verba und Tempora von iterativer Bedeutung, frequentativer, intensiver, durativer, perfektiver usw. Auf die letzteren Sinnesschattierungen besonders wird der Name Aktionsart angewendet, doch zuweilen zugleich auf einige der vorher genannten Gruppen oder auch auf sie alle. Endlich spricht man bei den 'Tempora' von verschiedenen Zeitstufen: Gegenwart, Vergangenheit, Zukunft.

---

reduplizierter Stämme, Sbornik statej posvjaščennych F. F. Fortunatovu S. 703ff. Kobliska Üb. das Verhältnis des Aorists zu den Formen des čech. Verbums, Königsgrätz 1851. E. Tyn Üb. das Verhältnis der böhm. Aoristformen zu den griech. Imperfekten u. Aoristen, Olmütz 1858. K. Kunz Der griech. Iterativaorist u. seine Übereinstimmung mit böhm. Verbalformen (čech.), Pilsen 1891. C. Recha Zur Frage über den Ursprung der perfektivierenden Funktion der Verbalpräfixe, Dorpat 1893. K. v. Garnier *com-* als perfektivierendes Präfix bei Plautus, *sam-* im Rigveda, συν- bei Homer, IF. 25, 86ff. Gerland Intensiva u. Iterativa und ihr Verhältnis zueinander, Leipzig 1869.

Ch. Thurot Observations sur la signification des radicaux temporels en grec, Mém. 1, 111ff. R. Kohlmann De verbi Graeci temporibus, Halle 1873. E. Purdie The Perfective 'Aktionsart' in Polybius, IF. 9, 63ff. E. Rodenbusch Beiträge zur Geschichte der griech. Aktionsarten, IF. 21, 116ff. M. Barone Sull' uso dell' aoristo nel Περὶ τῆς ἀντιδόσεως di Isocrate con una introduzione intorno al significato fondamentale dell' aoristo greco, Rom 1907. H. Meltzer Vermeintliche Perfektivierung durch präpositionale Zusammensetzung im Griech., IF. 12, 319ff. A. Thumb Zur Aktionsart der mit Präpositionen zusammengesetzten Verba im Griech., IF. 27, 195ff. A. Hildebrand De verbis et intransitive et causative ap. Homerum usurpatis (Dissert. phil. Hal. XI), Halle 1890.

A. Meillet De l'expression de l'aoriste en latin, Rev. de philol. 21, 81ff. M. Barone Sui verbi perfettivi in Plauto e in Terenzo, Rom 1908. Hierzu noch die S. 46 Fussn. genannten Schriften über die lat. Iterativa (Frequentativa, Intensiva) von R. Jonas usw.

Die Stämme, die man die allgemeinidg. und uridg. Tempora nennt, hatten von Anfang an mit den rein subjektiven Zeitstufen Gegenwart usw. nichts zu tun. Sie haben vielmehr mit ihrer besonderen Bildungsweise zuerst — ebenso wie die Verba, die bei besonderer formaler Kennzeichnung, z. B. wie lat. *jactāre* neben *jacere*, *parturīre* neben *parere*, eine besondere Art der Handlung ausdrücken — der Unterscheidung von Aktionsarten gedient. Die 'Tempora' waren zunächst Verba schlechthin. Zu Tempora wurden sie dadurch, dass sie sich mit anders geformten, aber in der Regel von derselben Wurzel aus geschaffenen Verba, deren Aktionsbegriff von dem ihrigen mehr oder weniger abwich, zu einem System von Formen zusammenfanden. Dieses System erschien nun wieder als ein Verbum. So sind also alle 'Präsensklassen', alle 'Aoristklassen' und alle 'Perfekta' mit ihren Modi und angeschlossenen Verbalnomina ursprünglich an sich

---

J. Strachan Action and time in the Irish Verb, Phil. Soc. Transact. 1900.

W. Streitberg Zum got. Perfektiv, IF. 21, 193ff. R. Wustmann Verba perfectiva namentlich im Heliand, Ein Beitrag zum Verständnis der germ. Verbalkomposition, Leipzig 1894. H. Hesse Perfektive und imperfektive Aktionsart im Altenglischen, 1906. A. Lorz Aktionsarten des Verbums im Beowulf, Würzburg 1908. Hierzu noch die 2, 2, 847 Fussn. 2 genannten Schriften über das germ. Verbalpräfix *ga-*.

G. Ul'janov Značenija glagol'nych osnov v litovskoslavjanskom jazykě, 1. Teil: Osnovy, oboznačajuščija različija po zalogam, Warschau 1891. 2. Teil: Osnovy, oboznačajuščija različija po vidam, Warschau 1895 (vgl. Zubatý IF. Anz. 5, 155ff. 6, 100ff.). J. Navratil Beitrag zum Studium des slav. Zeitwortes aller Dialekte, insbesondere üb. den Gebrauch u. die Bedeutung der Zeitformen in Vergleichung mit den klassischen u. modernen Sprachen, Wien 1856. Ch. T. Pfuhl De verborum Slavicorum natura et potestate, Dresden 1857. C. W. Smith De verbis imperfectivis et perfectivis in linguis Slavonicis, Kopenhagen 1875. A. Meillet Des aspects perfectif et imperfectif dans la traduction de l'évangile en vieux slave, Études S. 1ff. Musić Zum Gebrauche des Präsens verbi perfectivi im Slav., Arch. f. slav. Ph. 24, 479ff. E. Boehme Die Actiones der Verba simplicia in den altbulg. Sprachdenkmälern, Leipz. 1904. S. Škrabec Zum Gebrauche der Verba perfectiva und imperfectiva im Sloven., Arch. f. slav. Ph. 25, 554ff. S. Agrell Aspektänderung und Aktionsartbildung beim poln. Zeitworte, Ein Beitrag zum Studium der idg. Präverbia u. ihrer Bedeutungsfunktionen, Lund 1908.

selbst zeitlos gewesen, und erst später sind sie, in weiterem Umfang aber nur die Indikative, in den Dienst der Zeitenunterscheidung gestellt worden.

Genau genommen, hatte ursprünglich jedes Verbum seine eigne Aktionsart. Nun konnten gewisse Verbalhandlungen nach gewissen allgemeineren Gesichtspunkten als aktionell gleichartig erscheinen, z. B. 'schwimmen' und 'marschieren' als 'iterativ' gegenüber andern Verba der Bewegung. So entstanden gewisse Oberbegriffe, und sie knüpften sich mit der Zeit vielfach an eine bestimmte formantische Gestaltung der Wörter.

Zunächst hat sich bei den uns als 'primär' erscheinenden Verba ein gewisses System von aktionell unterschiedenen 'Tempora' eingestellt (womit nicht gesagt ist, dass dieses System mit allen seinen Gliedern auch an jedem beliebigen Verbum zum Ausdruck kam). So weit war man schon in uridg. Zeit gekommen. Diesem System haben sich dann, zu einem kleinen Teil wohl ebenfalls bereits in uridg. Zeit, in weitem Umfang dann aber in den einzelsprachlichen Entwicklungen, solche Verba angeschlossen, deren verbalstammbildende Elemente Träger einer nicht durch die sogen. 'Tempusbildung' gegebenen Aktionsbedeutung waren. Dies geschah in der Art, dass sie in Parallele zu den 'Tempora' jener älteren Schicht von Verba ihrerseits gleichartige Tempusformen in gleichartiger Bedeutung bekamen: z. B. im Griech. 'Iterativum' σκοπεῖν (etwa 'umherschauen'): Aorist σκοπῆσαι so, wie σκέπτεσθαι 'schauen': σκέψασθαι. So entstanden auch schon bei dem einwortigen Ausdruck kompliziertere Aktionsverhältnisse, wie imperfektive und perfektive Wortgestaltung bei iterativer Aktionsart u. dgl. Was man damit vergleichen mag, dass sich auch beim einwortigen Ausdruck für die Zeitstufen im Indikativ in jüngerer Zeit kompliziertere Verhältnisse eingestellt haben; im Lateinischen sind ja ein einfacher Ausdruck für die Vorvergangenheit (sogen. Plusquamperfekt, wie *dederam*) und ein einfacher Ausdruck für die Vergangenheit in der Zukunft (sogen. Futurum exactum, wie *dedero*) zustande gekommen.

Wenngleich eine Art von System von Aktionskategorien in Verbindung mit bestimmten Verbalformationen schon in uridg.

Zeit entwickelt war, so haben nun in den Fällen, wo für eine bestimmte Aktionsbedeutung eine bestimmte Bildungsweise da war, doch nicht jedesmal alle bestehenden Formen dieser Art an dieser Aktionsbedeutung gleichmässig teilgehabt und sie zum Bewusstsein gebracht. Auch hier kommt wieder die nur 'exkursive' Ausbreitung von Bedeutungen in Betracht, die so und so viele Wörter einer Bildungsgattung mit diesem besonderen Sinn aufkommen lässt und daneben andere Wörter derselben Bildungsart nicht erfasst (vgl. § 40). So ist auch im Kreis der als 'Tempora' bezeichneten Formationen von uridg. Zeit her nicht schon alles gleichmässig aktionell fixiert gewesen. Zwar wird solche durchgehende Fixierung schon bei den sogen. Perfektformen und beim *s*-Aorist stattgefunden haben, aber sicher hat sie noch nicht allgemein stattgefunden bei den Bildungen, die man Präsentia und starke Aoriste nennt. Hier war es bei einem grösseren Teil der Bildungsweisen überhaupt nicht die Form an sich, die eine bestimmte Aktionsart bezeichnete, sondern diese wurde ihr nur durch ihre Stellung in einer Gruppe von gleichwurzeligen Tempusformen zugewiesen.

Nähere Erläuterungen zu dem hier Dargelegten werden die nächsten Paragraphen 39—48 bieten, und in § 49 wird nochmals von den Aktionsarten im allgemeinen zu sprechen sein.

Anm. Sind die aktionellen Bedeutungsunterschiede in der Regel an die Stämme geknüpft, so kommen doch für Aktionsart und Zeitstufe innerhalb eines Verbalsystems auch die Unterschiede der Personalendungen in Anschlag. S. 48 sahen wir, dass der Aorist mit seiner besonderen Aktionsart durch ausschliesslichen Gebrauch der sekundären Endungen bestimmt ist, und so ist z. B. aksl. 3. Sing. *pade* = **pade-t* 'er fiel' neben dem Präs. *pade-tъ* nur durch die Endung als Aoristform gekennzeichnet. Und bei den augmentlosen Formen wie ved. *bhára-t* 'ferebat' neben *bhára-ti* 'fert' ist es wieder die Vergangenheitsbedeutung, die von der Endung *-t* getragen wurde. Dass die Personalendungen mit solchen Bedeutungen von Haus aus nichts zu tun gehabt haben, ist mir sicher. Vgl. dazu Herbig IF. 6, 168. 247 ff. Eine damit vergleichbare Bedeutungsübertragung hat, wie es scheint, beim sogen. Medium stattgefunden. Der mediale Sinn, d. h. etwa der Sinn, dass sich der Vorgang in der Sphäre des Subjekts abspielt und die Beteiligung des Subjekts an ihm betont wird, haftet zwar schon seit uridg. Zeit an der Form der Endung, **-mai* **-sai* usw. Wahrscheinlich ist er aber ursprünglich nur gewissen Media tantum kraft der Bedeutung ihrer Wurzel oder ihres Verbalstamms eigen gewesen und hat sich bei ihnen mit der besonderen, zumteil nur ablautlich von der Gestalt der 'aktiven' Endungen verschiedenen Form (*-tai* : *-ti*, *-to* : *t* u. a.) assoziiert, wonach man alsdann anderwärts Formen auf *-tai* usw. mit 'medialer' Bedeutung neben Formen auf *-ti* usw. schuf.

Gegenüber der Fülle von formantischen Mitteln, die zur Darstellung der Aktionsart an den einfachen Verbalformen aufgewendet worden sind, erscheinen die Mittel sehr kärglich, durch die man in uridg. Zeit den Verbalvorgang hinsichtlich der Zeitstufe, d. h. nach seinem zeitlichen Verhältnis zum Sprechenden, an der Verbalform kennzeichnete. Die Gegenwart war allzeit durch kein besonderes Formans bezeichnet (es müsste denn sein, dass die Ausgänge der sogen. primären Personalendungen *-i* *-ai*, z. B. der 3. Sing. *-ti* *-tai*, durch sich selbst eine besondere Beziehung zu diesem Zeitverhältnis gehabt haben). Zeichen der Vergangenheit war nur das dem Verbum vorausgeschickte Adverbium, das Augment heisst (§ 5 ff.). Alles andere, was die Zeitstufenbedeutung der einfachen Verbalformen betrifft, war sekundäre Errungenschaft, beruhte auf Neuerungen, durch welche formantischen Elementen eine ihnen anfangs fremde Funktion zugebracht worden ist.

39. Der Gegensatz von transitiver und intransitiver Bedeutung hing von Haus aus von der verschiedenen Natur der Wortbedeutung des Verbums ab, war nicht an seine formantischen Elemente gebunden, z. B. *dō-* war und ist transitiv 'geben', *es-* intransitiv 'sein'. Allerlei Besonderheiten entstanden aber durch die Natur der Wörter, mit denen das Verbum in engere Beziehung gesetzt wurde, und die Art dieser Beziehung wurde durch den Usus bedingt. Vgl. z. B. *ich gehe einen um geld an* und *ich gehe an einen heran*. Von der Verbindung eines Akkusativs mit einem intransitiven Verbum, wodurch dieses transitiv wird, ist 2, 2, 618 f. gehandelt.

Doch hat sich intransitiver Sinn in einigen Sprachzweigen bei gewissen Verba schon frühe mit ihren formantischen Elementen assoziiert, sodass sich nun, durch 'exkursive Formansverbreitung' (vgl. 2, 1, 589), Neubildungen mit gleichen Formantien in der gleichen intransitiven Funktion anschlossen. Unter den zweisilbigen Basen auf *-ē(i̯)* waren von uridg. Zeit her mehrere mit intransitivem Sinn, z. B. **takē-* 'schweigen' (lat. *tace-t* ahd. *dagē-t*), **mn̥nē-* 'geistig rege sein' (griech. ἐμάνη, got. *munaiþ*, lit. *minė*, aksl. *s*-Aor. *mьně-chъ*): in Formen dieser Art ist der Anlass dafür zu sehen, dass in mehreren Sprachzweigen, durch Nachbildung, *ē*-Formen mit intransitiver Bedeutung entsprangen, wie lat. *sile-t* 'schweigt' got. *ana-silaiþ* 'wird ruhig, still' (zu einem Nomen **si-lo-*, zu lat. *si-no*), griech. ἐδάμη 'wurde zahm' (zu δάμνημι 'zähme'), lat. *jacet* 'liegt' (neben *jacio* 'werfe'), got. *wakaiþ* ahd. *wahhēt* 'wacht', lit. *budė́-ti* aksl. *bъdě-ti* 'wachen' (neben lit. *bùdinti* 'wecken'). Vgl. § 103, 2. Auch daran darf erinnert werden, dass öfters ein sonst mediales Verbum seit uridg. Zeit ein Perfekt mit aktiven Endungen hatte, wobei das Perfekt intransitiv war (auf dem Zustandssinn des Perfekts beruhend), wie ai. *bháyatē* : *bibhā́ya*, griech. πείθομαι : πέποιθα, ai. *vártatē* : *vavárta* (wie lat. *revertitur* : *revertit*), av. *manyete* : *mamnūš* Part. Perf. (wie lat. *re-minīscitur* : *meminit*, vgl. auch griech. μαίνομαι : μέμηνα) (Delbrück Ai. Synt. 253 f., Grundr. 4, 415). Am verbreitetsten war dieses Verhältnis im Griechischen, und offenbar beruht hier der häufige intransitive Gebrauch der aktivischen sogen. starken Perfektformation ebenso auf 'exkursiver' Ausbreitung, wie der der genannten *ē*-Formation. Vgl. § 48.

40. Kausativer oder faktitiver Sinn, d. h. dass vorgestellt wird, dass ein Subjekt durch ein andres in eine Tätigkeit oder einen Zustand versetzt wird, haftete seit uridg. Zeit zumteil an der Präsensbildung auf **-éi̯e-ti*, z. B. ai. *sādáya-ti* got. *satjiþ* 'macht (lässt) sich setzen, setzt'. S. § 161 ff. Diese Formation mit dieser Funktion war in einigen Sprachen sehr produktiv. Wo daneben Formen mit nichtkausativer Bedeutung im Gebrauch waren, erscheint die Kausativbildung als 'Deverbativum' (§ 30 S. 54 f.).

41. Von erst einzelsprachlich entwickelten Klassen von Kausativa seien erwähnt die lit. Verba auf *-inu*, wie *auginù* 'ich mache wachsen', zu *áugu* 'ich wachse'. Neben diesen erscheinen die Verba auf *-dinu*, die angeben, dass man einen andern etwas tun lässt, wobei das Objekt deutlich zugleich als ein auch selbst tätiges Subjekt empfunden wird, z. B. *sakýdinu* 'ich lasse einen etwas sagen'. S. § 233, 2.

Anm. In manchen einzelsprachlichen Grammatiken werden die Ausdrücke Kausativum und Faktitivum nicht in derselben Bedeutung verwendet. Es ist aber zu keinem einheitlichen Gebrauch eines jeden der beiden Ausdrücke gekommen, und ich sehe hier, wo es sich um die idg. Sprachen überhaupt handelt, von einer Scheidung ab.

42. Desiderativer Sinn war seit uridg. Zeit mit *s*-Bildungen verknüpft, wie ai. *vivitsa-ti* 'er wünscht kennen zu lernen'. S. § 30, 3 S. 55, § 255 ff. Einzelsprachliche Entwicklungen waren u. a. die lat. Desiderativa auf *-turiō*, wie *parturio*, *scrīpturio* (2, 1, 358. 2, 3 § 145, c), die griechischen auf -σείω, wie πολεμησείω 'ich habe Lust zu kriegen', γελασείω 'ich h. L. zu lachen' (Brugmann-Thumb Griech. Gramm.⁴ 382).

43. Inkohativer Sinn, womit gemeint ist der Sinn, dass sich ein Zustand nach und nach einstellt und entwickelt, oder von einem Zustand allmählich in einen andern übergegangen wird, scheint sich in uridg. Zeit noch nicht an ein verbales Formans geknüpft zu haben. In das Formans *-sḱo-* ist dieser Sinn bei ein paar Verba durch die Bedeutung der Wurzel eingezogen, z. B. lat. *crēsco* 'wachse', *viēsco* 'welke'. Dadurch wurde eine Fülle von Nachbildungen mit der gleichen Begriffsschattierung veranlasst. Doch darf nur exkursive Ausbreitung mit dieser Sinnesfärbung angenommen werden, weil sich von ihr *posco*, *com-pesco* u. a. freigehalten haben. Im Griech. zeigen sich nur dürftige Anfänge einer solchen Entwicklung, wie γενειάσκω 'ich bekomme einen Bart' nach ἡβάσκω, γηράσκω. S. § 270. Von sonstigen einzelsprachlichen Klassen seien noch genannt die german. Inkohativa auf got. *-nan* aisl. *-na*, wie got. *ga-waknan* aisl. *vakna* 'erwachen', got. *us-lukna* 'sich öffnen, geöffnet werden', schwed. *kallna* 'kalt werden', *gulna* 'gelb werden' (§ 223), und die lit. Inkohativa auf *-stu*, *-sztu*, wie *blįsta* 'es wird Abend', *aũszta* 'es wird Tag', *tykstù* 'werde still' (§ 289, 1).

44. Deminutiver Sinn scheint sich ebenfalls erst einzelsprachlich in der Weise an verbale Ausgänge geknüpft zu haben, dass sie mit dieser Bedeutung produktiv wurden. Meist erweisen sich Verba deminutiva in ihrem Grundstock als von deminutiven Nomina (2, 1, 668 ff.) abgeleitet. So die lat.-romanischen auf *-illāre*, wie *cantillāre* 'trällern', *murmurillāre* 'leise murmeln', *cōnscribillāre* 'bekritzeln' im Anschluss an *scintillāre* von *scintilla* u. a. (Stolz Hist. Gramm. 1, 597 f., Meyer-Lübke Roman. Gramm. 2, 613), und die lat.-romanischen auf *-aculare -iculare -uculare* u. dgl. (Meyer-Lübke a. a. O. 609 ff.), die auf ahd. *-ilōn -olōn -alōn*, die sich in den nhd. wie *hüsteln*, *frösteln*, *kränkeln*, *lächeln*, *tänzeln* u. a. fortsetzen (Wilmanns D. Gr. 2, 97 ff.). Zuweilen verbindet sich deminuierender Sinn deutlich mit iterativem (§ 45), wie bei den lit. Verba auf *-inėti*, z. B. *važinėti* 'ein wenig hin und her fahren', *bėginėti* 'ein wenig hin und her laufen' (§ 159, 4).

45. Iterativa (Frequentativa), Intensiva. Wir nehmen diese Vorgangsarten zusammen, weil sie sich in der Praxis meist nicht trennen lassen. Die Vorstellung der Wiederholung eines Vorgangs verbindet sich oft im Hinblick auf die Gesamtwirkung ohne weiteres mit der der Stärke, z. B. bei den Iterativa auf *-éi̯ō*, wie griech. τρομέω neben τρέμω 'zittere', φοβέομαι neben φέβομαι 'fliehe'.

Ist das Iterativum transitiv, so kann die Handlung von éinem Subjekt an mehreren Objekten oder von mehreren Subjekten an éinem Objekt oder von mehreren Subjekten an mehreren Objekten vorgenommen werden.

Der Begriff der Wiederholung des Vorgangs ist insofern schwankend, als es sich entweder um éinen zusammenhängend gedachten Vorgang handelt, der aus mehreren Akten besteht, die im wesentlichen als gleich vorgestellt werden, oder darum, dass éine vollständige Handlung diskontinuierlich zu verschiedenen Zeiten vollzogen wird. Das erstere ist z. B. der Fall bei den hd. Iterativa auf ahd. *-arōn* mhd. nhd. *-ern*, wie *flogarōn* 'flattern' (zu *fliogan*), *stottern* (zu *stōʒen*), *plätschern* (zu *platschen*), und bei Iterativa auf *-éi̯ō* wie **u̯oĝhéi̯ō* (griech. ὀχεῖσθαι, aksl. *voziti*) 'hin und herfahren, herumfahren', das letztere bei den ion. Präteritalformen auf -σκον, wie Σ 546 οἱ δ' ὁπότε στέψαντες ἱκοίατο τέλσον ἀρούρης, | τοῖσι δ' ἔπειτ' ἐν χερσὶ δέπας μελιηδέος οἴνου | δόσκεν ἀνὴρ ἐπιών 'wenn sie ans Ende des Ackers kamen, übergab ihnen jedesmal ein Mann einen Becher Weins'[1]). Man könnte

1) Vgl. die Schriften über die ion. Iterativa auf -σκον S. 44 Fussn.

danach zwischen Iterativa im engeren Sinne, zu denen vor allem die uridg. Formation auf *-éi̯ō* gehörte, und Repetitiva unterscheiden.

In der Natur der Iterativa liegt es, dass sie gerne da gebraucht werden, wo nicht von einem bestimmten Vorgang die Rede ist, sondern von einem Vorgang in abstracto, der sich in unbestimmt vielen Fällen ereignet oder ereignen kann, z. B. K 403 οἱ (ἵπποι) δ' ἀλεγεινοὶ | ἀνδράσι γε θνητοῖσι δαμήμεναι ἠδ' ὀχέεσθαι 'mit denen es schwer zu fahren ist', aksl. Luk. 7, 22 *slěpiji prozirajątъ, chromiji chodętъ* 'τυφλοὶ ἀναβλέπουσιν, χωλοὶ περιπατοῦσιν' ('gehen' = 'sind imstande zu gehen'; das nicht iterative *idątъ* würde bedeuten 'gehen einen bestimmten Weg'). Ferner liegt es im Wesen der Iterativa, dass sie als einfache Durativa oder Imperfektiva (§ 46) erscheinen können. Denn man gebraucht sie auch von einem bestimmten Einzelvorgang. Daher bildet im Slavischen zu einem Verbum compositum mit Perfektivsinn das mit derselben Präposition zusammengesetzte Iterativverbum das Imperfektivum (§ 47).

Anm. Der Begriff des Iterativen darf, sofern es auf das Verbum an sich und nicht den Satzzusammenhang ankommt, niemals gepresst werden. 'Iterativ' ist, wie man aus dem, was hier über die Iterativa gesagt ist, leicht ersieht, nur ein Notbehelf der grammatischen Terminologie.

Aus uridg. Zeit stammen die Iterativa auf *-éi̯ō*, wie ai. *patáya-ti* griech. ποτεῖται (§ 30, 2 S. 55 § 161 ff.) und die Intensiva mit Vollreduplikation, wie ai. *jáṅ-ghan-ti jaṅ-ghanya-tē*, griech. πορ-φύρω (§ 65. 133), wohl auch die ai. Intensiva wie *bhári-bhar-ti* (§ 30 1 S. 55).

Einzelsprachlich sind u. a. folgende Klassen von Iterativa, die teilweise auch als Intensiva anschaubar sind, dazugekommen. Griech. (ohne bedeutendere Produktivität) auf -τάω, wie εὐχετάομαι zu εὔχομαι 'flehe', ναιετάω zu ναίω 'wohne', σκιρτάω zu σκαίρω 'hüpfe', auf -τάζω, wie ῥιπτάζω zu ῥίπτω 'werfe', ῥυστάζω zu ἐρύω 'ziehe', ἑλκυστάζω zu ἕλκω 'ziehe' (ἑλκύσαι), νευστάζω und νυστάζω zu νεύω 'nicke', auch ὠστίζω zu ὠθέω 'stosse' u. dgl. (§ 152, 6). Lat. auf *-tāre*, wie *ito* (*eo*), *canto* (*cano*), *jacto* (*jacio*), *curso* (*curro*), *agito* (*ago*), *nōscito* (*nōsco*), und auf *-titāre*, wie *cantito*, *jactito*, *cursito* (§ 154, 1). Ahd. auf- *az(z)en -ez(z)en -iz(z)en* (got. *-atjan*), wie *vlogezen* (mhd. *vlokzen*) zu *fliogan* 'fliegen', *sprungezen* zu *springan* 'springen', *trophezen* zu *tropfōn* 'tropfen' (*triofan* 'triefen') usw. (§ 157, 1). Dann die westgerm. Verba mit geminiertem wurzelschliessendem Konsonanten, die wohl nur als Intensiva, nicht als Iterativa, zu bezeichnen sind, wie ahd. *zockōn* zu *ziohan* 'ziehen', *nicken* zu *nīgan* 'neigen', *tropfōn* (vgl. oben *trophezen*) zu *triofan* 'triefen', mhd. *rupfen* zu ahd. *roufen* 'raufen, rupfen', mhd. *snitzen* zu *snīden* 'schneiden' (§ 224 Anm.). Lit. auf *-oju -oti*, *-ioju -ioti* u. dgl., wie *vajóju* zu *vejù* 'jage nach', *neszióju* zu *neszù* 'trage'; aksl. auf *-ają -ati*, wie *istěkają* zu *is-teką* 'laufe aus', *sъplětają* zu *sъ-pletą* 'flechte zusammen', auf *-vają -vati*, wie *podavają* zu *po-damь* 'gebe hin', *umyvają* zu *u-myją* 'wasche ab', und auf *-ują -ovati*, wie *minują* zu *miną* 'gehe vorüber, vergehe', *kupują* zu *kupljąą* 'kaufe', *sъvęzują* zu *sъ-vęžą* 'binde zusammen'.

Theoretisch sollte man erwarten, dass iterative Bedeutung ganz vorzugsweise durch reduplizierte Verbalstämme zum Ausdruck komme. So ist es vielleicht auch einmal in einer frühen Periode der uridg. Zeit gewesen. Davon ist aber, wenn man von den Formen wie ai. *jaṅ-ghanti* usw. absieht, die nur bedingt zu den Iterativa gerechnet werden dürfen, in der historischen Zeit der idg. Sprachen nichts mehr zu spüren.

Schliesslich sei noch auf etwas hingewiesen, was den Gebrauch der Ausdrücke Intensivum und Iterativum bei den Sprachforschern betrifft (mutatis mutandis gilt es auch für viele andre grammatischen Termini). Eigentlich sollten diese Namen nur in solchen Fällen angewendet werden, wo eine andre Verbalform, die derselben Wurzel angehört, oder eine von andrer Wurzel stammende, aber suppletivisch angeschlossene Verbalform daneben steht, die den Nebensinn des Intensiven oder Iterativen nicht hat, z. B. griech. τρομέω : τρέμω, lat. *jacto* : *jacio*. Man nennt aber z. B. im Lat. auch die wie *jacto* geformten *gusto*, *porto* so, die diese Begriffsfärbung nicht hatten und vielleicht nie gehabt haben. In diesem Falle gilt der Name nur der Formation als solcher. Ähnlich ist es z. B. mit der Benennung von att. δέδοικα 'bin in Furcht' als Perfectum intensivum. Als Intensiva darf man gewiss bezeichnen die bedeutungsverwandten Perfekta πεφόβημαι, neben φοβοῦμαι, τετάρβηκα, neben ταρβῶ, πέφρῖκα, neben φρίττω, und wahrscheinlich ist δέδοικα ursprünglich einmal mit diesen Perfekta aktionell ganz gleichwertig gewesen. Da ihm aber im Att. kein gleichstämmiges Präsens mehr als Folie diente und es sich von φοβοῦμαι und ähnlichen Präsentien aktionell nicht mehr unterschied, so ist für es der Name Perfectum intensivum ebenso nur mit Rücksicht auf πεφόβημαι u. a. statthaft, wie für lat. *gusto*, *porto* die Benennung als Intensivum mit Rücksicht auf *jacto* usw.

46. Imperfektive (durative, kursive) Aktionsart. Der Vorgang wird in seiner Dauer, seinem Verlauf vorgestellt und so, dass Anfangs- und Endpunkt beim Aussprechen der Form selbst aus dem Gesichtskreis bleiben, wie bei *bauen*, *steigen*, *leben*, *frieren*: z. B. *ich friere*, *vorige woche fror es.* Viele Verba haben schon an sich selbst, sei es durch die 'Grundbedeutung' der Wurzel (z. B. *es-* 'sein') oder durch ein verbalstammbildendes Formans, diese Aktionsart und zeigen sie namentlich in den zum Präsensstamm gehörigen Formen. Dabei kann das Verbum jede von den im Vorstehenden besprochenen Nebenbedeutungen haben, also z. B. ein Desiderativum oder Iterativum oder Intensivum sein.

Durch Einbeziehung in das aus uridg. Zeit ererbte Tempussystem konnten Verba, die an sich Durativa waren, dadurch perfektiv (§ 47) werden, dass sie aoristische Form annahmen. Umgekehrt konnten so Verba, die an sich Perfektiva waren, dadurch durativ werden, dass die Form solcher Präsentia, die bereits durativen Sinn hatten, auf sie übertragen wurde.

Häufig wurden einzelsprachlich Durativa auch dadurch zu Perfektiva, dass sie sich mit einer Präposition verbanden, z. B. *steigen* : *ersteigen*, *frieren* : *gefrieren.* Dies gehört aber grundsätzlich zu den Umschreibungen, wie denn ja auch sonst oft im Satzzusammenhang durch andere Wörter neben der eigentlichen Verbalform der durative Sinn einer Verbalform, wie wir ihn oben definiert haben, so modifiziert wurde, dass perfektiver Sinn entsprang. S. § 47.

47. Perfektive (punktuelle, momentane, aoristische) Aktionsart. So bezeichnet man den Vorgang im Hinblick auf den Moment seiner Vollendung (Perfektwerdung), d. h. nur der Moment der Vollendung tritt in den Blickpunkt des Bewusstseins, und ihm gegenüber bleiben (soweit es sich um die Verbalform selbst und nicht um den Zusammenhang des Satzes handelt) andere Vorstellungen im Hintergrund. Vgl. Streitberg IF. 24, 311 ff. Dabei kann nun insofern zwischen effektiver und ingressiver Bedeutung unterschieden werden, als der Vollendungsmoment sich bald als Abschluss einer begonnenen Handlung darstellt, z. B. *finden*, *treffen*, *kommen*, bald als der Anfang einer Handlung, z. B. *schleudern*, *senden*. Dieselbe Verbalform kann mitunter beide Schattierungen in sich vereinigen, z. B. griech. βαλεῖν 'abschleudern, entsenden' (βέλος) und 'aus der Ferne treffen' (ἄνδρα).

Ein besonderes formantisches Element für diese Aktionsart scheint von Haus aus nicht vorhanden gewesen zu sein. Damit, dass sie seit uridg. Zeit mehrfach auf lange Zeit hinaus an den sogen. Aorist gebunden erscheint, an Stammformen wie **bhudhó-* (πυθέσθαι) und **stās-* (στῆσαι), hat es wahrscheinlich folgende Bewandtnis. Von Anfang an gab es eine Reihe von Verba in der Ablautform **bhudhó-*, die, wie z. B. **u̯idó-* 'ausfindig machen, auffinden' (ἰδεῖν), an sich selbst Perfektiva waren. Bei ihnen assoziierte sich der Perfektivsinn mit ihrer Gestaltung und ihrem Tonsitz, und diese Bildung wurde dann grade in dieser Richtung produktiv. Vgl. § 69. Ebenso hatten gewisse *s*-Bildungen auf Grund des Sinnes des wurzelhaften Wortstücks Perfektivbedeutung und wurden so vorbildlich für Neuschöpfungen. Beide Formklassen verbanden sich schon in uridg. Zeit synkretistisch. Die erstere zog aber damals keineswegs alle gleichgeformten Stämme in ihren aktionellen Bedeutungsbereich, denn viele von ihnen erscheinen auch im Präsens, d. h. im augmentlosen Indikativ mit primären Personalendungen, ohne perfektiven Sinn.

Die Scheidung, die sich in uridg. Zeit zwischen 'aoristischem' und 'präsentischem' Stamm vollzogen hat, muss wohl darauf beruhen, dass bei denjenigen Verba mit perfektiver Aktion, welche die Urschicht und Grundlage des ganzen aoristischen Tempus gebildet haben, in einer gewissen Periode der uridg.

Zeit wegen dieses Aktionssinns ein Gebrauch für die Gegenwart des Sprechenden, die durch den Indik. Präs. dargestellt wurde, ausgeschlossen war (vgl. Herbig IF. 6, 262 ff.). Der Indikativus Aor. aber war für die gleichstämmigen Modi und verbalen Nomina (Inf. und Part.) in derselben Weise aktionell massgebend, wie der Indikativus Präsentis und Imperfekti für die dem Stamm nach zu ihnen gehörigen nichtindikativischen Formen.

Perfektiv konnten auch solche Verbalformen sein oder werden, die iterativen oder intensiven Sinn hatten, daher z. B. im Griechischen σκοπῆσαι neben σκοπεῖν, wie σκέψασθαι neben σκέπτεσθαι (S. 71).

Je mehr in einigen Sprachzweigen der Bedeutungsunterschied zwischen imperfektiver und perfektiver Handlungsart bei den einfachen Verbalformen verundeutlicht wurde (was nicht bloss auf der Entwicklung beruht, die im Verbalsystem die Präsens- und Aoristformen nebeneinander durchmachten), um so beliebter wurden präpositionale Verbalkomposita als Ausdrucksmittel für Perfektivierung, z. B. lat. *tacēre* got. *þahan* 'schweigen': *con-ticēre ga-þahan* 'verstummen' gegenüber griech. σιωπᾶν : σιωπῆσαι, aksl. *čuti* 'empfinden': *po-čuti* 'in die Empfindung bekommen' gegenüber griech. αἰσθάνεσθαι, νοεῖν : αἰσθέσθαι, νοῆσαι. S. 2, 2 § 598, 5 S. 774. 2, 3 § 46. Bei einem Teil der Präpositionen verblasste ihre räumliche Bedeutung mit der Zeit, dadurch wurden sie zum Ausdruck der Perfektivierung mehr und mehr geeignet. Wenn ein Verbum verschiedene Präpositionen zu sich nahm, blieb deren besonderer Sinn zunächst noch lebendig, z. B. aksl. *tvoriti* imperfektiv 'machen', dazu perfektiv *sъ-tvoriti* 'fertig machen, erschaffen', *za-tvoriti* 'zumachen, schliessen'. Vgl. auch nhd. *schreiten* imperfektiv, dazu perfektiv *er überschreitet die brücke, durchschreitet das wasser, umschreitet die stadt* (dagegen imperfektiv *er schreitet über die brücke, durch das wasser, um die stadt*). Gewisse Präpositionen aber entäusserten sich ihrer Raumbedeutung in dem Mass, dass sie in Verbindung mit einem mehr oder minder grossen Teil der Verba keinen andern Sinn mehr bewirkten als den der Perfektivierung des Vorgangs. Solche Präpositionen sind besonders lat. *com-*, germ. *ga-*, slav. *po-*. Überall bestand eine Wechselwirkung: wie das

Verblassen des spezifischen Sinnes der Aktionsart bei den einfachen Verbalformen die Heranziehung von Komposita begünstigte, so liess der reichlichere Gebrauch von Komposita, namentlich nach Univerbierung der Präposition mit dem Verbum (2, 2, 764 ff.), wiederum das Gefühl für den Unterschied der perfektiven und imperfektiven Aktion beim Simplex sich abstumpfen. Hinsichtlich der Aktionsbedeutung sind auf diese Weise Präpositionen durch enge Verbindung mit der Verbalform geradezu zu einem formantischen Bestandteil des Verbums herabgesunken (dies gilt nicht nur für Fälle wie got. *ga-þahan* : *þahan*, sondern auch für solche wie lat. *sus-tulī* : *tollo*, griech. ἀπο-θανεῖν : θνῄσκειν), gleichwie das als Augment bezeichnete Adverbium schon in uridg. Zeit zu einem Formans geworden ist bezüglich der Unterscheidung der Zeitstufe.

Durch diese Umwertung von Präpositionen bekam das Griechische die Möglichkeit, die perfektive (aoristische) Aktionsart eines Vorgangs auch in der Zeitstufe der Gegenwart mit éinem Wort zum Ausdruck zu bringen, z. B. Matth. 6, 2 ἀμὴν λέγω ὑμῖν, ἀπέχουσιν [οἱ ἀποκριταὶ] τὸν μισθὸν αὐτῶν 'die Heuchler haben ihren Lohn weg', wo ἀπέχουσιν die zu λαβεῖν oder σχεῖν gehörige Gegenwartsform darstellt; mit ἀπέχω quittierte man den Empfang eines Geldbetrags (Papyri).

In keinem Sprachzweig erscheint der Unterschied von perfektiver und imperfektiver Aktionsart so systematisch entwickelt wie im Baltisch-Slavischen, und zwar ist er hier mit Hilfe der ausgedehnten Präpositionswirtschaft wohl feiner und strenger ausgebildet worden als er je vorher war. So kann zwar z. B. bei uns *er schritt über die brücke*, *er stieg auf den berg* perfektiv gebraucht werden, d. h. die Handlung kann als zielerreichend gemeint sein und verstanden werden, im Litauischen aber könnte *jìs lìpo añt kálno* 'er stieg auf den Berg' nur heissen 'er war im Aufstieg auf den Berg begriffen'; ist die Meinung 'er erstieg den Berg', so muss es heissen *jìs użlìpo añt kálno*, oder 'er ritt in die Stadt' mit Erreichung des Ziels ist nicht *jìs jójo į̃ mẽstą*, sondern *jìs nujójo į̃ mẽstą*.

Iterativa mit perfektivierender Präposition blieben zunächst iterativ. Die Präposition gab ihnen also nur den gleichen perfektiven Nebensinn wie dem einfachen Imperfektivum, z. B. aksl. *vъz-iti* 'hinaufgehen' : *vъz-choditi* 'wiederholt hinaufgehen', *pri-kosnąti sę* 'berühren' : *pri-kasati sę* 'wiederholt berühren', z. B. Mark. 6, 56 *moljaachą-jь, da poně vъskriliji rizy jego prikosnątъ sę, i jeliko ašte prikasaachą sę jemь, sъpaseni byvaachą* 'παρεκάλουν αὐτόν, ἵνα κἂν τοῦ κρασπέδου τοῦ ἱματίου αὐτοῦ ἅψωνται· καὶ ὅσοι ἂν ἥπτοντο αὐτοῦ, ἐσώζοντο', wo *prikasati sę* gebraucht ist, weil das Berühren durch mehrere (ὅσοι ἄν), also wiederholt stattfand. Indem aber bei solchen präpositionalen Iterativa das Sinnesmoment der Wiederholung zurücktrat gegenüber der Empfindung eines länger anhaltenden Verlaufs (S. 77), wurden sie zu einfachen Imperfektiva (Durativa) gegenüber dem nicht iterativen mit derselben Präposition zusammengesetzten Perfektivverbum (dessen Präsens Futurbedeutung hat), z. B. *sъ-birajetъ* imperfektiv 'er sammelt' neben *sъ-beretъ* 'er wird sammeln', Joh. 4, 36 *vidite njivy, jako plavy sątъ kъ žętvě juže, i žьnjęjь mъzdą prijemljetъ i sъbirajetъ plodъ* 'θεάσασθε τὰς χώρας, ὅτι λευκαί εἰσι πρὸς θερισμὸν ἤδη, καὶ ὁ θερίζων μισθὸν λαμβάνει καὶ συνάγει καρπόν'.

48. Die perfektische Aktionsart, so genannt nach dem uridg. Tempus perfectum (griech. οἶδα, δέδορκα), ist die einzige unter den verschiedenen Aktionsarten, die sich ausschliesslich im Gebrauch eines bestimmten einzelnen 'Tempus' zeigt: es wird mit der Perfektform von uridg. Zeit her ein Zustand des Subjekts bezeichnet, der sich aus einer vorhergegangenen Handlung desselben ergeben hat, z. B. **u̯oide* (ai. *véda*, griech. οἶδε) 'er hat ausfindig gemacht und kennt nun' = 'er weiss'. Auch eine Tätigkeit kann als Zustand aufgefasst werden, z. B. griech. μέμῡκε 'er ist ins Brüllen gekommen und ist nun im Brüllen drin'. Es handelt sich also um ein eigentümlich gefärbtes Präsens. Besonders altertümlich scheint der Gebrauch der Perfekta im Griechischen zu sein, wo besonders Schallverba, Verba der Sinnesempfindung, des Affekts, der Geberde im Perf. als altüberkommen erscheinen, und wo in der ältesten Zeit mit der Perfektform noch nicht die Nachwirkung einer Handlung an dem Objekt des Verbums (z. B. ἐστεφάνωκα αὐτόν) bezeichnet wird. Bedenkt man, dass seit uridg. Zeit gerade das Aktivum im Ind. Perf. besondere Ablautverhältnisse und eigenartige Personalendungen und im zugehörigen Partizip ein besonderes stammbildendes Formans (*-u̯es-*) aufweist und öfters mediale Verba ein aktivisch flektiertes Perfekt haben (§ 27, 3 S. 49 f., § 39 S. 74), so wird wahrscheinlich, dass dieses Tempus ursprünglich nur als 'Aktivum' existiert hat. Es war wohl eine besondere, zunächst nur kleine Klasse von Zustandsbezeichnungen, ursprünglich mehr nominalen als verbalen Charakters, die sich mit der Zeit als 'Tempus' den schon bestehenden und reicher verbal ausgestalteten andern Tempora angegliedert und von diesen eine Anzahl von verbalen Bildungselementen, aktive und mediale Personalendungen und Moduselemente bezogen hat. Es mag also ursprünglich z. B. **u̯oide* etwa 'er (ist) in Kenntnis, in Wissenschaft (von etwas)', **s(t)e-stā* etwa 'er (ist) in Stellung' gewesen sein (vgl. Charpentier's Hypothese über ai. *dadhāú* av. *dada* IF. 32, 92 ff.). Die Reduplikation (vgl. R. Loewe KZ. 40, 268 ff.) könnte diesem Tempus schon angehört haben, als es noch eine nominale Formkategorie war, und grade das Nebeneinander von reduplizierten und unreduplizierten Formen (§ 355) begünstigt eher die Annahme nominalen Ursprungs als dass sie ihr im Wege stünde.

49. Aus den in den vorausgehenden Paragraphen gemachten Andeutungen ist zu ersehen, was aus der unten folgenden Darstellung der Einzelheiten noch klarer zu erkennen sein wird, dass inbezug auf den Ausdruck der Handlungsarten (im weiteren Sinne) die verschiedenen idg. Sprachen sich recht verschieden verhalten. Aber auch innerhalb der einzelnen Sprachen zeigt sich hier von ihrer ältesten Überlieferung an alles in fortwährender Weiterentwicklung. In jeder Sprache komplizierten sich die Erscheinungen dadurch, dass das, was ursprünglich nur der Darstellung der Aktionsart diente, zum Ausdruck auch der Zeitstufen herangezogen wurde. Darüber wird die unten folgende Darstellung nähere Auskunft zu geben haben.

Hier sei noch darauf hingewiesen, wie man, bei dem beträchtlichen Abstand der Einzelsprachen von einander in historischer Zeit, kaum mehr die Möglichkeit hat, ein klares Bild von den Aktionsverhältnissen der einfachen Verbalformen (der 'Tempora' und der iterativen usw. 'Verba') in uridg. Zeit zu gewinnen. Bis zu einem gewissen Grade muss es schon damals für verschiedene zu derselben Wurzel gehörige Stammformationen bei vielen Verba zu einer Art von System hinsichtlich der Aktionsbedeutung gekommen sein. Denn ohne diese Annahme eines gleichmässigen Ausbaus von aktionell verschiedenen Formationen wären mehrere genauere Übereinstimmungen zwischen verschiedenen Sprachen, z. B. hinsichtlich gewisser Gebrauchsweisen von 'aoristischen' oder von 'perfektischen' Formen oder des Gebrauchs der *éio*-Verba als Iterativa und als Kausativa, nicht zu verstehen. Aber nicht nachweisbar ist, dass irgend ein einzelsprachliches System, etwa das der vedischen Sprache oder das des Slavischen oder Litauischen, von dem für die gemeinsame Urzeit der idg. Sprachen vorauszusetzenden System nur erst unbeträchtlich abgewichen sei. In den historischen Perioden einzelner Sprachen sehen wir feinere Unterscheidungen durch die Form einerseits verschwinden, anderseits neu auftauchen, und so lässt sich schon darum kaum bemessen, ob das uridg. System ein schon feiner entwickeltes und ausgebautes gewesen ist oder nicht.

Dazu kommt die Verquickung mit den Präpositionalkomposita als einem Ausdrucksmittel für gleichartige Vorstellungen. Sprachen, in denen schon im Beginn der Überlieferung die Verbalkomposita beim Ausdruck der Aktionsarten beteiligt sind und dabei eine grössere Rolle spielen, und das sind die meisten, sind nur mit grosser Vorsicht für die Erschliessung der uridg. Verhältnisse bei den einfachen Verbalformen heranzuziehen. Natürlich werden auch schon in uridg. Zeiten Adverbia im Satzzusammenhang neben der Verbalform zum Ausdruck einer bestimmten Aktionsart, somit zu einer Modifikation der durch die Verbalform selbst gegebenen Bedeutung gedient haben, aber schwerlich haben sich in dieser Beziehung schon damals solche Regelmässigkeiten entwickelt, wie sie etwa im Germanischen oder im Baltisch-Slavischen erscheinen, wo gewisse Präfixe Hauptträger einer bestimmten Aktionsbedeutung geworden sind.

Im ganzen dürfte in uridg. Zeit über das hinaus, was durch die materielle Bedeutung des Verbums selbst (z. B. 'finden') aktionell fixiert gewesen ist, zwar schon eine gewisse aktionelle

Systematisierung der grammatischen Formationen stattgefunden haben, aber es war nicht bis zu dem Grade geschehen, dass jede beliebige verbale Form zu den Aktionsarten in Beziehung gesetzt war. Damals werden zwar z. B. alle Formen von der Art von *$\underset{\circ}{u}$oide, *dedor$\hat{k}$e = griech. οἶδε, δέδορκε oder alle Formen der Typen ai. *jaə-ghanti* und *jaə-ghanyatē* eine bestimmte aktionelle Farbe gehabt haben, aber mehr als fraglich ist doch, ob das auch z. B. von beliebigen Formationen aller primärer Präsensstämme oder von allen Formen des *$\underset{\circ}{ei}$o*-Typus, die es damals gab, gesagt werden darf. Vor allem ist es lediglich eine petitio principii, wenn man annimmt, schon in jenen vorgeschichtlichen Zeiten seien von den Sprechenden alle einfachen Verbalformen mit derselben Regelmässigkeit, wie es etwa im Slavischen der Fall ist, unter dem Gesichtspunkt der Perfektivität und der Imperfektivität angeschaut worden.

VI. Die einzelnen Tempusstammbildungen.

1. Präsens und starker Aorist (Imperfektpräsentia und Aoristpräsentia) [1].

A. Themavokalloser Stamm, in den ältesten Formen aus einer leichten oder einer einsilbigen schweren Ablautbasis bestehend.

a. Unredupliziert: Typus ai. *ás-ti*, *á-dhā-t*.

50. Es handelt sich hier um Tempusbildungen, die sich meistens bestimmen lassen als ausgegangen von sogen. leichten Basen, z. B. **és-ti* 'est', **éi-ti* 'it' (die starke Stammform hat bei Wurzeln der *e*-Reihe *e*), und von einsilbigen schweren Basen [2]), z. B. **dhḗ-t* **é-dhē-t* 'setzte'.

1) Die Literatur über diese Formationen s. S. 41 ff.

2) Man kann die Ablautbasen einteilen in: 1) Einsilbige. Sie haben entweder einen kurzen Vokal (*e*, *a*, *o*) und heissen dann leichte einsilbige Basen, z. B. **es-* 'sein' (griech. ἔστι), oder sie haben einen langen Vokal (*ē*, *ā*, *ō*) und heissen dann schwere einsilbige Basen, z. B. **dhē-* 'setzen' (griech. τίθημι). 2) Zweisilbige. Sie haben entweder in beiden Silben einen kurzen Vokal (*e*, *a*, *o*) und heissen dann leichte zweisilbige Basen, z. B. **teres-* 'zittern' (griech. τρέσσαι, ἔτερσα), oder sie haben in der zweiten Silbe einen langen Vokal und heissen dann schwere

Diese Klasse, die in den Denkmälern des Arischen am stärksten vertreten ist, wurde in den meisten Sprachzweigen durch Überführung der betreffenden Formen, und zwar entweder aller oder eines Teiles von ihnen, in andere Klassen schon frühzeitig eingeschränkt, z. B. griech. λείχω 'lecke' für **leiĝhmi* (ai. 3. Sing. *rḗḍhi*), und ist in einigen schon im Beginn der Überlieferung bis auf einige Reste beseitigt. Vgl. Meillet Mém. 16, 239 ff. 17, 60 ff. 193 ff. Am häufigsten geschah die Beseitigung durch Überführung in die *o*-Flexion, wie bei dem genannten λείχω. Vgl. dazu S. 59.

Übrigens sind keineswegs alle Belege dieser Klasse, die in den Einzelsprachen in historischer Zeit begegnen, aus uridg. Zeit ererbt. Eine Anzahl sind analogische Neuschöpfungen der betreffenden Einzelsprache, z. B. lit. *gélbmi* 'helfe', *stóvmi* 'stehe'.

51. Wurzeln auf *i̯*, *u̯*, Nasal, Liquida.

I) Mehrsprachliches[1]).

zweisilbige Basen, z. B. **pelā-* 'nähern' (griech. πέλα-ς mit Schwächung der zweiten Silbe, dor. πλᾱ-τίον mit Schwächung der ersten Silbe). Vgl. Verf. Kurze vergl. Gramm. 138 ff. und die dort zitierte Literatur. (Die Darstellung dieser Ablautverhältnisse oben 1, 482 ff. entspricht nicht mehr dem heutigen Stande der Wissenschaft.) Den Ausdruck Wurzel behalte ich bei als Etikette für etymologisch zusammengehörige Wortformen, und zwar werden diese damit nach ihrer Anfangssilbe charakterisiert. Bei den einsilbigen Ablautbasen sind Wurzel und Basis eins.

1) Ich wähle hier und im folgenden diesen Ausdruck, um keinen Zweifel darüber zu lassen, dass ich nicht alle Formen, die in mehreren Sprachen auftretend die gleiche 'Grundform' haben, darum als aus uridg. Zeit ererbt ansehe. Vielmehr betrachte ich die Übereinstimmung in einer Formation öfters als so entstanden, dass man in den verschiedenen Sprachzweigen unabhängig voneinander durch Neubildung zur gleichartigen Form gelangte. Letzteres geschah besonders oft in den themavokalischen Tempusklassen. Nur weil eine Trennung der beiderseitigen Fälle, der einzelsprachlich entstandenen und der urindogermanischen Formen, die grössten Schwierigkeiten macht und im allgemeinen nicht durchführbar ist, wenigstens beim gegenwärtigen Stand der Wissenschaft nicht durchführbar ist, und weil diejenigen Fälle, in denen Zufälligkeit der Übereinstimmung zwischen mehreren Sprachen doch mehr oder weniger wahrscheinlich gemacht werden kann, der Hinzufügung einer mehr oder weniger ausführlichen Erörterung bedürften, wie sie in diesem Werke aus Rücksichten auf den Raum nicht gegeben werden kann, bleibe es hier bei der Nichtsonderung.

1) W. *ei̯*- 'gehen': **éi-mi* **i-més* **i̯-énti*. Ai. *émi imáḥ yánti*; av. *aēiti yeinti*, apers. *aitiy*. Griech. εἶμι ἴμεν. Lat. *eis īs, īt*. Lit. *eimì*, preuss. 3. Sing. *per-ēit per-eit* (= lit. *eĩt(i)*), Injunkt. 3. Sing. lit. *ei* (*te ei*) preuss. *ēi*- (*ēi-lai*). — Imperf. **ēi̯-m̥* **ēi-t*. Ai. *āyam āit* av. *para-āit*, 1. Plur. ai. *āima*. Griech. Plur. ᾖμεν, augmentlos 3. Du. ἴτην. Zur Augmentierung s. § 9. — Imper. **i-dhí*. Ai. *ihí*, gthav. *idī*, apers. *idiy*. Griech. ἴθι. — Konj. **éi̯e-t(i)*. Ai. *áyati áyat*, av. *ayat*. — Opt. **i-i̯é-t*. Ai. *iyā́t*. — Part. **i̯ént*- **i̯ónt*- : **i̯n̥t*-: ai. *yánt*- *yat*-, s. 2, 1, 456. — Daneben themavokalische Formen, wie ai. *áya-tē* av. Imper. *-aya*, lat. *eo eunt*, griech. Opt. ἴοιμι, Imper. 3. Plur. ἰόντων, Imperf. hom. ἴε(ν) ᾖε(ν), wozu Konj. av. *ayāt*, griech. ἴωμεν, lat. *eam* und Part. lat. *eunt*- (über *iēns* 2, 1, 456), griech. ἰών.

Griech. Die 3. Plur. ἴασι war eine Neubildung wie ἔασι (§ 53, 1). Hom. Konj. ἴομεν zeigt Ersatz von **e*[*i̯*]- durch ἰ-. — Ital. Im Lat. ist die Stufe *i*- vor konsonantischen Formantien durch *ei*-, jünger *ī*-, ersetzt: *īmus, ītis*, was von *īte* pälign. *eite* (S. 60 f.) ausgegangen sein mag. So auch umbr. ampr-ehtu apr-etu 'ambito' (Plur. *ambretuto*) aus *-*eitōd* = lat. *ītō*. Lat. vulg. 3. Plur. *int* zu *īmus ītis* nach *stant* : *stāmus, sint* : *sīmus* u. dgl. — Balt. Mit Stufe *ei*- statt *i*- lit. Plur. *eĩme, eĩte*, entsprechend preuss. 1. Plur. *per-ēimai*; lit. Imper. *eĩ-k* wie lat. *ī*.

2) W. *k̑þei̯*- 'siedeln, wohnen': **k̑þéi-ti* **k̑þi-més*. Ai. *kṣéti*, 3. Du. *kṣitáḥ*, 3. Plur. *kṣiyánti*, gthav. *šaēitī*, 3. Plur. *šyeintī*; Konj. ai. *kṣáya-t*. Griech. ἐὺ κτίμενος 'wohl gelegen'. — Daneben themavok. ai. *kṣiyá-ti*.

3) W. *qᵘ̯þhei̯*- 'vernichten'. Ai. Imper. *kṣi-dhí*. Griech. Aor. ἔφθιτο, Part. φθίμενος. Der hom. Konj. φθίεται mit ι wie ἴομεν (s. 1).

4) W. *k̑leu̯*- 'hören'. Ai. Aor. *á-śrav-am á-śrō-t*, av. 3. Du. Med. (Pass.) *a-srvātəm*, Imper. ai. *śru-dhí śrṓ-tu*, gthav. *sraotū*. Griech. Aor. κλύμενος (Περικλύμενος); hom. κλῦτε ist vermutlich für *κλεῦτε = ai. *śrṓta* gthav. *sraotā* eingedrungen (Brugmann-Thumb Griech. Gramm.[4] 316. 382). — Daneben themavok. ai. *śruvam*, griech. ἔκλυον (§ 73, 1), welches als 3. Plur. uridg. **é-k̑lu̯u̯ont* gewesen sein kann (S. 59), und lat. *cluo*, das vielleicht eine Umbildung des älteren *clueo* war (§ 79, 2).

5) W. $g^{u}em$- 'gehen, kommen': *é-g^{u}em-t *g^{u}m̥-té *é-g^{u}m-ent. Ai. Aor. *á-gamam á-gan·gan á-gata á-gman gmán*, Med. *á-gata*, Imper. *gahí gántu*; gthav. 3. Sing. Injunkt. *uz-jə̄n*, 3. Plur. *gᵊmən*, Imper. *gaⁱdī jantū*. Arm. *e-kn* = ai. *á-gan*. Griech. 3. Du. βά-την, 3. Plur. ὑπέρ-βᾰσαν. — Konj. *g^{u}éme-t(i). Ai. *gámat, gámanti* (Delbrück Vergl. Synt. 2, 97), gthav. *jamaⁱtī jimaⁱtī*. — Opt. *g^{u}m̥-i̯é-t. Ai. *gamyát*, av. *jamyāṯ* apers. *jamiyāʰ*. Ags. *cyme* (= got. *kumjau), Plur. *cymen*. — Daneben themavok. Formen, wie ai. *gámantu, gamḗt gamēmahi* av. *-ɣmaṯ* apers. *a-gmatā*, got. *qima* ahd. *cumu*.

Ar. Ai. *á-gan* für *-jan u. dgl. nach den Formen mit ursprünglichem g^{u}m̥-, g^{u}m-, umgekehrt av. *jamyāṯ* apers. *jamiyāʰ* für *gam- nach den Formen mit *jam-* = *g^{u}em-. S. 1, 618 f. Arm. 1. Sing. *e-ki*, 3. Plur. *e-kin* neben *e-kn* sehen aus wie *e-di e-din* (W. *dhē-* § 56, 1), sind aber schwerlich nach deren Analogie entstanden (vgl. Meillet Gramm. de l'arm. 101 f.).

6) W. $g^{u}hen$- 'schlagen': *g^{u}hén-ti *g^{u}hn-énti, Imper. *g^{u}hn̥-dhí. Ai. *hánti hathá ghnánti, á-han á-hata, jahí*; av. *jaⁱnti* Med. 3. Sing. *ni-ɣne*, gthav. 2. Sing. *a-jə̄n*, apers. 3. Sing. *a-jaⁿ*, Imper. av. *jaⁱδi*. Griech. ἀπ-έφατο · ἀπέθανεν (Hesych). — Konj. ai. *hánat* av. *janaṯ*, Opt. ai. *hanyā́t* av. *janyāṯ* apers. *janiyāʰ*. — Daneben themavok. Formen wie ai. *hana-ti*, 2. Plur. *ghnata*, 3. Plur. *a-ghnanta*, vgl. Konj. av. *janāṯ ava-ɣnāṯ*.

Ar. Ai. *ha-* iran. *ja-* für urar. *gha- = *g^{u}hn̥- und ai. *han-* iran. *jan-* für urar. *ghan- = *g^{u}hn̥n-. S. 1, 619.

7) W. *qþen-* 'verletzen, töten': Aor. *é-qþen-t, Med. *é-qþn̥-to. Ai. 3. Sing. *a-kṣ̌ata* (vgl. Part. *kṣ̌ata-* apers. *-xšata-*). Griech. ἔ-κταμεν, ἔ-κτατο κτάμενος; auch darf die 3. Plur. ἔκταν-ον = *é-qþn̥n-ont als altüberkommen gelten (S. 59). Daneben themavok. 1. Sing. ἔκτανον usw.

Griech. Nach ἔσχον -ες usw. wurden neu geschaffen 1. Sing. ἔκταν 3. Sing. ἔκτα 3. Plur. ἔκταν (vgl. Sommer Glotta 1, 60 ff.), wozu dann noch, nach den Wurzeln auf *-ā*, Konj. κτέωμεν, Part. -κτάς kamen.

8) W. *bher-* 'tragen': *bhér-mi *bhr̥-més. Ai. *bharti*, Aor. *bhr̥tám a-bhr̥ta*. Griech. Imper. φέρτε. Auch kann lat. *ferte* neben *fero* ebenso ursprünglich sein wie *īte* neben *eo* (1). Da

hinter *r* der thematische Vokal des ebenfalls schon uridg. *fero* usw. (§ 70, 1) lautgesetzlich schwand (vgl. *hortor* aus **horitōr* usw., Kurze vergl. Gr. 252), so fielen hier die beiden Flexionstypen teilweise zusammen, und das erzeugte das Paradigma der historischen Latinität. Ir. Aor. *-bert* (§ 287).

9) W. *u̯el-* 'wählen, wünschen': **u̯él-ti *u̯l̥-més*. Ai. Aor. 3. Sing. *a-vr̥ta*, Opt. *vurīta* gthav. *vaʼrīmaʼdī* (1 § 327, 2 S. 302, § 506, 1 S. 460). Lat. *volt vult* aus **velt*, *voltis vultis*. Partikel *vel* vielleicht aus **vell*, älter **vels*. Dazu vermutlich als altüberkommen auch lit. *pa-velmi* 'ich will', 3. Sing. *pa-velt* (anders Bezzenberger Γέρας 197). — Daneben themavok. lat. *volo* (§ 79, 1).

Auffallend ist die Vollstufe **u̯el-* in den Optativen lat. *velim -īmus*, got. *wiljau* (ahd. *wille*), Plur. *wileima*, womit wohl der Indik. aksl. *velją -iši* (Inf. *-ěti*) näher zusammenhängen muss. Man nimmt jetzt meist an, von diesem Optativ **u̯elī-* seien nichtoptativische Formen ausgegangen: lat. Imper. *nōlī nolīte* zu *nōlim* (Stolz Lat. Gramm.[4] 293) und die Indik. ahd. *willu* und aksl. *velją* (Streitberg Urgerm. Gr. 345). Die Bedeutung (vgl. nhd. *ich wünschte, möchte*) lässt diese Annahme zu. Damit ist aber ein Optativ **u̯elī-* statt des zu erwartenden **u̯l̥lī-*, **u̯lī-* noch nicht erklärt. Vielleicht ist der Stamm **u̯elī-* ursprünglichst einmal ein Indikativ- oder Injunktivstamm (vgl. ai. *ámi-ti a-grabhī-t*, § 91) gewesen, der in europäischen Sprachen mit dem wirklichen, zum Ind. **u̯el-ti* gehörigen Opt. **u̯l̥lī-* (ai. *vurīta*) vermengt wurde und an seine Stelle trat. Dann wären Formen wie lat. *velim velīs*, got. *wileis* (aksl. *veliši*) ursprünglich Indikativ-, bezieh. Injunktivbildungen gewesen. Die Formen lat. *nōlī*, ahd. *willu*, aksl. *velją* wären auch so verständlich.

II) Einzelsprachliches.

Arisch. W. *q̯u̯ei̯-* 'fügen, sammeln': ai. *cē-ti*, Aor. *a-cēt ci-tana ciy-ántu*, gthav. Konj. *vī-čayaϑā*. Ai. *hi-* 'befördern': Aor. 2. Plur. Imper. *hē-ta*, *a-hyan*. Ar. *stu-* 'preisen': ai. *stō-t stu-mási*, av. *staomi stūʼδi*. Ai. *hnu-* 'verheimlichen, beseitigen': *hnu-tē*. W. *ten-* 'tendere': ai. Aor. *á-tan* Med. *á-tata*. W. *men-* 'denken': ai. Aor. Med. *a-mata*, gthav. 2. Sing. *mǝ̄ng* = urar. **man-s*, Opt. *maʼnimadi*[*-čā*]. W. *ster-* 'sternere': ai. Aor. *á-star* Med. *a-str̥ta*. W. *q̯u̯er-* 'machen': gthav. 3. Sing. *čōrǝṯ* = urar. **čar-t*, ai. *kr̥thá*, *á-kran*,

Med. *á-kṛta*, Imper. ai. *kṛdhí*, *kṛṣvá* gthav. *kərᵊ-švā* Konj. gthav. *čarat̰*; im Ai. ist *k* von *kṛ- kr-* aus in das Gebiet der starken Formen eingedrungen: *á-kar*, 2. Plur. *kárta* usw. Ar. *dhar-* 'halten': ai. *dhṛ-thāḥ*, gthav. Med. *dərᵊtā*, Opt. Med. *drītā*. — Zuweilen erscheint starke Stammform statt schwacher auch über die S. 60 f. genannten Fälle hinaus, z. B. ai. *á-hēma*, *á-karma*, *á-karta*, *á-kartām*, gthav. 3. Sg. Med. *mantā*.

Griechisch. W. *ĝheu̯-* 'giessen': Aor. ἔ-χεα ἔ-χυτο; die Formen ἔχεα ἔχεε ἐχέαμεν nach der Analogie des σ-Aorists, und hom. ἔχευα ἔχευας usw. mit ευ nach *ἔχευς *ἔχευ. W. *q̯i̯eu̯-* 'in Bewegung setzen, treiben': Aor. ἐ-σσυτο σύτο, σύθι· ἐλθέ (Hesych), hom. ἔσσευα ἔσσευας usw. wie ἔχευα. W. *(s)mer-* 'gedenken, bedenken, begaben' (S. 36. 39): ὤβρατο· εἵμαρτο, Grundform **(e-)mṛ-to*, mit Präfix ὠ- (Osthoff IF. 6, 10 f.).

Irisch. Ausser dem Aor. *-bert* (I, 8) hierher noch andere *t*-Präterita von Wurzeln auf *m*, *r*, *l* (Thurneysen KZ. 37, 111), wie *do-r-ēt*, zu *do-em* 'verhüllt, schützt', *-gert*, zu *fo-geir* 'erhitzt', *-celt*, zu *celid* 'verhehlt', *-alt*, zu *alid* 'nährt' (§ 287).

Baltisch-Slavisch. Im Preuss. so, wie 3. Sing. Injunkt. *ēi(-lai)* 'er gehe' (I 1), auch *im-lai* 'er nehme', zu Ind. 1. Sing. *imma*, *lem-lai* 'er breche', zu Inf. *lim-twey* (aksl. *lomiti* 'brechen'). Aus dem Slav. mag hier der Aor. *po-vě* 'er sagte', *otъ-vě* 'er antwortete' genannt sein, da *otъ-větъ* 'Antwort' (vgl. preuss. *waitiatun* 'reden') wegen des Part. Prät. Akt *otъ-věvъ* (Savaevang. 121 a) wohl nicht als *-vět-ъ*, sondern als *-vě-tъ* zu betrachten ist.

52. Wurzeln auf Geräuschlaute mit *i*, *u*, Nas., Liqu.

I) Mehrsprachliches.

1) W. *u̯eḱ-* 'wünschen, begehren': **u̯éḱ-ti* **uḱ-més*. Ai. *váṣṭi uśmási*, gthav. *vaštī usᵊmahī*, Konj. ai. *váśat* av. *vasat̰*. Daneben themavok. ai. *uśámāna-ḥ* Dazu griech. Part. (Adj.) ἑκών 'mit Willen, bereitwillig': dieses ist wohl in einer Zeit, als es im Griech. noch dem ai. *váśmi* usw. entsprechende Formen mit starker Stammstufe gab, für *ὑκών eingetreten, vgl. ion. ἑών zu εἰμί.

2) W. *leiqᵘ̯-* 'freilassen': **leiqᵘ̯-ti* **liqᵘ̯-més*. Ai. 2. Du. Aor. *riktam*, lit. *lẽkmi* 'bleibe', 3. Sing. *lẽkt(i)*.

3) W. *k̑ens-* 'hersagen, kundtun': **k̑éns-ti* **k̑n̥s-més*. Ai. Aor. 2. Plur. *šasta*, Imper. *šastāt*, gthav. Opt. *sahyāt̰*, Konj. *sə̄ṇghaᵢtī*. Aksl. *sętъ*, Erweiterung von **sę* = **k̑ens-t*. Damit hängt wohl alb. *ϑom* 'ich sage' (Grundform **k̑ēns-mi*? 1, 758) zusammen.

II) Einzelsprachliches.

Arisch. W. *leiĝh-* 'lecken': ai. *rḗḍhi*, *rihánti*. Ai. *bhid-* 'findere': Aor. *á-bhēt*, Part. *bhidánt-*. Ai. *chid-* 'scindere': Aor. *chēdma* (vgl. u.). Ai. *švit-* 'licht sein': Aor. *á-švitan*, *švitāná-ḥ*. Av. *čiš-* 'lehren, in Aussicht stellen': Aor. gthav. *čōišt*, Imper. *čīždī*. Av. *miϑ-* 'berauben': Aor. gthav. *mōist*, Opt. *miϑyāt̰*. Ar. *yug-* 'iungere': Aor. Med. ai. *a-yukta* av. *yūxta*, 1. Sing. Konj. ai. *yṓjā* gthav. *yaojā*. Ai. *duh-* 'melken': *dṓgdhi*. *duhánti*, Imperf. *á-dhōk*, Med. *dugdhē duhatḗ*. Ai. *vah-* 'vehere': Präs. 2. Plur. Med. *ūḍhvam*, Opt. *uhīta*. Ai. *chand-* 'scheinen': *chántti*. Ar. *darš-* 'sehen': Aor. ai. *a-daršam* gthav. *darᵊzəm*, ai. *a-dr̥šma*, Konj. *daršat(i)*. Ai. *vart-* 'vertere': Aor. 3. Sing. *á-vart*, 3. Plur. Med. *a-vr̥tran*. Av. *varz-* 'wirken': Aor. gthav. 2. Sing. *varᵊš*, Opt. *vərᵊzimā[-čā]*. Ar. *grabh-* 'greifen': Aor. 1. Sing. ai. *á-grabham* gthav. *grabəm*, ai. 3. Plur. Med. *a-gr̥bhran*. — Zuweilen starke Stammform statt der schwachen auch über die S. 60 f. genannten Fälle hinaus, z. B. ai. *chēdma*, *á-daršma*.

Ai. *vēdmi* 'weiss' 1. Plur. *vidmasi*, beruht auf Übergang des Perf. *véda* 1. Plur. *vidmá* (§ 365) in die Präsensflexion. Denselben Übergang zeigen aksl. *věmь*, für *vědě* 'weiss' (§ 365), arm. *gitem* 'weiss' (*i* aus *oi*, 1 § 204, 2) und arm. *gom* 'bin', zu got. *was* (§ 366), griech. ἀν-ώγω, für ἄν-ωγα (§ 377, 6).

Griechisch. Ein Präsens dieser Klasse scheint οἶμαι 'glaub' ich' (Imperf. ᾤμην) gewesen zu sein, aus *ὀ-ισμαι, zu hom. ὀ-ισ-θείς ὀ-ισ-σάμενος, mit Präfix ὀ- (IF. 29, 229 ff.). Hom. ἄσμενος 'gerettet, geborgen' (zu νέομαι) entweder aus **n̥s-s-meno-* (*s*-Aorist, § 319) oder aus **n̥s-meno-* mit analogisch neu eingeführtem σ, wie in ἔπτισμαι, τετελεσμένος u. dgl. (IF. Anz. 9, 11), vgl. § 59, I, 5 über νίσομαι. Aoristische Formen dieser Art haben von der 1. Sing. auf -α und der 3. Plur. auf -αν aus die gleiche Flexion bekommen wie die *s*-Aoriste (§ 351). Hom. -ένεικα ἤνεικα 'brachte' war vermutlich ein Kompositum, ἐν-εικα, mit Präposition ἐν (vgl. böot. εἴνιξα = att. *ἤνειξα, ἐξ-ενιχθῆναι); es wurde mit dem attisch reduplizierten ἐνεγκεῖν (§ 22, 2 S. 34) so enge verknüpft, dass man die Präposition ἐν nicht mehr empfand; unwahrscheinlich Bezzenberger KZ. 42, 316. Alkman Ϝεῖκας 'du glichst', zu Perf. ἔοικα (*Ϝε-Ϝοικα).

Keltisch. Ir. *-ort* 'er schlug' aus **-orcht*, zu Präsens *orgid* 'schlägt', ein *t*-Präteritum (§ 287); das Wort scheint (nach Lidén Armen. Stud. 85 ff.) mit armen. *harkanem* 'schlage' zu einer W. *perg-* zu gehören; mit dem *o* kann dann diese Aoristbildung nicht alt sein.

Baltisch-Slavisch. Im Lit. ausser *lẽkti* noch andre, wie *mëgmì* 'schlafe', 3. Sing. *mẽkti* (neben *mëgù*, Inf. *mëgóti*), *snẽkti* 'es schneit' (neben *sniñga*, Inf. *snìkti*), *nẽszt(i)* 'es juckt' (Inf. *nëżéti*), *peȓszt(i)* 'es schmerzt' (Inf. *perszéti*), *skaũst(i)* 'es tut weh' (Inf. *skaudéti*). Preuss. 2. Sing. Injunkt. *teīks* 'stelle dar, indica' (zu lit. Inf. *teĩkti*), und ebenso lit. z. B. *geĩs-k* 'begehre' (*geidżù*) aus **geid-s*, *vèsz-k* 'fahr' (*veżù*) aus **veż-s* (vgl. oben ai. *ūḍhvam*), *veȓs-k* 'wende' (*verczù*) aus **vert-s* (vgl. oben ai. *á-vart*) u. dgl. mit Partikel *-k(i)* (IF. 29, 404, vgl. unten § 327).

53. Wurzeln auf Geräuschlaut ohne *i̯*, *u̯*, Nas., Liqu.

I) Mehrsprachliches.

1) W. *es-* 'sein'[1]). **és-mi *és-ti*, **s-més *s-énti *s-ónti*. Ai. *ásmi ásti*, *smáḥ sánti*; av. *ahmi asti*, *mahi hənti*, 3. Du. *stō* (ai. *stáḥ*); apers. *amiy astiy*, *hantiy*. Arm. *em* 'sum' (1, 741), *en* 'sunt' (1, 740). Griech. εἰμὶ dor. ἠμὶ lesb. ἐμμί, ἔστι; 3. Plur. dor. ἐντὶ att. εἰσὶ für *hεντι nach ἠμὶ εἰμὶ usw. (vgl. unten ἔντες ὄντες). Alb. *jam* 'sum' (1, 119. 758); über die 3. Sing. *eštε* geg. *ąšt* s. Pedersen Vollmöller's Roman. Jahresb. 9 (1905) S. 210. Lat. *est* osk. est umbr. est *est*, lat. *sunt* umbr. *sent* osk. *set*. Ir. *am* (*amm*) 'sum' (1, 247), *is* akymr. *iss is* 'est', ir. *it* akymr. *int* 'sunt' aus **senti* (1, 685. 769 f. 771, Pokorny KZ. 43, 298 ff.). Got. *im* aisl. *em* (1, 779), got. *ist* ahd. *ist* aisl. *es* (run. *is*), got. *sind* ahd. *sint*. Lit. *esmì ẽst(i)*, preuss. *ast est æst*; aksl. *jesmь jestъ*, *sǫtъ*. Die 2. Sing. setzt teils **esi*, teils **essi* als Grundform voraus: **esi* ai. *ási* av. *ahi* griech. εἶ, **essi* arm. *es* äol. ἐσσὶ lat. *es* (auch *ess*, durch

1) Vgl. die S. 42 f. 45 ff. genannten Schriften über das Verbum substantivum.

das Metrum gefordert). — Imperf. *és-m̥ *és-t, *s-ént. Ai. ásam apers. āham, 3. Sing. ai. áḥ (vgl. ásīt § 100) av. ās, augmentlos av. as, ai. san av. hən. Hom. ἦα, 3. Sing. dor. ἦς; *s-ent in hom. ἦεν ion. att. dor. lokr. ἦν (= ai. ásan), die Form wurde im Ion.-Att. (nur hier) zur 3. Sing. umgewertet (Brugmann-Thumb Griech. Gramm.[4] 319, Jacobsohn Hermes 45, 207). Eine alte themavokallose Form scheint auch alb. 3. Sing. iš zu sein (G. Meyer M. Hertz z. 70. Geburtst., 1888, S. 91). Über die Formen mit *ē- wie ai. ásma ásan apers. āhaⁿ griech. ἦμεν ἦστε ἦεν s. § 9. — Imper. *z-dhi in gthav. zdī, griech. ἴσθι (1, 825, Sütterlin IF. 29, 126). — Konj. *ese-t(i). Ai. asat(i), gthav. aŋhaitī aŋhat̰ apers. ahatiy. Griech. 1. Sing. hom. ἔω (= av. aŋha); hom. att. ἔσται 'erit' scheint Umbildung eines *εἶται = *ἔσεται zu sein (§ 340). Lat. ero, erit. — Optat. *s(i)i̯é-t, *sī-mé. Ai. syā́-t av. hyāt̰, alat. siem siēs, sīmus. Ahd. Plur. sīm sīt. — Part. *s-ént- *s-ont-, *s-n̥t-: ai. sánt- sat-, dor. ἔντες att. ὄντες (für *ἔντες *ὄντες wie 3. Plur. ἐντί, s. o.) usw., s. 2, 1, 455 f.

Oftmals ist die Stufe es- durch Ausgleichung ins Gebiet der Stufe s- gekommen. Zumteil mag dabei die 2. Plur. Imper. *éste (griech. ἔστε, lat. este, S. 61) vorbildlich gewesen sein. Im Ai. Imper. ēdhí (= *azdhi, 1, 735) für *[z]dhi. Arm. 1. Plur. emḱ. Griech. Imper. ἔσθι bei Hekatäus, ferner z. B. ion. εἰμὲν (att. ἐσμὲν mit σ nach ἐστὲ), ἐστὲ, hom. ἔασι, Opt. εἴην aus *ἐσι̯ην, Part. ion. ἐών, dor. Fem. ἔασσα (ai. satī́). Lat. estis. Ir. 1. Plur. ammi aus *esm- (1, 247. 772). Aisl. Plur. erom eroð ero. 1. 2. Plur. lit. ẽsme ẽste, preuss. asmai astai estei asti, aksl. jesmъ jeste; lit. Part. ẽsąs.

Daneben themavokalische Formen. Apers. 3. Pl. ahaⁿtā. Arm. 3. Sing. ē aus *eseti, wie berē, 2. Plur. ēḱ aus *eset-, wie berēḱ (1, 527). Hom. lesb. ἔον, hom. ἔοι. Lit. esù, ẽsame ẽsate; Opt. (Permissiv) 3. Sing. tesẽ, das sowohl t-esẽ als auch te-sẽ gewesen sein kann, für letzteres spricht preuss. Opt. 3. Sing. sei-sei und 2. Plur. seiti seiti (vgl. Trautmann Altpreuss. Sprachd. 288). Konj. ai. asāt, av. aŋhāiti, ion. ἔωμεν ἔωσι.

Einzelsprachliches. Armenisch. Unklar ist das Verhältnis des Ind. Imperf. ei eir ēr, eaḱ eiḱ ein zu den für die uridg. Zeit vorauszusetzenden Formen, s. Meillet Gramm. de l'arm. 95, Pedersen KZ. 38, 234 f. — Griechisch. Die Formen ἦμεν und ἦσαν, mit Formen von vokalisch auslautenden Stämmen wie ἔσβημεν εἵημεν, ἔσβησαν εἵησαν assoziiert, riefen hervor die Formen 1. Sing. ἦν, 2. Sing. (spät) ἦς, 2. Plur. ἦτε, spät ἤτω wie σβήτω. 1. Plur. ἐμὲν (Kallimachus), 1. Sing. thess. ἐμὶ, hom. Inf. ἔμεν ἔμεναι, wozu wohl auch hom. ἔσαν, waren entweder Neubildungen nach τίθεμεν, τιθέμεναι (vgl. εἰσὶ ἐντὶ : τιθεῖσι τίθεντι, εἴην : τιθείην), gleichwie mess. Konj. ἦνται nach τίθηντι, oder aber Parallelen wie ἔασι : ἴασι, ἔω : ἴω liessen ἐ und ἰ als den charakteristischen Unterschied der beiden Verba empfinden, woher dann ἐμὲν und ἔμεν(αι) nach ἴμεν und ἴμεν(αι); thess. ἐμὶ jedenfalls erst nach ἐμὲν. — Italisch. Nach urital. **sonti* (lat. *sunt*) entstanden *sumus*, *sum* osk. súm; weniger wahrscheinlich ist, dass nach **senti* im Urital. **semos* entstand, dieses damals zu **somos* wurde und **som* nach sich zog (Sommer Lat. L. u. Fl. 575). Über osk. íst 'est' s. Walde Innsbruck. Festgr. 99 f. — Keltisch. In 2. Sing. ir. *at* kymr. *wyt* 'es', 2. Plur. ir. *adib* 'estis' (wohl = kymr. *ydwch*) und 1. Plur. ir. *amminn* ist das Personalpronomen suffigiert; die kymr. 1. Sing. *wyf* scheint nach der 2. gebildet. — Germanisch. Plur. ahd. *birum birut* (vgl. aisl. *erom erođ*) und 2. Sing. ahd. as. *bist* ags. *bis* (got. *is*, aisl. *es*) entstanden durch Anlehnung an Formen der Wurzel *bheu̯-* ags. *béo* 'sum' (§ 123, 2, a). Im Ags. die 1. Sing. auch *béom*, im As. *bium*, nach **im*; im Ahd. *bim*. Ags. 3. Sing. *biđ* zu *bis*. — Der Vokal der Schlusssilbe von aisl. *erom erođ* ahd. *b-irum b-irut* beruht auf Anlehnung an Präteritopräsentia wie aisl. *vitom vitođ* ahd. *wiʒʒum wiʒʒut*, die hervorgerufen war durch die Gleichheit im Optativ; ahd. *sīm sīt* wie *wiʒʒīm wiʒʒīt*; im Aisl. kam dann noch 3. Plur. *ero* nach *vito* hinzu. Die got. 1. 2. Plur. Ind. *sijum sijuþ* haben sich an den Optativ *sijau sijais* usw. angeschlossen. Waren sie, was denkbar ist, Umbildungen von **sum* **suþ* (van Helten PBS. Beitr. 20, 524), so sind diese jedenfalls im engsten Zusammenhang mit aisl. *erom erođ* ahd. *b-irum b-irut* zu beurteilen. Wahrscheinlicher aber waren *sijum*, *sijuþ* Umbildungen von **izum*, **izuþ*. Fraglich bleibt überdies, ob das *r* aus *z* in *erom birum* auf ursprünglicher Betonung der Personalendung beruht, wie z. B. das *z* in **kuzumé* = ahd. *churum* aisl. *kørom* und das *đ* in **u̯urđumé* = ags. *wurdon* ahd. *wurtum*

(1, 691 f. 777), oder auf Tonlosigkeit aller Wortsilben d. h. auf enklitischem Gebrauch des Wortes, auf dem auch das *d* der 3. Plur. got. *sind* zu beruhen scheint. — Baltisch-Slavisch. Lit. neben *esì esì* usw. auch *ésù ésì* usw., wohl nach *nèsmi* = *ne esmi*, s. § 5 Anm. S. 12. 1. Sing. lit. auch *esmù*, entsprechend lett. *esmu* preuss. *asmu*, nach Analogie der 1. Sing. auf *-ō, wozu weiter lit. 2. Sing. *esmì*. Im Poln. entstanden auf Grundlage der 3. Sing. *jest*, die auch für andere Personen gebraucht wurde, die Formen 1. Sing. *jestem*, 2. Sing. *jesteś*, 1. Plur. *jesteśmy*, 2. Plur. *jesteście* für *jeśm*, *jeś*, *jeśmy*, *jeście*, vgl. die 3. Plur. ahd. fränk. *sind-un* as. *sind-un* ags. *sind-on* auf Grund von *sind*.

2) W. *ed-* 'essen': **éd-mi*. Ai. *ádmi átti*, aber *ad-* auch im Gebiet der schwachen Stammform, wie *attá adanti*, Imper. *addhí*. Daneben themavokalisch ai. *ada-sva*, griech. ἔδω, lat. *edo*, got. *ita*. Im Balt.-Slav. *ēd-*: lit. *émi* (*édmi* 1, 718) *ést* aksl. *jamь jastъ* (*iz-ěmь -ěstъ*). Lit. Imper. *és-k(i)* enthielt vermutlich die Injunktivform **ēd-s*. Die aksl. 2. Sing. *iz-ě*, 3. Sing. *iz-ě* waren wohl Imperfektformen (**ēd-s*, **ēd-t*), die sich dem *s*-Aorist *iz-ěsъ* in derselben Weise eingefügt haben wie z. B. die Imperfektformen 2. Sing. *vede*, 3. Sing. *vede* dem *s*-Aorist *věsъ* (S. 49); weniger wahrscheinlich ist, dass *iz-ě* neben *iz-ěsъ* erst nach dem Verhältnis *da* : *dachъ* neu geschaffen worden sei (Leskien Gramm. der abulg. Spr. 202). *ē* scheinen auch die lat. Formen *est estis*, Imper. *este* und der Optativ *edim* gehabt zu haben, s. Skutsch Glotta 3, 385 f. Die Erklärung der balt.-slav. und lat. Stammform *ēd-* ist strittig.

Anm. Gewöhnlich wird für diese Stammgestalt Dehnstufenbildung angenommen, vgl. lit. *sédmi* u. a. (§ 55). Dagegen habe ich Album Kern 31 vermutet, unser Verbum beruhe auf einem Präpositionalkompositum **ē dō* = ai. *á da-*, das das Zusichnehmen, Einnehmen von Speisen bezeichnet habe (vgl. ai. *ā-hāra-ḥ* 'das Zusichnehmen, Nahrung, Speise' u. dgl., IF. 25, 143), wonach z. B. lat. *ēsus* lit. *éstas* mit ai. *ā-tta-ḥ* im Grund eins gewesen wäre. Diese Hypothese erklärt mehreres einfach, was sonst dunkel bleibt, z. B. das Fehlen der Schwundstufenform *d-*, da man z. B. ai. **d-máḥ* statt *admáḥ* erwartet, und das arm. Präsens *utem* aus **ōd-*, indem die angenommene Präposition sowohl als **ē* wie als **ō* vorkommt (2, 2, 816 ff.).

3) Ai. *bhi-ṣákti* 'heilt', av. 1. Sing. Konj. *bi-šazāni*. Von derselben Wurzel (lat. *sagāx*, *sāgus* usw.) das ir. *t*-Präteritum *-siacht*

'er erstrebte', zu Präs. *saigid* (§ 287); *-siacht* vermutlich für **-sacht* durch Vermischung mit einem reduplizierten Präs. **si-sag-*. Vgl. IF. 28, 285ff.

II) Einzelsprachliches.

Arisch. W. *teq-* 'laufen' ai. *takti, a-takta.* Ai. *ghas-* 'fressen' Aor. 2. 3. Sing. *á-ghaḥ*, 3. Plur. *á-kṣan.* W. *seĝh-* 'bewältigen' ai. Präs. *sákṣva* (daneben *sákṣva* § 55), vgl. ἔγμεν· ἔχειν Hesych. W. *seqᵘ-* 'sequi' gthav. *haxmī*, 3. Plur. Imper. *sčantū*, vgl. ai. Part. *sacānú-ḥ*.

Griechisch. Hom. δέχ-αται, δέγμενος, bei Hesych προτίδεγμαι· προσδέχομαι, neben δέκομαι δέχομαι 'nehme an, empfange'.

Keltisch. *t*-Präterita: *-acht*, zu *agid* 'treibt', *-bocht*, zu *bongid* 'bricht, erntet', u. a. S. § 387.

Litauisch. *degmì* neben *degù* 'brenne' (intrans.).

54. Medialformen von konsonantisch schliessenden Wurzeln mit Vollstufenvokalismus und Betonung der Wurzelsilbe. Dass im Griech., gleichwie im Ai., Betonung der Wurzelsilbe ursprünglich war, beweist der Tonsitz im Verbum infinitum, z. B. κείμενος, ἥμενος (vgl. dagegen τετίμημαι : τετῑμημένος). Bezüglich des Ablauts und der Betonung gleicht diese Klasse den Media wie ai. *jáni-ṣva*, griech. κρέμα-μαι. S. § 34 S. 61, § 91ff.

1) W. *k̑ei̯-* 'liegen': **k̑ei-tai *k̑éi̯-n̥tai.* Ai. *śétē*, 3. Sing. auch *śáy-ē*, 3. Plur. *śérē śayirē*, av. *saēte, saēre sōire.* Griech. κεῖται, 3. Plur. hom. κέαται κέατο kret. κίαται (ι aus ε 1, 118); durch analogische Neubildung hom. κείαται att. κεῖνται.

2) W. *ēs-* 'sitzen': **ḗs-tai *ḗs-n̥tai.* Ai. *ā́stē ā́satē*, av. *āste*, Opt. 2. Sing. *āhišā.* Griech. ἧσται, hom. ἥαται; das *h-* ist wohl von ἕζομαι bezogen. Indem aus ἧμαι ἥμεθα (ἡμ- aus *ἡσμ-), ἧσαι, ἧσθε ein Stamm ἡ- abstrahiert wurde, entstand nicht nur att. ἧνται, sondern auch κάθ-ηται. Dass letzteres dann wie ein Simplex erschien, zeigt der Imper. κάθου (vgl. καθιῶ als Fut. zu καθ-ίζω).

3) W. *eugᵘh-* 'praedicare' (ai. *ōh-* 'preisen, rühmen'): **eúgᵘdhai* (1, 625), **eúgᵘh-n̥tai.* Av. *aoxte*, Prät. gthav. *aogᵉdā* (jgav. *aoxta*), 1. Sing. *aojī*, 2. Sing. *aoγžā.* Griech. εὖκτο, nur Thebais frgm. 3, 3 (Kinkel), sonst εὔχομαι, weshalb man εὖκτο nicht als altes Erbstück, identisch mit *aogᵉdā*, ansehen muss (s. u.).

Anm. Nur scheinbar gehört dieser Klasse an ai. *vás-tē*, hom. ἐπιέσται, 2. Sing. ἕσσαι. S. § 256, 2.

Das Griechische hat noch einiges, was hierher zu gehören scheint, darunter jedoch nichts, was zugleich in anderen Sprachzweigen wiederkehrt. Homer. στεῦται 'stellt sich an, macht Miene, macht sich anheischig, droht etwas zu tun', schwerlich zu ai. *stu-* 'preisen, loben' (*stō-t stumási*, § 51, II), eher zu στύω 'richte empor' ai. *sthávira-ḥ* 'stark, derb' (Persson Beitr. 714 f.). σεῦται nur Soph. Tr. 645, neben σεύομαι 'bewege mich eilig', Aor. ἔ-σσυτο. Gewiss Neubildungen waren die Präterita wie γέντο ἔ-γεντο (Hesiod u. a.) neben ἐγένετο 'wurde'; γέντο (Hom.) 'ergriff, fasste', zu ὔγ-γεμος· συλλαβή, ἀπό-γεμε· ἄφελκε (Hesych); ἄμειπτο (Nonnus), zu ἀμείβομαι 'antworte', und zwar nach den Formen des *s*-Aorists wie πάλτο, λέκτο (§ 319).

55. Konsonantisch schliessende Wurzeln mit Dehnstufenvokalismus. Vgl. Bartholomae IF. 3, 1 ff., Grundr. d. iran. Ph. 1, 69, Streitberg IF. 3, 401 ff., Meillet Mélanges F. de Saussure 102 f., Mém. 14, 336 f. Dieser Typus sieht aus, als enthalte er Denominativa zu dehnstufigen Wurzelnomina (2, 1, 138): z. B. zu W. *rēĝ-* ai. *rā́ṣṭi* 'herrscht, glänzt' neben *rā́j-* 'Herrscher' lat. *rēx* (S. 52); zu W. *seĝh-* ai. *sā́kṣva* 'sei siegreich', Opt. *sāhyā́ma* neben *satrā-sā́h-* 'allüberwältigend'; lit. *jū́smi* 'ich gürte' neben av. *yāh-* 'Gürtel' (das *-s-* dieses Wortes war vermutlich Determinativ, s. § 256). Ai. *sā́ha-ti* verhielte sich zu *sā́kṣva*, *rā́ja-ti* zu *rā́ṣṭi*, wie *-sāha-ḥ sāhá-ḥ* zu *satrā-sā́h-*. Vgl. 2, 1, 153 f.

Ai. *tā́ṣṭi* av. *tāšti* 'zimmert', zu ai. *tákṣa-ti*. Ai. *dā́ṣṭi* 'huldigt', zu *dašasyá-ti*, daneben *dā́ša-ti*. Ai. *šāsti* 'schneidet', zu *šása-ti*, daneben *šā́sa-ti*. Lit. *sė́dmi*, 3. Sing. *sė́st(i)*, Imper. 2. Sing. *sė́s-k(i)* vermutlich Injunkt. **sēd-s*, zu W. *sed-*, daneben *sė́dżu* = aksl. *sědą* 'ich sitze', *sė́du* 'ich setze mich'. Lit. *bė́gmi* 'ich laufe', zu W. *bheg^u-* (griech. φέβομαι), daneben *bė́gu* russ. *běgú* aksl. *běžą*; *riáugmi* 'ich rülpse' aus **rēugmi* (1, 210), zu W. *reug-*; *ráudmi* 'ich wehklage' aus **rēudmi* (s. a. a. O.), zu W. *reud-*; ebenso *sérgmi* 'ich behüte', *dérkt* 'es ist Unwetter', *gélbmi* 'ich helfe', 3. Sing. *gélpt* (daneben *gélbu*) u. a. Alb. *ϑom* 'sage' aus **k̑ēns-mi* (1, 758), vgl. aksl. *sę-tъ* 'inquit' (§ 320), ai. 2. Plur. *šas-ta* neben *šą́sa-ti* 'rezitiert'.

Da ai. *mārja-ti* 'wischt' auf *mārṣṭi* beruht, wird auch das wurzelgleiche lit. *mélžu* 'melke' ursprünglich themavokallos gewesen sein und weist dann mit seinem Stosston, wie die ai. Form mit ihrem *ā*, auf **mēlĝ-mi*. Ob auch griech. ἀμέλγω ἀμέργω, ahd. *milchu* ursprünglich **mēlĝ-* **mērĝ-* gehabt haben, bleibt unsicher (§ 70)[1].

Im Ai. zeigen die Präsentia dieser Art, wenn die Wurzel *i*, *u*, Liqu. enthält, als schwachen Tempusstamm dieselbe Schwundstufengestalt wie die Präsentia mit normalstufigem *e* im Sg. Akt. Z. B. *yāú-ti* 'bindet an' : *yu-tē*, *stāú-ti* 'preist' : *stuv-ánti stu-tē* (neben *stáva-tē*), *nāu-ti* 'preist' : *nuv-ánti*, *rāú-ti* 'brüllt' : *ruv-anti*, *mārṣṭi* : *mṛj-ánti mṛj-ē*. Dasselbe Ablautverhältnis begegnet im *s*-Aorist, z. B. *á-rāutsam* : *á-rutsi* (§ 311). Es wird uridg. gewesen sein. Da ai. *mārja-ti* lit. *mélžu* wahrscheinlich auf ursprünglichem **mēlĝ-mi* beruhen, und da das themavokalische ai. *mṛja-ti* in derselben Weise zu *mṛj-ánti* gehören wird wie *ruvá-ti* zu *ruv-anti*, *yuvá-ti* zu *yu-tḗ* (s. o.), so darf man auch aksl. *mlъzą* und ahd. 2. Sing. *mulki* (§ 81, 2, b) auf die uridg. themavokallose Stammgestalt **mḷĝ-* beziehen. Eine weitere Frage ist dann, wie sich z. B. ai. *stāú-ti* entwicklungsgeschichtlich zu *stō-t* av. *staomi* (§ 54) verhielt.

Über ai. *kṣ̌ṇāu-ti* 'wetzt', zu W. *qes-*, s. § 236, 3.

56. Wurzeln auf einfachen langen Vokal oder auf Langdiphthong (einsilbige schwere Basen).

I) Mehrsprachliches.

1) W. *dhē-* 'setzen': Aor. **dhḗ-t *é-dhē-t*, **dhə-té*. Ai. *dhāt ádhāt*, Med. *á-dhita*, Imper. *dhi-ṣvá*, av. *dāṯ* apers. *a-dāh*, Opt. av. *dayā̊* gthav. *dyāṯ*. Arm. 2. 3. Sing. *e-dir e-d*. Griech. ἔ-θετε (Sing. ἔ-θηκα), ἔ-θετο mit ε für α (vgl. τί-θετε § 60, II). Lat. Präs. *con-dimus* aus urital. **-þamos*. Lit. *pa-dė́* 'er helfe' aus **-dē-t*, Imper. *dė́-k*. Über ahd. *tōm tuam* s. S. 102.

2) W. *dō-* 'geben': Aor. **dṓ-t *é-dō-t*, **də-té*. Ai. *á-dāt*, Med. *á-dita*. Arm. 2. 3. Sing. *e-tur e-t*; vgl. S. 101 f. über *tamk̓*

1) Die Differenz *l* : *r* bei dieser Wurzel ist aller Wahrscheinlichkeit nach dieselbe gewesen wie bei *gᵘel-* : *gᵘer-* u. a., d. h. sie ist durch Dissimilation bei Doppelsetzung (vgl. ai. *mar-mṛjmá*, *marī-mṛjya-tē*) entstanden. S. 1, 425.

'damus'. Griech. ἔ-δοτε (Sing. ἔ-δωκα). ἔ-δοτο mit ο für α (vgl. δί-δοτε § 60, II). Lat. Präs. *da-mus ad-dimus*; *re-do* 'gib her': in *-do* enthielt es wohl eher den Imper. **dō* als die Partikel **dō*, die vorliegt in *en-do in-du* (vgl. Niedermann IF. Anz. 18, 75 f.); *dem* = **da-[i̯]ē-m*?; verhältnismässig junge Neubildungen waren *dō dās dat* und *dā* (s. Lindsay Wölfflin's Arch. 11, 127 f., Sommer Lat. L. u. Fl. 585 f.). Lit. Imper. *dů́-k* und älter *dů-d(i)* (vgl. gthav. *dā'dī* 'gib'); aksl. 2. 3. Sing. Aor. *da*.

3) W. *stā-* 'stare': Aor. **stā́-t* **é-stā-t*, **stə-té*. Ai. *á-sthāt*, Med. *á-sthita*. Griech. ἔ-στη (dor. ἔ-στᾱ); Plur. ἔστημεν wegen der intransitiven Bedeutung nach ἔδρᾱμεν ἔβημεν (§ 107)[1]); Präs. ἐπί-σταμαι 'ich verstehe' ist wohl in Anschluss an die ursprünglich aoristischen ἐπι-σταίμην, ἐπί-στω -στασο, ἐπι-στάμενος (vgl. φθάμενος) u. dgl. aufgekommen. Lit. Imper. *stó-k*; aksl. 2. 3. Sing. Aor. *sta*. Über ahd. *stām stēm* s. S. 102 f.

Schwierig sind die ital. und kelt. Präsentia lat. *stō stās stat, stāmus stātis stant*, Imper. *stā*, umbr. *stahu* 'sto', ir. *-tāu* ('sum') *-tai -tā, -taam -taaid -taat*, als (schwachtonige) Kopulaformen *-da -da -d, -dan -dad -dat*.

Anm. Diese Flexionen können ganz aus ursprünglichem **stā-i̯o-* (lit. *stóju-s* usw. § 135) hervorgegangen sein mit teilweisem sekundären Anschluss an die Flexionsweise der *ā*-Verba, deren *ā* nicht Wurzelvokal war (§ 104 ff.). Entsprechend lat. *for fātur*, da *for*, aus **fāōr*, mit dem aksl. *baję* 'fabulor' zusammengehört und die Wurzel die von griech. φημί φᾰμέν ist (S. 102). Aber man kann in lat. *stās stat* usw. sowie in ir. 3. Sing. *-tā* und den Kopulaformen *-da* usw. auch ursprüngliche Vertreter des unerweiterten verbalen Stammes **stā-* sehen. Präsens *stā-* gegenüber Aor. ai. *á-sthāt* griech. ἔ-στη wie lat. *pleo plēs* gegenüber Aor. ai. *á-prāt* griech. πλῆτο. Dann wäre, wie im Ar. und im Griech., **stā-* in den Plural eingedrungen (lat. *stāmus* ir. *-dan* wie ai. *á-sthāma* griech. ἔ-στημεν), und die themavokalischen Formen wären erst sekundär hinzugekommen. Dabei brauchte im Urital. und Urkelt. nicht gerade **stāi̯ō* = lit. *stóju* bestanden zu haben; dass umbr. *stahu* lat. *stō* ir. *-tāu* ein *-i̯-* eingebüsst haben, ist aus dem Italischen und dem Keltischen selbst nicht erweislich. Die themavokalischen Formen könnten in einer Zeit hinzugebildet worden sein,

1) Doch transitives ἔστᾰσαν Μ 56. γ 182, sei es dass es sich von urgriech. Zeit her erhalten hat, oder dass es neu zu ἐστάθην getreten ist nach dem Verhältnis von ἔθεσαν zu ἐτέθην. Die Änderung in ἵστασαν ist unnötig.

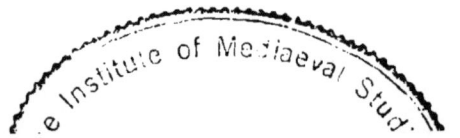

als in den alten Verba auf *-āi̯ō* das *i̯* schon geschwunden war, und nur deren damalige Flexionsweise wirkte dann vorbildlich. Ein drittes wäre, dass uridg. **stā-* und **stāi̯o-* als verbale Stämme nebeneinander ins Italische und Keltische hineingekommen sind und eine Vermischung nach Massgabe der Verba auf *-ā-* und *-āi̯o-* mit nichtwurzelhaftem *ā* geschehen ist.

4) **ĝhē(i̯)-* **ĝhī-* 'gehen, verlassen, weichen': Aor. **é-ĝhē-t* **ĝhī-té*. Ai. *a-hāt* (gthav. 2. Plur. Konj. *a-zā-ϑā* 'ihr sollt herankommen'), ahd. Präs. *gām* (vgl. Inf. *gān* : ai. *hāna-m*); zu *gām* vgl. S. 102 f. Der schwache Stamm **ĝhī-* ist angesetzt nach ai. *hī-ná-*, *ji-hī-tē* u. a.

II) Einzelsprachliches.

Arisch. W. *dā-* 'teilen, abteilen': ai. *dā́-ti*, 1. Plur. Aor. *a-di-mahi*. W. *mē-* 'messen': ai. Aor. *mā-hi*. W. *pō(i̯)-* 'schützen': ai. *pā́-ti* av. *pā'ti*, Opt. av. *ni-payā̊*, vgl. ai. *nṛ́-pīti-ḥ* 'Männerschutz'. Av. *vī-vyā'ti* 'er jagt weg', 3. Plur. *vye'nti*.

Im Aktiv ist wohl schon in urar. Zeit die starke Stammform ins Gebiet der schwachen eingedrungen, z. B. ai. *á-dhāma á-dhāta*, gthav. *dāmā dātā*, ai. *á-sthāma á-sthāta*, gthav. *dā'dī* 'gib' (wie lit. *dûdi*), ai. *dā́nti*, *mā-hi*, *pā́nti* av. *pā-ta* ai. *pā-hi* apers. *pā-diy*. Seltener im Medium: ai. *mā́-sva*, av. *pā'te*. Von Einfluss hierauf waren einerseits die imperativischen Formen mit altererbter starker Stammgestalt wie *dhā́ta dā́ta*, Du. *dhā́tam dā́tam* (S. 60 f.), anderseits die Verba auf abstufungsloses *-ā*, wie *vā́-ti*, *á-gā-t* (§ 104 ff.); vgl. Opt. ai. *syā́ma* für **sīmá* (lat. *sīmus*) S. 60.

Im Ai. zuweilen *ī* für *i*, wie z. B. *á-dhī-mahi* zu W. *dhē-* 'setzen', *mī-mahē* zu W. *mē-* 'messen', *dī-ṣva* zu W. *dō-* 'geben', *á-dī-mahi* zu W. *dā-* 'teilen'. Diese Neuerung ist einerseits dadurch hervorgerufen worden, dass die Wurzeln auf einfachen langen Vokal und die auf Langdiphthong mit *i̯* gleichmässig ar. *ā* in den starken Formen hatten, anderseits aber wohl auch durch den sonstigen Ersatz von *i* durch *ī* (§ 100). Vgl. damit *mi-mītē*, *śi-śītē* § 60, II S. 108.

Armenisch. *ta-mk̔* 'damus' scheint dem lat. *damus* zu entsprechen; dann wäre der Sing. *tam* eine Neubildung dazu nach *kam* : *kamk̔* (§ 104) u. a. Meillet Gramm. de l'arm. 100 geht von einer Grundform **də-i̯o-* aus, die aber doch wohl erst an die Stelle von *$d\bar{o}$-$\underset{\circ}{i}o$- (aksl. *dają*, av. *dāyāt*, § 135) getreten sein müsste.

Griechisch. ἡ-, wahrscheinlich aus *$\underset{\circ}{i}\bar{e}$-, 'werfen, entsenden' (lat. *jacio jēcī*): Aor. εἷμεν aus *ἐ-ἑε-μεν (Sing. ἕηκα ἧκα), Med. εἷτο, augmentlos κάθ-εμεν, ξύν-ετο. W. *kō-* 'scharf sein, gewitzigt sein' (lat. *cōs, catu-s*): ἔ-κομεν· ᾐσθόμεθα und κόν· εἰδός so, wie ἔδομεν, δόν. Über ε und ο für α in diesen Verba und in den oben genannten θε- und δο- s. 1, 174 f. — φθα- 'zuvorkommen': ἔ-φθην, φθάμενος; Plur. ἔφθημεν wie ἔστημεν wegen der intransitiven Bedeutung (S. 100). W. *bhā-* 'offenbaren, kund tun': φημί, φαμὲν, φάσθε, ἐφάμην; zur Stufe φᾰ- vgl. armen. *bay* 'Wort' = griech. φάτις und lat. *fa-teor* (1, 173); lat. *fā-tur* war Neubildung zu *$f\bar{a}$-[$\underset{\circ}{i}$]$\bar{o}$-r *for* = aksl. *bają* 'fabulor' (§ 56 Anm., § 135).

Italisch. Hier mag genannt sein die zu *in-vītus* gehörige, etymologisch noch nicht recht aufgeklärte 2. Sing. *vīs*, alat. *vois*, die sich dem Formensystem von *volo* angeschlossen hat (S. 65. 67 Fussn. 1). Vgl. Walde Lat. et. Wtb.[2] 391.

Germanisch. Schwierigkeiten bereitet der Vokalismus der westgerm. Verba ahd. *tuon, gān, stān*[1]). Zunächst ahd. *tōm tuam* as. *tōn* ags. *dóm* 'tue' zu W. *dhē-* (S. 99): ahd. *tōm tōs tōt tōmēs* usw. neben Part. *gi-tān* = aksl. *o-děnъ* 'umgetan, umgelegt' (2, 1, 259), *tāt* 'Tat' = got. *ga-dēdi-*, ahd. Prät. *te-ta* (§ 370), *tuom* ags. *dóm* got. *dōms* 'Urteil' (= griech. θωμός). Setzt man den Präsensstamm urgerm. *$\eth\bar{o}$- = uridg. *$dh\bar{o}$-, so fragt es sich, ob, im Gegensatz zu got. *saian* : *saísō, tēkan* : *taítōk* u. dgl., Ausgleichung mit dem Perfektstamm *$\eth e$-$\eth\bar{o}$- (as. 2. Sing. *dedōs* neben *dādi*) stattgefunden hat. Auch wird man an ahd. *spuoen* ags. *spówan* neben lit. *spéju* (§ 136) erinnert. Hirt (Ablaut 158 f. 192) meint, neben uridg. *$dh\acute{\bar{e}}$-m habe ein enklitisches *-$dh\bar{o}$-m gestanden, durch das jenes verdrängt worden sei. Man hat aber auch an ein altes *$dh\bar{a}$- zu denken als Neubildung nach der *ā*-Klasse (§ 104 ff.). In diesem Fall wäre nicht unwahrscheinlich, dass das im Germanischen allerdings verschollene *$bh\underset{\circ}{u}\bar{a}$- in lat. *-bam* ir. *bā ba* (neben lat. *fuam*, lit. *bùvo*, § 104), das zur

1) W. Wilmanns Die Flexion der Verba *tuon, gān, stān* im Althochdeutschen, Z. f. d. Alt. 33, 424 ff.

Wurzel von ags. *béo* ir. *biu* lat. *fīo* gehört, das Muster abgegeben
hätte, ähnlich wie im Lateinischen *eram* nach -*bam* (*fuam*) geschaffen worden ist. Man berücksichtige dabei das Suppletions-
verhältnis zwischen lat. *facio* (zu W. *dhē-*) und *fīo*. Das Part. ahd.
ge-tān as. *gi-dān* wäre von dieser Einwirkung verschont geblieben,
weil es eine entsprechende Form von **bhu̯ā-* nicht gab. — Ahd.
gām und *stām* simmen in ihrer Flexion völlig überein, und zwar
stehen nebeneinander *gām gās gāt gāmēs* usw. und *gēm gēs gēt
gēmēs* usw. und ebenso *stām* und *stēm*. Von diesen vokalisch
zwiefachen Stammformen ist *gā-* mit ai. *hā-* = uridg. **ĝhē-* zu
setzen (S. 101), und glaubhaft ist, dass *stā-*, für das man **stō-*
erwarten sollte wie im Prät. *stuot* as. *stōd* got. *stōþ*, sein *ā* von
gā- bezogen habe. Nicht genügend aufgeklärt sind aber *gē-* und
stē-. S. Chadwick IF. 11, 171 f., Verf. IF. 15, 126 ff., Wilmanns
D. Gr. 3, 63 ff.

57. Wurzeln auf Geräuschlaut mit einfachem
langem Vokal oder mit Langdiphthong.

I) Mehrsprachliches.

1) W. *ēĝ- ōĝ- ǝĝ-* 'sprechen': 3. Sing. **ēĝ-t* (**ēk̂t*). Griech. ἦ
'sprach' aus **ἦκτ*, wozu nach dem Vorbild von Prät. φῆν (ἔφην),
Präs. φημὶ φησὶ die Formen ἦν, ἠμὶ (dieses schwerlich lautgesetzlich aus **ἤγμι*) ἠσὶ hinzugebildet worden sind. Vielleicht gehört
auch arm. *asem* 'ich sage' derselben Wurzel an: denn es kann
zu seinem *s* statt *c* (1 § 620) dadurch gekommen sein, dass es
eine 3. Sing. **as* aus **ast* (*st* lautgesetzlich aus *k̂t*), mit *a* aus den
Personen mit schwacher Stammgestalt (**ǝĝ-*), gegeben hat. Vgl.
Solmsen KZ. 39, 218 ff., der auf Grund von lat. *negāre* auch für
diese Sprache ein Präs. **ēĝmi* (**né aĝmi* für **né ēĝmi*) erschliessen
möchte. Daneben das Perf. ἄv-ωγα (§ 16, 1, b S. 27, § 379, 2).

2) W. *lēid-* 'lassen' (vgl. got. *lētan* 'lassen' u. a. § 292,
Persson Beitr. 710 f. 900 f.): lit. *léidmi* neben *léidžu*; dazu Imper.
léis-k, worin der Injunkt. **lēid-s*. Ebenso enthielt vermutlich ahd.
liaʒ 'ich liess' als ein alter Wurzelaorist die Stammform **lēid-*
(§ 403 Anm.).

II) Einzelsprachliches. Ar. *šās- šiš-* 'lehren, heissen,
befehlen': ai. *šās-ti* gthav. *sāstī*, Opt. ai. *šiṣyāt*; mit starker statt
schwacher Stammform ai. Med. *šás-tē*, *šás-atē* u. a. Lit. *gědmi*

(neben *gëdu*) 'ich singe', zu *gaidỹs* 'Hahn', *pra-gýstu* 'ich beginne zu krähen' Prät. *-gýdau* und zu ai. *gāya-ti gā-ti* 'er singt', Part. *gītá-ḥ*.

b. Redupliziert, mit einsilbiger Reduplikation auf *-i*: Typus ai. *bí-bhar-ti* (*bi-bhár-ti*), griech. τί-θη-σι.

58. Für das *i* der Reduplikationssilbe erscheint im Altindischen zuweilen *ī*. Vgl. § 17.

Neben *i* kommt als sonantisches Element der Reduplikationssilbe auch *e* vor, vgl. z. B. griech. τί-θημι: lit. 2. Plur. *de-ste*, ai. *dá-dhāti*. Vielleicht hat in uridg. Zeit das Präsens zunächst einmal durchgängig *i* gehabt, und *e* mag aus dem Perfekt ins Präsens herübergenommen worden sein. S. § 61 ff.

Stammabstufung erscheint in gleicher Weise wie beim Typus **és-ti* (§ 34. 50). Was den ursprünglichen Sitz des Accents betrifft, so zeigen sich im Ai., das zunächst zu befragen ist, Schwankungen (s. Macdonell Vedic Grammar S. 99 f.), die es erschweren, die uridg. Verhältnisse für die verschiedenen Formen des Präsenssystems mit Sicherheit zu erkennen. Im Gebiet der starken Formen mag im Indischen einmal die Betonung *bibhárti* die normale gewesen sein. Altererbt wird ferner gewesen sein 1. 2. Plur. *bi-bhr̥máḥ bi-bhr̥thá* (vgl. griech. -πι-φράναι, τι-θείς), 3. Plur. *bí-bhrati* (*-ati* aus **-n̥ti*). Vielleicht war demnach auch im Medium einst Betonung der Personalendung normal bei *bi-bhr̥-*, z. B. *bibhr̥-té*, dagegen Betonung der Reduplikation bei *bí-bhr-*, z. B. *bíbhr-ē bíbhr-atē*. Dass im Med. die Endungen ehemals zumteil unbetont gewesen sind, wird bestätigt durch griech. -πίπλασθαι -πιπλάμενος, ἵστασθαι ἱστάμενος (nicht *-πιπλάσθαι usw.) gegenüber -πιπλάναι -πιπλάς, ἱστάναι ἱστάς und ἑστάσθαι ἑσταμένος (vgl. Meillet Mém. 13, 113). Wenn nun z. B. neben *bibhárti* auch *bíbharti*, neben *dadhītá* auch *dádhīta* überliefert ist, so liegt zwar der Gedanke nahe, dass durch Analogiewirkung eine Veränderung des Tones stattgefunden habe, z. B. *bíbharti* nach der 3. Plur. *bíbhrati*, aber es fragt sich doch, ob nicht solche Schwankungen wenigstens teilweise eine Nachwirkung davon waren, dass die Reduplikation von Haus aus, ebenso wie das Augment und andere Präfixe, eine gewisse Selbständigkeit gegenüber der folgenden eigentlichen Verbalform gehabt hat (s. § 14, 1). Kompliziert wird die Frage des ursprünglichen Tonsitzes überdies noch dadurch, dass im Arischen diese Präsentia zumteil präsentialisierte Perfekta waren, wie ai. *bibhēti* aus *bibhāya* (§ 59, II).

Wie bei den unreduplizierten Präsentia des Typus *ás-ti*, begegnen neben der nichtthemavokalischen Flexion vielfach themavokalische Formen, z. B. griech. ἵ-στη-σι : ai. *tí-ṣṭha-ti*. Auch hier ist die erstere Flexionsweise im allgemeinen sicher die ursprünglichere, und so wird bei manchem Verbum, wenn es in einem Sprachzweig nur mit themavokalischer Flexion überliefert ist, doch einmal themavokallose vorausgegangen sein.

59. Konsonantisch schliessende Wurzeln.

I) Mehrsprachliches.

1) W. *bher-* 'tragen'. Ai. *bi-bhárti bí-bharti*, *bi-bhr̥máḥ*, *bí-bhrati*; vgl. them. ai. *a-bibhran*, *bí-bhramāṇa-ḥ* (§ 85), av. *-bī-barāmi* (§ 86). Im Griech. ἐσ-πιφράναι 'hineinbringen', woraus ein Indik. 1. Plur. *-πί-φραμεν zu erschliessen ist. Doch ist diese griech. schwache Form aller Wahrscheinlichkeit nach mit einer auf die Basis *bherē(i̯)-* (Aor. -φρῆναι, Fut. -φρήσω, ai. *bhriya-tē* § 123, 2, a) zu beziehenden Form *πι-φρη- (vgl. unten -πίπλημι) gruppiert gewesen. Vgl. IF. 12, 153 f., Schwyzer IF. 23, 309, Persson Beitr. 642. 687. 693.

2) W. *pel-* 'füllen'. Ai. *pi-parti pi-pr̥máḥ*; vgl. ai. them. 3. Sing. *á-piprata* (§ 85). Griech. -πίπλαμεν, wozu als Sing. -πίπλημ. Diese Stammform -πιπλη- gehört zur Basis *pelē-* und bildete den starken Präsensstamm: -πίπλημι usw. Die ai. Weise war die ursprüngliche, -πλη- aber ist aus andern Tempora (vgl. πλῆτο ἔπλησα πέπληκα) herübergenommen. Dass sich dabei πιπλη- nur als starker Stamm festsetzte, ist durch τίθη-μι : τίθε-μεν, ἵστη-μι : ἵστᾰ-μεν u. dgl. veranlasst worden. S. § 120.

3) Ar. *ar-* 'in Bewegung setzen': ai. *íy-arti*, 2. Sing. auch *iy-árṣi* betont, Med. *īrtē*, 3. Plur. *īratē*; av. them. Konj. *uzyarāṯ* d. i. *uz-iyarāṯ*, gthav. *īratū* (§ 85). Die Reduplikation im schwachen Stamm, *īr-* = *i* + *ər-*, sichert diesem Präsens vorarisches Alter, s. § 17, 2 S. 28.

4) W. *ĝen-* 'gignere'. Av. *zī-zənti* (v. l. *zazənti*), vgl. ai. *ja-jánti*. Daneben them. av. 3. Plur. *zīzanənti*, Konj. *zī-zanāt̰* (§ 86), ir. *gignithir* 'wird geboren werden', Konj., aus **gi-genā-* (§ 86) und griech. γί-γνομαι lat. *gi-gno* (§ 84).

5) W. *nes-* 'angenehm, glücklich wohin gelangen' (griech. νέομαι, got. *ga-nisan*, § 70, I). Ai. 3. Plur. *nįs-atē* 'sie berühren nahe mit dem Körper, küssen' aus **ni-ns-atē*, Part. *nįsāna-ḥ*. Them. griech. νίσομαι oder νίσσομαι 'kehre heim' (§ 85) auf Grund von *νι-νσ-. *νινσομαι hätte zu (ion.-att.) *νῖνομαι geführt; -σ(σ)- war entweder übernommen von themavokallosen Formen wie *νι-νσ-σαι, *νι-νσ-ται (Brugmann-Thumb Griech. Gramm.[4] 332), oder die Grundform war *νι-νσ-ι̯ο-μαι und die lautliche Entwicklung dieselbe wie in πτίσσω (§ 202). Vgl. ἄσμενος S. 92.

II) Einzelsprachliches.

Arisch. Ai. *ci-kēti* 'bemerkt', 3. Sing. Imper. M. *ci-kitām*, 2. Sing. Imper. *ci-kīhi*; *k* für *c* aus dem Perf. *ci-kāya* (vgl. 1 § 690 Anm.). Ai. *ji-hrēti* 'schämt sich', Part. *ji-hriyat-*. Ai. *ti-tarti* 'gelangt hinüber', Part. *ti-trat-*; av. them. *titarat̰* (§ 86). Ai. 3. Plur. *ji-ghrati* 'sie riechen', Part. *ji-ghrat- ji-ghrāṇa-ḥ*; them. 3. Sing. *ji-ghrati*. *vi-vēṣṭi* 'wirkt', *vi-viṣmaḥ*. Imper. *ni-nikta* 'waschet' (*nij-*). *pi-pr̥gdhi* 'menge' (*parc-*). *ví-vakti* 'spricht'. *á-vi-vyak* 'umfasste', 3. Du. *á-vi-viktām*. Av. 3. Plur. Inj. *jī-gərᵊzat̰* 'sie werden wehklagen' (*garᵊz-*). Zu W. *sequ̯-* 'sequi' ai. *sí-ṣakti*, av. *hi-šaxti*; gthav. *hi-šcamaidē* mit *-am-* aus *-m̥m-* oder themavokalisch.

Bei Wurzeln mit *u*-Vokalismus drang nach § 16, 1, a, α S. 25, § 17, 1 S. 28 *u* für *i* in die Reduplikationssilbe ein. Ai. *ju-hōti* 'opfert', *ju-humáḥ ju-hvé*. In dieser Weise, wie es scheint, auch av. *aiwi-zūzuyanąm* (statt *-zūzuvanąm* geschrieben) Gen. Pl. 'der aufgeforderten', neben Intens. *zao-zaomī* (§ 66). Doch hat das Av. auch *-zī-zušte* 'findet Geschmack an', von W. *ĝeus-* (vgl. ai. Perf. *ju-juṣē*), und neben *-zūzuyanąm* das Pass. *zao-zīzuyē* 'wird gerufen', eine Intensivbildung auf Grund der Reduplikationsform *zī-zv-*.

Reduplikation mit *ī* im Präsensstamm (ist wegen des bekannten graphischen Schwankens zwischen *i* und *ī* im Av. nur im Ai. zu konstatieren). Ai. *á-dī-dhēt* 'schaute', 1. Plur. *dī-dhimaḥ*, Med. *dī-dhyē á-dī-dhīta*, Konj. *dī-dhayat*; av. *dā(y)- ā-didāiti* 'betrachtet', Part. Nom. Sg. gthav. *di-dąs*. Ai. *a-dī-dēt* 'leuchtete', Imper. *dī-dihí* und *di-dīhí*, Konj. *dī-dayat*.

Die ar. Präsentia dieses Typus waren zumteil präsentialisierte Perfekta, ein Übergang, der sich um so leichter begreift, als in diesem Sprachzweig Präsens- und Perfektreduplikation durch die Neuerungen in ihrem Vokalismus teilweise gleich geworden waren. Von den oben genannten Formen mögen hierher gehören ai. *á-dīdhēt* (Perf. *dīdhaya*), *a-dīdēt* (Perf. *dīdāya*); sicherer ist *bi-bhēti* 'fürchtet sich' *bi-bhitaḥ bí-bhyati* aus *bibhāya* herzuleiten (Wackernagel KZ. 41, 305 ff.). Dass vermutlich auch ai. *āíyēḥ*, *īmahē* (*i-* 'gehen') im Anschluss an das Perfekt *iyāya* entsprungen ist, sahen wir S. 34. Vgl. ai. *vēdmi* auf Grund von *vēda* S. 92.

Im Ai. erscheint dieser Typus in der älteren Sprache auch im Aorist, inbezug auf die Behandlung der Reduplikation und funktionell den themavokalischen reduplizierten 'kausativen' Aoristen entsprechend. Z. B. zu *śri-* 'anlehnen' *a-śi-śrēt* neben *á-śi-śriyat*, zu *sru-* 'fliessen' *á-su-srōt su-srōḥ* neben (unbel.) *a-su-sruvat a-su-sravat*, zu *dhar-* 'halten' *dī-dhar*, Imper. *di-dhṛtá* neben *á-dī-dharat*, zu *gar-* (*jā-gar-*) 'wachen' *á-jī-gar* 'weckte', Imper. *ji-gṛtám*. S. § 85 f.

Griechisch. Nach Art von -πίπλημι -πίπλᾰμεν und -πιφράναι (S. 105) begegnen noch andre Präsentia mit Liquida und urgriech. η. -πί-πρημι 'fache an', -πί-πραμεν (Fut. -πρήσω), zu nslov. *perēti* 'modern', aksl. *para* 'Dampf'. κί-χρημι 'leihe' κί-χρᾰμαι (Fut. χρήσω). τί-τρημι 'bohre' τί-τρᾰμαι (Aor. ἔτρησα), zu τέρετρον 'Bohrer'. ἵλᾰθι 'sei gnädig' aus *σι-σλᾰ-, ἵλατε, wozu ἱλη- in ἵληθι, dor. ἵληϝος (att. ἵλεως), vgl. äol. ἔλλαθι aus *σε-σλα- (§ 63) und ἵλαμαι für *ἑλα-μαι (§ 96); vermutlich zu lat. *salvos*, *sōlārī*.

Für -πίπλημι, -πίπρημι erscheinen meist πίμπλημι, πίμπρημι, deren Nasal aus dem Präsens πιμπλάνω, einer Neubildung nach λιμπάνω (§ 229, 2), stammt. So auch kret. κίγχρητι neben att. κίχρησι. Vgl. ferner κιγκρᾷ· κιρνᾷ (Hesych) neben Imper. ἐγ-κίκρα (Sophron).

60. Auf einfachen langen Vokal ausgehende Wurzeln.

I) Mehrsprachliches.

1) W. *dhē-* 'setzen'. Griech. τί-θημι, τί-θεμεν, τί-θεται, Part. τι-θείς, τι-θέμενος. Vgl. ai. *dá-dhāti* lit. 2. Plur. *de-ste* § 62.

2) W. *dō-* 'geben'. Griech. δί-δωμι, δί-δομεν, δί-δοται, Part. δι-δούς, δι-δόμενος. Vielleicht beruhte pāli *dinna-* 'gegeben' aus **didna-* auf einem **di-dāmi* = δί-δωμι. Vgl. ai. *dá-dāti* § 62.

3) W. *stā-* 'stehen'. Griech. ἵ-στημι, ἵ-σταμεν, ἵ-σταται, Part. ἱ-στάς, ἱ-στάμενος. Them. av. *hi-šta'ti* ai. *ti-ṣṭhati* usw. § 84.

4) Ein Präsens **ĝhi-ĝhē-ti*, 3. Plur. **ĝhi-ĝh-n̥ti* von W. *ĝhē-* 'gehen, verlassen' (daneben *ĝhēi̯-*, s. S. 101) ist zu erschliessen aus ai. 3. Plur. *jí-h-atē a-jihata* neben *já-hāti ja-himaḥ* und griech. Prät. κίχης κιχήτην, Part. κιχείς (Präs. κιχάνω § 234, 2. 251), woneben them. ἔ-κιχεν κίχον. Im Ai. hat sich das Paradigma mit Formen von *ĝhēi̯-* gemischt (s. II). Das griech. Verbum ist, wie κιχήτην u. a. Formen zeigen, in die Formkategorie des Präsens βί-βημι und der Präterita ἔβην ἔβημεν, ἐρρύην usw. (§ 120) übergetreten, gleichwie ἔστην, ἔφθην (S. 100. 102).

5) Ein Präsens uridg. **pibō-ti* 'er trinkt', nach Thurneysen's Hypothese (oben S. 37) aus **bi-bōti* entstanden, ist, von der Konsonantenausgleichung abgesehen, erhalten in ai. 3. Plur. *pi-patē*, Part. *pí-pāna-ḥ* (*pi-pāná-ḥ*), wozu them. ai. *píbati* ir. *ibid* lat. *bibo* (§ 84). Vgl. dazu falisk. *pipā-fo* 'bibam' wie *dă-bo* (S. 37). In dem Paradigma von ai. *pi-p-atē* erscheinen auch Formen von *pōi̯-* (*bōi̯-*), s. II.

II) Einzelsprachliches.

Arisch. Im Ar. findet sich in dieser Klasse *i* in der Reduplikation nur noch dann, wenn im Gebiet der schwachen Stammformen Mischung mit Formen auf *ī* (aus Langdiphthong entstanden) stattgefunden hat. Zu den in I) unter 4 und 5 genannten Verben gehören *ji-hītē á-jihīta* (vgl. Part. *hīná-ḥ* zu *ĝhēi̯-*) und *a-pipīta* (vgl. *pītá-ḥ*, *pīti-ḥ* und das mit *á-pipīta* wohl engstens zu verbindende griech. πιπίσκω neben πῖθι). Dieselbe Mischung zeigt sich bei ai. *mā-* 'messen' (uridg. *mē-*) und *šā-* 'schärfen, wetzen' (uridg. *k̑ō-*): 3. Plur. *mi-matē* und 3. Sing. *mí-mītē*, Akt. *mi-mīmaḥ mi-mīhí* neben *mi-mātu*, *ši-šīmasi ší-šītē* neben *ši-šāti* (them. *ši-šantu*). Vgl. hiermit *mī-mahē* u. a. S. 101.

Griechisch. ἵημι 'entsende', ἵεμεν, vermutlich aus *i̯i-i̯η-, zu lat. *jacio jēcī*. δί-δημι 'binde', δί-δεμεν, neben δέω (vgl. Solmsen

KZ. 39, 211 ff.). ὀνίνημι 'nütze', ὀνίναμεν; ὀ-να- zu ai. *nā-* in *nāthá-m* 'Hilfe', ὀ-Präfix (2, 2, 816 ff.). Spät wurde zu πέταμαι 'fliege' ἔ-πτην (§ 93) ein Präsens ἵπταμαι gebildet nach dem Muster von ἵσταμαι (vgl. ἔπτην πτήσομαι : ἔστην στήσομαι).

ε und ο in τίθεμεν ἵεμεν δίδεμεν, δίδομεν für α = ə (1, 174 f. 2, 3, 99 f.). Das Verhältnis von τίθεμεν δίδομεν zu ai. *dadh-máḥ dadmáḥ* gleicht wohl dem z. B. von θεό-δοτος zu *dēvá-tta-ḥ* und beruht demnach darauf, dass die Reduplikation den Charakter eines vorderen Kompositionsglieds hatte (vgl. 1, 500 f. 2, 3, 22): τί-θεμεν δί-δομεν wie θέμεν δόμεν (ἔ-θεμεν ἔ-δομεν). Anders Hirt Ablaut 170.

Durch Neubildung 3. Plur. τιθεῖσι διδοῦσι und τιθέασι διδόασι, ἱστᾶσι aus *ἱστάασι.

Im Ion.-Att. und anderwärts entsprangen nach Art der sogen. Verba contracta Formen wie τιθεῖ, διδοῖ, ἱστᾷ, Imper. τίθει, δίδου, ἵστα, delph. ἀποκαθιστάοντες, διδέουσαι; zur Ausbreitung dieser Konjugationsweise trug jedenfalls die Konjunktivbildung mit -η- -ω- bei (vgl. § 251, 3). Dazu später in der Koine Formen wie τίθω, -εις usw., τίθομαι usw., δίδω -εις usw., zu denen die älteren Formen τίθετε τίθεται, δίδομεν u. dgl. den Anlass gegeben haben.

Italisch. Die überlieferten Formen, die auf die älteren **si-stā-* **si-stə-* (*stā-* 'stehen'), **si-sē-* **si-sə-* (*sē-* 'säen'), **di-dō-* **di-də-* (**dō-* 'geben') zu beziehen sind, können alle und müssen zumteil als themavokalisch betrachtet werden, wie z. B. lat. *si-stimus si-sto*, *serimus sero* (aus **si-sō*, 1, 97), *reddimus reddo*, wahrscheinlich aus **re-didimus* *-*didō*, vest. *didet* 'dat' (päl. *dida* 'det', umbr. *dirsans* 'dent'). Erscheint es nun einerseits, namentlich bei Berücksichtigung von *reddimus* : *dămus* und *reddibo* : *dabo* (vgl. hom. Fut. διδώσω), angängig, in einem Teil der Formen dieser Verba *i* als lautgesetzliche Fortsetzung von *ă* = ə zu betrachten und demgemäss z. B. *sistimus sistitis* mit griech. ἵσταμεν ἵστατε zu identifizieren, so wird für die themavokalische Abwandlung anderseits doch wieder ein höheres Alter wahrscheinlich durch die umbr. 1. Sg. sestu = lat. *sisto*. Vgl. § 212 über lat. *li-ni-mus li-ni-tis*.

c. Redupliziert, mit Reduplikation auf -*e*: Typus ai. *bá-bhas-ti*, *dá-dhāti*.

61. Wie in § 58 bemerkt worden ist, mag das *e* der Reduplikationssilbe aus dem Perfekt stammen. Dass dieser präsentische Typus aber schon in voreinzelsprachlicher Zeit ins Leben getreten war, ist um so wahrscheinlicher, als nicht nur er, sondern auch der zugehörige themavokalische Typus (§ 87) in mehreren Sprachzweigen zugleich erscheint.

Über Formen mit *ē* in der Reduplikationssilbe, ein Typus, der ebenfalls wohl auf dem Perfekt beruhte, s. § 64.

62. W. *dhē-* 'setzen': ai. *dá-dhāti da-dhmáḥ dá-dhati*, Med. 1. Sing. *da-dhé* 3. Sing. *dha-tté* Plur. *dá-dhatē*. W. *dō-* 'geben': ai. *dá-dāti da-dmáḥ dá-dati*, Med. 1. Sing. *da-dé* 3. Sing. *da-tté* Plur. *dá-datē*. Im Iran. sind ar. *dhā-* und *dā-* meist lautgesetzlich zusammengefallen, z. B. *daδā'ti* 'setzt, gibt', 1. Plur. *daδ*ᵊ*mahi*, Med. *da'δe*. Ausgenommen waren ursprünglich nach 1 § 700 die Formen, in denen der Wurzelkonsonant vor einen stimmlosen Geräuschlaut zu stehen gekommen war: so noch gthav. 3. Sing. *dazdē* 'setzt für sich' d. i. **dhed*ᶻ*dhai* = **dhe-dh* + *tai*; doch traten hier Neuerungen durch formale Ausgleichung (1 S. 627) ein, daher auch *dastē* 'setzt sich'. Them. ai. *dádhati dádhatē*, *dá-dati dádatē*, gthav. *dadəntē*.

Lit. 2. Plur. *deste* 'ihr legt', wozu der Singular *demi* (1, 718), *desë-s* (aus **detsë-s*), *dest(i)* geschaffen wurde, ähnlich wie im Ai. zu *dadmaḥ* nach dem Muster von *admi* neben *admaḥ* der Sing. *dadmi* (Epos) gebildes worden ist. Doch hat dabei mitgewirkt, dass im Sing. des Aktivs auch Medialformen aufgegangen sind, die von Haus aus schwache Stammgestalt gehabt haben: *desë-s* = ai. *dhatsé*. Das überdies vorkommende *dėmi*, 3. Sing. *dėsti*, bezog sein *ė* von *dėjau dėsiu*. Jetzt meist themavokalisch *dedù dedì dẽda* usw. Der bei *dėsti* zu beobachtende Prozess hat sich beim Präsens der W. *dō-*, wie es scheint, schon in urbalt.-slav. Zeit vollzogen: lit. *dū́mi*, *dū́si*, *dū́st(i)*, *dū́me*, *dū́ste*, preuss. 2. Sing. *dāse*, 3. Sing. *dāst*, aksl. *damь*, *dasi*, *dastъ*, *damъ*, *daste*, *dadętъ*. Auch hier also verdrängte der schwache Stamm des aktiven Plurals und Duals und des Mediums (*dū́si*, *dasi* mit *-*sai*) die alten starken Singularformen. Und bei der Herübernahme des *ō* der ausserpräsentischen Formen in die Reduplikationssilbe war der Umstand beteiligt, dass die Präsentia von W. *dhē-* und *dō-* in den schwachen Formen lautgesetzlich zusammenfallen mussten. Dass damals gerade bei **dedmi* 'gebe' diese Neuerung geschah, erklärt sich daraus, dass hier eine zugleich quantitative und qualitative Vokaldifferenz in der ersten Wortsilbe gegenüber den ausserpräsentischen Formen war (**dedmi* : Aor. **dōs-*), während **dedmi* : Aor. **dēs-* (W. *dhē-*) immerhin an den schon damals bestehenden Gruppen wie aksl. Präs. *vezą* : Aor. *věsъ* (§ 313, 1) einen Anhalt hatte. Über die Frage, ob in der 1. Du. lit. *dŭva* aksl. *davě* der Wegfall des *d* vor *v* lautgesetzlich oder durch Ausgleichung (mit *dŭme*, *damъ*) geschehen ist, s. 1, 718, Meillet IF. 10, 62 f., Leskien Gramm. d. abulg. Spr. 58. Im Lit. jetzt meist them. *dŭdu* usw. (auch lett. *dûdu*); aksl. Part. them. *dady* Gen. *dadąšta* wie lit. *dûdąs*.

Wie das genannte ai. ep. *dadmi* Verdunklung des Gefühls für die Reduplikation der Präsensform erkennen lässt, so ist dies auch der Fall bei den Formen *dadyámāna-ḥ* (neben *dīyátē*), *dattá-ḥ* (neben *-tta-ḥ*), *datti-ḥ* (neben *-tti-ḥ*), *daditár-*, gthav. Inf. *dastē* 'zu machen, zu geben' (lautgesetzlich zu urar. *dā-*), *dazdyāi* 'zu machen, zu geben' *dazdar-* 'Setzer, Bringer' (beide lautgesetzlich zu urar. *dhā-*). Vgl. ai. *jagdhá-ḥ* u. dgl. zu *ghas-* 'essen' (§ 63).

Die in älteren lit. Drucken begegnenden Formen der 2. Plur. *destit(e)*, *dûstit(e)* für *deste*, *dûste* entstanden von der 3. Sing. Plur. *dest(i)*, *dûst(i)* aus nach Analogie des Verhältnisses von *tùri-t(e)* zu *tùri*, wohl um die 2. Plur. als solche deutlicher zu kennzeichnen. Vgl. hiermit 2. Sing. *lĕktì* nach 3. Sing. *lĕk-t(i)* § 289, 2.

63. Arisch. W. *ĝhē-* 'gehen, verlassen, weichen': ai. *já-hāti*, *ja-himaḥ ja-hati*, av. *za-zāmi*; them. ai. *jaha-ti* (§ 89). Vgl. ai. 3. Plur. *jí-hatē* 3. Sing. *jí-hītē* § 60 S. 108. — W. *ĝen-* 'gignere': ai. *ja-jánti*, av. *us-zazənti* 'züchtet'. Vgl. av. *zī-zənti* § 59, I, 4 S. 106. — W. *seqᵘ-* 'sequi': ai. 3. Plur. *sá-ścati sa-ścata*; them. 2. Sing. *sá-ścasi* (§ 88). Vgl. *sí-ṣakti* § 59, II S. 106. — Ai. *bhas-* 'kauen, verzehren': *bá-bhasti*, 3. Plur. *bá-psati*. — Ai. *ghas-* 'essen': *á-ja-kṣuḥ*, Imper. *jagdhi* aus **ja-gždhi*, Part. *ja-kṣat-*; them. *jakṣa-ti*

(§ 89). Starke Formen mit *ja-ghas-* sind nicht belegt, und frühe muss sich das Gefühl für den Reduplikationscharakter verloren haben. Dies zeigt sich in den Neubildungen mit verschleppter Reduplikationssilbe *jagdhá-ḥ* (neben *-gdha-*), *jágdhi-ḥ* (neben *-gdhi-*) u. a. (vgl. *dattá-ḥ* u. a. zu *da-d-* § 62 S. 111), sowie in der präsentischen Neuschöpfung *jakṣi-mi* nach Art von *śvasi-mi* u. dgl. § 94 (vgl. Wackernagel KZ. 41, 309). — Ai. *has-* 'lachen': Part. *já-kṣat-*.

Griechisch. Formen, die ebenso gut hierher wie zum Perfekt gestellt werden können, sind lesb. ἔλλαθι 'sei gnädig' (Plur. ἔλλατε Kallimachus), aus *σε-σλᾰ- (vgl. ἵλαθι § 59 II S. 107), und hom. κέ-κλυθι 'höre', Plur. κέ-κλυτε (§ 364).

Hom. usw. εἶπα (gort. προ-Ϝειπάτω) neben them. ἔ-ειπον ai. *á-vōca-m* wurde gleichwie ἤνεικα (S. 92) nach der Art des σ-Aorists flektiert. Die glaubhafteste Auffassung von urgriech. Ϝειπ- bleibt die, dass es dissimilatorisch aus **u̯e-u̯qᵘ-* entstanden ist, wenn sich auch über die Art des Dissimilationsvorgangs an sich streiten lässt (vgl. S. 24. 38).

64. Im Ar. und Griech. erscheinen auch Formen mit uridg. *ē* in der Reduplikation. Auch hier tritt engere Beziehung zur perfektischen Formation zutage. Vgl. S. 23. 27. Ai. *dhar-* 'festhalten': *dā-dharti*, 3. Plur. *dā-dhrati*. — Ai. *gar-* 'wecken': *jā-gárti*, 3. Plur. *jā-grati*, Imper. *jā-gṛhí* (1. Sing. ep. *jāgṛmi* mit schwacher Stammform). Vgl. die von dieser reduplizierten Bildung ausgegangenen Fut. *jāgariṣyá-ti*, Perf. *ja-jāgāra* und die nominalen *jā́gṛvi-ḥ*, *jāgarū́ka-ḥ*, *jāgartavya-ḥ jāgṛtavya-ḥ* u. a. Hier ist das Perfekt als Ausgangspunkt besonders klar durch die Übereinstimmung mit dem Griechischen im Perfekt, ai. *jāgā́ra* und griech. ἐγρήγορα für *ἐγηγορα (S. 27). — Ai. *nad-* 'schreien, brüllen': 3. Plur. *nā́nadati*. — Av. *parᵊt-* 'kämpfen': Part. M. *pā-pərᵊtāna-*. — Hom. δηδέχαται, δή-δεκτο, zu δέκομαι δέχομαι 'empfange' (S. 23).

d. Mit vollerer, ein- oder zweisilbiger Reduplikation: Typen ai. *jáṅ-ghan-ti ál-ar-ti* und *ghánī-ghan-ti*.

65. Die hierher gehörigen Bildungen zeigen die Reduplikationsweisen III (§ 18), IV (§ 19), VII (§ 22). Sie kommen zwar nur im arischen Zweig vor, wir dürfen sie aber trotzdem auch schon der Zeit der idg. Urgemeinschaft zuschreiben. Hierbei kommt für die in § 66 und 67 zu besprechenden Formationen besonders das in Anschlag, dass die zugehörigen themavokalischen Typen auch ausserhalb des Arischen angetroffen werden.

66. Zu § 18. Ar. *žhau̯-* 'rufen': ai. Part. *jṓ-huvat- jṓ-hu-vāna-ḥ*, gthav. *zao-zaomī* neben ai. them. *jō-huvanta* (§ 90, 1), vgl. ai. *jṓ-havīti* § 101, 3. — Ai. *nu̯-* 'schreien, preisen': *nō-numaḥ*, neben them. *nō-nuvanta* (§ 90, 1), vgl. *nā́vī-nōt* § 68 und *nṓ-nu-vīti* § 101, 3. — Ai. *han-* 'schlagen': *jáṇ-ghanti*, Part. *jáṇ-ghnat-*, Konj. *jaṇ-ghánāni*, vgl. *ghắni-ghnat-·*§ 68, *jaṇ-ghanīhi* § 101, 3. — Ar. *kar-* 'gedenken': ai. *car-karmi, car-kṛdhi*, neben them. *car-kiran* § 90, 1 (dazu *carkṛtí-ḥ, carkṛ́tya-ḥ*), av. *čarᵊ-karᵊmahī*. — W. *der-* 'spalten, zerbrechen': ai. *dắr-darṣi*, Imper. *dar-dṛhi*, Imperf. *a-dar-diruḥ*, neben them. *dar-dirat* (§ 90, 1), av. Opt. *darᵊ-daⁱryāṯ*. — W. *deiḱ-* 'weisen': ai. *dḗ-diṣṭē*, 3. Plur. *dḗ-diśatē*, av. Imperf. *daē-dōišt*, neben them. ai. *dḗ-diśam* (§ 90, 1). — W. *neigᵘ̯-* 'abwaschen': ai. *nḗ-nējmi, nē-niktáḥ*, 3. Plur. *nḗ-nijati*, Med. *nē-niktḗ*, vgl. *nḗ-nējīmi* § 101, 3, av. them. *naē-niža'ti* (§ 90, 1). — W. *leuq-* 'leuchten': ai. *rṓ-rucāna-ḥ*. — W. *deñḱ-* 'beissen': ai. *dán-daśā-na-ḥ*. — W. *u̯ert-* 'vertere': ai. *vár-vart(t)i*, 3. Plur. *vár-vṛtati*, vgl. *varī-vart(t)i* § 68. Ai. *bādh-* 'drängen: *bad-badhḗ*.

Der Guttural im Anfang der Wurzelsilbe in den ai. Formen *jáṇghanti, carkarmi* stammt aus den Formen mit schwacher Stammgestalt *jaṇghn-* usw., vgl. *á-gan* S. 89, *á-kar* S. 91.

67. Zu § 22, 1. Einziges Beispiel ai. ved. *ál-arti* 'regt sich', klass. *ar-arti*, vgl. griech. them. ὀρορεῖν (§ 90).

68. Zu § 19. Nur im Ai., hier aber ein produktiver Typus. *nā́vī-nōt*, vgl. *nō-numaḥ* § 66. — *ghắni-ghnat-*, vgl. *jáṇ-ghanti* § 66. — *bhar-* 'tragen': 3. Plur. *bhári-bhrati*. — *krand-* 'brüllen': *kắni-krant(t)i, kắni-kradat-*. — *skand-* 'springen': 3. Sing. Impf. *kắni-ṣkan*, Konj. *cani-ṣkadat* (vgl. § 26). — *vart-* 'vertere': *varī-vart(t)i*, vgl. *vár-vṛtati* § 66.

B. Stamm gleich der Wurzel mit thematischem Vokal.

a. Unredupliziert: Typen ai. *bhára-ti* und *sphurá-ti*.

α. Vorbemerkungen.

69. Mit diesen beiden, accentuell und ablautlich verschiedenen, Typen war, wie wir § 27, 1. 46. 47 sahen, insofern ein Bedeutungsunterschied verbunden, als gegenüber dem Typus *bhára-* (A) uridg. **bhére-* der Typus *sphurá-* (B) uridg. **sp(h)r̥ré-* vorzugsweise 'aoristische' Aktionsart hatte: **u̯idé-* = ai. *vidá-* griech. ἰδέ-, **bhudhé-* = ai. *budhá-* griech. πυθέ- und viele andre derartige Stämme nahmen seit uridg. Zeit im Verbalsystem die Stelle eines Aorists ein. Mehrere Verba hatten in verschiedenen Sprachen in gleicher Weise beide Typen nebeneinander, z. B. **bhéudhe-* ai. *bṓdha-ti* griech. πεύθε-σθαι got. *-biudiþ* aksl. *bljude-tъ* und **bhudhé-* ai. *budhá-nta* griech. πυθέ-σθαι ahd. 2. Sing. *buti*: **léiqᵘe-* griech. λείπειν got. *leihvi-þ* lit. *lẽkù* und **liqᵘé-* arm. *e-lik* griech. λιπεῖν ahd. 2. Sing. *liwi* (§ 73, 2). Noch öfter aber tritt ein verbaler Stamm dieser Klasse entweder nur in der Form A oder nur in der Form B auf. Erscheint er dann nur in der Form A und fungiert diese als Präsens, so zeigt der zugehörige Aorist entweder eine zwar wurzelgleiche, aber von B verschiedene Bildung (z. B. **u̯éĝhe-ti* ai. *váhati*, lat. *vehit*, aksl. *vezetъ*: ai. *á-vākṣam*, lat. *vēxī*, aksl. *vĕsъ*) oder eine überhaupt wurzelhaft verschiedene Form (wie griech. φέρω: ἤνεγκον usw. § 37). Ist er dagegen in der Form B aoristisches Tempus, so hat er neben sich als Präsens wiederum entweder eine zwar wurzelgleiche, aber von A verschiedene Bildung (z. B. **é-sk̑hide-t* ai. *a-chidat*, lat. *scidit*: ai. *chinátti*, lat. *scindo*) oder eine überhaupt wurzelhaft verschiedene Form (wie griech. ἰδεῖν: ὁρῶ usw. § 37).

Der Typus B war keineswegs von Haus aus vom Tempus praesens und von der imperfektiven Aktionsart (§ 46) ausgeschlossen. Das zeigen erstens zahlreiche Präsentia und Imperfekta, besonders im Arischen, wie ai. *girá-ti gilá-ti* aksl. *žьrą* (W. *gᵘer-* 'verschlingen'), ai. *diśá-ti* (W. *deik̑-* 'weisen, zeigen'). Vgl. die Zusammenstellungen bei Delbrück Vergl. Synt. 2, 90ff. Vermutlich hat es, wie S. 80 bemerkt ist, in uridg. Zeit gewisse Verba des Typus **bhudhé-* gegeben, deren Wurzel durch sich selbst perfektive Aktionsart hatte, wie **u̯idé-* 'ausfindig machen, auffinden'. Bei ihnen assoziierte sich dieser perfektive Sinn mit der Form. Sie wurden dann in dieser Richtung vorbildlich und führten andern Verba derselben Bildungsart Perfektivbedeutung zu oder liessen neben dem Typus A Formen derselben Wurzel nach B mit dieser Bedeutung aufkommen. Diese besondere

Aktionsbedeutung, die so der Typus B bekam, erstreckte sich aber ebenso wenig auf sämtliche Formen dieses Bildungstypus, wie etwa darum, weil gewisse Verba auf *-éi̯ō* kausativen Sinn hatten und in dieser Richtung produktiv wurden, sämtliche Verba auf *-éi̯ō* den Kausativsinn angenommen haben (§ 161 ff.). Wo in der ältesten Überlieferungsschicht der einzelnen Sprachen Tempusformen des Typus B mit nicht perfektiver Bedeutung erscheinen, haben wir demnach kein Recht zu der Annahme, ihr Sinn sei doch ursprünglich jedesmal perfektiv gewesen. In vielen Fällen wird sich die Festsetzung als Aorist gegenüber einer andern, derselben Wurzel angehörigen Tempusbildung ebenso erst sekundär ergeben haben, wie auch uridg. Imperfektformen, z. B. griech. ἐγενόμην (ai. *ájanat* Imperf.), armen. *e-ber* (ai. *ábharat* Imperf.), gegenüber andersgearteten Tempusbildungen derselben Wurzel zu Aoristen geworden sind (S. 48 f.). Dazu kommt zweitens folgendes. Die Formen des präsentischen Typus *ás-ti* (§ 50) wurden vielfach, gewiss auch schon in der Zeit der idg. Urgemeinschaft, in themavokalische Flexionsweise übergeführt. Dies geschah aber nicht nur von der starken, sondern auch von der schwachen Stammgestalt aus, und die in letzterer Weise entsprungenen Typusformen bekamen durch diesen Wandel keineswegs sofort perfektive (aoristische) Aktion. Ai. *kṣḗ-ti* : *kṣiy-ánti* (S. 88), dazu *kṣáya-ti* und *kṣiyá-ti*. Ai. *rḗḍhi* *rih-ánti* (S. 92), dazu griech. λείχω und ai. *liha-ti*, ir. *ligim* (vielleicht schon frühe in die *i̯o*-Klasse übergeführt). Lit. *snẽkti* (S. 93), dazu av. *snaēža¹ti*, griech. νείφει, lit. *snẽga* lett. *snig* und alat. *nivit*, ir. *snigid*. Ai. *mārj-mi* : *mr̥j-anti* (S. 99), dazu *mārja-ti*, lit. *mélžu* und ai. *mr̥ja-ti*, aksl. *mlъzą*. Dasselbe bei der Klasse *vámi-ti* (§ 93 ff.), wie ai. *rōdi-mi* : *rud-anti* (§ 94), dazu *rōda-ti*, lat. *rūdo*, ahd. *riuzu* und ai. *ruda-ti*, lat. *rudo*.

Gewissermassen die normalen Formen des Typus A sind diejenigen, die in der Wurzelsilbe die als Normalstufe benannte Vollstufe, mit *é* in der *e*-Reihe, *ó* in der *o*-Reihe, *á* in der *a*-Reihe, aufweisen. Diese fassen wir zunächst ins Auge und behandeln dann § 72, 1 die *e*-Wurzeln angehörigen Formen mit Abtönung *o*, § 72, 2 die Formen mit Dehnstufenvokalismus. Der Typus B zeigt zwei Grade der Schwächung der Wurzelsilbe,

Reduktionsstufe oder Schwundstufe, z. B. ai. 1. Plur. Opt. *huvēma* und 3. Sing. *á-hvat*, 3. Sing. *kṣiyá-ti*, eine Verschiedenheit, die von verschiedenen Bedingungen des Satzaccents und von der Gestaltung des Wurzelanlauts abhängig gewesen ist.

Der Indikativ des Typus A fällt äusserlich zusammen mit dem Konjunktiv zu dem Indikativtypus **és-ti* (§ 50 ff.). Wie dies entwicklungsgeschichtlich gekommen ist, ist unklar. Nur in wenigen Fällen lässt sich annehmen, dass die betreffende Form zunächst als Konjunktiv auf dessen rein zeitliche Futurbedeutung beschränkt gewesen, dadurch zum Indikativ geworden (vgl. lat. *erit*, alter Konj. zu *est*), endlich als solcher auch zu zeitlosem Gebrauch gelangt sei. So etwa Indik. ai. *áyatē*, lat. *eo eunt* neben Konj. ai. *áyat*(*i*) (zu *ēti*) und die von Neisser Γέρας 215 f. (vgl. Delbrück Vergl. Synt. 2, 90) besprochenen Fälle. Es wäre gewiss verfehlt, diese formale Koinzidenz überall so zu erklären.

In der folgenden Beispielzusammenstellung bin ich nicht darauf bedacht gewesen, jede Form auszuschliessen, bei der der dem thematischen Vokal unmittelbar vorausgehende Konsonant ursprünglich sogen. Wurzeldeterminativ oder auch sogen. Präsensformans gewesen sein könnte. Wie z. B. vom lateinischen Standpunkt aus *posc-* als die 'Wurzel' von *posco poposcī* erscheint, obwohl das Präsens ursprünglich **pr̥k̂+sko-* gewesen ist (§ 269), so enthalten ohne Zweifel auch manche der in § 70 ff. genannten Präsens- und Aoristformen vor dem formantischen *e* : *o* ein mit der 'Urwurzel' frühe verschmolzenes konsonantisches formatives Element. Ein völliges Ausscheiden jener Fälle wird immer unmöglich bleiben. Vgl. 2, 1 § 6. 2, 3 § 31. Was am Schluss von 2, 1 § 6 bezüglich der Behandlung der Nomina mit stammbildenden Endformantien gesagt ist, gilt in gleicher Weise für die entsprechenden verbalen Gebilde.

β. Mehrsprachliches.

70. Typus A zu Wurzeln der *e*-Reihe mit der Normalstufe des Wurzelvokals.

Bei der Lebendigkeit dieses Bildungstypus in allen Sprachzweigen ist hier ganz besonders oft mit der Eventualität zu rechnen, dass mehrere Sprachen unabhängig von einander dieselbe Form geschaffen haben. Vgl. S. 87 Fussn. 1.

1) W. *pleu̯-* 'schwimmen, fliessen, schiffen': ai. *pláva-tē* av. *-fravaⁱte*, griech. πλέ[F]ω, lat. *per-plovere* 'durchsickern lassen' (Festus), *plovēbat* (Petronius), aksl. *plovetъ* (Inf. *plu-ti*); vermutlich auch lat. *pluit* aus **plovit*, aus Zusammensetzungen verselbständigt (§ 79, 2). — W. *neu̯-* 'sich wenden, sich neigen, nicken': ai. *náva-tē*, lat. *an-nuo* vermutlich aus **-novō* (§ 79, 2). — W. *sreu̯-* 'fliessen': ai. *sráva-ti*, griech. ῥέ[F]ει. — W. *k̑leu̯-* 'hören': griech. κλέ[F]ομαι 'ich werde gerühmt', aksl. *slovetъ* 'heisst'. — W. *ĝen-* 'gignere': ai *jána-ti*, griech. Aor. ἐγενόμην (§ 78, 2), alat. *genunt*, vgl. ir. *-genathar* (Konj. zu *-gainethar* 'wird geboren'). — W. *gᵘhen-* 'schlagen': ai. *hana-ti* av. Konj. *janāt̰* (älter ai. *hán-ti* S. 89), griech. Aor. ἔθενον (§ 78, 2), lit. *genù* 'treibe' aksl. *ženetъ* 'treibt, verfolgt'. — W. *su̯en-* 'sonare': ai. *svána-ti*, alat. *sonit* aus **su̯en-*; ir. *sennid* 'macht etw. ertönen, spielt ein Saiteninstrument' (zu *senim* N. 'Ton') wohl mit *-nn-* für *-n-* nach *do-seinn* 'treibt' (Thurneysen Handb. des Air. 1, 331). — W. *sten-* 'dröhnen, stöhnen': ai. *stána-ti*, griech. στένω, lit. *stenù.* — W. *gᵘem-* 'gehen, kommen': ai. *gámantu*, got. *qima*, vgl. § 51 5. 73, 1. — W. *nem-* 'zuteilen, nehmen': griech. νέμω, got. *nimiþ* ahd. *nimit*; vgl. lat. *emit* usw. § 73, 3. — W. *trem-* 'zittern' (verwandt mit griech. τρέ[σ]ω 'zittre'): griech. τρέμω, lat. *tremit.* — Griech. βρέμω 'brause, dröhne', lat. *fremit*, ahd. *brimit* 'brummt, brüllt' entweder aus **mreme-ti*, zu ai. *mar-mara-ḥ* 'rauschend', oder die beiden letzten Verba als **bhreme-ti* zu ai. *bhráma-ti* 'irrt umher, schwankt hin und her' *bhramará-ḥ* 'Biene'. — W. *bher-* 'tragen': ai. *bhára-ti* av. *baraⁱti* apers. *a-baraʰ*, arm. Präs. *berē* Aor. *e-ber* Imper. *ber*, griech. φέρω, lat. *fero* umbr. *ferar* 'feratur', ir. *berid*, got. *bairiþ* ahd. *birit*, aksl. *beretъ.* — W. *der-* 'reissen, schinden': griech. δέρω, got. *ga-tairiþ* ahd. *zirit*, aksl. *deretъ.* — W. *gᵘher-* 'wärmen': griech. θέρομαι, ir. *fo-geir* 'er erhitzt'. — W. *gᵘer-* und *gᵘel-* 'vorare' (1, 453. 604): ai. *gara-t gara-n* (mit *g* nach *girá-ti*), arm. Aor. 3. Sg. *e-ker* Imper. *ker* zum Präs. *utem* 'ich esse' (S. 65), Aor. *e-kul* zum Präs. *klanem* 'ich verschlinge'. — W. *qᵘel-* 'sich herumbewegen': ai. *cára-ti* av. *čaraⁱti*, hom. (Äolismus) πέλομαι, lat. *colo* aus **quelō.* — W. *k̑el-* 'hüllen, bergen': ir. *celid*, ahd.

hilit; lat. *occulo* aus *ob-celo oder *-c̥llō. — W. *u̯el-* 'sich drehen, sich winden': ai. *vala-tē*, arm. Aor. *geli*. — W. *mel-* 'mahlen': lat. *molo* aus **melō* (1, 121 f. 836 f.), ir. *melid*.

2) W. *meiĝh-* 'mingere': ai. *mḗha-ti* av. *maēza'ti*, ags. *mīʒeđ*. — W. *leiĝh-* 'lecken': arm. Aor. *lizi* (Präs. *lizanem*), griech. λείχω. — W. *deiḱ-* 'weisen': lat. *deico dīco* umbr. *deitu* 'dicito' (1, 684) osk. *deicans* 'dicant', got. *ga-teihiþ*. — W. *sneig̑ᵘh-* 'schneien': av. *snaēža'ti*, griech. νείφει, lit. *snẽga* lett. *snig*. — W. *steigh-* 'gehen, steigen': griech. στείχω, ir. 3. Plur. *tiagit*, got. *steigiþ* ahd. *stīgit*. — W. *seiq-* 'giessen, seihen': ai. *sḗca-tē*, ahd. *sīhit*. — W. *leiqᵘ-* 'linquere': griech. λείπω, got. *leihviþ* ahd. *līhit*, lit. *lĕkù*. — W. *eig-* 'rühren, regen, bewegen': ai. *ḗja-ti* 'rührt sich, bewegt sich', griech. ἐπ-είγω 'dränge', lesb. ὀ-είγω 'ich öffne' (IF. 29, 238 ff.). — W. *u̯eiq- u̯eig-* 'weichen': griech. εἴκω, ahd. *wīhhit*. — W. *bheid-* 'findere': ai. *bhḗda-ti*, got. *beitiþ* ahd. *bīʒit*; fraglich ist, ob griech. φείδομαι 'entziehe mich einer Sache, schone, spare' hierzu gehört (als 'scheide mich von etwas'). — W. *u̯eid-* 'sehen, wissen': ai. *vḗda-tē*, griech. εἴδομαι, ir. *ad-fiadat* 'sie berichten', ahd. *wīʒit* 'verweist, straft' (vgl. lat. *animadvertere* 'bemerken, strafen'). — W. *bheidh-* 'einem zureden': griech. πείθω, lat. *fīdit*. — W. *reip-* 'stürzen, brechen': griech. ἐρείπω, aisl. Infin. *rífa*. — W. *reidh-* 'fahren, reiten': ir. *rēdit*, ahd. *rītit*. — W. *bheudh-* 'wach sein, aufmerksam sein': ai. *bṓdha-ti* av. Part. Nom. Plur. *baođəntō*, hom. πεύθομαι, got. *-biudiþ* ahd. *biutit*, aksl. *bljudetъ*. — W. *ĝeus-* 'kosten, prüfen, geniessen': ai. *jṓṣa-tē*, griech. γεύομαι, got. *kiusi-þ* ahd. *kiusit*. — W. *treud-* 'drücken, drängen': alb. *treϑ* Stamm *tređ-* ('verschneide', aus 'zerquetsche, zerstosse die Hoden'), lat. *trūdo*, got. *us-þriutan* ahd. *drioʒan*; das lat. Wort könnte auch ursprüngliches *ū* enthalten, vgl. Walde Lat. et. Wtb.[2] 794 f., Persson Beitr. 444 f. — W. *reudh-* 'röten': griech. ἐρεύθω, aisl. Inf. *rióđa*. — W. *leudh-* 'wachsen': ai. *rṓdha-ti* av. *raođa'ti*, got. *liudiþ* ahd. *ar-liutit*. — W. *deuk-* 'ducere': lat. *douci-t dūcit*, got. *tiuhi-þ* ahd. *ziuhit*. — W. *reug-* 'ausspeien, brechen': griech. ἐρεύγομαι, lat. *ē-rūgo*. — W. *eus-* 'brennen': ai. *ṓṣa-ti*, griech. εὕω, lat. *ūrit*. — W. *gleubh-*: lat. *glūbit*, ahd. *kliubit* 'kliebt, spaltet'. — W. *bhendh-* 'binden': pāli *bandha-ti* av. *banda'ti*, got. *bindiþ* ahd. *bintit*. — W. *u̯endh-* 'wenden': umbr. *aha-*

uendu 'avertito' *pre-uendu* 'advertito' aus **-u̯endetōd*, got. *bi-windiþ* 'umwindet' ahd. *wintit*. — W. *menth-* 'rühren, drehen, quirlen': ai. *mántha-ti*, aksl. *mętetъ*; letzteres könnte auch Typus B (**mn̥thé-ti*) sein, vgl. ai. *mátha-ti* (§ 76, 2). — W. *endh-* 'gehen, kommen': pali *andha-ti*, griech. dial. Aor. ἦνθον Part. ἐνθών (§ 78, 2); vgl. **n̥dh-* in ai. *ádhvan-* 'Weg'. — W. *g^u̯hrendh-* 'reiben, scheuern': lat. *frendi-t*, ags. *grindeð*, lit. *gréndu*. — W. *ĝembh-* 'zermalmen, zerreissen': ai. *jambha-tē*, aksl. *zębetъ*; das letztere kann auch **ĝm̥bhé-ti* gewesen sein, vgl. ai. *jabha-tē*. — W. *teəg-* 'benetzen': griech. τέγγω, lat. *tingi-t*. — W. *sleəq-* 'sich schlängeln': ahd. *slingit*, lit. *slenkù*. — W. *leəgh-* 'sich flink bewegen': ai. *rá̦ha-tē* av. *rənja'ti*, dazu vermutlich ahd. *gi-lingit* 'geht von statten'. — W. *u̯ert-* 'vertere': ai. *várta-tē*, umbr. *couertu* kuvertu 'convertito' lat. *vertit* (vgl. § 79, 2), got. *wairþiþ* ahd. *wirdit*. — W. *u̯erg-* 'wohin neigen, wenden': ai. *várja-ti*, lat. *vergi-t*. — W. *perd-* 'furzen': ai. *párda-tē*, griech. πέρδομαι, ahd. *firzit*, lett. *perdu*. — W. *terp-* 'sättigen, befriedigen': ai. *tárpa-ti*, griech. τέρπω. — W. *serp-* 'serpere': ai. *sárpa-ti*, griech. ἕρπω, lat. *serpi-t*. — W. *ters-* 'trocknen': griech. τέρσομαι, got. *ga-þaírsiþ* 'verdorrt'. — W. *u̯ers-*: griech. ἔρρω 'schleppe mich fort, verziehe mich', lat. *verri-t* (vgl. § 79, 2); wohl auch ahd. *wirrit* 'verwickelt, verwirrt' (aus 'bewegt unregelmässig'?) mit *rr* statt *rs* nach *worr-* aus **wurz-* (1, 778). — W. *bhergh-* 'bergen, sorgen für etwas': got. *bairgi-þ* ahd. *birgit*, aksl. *brěžetъ*. — W. *qert-* 'schneiden': ai. *karta-ti* (Neubildung mit *k-* nach *kr̥t-*, *kr̥nt-*, vgl. 1 § 643 Anm. S. 580), lit. *kertù*. — W. *melĝ- merĝ-* 'wischen, streichend berühren, melken': av. *marᵊza'ti*, griech. ἀμέργω ἀμέλγω, ahd. *milchit*, vgl. S. 99. — W. *selq-* 'ziehen': griech. ἕλκω, alb. *hel'k' hek'*. — W. *smeld-* 'schmelzen': griech. μέλδομαι, ahd. *smilzit*. — W. *bhels-* 'einen Ton von sich geben': ai. *bhāṣa-tē* 'spricht', ahd. *billit* 'bellt' mit *ll* statt *ls* nach *boll-* aus **bulz-* (1, 778).

3) W. *i̯es-* 'sprudeln, sieden': ai. *yása-ti*, griech. ζέω, ahd. *iisit gisit*. — W. *u̯eĝh-* 'vehere': ai. *váha-ti* av. *vaza'ti*, pamphyl. Ϝέχω, alb. *vjeϑ*, lat. *vehit* umbr. *ars-ueitu* ař-veitu 'advehito', got. *ga-wigiþ* ahd. *wigit*, lit. *vežù* aksl. *vezetъ*. — W. *u̯edh-* 'führen': ir. *fedid*, lit. *vedù* aksl. *vedetъ*. — W. *u̯es-* 'weilen, bleiben, wohnen': ai. *vása-ti* av. *vaəha'ti*, got. *wisiþ* ahd. *wisit*. — W. *su̯ep-* 'schlafen':

ai. *svápa-ti*, ags. Inf. *swefan*. — W. *nes-* 'angenehm, glücklich wohin gelangen' (vgl. S. 106): ai. *nása-tē*, griech. νέομαι, got. *ganisiþ*. — W. *mezg-* (kaum *medzg-*) 'eintauchen': ai. *májja-ti*, lat. *mergit* (1, 723. 768). — W. *reĝ-* 'richten, recken': griech. ὀρέγω, lat. *regi-t*, ir. 3. Sing. *-reig*. — W. *leĝ-* 'sammeln, lesen': griech. λέγω, lat. *legi-t*. — W. *les-* 'lesen, sammeln': got. *ga-lisiþ* ahd. *lisit*, lit. *lesù*. — W. *tres-* 'zittern' (vgl. § 256, 2): ai. *trása-ti*, griech. τρέω. — W. *u̯rep-* 'sich neigen, nach einer Seite hin ausschlagen': griech. ῥέπω, lat. *repēns*. — W. *trep-* 'sich wenden': ai. *trapa-tē*, griech. τρέπω. — W. *qlep-* 'verheimlichen, stehlen': lat. *clepit*, got. *hlifiþ*.

4) Bei Wurzeln wie z. B. *pet-* lässt sich keine feste Grenze gegen Typus B ziehen, weil *pet-* auch Reduktionsstufe neben der Schwundstufe *pt-* sein kann. Die ai. Betonung wie *páta-ti* ist darum nicht ausschlaggebend, weil der Accent wie z. B. bei *dáša-ti* aus **dn̥ḱé-ti* (vgl. griech. δακεῖν) Neuerung nach der Betonung des Typus A sein könnte (§ 76, 2). Anderseits ist z. B. griech. τεκεῖν mit seiner Betonung kein sicherer Beweis für ursprünglichen Typus B, weil hier, wie z. B. bei γενέσθαι, umgekehrt Übergang zur Betonung des Typus B stattgefunden haben kann (§ 78, 2). Für got. *saíhvan* (W. *seqᵘ-*) u. dgl. beweist nach 1 § 790 das *h* Wurzelbetonung wenigstens für eine frühe Periode des Urgermanischen. — W. *pet-* 'fliegen, fallen': ai. *páta-ti* av. *pataˈti* apers. *ud-apatatā*, griech. πέτομαι dor. Aor. ἔπετον (vgl. 1, 662), lat. *peto*. Vgl. **ptó-* § 73, 4. — W. *teq-* 'laufen': av. *tačaˈti*, ai. *taka-ti* mit *k* nach *takti* (S. 97), ir. *techid*, lit. *tekù* aksl. *teče-tъ*. — W. *peḱ-* 'rupfen, raufen': griech. πέκω, lit. *peszù*. — W. *seĝh-* 'bewältigen, halten': ai. *sáha-tē*, griech. ἔχω. Vgl. **zĝhó-* § 73, 4. — W. *steg-* 'decken': ai. *sthaga-ti* (mit *g* auch alle zugehörigen Formen des Altindischen, z. B. *sthagaya-ti*, vielleicht nach einem verschollenen Präs. **sthakti *sthagmáḥ*), griech. στέγω, lat. *tegit*. — W. *dhegᵘh-* 'brennen': ai. *dáha-ti*, lit. *degù*; aksl. *žeže-tъ*, älter **gegetъ* für **degetъ* wohl weniger durch einfache Fernassimilation (1, 849) als durch Ausgleich im Anlaut mit Formen einer bedeutungsverwandten Wurzel (s. Ehrlich Zur idg. Sprachg. 33). — W. *seqᵘ-* 'sequi': ai. *sáca-tē* av. *hačaˈte*, griech. ἕπομαι, lat. *sequitur*, lit. *sekù*; ir. *sechithir* durch Übergang

in die *i̯o*-Flexion. — W. *seqᵘ*- 'sagen': griech. ἐν-έπω (hom. ἔννεπε), lat. *in-seque*, lit. *seku* (W. Schulze KZ. 45, 288), vgl. *sq^uó- § 73, 4; dazu wohl auch got. *saíƕiþ* ahd. *sihit* 'sieht' (zur Bedeutung s. Walde Lat. et. Wtb.² 387 und die dort angeführte Literatur.) — W. *peqᵘ*- 'kochen': ai. *páca-ti* av. *pačaˈti*, lat. *coquit* aus **quequeti*, älter **pequeti* (1, 122. 514), aksl. *pečetъ*, wohl auch lit. *kepù* (1, 873). — Ai. *tákṣa-ti* av. *tašaˈti* 'zimmert' (neben ai. *tāṣṭi* av. *tāšti* S. 98), wohl gleich lat. *texit*. — Ai. *ada-sva*, griech. ἔδω, lat. *edit*, got. *itiþ* ahd. *izzit* neben ai. *ádmi* usw., s. S. 96.

71. Typus A zu Wurzeln anderer Vokalreihen mit der Normalstufe des Wurzelvokals.

W. *an*- 'atmen, hauchen': ai. *ána-ti*, got. *uz-aniþ*. — W. *al*- 'aufwachsen, ernähren': lat. *ali-t*, ir. *alid*, got. *aliþ*. — W. *qan*- 'canere': lat. *cani-t*, ir. *canid*. — W. *ĝhau̯*- 'rufen': ai. *háva-tē* av. *zavaˈti*, aksl. *zovetъ*; *ĝhau̯*- mit *a* ist wahrscheinlich wegen arm. *jaunem* (Osthoff BB. 24, 186 ff.). — W. *sqand*- 'scandere': ai. *skánda-ti*, lat. *scandit*. — W. *an̂ĝh*- 'angere': griech. ἄγχω, lat. *ango*. — Ai. *árha-ti* 'verdient, ist wert, darf' av. *arᵊjaˈti* 'ist wert' entweder zu arm. *y-argem* 'ehre, preise, verwerte (im Handel)', das denominativ ist, oder zu griech. Aor. ἦλφον (ἀλφεῖν) 'erwarb'. — W. *aĝ*- 'agere': ai. *ája-ti* av. *azaˈti*, arm. *acē* Aor. *ac*, griech. ἄγω, lat. *agit*, osk. *actud* umbr. *aitu* aitu 'agito', ir. *ad-aig* 'er treibt, bewegt', aisl. Inf. *aka*. — W. *agh*- 'sich ängstigen': gr. ἄχομαι, got. *un-agands* 'sich nicht fürchtend'. — W. *bhag*- 'zuteilen': ai. *bhája-ti*, griech. Aor. ἔφαγον (§ 78, 2). — W. *skabh*- 'kratzen, schaben, schneiden': lat. *scabi-t*, got. *skabiþ*, lit. *skabù*. — W. *lou̯*- 'waschen': hom. λόω, lat. *lavi-t* aus **lovit* (1, 155, Solmsen KZ. 37, 1 ff.), umbr. vutu 'lavato' aus **lou̯etōd*. — W. *su̯ād*- 'schmackhaft, erfreulich machen': ai. *svāda-tē*, griech. ἥδομαι. — Ai. *kā́sa-tē* 'hustet', lit. *kósu* 'huste'.

72. Typus A mit einer Vollstufe der Wurzelsilbe, die nicht ihre Normalstufe ist.

1) Im Germ. gibt es Präsentia mit *a* in der Wurzelsilbe, die zu *e*-Wurzeln gehören. So got. *faran* ahd. *faran* aisl. *fara* 'fahren' : aksl. *perą* 'fliege' griech. περάω, πόρος usw. Got. *swaran* 'schwören' : osk. sverrunei usw. (2, 1, 302). Got. *graban* ahd. *graban* aisl. *grafa* 'graben' : aksl. *grebą* 'grabe, rudre'. Got. *malan*

ahd. *malan* aisl. *mala* 'mahlen' : ir. *melid* aksl. *meljq*. Got. *laikan* ags. *lácan* aisl. *leika* 'springen, hüpfen' : ir. *loeg* 'Kalb'. Got. *skaidan* ahd. *sceidan* 'scheiden' : ahd. *scīʒan* aisl. *skíta* 'scheissen'. Ahd. *scrōtan* 'schneiden, abschneiden' : aisl. *skrióðr* 'Fetzen, zerfetztes Buch'. Got. *gaggan* ahd. *gangan* aisl. *ganga* 'gehen' : lit. *žengiù* 'schreite'. Got. *blandan* ahd. *blantan* aisl. *blanda* 'mischen' : got. *blinds* ('getrübt') 'blind', lit. *blendžiù-s* 'verfinstre mich'. Ahd. *spaltan* 'spalten' : got. *spilda* ('Brett') 'Schreibtafel' usw. Ahd. *scaltan* 'stossen' as. *skaldan* '(ein Schiff) fortschieben' : vermutlich zu ahd. *sceltan* 'schelten'. Ahd. *walzan* 'sich drehen' : aisl. *velta* 'wälzen'. Got. *haldan* 'Vieh weiden' ahd. *haltan* 'hüten, halten', aisl. *halda* 'halten': vermutlich zu griech. κέλομαι 'treibe an' und zu lit. *keliù* 'hebe'. Erklärungsversuche bei Paul Gärtchen Die primären Präsentia mit *o*-Vokalismus in den idg. Sprachen, Breslau 1905. Ich betrachte diese Präsentia alle als germanische Neuerung und im wesentlichen entsprungen durch Überführung von Iterativa (Kausativa) auf *-éi̯ō* (§ 161 ff.) in die Analogie von primären Präsentia (vgl. unten S. 123 av. *-tāpaⁱte* nach *tāpayeⁱti*). Solche Iterativa liegen z. B. noch vor in got. *farjan* ahd. *ferren* (neben *faran*), ahd. *swerian* (neben got. *swaran*), got. *waltjan* (neben ahd. *walzan*). Dabei wirkte mit, dass die germ. Perfekta wie got. *fōr fōrum*, *grōf grōbum* altererbte *ō*-Perfekta waren, die zu *e*-Präsentia gehörten (vgl. ir. *-rāith* zu *rethid*), aber auch als Perfekt zu Iterativa auf *-éi̯ō* gebraucht wurden (§ 358). So bildete man denn *faran*, *graban* usw. zu *fōr* usw. nach dem Muster von Präsentia mit ursprünglichem *a*-Vokalismus, wie *skaban* neben *skōf skōbum* (vgl. lat. *scabo* : *scābī* S. 121). In derselben Art kamen z. B. *gaggan* neben **gaígagg* (durch *iddja* ersetzt), *blandan* neben *baíbland*, *haldan* neben *haíhald* für *éi̯o*-Iterativa (vgl. z. B. *gaggjan* [*gaggida* Luk. 19, 12], ahd. *blenden*, zu lit. *blandýti* aksl. *blqditi*) in urgermanischer Zeit auf nach dem Muster von Präsentia mit ursprünglichem *a*-Vokalismus wie *hāhan*, *saltan* (§ 402. 403. 405, a). S. IF. 32, 179 ff.

Auch in andern idg. Sprachen trifft man auf solche *o*-Präsentia zu *e*-Wurzeln, aber doch nur sporadisch, und sicher sind auch diese Formen als einzelsprachliche Neuerungen zu betrachten. Ion. ark.-kypr. βόλομαι 'will' (W. *gᵘel-*) vielleicht für *βαλομαι durch Einfluss von Perf. *βέβωλα (§ 229, 1). Lat. *tonĕre* (Varro) für *tonāre* (W. *(s)ten-* griech. στένω äol. τέννει, aksl. *stenją stenati*) nach *sonĕre* neben *sonāre* (*sonit* = **suene-ti* S. 117). Über lit. *malù* 'mahle', zu aksl. *melją*, *kasù* 'grabe', zu aksl. *češą*, russ. *stonú stonátʹ* 'seufzen' neben dem *i̯o*-Präsens čech. *stoni* (*stonati*), zu aksl. *stenją stenati*, und einiges anderes dieser Art im Balt.-Slav. wage ich keine Vermutung (vgl. Zubatý IF. Anz. 16, 56, Meillet Mém. 13, 371).

2) Die Wurzel hat Dehnstufenvokal; meistens erscheint daneben themavokallose Abwandlung mit demselben Langvokal, welche zum grossen Teil die ursprünglichere war. S. § 55, wo schon die Mehrzahl der folgenden Beispiele genannt ist. Ai. *rā́ja-ti*, womit man vielleicht richtig griech. ἀρήγω 'helfe' zusammenstellt: *rā́ṣṭi*. *sā́ha-ti*: *sā́kṣva*, *sā́hatē*. *dā́śa-ti*: *dāṣṭi*. *śā́sa-ti*: *śā́sti*, *śā́sa-ti*. *mā́rja-ti* : *mā́rṣṭi*, *mr̥ja-ti*, av. *marᵊzaiti*, vgl. lit. *mélžu* (S. 99). Lit. *bė́gu* russ. *bĕgú* : lit. *bė́gmi*, griech. φέβομαι. Lit. *sė́du* : *sė́dmi*. *gélbu* : *gélbmi*.

Weitere Beispiele: Ai. *bhrā́ja-tē* av. *brāzaiti* 'strahlt' : griech. φλέγω 'brenne, leuchte'. Av. *ni-gā̊ŋhənti* Fem. 'verzehrend' : 3. Plur. *gaŋhənti*, ai. *ghasa-ti*. Ai. *dhā́va-ti* 'rennt, läuft' : *dhava-tē* griech. θέω (Fut. θεύσομαι). Gthav. *sārəntē* 'sie vereinigen sich mit jem., halten es mit jem.' : ai. *śrīṇā́-ti*, griech. κεράννῡμι (ἀ-κήρατος 'unvermischt, rein'). Av. *dvāra* Imper. 'geh' : zu ai. *drā́va-ti* 'läuft' (nach 1, 260). Griech. μήδομαι 'ermesse, ersinne' : μέδων 'Walter', vgl. ir. *ro mīdair* 'iudicavi', got. *mētum* 'wir massen' (§ 358).

In grösserem Umfang scheint diese Klasse im Av. mit kausativer Bedeutung produktiv geworden zu sein. S. Bartholomae Altiran. Wtb. 632, Reichelt Aw. Elem. 100. Nach Bartholomae's ansprechender Vermutung stammt das *ā* der Wurzelsilbe aus den Kausativa auf ar. *-áyati* mit *ā* in der Wurzelsilbe, z. B. *tāpa-* 'heiss machen' (*ā-tāpaite*) nach *tāpayeiti*. Vgl. S. 122.

Aus dem Germ. lassen sich anschliessen die 2. Sing. Prät. wie ahd. *māʒi* ags. *mǽte* 'du massest' (vgl. Plur. *māʒum* got. *mētum*, ir. *ro mīdair* und griech. μήδομαι, s. o.), ahd. *sāʒi* 'du sassest' (vgl. lit. *sė́du*), ahd. *quāti*, *nāmi* usw. S. § 81, 2, b. Ingleichen aus dem Lat. die 3. Sing. Perf. wie *vēnit* (: ahd. *quāmi*), *sēdit* (: lit. *sė́du*). S. § 79, 2. 358.

73. Typus B zu Wurzeln der *e*-Reihe. Auch hier (vgl. § 70) ist wahrscheinlich öfters in mehreren Sprachen unabhängig voneinander dieselbe Form geschaffen worden.

1) W. *bheu̯-* 'werden': ai. Aor. *á-bhuvat bhúvat* (für **bhuvát*), av. *buat̰*, lat. Konj. *fuam* sowie *-bo* (*amā-bo*) aus **-fu̯ō*[1]); auch kann umbr. futu *futu* 'esto' aus **fuu̯etōd* entstanden sein (von Planta Osk.-umbr. Gramm. 2, 244); da der Präteritalausgang *-fed* im Osk.-Umbr., z. B. osk. aíkdafed 'decrevit', wahrscheinlich idg. **-bhu̯e-t* war (§ 392, 1), sind vermutlich derartige Aoriste mit in dem Perfekt *fūī* aufgegangen: lat. *fūit*, osk. Konj. *fuid* 'fuerit' (vgl. § 79, 2). — W. *k̑leu̯-* 'hören': Aor. ai. *śruvam*, griech. ἔκλυον (vgl. Delbrück Vergl. Synt. 2, 100), zu ai. *á-śrōt*, griech. κλύμενος (S. 88). Über lat. *cluo* § 79, 2. — W. *gu̯em-* 'gehen, kommen': ai. *gaméma*, wohl auch Aor. *ágamat* (Delbrück Vergl. Synt. 2, 97), gthav. *-gəmat̰* av. *-γmat̰*, ahd. *cumu* (Inf. *coman*) aisl. *køm kem* (Inf. *koma*) 'komme', vgl. **é-gu̯em-t* S. 89, **gu̯éme-ti* S. 117; hierher wohl auch osk. kúm-bened 'convēnit' als alter Aorist und lat. Konj. *ad-venam* mit *-n-* für lautgesetzliches *-m-* (1, 368), vgl. § 79, 2. — W. *gu̯er-* 'verschlingen': ai. *girá-ti gilá-ti*, aksl. *žьre-tъ*.

2) W. *u̯eid-* 'videre, auffinden': ai. Aor. *á-vidat* 'fand', Präs. *vidánti* 'sie finden' (Delbrück Vergl. Synt. 2, 96), av. *vīδənti* 'sie finden', arm. *e-git* 'er fand', hom. ἴδον 'ich sah' Inf. ἰδεῖν; in ags. *wuton* aus **witon* mit folgendem Infin., 'lasst uns ...', hat sich wahrscheinlich eine 1. Plur. Injunkt. erhalten, eigentlich 'lasst uns zusehen, tendamus' (§ 81, 2, a). — W. *deik̑-* 'zeigen': ai. *diśá-ti*, Imperf. *á-diśat*, ahd. 2. Sing. Prät. *zigi* (§ 81, 2, b), aisl. Infin. *tega* (neben *tiá* = got. *teihan* Typus A); hierzu wohl auch das aus osk. *dicust* 'dixerit' zu folgernde **diced* 'dixid', also verschieden von umbr. *dersicust* 'dixerit' = **dedikust* (§ 385, 2, a). — W. *reiq(h)-* 'reissen, zerschneiden': ai. *likhá-ti*, Imper. auch *rikha*, griech. Aor. ἤρικον. — W. *leip-* 'beharren, haften, kleben': ai. Aor. *a-lipat* 'beschmierte', ahd. *bi-libi* 'du bliebst' (§ 81, 2, b), lit. *lipù* 'klettre, steige' aksl. Aor. *pri-lьpъ* 'adhaesi'. — W. *bheid-* 'findere': ai. Aor. Opt. *bhidēyam*, ahd. *bizzi* ags. *bite* 'du bissest'

---

1) Die aksl. 3. Plur. *bą*, die neben *byšę* zur Bildung des slav. Kondizionalis verwendet wird, und die man als Injunktiv (aus **bhu̯o-nt*) hierher gestellt hat, wird wohl richtiger auf **bhu̯ānt* zurückgeführt (§ 104).

(§ 81, 2, b); hierher wohl auch lat. *fidit fidimus* (§ 79, 2. 385, 2, a). — W. *sk̑heid- sqheid-*[1]: ai. Aor. *a-chidat*, lat. *scidit scidimus* (§ 79, 2. 385, 2, a). — W. *seiqᵘ-* 'giessen, seihen': ai. Aor. *a-sicat*, av. *fra-šičanti* 'sie vergiessen', ahd. 2. Sing. *bi-siwi* (§ 81, 2, b), nach Part. *bi-siwan* angesetzt (1, 609). — W. *t̯ueis-* 'in Bewegung setzen, erschüttern': ai. Aor. oder Imperf. *á-tviṣanta*, Anakr. σίοντα. — W. *leiqᵘ-* 'linquere': arm. Aor. *e-lik̑*, Imper. *lik̑*, griech. Aor. ἔ-λιπον (λιπεῖν), ahd. 2. Sing. *liwi* (§ 81, 2, b), nach Optat. *liwi* Part. *-liwan* angesetzt (1, 609). — W. *steigh-* 'gehen, steigen': griech. Aor. ἔστιχον, ahd. 2. Sing. *stigi* (§ 81, 2, b). — W. *sneigᵘh-* 'schneien, tropfen': alat. *nivit* 'es schneit' (wohl nicht zu einem Denominativum *nivīre*), ir. *snigid* 'es tropft, regnet'. — W. *u̯eiq-* 'kämpfen': ir. *do-fich* 'er rächt', aisl. *veg* Inf. *vega* 'bezwingen, töten' (Übertritt in die 5. Ablautreihe, z. B. Plur. Prät. *vǫgom* für **vigom*), got. *and-waíhands* 'widerstreitend', ahd. *upar-wihit* Inf. *-wehan* 'exsuperare'; die got. ahd. Form war ein Kompromiss zwischen **u̯iʒó-* und **u̯eíχo-* (got. *weihan*). — W. *u̯reit-* 'drehen': ahd. 2. Sing. *ridi* 'du drehtest' (§ 81, 2, b), lit. *ritù* 'ich rolle, wälze', vgl. ags. *wrīđan* 'winden, drehen', lit. *rëtu* 'ich rolle' (Lidén Balt.-slav. Anlautges. 4 f.). — W. *peis-* 'pinsere': ai. *a-piṣat*, lit. *pisù*. — W. *bheudh-* 'wach sein, aufmerksam sein': Ai. Aor. *budhanta*, griech. Aor. ἐπυθόμην πυθέσθαι, ahd. 2. Sing. *buti* (§ 81, 2, b). — W. *reud-* 'klagen': ai. Aor. *á-rudat* (Delbrück Vergl. Synt. 2, 104), *ruda-ti*, av. *ᵘrudən* (Injunkt.) 'sie heulen', lat. *rudit*, ahd. 2. Sing. *ruzzi* (§ 81, 2, b). — W. *bheuq- bheug-* 'biegen, ausbiegen, fliehen': ai. *bhujá-ti* Imperf. *á-bhujat*, av. *būjat̰*, griech. Aor. ἔ-φυγον φυγεῖν, ahd. 2. Sing. *bugi* (§ 81, 2, b). — W. *dhreugh-* 'trügen, lügen': ai. *á-druhat* (Delbrück Vergl. Synt. 2, 100 f.), av. *drujaˡti*, ahd. 2. Sing. *trugi* (§ 81, 2, b). — W. *gleubh-*: griech. γλύφω 'ich grabe ein, graviere, schnitze', ahd. 2. Sing. *klubi*. — W. *ĝeus-* 'kosten, prüfen, geniessen': ai. Med. *á-juṣata*, Präs. *juṣá-tē* (Delbrück a. a. O. 97), ahd. *curi* 'du wähltest' und *ni curi* 'noli' *ni curit* 'nolite' (§ 81, 2). — W. *leudh-* (eigentlich *leu-dh-*, § 291): griech. ἤλυθον 'kam', ir. 1. Sing. *lod* 'ging', 3. Sing. *luid* aus **lude[t]*, vgl. § 365. 394. — W. *dek̑-* 'beissen': ai. *dáśa-ti* für **daśá-ti* (§ 76, 2), Imperf. *á-da-*

1) Lat. *caedo* ist unverwandt, s. Walde Lat. et. Wtb.² 106.

šat, griech. Aor. ἔδακον. — W. *derk̑*- 'sehen': ai. Aor. *dṛšan dṛšēyam*, griech. Aor. ἔ-δρακον δρακεῖν. — W. *qert*- 'schneiden': ai. Impert. *á-kṛtat*, aksl. *črъtetъ*; lett. *zirtu* neben *zertu* wohl Neubildung nach den ausserpräsentischen Formen (Inf. *zirst*). — W. *terp*- 'sättigen, befriedigen': ai. Aor. *á-tṛpat*, hom. Aor. ταρπώμεθα. — W. *u̯ert*- 'vertere': ai. Aor. *a-vṛtat*, 2. Sing. ahd. *wurti* ags. *wurde* 'wurdest' (§ 81, 2, b); zweifelhaft bleibt alat. *vortit* (vgl. *vertit* S. 119), wozu umbr. *co-uortus* 'reverterit'. — W. *merk̑*- 'berühren, erfassen': ai. *mṛšá-ti*, griech. βρακεῖν· συνιέναι Hesych (vgl. βράξαι· συλλαβεῖν). — W. *bherĝh*- 'erheben, stärken': ai. *bṛha-ti*, arm. Aor. *barji* (vgl. § 218); dazu das adjektivische Part. ai. *bṛhánt*- av. *bərᵊzant*-, abrit. Plur. *Brigantes* ir. Fem. *Brigit*, agerm. Plur. *Burgund-iones* (2, 1, 460. 650). — Ai. *bṛha-ti* 'er brüllt' (unbelegt *barha-ti*), griech. Aor. ἔβραχε 'er brüllte, krachte'; nicht sicher (vgl. Delbrück Vergl. Synt. 2, 105, Boisacq Dict. étym. 131). — W. *u̯ers*- (S. 119): el. Ϝάρρην 'verbannt werden', ahd. 2. Sing. *wurri*, aksl. *vrъšetъ*, 1. Sing. *vrъchą* 'dresche' (Ausdreschen geschah ursprünglich durch Schleifen); alat. *vorrit* wie *vortit* (S. 119); dazu, wie es scheint, auch hom. ἀπ-ηύρων 'ich entriss' aus *-η-Ϝρα-[σ]ον (S. 11). — W. *melĝ*- 'streichend berühren, melken': ai. *mṛja-ti*, ahd. 2. Sing. *mulki* (§ 81, 2, b), aksl. *mlъzą*, vgl. S. 99. — Manches sieht wie mit den vorausgenannten Beispielen gleichartig aus, ohne dass die Lautverhältnisse klar sind, z. B. ai. *bhṛjjá-ti* griech. φρύγει lat. *frīgi-t* 'röstet', vgl. ai. *bharjjayati* und *bhrā́ṣṭra*- (vgl. Persson Beitr. 860 f., v. d. Osten-Sacken IF. 28, 150 ff.).

3) W. *u̯ek̑*- 'wünschen, begehren': ai. *ušámāna-ḥ*, wozu griech. ἑκών (§ 52, 1 S. 91). — Undeutlich ist, ob zum Typus B zu stellen sind die von got. *niman* (S. 117) kaum zu trennenden Formen: lat. *emit* osk. *pert-emest* 'perimet' umbr. emantur 'emantur', ir. *air-ema* 'suscipiat', lit. *imù* 'nehme' aksl. *imetъ* 'fasst' (*vъz-ъmetъ vъn-ъmetъ*); dass im Osk. auch ein ursprünglich aoristisches **ĕmĕd* bestand, ist aus *per-emust* 'pérceperit', *pert-emust* 'peremerit' zu entnehmen (§ 79). S. 1, 388, Walde Lat. et. Wtb.² 253, Persson Beitr. 5 ff. 526.

4) W. *seqᵘ*- 'sequi': gthav. Imper. *sčantū* 'sie sollen nachgehen, sich bemühen um', hom. Aor. ἐπ-έσπον Infin. ἐπι-σπεῖν.

— W. *seq^{u}* 'sagen': hom. Aor. ἔνι-σπον Imper. ἔσπετε aus *ἐν-σπετε, lat. *inquit* aus **en-squet*. — W. *pet-* 'fliegen, fallen': pehl. *ō-ftad* 'fällt' aus uriran. **ava-ptati*, griech. Aor. ἐπτόμην; aus dem Av. stellt Bartholomae Altiran. Wtb. 631. 819 hierzu 3. Sing. *ptaṯ* und *taṯ-āp-* (= **ptaṯ-*) 'fallende Wasser habend'. W. *seĝh-* 'bewältigen, halten': gthav. Opt. *zaēmā* (1, 723), griech. Aor. ἔ-σχον.

Hierzu auch die themavokalischen Formen wie griech. ὄντες für *ὄντ- (S. 93 f.).

74. Typus B zu Wurzeln der andern Vokalreihen oder zu Wurzeln mit nicht sicher zu bestimmendem Vokalismus.

1) W. *pōi̯-* (*bōi̯-*) 'trinken' (S. 37): griech. Aor. ἔ-πιον, aksl. *pьją*. — W. *tēg-* (*dēg-*) oder *tāg-* (*dāg-*) 'berühren' (got. *tēkan*, lat. *con-tāgium*): alat. Konj. *tagam*, aisl. *tek* 'nehme' Infin. *taka*; über den Anlaut der Wurzel Walde Lat. et. Wtb.² 763.

Griech. κίω 'gehe' ἔ-κιον (Delbrück Vergl. Synt. 2, 100), lat. *cio* (Infin. *cīre*). — Ahd. *chiuwu* 'kaue', aksl. *žьvą* 'kaue' aus **zi̯ьvą* (1, 111. 285. 291. 331).

W. *saus-* 'trocknen' (griech. αὖος αὐαίνω): ai. *a-šuṣat* 'trocknete ein, welkte hin' (1, 732), lit. *susù* 'werde räudig' lett. *susu* 'werde dürr'. — Arm. Aor. *aṙi*, zu *aṙnum*' nehme', griech. Aor. ἠρόμην Inf. ἀρέσθαι, zu ἄρνυμαι 'trage davon, erwerbe mir'.

W. *dhēi̯-* 'säugen': **dhəi̯e-ti* ai. *dháya-ti* 'saugt' für **dhayá-ti* (§ 76), aksl. *dojetъ* 'säugt'; noch nicht sicher erklärt ist das *-ddj-* in got. *daddjan* (1, 283).

Man verbindet unmittelbar hom. Aor. εὔαδε 'es gefiel' Infin. ἁδεῖν und ai. *svắda-ti* 'macht schmackhaft' *svắda-tē* 'schmeckt', zu W. *su̯ād-* (S. 121), ferner griech. γράω 'fresse' aus *γρασω (vgl. kypr. Imper. γράσ-θι) und ai. *grása-ti* 'frisst', die zu einer Wurzel *grēs-* zu gehören scheinen (Solmsen Beitr. 1, 228 ff.). Es ist jedoch zu vermuten, dass *svắdati* und *grásati* arische Neuschöpfungen waren.

2) Formen zu Wurzeln auf langen Vokal.

Folgende sind erst in einzelsprachlicher Zeit zu ihrer themavokalischen Flexion gekommen. Zu W. *dhē-*: ai. *dha-t* lat. *con-dō -dit* (§ 56, I, 1), lat. *crēdo crēdit* ir. *cretid* 'er glaubt', zu av. *zras[ča]* *dāt̲* 'credat' (*zraz dā-* für **sraz dā-* wohl durch Angleichung an *zərᵊd-* 'Herz'[1])), ai. *śrád dadhāti* (1, 670. 691). Zu W. *dō-*: ai. *ā́dat* mit Präfix *ā́* (§ 56, I, 2).

Andere Beispiele wären griech. ἔδω lat. *edo* got. *ita* lit. *édu*, wenn die S. 96 über den Ursprung dieses Wortes geäusserte Vermutung richtig ist, und Präsentia mit dem 'Wurzeldeterminativ' *-dh-* wie *édhatē* 'gedeiht' aus **az-dha-* (vgl. griech. ἐσθλός, zu ἐύς aus *ἐσυ-ς), griech. πύθω 'mache faulen' (vgl. πύον 'Eiter'), lat. *dī-vido* Grundform **-u̯i-dhō* (vgl. ai. *ví* 'auseinander'), falls es richtig ist, dass diese und ähnliche Verba mit W. *dhē-* gebildet waren (§ 290).

75. Formen mit uridg. *ū*, *ī* in der Wurzelsilbe, einer Ablautstufe, deren Stellung im Ablautsystem noch unklar ist. Zu vergleichen scheint ai. *spūrdhán* neben *spárdhatē* 'kämpft' u. dgl.

W. *sūk- sūg-* 'saugen' (lat. *sūcus*): lat. *sūgit*, ir. *sūgid*, ahd. *sūgit*. — Lat. *fruor* aus **frūgu̯ōr* (vgl. *frūgēs*, *frūctus*), ahd. *brūhhan* 'brauchen' as. *brūkan* 'geniessen' (vgl. § 189 Anm.). — Ai. *gū́ha-ti* 'er verbirgt' neben *guhá-ti* und Aor. 2. Sing. *guha-ḥ* (Meillet Mém. 18, 63). — Lat. *fluo* aus **flūgu̯ō* (vgl. *flūxī*, *flūctus*), vgl. § 189 Anm. und Walde Lat. et. Wtb.² 301, Persson Beitr. 54 ff. — Got. *lūkan* ahd. *lūhhan* 'schliessen', zu lit. *lúsztu* 'breche'. Ags. *búᵹan* 'sich biegen' (: lit. *búkstu* 'werde scheu, erschrecke'), *smúᵹan* 'schmiegen', *đútan* 'heulen' u. a. Vgl. Loewe Germ. Sprachwiss. 118.

Griech. φλί́βω 'drücke, quetsche' (daneben θλί́βω nach θλάω?), lat. *af-flīgo* (vgl. *-flīxī*), vgl. Walde a. a. O. 300. — Griech. τρί́βω 'ich reibe, reibe ab'. — Lat. *fīvo fīgo*, umbr. fiktu 'figito', zu lit. *dygùs* 'spitzig, stachelig'. *scrībo*, vgl. griech. σκαρῑφάομαι 'ich ritze ein' (dazu auch aisl. *hrífa* 'scharren, kratzen'?). — Was aus dem Germ. anzuschliessen sei, lässt sich schwer bestimmen, weil urgerm. *ī* auch ursprüngliches *ei* gewesen sein kann: möglicherweise (die Media im Wurzelauslaut lässt daran denken) got. *bi-leiban* ahd. *bi-lîban* 'bleiben' (zu ai. *lip-*), ahd. *sīgan* 'tröpfelnd rinnen, sinken' (zu *sīhan* 'seihen').

1) Eine andere Hypothese bei Meillet Mém. 18, 60 ff.

γ. Einzelsprachliches.

76. Arisch.

1) Weitere Beispiele zu den oben genannten:

Typus A. Ar. *čyav-* (uridg. *qi̯eu̯-*) 'in Bewegung setzen, treiben': ai. *cyáva-tē*, apers. *a-šiyava^h* (1, 618). Ar. *nam-* (uridg. *nem-*) 'sich beugen, sich neigen': ai. *náma-ti*, av. *nəmaiti*. Ar. *šans-* (uridg. *k̑ens-*) 'autoritativ verkündigen, feierlich sprechen': ai. *šą́sa-ti*, gthav. *səṅghaitē*; apers. *aϑaha^h* 'er tat kund' kann **é-k̑enset* (*a-ϑa^nha^h*), aber auch **é-k̑n̥set* (*a-ϑaha^h*) gewesen sein. Ar. *nay-* 'führen': ai. *náya-ti*, av. *nayeiti* apers. Pass. *a-nayatā*. Ar. *yaž-* 'verehren': ai. *yája-ti*, av. *yazaite* apers. Konj. *yadātaiy*.

Typus B. Ar. *kšay-* (uridg. *k̑þei̯-*) 'siedeln, wohnen': ai. *kṣiyá-ti kṣyá-ti*. Ar. *sav-* 'zeugen': ai. *suvá-ti*, Imper. *suva* und (AV. 7, 14, 3 im Pada-pāṭha) *sva*; daneben *sāu-ti*, *sū-tē*, *sava-ti*. Ar. *žhav-* 'rufen' (§ 71): ai. *á-huvat huvéma á-hvat* (vgl. Delbrück Vergl. Synt. 2, 103). Ar. *van-* (uridg. *u̯en-*) 'gewinnen, überwinden': ai. Konj. *vanāti* Opt. *vanéma* neben *vána-ti*, vgl. got. *un-wunands* 'bekümmert' (zu einem Indik. **wunaiþ*); die av. *vanat̰*, *vanaēma* bleiben zweideutig. Ar. *bhar-* (uridg. *bher-*) 'sich rasch bewegen, zappeln': ai. *bhurá-ti bhurámāṇa-ḥ*; auch av. *ava-baraiti* 'strömt herab' wird Typus B (**bhr̥ré-*) sein. Ar. *spar-* (uridg. *sper-*) 'stossen': ai. *sphurá-ti*; auch av. Opt. *sparōit̰* dürfte Typus B sein. Ar. *tar-* (uridg. *ter-*) 'überschreiten, hindurchgelangen': ai. *tirá-ti turá-ti* neben *tára-ti*. Ai. *kirá-ti* 'streut aus, giesst aus'. Ar. *vaiš-* (uridg. *u̯eik̑-*) 'eingehen in': ai. *višá-ti*, av. Med. *vīsa-ta*. Ar. *saik-* (uridg. *seiq-* oder *seiqᵘ-*) 'giessen': ai. Aor. *a-sicat*. Ar. *taud-* 'tundere': ai. *tudá-ti*. Ai. *ukṣá-ti* 'träufelt, besprengt'. Ar. *sarž-* (uridg. *serĝ-* oder *selĝ-*) 'entlassen': ai. *sr̥já-ti*, av. *hərᵊzāmi*. Ar. *dharš-* (uridg. *dhers-*) 'kühn sein, wagen': ai. Aor. *á-dhr̥ṣat*, Part. *dhr̥ṣá-māṇa-ḥ* (vgl. Delbrück Vergl. Synt. 2, 103). Ai. *spr̥šá-ti* 'berührt' neben *sparšaya-ti*. Ai. *kr̥ṣá-ti* 'zieht Furchen, zerrt' neben *kárṣa-ti*. Gthav. *a-spərᵊzatā* 'war bestrebt', zu griech. σπέρχω (§ 78, 1). Ai. *r̥dá-ti* 'zerfliesst, zerstiebt' neben *árda-ti*.

2) Übertritt von Tempusstämmen auf urar. *ā* in die themavokalische Flexion (§ 74, 2). Ai. Imper. *jña*, zu *jñā-* 'kennen' (vgl. *-jña-* in Nominalkomposita für *-jñā-*). *a-khyat*, zu *khyā-* 'schauen'.

Im Ai. sind A und B zuweilen dadurch vermischt worden, dass B die Betonung von A bekam, wie z. B. *mátha-ti* für **mathá-ti* (S. 119), *dáša-ti* für **dašá-ti* (S. 125), *áca-ti* für **acá-ti* neben *añca-ti* 'biegt, gibt einer Sache eine Richtung', *gírāmi* (AV.) für *girā́mi*. S. 1, 957.

77. Armenisch. Infolge einer Neubildung für das Imperfekt haben die Formen der Typen A und B, soweit sie Vergangenheitsbedeutung aufweisen, nur aoristische Bedeutung (S. 49). Den gleichen Stamm im Präsens und Aorist zeigen *berem* 'trage' und *e-ber* 1. Sing. *beri* (S. 117), *acem* 'führe' und *ac* 1. Sing. *aci* (S. 16. 121), beide Verba zum Typus A, ferner *hanem* 'ziehe, ziehe hervor' und *e-han* 1. Sing. *hani*, das, falls *sen-* die Wurzel war, **sn̥né-*, also Typus B, war (1, 404).

Sonst kommen Formen beider Typen oft als Aoriste zu abweichend gestalteten Präsentia vor:

Zu Typus A gehörig sind schon genannt: *e-ker* 'er ass', Imper. *ker*, suppletivisch zu *utem* 'esse' (S. 117, aber *e-kul*, zu *klanem* 'verschlinge' s. 1, 453), *e-gel*, 1. Sing. *geli*, zu *gelum* 'drehe, winde' (S. 118), *e-liz*, 1. Sing. *lizi*, zu *lizanem* 'lecke' (S. 118). Andre Beispiele: *zeni*, zu *zenum* 'schlachte, opfre'. *çeli*, zu *çelum* 'spalte', mit *sk̑-* (1, 564), wozu auch aisl. *skilia* 'spalten, scheiden' passt, während lit. *skeliù* 'spalte' auf *sq-* weist, vgl. 1, 545 ff. *e-het*, zu *hetum* 'giesse aus, vergiesse'. *el*, 1. Sing. *eli* (S. 16), zu *elanem* 'gehe hinauf'. *buci*, zu *bucanem* 'ernähre, ziehe auf', zu ai. *bhunákti* 'geniesst' *bhṓgas-* 'Genuss'; *buc-* zunächst aus **boic-* (1, 194). Ebenso *luci*, zu *lucanem* 'löse, löse auf'. *e-bek*, 1. Sing. *beki*, zu *bekanem* 'breche'. *tesi*, zu *tesanem* 'sehe'.

Zu Typus B gehörig sind schon genannt: *e-git*, 1. Sing. *gti*, zu *gtanem* 'finde' (S. 124), *e-lik̀*, 1. Sing. *lk̀i*, Imper. *lik̀*, zu *lk̀anem* 'lasse' (S. 125), *barji* zu *bar̄nam* 'hebe' (S. 126). Andre Beispiele: *e-har*, 1. Sing. *hari*, zu *harkanem* 'schlage' (vgl. § 228 und Lidén Arm. Stud. 85 f.); *ehar* = **e-pr̥ret*, zu aksl. *perą* 'schlage, wasche'. *arbi* 'trank', 3. Sing. *arb*, Imper. *arb*, suppletivisch zu *əmpem* 'trinke', vgl. lat. *sorbeo*, lit. *srebiù* 'schlürfe'. *e-tuk̀*, zu *tk̀anem* 'speie'.

78. Griechisch.

1) Weitere Beispiele zu den oben genannten:

Typus A. πνέ[F]ω 'wehe, atme' (Aor. πνεῦσαι). δέμω 'baue'. γέμω 'bin voll, strotze'. μένω 'maneo'. πένομαι 'strenge mich an'. στέρομαι 'bin beraubt, entbehre'. κέλομαι 'treibe an'. θέλω 'will'. εἵκω 'komme' dor., zu ἱκέσθαι (Typus B). λείβω 'libo'. στείβω 'trete fest, stampfe'. σπεύδω 'beschleunige'. πέμπω 'schicke'. μέμφομαι 'tadle'. σπένδω 'bringe ein Trankopfer dar' (vgl. Kretschmer Glotta 3, 338). φέγγω 'leuchte'. δέρκομαι 'sehe', zu ἔδρακον (S. 126). ἀμέργω 'streife ab, pflücke ab' (vgl. S. 99). σπέρχω 'dränge', zu gthav. *a-spər*ᵊ*zatā* (S. 129). πέρθω 'zerstöre'. ἕλκω 'ziehe' aus *σελκω. μέλπω 'singe'. ἐρέφω 'überdache'. λέπω 'schäle'. τρέπω 'wende'. δρέπω 'breche, schneide'. τρέφω 'nähre'. τρέχω 'laufe'. φλέγω 'brenne'. βλέπω 'blicke'. δέκομαι (δέχομαι) 'nehme auf'. στέφω 'umschliesse, bekränze'. ψέγω 'tadle'. — αἴθω 'brenne'. — λήγω 'höre auf' aus urgriech. *σληγω (dazu σλαγαρός). φώγω 'röste, brate', vgl. ahd. *bahhan* (§ 81, 1). τήκω dor. τάκω 'schmelze' (dazu τακῆναι). κήδομαι dor. κάδομαι 'kümmre mich, sorge' (dazu κεκαδών). σήπω dor. σάπω 'lasse faulen' (dazu σαπῆναι).

Typus B. a) Aoriste. Der Wortton war in den Formen des Verbum infinitum regelmässig auf dem thematischen Vokal. Ausserdem hat sich diese alte Betonung in Imperativformen erhalten, wie z. B. ἰδέ, λαβέ, φαγέ (1, 965). Hom. δίον 'geriet in Angst', W. δϝει-. ἔκτανον 'tötete', zu ἔκταμεν (S. 89), Präs. κτείνω; über ἔκανον s. 1, 792. ἔταμον 'schnitt', zu τέμνω. ἔπταρον 'niesste', zu πτόρος lat. *sternuo.* ἔβαλον 'warf', zu βέλος. ἔπλετο 'wurde', zu πέλομαι (S. 117). ἔγρετο 'erwachte', zu ἐγείρω; über das ἐ- von ἐ-γείρω s. S. 38 Fussn. 1. ἤγρετο 'versammelte sich', zu ἀγείρω. ἐπίθετο 'liess sich bestimmen, gehorchte', zu πείθω. ἱκέσθαι 'ankommen', zu dor. εἵκω. ἤριπον ἐριπεῖν 'niederstürzen', zu ἐρείπω. κύθε 'barg', zu κεύθω. ἤρυγον ἐρυγεῖν 'erbrechen', zu ἐρεύγομαι. ἔπαθον 'erfuhr, erlitt', zu πένθος. ἔλαχον 'erhielt durchs Los', zu Perf. λέλογχα und zu λόγχη 'Anteil'. ἔχαδον 'fasste', zu χείσομαι lat. *pre-hendo*, vgl. § 210, 1. ἔτραπον 'wandte', zu τρέπω. ἔτραφον 'nährte', zu τρέφω. — ἔλακον 'tönte, schrie, sprach', zu λέληκα (ᾱ). μακών 'aufbrüllend, aufschreiend', zu μεμηκώς. b) Präsentia dieser Gattung gibt es verhältnismässig wenige. Genannt sind oben κίω (S. 127), γλύφω (S. 125), el. ϝάρρην (S. 126), γράω (S. 127), eventuell φρύγω (S. 126). Im Verbum infinitum war der Accent nach Analogie der Formen des Typus A zurückgezogen, z. B. γλύφων γλύφειν für *γλυφών *γλυφεῖν. Andre Beispiele: ἄρδω 'bewässere' aus *ἀϝαρδω (ϝ- anzusetzen nach dem hom. νεοαρδής), zu Perf. 3. Plur. ἐρράδαται aus *ϝε-ϝραδ-, zu lett. *werdīt* 'sprudeln' lit. *versmẽ* 'Quelle' (Kretschmer Glotta 3, 294); freilich kann ἄρδω auch auf *ἀϝαρδι̯ω zurückgeführt werden, vgl. ἔρδω § 132. γράφω 'ritze ein, schreibe', zu einer *e*-Wurzel, sei es dass es zu lett. *grebju* 'grabe ein, schrabe' oder zu ags. *ceorfan* 'schneiden, schnitzen' mhd. *kerben* 'kerben' gehört. Dorisch waren τράπω, τράφω (Aoriste waren hom. ἔτραπον, ἔτραφον), στράφω, τράχω gegenüber ion.-att. τρέπω, τρέφω, στρέφω, τρέχω (s. o.). Manche Präsentia dieser Art waren wahrscheinlich junge Neubildungen: ὀρύχω 'grabe' (Aratus), bei Hesych τύκω· ἑτοιμάζω, νύγει· τῷ κέντρῳ πλήττει, ὕδω· λέγω und λίβει· σπένδει (falls nicht λείβει gemeint ist). Sicher ist so das späte Präs. ἐνίσπω neugeschaffen, nach dem Aor. ἔνι-σπον, vgl. πέφνω nach Aor. ἔ-πε-φνον u. dgl. (§ 89).

2) So wenig wie in den andern Sprachzweigen waren im Griech. Typus A und B ursprünglich auf Präsens und Aorist verteilt (S. 44 ff.). Beschränkten sich aber A-Formen auf aoristischen Gebrauch, was durch ihre Gruppierung im ganzen Verbalsystem verursacht wurde, so bekamen sie im Verbum infinitivum regelmässig den Tonsitz von B. So γενέσθαι : Präs. γίγνεσθαι (S. 117); θενεῖν : Präs. θείνειν (S. 117); att. τεμεῖν (hom. ταμεῖν B) : Präs. τέμνειν 'schneiden'; ἀγερέσθαι : ἀγείρειν 'sammeln'; ἐρέσθαι : εἴρεσθαι 'sich sagen lassen, fragen'. In suppletivischen Verbalsystemen: ἑλεῖν : Präs. αἱρεῖν 'nehmen'; φαγεῖν (S. 121) : Präs. ἔδειν, ἐσθίειν. Über τεκεῖν : Präs. τίκτειν 'erzeugen' und dor. πετών att. πεσεῖν (1, 662) : Präs. πίπτειν 'fallen' s. S. 120. — Dieselbe Betonung zeigen auch die Formen von andern themavokalischen Stämmen, wenn sie im Verhältnis zu einer andern Stammform die Rolle des Aorists im Verbalsystem bekamen, wie z. B. ἀμπισχεῖν -ισχέσθαι : ἀμπ-ισχνεῖσθαι, βλαστεῖν : βλαστάνειν, χραισμών : χραισμῶν (Brugmann-Thumb Griech. Gramm.[4] 329 f.).

Während die Doppelheit der Betonung bei τράπειν und τραπεῖν u. dgl. auf verschiedne Dialekte verteilt war (s. oben), mag sie in gewissen Fällen innerhalb desselben Dialekts vorgekommen und dann die Betonung des thematischen Vokals der besondre Ausdruck für aoristische Aktionsart gewesen sein, z. B. λιτέσθαι und λίτεσθαι, ἐγρέσθαι und ἔγρεσθαι (Delbrück Vergl. Synt. 2, 99 f.).

3) Der att. Aorist ὠσφρόμην 'roch', zu ὀσ-φραίνομαι (1, 88. 514), verhält sich zu ὀσ-φρήσομαι ὄσ-φρησις so, wie ai. *ji-ghra-ti* (daneben 3. Plur. *ji-ghr-ati* S. 106) zu *ghrā-ti ghrā-ti-ḥ ghrā-tá-ḥ* (1, 591. 2, 3 § 113). Vgl. ai. *jña* : *jñā-* § 76, 2.

79. Italisch.

1) Weitere Beispiele zu den oben genannten:

Typus A. Lat. *ex-uo*, *ind-uo* aus **-eu̯ō*, vgl. umbr. *an-ouihimu* 'induimino', W. *eu̯-* (vermutlich in griech. εὐνή 'Lager', εὐναί 'Ankersteine'). Umbr. veltu 'deligito' *eh-ueltu* 'iubeto', lat. *volo* aus **velō* (§ 51, 9). Lat. *vergo*. — *vādo*, vgl. ahd. *watan* aisl. *vaða* (§ 81, 1). *rādo*, falls nicht aus **razdō* (s. Walde Lat. et. Wtb.[2] 639 f.). *rōdo*. *laedo* (vgl. Walde 409). *lūdo* vermutlich aus **loidō* (vgl. alat. *loidos*), vgl. griech. λίζει· παίζει, λοίδορος 'schimpfend'.

Typus B. Lat. *parēns*, altes aoristisches Partizip (vgl. griech. τεκών), zu lit. *periù* 'ich brüte' (1, 467). Umbr. kartu 'distribuito' aus **karetōd*, zu griech. κείρω 'schere, schneide ab' (1, 467). Lat. *dī-vido*, woneben nach A umbr. vetu 'dividito' aus **vēf[e]tō* Grundform **u̯eidhe-tōd*; *-vido-* eventuell aus **vi-dho-* (§ 74, 2). Lat. *tergo* wohl aus **(s)trīgō*, vgl. *stringo*, got. *striks* 'Strich', ahd. *strīhhan* 'streichen'. Lat. *curro* aus **corsō* = **qr̥sō*, zu andd. *hers* 'Ross' aus **hersso-*. *cēdo* 'schreite einher' aus **ce-zdō* : *ce-* 'her', *-zdō* zu W. *sed-* 'gehen' (ai. *ā-sad-*, griech. ὁδός usw.). Alat. (XII tab.) *pacunt* (vermutlich als *pagunt* zu lesen) 'pangunt', zu *pāx*, W. *pāk̂- pāĝ-*.

2) Die Lautgesetze der ital. Sprachen haben oft den lautlichen Unterschied zwischen A und B verwischt, und oft ist nicht mehr zu entscheiden, welchem von beiden Typen eine Form ursprünglich angehört hat. Z. B. kann lat. *pendo*, umbr. ampentu 'impendito' (vielleicht zu ai. *spanda-tē* 'zuckt, schlägt aus') ebensogut uridg. *-en-* als *-n̥-* gehabt haben und *oc-culo* aus **-colō* ebensogut *-el-* als *-l̥-* (S. 118). Direktive für die Zuteilung

ergibt sich aber zumteil anderswoher. So ist z. B. Typus A, älteres *novō, für *nuo* daraus zu erschliessen, dass es zu ai. *náva-tē* gehört und nur in Komposita, wie *an-nuo*, lebendig war, oder für Entstehung von *pluit* aus unbetontem **plovit* spricht *plovēbat* neben ai. *pláva-tē* usw. (S. 117).

Dass lat. *verto* trotz alat. *vorto* (vgl. 1 § 144, 3) zumteil wenigstens ein urital. **u̯ertō* direkt fortgesetzt hat, ist wegen umbr. *couertu* wahrscheinlich; Analoges mag von *verro* neben *vorro* gelten. S. S. 119 und Solmsen Stud. 20f. 27.

Die alat. Konjunktive *fuam* (S. 124) und *tagam at-tigam* (S. 127) gehörten zu B. Ebenso die wahrscheinlich auf alten Aoristen beruhenden Perfekta *fidit* (S. 125), *scidit* (S. 125), osk. **diced* 'dixit' vgl. *dicust* (S. 124), **ĕmed* vgl. *per-emust* (S. 126), vgl. § 385, 2, a. Daher ist dem Typus B vielleicht auch zuzurechnen lat. Konj. *ad-venam*, osk. kúm-bened 'convēnit', wozu *ce-bnust* '(huc) venerit' aus **ce-ben-* und umbr. *benurent* 'venerint' (S. 124), ferner Konj. *tulam at-tulam* und Perf. *tulit*, vgl. griech. τάλας got. *þulaiþ*, griech. τελαμών. Vgl. § 80, 2.

Vielleicht erst im Anschluss an verbale Stämme auf *-ē* sind entstanden: lat. *cluo* neben *clueo* (S. 88. 124), *scato* neben *scateo*, umbr. neiřhabas 'ne adhibeant' neben habetu 'habeto'.

80. Irisch.

1) Weitere Beispiele zu den oben genannten: Typus A.: *cingid* 'schreitet', 3. Plur. *cengait*. *for-ding* 'bedrückt', 3. Plur. *dengat*, wohl zu ahd. *gi-zengi* 'nahe rührend an'. *do-seinn* 'treibt, jagt', 3. Plur. *-sennat*. *fo-ceird* 'wirft'. *rethid* 'läuft, rollt'. Typus B: *-mair* 'bleibt', Konj. *mara* (neben *maraith*), aus **smr̥ro-*, zu griech. μέριμνα, lat. *mora*. Zuweilen ist unklar, ob zu A oder zu B, z. B. *cladid* 'gräbt' (vgl. Walde Lat. et. Wtb.² 165), *orcid orgid* 'schlägt' (vgl. *-ort* S. 93).

2) Von einigen hierher gehörigen Stämmen kommt nur der *ā*-Konjunktiv vor, während der Indikativ *i-* (*i̯o-*) Flexion hat. So z. B. *do-menathar*, zu *do-moinethar -muinethar* 'meint', vgl. lit. *menù* 'gedenke' (Inf. *miñti*), *gaba*, zu *gaibid* 'nimmt', *fo-dama*, zu *fo-daim* 'duldet', *fris-gara*, zu *fris-gair* 'antwortet'. Vgl. § 79, 2 über lat. *fuam* usw.

81. Germanisch.

1) Weitere Beispiele zu den oben angeführten:

Typus A. Got. *sniwan* 'eilen' (W. *sneu-*). Got. *ga-timan* ahd. *zeman* 'ziemen'. Got. *stilan* ahd. *stelan* aisl. *stela* 'stehlen'. Got. *sneiþan* ahd. *snīdan* aisl. *sniđa* 'schneiden' (W. *sneit-*). Ahd. *slīʒan* aisl. *slíta* 'zerreissen' (W. *sleid-*). Got. *niutan* ahd. *nioʒan* aisl. *nióta* 'geniessen'. Ahd. *dioʒan* aisl. *þióta* 'tosen'. Got. *finþan* ahd. *findan* aisl. *finna* 'finden' (W. *pent-*). Got. *þreihan* aus **þrinχan*, ahd. *dringan* (mit *g* nach *drung-*) 'dringen', zu lit. *trenkiù treñkti* 'heftig stossen'. Got. *waírpan* ahd. *werfan* aisl. *verpa* 'werfen'. Got. *ƕaírban* 'wandeln' ahd. *hwerban* aisl. *huerfa* 'sich wenden'. Got. *hilpan* ahd. *helfan* aisl. *hialpa* 'helfen'. Got. *ga-wrikan* ahd. *rehhan* as. *wrekan* aisl. *reka* 'rächen'. Got. *qiþan* ahd. *quedan* aisl. *kueđa* 'sagen'. Got. *bi-gitan* ahd. *pi-geʒʒan* aisl. *geta* 'erlangen, finden'. Got. *giban* ahd. *geban* aisl. *gefa* 'geben'. — Got. *af-aikan* 'absagen, verleugnen', ahd. *in-eihhan* 'entsagen'. Got. *aukan* aisl. *auka* 'mehren'. Got. *-hlaupan* ahd. *loufan* aisl. *hlaupa* 'laufen'. — Got. *slēpan* ahd. *slāfan* 'schlafen'. Got. *grētan* aisl. *gráta* 'weinen'. Got. *flōkan* 'beklagen', vgl. lit. *plakù* (§ 82, 1).

Typus B. Got. *wulan* 'sieden', zu aisl. *vella* 'kochen, sprudeln', ahd. *walm* 'Hitze, Glut'. Got. *digands* 'knetend', W. *dheiĝh-* ai. *dḗhmi* 'streiche', griech. τεῖχος 'Mauer'. Ahd. *stehhan* as. *stekan* 'stechen' (mit Ablautentgleisung, Prät. ahd. *stah*), zu griech. στίζω 'steche', ai. *tḗja-tē* 'ist scharf'. Aisl. *sofa* 'schlafen' neben ags. *swefan* (S. 119 f.). Got. *trudan* aisl. *trođa* 'treten' neben ahd. *tretan* (A). Aisl. *knođa* 'kneten' neben ahd. *knetan* (A). — Wie aisl. *taka* : got. *tēkan* (S. 127), so wohl auch ahd. *watan* aisl. *vađa* 'waten': lat. *vādo* (S. 133), ahd. *bahhan* ags. *bacan* 'backen': griech. φώγω (S. 131).

2) Nicht paradigmatisch durchgeführte Formen ausserhalb des Ind. Präs.

a) Injunktivformen zu B. Ahd. *ni curi* 'noli', *ni curit* 'nolite', vgl. *curi* als 2. Sing. Ind. Prät. (b). Ags. *wuton* ursprünglich 'videamus' (S. 124).

b) Alte augmentlose Formen der 2. Sing. Prät. erscheinen im Westgerm. in dem im übrigen nichtthemavokalischen lebendigen Präteritum. Es sind teils Formen des Typus B, die als alte Aoriste angesehen werden dürfen, z. B. ahd. *zigi* (S. 124), teils Formen mit Dehnstufenvokal, z. B. ahd. *māʒi* (S. 123). Eine grössere Zahl von Beispielen der ersteren Art ist S. 124 ff. genannt. Von der zweiten Art ausser *māʒi* z. B. noch *sāʒi*, *quāmi*, *nāmi*, *quāti* (S. 123). Ein grosser Teil dieser Formen wird, da es sich um einen lebendigen und produktiven Bildungstypus handelt, erst einzelsprachlich und einzeldialektisch aufgekommen sein, und Übereinstimmung mit der Form einer andern Sprache, z. B. *zigi* = ai. *á-diša-ḥ*, kann jedesmal Zufall sein. S. § 407.

Anm. Die zu den Präteritopräsentia gehörigen Infinitive und Partizipia repräsentieren meistens den Typus B. So z. B. got. *witan* ahd. *wiʒʒan* aisl. *vita* 'wissen', Part. got. *witands* usw. (Ind. got. *wait*), got. *munan* aisl. *muna* 'sich erinnern, glauben' (Ind. got. *man*), got. *skulan* ahd. *scolan* 'schuldig sein, müssen' (Ind. got. *skal*), got. *ga-daúrsan* 'wagen' (Ind. *ga-dars*). Dagegen got. *ōgands* 'fürchtend' (Ind. *ōg*). Wahrscheinlich haben die Formen des Verbum infinitum, so weit es sich um Präteritopräsentia handelt, die auf altem Perfekt beruhen, nicht von Haus aus zu ebenfalls themavokalischen Formen eines Verbum finitum gehört, z. B. *witan*, *witands* nicht zu dem durch ai. *á-vidat* griech. ἴδον repräsentierten Tempus (S. 124); das zeigt besonders der Bedeutungsunterschied. Vielmehr war *witands* Fortsetzung des uridg. Perfektpartizips ai. *vidvás-* usw. 2, 1, 563 ff.), indem dieses in die Analogie der Stammbildung der präsentisch-aoristischen Partizipia übergeführt wurde. Got. *ōgands* Neubildung mit *-ands* nach dem in *un-agands* (S. 121) erhaltenen präsentischen Part. *agands*. Ebenso war der Infinitivausgang *-an* Neuerung nach den sonstigen Infinitiven auf *-an*. Dagegen können got. *kunnan* und *kunnands* ursprünglich sein, da dieses Präteritopräsens auf einem alten Präsens basierte (§ 253).

82. Baltisch-Slavisch.

1) Weitere Beispiele zu den oben angeführten:

Typus A. Lit. *vejù* 'winde, drehe', aksl. *vьją* 'wickle', das nach den slav. Lautgesetzen auch Typus B sein könnte (vgl. 2, b). Lit. *menù* 'gedenke', westslav. **-meną* poln. *-mionę* čech. *-menu* (Jensen KZ. 39, 590 f.). Aksl. *peretъ* 'tritt, wäscht', vgl. lit. *periù* 'bade'. Aksl. *židetъ* 'wartet', vgl. lit. *geidžiù* 'verlange nach'. Lit. *kemszù* 'stopfe'. Lit. *renkù* 'sammle', vgl. preuss. *senrīnka* 'versammelt' nach B. Lit. *kerpù* 'schneide mit der Schere'. Aksl. *strěžetъ* 'hütet' aus **serg-* (1, 782), vgl. lit. *sérgiu* 'behüte'. Lit. *velkù* 'schleppe', aksl. *vlěčetъ* 'schleppt'. Lit. *vedù* 'führe', aksl. *vedetъ* 'führt'. Lit. *neszù* 'trage', aksl. *nesetъ* 'trägt'. Lit. *metù* 'werfe', aksl. *metetъ* 'wirft'. Lit. *bredù* 'wate', aksl. *bredetъ* 'watet'. Lit. *segù* 'hefte'. Aksl. *tepetъ* 'schlägt'.

Typus B. Aksl. *rъvetъ* 'reisst aus', vgl. ai. *rávati* 'zerschlägt'; ob lat. *ruo* 'raffe, reisse, wühle' zu B oder zu A (aus **rovō* in Kompositis) zu stellen ist, bleibt zweifelhaft. Lit. *pinù* 'flechte', aksl. *-pьnetъ* 'spannt, hängt', vgl. aksl. *o-pona* 'Vorhang'. Lit. *ginù* 'wehre, wehre ab', russ. *žnet* 'schneidet ab, erntet', vgl. lit. *genù* (S. 117). Aksl. *po-čьnetъ* 'fängt an', vgl. *po-konь* 'Anfang'. Aksl. *žьmetъ* 'drückt', vgl. griech. γέμω (S. 131). Aksl. *nьretъ* 'dringt ein', vgl. Inf. *nrěti* und lit. *nerìù* 'tauche unter, schlüpfe ein'. Aksl. *vьretъ* 'schliesst', vgl. Inf. *vrěti* 'schliessen' und lit. *verìù* 'schliesse, öffne'. Aksl. *mьretъ* 'stirbt', vgl. Inf. *mrěti*. Lit. *riszù* 'binde' aus **u̯riszù*, W. *u̯reik̑-*, vgl. Iter. *raiszýti*, ags. *wríon wréon* (aus **wrīhan*) 'einhüllen, bedecken' (Prät. *wráh*). Aksl. *žьdetъ* neben *židetъ* (S. 136). Aksl. *cvьtetъ* 'blüht' (1, 585). Lit. *sukù* russ. *sku* (**sъką*) 'drehe'. Lit. *judù* 'errege mich, zittre, wanke'. Aksl. *-vrъzetъ* 'bindet, schliesst', vgl. Inf. *vrěsti*, lit. *veržiù* 'schnüre'. Aksl. *čгъpetъ* 'schöpft', vgl. Inf. *črěti*. Aksl. *dlъbetъ* 'scalpit', vgl. ahd. *bi-delban* 'begraben'. Aksl. *plъzetъ* 'kriecht', vgl. Inf. *plěsti*. Lit. *supù* 'schwinge, schaukle', aksl. *sъpetъ* 'schüttet, streut', vgl. aksl. *svepiti sę* 'agitari'. — Aksl. *pljьvetъ* aus **pjьvetъ* neben *pljujetъ* 'speit', ebenso *bljьvetъ* neben *bljujetъ* 'erbricht sich', *kljьvetъ* neben *kljujetъ* 'hakt mit dem Schnabel ein, pickt'. — Lit. *plakù* 'schlage, peitsche', vgl. got. *flōkan* 'beklagen' (S. 135).

2) a) Im Lit. oft sekundäre Dehnung der Wurzelvokale *i*, *u* und *a*. Beispiele: *skylù* 'gerate in Schulden' (Inf. *skìlti*, Prät. *skilaũ*) neben *skelìù* 'bin schuldig' (vgl. got. *skulan* § 81 Anm.). *kylù* 'erhebe mich' (Inf. *kìlti*, Prät. *kilaũ*) neben *kelìù* 'hebe'. *svyrù* 'bekomme das Übergewicht' (Inf. *svìrti*, Prät. *sviraũ*) neben *sverìù* 'wäge'. *yrù* 'trenne mich auf' (Inf. *ìrti*, Prät. *iraũ*) neben lett. *erst* 'trennen'. *bliũvù* 'breche in Brüllen oder Blöken aus' (Inf. *bliúti*, Prät. *bliuvaũ*), vgl. aksl. *blьvetъ* (s. o.). *kliũvù* 'hake an, bleibe hängen' (Inf. *kliúti*, Prät. *kliuvaũ*), vgl. aksl. *kljьvetъ* (s. o.). *griũvù* 'stürze ein' (Inf. *griúti*, Prät. *griuvaũ*), vgl. lat. *in-gruo*, *ruo* 'stürze' (zum Anlaut s. Walde IF. 19, 99). *pũvù* 'faule' (Inf. *púti*, Prät. *puvaũ*). *siũvù* 'nähe' (Inf. *siúti*, Prät. *siuvaũ*), vgl. lat. *suo*. *szãlù* 'friere' (Inf. *szálti*, Prät. *szãlaũ*), vgl. *pa-szolys* 'Frost'. *bãlù* 'werde weiss' (Inf. *bálti*, Prät. *bãlaũ*), vgl. lett. *bāls* (= lit. **bolas*) 'bleich'. Bei einem Teil der hierher gehörigen Verba war der

Vokal zunächst schon im Infinitivstamm lang, und die Länge im Präsens scheint auf dem Vorbild von Verba wie *gyjù* Inf. *gýti* Prät. *gijaũ* 'heil werden', *lyjù* Inf. *lýti* Prät. *lijaũ* 'regnen' zu beruhen, falls deren Präsensausgang *-ju* das Formans *-i̯o-* war (Wiedemann Das lit. Prät. 71 ff.). Über die in einem Teil des lit. Sprachgebiets im Präsens hinzugekommene Nasalierung, z. B. *skįlù*, *sr̥irù*, *pųvù*, *gįju*, s. § 210, 2.

b) Die Lautgesetze, die im Urslav. wirksam waren, lassen öfters nicht erkennen, ob Typus A oder B vorliegt. Erwähnt ist schon *vьją* S. 136; ebenso *bьją* 'schlage', neben *raz-bojь* 'Raub, Mord', *po-čьją* 'ruhe', neben *po-kojь* 'Ruhe'. Ferner Formen mit *ę*, wie *lęką* 'biege', neben *ląkъ* 'Bogen' lit. *lenkiù* 'biege', und *blędą* 'irre' neben *blądъ* ('Irre') 'πορνεία' lit. *blendžiù-s* 'verfinstre mich'.

c) Nicht klar ist der Ursprung des Wurzelvokalismus in den als Imperativ fungierenden optativischen Formen aksl. *rьci*, zu *rečetъ* 'sagt', *tьci*, zu *tečetъ* 'läuft', *pьci*, zu *pečetъ* 'backt', *žьzi*, zu *žežetъ* 'brennt', die alle den Wandel von *k*, *g* in *c*, *dz* nach 1 § 647, 3. 694, 3 haben. Bei *rьci* kann ein altererbter Ablaut vorliegen: denn man bringt *reką* ansprechend mit ai. *ṛ́k* und *arkā́-ḥ* 'Lied' arm. *erg* (Gen. *ergoy*) 'Lied' zusammen, die Wurzel wäre *ereq-*; der Anlaut *rь-* = uridg. *r̥-* wäre derselbe wie z. B. in russ. *relʹ* = aksl. **rьlь* 'Stangengerüst', zu lit. *ardaĩ* und *arklaĩ* 'Stangengerüst' (vgl. Torbiörnsson Gemeinslav. Liquidametath. 1, 11). Nach *rьci* wäre *tьci* usw. gebildet worden. Einer andern Auffassung zufolge (Pedersen KZ. 38, 419 f., Persson Beitr. 154 f.) wären in allen diesen Imperativen gleichzeitig im Urslavischen *e* zu *ь* geworden. Erst einzeldialektisch entstand čech. Ind. *řku* (= **rьką*) nach dem Imperativ.

b. Redupliziert, mit Reduplikation auf *-i*, *-ī*:
Typus ai. *bí-bhra-ti*, *tí-ṣṭha-ti* nebst ai. *á-dī-dhara-t*.

83. 1) Die Formen wie ai. *bí-bhra-ti tí-ṣṭha-ti* stehen, wie § 58 S. 105 bemerkt ist, in der gleichen Weise neben dem themavokallosen Typus ai. *bi-bharti* griech. ἵ-στησι (§ 58 ff.), wie der Typus ai. *ásti á-dhāt* themavokalische Formen neben sich hat (§ 50 ff.), und so, wie im letzteren Fall die themavokalische Abwandlung im allgemeinen als unursprünglich anzusehen ist, gilt das auch dort. Für die entwicklungsgeschichtliche Erklärung aber ist dabei ein wichtiger Unterschied. In den unreduplizierten Formen enthielten der Ausgang der 3. Plur. Ind. und der Ausgang der starken Stammgestalt des zugehörigen Partizips zumteil von uridg. Zeit her einen Vokal, der sich vom sogen. thematischen Vokal nicht unterschied. Hier war also ein direkter Anlass zum Übergang in die themavokalische Konjugation für die betreffenden Verba gegeben (S. 59. 87). Dagegen bei den reduplizierten Formen fehlte dieser Anlass infolge davon, dass sie *-n̥ti -n̥t* und *-n̥t-* hatten (z. B. 3. Plur. ai. *jí-ghr-ati*).

Wie weit in unserer Klasse, wo eine Form in mehreren Sprachzweigen zugleich auftritt (wie griech. γί-γνομαι lat. *gi-gno*, ai. *tí-ṣṭhati* lat. *si-stit*), voreinzelsprachliche Bildung vorliegt, und wie weit nur zufälliges Zusammentreffen einzelsprachlicher Neuerung in demselben Ergebnis, ist nicht mehr zu entscheiden.

84. Mehrsprachliches. 1) W. *ĝen-* 'gignere': griech. γί-γνομαι, lat. *gi-gnit*, vgl. av. *zī-zənti* § 59, I, 4.

2) W. *sed-* 'sedere': vermutlich **si-zde-ti*. Der zuverlässigste Zeuge für diese Form ist umbr. *ander-sistu* '*intersidito' sistu 'considito' aus urosk.-umbr. **sizd*[*e*]*tōd*, weil die Formen mit *-sm-*, *-sn-*, *-sl-*, wie umbr. *esme*, fesnaf-e, *disleralinsust* (1, 760), es wahrscheinlich machen, dass *z* in *-zd-* im Osk.-Umbr. nicht geschwunden ist, und Zusammenhang jener *andersistu* und sistu mit lat. *sisto* unwahrscheinlich ist. Lat. *sīdo* kann lautgesetzlich **sizdō* gewesen sein, vgl. *nīdus* aus **nizdo-s* (a. a. O.). Weiter vermutlich ai. *sī́dati* für **sīda-ti* nach den Formen mit *sā̆d-* und mit *sēd-* = **sa-zd-*, vielleicht auch griech. ἵζω d. i. *hizdō*. Im übrigen s. Walde Wtb.[2] 695 u. die dort genannte Lit.

3) W. *stā-* 'stare': ai. *tí-ṣṭha-ti* av. *hi-šta'ti* apers. 3. Sing. *a-ʰištatā*, lat. *si-stit* umbr. sestu 'sisto' (S. 109), vgl. griech. ἵ-στησι § 60, I, 3. Die themavokalische Flexion im Ar. scheint mit dem doppelkonsonantischen Wurzelanlaut *st-* insofern zusammenzuhängen, als urar. **si-st*(*h*)*a-ti* ein gleichartiges Aussehen mit **si-zda-ti* (ai. *sī́da-ti*), **pi-bda-tai* (ai. *píbda-tē*) u. dgl. hatte. Im Ir. hat sich unser Präsens mit Umformung nach der *i̯o*-Konju-

gation erhalten: *fo-sissedar* 'tritt ein für, bekennt', *ar-sissedar* 'innititur' (§ 134).

4) W. *pō-* (*bō-*) 'trinken': ai. *pi-bati*, lat. *bi-bit*, ir. *i-bid*, vgl. ai. 3. Plur. *pí-patē*. S. S. 37. 108.

85. Einzelsprachliches.

Arisch. Ai. *ji-ghya-ti*, zu *hi-* 'antreiben'; *gh* für *h* aus dem Perf. *ji-ghāya* (vgl. 1 § 690 Anm.). Av. *sispimna-* 'aufschwellend, emportreibend' = **sispyəmna-* urar. **ši-šryamna-*, zu ar. *švay-* ai. *šváya-ti* (Aor. unbelegt *a-ši-šviyat a-ši-šrayat*). Ai. *jí-ghna-tē*, zu *han-* 'schlagen, töten', vgl. av. *ja-γnənte* (§ 88). Ai. *a-bi-bhran*, *bí-bhramāṇa ḥ* neben *bi-bhárti* (S. 105). Ai. 3. Sing. *ji-ghrati* neben 3. Plur. *jí-ghr-ati* (S. 106). Ai. 3. Sing. *á-pi-prata* neben *pi-parti* (S. 105). Gthav. Imper. *īratū* neben ai. *íy-arti* Med. *īrtē* (S. 105). Ai. *pí-bdatē*, zu *pad-* 'fest machen'. Ai. 3. Plur. *mi-manti* neben *mí-māti* 'brüllt', Opt. *mi-mīyāt*. Hierher auch *ninda-ti* 'schmäht', zu gthav. *nadant-* 'schmähend', griech. ὀνόσσομαι usw. gehörig, aber von den Indern wegen der zu griech. ὄνειδος usw. gehörigen Formen *nidyá-tē ninidúḥ* usw. als ein Präsens mit Binnennasal angeschaut, als welches es eigentlich **nindá-ti* lauten sollte (§ 197, Güntert IF. 30, 86f.).

Die Präterita der in der Normalstufe konsonantisch schliessenden Wurzeln blieben als 'kausative' Aoriste im Ai. eine produktive Kategorie, semantisch zu dem Präsens auf *-áyati* (§ 166ff.) gehörig. Z. B. *á-ši-šriyat*, zu *šri-* 'anlehnen', *a-ci-kṣi-pat*, zu *kšip-* 'werfen', *á-pi-spr̥šat*, zu *sparš-* 'berühren', *á-ci-kra-dat*, zu *krand-* 'brüllen'. Mit *ī* in der Reduplikation z. B. *á-vī-vr̥tat*, zu *vart-* 'vertere', *á-cīkl̥pat*, zu *kalp-* 'passend sein', s. S. 27f. Mit *u* und *ū* für *i* und *ī* z. B. *á-šu-šruvat*, zu *šru-* 'hören', *á-cu-krudhat*, zu *krudh-* 'zürnen', *á-dū-duṣat*, zu *duṣ-* 'schlecht werden', s. S. 25. 28. Die Lebendigkeit dieser Bildungskategorie tritt besonders in Schöpfungen wie *á-mī-mr̥ṇat* (zu *mr̥ṇá-ti* 'er zermalmt'), *jī-hipat* (zu *hā-payati*, Kaus. zu *já-hāti* 'er verlässt') zu Tage.

Griechisch. Ausser γί-γνομαι und eventuell ἵζω d. i. *hi-zdō* (§ 84) nur noch weniges dieser Art. μί-μνω 'bleibe'. νίσομαι 'kehre heim' auf Grund von *νι-νσ- (S. 106). ἴσχω 'halte, habe' aus *σι-σχω. τίκτω 'zeuge' aus *τι-τκω (1, 870). ἰάχω 'schreie laut' aus *Fι-Fαχω, zu δυσ-ηχής. πίπτω 'falle' wahrscheinlich für *πί-πτω, nach ῥίπτω (S. 28). ἴλλω 'rolle, wälze' (W. *u̯el-*) vielleicht aus *Fι-Fλω, vgl. εὐλή 'Wurm' = *ἑ-Fλα (Solmsen Unters. 229). μίσγω 'mische' vielleicht nicht auf Grund von **mik̑-sk̑ō* (§ 268), sondern aus **mi-mzg̑ō*, zu W. *mezg̑-* 'tauchen' (Wackernagel KZ. 33, 39).

Italisch. Auch hier nur weniges ausser den in § 84 genannten vier Präsentia. Lat. *serit* 'sät' aus **si-seti*, W. *sē-* (1, 97). Vest. *di-det* 'dat', päl. *dida* 'det', umbr. *dirsa* 'det' *dirsans* 'dent' (1, 534), osk. *didest* 'dabit', zu griech. δί-δωσι (§ 60, I, 2); auch ist wahrscheinlich lat. *reddit* aus **re-didet* entstanden (*reddidī* mit *dd* nach *reddo*).

Irisch. *ibid* 'bibit' (§ 84, 4) scheint der einzige nur lautgesetzlich veränderte indikativische Rest dieses Typus im Keltischen zu sein. Doch gehören vielleicht auch einige futurische *ā*-Konjunktive hierher: *ebra* 'wird gewähren' aus **pi-brā-*, zu W. *per-*, neben *era* 'er gewähre' aus **perā-* (S. 37 Anm. 1), so dass *ebra* formell dem Konj. *eba* 'bibat' gleichsteht; ferner *-cēla* 'wird verhehlen' aus **ci-clā-*, zum Ind. *celid* 'verhehlt' (W. *k̑el-*), *-gēra* 'wird erhitzen' aus **gi-grā-*, zum Ind. *-geir* 'erhitzt' (W. *g̑ᵘher-*) u. a. S. 1, 689. 692 f. 2, 3 § 89 und Thurneysen Handb. des Altir. 1, 385 f.

86. II) Im Arischen und im Keltischen tritt die Wurzelsilbe in diesem Bildungstypus auch normalstufig auf, wie zu W. *ĝen-* 'gignere' ai. *á-jī-janat*, ir. Konj. *gignithir* aus **gi-genā-*. Ob es die Stammbildung wie **ĝi-ĝeno-* schon in uridg. Zeit gegeben hat, ist aber sehr zweifelhaft.

Arisch. Im Ai., wo alles Hergehörige dem Aorist zufällt, galten für den Ersatz von *ĭ* durch *ŭ* und für den Wechsel zwischen *i*, *u* und *ī*, *ū* in der Reduplikationssilbe dieselben Gesetze wie für die Formen mit Schwundstufe der Wurzel (S. 140), denen sie auch funktionell entsprechen. In der älteren Sprache erscheinen auch gleichartige Aoristformen ohne thematischen Vokal (S. 107). Präsentische Formen finden sich nur im Iranischen. Av. *zī-zanənti* 'sie gebären', Konj. *zī-zanāt̰*, ai. *á-jī-janat jī-janat*, vgl. av. *zī-zənti* (S. 106). Ar. *bhar-* 'tragen' av. *uz-bībarāmi* (Bartholomae Altiran. Wtb. 939), vgl. ai. *bi-bhárti* (S. 105), *a-bi-bhran* (S. 140). Av. *ti-tarat* 'er drang an gegen', *ti-tarənt-*

'überwindend' (dazu *titārayeiti*), ai. *a-tītaraḥ*, vgl. *ti-tarti* (S. 106). Ai. *dhar-* 'halten' av. *vī-didārəmnō* 'empfindend' (*ā* aus dem Perf. *dadāra* oder dem Iter. *dārayeiti*), ai. *a-dī-dharat*, vgl. *dī-dhar di-dhṛtá* (S. 107). Av. *yeyenti* d. i. *iy-eyenti*, s. S. 34. 107. Ai. *á-bī-bhayanta*, vgl. *bi-bhéti* (S. 107). *du-drávat*, vgl. *á-du-drōt*, zu *dru-* 'laufen'. *á-pi-plavam* (ŚB.) und unbelegt *a-pu-plavat*, zu *plu-* 'schwimmen'; wie *á-pi-plavam* auch *a-śi-śravat* (unbel.), zu *śru-* 'hören'. *a-cu-cyavat*, zu *cyu-* 'sich bewegen', vgl. Opt. *cu-cyuvīmáhi*. *á-cī-carat*, zu *car-* 'bewegen'. *á-pī-patat*, daneben *a-pa-ptat*, zu *pat-* 'fliegen, fallen'. *a-sī-ṣadat*, zu *sad-* 'sitzen'.

Bei der Frage des Ausgangspunkts dieser ai. Formen (vgl. Delbrück Vergl. Synt. 2, 229) ist zu beachten, dass die auf die Reduplikation folgende Silbe regelmässig kurz ist, wie in § 85. Daher keine Formen wie etwa **a-ci-kṣēpat* für *a-ci-kṣipat*, und die Verteilung von *i*, *u* und *ī*, *ū* war stets dieselbe, ob die Wurzelsilbe schwach oder normalstufig war.

Irisch. Konjunktivbildungen auf -*ā*- mit futurischer Bedeutung. *gignithir* 'wird geboren werden', 3. Plur. *gignitir*, Prät. Fut. -*gigned*, Stamm **gi-genā-*, W. *ĝen-* 'gignere'. -*cechna* 'canet', Stamm **ci-canā-*, zu *canid* 'canit'. -*didma* 'wird zugestehen, gewähren', 3. Plur. -*didmat*, Prät. Fut. -*didmed*, Stamm **di-damā-*, zu Präs. *daimid*, vgl. griech. δαμάζω 'bezwinge'. -*ība* 'bibet', 3. Plur. *ībait*, Stamm **i-ibā-*, zu *ibid* 'bibit' (S. 37. 39); diese Form ist augenscheinlich zum Konj. Präs. -*eba* hinzugebildet worden nach dem Verhältnis von *gignithir* zum Konj. *genā-* u. dgl. Zur Frage des Ursprungs dieser ganzen Formkategorie Thurneysen Handb. des Altir. 1, 386.

c. Redupliziert, mit Reduplikation auf -*e*: Typus ai. *sá-śca-ti*, *dá-dha-ti*.

87. Diese Klasse entspricht derjenigen themavokallosen Klasse, die durch ai. *bá-bhas-ti dá-dhā-ti* usw. vertreten ist (§ 61 ff.), und sie ist im allgemeinen dieser gegenüber ebenso unursprünglich, wie ai. *tí-ṣṭha-ti* dem griech. ἵ-στη-σι gegenüber (§ 83 ff.). Wegen des Zusammenhangs mit dem Perfekt (§ 61) bezeichnet man die Präterita, wie ai. *á-vōcat*, geradezu als themavokalisches Perfektpräteritum.

Dass auch diese Klasse, wenigstens als Präteritum, schon voreinzelsprachlich ins Leben getreten ist, scheint namentlich aus ai. *á-vōcat* = griech. ἔ-[F]ειπε hervorzugehen.

88. Mehrsprachliches. W. *g^{u}hen-* 'schlagen, töten': ai. *ja-ghnant-* av. *ni-jaγnənte* 'sie werden niedergemacht' Prät. *ja-γnat̰*, griech. Aor. ἔ-πε-φνον Inf. πε-φνέμεν. — W. *seq^{u}-* 'sequi': ai. *sá-ścasi*, griech. Aor. ἕ-σπετο Inf. ἑ-σπέσθαι, vgl. ai. 3. Plur. *sá-ścati* S. 111. — W. *dhē-* 'setzen' und W. *dō* 'geben': ai. 3. Sing. *dá-dhati dá-dati* und gthav. 3. Plur. *da-dəntē* neben ai. *dá-dhāti* usw., wie lit. *dedù* usw., *dúdu* usw. neben 2. Plur. *dèste*, *dúste*, s. S. 110 f.; über aksl. *deždą* § 134.

Nur präterital (als Aorist) vorkommend. W. *u̯eq^{u}-* 'sagen': **u̯e-u̯q^{u}é-*: ai. *á-vōcat* Opt. *vōcḗt*, av. *vaočat̰*, griech. ἔ-[F]ειπον εἶπον Imper. εἰπέ, vgl. S. 24. 38. 112. Neben *á-vōcat* erscheint im Ved. ein kurzvokalischer Konjunktiv *vōcati*, der an das hom. εἴπα erinnert. — Griech. τε-ταγών 'fassend', lat. *te-tigit*, zu W. *tēk-* (S. 127. 134). πε-παγοίην (Eupolis), zu πήγνῡμι 'befestigte', lat. *pe-pigit*, zu W. *pāk̑- pāĝ-*. Ebenso vielleicht (vgl. Solmsen Beitr. 1, 19) πε-παλών 'schwingend', lat. *pe-pulit*. Aufnahme der lat. Formen ins Perfektsystem wie *fidit* u. a. (S. 134). Aus dem Faliskischen stellt Herbig IF. 32, 73 ff. hierher *f[if]iqod* = **fefiqont*.

89. Einzelsprachliches.

Arisch. Ai. *yḗṣa-ti* = **ya-yṣa-ti*, zu *yas-* 'wallen, sieden'; av. *yaēṣ̌ənta* 'sie siedeten, flossen über' = ai. *yḗṣanta* oder für *yaēšinta* geschrieben, so dass es *i̯o*-Präsens wäre wie das Part. *yaēšyantīm* (§ 124, 1). Ai. *jā-grati* neben *jā-gárti* mit *jā-* aus dem Perfekt (S. 112). *ja-kṣati* neben *á-ja-kṣuḥ* usw. (S. 111 f.). Gthav. *zazəntī* 'sie bringen in ihren Besitz' für **hazəntī* = **se-zĝhonti*, zu *haz-* = uridg. *seĝh-* 'bewältigen, haben', vgl. *za-zuštəma-* S. 139. Ai. *ja-hati* neben *já-hāti* (S. 111), vgl. zu derselben Wurzel *ĝhē(i̯)-ĝhəi̯-* av. 3. Plur. Konj. *frā- . . . za-zaya̜n* ('sie sollen herzulassen') neben gthav. 2. Plur. *-zayaϑā*. Ai. *rá-ratē* neben *ra-rāsva ra-rīdhvam*, zu *rā-* 'schenken'.

Aoristische Formen (Perfektpräterita). Ausser dem § 88 genannten ai. *á-vōcat* av. *vaočat̰* folgende Formen. Ai. *á-pa-ptat* 'flog', Imper. *pa-ptata*. Av. *nąsat̰* 'ging verloren', wie *nąs-* als schwacher Perfektstamm (*nąs-vā̊*) = **ne-n̥k̑-*, W. *nek̑-*; dafür ai.

á-nēšat wie Stamm *nēš-* im Perf. (§ 373, 3). Av. *ja-γmaṯ* 'er kam', vgl. Perf. Opt. *ja-γmyąm*. Gthav. *sa-škən* 'sie merkten sich', vgl. Perf. *sa-šk-* (*sašk-uš-*) = urar. **ša-šk-* (1, 559) gegenüber ai. Perf. *šēk-* (§ 373, 3). Av. *ta-tašaṯ* 'zimmerte' ai. (unbel.) *a-tatakṣat*, vgl. Perf. av. *ta-taš-* ai. *ta-takṣ-*, zu W. *tekp-*.

Griechisch. Hier in ältester Zeit nur aoristische Formen, z. B. noch ἐ-κέ-κλετο, zu κέλομαι 'treibe an', πε-πιθών πε-πίθοιτο, zu πείθω 'rede zu', πε-πύθοιτο, zu πεύθομαι 'erforsche', δέ-δαε 'lehrte', zu δαῆναι 'lernen' aus **dn̥s-* (1, 748. 2, 3 § 268), λε-λάχωσι, zu λαγχάνω 'erhalte durchs Los' (Perf. λέ-λογχα), τε-τάρπετο, zu τέρπω 'sättige, labe', λέ-λαθον, zu λήθω 'bin verborgen', κε-καδών 'beraubend' κε-κάδοντο 'sie wichen', zu ἐκεκήδει 'wich'. In späterer Gräzität wurden präsentische Formen hinzugebildet: πέφνω, ἕσπομαι, κέκλομαι, vgl. ἐνί-σπω nach ἔνι-σπον (S. 132).

Italisch. Ausser *te-tigit*, *pe-pulit* (S. 143) können in der Perfektgruppe noch andere solche Aoriste aufgegangen sein, z. B. *pe-pugit pu-pugit*, *sci-cidit*, *ce-cidit*. Doch lässt sich, bei der Art der Entstehung des lat. 'Perfekts', in dieser Richtung nichts mit einiger Sicherheit behaupten. S. § 385.

Irisch. *ā*-Konjunktive dieser Klasse können sein die *ē*-Futura. So lassen sich lautgesetzlich erklären z. B. *-cēla* 'wird verhehlen' aus **ce-clāt*, zu *celid* 'celat', *-gēra* aus **ge-grāt*, zu *-geir* 'erhitzt', *fris-gēra* aus **ge-grāt*, zu *fris-gair* 'respondet' (1, 689. 692 f.), während Analogieschöpfungen nach dem so ins Leben getretenen Typus Formen wären wie *-bēra*, zu *berid* 'fert', *-mēla*, zu *melid* 'mahlt', *-mēra*, zu *-mair* 'bleibt', *-gēba*, zu *gaibid* 'nimmt'. Doch lässt sich diese Kategorie der Futura lautgesetzlich auch von solchen Formen aus erklären, die *i* in der Reduplikationssilbe hatten. S. 1, 689. 692 f. 2, 3, 141 und Thurneysen Handb. des Air. 1, 385 f.

d. Mit vollerer Reduplikation: Typus griech. ἤρ-αρο-ν (ἀρ-αρεῖν).

90. Die einschlägigen Formen entsprechen den in § 66 f. genannten themavokallosen Formen.

1) An die Formen des § 66 schliesst sich an: av. *naē-nižaiti*,

neben ai. *né-nẹ̄jmi*. Vgl. auch das av. Part. (Instr. Plur.) *γžarᵊ-γžarəntīš* 'hin und her fliessend', zu ai. *kṣára-ti* 'fliesst'.

Die ai. Formen mit konjunktivischer Bedeutung, wie *jō-huvanta, nō-nuvanta, car-kiran, dar-dirat* (S. 113) stellt man am besten als Injunktivformen hierher, nicht zum kurzvokalischen Konjunktiv, wegen der gleichbedeutenden 1. Sing. *dḗdišam*, die nur Injunktiv sein kann.

2) Reichlicher sind vertreten die themavokalischen Formen zu § 67. Nur éin Verbum zeigt diesen Typus in zwei Sprachzweigen zugleich: Aor. arm. *ar-ari* 3. Sing. *ar-ar* (Präs. *aṙnem* 'mache'), griech. ἤρ-αρον Inf. ἀρ-αρεῖν (Präs. ἀραρίσκω 'füge an'). Andre, nur einzelsprachlich belegte Formen, die diese und andre in § 22 S. 33 ff. behandelte Reduplikationsweisen zeigen, und die grösstenteils sicher erst einzelsprachlich aufgekommen sind, sind folgende:

Ai. Aor. *ām-amat*, zu *am-* 'schädigen', *āp-ipat*, zu *āp-* 'erreichen', *āš-išat* (unbel.), zu *aš-* 'essen', *prāṇinat* (unbel.) d. i. *pra āninat*, zu *an-* 'atmen'. Aor. *arpipam* zum Kausat. *arpáya-ti*, zu *ar-* 'in Bewegung setzen' (§ 168); unbelegt *ārdidhat* (*ardh-* 'gedeihen'), *ārjijat* (*arj-* 'richten, herbeischaffen'), *āubjijat* (*ubj-* 'niederhalten'). Präs. *ar-arṣati al-arṣati*, zu *arṣ-* 'strömen'.

Griech. nur Aoriste. ὤρ-ορον Inf. ὀρ-ορεῖν, zu ὄρνῡμι 'errege'. ἀκ-άχοντο, zu ἀκ-αχίζομαι 'betrübe mich'. ἤν-εγκον Inf. ἐν-εγκεῖν 'hinbringen', vgl. ai. *ān-ąša* (S. 34). ἄλ-αλκε 'wehrte ab'. ἐρύκακε Inf. ἐρῡκακέειν, zu ἐρύκω 'halte zurück'. ἠνίπαπε, zu ἐνίσσω ἐνίπτω 'fahre an, schelte' (§ 285).

C. Themavokalloser Stamm, aus einer zweisilbigen Ablautbasis mit langem Vokal oder Langdiphthong in zweiter Silbe bestehend.

a. Vorbemerkungen.

91. Die hierher gehörigen Formen, wiederum teils Präsentia, teils Aoriste, setzen zweisilbige Basen (Ablautbasen) voraus, die entweder auf einen langen Vokal, *-ā*, *-ē* *-ō*, endigen, z. B. **bheu̯ā-* zu W. *bheu̯-* 'werden', **ĝenē-* **ĝenō-* zu W. *ĝen-* 'gignere', oder auf einen Langdiphthong, *-āi̯*, *-ēi̯* *-ōi̯*, *-āu̯*, *-ēu̯*

-ō^{x}u̯, z. B. **menā^{x}i̯-* zu W. *men-* 'sinnen, denken', **terā^{x}u̯-* zu W. *ter-* 'hindurchdringen'. Diese Basen unterlagen quantitativem Ablaut und zwar in verschiedener Weise, je nachdem die erste oder die zweite Silbe oder keine von beiden haupttonig war.

1) Hatte die erste Silbe den Hauptton, so blieb sie, als sogen. Vollstufe (V.), und wurde die zweite geschwächt, z. B. ai. *jáni-ṣva* zu **ĝenē-* **ĝenō-*, *a-grabhī-t* (vgl. *grábhī-tar-*) zu **ghrebhā^{x}i̯-*, ai. *taru-tē* zu **terā^{x}u̯-*, hom. (ϝ)έρῡ-το zu **u̯erā^{x}u̯-*.

2) Hatte die zweite Silbe den Hauptton, so wurde die erste geschwächt, und hier erscheinen nun, wenn die beiden Silben nicht einen Geräuschlaut, sondern einen Sonorlaut in der Mitte hatten, zwei Schwächungsgrade nebeneinander, sogen. Reduktionsstufe (R.), eine nur mindere Schwächung, und sogen. Schwundstufe (S.). Vgl. 1 § 545. 547, 9. 1004, 1.

R + V z. B. **bhu̯u̯ā-* lit. 3. Sing. *bùvo*, **m̥n̥ē(i̯)-* griech. ἐ-μάνη Inf. μανῆναι, lit. *mìnė*. S + V z. B. **bhu̯ā-* lat. 2. Sing. *-bās*, ir. 3. Sing. *bā ba*, **plē-* (zu W. *pel-* 'füllen') ai. *á-prāt*, hom. πλῆ-το, lat. *im-plēs*. S + V kam nicht auf, wenn die Wurzel, wie z. B. *sreu̯-* 'fliessen', zweikonsonantisch beginnt, daher griech. ἐ-ρρύη Inf. ῥυῆναι d. i. **sruu̯ē-*. Einsilbigkeit des Stammes war auch möglich bei Wurzeln auf Geräuschlaut ohne Sonorlaut, wie *pet-*, *bhes-*, z. B. ai. *psā́-ti* neben *bá-bhas-ti*. Dagegen mussten Basen zu Wurzeln mit *i̯*, *u̯*, Nas., Liqu. vor schliessendem Geräuschlaut zweisilbig bleiben, z. B. lat. *vidē-s*, zu W. *u̯eid-*, *oportet* aus **op-vortē-t*, älter **u̯r̥tē-*, zu W. *u̯ert-* (§ 112).

Die ursprüngliche Haupttonigkeit der Vokallänge ist bei R + V nur noch teilweise zu erkennen, z. B. in den griech. Partizipien wie μανείς, in ahd. *dagēt* 'tacet' aus **þaȝé-* (neben got. *þahaiþ*).

3) Lag der Hauptton auf einer auf die beiden Silben der Basis folgenden Silbe, so konnten beide Basissilben geschwächt werden. War in ihrer Mitte ein Geräuschlaut, so blieb stets Zweisilbigkeit, z. B. ai. 3. Sing. M. *gr̥bhī-tá* (vgl. Part. *gr̥bhī-tá-ḥ*). So zumteil auch, wenn ein Sonorlaut diese Stellung hatte, z. B. gthav. 3. Sing. *-mrvītā* d. i. *-mruvī-tā*, aksl. *mlъvi-tъ* neben ai. *brávī-ti*, Basis **mleu̯ēi̯-*. Einsilbigkeit konnte nur dann eintreten, wenn in der Mitte ein Sonorlaut war, z. B. 2. Plur. **bhū-té* ai.

bhūtá á-bhūta griech. ἔ-φῦτε (vgl. Part. ai. *bhū-tá-ḥ*), ai. 3. Sing. M. *brū-té* neben Akt. *brávī-ti*.

Durch Analogiewirkung wurden die ursprünglichen, rein lautgesetzlichen Verhältnisse seit uridg. Zeit vielfach gestört. Z. B. ist der Singular ai. *bhū́-t á-bhūt* griech. φῦ ἔ-φῦ neben die schwachen Plural- und Dualformen getreten nach dem Muster der durch alle Numeri gleichmässig durchgehenden Stämme **bh(u)u̯ā-*, **plē-* u. dgl. (§ 93).

92. *-ē* (*-ēi̯*) und *-ō* (*-ōi̯*) bei derselben Wurzel neben einander beruhen, wie sonst meistens, auf Abtönung und sind demnach als etymologisch identisch anzusehen, z. B. **ĝ(e)nō-* in griech. ἔ-γνω-ν neben **ĝ(e)nē-* in ahd. *chnāen* 'wissen'. Wie sich hierzu etymologisch das *-ā* z. B. von **bheu̯ā-* **bh(u)u̯ā-* verhält, ist völlig dunkel. Nicht selten erscheint sowohl *-ē* *-ō* als auch *-ā* hinter derselben Wurzel, z. B. **bheu̯ē-* aksl. *bě* 'eras, erat' und **bheu̯ā-* lat. *-bam*; zu *men-* 'sinnen' **menē-* lit. *mìnė* und **menā-* dor. μέμνα-ται; zu *tel-* 'tragen' **telē-* ahd. *dolē-t* und **telā-* dor. ἔ-τλα. Aus solchen Doppelheiten folgt natürlich nicht, dass *ā* und *ē* *ō* dasselbe, nur ablautlich variierende Elemente gewesen sind. Vielmehr haben wir sie als Formantien ebenso voneinander zu trennen wie etwa *-sk̑o-* (βά-σκω) und *-i̯o-* (βαίνω aus *βαν-ιω). Vgl. Persson Beitr. 701 ff.

Wie z. B. ἐλίπη-ν eine zu λείπω usw. einzelsprachlich hinzugekommene Neubildung nach unserm Stammtypus gewesen ist, wird auch z. B. die für die uridg. Zeit theoretisch zu erschliessende Basis **u̯eidē(i̯)-* (ai. *a-vēdī-t*, *védi-tum*, *vidi-tá-ḥ*, lat. *vidē-s*, ahd. *ir-wizzē-t*, aksl. 3. Sing. *vidi-tъ* Inf. *vidě-ti*) auf einer formantischen Erweiterung derjenigen Wurzelelemente beruhen, die in ai. *á-vidat* griech. ἰδεῖν, ai. *véda* griech. οἶδε usw. vorliegen. Hier hat sich also diese Neubildung schon in uridg. Zeit abgespielt. Welches aber die ursprünglichsten Musterformen der beiden Gattungen der *ā-* und der *ē-* : *ō*-Formen gewesen sind, lässt sich überhaupt nicht mehr mit Sicherheit oder auch nur Wahrscheinlichkeit sagen. Dabei ist beiderseits zu beachten, dass dieselbe Basis zuweilen auch als Nominalstamm auftritt, der nominale Gebrauch aber im allgemeinen das Präjudiz grösserer Altertümlichkeit für sich hat (S. 51 ff.). So z. B. ai. *jyā́* griech.

βία 'Gewalt' neben dem verbalen Stamm *$g^{u}i(\underset{.}{i})ā$- (S. 52); ai. *yā-* in *pra-yā́-* 'das Vordringen', *tura-yā́-* 'eilig gehend' u. a. neben *yā́-ti* lit. *jó-ju* (§ 104); ai. *ni-drā́* 'Schlaf, schlafend' neben *drā́-ti* 'schläft' (§ 113); griech. χρή 'Notwendigkeit' neben κέ-χρη-μαι; lat. *ind-olē-s* 'angeborene Beschaffenheit' neben 2. Sing. *ad-olē-s*, *adolē-sco*; *fidē-s* neben griech. πιθή-σω, lit. *kabē̃* 'Haken' neben *kabė́-ti* (2, 1, 220 ff.).

Nach dem Vorbild älterer zweisilbiger Basen sind aber nicht nur alte, von Haus aus einsilbige Stämme zu zweisilbigen verbalen Stämmen erweitert worden, sondern nachdem zweisilbige Basen lautgesetzlich einsilbig geworden waren und dabei die Gestalt S + V bekommen hatten, eigneten sich zuweilen auch ursprünglich einsilbige, auf langen Vokal ausgehende Basen die Art und Weise jener an, so dass sie den ihnen im Paradigma von Haus aus eignen Ablaut aufgaben. So ist z. B. griech. ἔστημεν für *ἔ-στᾰ-μεν (vgl. ἔ-θε-μεν, ἔ-δο-μεν) eingetreten nach ἔ-δρᾱ-μεν u. dgl. auf Grund seiner intransitiven Bedeutung (S. 100). Vielleicht ist auch das bereits uridg. *$g^{u}ā$- 'gehen' in ai. *á-gā-t á-gā-ma* griech. ἔ-βη ἔ-βη-μεν, das sich so zu *$g^{u}eme$- (got. *qimiþ* usw.) wie *drā-* 'laufen' ai. *drā́-tu* griech. ἔ-δρᾱ (Basis **derā-*, vgl. ai. *dári-drā-ti* 'läuft umher') zu **dreme-* (ai. *drama-ti* usw.) verhält, nach dem Vorbild von *drā-* geschaffen worden (vgl. Persson Beitr. 572 ff.).

Da in derjenigen Zeit der uridg. Sprache, die wir von den historisch gegebenen Sprachzuständen ausgehend zunächst zu erschliessen im stande sind, nicht nur lautgesetzliche Veränderungen, wie der Übergang von *ēi̯* in *ē* vor Konsonanten (1, 203), sondern auch eine Fülle von analogischen Neubildungen die zeitlich weiter zurück liegenden Zustände bereits beträchtlich verdunkelt hatten, so ist es weiterhin auch schwer, über das genetische Verhältnis, das zwischen den Basen auf einen einfachen langen Vokal und denen auf einen Langdiphthong besteht, und über das genetische Verhältnis zwischen den -$ā^{x}i̯$- und den -$ā^{x}u̯$-Basen ins klare zu kommen. Um so schwerer, als an die betreffenden Formtypen keine Bedeutungen geknüpft erscheinen, die jedem von ihnen eigentümlich sind, und durch die man sie auch semantisch für die uridg. Zeiten von einander unterscheiden könnte.

b. Die zweite Silbe der Ablautbasis ist reduziert.

α. Unredupliziert, Basis auf $\bar{a}^x$: Typus ai. *vámi-ti*.

93. Mehrsprachliches. **u̯éma-ti* 'vomit': ai. *vámi-ti*, 3. Plur. *vam-anti*, vgl. *vami-trā*; griech. ἐμέω für *[F]εμε-μι (§ 96), vgl. Aor. ἤμε-σα, ἔμε-σις 'das Erbrechen'. — Ai. *šami-ṣva* 'mühe dich', vgl. *šami-tá-ḥ*; griech. ἀ-κάμας -αντος 'nicht ermüdend', vgl. κάμα-το-ς 'Mühe'.

Daneben erscheinen im Präsens themavokalische Formen, wobei der thematische Vokal die Stelle von *ə* einnimmt. So ai. auch *vama-ti* und *šáma-nt-*. Lat. *vomo vomi-t*. Im Got. *-ana* 'hauche', wie im Ai. *ána-ti* neben *áni-ti*. Griech. λό[F]ω 'wasche' und lat. *lavo lavi-t* (aus **lovō*) neben griech. λο[F]έω für *λοFε-μι. In einigen Fällen mag diese Doppelheit schon in uridg. Zeit vorhanden gewesen sein, z. B. ai. *jani-ṣva* : *jána-ti* (S. 117), und so mögen im Anschluss daran dann andere *ə*-Präsentia die *e* : *o*-Flexion angenommen haben. Aber auch die umgekehrte Übertragung scheint bisweilen vorgekommen zu sein. Für ein nicht zu bezweifelndes Beispiel dieser Art halte ich das nachhom. πέτᾰ-μαι neben πέτο-μαι (Brugmann-Thumb Griech. Gramm.[4] 324, Fraenkel Glotta 1, 282).

Der Typus **u̯éma-ti* ist sicher im Ar., Griech., Ir. erhalten geblieben. Unsicherere Belege im Arm. und im Ital.

Eigenartig ist der Aor. ai. *á-bhūt* griech. ἔ-φῡ, Plur. *á-bhūma* ἔ-φῡμεν, zu ai. *bhavi-ṣyáti bhávi-tum* usw. (S. 146 ff.). Entsprechend av. Fut. *būšyant-*, ai. Perf. 2. Sing. *ba-bhū-tha* (vgl. av. *bvāva* = urar. **bhu-bhāva*). Dieses Formensystem entstand nach dem Vorbild von Systemen einsilbiger Stämme wie **plē-* aus **pelē-*, z. B. ai. *á-bhūt* und *ba-bhūtha* wie *á-prāt* und *pa-prātha*. Zu ai. *á-bhūt* die 1. Sing. ved. *á-bhuvam*, jünger *á-bhūvam*, 3. Plur. ved. *á-bhūvan*, griech. 1. Sing. ἔ-φῡν. Reste dieses Aorists im Balt.-Slav. sind lit. Imper. *bú-k*, aksl. 2. 3. Sing. Aor. *by*. Dazu überdies vielleicht umbr. futu *futu* 'esto', vgl. S. 124.

94. Arisch. Ai. *áni-ti* 'atmet', 3. Plur. *an-ánti*, vgl. Fut. *ani-ṣyati*, Part. *ani-ta-*, griech. ἄνε-μο-ς; daneben *ána-ti* und *aná-ti*. *jáni-ṣva* 'werde geboren', vgl. Fut. *jani-ṣyáti*, *jani-tár-* griech. γενέ-τωρ lat. *geni-tor*; daneben *jána-ti*. Imper. *stani-hi* 'donnre', vgl.

Part. *stani-ta-*; daneben *stana-ti*. *svapi-ti* 'schläft', 3. Plur. *svap-anti*, Imper. *svapi-hi*, vgl. Fut. *svapi-ṣyati* (neben *svapsya-ti*); daneben *svápa-ti* (vgl. zu *svapi-ti* § 100). *śvasi-ti* 'schnauft', Imper. *śvasi-hí*; daneben *śvása-ti*. — Dieselben Abstufungsverhältnisse wie der Typus *ás-ti* (§ 50 S. 86) zeigt *rud-* 'weinen': *rōdi-ti*, Plur. *rudi-maḥ rud-anti*, vgl. Fut. *rōdi-ṣyati*, Inf. *rōdi-tum*, Part. *rudi-ta-*; daneben *rōda-ti* und *ruda-ti*.

Durch Übertritt in die Analogie der Formen mit *-ī-* (aus *-āˣi-*) im Prät. (vgl. *á-bravī-t* § 99): *a-vamīt*, *ánī-t*, *a-śvasīt*, *a-rōdīt* u. a. So auch *a-śarīt* 'zerbrach' für **a-śari-t* = ir. *do cer* aus urkelt. **kerā-t* (§ 98). Vgl. denselben sekundären Anschluss bei *āsīt* 'erat' für *āḥ* (S. 94. 154).

Im Av., wo *ĭ* und *ī* in der Schreibung nicht auseinandergehalten sind, ist die Zuteilung zu einem der beiden Typen, ai. *vámi-ti brávī-ti*, nur da angängig, wo das Ai. oder andere Sprachen Anleitung dazu geben. Die überlieferten Formen (mit *ī*) scheinen alle dem Typus *brávī-ti* anzugehören. S. § 100.

Mit ai. *á-bhūma* S. 149 stehen ablautlich auf gleicher Stufe: *hū-tē hū-máhē* Aor. *á-hūmahi* von der Basis **ĝheu̯āˣi̯-* 'rufen' (*hávī-man- jō-havī-ti hvā-syatē*, lit. *žavėti* 'besprechen, zaubern', aksl. *zъva-ti* 'rufen'); Imper. *pūr-dhí* von der Basis **pelē-* 'füllen' (§ 59, I, § 112).

95. Armenisch. Ein Überrest dieser Klasse könnte das Präsens *keam* 'lebe' sein. Statt es auf ein **gᵘi̯i̯ā-* (1. Sing. **gᵘi̯i̯ā-mi*) zu beziehen (s. § 106), ist es wegen der auf **gᵘi(i̯)ē- *gᵘi(i̯)ō-* weisenden griech. ζῇ und ζώω (§ 140) vielleicht angemessener, ein **gᵘei̯ə-mi* (oder **gᵘi̯i̯ə-mi*?, vgl. griech. πρία-το, τάλαντα § 96) zu Grunde zu legen. Da *ā* und *a* (= *ə*) zusammenfielen, ging das Verbum in die Weise der ursprünglichen *ā*-Stämme über: Aor. *keçi* aus **kea-çi*, wie *kardaçi* zu *kardam* ('rufe, nenne') usw. (§ 272).

96. Griechisch. Im Verbum finitum hat sich bloß bei zweisilbigem Stamm auf α die themavokallose Flexion erhalten, während *-ε-μι, *-ο-μι wohl schon seit urgriechischer Zeit durch Übertritt in die *e* : *o*-Flexion durchgängig zu -εω, -οω geworden sind (vgl. ἐρύω für *ἔρυ-μι § 102); zur Ausbreitung der thematischen Flexionsweise vgl. § 251, 3. Der Übertritt in die themavokalische Flexion ist bei den α-Verba im allgemeinen erst später erfolgt. Diese zeitliche Verschiedenheit beruhte vielleicht darauf, dass, als in urgriechischer Zeit z. B. *φιλει̯ω, *τροπει̯ω, *μισθοι̯ω zu φιλέω, τροπέω, μισθόω wurden, noch *τῑμάω (aus *τῑμᾱι̯ω) gesprochen wurde (vgl. § 151, 2), dreisilbige Präsentia auf -ᾰω, die zum Übergang von -ᾰ-μι zu -ᾰω hätten anregen können, es damals also noch nicht gab.

δέατο 'videbatur' aus *δει̯α-, vgl. ai. *a-dī-dēt di-dī-hí* (S. 107). κρέμα-μαι 'hange', vgl. Fut. κρεμά-[σ]ω, κρεμά-θρα 'Hängekorb'. ἔρα-μαι 'liebe', vgl. ἠρα-σάμην, ἐρα-τός; them. ἐράομαι. γηρᾱ́ς -άντος 'alternd', vgl. γηρά-σαι; für *γερα-ντ- *γερα-σαι, vgl. γερα-ρό-ς, ai. *jari-mán-* 'Alter' (Basis **ĝerē-*, vgl. Part. γηρείς -έντος aus *γερηντ-); them. γηράω ἐγήρᾱ (Osthoff IF. 19, 239). γέλαν 'sie lachten' (E. M. 225, 8), arg. κατα-γελάμενος, vgl. γελά-σαι; them. γελάω. Dor. ἐν-πέλα 'nähere dich', vgl. πελά-της; them. πελάω (Fraenkel IF. 28, 242 f.). Ko. ἐλάντω 'sie sollen treiben', arg. ποτ-ελάτω, vgl. ἤλα-σα, ἐλα-τήρ; them. ἐλάω. ἵλα-μαι 'versöhne', vgl. ἱλά-σασθαι, Umbildung von *ἑλα-, mit ι für ε nach ἱλα- aus *σι-σλα- (S. 107). — Unsicher ist Entstehung von ἐάω 'lasse' aus *ἐϝα-μι, s. Solmsen KZ. 44, 118 ff. 160.

Die erste Silbe ist reduziert. ἀ-δάμᾱς -αντος ('unbezwingbar') 'Stahl' (wie ἀ-κάμᾱς § 93), vgl. ep. δάμα-σσα παν-δαμά-τωρ, ai. *dami-tár-*, got. *ga-timan* ahd. *zeman* 'ziemen'. Auf Part. ταλαντ- 'tragend' beruht τάλαντα Plur. 'Wage' (wozu der Sing. τάλαντον nach der Analogie der *o*-Stämme), vgl. ταλά-σαι und τελα-μών 'Tragriemen' (Kretschmer Glotta 3, 266 ff., Solmsen IF. 31, 497 ff.). Vielleicht hierzu noch ἄγα-μαι 'achte für gross, staune', vgl. ἀγά-σασθαι (man verbindet ἀγα- mit μέγα); them. ἀγάομαι. — Aor. ἐ-πρία-το 'kaufte', mit ai. *krī-tá-* 'gekauft', ir. *-cria* 'emat' zu einer Basis **q^{u}rei̯ā^x-*.

Wie ἐμέω aus *ϝεμε-μι (§ 93). λο[ϝ]έω 'wasche', vgl. λόε-σσα, λοε-τρόν. ἀλέω 'mahle', vgl. ἀλέ-σσαι, ἀλε-τρίς. καλέω 'rufe', vgl. καλέ-σαι und κέ-κλη-μαι; hom. Inf. καλήμεναι war wohl καλέμεναι mit metrischer Dehnung.

ἀρόω 'pflüge' für *ἀρο-μι, vgl. ἤρο-σα, hom. ἀρηρο-μένος, ἄρο-τρον, ir. *ara-thar* 'Pflug'; hom. Inf. ἀρώμεναι war wohl ἀρό-μεναι mit metrischer Dehnung.

Noch andre Verba auf -αω, -εω, -οω, die mit grösserer

oder geringerer Wahrscheinlichkeit von derselben Art waren, bespricht Ehrlich Zur idg. Sprachgesch. 44 ff.

Als lautgesetzliche Fortsetzung des uridg. *ə* ist nur α zu erwarten. Die Dreiheit α, ε, ο erinnert an ἵστα-μεν, τίθε-μεν, δίδο-μεν (1, 174 f. 2, 3 102. 109). Während aber die ε, ο in τίθε-μεν, δίδο-μεν einfach zu erklären sind, bereiten die von ἐμε-, ἀρο- u. dgl. grössere Schwierigkeiten, deren auch die neueste Behandlung bei Persson Beitr. 685 ff. augenscheinlich nicht ganz Herr geworden ist.

97. Italisch. Hier ist dieser Typus, scheint es, mittelbar durch lat. Verba auf *-āre* vertreten. *calāre*: griech. καλέω (§ 96), wohl auch osk. akkatus 'advocati' aus **ad-kălă-to-* (IF. 18, 532); unsicher bleibt Zugehörigkeit von lat. *calendae* (Walde Lat. et. Wtb.[2] 112). *lavāre* aus **lovāre* (Solmsen KZ. 37, 1 ff.): *lāvī* aus **lou̯ă-u̯ai* (§ 391), *lautus* aus **lou̯ă-to-s*, umbr. vutu 'lavito', griech. λο[F]έω (§ 96); der Bedeutungsunterschied zwischen *lavāre* und *lavere* ist hiernach anders entstanden als Jacobsohn KZ. 42, 161 f. vermutet. *arāre* : griech. ἀρόω (§ 96). Das Griechische setzt Basen auf *-ē* und *-ō* voraus, und die Präsensflexion im Lat. mag ausgegangen sein von den Formen wie *calănt*, *lavănt*, *arănt* (vgl. *dănt* zu W. *dō-*), nachdem die Formen wie **plantānt(i)* durch Übergang von *ā* in *a* (1, 800) im Ausgang mit ihnen zusammengefallen waren. Auch können *calem*, *lavem*, *arem* aus **calăi̯ēm* usw. erklärt werden, entsprechend dem *dem* aus **dăi̯ē-m*.

Anm. In gleicher Weise dürfte auch sonst noch die Präsensflexion *-ō -ās* usw. entstanden sein, z. B. *crepāre* : vgl. *crepuī* und *crepere* (wie *lavāre* : *lavere*); *amb-ulāre* : vgl. umbr. *amb-oltu* 'ambulato', vgl. ἐλάω (§ 96), doch macht das umbr. *o* Schwierigkeit (vgl. veltu, *eh-ueltu*).

98. Irisch. Das Prät. *do cer* 'er fiel' setzt ein **keră-t* voraus, vgl. Präs. *-chrinim* § 214, 2. *cer* geht also auf das uridg. **k̑erə-t* zurück, auf dem auch ai. *a-śarīt* 'zerbrach, zermalmte' beruhte (§ 94 S. 150). Vgl. Thurneysen KZ. 37, 119, Handb. des Altir. 1, 403.

β. Unredupliziert und redupliziert, Basis auf *-āᵉi̯*: Typen ai. *brávī-ti* lat. *cupi-t* und ai. *jó-havī-ti*.

99. I) Unredupliziert. In der zweiten Basissilbe teils *ι*, teils mit noch weiter gegangener Reduktion *i*. Die erste Silbe ungeschwächt, z. B. in ai. *brávī-ti*, oder ebenfalls reduziert, z. B. in av. 3. Sing. *-mrvī-ta* d. i. *-mruvī-ta*.

Mehrsprachliches. **mleu̯ēi̯-* 'sich stimmlich äussern' 3. Sing. **mléu̯ī-ti*: ai. *brávī-ti* 'spricht' *á-bravī-t*. Imper. *brávī-tu*; av. *vyā-mrvīta* 'sagte sich los', aksl. *mlъvi-tъ* 'murrt' (Inf. *mlъvi-ti*). Das *ē* der zweiten Silbe ist erhalten in der av. 3. Plur. *mravā're*, deren erste Silbe unursprünglich starkstufig ist (§ 103, 3). Daneben Formen, die nicht auf eine Basis mit *i*-Diphthong zurückführbar sind: av. *mrao'ti*, Prät. *mraot*, 2. Plur. gthav. *mraotā*, ai. *á-brav-am* av. *mraom* d. i. *mravəm*, ai. *brūmáḥ*, *brūté*, 3. Plur. *bruv-átē*, Imper. *brūhí* av. *mrū'δi*.

**bheu̯ēi̯-* 'werden'. Die dem ai. *bravī-* entsprechende Ablautgestaltung nur in dem reduplizierten ai. *bō-bhavī-ti*, zu § 101, 3 (vgl. *bhávī-tva-ḥ* 'zukünftig'). Weiter verbreitet aber war das dem av. *mrvī-* entsprechende **bhu̯ī-* (über apers. *bī-yā^h* u. a. iran. Formen s. Hübschmann IF. Anz. 6, 35). Lat. *fī-s fit*. Ir. 3. Sing. *-bī*, Pass. *-bīther*. Ags. 3. Sing. *bið*. Lit. *bit*(*i*) ('er war') mit unursprünglicher Primärendung; aksl. 2. 3. Sing. *bi* (ursprünglich 'eras', 'erat') Grundf. **bhu̯ī-s -t*, wozu hinzugekommen ist die 1. Sing. *bimь* 'ich wäre' (mit Primärendung, wie Opt. *otъ-paděmь* 'ἀποπέσοιμι'). Dasselbe **bhu̯ī-* in griech. φῖ-τυ, lat. *fī-tum*. Vgl. § 112. 123, 2, a.

**u̯eidēi̯-* 'sehen'. Ai. Aor. *a-vēdī-t*. Lit. *pa-výdi-me* 'invidemus' (Inf. *-vydė́-ti*), aksl. *vidi-tъ* 'videt' (Inf. *vidě-ti*). Vgl. ai. *vēdi-tár- védi-tum*, *vidi-tá-ḥ*.

**eu̯ēi̯-* 'Kleidung anlegen'. Umbr. *an-ouihi-mu* 'induimino'. Lit. *ãvi-me* 'wir tragen Fussbekleidung' (Inf. *avė́-ti*).

Seit uridg. Zeit erscheinen nun solche Basen auch themavokalisch behandelt. Darauf beruht ein grosser Teil der Präsensbildungen mit *-i̯o-* *-i̯o-*, z. B. die Formen lat. *fīo fīunt*, ir. *-bīu* 3. Plur. *-biat*, ags. *béo* neben lat. *fit* usw.; lit. *pa-výdžu* aksl. *viždą* neben 1. Plur. *-výdime vidimъ*; ai. *mányē* griech. μαίνομαι aus *μανι̯ομαι aksl. *mьnją*, zu Basis **menēi̯-*. S. § 122 ff. Sie entsprechen als themavokalische Formen den Formen mit Vokallänge in der zweiten Basissilbe wie ai. *mathāyá-ti*, *gr̥bhāyá-ti* (§ 137 ff.).

100. Einzelsprachliches.

Arisch. Ai. zu *grabh-* 'greifen, nehmen' *a-grabhī-m a-grabhī-t a-grahī-t*, 3. Du. *á-gr̥hī-tām*, Med. *gr̥hī-tá gr̥hī-ṣva*, vgl. *grahīṣya-ti gr̥hīṣya-ti*, *gráhītum*, *gr̥bhītá-ḥ* (vgl. § 217 über *gr̥hāṇá*). Zu *am-* 'schädigen' *amī-ti amī-ṣva*, vgl. *ámī-vā-* 'Drangsal'. Zu *tav- tu-* 'stark sein' *tavī-ti*. Formantisch in näherer Beziehung zu einander mögen stehen Part. *āsī-na-ḥ* 'sitzend' (neben *āsāná-ḥ*) und av. 3. Plur. *ǡŋhāire* (§ 103, 3).

Seit urar. Zeit hat sich dieses *ī* ausgebreitet in den Indikativen mit Sekundärendung. Dabei war im Ai. das Bestreben wirksam, durch die *ī*-Bildung einen lautlichen Unterschied zwischen 2. und 3. Sing. Akt. zu gewinnen, die zusammengefallen waren, z. B. Imperf. *āsīḥ*, *āsīt* für *āḥ* 'eras', *āḥ* 'erat' (S. 94), Aor. *á-kārīḥ* 'rühmtest', *á-kārīt* 'rühmte' zur 1. Sing. *á-kāriṣam*, also für **-iš[-š]*, **-iš[-t]* (§ 337). Nach dieser Art sogar Injunkt. 2. Sing. *ūnayīḥ* zu *ūnaya-ti* 'lässt unerfüllt', 3. Sing. *dhvanayīt* zu *dhvanaya-ti* 'hüllt ein'. Im Av. *vaⁱnīt̰* 'besiegte' (Präs. *vanaⁱti*), Injunkt. gthav. *fra-zahīt̰* 'er lasse im Stich' (ai. *jasa-tē* 'deficit'), *sāhīt̰* 'er lehre' (Präs. *sāsti*).

Öfters erscheint *-ī-* für *-i-* aus *-ə-*, z. B. ai. *a-vamīt* zu *vámi-ti* (§ 93), *šamī-ṣva* neben *šami-ṣva* (§ 93), *ānīt* zu *áni-ti* (§ 94), womit zu vergleichen ist *ī* für *i* im Präsensformans *-nī-*, z. B. *mr̥ṇī-máḥ* (§ 212), und *ī* für *i* in ai. *á-dhī-mahi* zu W. *dhē-* setzen u. dgl. (S. 101) und in ai. *mí-mītē*, *ší-šītē* (S. 108). Als urar. *ī* hat demnach wohl auch zu gelten das *ī* der av. Injunktivformen gthav. *daⁱ-dī-t̰* 'gewährt, soll zuweisen', jgav. *daⁱ-δī-t̰* 'schenkt'; hier ist das Danebenstehen der themavokalischen Flexion des reduplizierten Präsens, wie gthav. 3. Plur. *dadəntē* (S. 143), zu berücksichtigen: vgl. oben *vaⁱnīt̰* neben *vanaⁱti*.

Wie weit für das Arische *i* neben *ī* als ursprüngliches *i*, nicht als uridg. *ə*, in den Formen unsrer Klasse anzuerkennen ist, ist schwer zu sagen. Mit Rücksicht auf aksl. *sъpi-tъ* 'schläft' (Inf. *sъpa-ti*) liesse sich z. B. für ai. *svapi-ti* als Grundform **su̯épi-ti* ansetzen (so jetzt auch Persson Beitr. 747). Vermutlich handelt es sich aber doch in allen solchen Fällen um *i* = *ə*, also *svápi-ti* : *svápa-ti* wie *áni-ti* : *ána-ti* (§ 93).

Anm. Unsicher ist *āi* für *ī* in einigen ai. Formen wie *ašarāit* (AV.) neben *ašarīt*, wie auch *s*-Aorist *agrahāiṣam* (Āit. Br.) neben *agrahīṣam*.

Sind solche Formen nicht lediglich Schreibversehen, wie Böhtlingk ZDMG. 54, 510 ff vermutet, sondern wirklich gesprochen worden, so ist doch jedenfalls nichts altes darin zu sehen. Der Langdiphthong müsste aus Formen auf *-āya-ti* wie *gṛbhāyá-ti* stammen. *-āit* wäre eventuell auf *-āyi-t*, *-āiṣam* auf *-āyiṣam* zurückzuführen.

Italisch und Baltisch-Slavisch. Hierher gehören alle lat. und balt.-slav. Präsensstammformen auf *-ī* und *-i*, also nicht nur die oben genannten lat. *fī-s* aksl. *bi* lit. *bi-ti*, aksl. *vidi-tъ* lit. *pa-výdi-me*, aksl. *mlъvi-tъ*, *mьni-tъ*, *sъpi-tъ*, lit. *ãri-me* (nebst dem umbr. *an-ouihi-mu*), sondern auch z. B. lat. *farcī-s*, *vincī-s*, *salī-s*, *cupi-s*, *capi-s* und aksl. *smrъdi-tъ* lit. *smírdi-me* (neben Inf. *smrъdě-ti* *smirdė́-ti* 'stinken'). Wegen ihrer Vermischung mit themavokalischen Formen (1. Sing. lat. *fīo fīunt*, aksl. *viždą* usw.) werden wir sie erst § 122 ff. näher behandeln.

101. II) Redupliziert. Ai. Formen mit verschiedenem Reduplikationstypus, deren Stamm auf *-ī* ausgeht.

1) Formen der 2. 3. Sing. auf *-īḥ -īt* mit dem Reduplikationstypus I, 1 (S. 24), die man demgemäss teils als Aoriste, teils als Plusquamperfekta bezeichnet (vgl. Delbrück Vergl. Synt. 2, 224). *á-ja-grabhīt* (1. Sing. *ja-grabham*), vgl. *a-grabhīt* (S. 154). In andern Fällen beruht der Ausgang ebenso sicher auf verhältnismässig junger Übertragung wie in *ā́sīḥ ā́sīt* usw. (S. 154), z. B. in *a-ri-rēcīt* 'liess zurück', *da-dharṣīḥ* (Injunkt.) 'wage'.

2) Formen mit dem Reduplikationstypus I, 2 (S. 27), die man als Intensiva bezeichnen kann. *vā́-vadī-ti* zu *vad-* 'reden', vgl. Aor. *a-vādīt*, *vadi-tum udi-tú-ḥ*. *pā́-patī-ti* zu *pat-* 'fliegen, fallen'. Über 3. Du. *a-vā-vaśī-tām* (*vaś-* 'wünschen') neben Perf. *vā-vaśúḥ*, 3. Sing. *á-vā-varīt* (*var-* 'bedecken, einschliessen') neben *a-vārī-t* s. Delbrück a. a. O.

3) Formen mit dem Reduplikationstypus III (S. 29), Intensiva. Z. B. *jō-havī-ti* zu *hū-* 'rufen', von Basis **ĝheu̯āxi̯-*, vgl. *hávī-man-* usw. (S. 150); *dō-dhavī-ti* zu *dhū-* 'schütteln', vgl. *a-dhuvīt a-dhāvīt* (vgl. § 133 über arm. *de-devim*); *nán-namī-ti* zu *nam-* 'beugen'; *tar-tarī-ti* zu *tar-* 'hindurchdringen, überschreiten', vgl. *tarī-tum á-tārīt*; *dar-darī-ti* zu *dar-* 'spalten', vgl. *dárī-man-*; *jar-bhurī-ti* zu *bhur-* 'zappeln, beben' (vgl. § 24 Anm. 2). Nie erscheint dieses *-ī-* hinter der Wurzelsilbe bei dem

ebenfalls den Intensivbildungen angehörigen IV. Reduplikationstypus (§ 19), daher z. B. *nárī-nō-t* neben *nō-navī-ti*.

γ. Unredupliziert, Basis auf *-ā^x u*: Typus griech. (ϝ)έρῡ-το, ai. *taru-tē*.

102. In der zweiten Basissilbe teils *ū*, teils mit noch weiter gegangener Reduktion *u*. Die erste Silbe ungeschwächt z. B. in griech. (ϝ)έρῡ-το, ai. *taru-tē*, reduziert z. B. in griech. (ϝ)ρῦ-σθαι. Mit themavokalischer Flexion erscheinen dieselben Basen in den Formen wie ai. *tū́rva-ti* usw. (§ 185 ff.). Ihr *u*-Element ist dasselbe, das in den Präsentia auf uridg. *-neu-ti* vorliegt (§ 193).

Basis **u̯elā^x u̯-* 'winden, wickeln, hüllen': arm. *gelum* 'ich drehe' (Aor. *geli*), vgl. unten; mit themavokalischer Flexion lat. *voluo volvo* aus **u̯elu̯u̯-ō* und griech. εἰλύομαι, falls es auf *ἐϝελῡ- und nicht — was wegen καταείλῡον (v. l. Ψ 135) wahrscheinlicher ist — auf *ϝελνῡ- zurückzuführen ist (Solmsen Stud. 233 f.). Vgl. arm. *gelumn* 'Drehung, Umwindung' = lat. *volūmen* (2, 1, 236), *volūtus*, *volūcrum*, griech. ϝλῡ- in πέλλῡτρον 'um den Fuss gewundener Riemen' (*πεδ-λῡτρον) und ai. *varū́tra-m* 'Überwurf' griech. ἔλῠ-τρον 'Hülle'[1]).

**u̯erā^x u̯-* 'schützen': hom. (ϝ)έρῡ-το und Inf. (ϝ)ρῦ-σθαι; themavokalisch griech. ῥύομαι für *ϝρῡ-μαι. Vgl. ai. *várū-tha-m* 'Schutz' *varū-tár-* 'Schützer' und griech. ἐρύ-σασθαι, ἔρῠ-μα 'Schutz'.

**terā^x u̯-* 'hindurchdringen': ai. *taru-tē*, vgl. *táru-ṣ-* 'Überwindung' *táru-tra-* 'hinüberbringend, überwindend' und griech. τρῦ-μα τρύ-μη 'Loch'.

**u̯erā^x u̯-* 'ziehen': bei Hseiod Infin. εἰρύ-μεναι (εἰ- entweder metrische Dehnung von ἐ- oder aus ἐϝε-); themavokalisch ἐρύω (§ 188). Vgl. ἐρύ-σαι und ϝρῡ- in Perf. εἴρῡ-μαι, Part. ῥῡ-τός.

Armenisch *gelum*, 2. Sing. *-us*, 3. Sing. *-u*, 1. Plur. *-umk̔* usw. hat dieselben Ausgänge wie die Nasalpräsentia wie *z-genum* = ion. εἴνῡ-μι (§ 234, 1). Noch einige andre Präsentia auf *-um* scheinen dieser Art zu sein. Doch sind sie teils etymologisch unklar, wie *hełum* 'giesse aus, vergiesse' (Aor. *heti*), *henum* 'webe,

1) ἔλυται· ἔρχεται (Hesych) gehört wohl nicht zu dieser Wurzel (vgl. Solmsen a. a. O.), sondern ist im Anschluss an ἐλήλυ-μεν, προσήλυτος, ἐλεύ-σομαι geschaffen.

nähe zusammen' (Aor. *heni*), *zenum* 'schlachte, opfre' (Aor. *zeni*), teils gehören sie zu Wurzeln, die zwar auch in andern idg. Sprachen vorkommen, dort aber nicht die Erweiterung mit dem *u*-Diphthong aufweisen, wie *çelum* 'spalte', *z-ercum* 'ziehe aus, nehme weg' (Kleider, Schmuck u. dgl.). Vgl. auch Pedersen KZ. 39, 354.

Im Griechischen ausser den genannten noch etwa ἀρύω 'schöpfe' (§ 188), vgl. ἀρῠ-τήρ (Langdiphthong im Basisauslaut nicht belegt).

Die hier und in ῥύομαι, ἐρύω, lat. *volvo* vorliegende themavokalische Flexion, die auch ai. *tū́rva-ti* neben *taru-tē* zeigt, entspricht der in § 99 genannten Flexion der Basen mit *i*-Diphthong. S. § 185.

c. Die erste Silbe der Ablautbasis ist reduziert.

α. Allgemeines.

103. 1) Weil er von Anfang an haupttonig war, ist der lange Vokal der zweiten Silbe in den einschlägigen Präsens- und Aoriststämmen unverändert bis in die einzelsprachlichen Zeiten hinein verblieben. Zumteil aber beruht der einfache lange Vokal auf einem ursprünglichen Langdiphthong, indem dieser vor konsonantischen Formantien seinen zweiten Komponenten eingebüsst hat. Den Beweis hierfür liefern Formen der Klasse b, in denen die zweite Silbe der Basis reduziert worden ist. Z. B. lat. *vidē-s*, lit. *pa-vydė́-k* (vgl. auch aksl. *vyděchъ vyděti*, hom. εἰδήσω, dor. ἰδησῶ) neben aksl. *vidi-tъ* ai. *a-vēdī-t*, lat. *rubē-s* (vgl. auch aksl. *rъděchъ rъděti*) neben aksl. *rъdi-tъ*. Weniger sicher ist, dass das *i̯* von zweisilbigen Basen auf auf *-ā^x^i̯* noch erhalten sei in Formen wie **u̯idēi̯e-ti* 'videt' = got. *witaiþ* (lat. 1. Sing. *video*) oder **u̯ēi̯e-ti* 'weht' = ai. *vā́ya-ti* aksl. *vějе-tъ* (neben **u̯ē-ti* = ai. *vā́-ti* griech. ἄη-σι), in welchem Fall man diese Formen als **u̯idēi̯-e-ti*, **u̯ēi̯-e-ti* anzusehen und Übergang der themavokallosen in die themavokalische Flexionsweise anzunehmen hätte. Denn auch die Analyse **u̯idē-i̯e-ti* **u̯ē-i̯e-ti* wäre möglich, d. h. diese Formen wären mittels des bereits einheitlich produktiv gewordenen Präsensformans *-i̯o-* gebildet worden.

Fraglich ist, ob es, den Stämmen auf *-ē* aus *-ēi̯* entsprechend, von uridg. Zeit her im Verbum finitum auch Stämme auf *-ō* aus *-ō̆u̯* gegeben hat. Die betreffenden Formen können einzelsprachliche Neubildungen sein. So griech. ἐξ-έτρω· ἐξεβλάβη (E. M. 347, 48), zu τρωτός und zu τραῦμα τέρυ-ς τρῦμα (S. 156), ἐ-βίων 'lebte' ἐ-βίωμεν, eventuell mit ζωός und ai. *jīva-ti* aus Basis **g^u̯ei̯ōu̯-* (dagegen ζῆ aus Basis **g^u̯ei̯ē(i̯)-*), vgl. § 115, 2.

Anm. 1. Für unrichtig halte ich die Ansicht, in ai. *a-śarāi-t* u. ähnl. sei ursprünglicher Langdiphthong von alter Zeit her bewahrt geblieben. S. § 100 Anm. S. 154 f.

2) Über den Unterschied von präsentischer und aoristischer Aktionsart hinaus hat sich in einigen Sprachzweigen an die auf Basen mit *ē* in zweiter Silbe zu beziehenden Verbalformen insofern noch eine besondere aktionelle Bedeutung geknüpft, als gewisse derartige Basen mit intransitiver Bedeutung in weitem Umfang vorbildlich wurden zur Schöpfung von Intransitiva. Dieser Sinn haftete diesen Basen bereits an, ehe infolge des verschiedenen Sitzes des Wortaccents bald ihre erste, bald ihre zweite Silbe eine Reduktion erfuhr. Das ergibt sich aus der Übereinstimmung in der intransitiven Bedeutung zwischen den *ē*- und *ēi̯o*-Bildungen einerseits und den *ī*- : *i̯o*-Präsentien anderseits. Z. B. griech. ἐχάρη 'freute sich': χαίρει = *χαρι̯ει ai. *hárya-ti* 'freut sich, hat Gefallen an etwas'; lat. *rube-t rubeo*, aksl. *rъdě-ti* 'erröten': *rъdi-tъ* 'errötet'; aksl. *leža-ti* 'liegen': *ležą* ahd. *liggu* 'liege'. Jedoch nicht sämtliche *ē*- und *ēi̯*-Basen waren von Haus aus Intransitiva. Denn es liegt kein Grund vor zu der Annahme, dass z. B. die Transitiva lat. *videt*, *habet* erst sekundär transitiv geworden seien. Man hat es also hier, wie so oft, nur mit 'exkursiver' Ausdehnung der Neuerung zu tun. Am weitesten erscheint dieser Typus im Griechischen in den zweisilbigen Tempusstämmen auf *-ē* mit sekundärer Personalendung, wie ἐ-χάρη, durchgeführt, und zwar war dieser Zustand schon in urgriechischer Zeit erreicht.

Für die Verbalflexion ist die formale Produktivität unserer zweisilbigen Basen insofern von Bedeutung geworden, als sich dadurch ein Mittel ergeben hat, bei derselben Wurzel entweder in einem bestimmten Tempus des Verbalsystems Intransitivum und Transitivum zu scheiden oder auch ein ganzes Verbalsystem intransitiven Sinnes einem ganzen Verbalsystem transitiven Sinnes entgegenzustellen. Für ersteres vgl. z. B. griech. ἐ-δάμη 'wurde zahm, unterlag', neben ἐ-δάμασ(σ)ε 'zähmte, bändigte', ἐ-τράπη 'wandte mich' neben ἔ-τραπε und ἔ-τρεψε 'wandte' (§ 115). Für letzteres z. B. lat. *jacet* 'liegt', *jacuit*, neben *jacit* 'wirft', *oportet* aus **op-vortē-t* 'es wendet sich zu, kommt zu, ist Pflicht', *oportuit*, neben *vertit* 'wendet', *placet* 'gefällt', *placuit*, neben *plācāre* 'ebnen, besänftigen', aksl. *bъždą bъděti* 'wachen' neben *buždą buditi* 'wecken'.

3) Wenn bei derselben Wurzel Stammform auf *-ē* (aus *-ēi̯*) und Stammform auf *-ĭ*: *-i̯o* neben einander liegen, gehört die letztere seit uridg. Zeit immer dem Präsens an, die erstere im Griech. und im Balt.-Slav. dem Aorist oder überhaupt nichtpräsentischen Tempora. So griech. μαίνομαι : ἐμάνην μεμάνημαι, χαίρω : ἐχάρην κεχαρηώς, lit. *smirdžu* : *smirdějau* aksl. *smrъždą* : *smrъděchъ*, aksl. *mьnją* : *mьněchъ* (lit. *minė*), *bъždą* : *bъděchъ*. Im Italischen aber sind die *ē*-Formen regelmässig dem Präsens zugeteilt worden, z. B. *videt* gegenüber lit. *pa-výdžu* : *-vydějau* aksl. *viždą*: *viděchъ*, *rubet* gegenüber aksl. *rъždą* : *rъděchъ*. Diese Neuerung hing mit der an mehreren Stellen erfolgten Aufhebung des Unterschieds zwischen Aorist und Präsens in diesem Sprachzweig zusammen: zu ursprünglich aoristischen Formen wie *vidē-tō tacē-tō*, *vidēns tacēns* traten *videt video* usw. als Ind. Präs. hinzu teils nach *moneo* : *monētō* (§ 175), *sileo* : *silētō* (§ 145, a. b), teils auch nach Präsentia zu schon in uridg. Zeit einsilbig gewordenen Basen, wie *neo nēs* neben *nētō* (*neo* = ahd. *nāu*), *fleo flēs* neben *flētō* (*fleo* = aksl. *blěją*). Im Germanischen sind alte Präsensformen auf *-ĭ-* : *-i̯o-* noch vorhanden. Daneben aber sind auch *ē*-Formen ins Präsens hineingekommen, z. B. got. *hugjan* as. *huggian* : ahd. *hogēn*, got. *hatjan* : *hatan* ahd. *hazzēn*. Dies geschah auch hier infolge davon, dass sich der alte Gegensatz von Aorist und Präsens nicht hielt. Wie im Lateinischen an die Präsensformen wie *neo nēs* sich *video vidēs*, *taceo tacēs* anschlossen, so im Germanischen z. B. **u̯itēi̯i-đi* got. *witaiþ*, **þahēi̯i-đi* got. *þahaiþ* an die Klasse got. *waia* ahd. *wāu* urgerm. **u̯ēi̯ō*.

Anm. 2. Man beachte, dass nur da, wo *-ĭ-* : *-i̯o-* im Präsens und *-ē-* ausserhalb des Präsens auftritt, Basen auf *-ēi̯* vorauszusetzen sind.

Dass so oft einem nichtpräsentischen Stamm auf *-ē* ein Präsens ohne stammformantisches *i* gegenübersteht, kann daran gelegen haben, dass die betr. Basis nicht *-ēį*, sondern *-ē* als ursprünglichen Auslaut hatte. Verhältnisse wie lit. *szvitù* : *szvitė́ti*, *tekù* : *tekė́ti*, griech. τήκω : τακῆναι, ἔχω : σχήσω ἔσχημαι sind also nicht, wie Meillet Mém. 13, 363 ff. meint, ein Beweis dafür, dass z. B. die Stammauslaute in aksl. *mьni-tъ* und *mьně-ti* nicht etymologisch zusammengehören. Allerdings haben sich die Ausgänge der Basen auf *-ē* und die Ausgänge der Basen auf *-ēį* infolge des Verlustes des *į*, der bei den letzteren vor Konsonanten stattfand, vielfach früh morphologisch vermischt.

4) Zuweilen erscheint bei derselben Wurzel ein *ā*-Verbum neben einem anders gebildeten mit dem Unterschied, dass das letztere den Vorgang schlechthin bezeichnet und die *ā*-Bildung einen prägnanteren Sinn hat, z. B. den einer besonderen Beziehung auf das Subjekt (vgl. das idg. Medium) oder den eines zuständlichen Verhaltens oder der grösseren Intensität. Vgl. Vendryes Mém. 16, 300 ff. Z. B. ai. *yā́-ti* 'wandert, reitet, fährt, fliegt usw.' lit. *jó-ju* 'reite' neben ai. *é-ti* lit. *eĩ-t* 'geht', lat. *dicat* 'verkündet feierlich, weiht' neben *dīcit* 'sagt', *cubat* 'liegt' neben *cumbit* 'legt sich', *lava-t* 'wascht sich' neben *lavit* 'wascht', *suspicat* (*-ātur*) 'argwöhnt' neben *suspicit* 'sieht in die Höhe', ir. *scaraim* 'trenne mich' neben trans. ahd. *sciru* lit. *skiriù*, lit. *rýmo* 'sitzt oder steht aufgestützt da' neben *remiù* 'stütze', *drýbo* 'hängt dick und voll an oder auf etwas' neben *driñba* 'fällt in Masse'. Vermutlich rühren derartige Bedeutungsverschiedenheiten im letzten Grunde daher, dass die *ā*-Formen ursprünglich Denominativa gewesen sind, wie wir schon S. 148 ai. *yā́-ti* lit. *jó-ju* (Imper. *jó-k*) unmittelbar zu dem Nomen ai. *-yā-* gestellt haben. Bei allen diesen Verben handelt es sich um den Typus der Feminina mit schwacher Wurzelform wie ai. *diśā́* griech. δίκη (dazu lat. *dicat*), s. 2, 1, 154 f., 159 ff., und so sind diese *ā*-Verba im Grunde keine andern als etwa lat. *dictat*, neben *dīcit*, griech. στρωφάω, neben στρέφω, u. dgl.

5) Innerhalb eines einzelnen Tempus ist der lange Vokal (*ē ō, ā*) von idg. Urzeit her immer durch alle Numeri und Personen des Paradigmas und gleichmässig auch durch die Modi durchgeführt, d. h. es wechselten nicht Typus b und c, so dass Stammabstufung innerhalb des Einzelparadigmas war wie bei

den einsilbigen Basen z. B. *ei-* und *i-* 'gehen' in ai. *é-mi* : *i-máḥ*. Z. B. ai. *vá-ti* 'weht', 3. Plur. *vánti*. Quantitative Differenzen wie z. B. bei griech. ἄη-σι : 3. Plur. ἄεισι aus *ἀϝεντι, ἐμίγη 'wurde gemischt' : 3. Plur. ἔμιγεν sind erst durch die Wirksamkeit einzelsprachlicher Lautgesetze entstanden (1, 797 f.). Eine Ausnahme macht der av. Medialausgang der 3. Plur. *-ā're* (in *mravā're* § 99 S. 153, *åŋhā're* § 100 S. 154), dessen *ā* nicht von Haus aus Bestandteil der Personalendung gewesen sein kann (vgl. *ni-yrā're* 'sie werden herabgeschwungen', zu griech. ἔ-βλητο), und der mit dem lat. Ausgang der 3. Plur. Ind. Perf. *-ēre* in *iēre*, *fuēre*, *sēdēre* usw. engstens zusammenzugehören scheint (IF. 28, 379 ff.). Denn hier erscheint *-ē-* auf diese eine Person, die 3. Plur. Med., beschränkt. Es muss das mit dem Ursprung gerade dieser *r*-Endung zusammengehangen haben.

β. Unredupliziert: Typus ai. *trá-ti*.

104. I) Basis auf *-ā*. Mehrsprachliches.

**terā-* 'hinübergelangen' (vgl. ai. *tirá-ti* S. 129, *taru-tē* S. 156): ai. *trá-ti* 'lässt glücklich hinüberkommen, rettet', Med. *trá-sva*, lat. *trāns* umbr. *trahaf traf* (2, 2, 901), lat. *in-trās ex-trās -trāmus*. Vgl. ai. *tráya-tē* lat. *in-tro* (§ 137). — **ei̯ā-* 'gehen, sich fortbewegen' (vgl. griech. εἶ-μι S. 88): ai. *yá-ti* 'geht, fährt' *yánti* av. *yā'ti*, lit. *jó-k* 'reite' (vgl. lat. *Jānus*, *jānua*). Vgl. lit. *jóju* (§ 138). Daneben **ei̯ē-* in got. *jēr* 'Jahr'. Unsicher ist die Zugehörigkeit von got. *iddja* zu ai. *yá-ti* (§ 5 Anm. S. 12). — **bheu̯ā-* 'werden' (S. 145. 147): lat. *-bās -bāmus* osk. fu-fans 'erant', ir. 3. Sing. *ba*, lit. 3. Sing. *bùvo* 1. Plur. *bùvo-me*, aksl. 3. Plur. *bą* im sogen. Kondizionalis, aus **bhu̯ānt* (vgl. S. 124 Fussn. 1). — **senā-* 'baden, waschen' (vgl. griech. νέω 'schwimme' Fut. νεύσομαι, lat. *nū-trīx* urspr. 'Milch fliessen lassend', ai. *snāu-ti* 'trieft'): ai. *sná-ti* 'badet sich', *snā-taḥ*, lat. *nās nāmus*. Vgl. ai. *snāya-tē*, lat. *nō* (§ 135). — **telā-* 'tragen' (vgl. griech. τελά-σσαι, τελα-μών): griech. Aor. ἔ-τλην ἔ-τλημεν, 3. Plur. ἔ-τλαν, Imper. τλῆθι, vgl. lat. *lātus* aus **tlāto-s* und Konj. *tulās tulāmus*.

**derā-* 'laufen' (vgl. die Reduplikation in ai. *dári-drāti*, ferner ai. *dráva-ti*, *drama-ti*): ai. *drá-ti* 'entläuft', Imper. *drā-hi drá-tu*, griech. Aor. ἔ-δραν ἔ-δραμεν. **g^{u}ā-* 'gehen': ai. Aor. *á-gāt* *á-gāma* av. *gāṯ*, griech. Aor. ἔ-βη ἔ-βημεν, 3. Plur. ἔ-βαν; von der Bedeutung 'den Fuss aufsetzen' ausgehend, darf man vielleicht arm. *kam* 'stehe' zugesellen (Pedersen KZ. 39, 481). Über das Verhältnis von **g*ᵘ*ā-* zu **drā-* s. S. 148.

Auf **ĝh(i)i̯ā-* 'hiare' weisen lat. *hiās hiāmus*, lit. Imper. *žió-k*, wozu lat. *hio* lit. *žióju* (§ 137). Ob man von einer Basis **ĝhei̯ā-* ausgehen darf, bleibt fraglich wegen der auf **ĝhēi̯-* weisenden Formen aksl. *zěją* 'hio', ai. *vi-hāyas-* 'Luftraum'. Persson Beitr. 696ff. analysiert **ĝh(i)i̯ā-* als Schwachstamm von *ĝhēi̯+ā-*.

Lat. *supās -āmus*, *dis-sipās ob-sipās*, lit. *sùpo* 'schwang, schaukelte'. Noch andere Formen dieser Art zu Wurzeln, die auf einen Geräuschlaut enden, s. unten bei den einzelnen Sprachzweigen.

Beispiele für die gleichartige Flexion der jüngeren Denominativa von *ā*-Stämmen (§ 103, 4 S. 160): 1. Plur. arm. *jana-mḱ* 'wir bemühen uns' (*jan* 'Bemühung'), äol. τίμα-μεν 'wir ehren' (τίμά 'Ehre'), lat. *plantā-mus* (*planta*), ir. *-rannam* 'wir teilen' (*rann* 'Teil'), got. *karō-m* 'wir sorgen uns' (*kara* 'Sorge'), lit. *jů́sto-me* 'wir gürten' (*jů́sta* 'Gürtel'). Vgl. § 144.

Gleichsam in der Mitte zwischen den als 'primär' und den als 'denominativ' erscheinenden *ā*-Verba stehen solche, die in der Bedeutung den von *i*-Nomina ausgegangenen Kausativa und Iterativa auf *-éi̯ō* (§ 161ff.) vergleichbar sind, und deren Musterformen auf Feminina des Typus τομή (2, 1, 148ff.) beruhen. Lat. *doma-t*, ahd. *zamōt* 'zähmt', W. *dem-*. Lat. *procat* 'poscit', lit. *prăszo* 'fordert', W. *preḱ-*. Ahd. *manō-t* 'ermahnt', lit. *măno* 'versteht', W. *men-*. Got. *bi-laigō-þ* 'beleckt', lit. *laīžo* 'leckt', W. *leiĝh-*. Lat. *vocat* (umbr. *subocauu* 'invoco' § 108), W. *u̯eq*ᵘ*-*: griech. ἐν-οπή 'Rufen, Lärm'. Diese Präsentia verhalten sich zu denen auf *-éi̯ō*, z. B. lat. *moneo*, wie griech. ποτάομαι zu ποτέομαι. Vgl. § 111. 181.

Ferner dürften auch *ā*-Verba, die zu *ā*-Feminina des dehnstufigen Typus lit. *pra-vėžà pra-vożà* (2, 1, 153f.) gehören, altererbt sein. Lat. *sēdat*, lit. *sėdo* 'setzte sich': vgl. ahd. *-sāʒa* 'Wohnsitz'. Lat. *cēlat*, zu ir. *celim* 'celo'. Ahd. *frāgōn* as. *frāgon frāgoian* 'fragen': vgl. ahd. *frāga* 'Frage'. Lit. 'Iterativum' *mėto* 'wirft', zu *metù*, woneben die lettischen Verba wie *mētāju mētāt*, *lēkāju* *lēkāt* 'hüpfen, springen' (griech. ληκάω 'tanze zu Gesang'), zu lit. *lekiù* 'fliege', die slavischen wie *mětają mětati*, zu *metą* (§ 111), und die griechischen wie πηδάω 'springe' (lit. *pėdà* 'Fussstapfe'), zu ai. *pádya-tē* 'geht, fällt', λωγάω dor. (λώγη 2, 1, 153), zu λέγω, στρωφάω 'drehe', zu στρέφω (§ 152, 1). Vgl. noch arm. *mnam* aus **mēnā-* oder **mōnā-* (§ 106).

Bezüglich des Verhältnisses der *ā*-Verba zu den *ā*-Nomina (S. 51ff. 147f. 160) muss beachtet werden, dass nicht etwa jedes neben einem *ā*-Verbum nachweisbare *ā*-Nomen die Grundlage dieses Verbums gewesen ist; nachdem in uridg. Zeit die *ā*-Verba ins Leben getreten waren, konnten aus diesen immer wieder auch *ā*-Nomina gewonnen werden in der Art, wie z. B. lat. *pugna* aus *pugnāre* entstanden ist (§ 160).

105. Arisch. Wegen des Zusammenfallens von uridg. *ā* und *ē*, *ō* in urar. *ā* können die *ā*-Verba von den *ē*- und *ō*-Verba nur noch mit Hilfe der andern Sprachzweige geschieden werden, und dieses Erkenntnismittel ist, bei dem häufigen Nebeneinander von Basen auf *-ā* und Basen auf *-ē -ō* bei derselben Wurzel, nicht zuverlässig. Ai. *mnā-yā-t* Opt. 'commemoret', vgl. dor. μέμνα-μαι. *śrā-ti* (Gramm.) neben *śrāya-ti* 'kocht, brät', vgl. griech. κέ-κρα-ται, ἄ-κρατος 'ungemischt' (*śrā-tá-ḥ*). *mlā-ti* 'wird weich, erschlafft', 3. Plur. *mlānti*, neben *mlāya-ti*, vgl. dor. βλάξ 'schlaff', lat. *flaccus* aus **mlācoṣ*. *dhyā-ti* 'denkt nach' neben *dhyāya-ti*, vgl. dor. σᾶμα 'Zeichen' (2, 1, 235). Av. *fra-frå* 'du kamst herüber' aus **-prā-s*, vgl. griech. πι-πρά-σκω 'verkaufe', πρᾶ-σι-ς· ἀγορασία (Hes.), περάω 'schaffe hinüber, verkaufe' für **περă-μι* (zu § 96), wozu wohl auch aksl. *pьra-ti* 'fliegen' (Präs. *perą*) und lat. *com-para-t* (vgl. Walde Lat. et. Wtb.² 562).

Zuweilen ist überhaupt kein Anhalt dafür, ob eine Form uridg. *-ā* oder *-ē -ō* hatte, wie bei ai. *dhmānt-* 'blasend' (*dadhmāu*, *dhmātá-ḥ*) neben *dhắma-ti*.

Die jüngere Schicht der Denominativa von *ā*-Stämmen bildete im Ar. das Präsens auf *-āya-ti*, nicht *-ā-ti*, z. B. *pṛtanāyá-ti* 'kämpft' (§ 144). Nur bei den ind. Grammatikern begegnen Präsentia wie *mālā-ti* 'ist wie ein Kranz' (*mālā* 'Kranz').

106. Armenisch. Die Präsentia dieser Klasse bezeichnen meist einen Zustand oder den Eintritt in einen Zustand (vgl.

§ 103, 4 S. 160). Als eventuell hierher gehörig sind oben genannt: *keam* 'lebe' (Aor. *keçi* aus **kea-çi*), falls es auf **gᵘi̯ā-mi*, nicht auf **gᵘei̯ə-mi* beruht (§ 95 S. 150), und *kam* 'stehe', falls es mit ai. *gā-* griech. βā- zusammengehört (§ 104 S. 162). *orcam* 'erbreche mich, rülpse' (Aor. *orcaçi*) aus **oruca-*, vgl. aksl. *rygają ryga-ti sę* 'ructare' (§ 111). *i-manam* 'verstehe', zu W. *men-* 'sinnen', scheint **mn̥nā-* zu enthalten, vgl. die andere Wurzelstufen aufweisenden ai. *mnā-yā-t* (§ 105) und ahd. *manōt* lit. *māno* (§ 104). *mnam* 'bleibe' (Aor. *mnaçi*), zu griech. μένω μί-μνω, wahrscheinlich entweder aus **mina-* = **mēnā-* oder aus **muna-* = **mōnā-*, daher eine Bildung wie lat. *sēdat* usw. (§ 104 S. 162 f.).

Die jüngere Schicht der Denominativa erscheint mit dieser Klasse übereinstimmend flektiert, z. B. *ǰanam* 'bemühe mich', 1. Plur. *ǰanamk̔*, zu *ǰan* 'Bemühung'. S. § 144.

107. Griechisch. Die alte Schicht der *ā*-Verba erscheint als Aorist nach dieser Weise flektiert, wie die § 104 genannten ἔτλην, ἔδρᾱν, ἔβην. Hom. πλῆτο 'näherte sich' (vgl. dor. ἄ-πλᾱτος, πλᾱτίον), zu dor. ἐν-πέλᾰ, πελά-ζω (S. 151). An ἔβην : -ημεν, ἔδρᾱν : -ᾱμεν haben sich angeschlossen ἔστην : -ημεν 'stellte mich, trat wohin' und ἔφθην : -ημεν 'kam zuerst, zuvor', für *ἔστᾰμεν, *ἔφθᾰμεν, vgl. ἐπι-στάμενος, φθάμενος (S. 100).

Die jüngere Schicht der *ā*-Denominativa folgte in ihrer 'äolischen' Flexion der Weise unserer Klasse, z. B. τίμᾱ-μεν τίμᾱ-τε. Vgl. § 115, 3.

Anm. Über den Unterschied in der Vokalquantität z. B. zwischen 3. Plur. ἔδρᾱν aus *-ᾰντ und πλῆντο 'sie näherten sich' s. § 115 Anm.

108. Italisch. Während im Prät. die 1. Sing. *-bam* noch ihre alte Gestalt aufweist, ist im Ind. Präs. **-ā-mi* im Lat. durchweg durch *-ō* = **-ā[i̯]ō* ersetzt, welcher Ausgang wegen umbr. *subocauu* 'invoco' (vgl. *stahu* 'sto') als schon uritalisch verallgemeinert gelten darf; ebenso im Lat. *-eo* neben *-ēs* usw. (§ 116). Ob man *inquam*, aus **en-squā-m* (zu *inquit*, *in-seque*), als Injunktivform oder als Konjunktiv, wie *at-tulam* u. dgl., bezeichnet, kommt vielleicht auf dasselbe hinaus.

Zu den § 104 genannten einsilbigen Stämmen, *in-trat*, *nat*, *-bat* noch *flat*, zu W. *bhel-* (lat. *follis*, ahd. *ballo* 'Ballen'), woneben **bhelē-* **bhelō-* in *flēmina* ahd. *blāen* 'blasen', lat. *flōs*.

Zweisilbig: *hiat*, *supat* § 104. Hierzu noch andere Präsentia mit schwacher Wurzelform, die aber gegen die jüngere Schicht der Denominativa nicht mehr abgrenzbar sind. S. 160 sind genannt *cubat*, päl. *in-cubat* 'incubat', lat. *dicat*, S. 163 *parat com-parat* aus **pr̥rā-*. *micat*, vgl. **meiq-* in osorb. *mikać* 'zwinkern'. *juvat*. *ducat*, *ē-ducat*, zu *doucit dūcit*. *labat*, zu *lābitur*. *occupat* neben *capio*.

Der Wurzelablaut ist in einigen Fällen schwer zu beurteilen, z. B. in *arat*, zu aksl. *ora-ti* 'pflügen', *lavat* aus **lovā-t*, neben *lavi-t* aus **lovē-t* (S. 160).

meat aus **mei̯ā-*, zu poln. *mijać* 'praeterire' aksl. *minąti* 'transire, praeterire'. *secat*, umbr. pru-sekatu 'prosecato'. *suspicat* und *-ātur* aus **-specā-*, zu *specio*.

In die *ā*-Formation, die eine Art von Intensivum darstellt (§ 103, 4 S. 160), sind besonders Komposita eingelenkt. Vgl. dazu noch z. B. *ūsūrpat* aus **-rapā-t* : *rapi-t*, *prō-flīgat* : *flīgit*, *in-stīgat* : ai. *tḗja-tē* 'ist scharf, schärft', umbr. *an-dirsafust* 'circumdederit' : vest. *didet* 'dat' umbr. *dirsa* 'det', wo das Präsens durch die Reduplikation charakterisiert ist (S. 141). Von derselben Art waren wohl lat. *man-dat* (ursprünglich etwa 'in manum dat'), osk. aa-manaffed 'mandavit' (*-n-* aus *-nn-*, älter *-nd-*) und aíkdafed 'decrevit' (aík- ein Subst., das etwa 'Verfügung' bedeutete, s. Ber. d. sächs. G. d. W. 1897 S. 143 ff.);[1]) eventuell hat nicht *-d-ā-*, sondern *-did-ā-* (vgl. oben umbr. *andirsa-*) zugrunde gelegen. Die Ausbreitung dieses Kompositionstypus wurde gefördert durch die Bildungen wie *rēmigat* von *rēm-ex* (§ 154, 1), *jūdicat* von *jūdex*, *mancupat* von *manceps*, *sacrificat* von *sacrifex*; osk. tríbarakavúm 'aedificare' von **trēb-ark-*, umbr. aviekate 'auspicatae' von **avi-ēk-* 'augurium administrans' (*-ēk-* zu osk. aíkdafed, s. Ber. d. sächs. G. d. W. 1897 S. 147 f.). Bei den Formen wie *aspernā-tur* neben *spernit*, *compellat* neben *pellit* aus **pelne-ti* lässt sich nicht wissen, wie weit *-nā-* noch direkt das uridg. Formans *-nā-* war (§ 214, 2): im Kom-

1) Vgl. ahd. *muntōn* as. *mundon* 'Schutz gewähren', das vielleicht ebenfalls Kompositum war und dann **dhă-* (zu W. *dhē-*) als Schlussteil enthielt.

positum kann *-nā-* festgehalten worden sein im Hinblick auf *prō-flīgat* usw.

Zwei andere Arten von *ā*-Verba, bei denen schon früh der denominative Ursprung verdunkelt war, sind § 104 S. 162 erwähnt: *domat, procat*, *vocat* und mit Dehnstufe *cēlat*.

Die Flexion der jüngeren Schicht der Denominativa mit *-ā-* blieb mit den genannten *ā*-Verba in Übereinstimmung, auch im Osk.-Umbr., so weit die Überlieferung Auskunft gibt. Lat. *plantā-s -ā-mus*, aber 1. Sing. *planto*. Osk. faamat 'habitat', umbr. *furfant* 'purgant' (?), Imper. umbr. *stiplo* 'stipulare' *stiplatu* 'stipulator', vgl. dazu 1. Sing. umbr. *subocauu* 'invoco' = lat. *-voco*.

Nach *-bam -bāmus* neben *-bō* entstand im Lat. *eram erāmus* neben *ero*. Weiterhin hiernach *vīderam* (§ 343).

109. Keltisch. Von den seit uridg. Zeit einsilbigen Stämmen auf *-ā* ohne Erweiterung ist nur **bhu̯ā-* übrig geblieben: ir. (als Kopula) 3. Sing. Imperf. *ba*, 3. Plur. *batir batar*. Sonst erscheint bei den einsilbigen Stämmen die themavokalische Flexionsweise, wie *snaïd* 'fliesst' (§ 137).

Zweisilbige Stämme mit schwundstufiger Wurzel. Ir. *scaraid* 'trennt sich', 3. Plur. *scarait*, aus **sqr̥rā-*, zu *scor* 'Platz für abgespannte Tiere', lit. *skiriù* 'scheide'. *maraith* 'bleibt', aus **mr̥rā-*, zu lat. *mora*, griech. μερμηρίζω 'sinne'. *legaid* 'verfällt, löste sich auf', aus **ligā-*, zu lit. *ligà* 'Krankheit', griech. λοιγός 'Verderben, Tod'.

anaid 'bleibt' (eigentlich 'schnauft aus'), zu ai. *áni-ti* (§ 94 S. 149). *ad-ella* 'geht hinzu, besucht' aus **elnā-*, entweder zu griech. πίλναμαι 'nähere mich', πελάζω, oder eher zu griech. ἐλάω (§ 96 S. 151), in seinem Bau an lat. *cōnsternat* u. dgl. (§ 108) erinnernd.

Und weiter zeigen diese Flexion die jüngeren Denominativa wie *-ranna* 'teilt', zu *rann* 'Teil' (§ 144), bei denen die *ā*-Flexion deutlich auch im Britannischen vorliegt, 3. Sing. abrit. *-ot* (*o* = *ā*), z. B. abret. *cospitiot* 'titubat', *crihot* 'vibrat'. Die 1. Sing. ist im Ir. regelmässig *-aim* aus **-ā-mi*, z. B. *scaraim*, *rannaim* wie ahd. *salbōm* 'salbe' (daneben *-aimm* vermutlich durch Einfluss von *am amm* 'bin' aus **esmi*). Die *i̯o*-lose Flexion **-āmi *-ā-si* usw. war schon im Uririschen, vielleicht bereits im Urkeltischen, verallgemeinert; das einmalige ir. *-caru* für *-caraim* ('liebe') war nach Thurneysen eine junge Neuerung (Handb. d. Altir. 1, 338).

110. Germanisch. Die *i̯o*-lose Flexion der seit uridg. Zeit einsilbigen *ā*-Stämme ist verschollen.

Zahlreich sind die zweisilbigen *ā*-Stämme. Bei diesen erscheinen *i̯o*-Formen (*-āi̯o-*), wie sie bei den einsilbigen Stämmen die Regel sind, nur noch im Ags. und As., s. § 138.

Mit schwundstufiger Wurzel, wobei wieder die ursprüngliche und die jüngere Schicht der Denominativa nicht zu scheiden sind. (Zuweilen stehen *ē*-Formen daneben, die aber in den betreffenden Fällen nicht die ursprünglicheren und ursprünglich allein vorhandenen gewesen zu sein brauchen.) Ahd. *borōm -ōs -ōt* usw., Inf. *borōn* as. *boron* aisl. *bora* 'bohren', wozu ahd. *bora* 'Bohrer', W. *bher-* lat. *ferio*, *forāre*, griech. φάρος 'Furche'. Ahd. *wonōn* as. *wonon* 'wohnen', W. *u̯en-* ahd. *wini* 'Freund'. Ahd. *petōn* as. *bedon* 'beten', wozu got. *bida* 'Gebet', W. *bheidh-* lat. *fīdo*. Ahd. *lobōn* as. *lobon* aisl. *lofa* 'loben', wozu ahd. *lob* N. 'Lob', W. *leubh-* got. *lubains* 'Hoffnung' *liufs* 'lieb', lat. *lubet libet*. Ahd. *tobōn* as. *dobon* 'toben', zu got. *daufs* 'verstockt, taub', griech. τυφλός 'empfindungslos, blind'. As. *fundon* 'streben', zu as. *findan* 'finden'; unsicher ist, ob die, wie *fundōn*, auf **pn̥tā-* zurückführbaren ir. *con-ētat* 'assequuntur' und griech. ἀπάτη 'Trug' mit ἀπατάω (als *ἀπο-πατā-) dazu gehören. Ahd. *skadōn* as. *skađon* aisl. *skađa* 'schaden', zu got. *skaþis* 'Schaden, Unzucht', aisl. *skóđ* 'Ungemach', griech. ἀ-σκηθής 'unversehrt'. Ahd. *mahhōn* as. *makon* 'machen', zu griech. μάσσω 'knete' μαγεύς 'Kneter', aksl. *mazati* 'schmieren'.

Got. *mitōn* 'ermessen' ahd. *mezzōn* 'mässigen', W. *med-* got. *mitan* ahd. *mezzan*. Ahd. *gebōn* as. *gebon* 'geben', wozu got. *giba* 'Gabe', W. *ghebh-* ir. *gabim* 'nehme, ergreife'.

Zu der durch ahd. *manōn* got. *bi-laigōn* vertretenen Klasse (S. 162), lassen sich noch ein paar Verba stellen, wie z. B. ahd. *fantōn* 'besuchen' as. *fandon* 'versuchen, heimsuchen', neben as. *fundon* (s. o.).

Über die *i̯o*-Formen dieser Verba und der jüngeren Denominativa s. § 138.

111. Baltisch-Slavisch. Die von uridg. Zeit her einsilbigen *ā*-Stämme haben alle die *i̯o*-Flexion, wie lit. *jóju*, aksl. *trają*. Doch sind von alters her ohne *-i̯o-* die Imperative wie lit. *jó-k*, *žió-k*.

Zweisilbige *ā*-Stämme ohne *-i̯o-* mit schwundstufiger Wurzel sind reichlich im Baltischen vertreten. 1) Präterita, deren *-ā-* auf dieses Tempus beschränkt ist, wie lit. *buvaũ* 'ich war' *buvaĩ bùvo*, Plur. *bùvome bùvote*, zu Inf. *bú-ti*, Fut. *bú-siu* (§ 104). In der 1. 2. Sing. ist, wie in den entsprechenden Präsentia (z. B. *bijaũ-s* 'ich fürchte'), die Endung von *suk-ù*, *suk-ì* angetreten. Entsprechend *-iau*, *-ei* aus **-ē-u*, *-ē-i* (§ 119). Genannt sind § 104 schon *supaũ*, *lipaũ*. Vgl. noch: *lìjo* zu *lỹja* 'es regnet', zu aksl. *lьja-ti* 'giessen'; *gijaũ* zu *gyjù* 'lebe auf'; *puvaũ* zu *pūvù* 'faule'; *bliuvaũ* zu *bliūvù* 'breche in ein Gebrüll aus', zu aksl. *bljьva-ti* 'sich erbrechen'; *iraũ* zu *yrù* 'löse mich auf, trenne mich', zu lat. *rā-ru-s*, Basis **erā-*; *ritaũ* zu *ritù* 'rolle'; *sukaũ* zu *sukù* 'drehe', zu aruss. *sъka-ti* 'drehen'; *kirpaũ* zu *kerpù* 'schneide mit der Schere'. Aus dem Preuss. hierher *kūra* 'er baute' (lit. *kùrti*). 2) Präsentia, deren *-ā-* durch das ganze Verbum durchgeführt ist. a) Einige auf *-aũ* ohne charakteristische Klassenbedeutung, wie *bijaũ-s* 'fürchte', Inf. *bijó-ti*, preuss. *bia* 'er fürchtet', Inf. *biā-twei*, vgl. lett. *bītî-s* 'sich fürchten', ai. *bháya-ti*, Part. *bhī-tá-ḥ*, W. *bhei̯-*; *žinaũ* 'weiss', Inf. *žinó-ti*, preuss. *po-sinnat* 'bekennen', W. *ĝen-*. b) Zahlreichere auf *-au* mit haupttoniger und sekundär gedehnter Wurzelsilbe, mit durativer Bedeutung, wie *rýmau rýmoti* 'aufgestützt dasitzen' zu *remiù remti* 'stützen', *stýgau stýgoti* 'verharren' zu *stingù stìkti* 'an einem Orte ruhig werden', *klúpau klúpoti* 'auf den Knieen liegen' zu *klumpù klùpti* 'in die Kniee fallen', *lýndau lýndoti* 'hineingekrochen sein' zu *lendù lį̃sti* 'kriechen', *brýdau brýdoti* 'im Wasser stehen' zu *bredù brìsti* 'waten'. Daneben ebensolche Präsentia auf *-oju*, wie *lýndoju* neben *lýndau*. Diese Klasse entspricht den slav. Deverbativa (Iterativa) auf *-ają -ati*, bei denen dieselbe Dehnung des Wurzelvokals Regel ist, z. B. aksl. *dirają dirati* = lett. *dīrāju dīrāt* 'schinden' zu aksl. *derą dьrati*, aksl. *čitają čitati* 'lesen' zu *čьtą čisti* 'zählen'. Man darf diese sekundäre Vokaldehnung als Bildungsprinzip der Zeit der balt.-slav. Urgemeinschaft zuschreiben.

Sie ist aufgekommen in Nachahmung der *ā*-Verba mit dehnstufigem Wurzelvokal, wie lit. *mė́tau* aksl. *mětają* neben *metù metą* (s. u.). Zu *rygają rygati sę* 'ructare' vgl. arm. *orcam* 'erbreche mich, rülpse', aus **orucam*, Grundf. wohl **rūgā-* (§ 106).

Die zweisilbigen *ā*-Präsentia mit schwundstufiger Wurzel ohne *i̯o*-Flexion sind im Aksl. unvertreten bis auf das eine *imamь* aus **jьma-mь*, Plur. *imamъ*, Inf. *iměti* 'haben' neben *jemlją imati* und *imą jęti* 'nehmen, fassen' (§ 73, 3 S. 126).

Was ferner die *ā*-Präsentia mit vollstufiger Wurzel betrifft, so kommen sie ohne *i̯o*-Flexion nur noch im Baltischen vor. Hierher gehören zwei Arten von Präsentia. 1) Die Iterativa (Intensiva) und Kausativa mit der *o*-Abtönung des Wurzelvokals, Präs. *-aũ*, Prät. *-iaũ*, Fut. *-ýsiu*, Inf. *-ýti*. Sie entsprechen den slav. auf *-ją -itъ*, Inf. *-iti* und den Verba auf *-éi̯ō* der andern idg. Sprachen wie griech. ποτέομαι ai. *patáya-ti* lat. *moneo* got. *fra-wardja* (§ 29 S. 53, § 40 S. 74, § 161 ff.). So *vartaũ*, *vartýti*: aksl. *vraštą vratitъ*, *vratiti*, von W. *u̯ert-* 'vertere'; entsprechend preuss. *lāiku* 'hält' = lit. *laĩko* (Inf. *laikýti*), von W. *leiq^{u}-* 'linquere'. Die balt. Präsensbildung stammt von den auf *ā*-Nomina beruhenden *ā*-Präsentia: lit. *prãszo* = lat. *procat*, *mãno* = ahd. *manōt*, *laĩžo* = got. *bi-laigōþ*; wegen des Zusammenhangs mit den *ā*-Nomina im Litauischen selbst vgl. *bradaũ* 'wate' zu *bradà* 'das Waten', *bredù* 'wate', *dangaũ* 'decke', zu *ap-dangà* 'Bedeckung, Kleidung', *den-giù* 'decke'. Das ausserpräsentische *ī* = slav. *i* dagegen gehörte von Haus aus wahrscheinlich auf *ī*-Nomina beruhenden Verba mit gleicher Wurzelstufe und gleicher Aktionsbedeutung an und entsprach dem *-ī-* von lat. *fīnī-vī fīnī-tu-s* (zu *fīni-s*). S. § 181. 2) Iterativa mit dehnstufiger Wurzel (§ 104 S. 162 f.). Lit. *mė́tau* 'werfe' mit Infinitiv *mė́tyti* in Anschluss an die unter 1 genannten Iterativa, dagegen lett. *mẽtāju mẽtāt*, aksl. *mětają mětati*, zu lit. *metù* aksl. *metą*. Vgl. dazu lett. *tẽkāju -āt* 'laufen' aksl. *těkają -ati*, zu *teką*, lett. *lẽkāju -āt* 'hüpfen, springen', zu lit. *lekiù* 'fliege', u. a. dgl.

Auch die jüngere Schicht der Denominativa weist im Lit. zumteil im Präsens *ā*-Bildung auf, was altüberkommen zu sein scheint, z. B. *jũstau* 'gürte' zu *jũsta* 'Gürtel', *lankstaũ* 'biege' zu *lankstas* 'Biegung', *raisztaũ* 'binde' zu *raĩsztas* 'Binde' (Leskien

Ablaut 181 f.). Ausserhalb des Präsens haben auch sie *-iau*, *-ysiu*, *-yti* angenommen, z. B. *jūsczau jūstysiu jūstyti*. Vgl. § 144.

112. II) Basis auf *-ē*, *-ō*. Wir setzen hier für die Basen den Auslaut *-ē* auch dann an, wenn dieser (nach § 91 f.) aus *-ēi̯* hervorgegangen war.

Mehrsprachliches. ***bheu̯ē-* 'werden' (vgl. **bheu̯ā-* § 104): griech. Aor. ἐ-φύην ἐ-φύημεν, aksl. *bě* 'war' (§ 119), dazu wohl lat. *fuē-re* (S. 161). Vgl. preuss. *bēi bei be* 'war', vielleicht aus **bēi̯e-t*. — ***au̯ē-* 'wehen' (vgl. griech. ἄελλα): ai. *vā́-ti vā́-nti* av. *vā'ti vānti*, griech. ἄη-σι ἄη-ται; Part. **u̯ēnt-* ist vertreten durch lat. *ventus* got. *winds*. Vgl. ai. *vāya-ti*, got. *waian*, aksl. *vějetъ* (§ 139). — ***senē-* 'spinnen, nähen' (vgl. ahd. *senawa* ags. *sinu* av. *snāvarᵊ* griech. νεῦρον 'Sehne', aisl. *snúa* 'zusammendrehen'): äol. 3. Sing. ἔ-ννη (Herodian 2, 507, 22), lat. *nēs nēmus*. Vgl. lat. *neo* ahd. *nāu* (§ 139). Abtönung **snō-* (vgl. ir. *snāthe* 'Faden', ahd. *snuor* 'Schnur') wahrscheinlich in griech. νώμενος, νῶντα (Grammatiker): ersteres kann themavokallos, letzteres muss themavokalisch gewesen sein (§ 140). — ***menē-* 'sinnen, geistig rege sein' (vgl. griech. μένος): griech. Aor. ἐ-μάνην ἐ-μάνημεν, lit. *minė minėme*[1]) (S. 147). Vgl. got. *munaiþ* § 139. — ***ĝenē-* **ĝenō-* 'kennen' (vgl. lit. *žénklas* 'Zeichen'): ai. Opt. *jñā-yā-t*, griech. Aor. ἔ-γνων ἔ-γνωμεν. Vgl. aksl. *znajetъ* (**ĝnō-*) und ahd. *knāu* (**ĝnē-*). — ***pelē-* 'füllen' (vgl. ai. *pi-parti pūrṇá-ḥ* S. 105): ai. Aor. *á-prāt á-prāma*, griech. Aor. πλῆτο πλῆντο; lat. *-plēs -plēmus*, zum Präsens geworden nach *neo*, *fleo* u. a. (S. 159). Dazu vielleicht lit. *pýlė* 'schüttete' für **pilė* (§ 119). — ***gᵘelē-* 'werfen' (vgl. ai. *gála-ti* 'träufelt herab', griech. βάλλω 'werfe' βέλος 'Geschoss'): ai. *glā-ti* 'fällt ab, kommt von Kräften', av. *ni-γrā're* 'sie werden herabgeschwungen', griech. Aor. ἔ-βλην 'erhielt einen Schuss, wurde getroffen', ἔ-βλητο. — **(s)qerē-* 'scheiden, scheren, schneiden': griech. ἐ-κάρην ἐ-κάρημεν, lit. *skýrė* für **skirė* (§ 119), vgl. lat. *crē-vī*.

---

1) Was KZ. 37, 44 gegen diese Zusammenstellung vorgebracht wird, nötigt, daran zu erinnern, dass diejenigen Zusammenstellungen, die ich unter 'Mehrsprachliches' gebe, immer zunächst nur bedeuten, dass derselbe Bildungstypus bei einer Wurzel in zwei oder mehr Sprachgebieten zugleich auftritt, nicht, dass die betreffenden Formen jedesmal die unmittelbare Fortsetzung einer uridg. Bildung sind (vgl. S. 87 Fussn. 1).

Ai. *psā́-ti* 'zerkaut' zu *bá-bhasti*, vgl. griech. ψῆ und ψώει (§ 140). Lat. *jubēs -ēmus*, lit. *judė́-k* 'beweg dich, rühr dich', doch s. wegen *jubeo* auch § 175. Lat. *vidēs -ēmus*, lit. *pa-vydėk* 'invide' (mit *y* für *i*), s. § 103, 1 S. 157. Lat. *scatēs -ēmus*, lit. *su-skatė* 'hüpfte auf'. Griech. Aor. ἐξ-επλάγην 'ich erschrak' -ημεν (Präs. ἐκ-πλήττω), lit. *plākė* 'schlug' (Präs. *plakù*). Lat. *lubet libet*, neben got. *lubains* 'Hoffnung', das ein Präs. **lubaiþ* voraussetzt (§ 140). Lat. *tacēs -ēmus*, neben ahd. *dagēt* 'schweigt' (§ 139); dazu vielleicht auch griech. ἐτάκην 'schwand dahin' (Persson BB. 19, 262 f.). Lat. *rubēs -ēmus*, neben ahd. *rotēt* 'wird rot' (§ 139), vgl. griech. ἐρύθημα 'Röte'. Lat. *oportet* aus **op-vortēt* (S. 159) neben aksl. *vrъštą vrъtěti* 'wenden' (IF. 24, 163 ff.). Lat. *torpēs -ēmus* neben aksl. *u-trъpěją* 'erstarre'.

113. Arisch. Wegen des Zusammenfallens von *ē*, *ō* und *ā* in urar. *ā* kann hier die uridg. Vokalqualität nur wieder (vgl. § 105) auf Grund von Formen der andern idg. Sprachen bestimmt werden.

Ausser den in § 112 genannten Verben sind hier etwa noch zu nennen: ai. *ghrā-ti* 'riecht' (Perf. *ja-ghrāu*, Part. *ghrā-tá-ḥ*), vgl. griech. ὄσ-φρησις = ai. *ghrā-ti-ḥ*, Fut. ὀσ-φρήσομαι (S. 133); *drā-ti* 'schläft' (*ni-drā́* 'Schlaf, schlafend'), vgl. aksl. *drě-mati* 'schlummern'.

114. Armenisch. Möglicherweise gehört hierher *nstim* 'sitze, setze mich' 1. Plur. *nstimk'* (Aor. *nstay*, Imper. *nist*), da es auf **ni-zdē-* beruhen kann, zu lat. *sede-t* und lit. *sėdė́ti* 'sitzen'. Vgl. § 125.

115. Griechisch. 1) Andre einsilbige *ē*-Stämme (vgl. § 112). Aor. εἰσ-φρῆναι· εἰσάξαι, ἐνεγκεῖν (Hesych), Part. ἐπ-εισ-φρείς, zu πί-φρημι φέρω (§ 59, I, 1. § 70, 1); ἔκ-φρηται· ἐκφέρεται (Hesych) wird ein nachgeborenes Präsens sein. κλη- zu καλέω 'rufe' (S. 151), ὁμο-κλή 'Zuruf' (vgl. χρή S. 148): kret. ἀν-κλήμενος, vgl. κέ-κλημαι, κι-κλήσκω. σβη- neben σβεσ- 'löschen' (σβέσσαι σβέν-νῦμι usw.): ἔ-σβην 'erlosch', Intransitivum wie ἔ-βλην usw.; das Verhältnis zu lit. *gė̃sti* 'erlöschen' ist noch nicht genügend aufgeklärt[1]). Eine jüngere Neubildung zu χρῇ (aus χρήει), κέχρη-

1) Man vermutet, dass σβη- von einem dehnstufigen **zgᵘ̯ēs-ti* ausgegangen sei (ἔσβης = **e-zgᵘ̯ēs-s*, Hirt IF. 12, 211, Meillet Mém. 14, 339),

μαι usw. war wohl χρῆσθα (Mekler Beitr. zur Bildung des griech. Verb. S. 23 f.), wie auch erst sekundär ἔζην, ζῆθι zu ζῇ 'lebt' (aus *ζήει) hinzugeschaffen worden sind (§ 140). Falls der Ausgang der 2. Sing. Aor. Pass. *-θης die sekundäre mediale Personalendung **-thēs* gewesen ist (s. u.), dürfen hier des Typus wegen auch genannt werden ἐ-βλή-θης neben ἔ-βλη-το (§ 112), ἐ-νή-θης neben ἔ-ννη (§ 112), ἐ-κλή-θης neben ἀν-κλή-μενος (s. o.), mit denen weiter auf gleicher Linie stünden ἐ-ρρή-θης, zu ϝρη- 'sprechen', u. a.

Die zweisilbigen *ē*-Präterita haben sich als Intransitiva und im Anschluss hieran als Passiva zu einer umfangreichen Formklasse entwickelt. Oben genannt sind ἐφύην, ἐμάνην, ἐκάρην, ἐξ-επλάγην, ἐτάκην. Andere Beispiele: ἐρρύην 'floss' (ῥέω), ἐδάμην 'unterlag' (W. *dem-*), ἐδάρην 'wurde geschunden' (δέρω), ἐμίγην 'mischte mich' (Fut. μείξω), ἐζύγην 'liess mich anschirren, wurde verbunden' (Fut. ζεύξω), ἐτάρπην ἐτράπην 'ergötzte mich, wurde froh' (τέρπω), ἐκλάπην 'liess mich täuschen, wurde getäuscht' (κλέπτω), ἐσάπην 'faulte' (σήπω). Daneben seltner auch Formen mit Vollstufe der Wurzelsilbe, die im Anschluss an nichtaoristische Formen aufkamen, wie θερῆναι 'erwarmen', στερῆναι 'beraubt werden', συλ-λεγῆναι 'sich sammeln', πληγῆναι 'geschlagen werden', γηρείς 'gealtert'. Auch Denominativa auf -ιω bekamen diese Aoristform: ἡρπάγην zu ἁρπάζω 'raube', ἠγγέλην zu ἀγγέλλω 'verkünde'. Einen Zuwachs erfuhr diese Aoristklasse ferner durch die Entwicklung der Klasse der sogen. schwachen Passivaoriste auf -θην. Einen Faktor für diese Entwicklung scheinen Formen der 2. Sing. auf -θης gebildet zu haben, in denen dieser Ausgang ursprünglich eine mediale Personalendung (ai. *-thās*, ir. *-the*) gewesen ist[1]), z. B. ἐ-δό-θης neben ἔ-δο-το = ai. *á-di-thāḥ* neben *á-di-ta* (W. *dō-*), ἐ-κτά-θης neben ἔ-κτα-το = ai. *á-kṣa-thāḥ* neben

---

und dass griech. σβεσ- als **z-g*^{u}*es-* die Präposition ἐξ enthalte (Prellwitz Et. Wtb.[2] 407). IF. 1, 501 ff. bin ich von einer W. *seg*^{u}- ausgegangen (von der lat. *sēgnis* allerdings fern gehalten werden muss) und habe *g*^{u}*es-* aus *zg*^{u}*-es-* dissimilatorisch entstanden sein lassen.

1) Collitz Schwach. Prät. 207 ff. erklärt ai. *-thās* meines Erachtens mit Unrecht für eine indische Neuschöpfung. Dabei lässt er ir. *-the*, das man längst mit gutem Fug dem *-thās* an die Seite gestellt hat, ganz unerwähnt.

á-kṣa-ta (W. *qʷen-*), ἐ-σχέ-θης neben ἔ-σχε-το, ἐ-βλή-θης neben ἔ-βλη-το; dazu auch Formen von *s*-Aoristen wie ἐτείσθης neben ἐτείσατο, ἐρείσθης neben ἐρείσατο (ἐρείδω), ἐμείχθης = *ἐμεικσ-θης neben ἔμεικτο = *ἐ-μεικσ-το (§ 318). Nach ἐμάνην ἐμάνη usw. neben ἐμάνης konnten ἐδόθην ἐδόθη usw. zu ἐδόθης hinzutreten. Auf Grund hiervon erklärt sich gut, dass die θην-Präterita, im Gegensatz zu den ην-Präterita, nie den Aorist zu einer aktivischen Präsensform abgaben, und dass sie bei Homer und später oft mit medialer Bedeutung neben den sonstigen Medialformen auftreten (z. B. hom. αἰδέσθην 'scheute mich', ἐχολώθην 'zürnte', att. ἥσθην 'freute mich', δι-ελέχθην 'unterredete mich'). Daneben scheinen zum Aufbau des θην-Aorists Zusammensetzungen beigetragen zu haben, deren Schlussteil das Präteritum -θην von W. *dhē-* und dessen Vorderglied ein infinitivartiges Nomen teils auf *-ā*, *-ē*, *-ō*, *-ī*, *-ū* (ἐ-τῑμᾱ́-θην, ἐ-φιλή-θην usw.), teils auf *-s* (ἐ-γνώσ-θην, ἐ-μνήσ-θην u. a.) gewesen ist. Der Entwicklungsgang wird dabei folgender gewesen sein. Bei den medialen *s*-Aoristen kam man zunächst durch die Parallelisierung von ἐτείσθης, ἐμείχθης mit ἐμάνης dazu, die Formen 2. Plur. *ἐτεισθε, *ἐμειχθε, 2. 3. Du. *ἐτεισθον *ἐτεισθᾱν, *ἐμειχθον *ἐμειχθᾱν, 3. Sing. Imper. *τεισθω, *μειχθω in ἐτείσθητε ἐμείχθητε, ἐτείσθητον ἐτεισθήτην, ἐμείχθητον ἐμειχθήτην, τεισθήτω μειχθήτω umzugestalten nach ἐμάνητε, ἐμάνητον ἐμανήτην, μανήτω. Nachdem hier der flexivische Ausgleich abgeschlossen war, wurde diese Flexion dann auch für die Komposita wie ἐτῑμήθην, ἐγνώσθην usw. massgebend, bei denen noch eine Ausgleichung in der Funktion hinzukam. In den wesentlichsten Punkten anders neuerdings Collitz Schwach. Prät. 205 ff.

2) Seltner sind *ō*-Stämme. ἔγνων s. § 112. -έπλων (ἐπ-έπλων, παρ-έπλων) 'fuhr zu Schiff', zu πλωτός 'schwimmend', got. *flōdus* 'Flut', vermutlich auf Grund von *plō*[*u̯*]-, vgl. πλέ[F]ω. ἔβρων, ἐξ-έτρω· ἐξεβλάβη (E. M.) und ἔβλω· ἐφάνη, ᾤχετο, ἔστη (Hesych) waren jüngere Neubildungen zu βιβρώσκω 'verschlinge', τιτρώσκω, βλώσκω nach dem Vorbild von ἔγνων neben γιγνώσκω.

Zweisilbige Stämme. ἑάλων -ωμεν aus *ἠ-Fαλω- (vgl. S. 11), mit ἑάλωκα, ἁλωτός zu ἁλίσκομαι 'werde gefangen genommen'. ἐβίων -ωμεν, mit βιώσομαι, βεβίωκα zu ζῇ 'lebt' = *g^{u}*i̯ē-*; eventuell aus $*g^{u}\underset{\frown}{i}i\bar{o}[\underset{\frown}{u}]$- und dann mit ai. *jīva-ti* in nähere Beziehung zu bringen (S. 158).

3) Ferner gehört hierher die jüngere Schicht der Denominativa auf -έω und -όω nach ihrer sogen. äolischen Flexionsweise, z. B. lesb. Ind. φίλημι -ης -η, -ητον, -εισι (aus *-ενσι), ἐφίλην, Opt. φιλείην, Part. φίλεις -εντος neben att. φιλῶ -εῖς usw., δοκίμωμι, -οισι (aus *-ονσι). Diese Präsensflexion ist im Anschluss an die gleichartige der *ā*-Verba, wie τίμαμι (§ 107), aufgekommen. Sie lag um so näher, als in den ausserpräsentischen Formen schon von älterer Zeit her Übereinstimmung mit 'primären' Verba mit *-ē-*, *-ō-* vorhanden war, z. B. φιλήσω usw. wie μανήσομαι μεμανηώς neben ἐμάνην, κατ-αήσομαι (Hesych) neben ἄημι, δουλώσω usw. aber wie βιώσομαι βεβίωκα neben ἐβίων.

Anm. In lautgeschichtlicher Hinsicht ist zu beachten der Gegensatz in der Vokalquantität zwischen Aktivformen und Medialformen wie 3. Plur. ἄεισι = *ἄϝεντι und ἄηνται, ἔμιγεν aus *-εντ und ἔβληντο, lesb. στεφάνοισι aus *-οντι und στεφάνωνται, Opt. βλείην und βλῆο. Derselbe Gegensatz bei den *a*-Verba, z. B. 3. Plur. ἔδρᾰν aus *-ᾰντ und hom. πλῆντο = dor. *πλᾶντο (§ 107). Die lautgesetzliche Gestaltung war die der Aktivformen. Im Medium ist die Vokallänge analogisch wiedereingeführt. S. 1, 798 f., Brugmann-Thumb Griech. Gramm.[4] 327 f.

116. Italisch. Hier kommen nur *ē*-, nicht mehr *ō*-Stämme vor, und von *ē*-Stämmen nicht mehr Präterita nach der Weise von lat. *-bam -bās -bat* usw. (§ 104. 108), sondern nur noch Präsentia. Im Präsens aber zeigt im Lat. die 1. Sing. regelmässig *-eo*, wie *neo*, *fleo*, *video*, *jubeo*, während alle andern Formen des Tempusstamms themavokallose *ē*-Formen sind, *nēs*, *vidēs* usw. Eine 1. Sing. Ind. Präs. ist aus den osk.-umbr. Mundarten nicht überliefert.

Von einsilbigen *ē*-Präsentia, wie die § 112 genannten lat. *net*, *-plet*, ist noch zu nennen *flet*, vermutlich zu aksl. *blěją* 'blöke'. Andere noch mögen in vorhistorischer Zeit bestanden haben, wurden aber durch anders geartete Präsensformen ersetzt: ein **crē-t(i)* durch *crēscit*, vgl. *crē-vī- crētus*; ein **sprē-t(i)* durch *spernit*, vgl. *sprē-vī sprētum*. Vgl. *-plet* : *-plēvī* und griech. πλῆτο, *nōsco* : *nōvī* und griech. ἔ-γνων.

Zweisilbige *ē*-Präsentia mit schwachstufiger Wurzelsilbe, wie die § 112 genannten *jubet* usw., gab es in grösserer Anzahl. Weitere Beispiele: lat. *licet*, osk. líkítud *licitud* 'liceto', lat. *liquet*, *cluet*. Mehrere haben *a* in der Wurzelsilbe: in einem Teil von ihnen war dies die ursprüngliche schwachstufige Wurzel, ein andrer Teil ist sekundär nach ihrem Muster gebildet worden. Lat. *placet*, ursprünglich 'ist eben', zu *plācāre*. *habet*, umbr. habetu *habitu* 'habeto', zu ir. *gabim* 'nehme, gebe', lit. *gabenù* 'hole, bringe', *pra-gobinu* 'verschachere'. Lat. *jacet*, zu *jacio jēcī*, das sich zu griech. ἵημι verhält wie *facio fēcī* zu τίθημι. *latet* zu W. *lā- lə-* in griech. λή-θω dor. λάθω 'lateo', Aor. λαθεῖν, vielleicht von einem Nominalstamm **lə-t-* oder **lə-to-* ausgegangen, wobei das begriffliche Oppositum *pateo* mit vorbildlich gewirkt haben mag. Ähnlich *silet* zu einem **si-lo-* (zu *si-no*), neben *tacet* wie got. *ana-silaiþ* 'lässt nach, wird still' neben *þahaiþ* ahd. *dagēt*. Mit tiefstufiger Wurzelsilbe vielleicht auch *olet* aus **odē-t*, zu lit. *ūdżu* 'rieche', griech. ὄζω 'rieche' (Fut. ὀζήσω für *ὀδη-σω).

sedet, vgl. lit. *sėdė́-ti* 'sitzen'.

Vermutlich haben bei einem Teil der *ē*-Stämme nur ausserpräsentische Formen von Haus aus das *ē* gehabt, nach der Art von griech. βάλλω ἔβλην, δέρω ἐδάρην, ῥέω ἐρρύην ἐρρύηκα, ἔχω σχήσω ἔσχημαι, μάχομαι μαχήσομαι, lit. *tekù* 'laufe' *tekė́siu*, *blizgù* 'glänze' *blizgė́siu*, und ist ein *ē*-Präsens erst sekundär hinzugekommen. Dafür sprechen Doppelformen wie *fulgo* und *fulgeo*, umbr. -habas 'habeant' und habetu 'habeto' (Meillet Mém. 13, 363).

Eine Grenze gegen die jüngeren Denominativa hin, z. B. lat. *albeo*, zu *albus*, *fateor* osk. fatíum 'fari, fabulari', zu **fa-to-* = griech. φα-τό-ς (*infiteor* zu **in-fito-s*), deren Ausgänge *-eō -ēs* usw. nach griech. φιλέω auf **-ēi̯ō *-ēi̯é-s* zurückführbar sind (§ 145), ist nicht mehr zu ziehen, s. § 145, 1. 153. Vgl. oben über *sileo* und *lateo*. Ebenso auch nicht mehr gegen die 'Kausativa' wie *moneo -ēs*, deren *-eō -ēs* auf *-ēi̯ō -ēi̯e-s* beruht, s. § 175.

Aber auch innerhalb des Ind. Präs. unserer *ē*-Verba selbst ist bei der 2. 3. Sing. und 2. Plur. eine Unterscheidung zwischen zwei Flexionsweisen nicht mehr zu finden. Dass nämlich zwar z. B. *flēmus tacēmus*, *flent tacent* nicht, wie die 1. Sing. *fleo taceo*, zur *i̯o*-Flexion (vgl. aksl. *blěją blěješi* usw., got. *þahais -aiþ*) gehören, zeigt der Lautstand der historischen Zeit (dasselbe gilt für *in-trāmus cubāmus*, *in-trant cubant* osk. karanter umbr. *furfant*). Dagegen können *flēs tacēs*, *flet tacet* (umbr. *habe*), *flētis tacētis* lautgesetzlich auch auf *-ē[i̯]e-si* usw. zurückgeführt werden, und die Frage muss offen bleiben, ob nicht in uritalischer Zeit noch *ēi̯e*-Formen neben der 1. Sing. **-ēi̯ō* bestanden haben, die sich mit dem *i̯*-losen *ē*-Typus vermischten.

117. Keltisch. Bei dem Übergang von uridg. *ē* in *ī* in urkeltischer Zeit (1, 135) und dem teils hierauf, teils auf andern lautlichen Veränderungen beruhenden frühzeitigen Zusammenfallen der vorkeltischen Präsensausgänge *-ēi̯ō -ēi̯esi* (§ 139f. 145, b), *-éi̯ō -éi̯esi* (§ 177), *-ei̯ṓ -ei̯ési* (§ 145, a), *-i̯i̯ō -i̯i̯esi* (§ 146), *-i̯ō -i̯esi* und *-i̯ō -īsi* (§ 128. 132) ist kaum mehr zu sagen, welche Präsentia ursprünglich unserer Präsenskategorie angehört haben. Möglich ist z. B., dass *gaibim*, *gaibid -gaib* (zu lat. *habeo*, § 116) vorkeltisches *-ēmi*, *-ēti -ēt* fortsetzt. Diese Auffassung bringt den Vorteil, dass man die Endung der 1. Sing. *-im* in den verschiedenen Klassen der *i*-Verba nicht als Analogiebildung nach **-ămi* zu nehmen braucht. *gaibid* könnte zugleich eine Form wie ai. *manāyá-ti* got. *munaiþ* (aus **-ēi̯e-ti*, § 139) sein.

118. Germanisch. Sieht man ab von dem auf dem Part. **u̯ēnt-* 'wehend' beruhenden got. *winds* ahd. *wint* aisl. *vindr* 'Wind' und dem wohl irgendwie zu *ei̯-* 'gehen' (vgl. got. *jēr* S. 161) gehörigen got. *iddja* 'ich ging', 2. Sing. *iddjēs* (§ 5 Anm. S. 12), so hat man bei den einsilbigen *ē*-Stämmen nur noch die themavokalische Flexion. Themavokalische Flexion ist wohl auch anzunehmen für alle Personen der gotischen Präsentia wie *þaha* 'taceo' *þahais* usw. Dagegen ist ahd. *dagēm -ēs* usw. zwar ebenfalls auf Grund von *-ēi̯ō -ēi̯esi* usw. erklärbar, doch können die Formen *dagēm*, *dagēmēs* sehr wohl auch noch alte *ē*-Formen sein. S. § 140.

119. Baltisch-Slavisch. Aksl. *bě* 'eras, erat' steht zwar in dem *s*-aoristischen Paradigma *běchъ*, Plur. *běchomъ* usw. drin, war aber doch wohl urspr. **bhu̯ē-s*, *-t*, vgl. *by* = ai. *á-bhū-ḥ*, *-t* (S. 149), *da* = ai. *á-dā-ḥ*, *-t* (S. 100).

Zweisilbiger *ē*-Stamm ist zunächst vertreten durch zahlreiche balt. Präterita auf *-iaũ -ei -ė -ėme -ėte* im Lit., z. B.

plakiaũ plakeĩ plãkė, plãkėme plãkėte, und durch preuss. *pertraūki* 'verschloss' = lit. *tráukė*, *ymmi-ts* 'nahm' aus **imē* : lit. *ẽmė* (über *weddē* 'brachte' : lit. *vẽdė* s. Trautmann Altpreuss. Sprachd. 120. 290). Lit. *-iau -ei* aus **-ē-u *-ē-i* für **-ē-m *-ē-s*, eine Neuerung wie *-au -ai* bei den *ā*-Stämmen (§ 111). Ausser den § 112 genannten Formen noch z. B. *gìnė*, zu *genù* 'jage, treibe', *gìmė*, zu *gemù* 'werde geboren', *mìrė*, zu *mírsztu* 'sterbe', *vìrė*, zu *vérdu* 'koche', *tãpė*, zu *tampù* 'werde'. Mit *e* in der Wurzelsilbe z. B. *vẽžė*, zu *vežù* 'fahre', *nẽszė*, zu *neszù* 'trage', *mẽtė*, zu *metù* 'werfe', *sẽkė*, zu *sekù* 'folge', *lẽsė*, zu *lesù* 'fresse' (von den Vögeln). *vėmė*, zu *vemiù* 'erbreche mich', *gėrė*, zu *geriù* 'trinke', *kórė*, zu *kariù* 'hänge auf', u. dgl. haben ihre Wurzelgestalt von *vėmęs*, *gėręs*, *kóręs* (§ 409, 2); nach ihrem Muster haben Formen wie *pýlė*, *skýrė* (§ 112) und *stúmė* (*stumiù stúmti* 'stossen'), *búrė* (*buriù búrti* 'zaubern') ihren langen Vokal bekommen. Weiter fallen hierher die Imperativformen auf *-ė-k* zu Verben auf *-ė-ti*, mit den verschiedensten Stufen der Wurzelsilbe, z. B. *pa-vydė-k*, *judė-k* (§ 112), *tekė-k*, *blizgė-k* (§ 116), *budė-k* 'wache', *żiūrė-k* 'sieh hin', *penė-k* 'nähre, mäste', *regė-k* 'schaue', *baisė-k* 'verabscheue'.

Von den lit. Verba auf *-ėju -ėti* gehören manche der jüngeren Schicht der Denominativa an, z. B. *senėju* 'werde alt', mit ihrer Imperativform auf *-ė-k* aber stellen sie sich zu den primären *ē*-Verba. S. 145, b. 158, 2.

γ. Redupliziert: Typen ai. *jí-gā-ti* und *dari-drā-ti*.

120. I) Reduplikationssilbe auf *-i*. Der Stamm geht aus auf *-ā* (§ 104) oder auf *-ē* (§ 112).

Mehrsprachliches. **gᵘi-gᵘā-ti* 'geht', zu ai. *á-gā-t* griech. ἔ-βη (§ 104): ai. *jígā-ti*, 2. Plur. *jigā-ta*, griech. βίβη-σι, 3. Plur. dor. βίβαντι, Part. βιβάς, woneben themavokalisch βιβᾷ.

Arisch. Vielleicht hierher auch ai. ep. *iyāt* als älteres **yi-yāt* (1 § 288), zu *yā-ti yā-mahē* (§ 104).

Griechisch. Zunächst ist noch das ep. ἐ-κίχην 'ereilte, traf an', κιχήτην, Part. κιχείς zu nennen, das von Haus aus zu der einsilbigen Basis **ĝhē-* gehört und, wie ἔστην u. a., sich sekundär den *ā*- und *ē*-Aoristen angeschlossen hat. S. § 60, I, 4.

δίζημαι 'suche auf' scheint, als *δι-διᾱ-μαι, nebst ζητέω mit ai. *dī́ya-ti* 'fliegt' διερός 'eilig' zusammenzuhängen (Sommer Griech. Lautst. 158).

Ferner Präsentia von zweisilbigen Basen mit *r*, *l*, wie -πίπλημι 'fülle', Part. -πιπλείς, woneben 1. Plur. -πίπλᾰμεν. Sie sind schon § 59 erwähnt. Ursprünglich waren sie von der Wurzel ohne die *ē*- oder *ā*-Erweiterung gebildet, nach der Art von ai. *pi-par-ti pi-pr̥-máḥ*, *bi-bhár-ti bi-bhr̥-máḥ*, und diesem Typus gehören noch die Formen wie -πίπλᾰμεν -πιπλάς, -πίφρᾰμεν -πιφράναι an. Nachdem aber auf Grund der ausserpräsentischen Formen wie πλῆτο ἔπλησα der Typus -πίπλημι aufgekommen war, wurde nach Massgabe von ἵ-στη-μι : ἵ-στᾰ-μεν, τί-θη-μι : τί-θε-μεν die Gruppierung -πί-πλη-μι : -πί-πλᾰ-μεν vorgenommen. Über den Nasal von πίμπλημι πίμπλαμεν s. § 229, 2. Ebenso πίμπρημι 'fache an, verbrenne', zu πρήσω πέπρημαι; τίτρημι 'bohre', zu τρήσω τέτρημαι ahd. *drāu* 'drehe'; κίχρημι 'leihe, borge' kret. κίγχρητι, zu χρήσω κέχρηκα; ἵληθι 'sei gnädig' aus *σι-σληθι, zu dor. ἵλη-ϝο-ς 'gnädig', Perf. hom. ἵληκα. Mit ᾱ, zu κέ-κρᾱ-ται 'ist gemischt' und ai. *śrā-ti* 'kocht' gehörig, dor. ἐγ-κίκρᾱ.

Germanisch. Ahd. *zittarōm* 'zittre' aisl. *titra* 'zwinkere, bebe' vermutlich als **di-drā-* zu ai. *drā́-ti* 'entläuft', griech. ἔ-δρᾱν δι-δράσκω (zur Bedeutung vgl. lit. *drebḗti* 'zittern, beben': nhd. *trappeln trampeln*).

121. II) Vollere Reduplikation. Ai. *dari-drāti* Intens. zu *drā́-ti* 'entläuft'. Arm. *mṙ-mṙam* 'murre, murmle', lat. *murmurat* (S. 30). Lat. *ul-ulat*, lit. Imper. *ul-uló-k* 'jauchze', 1. Sing. lat. *ululo* lit. *ululóju* neben *ulóju* griech. ὑλάω 'belle'.

Arm. *tʻṙ-tʻṙam* 'flattere', *sar-sṙam* 'zittere' u. a.

Lat. *tin-tinnat* (S. 30).

D. Stämme auf *-ī-* : *-(i)i̯o-* und auf *-i̯e- -i̯o-*, *-ei̯e- -ei̯o-*.

a. Allgemeines.

122. Die in der 1. Sing. Ind. auf *-i̯ō* ausgehenden Präsentia, die zu einer unerweiterten einsilbigen oder einer zweisilbigen Basis gehören, zerfielen seit uridg. Zeit in zwei Gruppen.

Diese sind in den meisten Sprachzweigen auf die eine oder die andere Art flexivisch in eine einzige Präsensklasse zusammengefallen, nur zu einem kleinen Teil auf lautgesetzlichem Wege, meistenteils durch analogische Ausgleichung. Die alte Geschiedenheit ist am besten noch erkennbar im Baltisch-Slavischen, wo z. B. einander gegenüberstehen: lit. *lëžiù* 'lecke' *lëžì lẽžia lẽžiame lẽžiate* aksl. *ližą ližeši ližetъ ližemъ ližete ližątъ* und lit. *smírdžu* 'stinke' *smirdi smírdi smírdime smirdite* aksl. *smrъždą smrъdiši smrъditъ smrъdime smrъdite smrъdętъ*.

1) Die *ī*- : (*i*)*i̯o*-Präsentia gehören zu den zweisilbigen Basen auf *-ēi̯* und stehen in engster morphologischer Beziehung zu den § 91 f. 99 ff. behandelten Präsensformen, bei denen infolge der ablautwirkenden Faktoren *ēi̯* in uridg. Zeit zu *ī* oder, durch noch weiter gehende Schwächung, zu *i* geworden war. Der wesentlichste Unterschied gegenüber diesen Formen war der, dass in der uns hier beschäftigenden Klasse der Stamm auf *-ī* zu einem kleineren oder grösseren Teil oder auch vollständig themavokalische Flexion bekommen hat, z. B. lat. *farcio farciunt* : *farcīs farcit*, *cupio cupiunt* : *cupis cupit*. Die nicht themavokalisch gewordenen Personen des Paradigmas könnte man demnach auch der Klasse C § 99 zurechnen.

-*ī*-, die R-Stufe zu -*ēi̯*-, erscheint z. B. in lat. 2. Sing. *farcī-s*, *fī-s* neben *farcio*, *fīo*, aksl. 2. Sing. *smrъdi-ši* neben *smrъždą*, 2. Sing. Imperf. *bi*, dagegen -*i*-, die S-Stufe zu -*ēi̯*-, z. B. in lat. 2. Sing. *cupi-s* neben *cupio*, lit. 1. Plur. *smirdi-me* neben *smírdžu*, 3. Sing. Imperf. *bi-t*(*i*) ('erat') mit 1. Plur. -*bime*, 2. Plur. -*bite* (vgl. IF. 30, 349), ags. 3. Sing. *bið* neben *béo*.

Wie weit die themavokalische Flexion im Paradigma des Indikativs in uridg. Zeit geherrscht hat, ist fraglich. Nur so viel ist wahrscheinlich, dass die 2. und 3. Sing. und die 2. Plur. von ihr noch völlig frei waren. Anderseits ist für die 1. Sing. wahrscheinlich, dass sie bereits in uridg. Zeit themavokalisch war, vgl. ai. *mányē*, griech. μαίνομαι, lat. *farcio*, *cupio*, *fīo*, ir. -*moiniur*, -*bīu*, ahd. *liggu* ags. *béo*, lit. *smírdžu* aksl. *mьnją smrъždą*. Gegenüber dieser Übereinstimmung wird der Ausgang -*im*, den im Armenischen die unserer Klasse von Haus aus angehörigen Passiva, wie *berim* 'werde gebracht', aufweisen, einzelsprach-

liche Neuerung sein. Ebenso gilt dies von der aksl. 1. Sing.
Imperf. *bimъ* ('eram') (neben 2. 3. Sing. *bi*), bei der auch schon
die Unursprünglichkeit ihrer primären Endung statt der sekundären auf Neubildung weist. (Ahd. *bim* 'bin' war Neubildung
nach *im = *esmi, S. 95.) In die 1. und 3. Plur. könnte in uridg.
Zeit ebenfalls schon die themavokalische Weise eingedrungen
sein. Einen bündigen Gegenbeweis können die Formen wie lat.
farcĭmus, cupĭmus, lit. *smírdime* aksl. *smrъdimъ* und aksl. *smrъdętъ*
darum nicht liefern, weil es leicht möglich ist, dass sie einzelsprachlich *ĭ* von der 2. 3. Sing., 2. Plur. empfangen haben, gleichwie dies, wie wir soeben sahen, bei der 1. Sing. vorgekommen ist.

Anm. Ausser im Baltisch-Slavischen sollen, nach einer Vermutung
v. Patrubány's (KZ. 37, 427 f.) und Meillet's (Gramm. de l'arm. 79), die
beiden Klassen im Arm. getrennt geblieben sein. Die Intransitiva und
Passiva, wie *meṙanim, berim*, gehören sicher zur -*ĭ-* : -(*ĭ*)*i̯o*-Klasse. Dagegen soll das mit griech. θείνω (W. *gu̯hen-*) zu verbindende *ǰnǰem* 'töte,
vernichte, reinige' = *ǰinǰem aus **gu̯hen-i̯ō* entstanden sein, sich also mit
θείνω decken (vgl. *ǰin* 'Stock', *ǰnem* aus *ǰinem 'schlage, prügle'). Vielmehr dürfte *ǰnǰem* gebrochne Reduplikation haben (vgl. *p'alp'im* neben
p'al-p'alim 'glänze' § 133) und so mit ai. *jáṅ-ghanti jaṅ-ghanyatē* zu
vergleichen sein.

Das Umsichgreifen der themavokalischen Flexion in den
meisten Sprachzweigen beruht im wesentlichen natürlich auf
Ausgleichung mit der Klasse mit *-i̯ō -i̯e-si -i̯e-ti* usw.

Für das Arische und das Griechische, wo die themavokalische Flexion obgesiegt hat, geben den Hauptanhalt dafür,
welche Verba ursprünglich die -*ĭ-* : -(*ĭ*)*i̯o*-Flexion gehabt haben, die
Schwundstufe der Wurzel und die intransitive (passivische) Bedeutung. Aus dem Ar. sind die Passiva wie ai. *budhyá-tē* 'wird
geweckt' (: aksl. *bъdi-tъ*), *kriyá-tē* 'wird gemacht' zu nennen.
Aus dem Griechischen Präsentia wie μαίνομαι (: aksl. *mъnjǫ*).
Im Armen., wo ebenfalls die lautliche Verschiedenheit aufge-
hoben ist, werden durch ihre Bedeutung die Passiva, wie *berim*
(Akt. *berem* 'fero'), hierher gewiesen.

Die zweisilbige Stufe -*i̯o*- hat sich erhalten hinter anlautender Doppelkonsonanz, in Fällen wie **bhu-i̯o*- 'fio' (s. o.),
**mr-i̯o*- ai. *mriyé* 'sterbe': vgl. Gen. Plur. τριῶν got. *þrijē* lit.
trijū u. dgl. Formen wie lit. *ariù* (zu *avéti*) beweisen nichts für

altes *-i̯i̯ō*, denn *aviù* (im Gegensatz zu dem transitiven lett. *auju*, das der *-i̯e- -i̯o*-Klasse angehört) mag durch *avi-* in *ãvi-me* u. dgl. bedingt worden sein (Bezzenberger's Zurückführung von *aviù* auf **au̯éi̯ō* BB. 26, 171 ff. 27, 181 ist nach meinem Dafürhalten lautgeschichtlich nicht zu rechtfertigen).

Dass der Wortton von uridg. Zeit her auf dem thematischen Vokal lag, wird besonders durch die ai. Intransitiva und Passiva wie *mriyátē*, *vidyá-tē* erwiesen.

2) Zu den *-i̯e -i̯o*-Präsentia gehören vor allem die meisten sogen. Denominativa, d. h. jene Gattung von Verba, die uns unmittelbar greifbar die Überführung eines Satzbestandteils nominalen Sinnes in eine verbale Wortform vor Augen stellt, wie ai. *rajas-yá-ti* 'wird zu Staub' (von *rájas-*), *vasna-yá-ti* 'feilscht' (von *vasná-*). Aber auch viele sogen. primäre Verba, wie z. B. ai. *śúṣya-ti* aksl. *sъšetъ* (**sъchi̯e-tъ*) 'wird trocken', oder mit Reduplikation ai. Intens. *dēdiśyá-tē* 'zeigt', griech. γαργαίρει (*γαρ-γαρι̯ει) 'wimmelt', aksl. *glagoljetъ* 'spricht'.

Dieses *-i̯e- -i̯o-* hatte keinerlei besonderen aktionellen Bedeutungswert, sondern diente lediglich der verbalen Gestaltung eines nominalen Wortes.

Bei dem Umstand, dass z. B. aksl. *spěją* 'habe Erfolg' zu der *ēi̯*-Basis *spēi̯-* in ai. *spī-ta-ḥ* oder dass ai. *gr̥bhāyá-ti* 'ergreift' zu der *āˣi̯*-Basis von *gr̥hī-tá* (S. 146) gehört, ist es wahrscheinlich, dass das *i̯* der *āˣi̯*-Basen und das *i̯* unseres Formans *-i̯e-*, *-i̯o-* etymologisch dasselbe Element gewesen sind. Man hat daher vermutet, dass *-i̯e- -i̯o-* zuerst bei Formen wie aksl. *spěja*, ai. *gr̥bhāyá-ti* als einheitliches Formans losgelöst und von hier aus produktiv geworden sei. Geht man jedoch davon aus, dass alle *o*-Präsentia von Anfang an Nominalstämme gewesen seien, so liesse sich denken, dass vielmehr Präsentia wie ai. *śucya-ti*, zu *śúci-ḥ* gehörig, oder griech. βαίνω = **g̯ᵘm̥i̯ō*, zu got. *qums* ahd. *chumi* ('das Kommen') gehörig (2, 1, 166, Reichelt BB. 27, 64 f.), der Urtypus unserer *-i̯e- -i̯o*-Präsentia gewesen seien. Natürlich können aber auch mehrere Ausgangspunkte nebeneinander gewesen sein. Ich verzichte darauf, in eine nähere Erörterung dieser glottogonischen Frage einzutreten.

Inbezug auf die nachfolgende Darstellung, in der wir die *-ī-* : *-i̯o*-Formen und die *-i̯e-* *-i̯o*-Formen der idg. Sprachen getrennt betrachten, ist hervorzuheben, dass der Versuch, diese beiden Klassen voneinander zu scheiden, für die meisten Sprachen nur noch teilweise gelingen kann. Wo die Klassen äusserlich zusammengefallen sind, muss für eine grosse Anzahl von Präsentia um so mehr dahin gestellt bleiben, zu welcher von beiden Gruppen sie zu ziehen sind, als vielleicht die Mehrzahl der in der geschichtlichen Zeit überlieferten Formen erst nach dem Ineinanderrinnen der beiden Bildungsklassen überhaupt geschaffen worden ist.

b. Stamm auf *-ī-* : *(i)i̯o-*: Typus aksl. *mьnją mьniši.*

123. Mehrsprachliches. Diejenigen Personen des Indikativs, die seit uridg. Zeit *-ī-* hatten, nämlich die 2. 3. Sing. Du. und die 2. Plur., vielleicht auch die 1. Plur. Du., gehören, wie hierher, so auch zu § 99 f. Bei den Ausgleichungen zwischen *-(i)i̯o-* und *-ī-* hat sich das erstere im weitesten Umfang in der 1. Sing. behauptet. Nur im Arm. ist auch hier *-ī-* eingedrungen, z. B. *berim* (S. 179 f.).

1) Wurzel auf Geräuschlaut. Aksl. *kyplją kypiši* Inf. *kypěti* 'wallen, sieden', ai. *kúpyāmi* 'walle auf, gerate in Aufregung', lat. *cupio -is.* Aksl. *bъždą bъdiši* Inf. *bъděti* 'wachen', ai. *budhyē* 'erwache, werde aufmerksam'. Lit. *pa-výdžu -výdime* Inf. *-vydėti* 'invidere' aksl. *viždą vidiši* Inf. *viděti* 'sehen', ai. *vidyḗ* 'werde gefunden'. Aksl. *-lьplją -lьpiši* Inf. *-lьpěti* intr. 'ankleben', ai. *lipyē* 'werde beschmiert'. Lit. *girdžù gir̃dime* Inf. *girdė́ti* 'hören', griech. φράζομαι 'nehme wahr' aus *φραδι̯ομαι (unsichere Zusammenstellung, vgl. Wiedemann BB. 27, 238 ff.). Aksl. *drъžą drъžiši* Inf. *drъžati* 'halten, inne haben', vermutlich zu griech. δράσσομαι δράττομαι 'fasse an, ergreife' neben δεδραγμένος δραχμή (vgl. Berneker Slav. et. Wtb. 258). Ai. *tṛ́ṣyāmi* 'dürste', got. *þaúrsja* 'dürste' (*þaúrseiþ mik*), vgl. ahd. *dorrēn* 'dorren', hom. τερσῆναι 'trocken werden'. Lat. *capio -is*, as. *hebbiu* 'habe', got. *hafja* ahd. *heff(i)u* 'hebe', vgl. got. *habaiþ* 'hat', lat. *capēdo* (vgl. *torpē-do* zu *torpet* 2, 1, 470). Aksl. *ležą ležiši* Inf. *ležati* 'liegen', ahd. *ligg(i)u* as. *liggiu* 'liege'. Lit. *sė́džu sė́dime* Inf. *sėdė́ti* 'sitzen'

aksl. *sězdą sěd̂iši* Inf. *sěděti* 'sitzen', ahd. *sizzu* as. *sittiu* 'sitze', griech. πιέζω '(sitze auf etwas) drücke' aus *πι-[σ]εδ̯ιω, ai. *pīḍyē* 'werde gedrückt' aus **pi-ẓḍyai*; dazu vielleicht auch arm. *nstim* (§ 125).

2) Wurzel auf *u̯*, Nas. oder Liqu. Hier sind inbezug auf das lautliche Verhältnis zwischen der Wurzelsilbe und der auf sie folgenden formantischen Silbe verschiedne Fälle zu unterscheiden.

a) **bhu̯ii̯ō* zu W. *bheu̯-* 'werden': lat. *fīo fīunt*, *fīs fīmus* (*fīo fīunt* mit *ī* nach *fīs* usw.), osk. fiiet 'fiunt'; ir. *-bīu* 3. Plur. *-biat -bīat* 3. Sing. *-bī* Pass. *-bīther*, kymr. *byddaf*; ags. *béo* 3. Plur. *béođ* 2. Sing. *bis* 3. Sing. *biđ*; darnach lett. *biju* 'eram' *bija* 'erat'. Vgl. § 99. Daneben ai. *bhūyē bhūya-tē*, äol. φυίω hom. φύω. Von derselben Art sind die folgenden Präsentia. Lat. *suf-fio -īs* aus **dhu̯ii̯ō*, neben ai. *dhūyá-tē* 'wird geschüttelt', äol. θυίω hom. θύω, aisl. Inf. *dýja* 'schütteln', vgl. ai. *dō-dhavī-ti dhaví-tra-m dhū-tá-ḥ*. Lat. *in-ciēns* 'trächtig', zunächst aus *-cu̯iens*, neben griech. κύω 'bin schwanger', vgl. griech. κυήσομαι κύημα κυΐσκω κῦ-μα, ai. *śvā-trá-ḥ śū-ná-ḥ*. Ai. *mriyá-tē* 'stirbt', neben av. *miryeⁱte* d. i. *məʳryeⁱte* apers. *a-mariyatā* aus **mṛ-i̯o-*, das auch durch lat. *morior -iuntur* lautgesetzlich vertreten zu sein scheint (dagegen *morimur morīmur* für **marī-*, s. 1, 467), vgl. aksl. *mьrěti mrěti* 'sterben'; dieselbe Basis **merēi̯-* in ai. *mrítya-ti* 'zerfällt, löst sich auf', lat. *frīvolus*, ahd. *brīo* 'Brei' u. a. Ai. *bhriya-tē* 'fertur', neben av. *baⁱryeⁱnte* 'feruntur', das wohl = **bhṛ-i̯o-* war; vgl. arm. *berim* 'feror', griech. -φρήσω (S. 105). Ai. *striyá-tē* 'sternitur' av. Part. *ustryamna-* d. i. *us-stryamna-*, neben ai. *stīrya-tē* aus **stṝ-i̯e-*, vgl. aksl. *stьrěti strěti* 'strecken'. Lat. *pario -is*, vgl. lit. *periù perė́-ti* 'brüten' (S. 184). Griech. χαίρω 'freue mich' aus *χαρ̯ιω, lat. *horior horītur* (zum Lautlichen vgl. oben *morior*), vgl. ai. *hár-yāmi* 'finde Gefallen an etwas', umbr. heri 'vult' (Fut. *heriest* 'volet'), griech. χαρῆναι κεχαρηώς (S. 158. 159). Ai. *mányē* 'meine' av. *manyete* 'meint' apers. Konj. *maniyāhy* 'du sollst meinen', griech. μαίνομαι 'bin geistig erregt, rase' aus *μαν̯ιομαι, ir. *do-moiniur* 'meine', aksl. *mьnją* 'meine' *mьniši* aus **mn̥i̯o-* **mn̥nī-*, vgl. aksl. Inf. *mьně-ti* griech. ἐμάνην μεμάνημαι (S. 170), got. *mu-naiþ* (§ 139) sowie lat. *re-minī-scor* (§ 275, 3). Ir. *-gainedar* 'nascitur' aus *$\hat{g}$n̥i̯e-, daneben ai. *jáya-tē* npers. *zāyad* 'nascitur' mit *ā* = n̥̄ wie in ai. *jā-tá-ḥ* (s. unten), vgl. griech. γείνομαι 'gignor' aus *γενι̯ομαι und -γνητός 'natus'.

Was die Verschiedenheiten des Wortanlauts betrifft, so gehörten von Haus aus dieser Präsensklasse nur solche Stammgestalten an wie **bhu̯ii̯o- *bhu̯ī-*, **mri̯o- *mrī-*, **mni̯o- *mnī-* und **bhuu̯o- *bhuu̯ī-*, **mr̥i̯o- *mr̥rī-*, **mn̥i̯o- *mn̥nī-*. Diese Doppelheit der Anlautgestaltung war satzphonetisch bedingt, und zwar waren die letzteren Formen, **bhuu̯o- *bhuu̯ī-* usw., die Formen des Satzanlauts. Lat. *pario -iunt* für **poriō *poriunt* (vgl. *morior*) nach *paris* usw., wo *-ar-* wie in *parēns* lautgesetzlich aus *-r̥r-* vor Sonant entstanden war (1 § 515).

Dagegen waren Neubildungen die Formen mit *ū*, *r̥̄*, *n̥̄*, wie ai. *bhūyatē*, *dhūyátē*, *stīryatē*, *jāyatē*. Ihr langer Sonant ist aus andern Formen des Verbalsystems eingedrungen, z. B. *bhūyatē* nach *á-bhūt bhūtá-* usw.; besonders gut ersichtlich ist diese Art der Entstehung bei *jāyate* (s. o.). Im Griech. sind φύω, θύω für φύ́ω, θύ́ω eingetreten nach φύσω, θύσω usw. Andre derartige Neubildungen waren ai. *dīryá-tē* 'wird gespalten', *mūryá-tē* 'wird zermalmt'.

Wie unser Präsens in der 1. Sing. bei Wurzeln auf *-ei̯* wie *q^uphei̯-* 'vernichten' (ai. *kṣaya-ti*, *kṣi-dhí*, *kṣiṇā-ti*, griech. φθί́νω aus *φθινϝω, φθίσις, φθόη) in uridg. Zeit gelautet hat, zeigt ai. *kṣiyé* und *kṣiyē* 'erschöpfe mich, schwinde hin', hom. φθί́ω 'komme um': uridg. **q^uphīi̯ō*. Das *ī* dieser Form darf nicht mit dem *ū* von ai. *bhūya-te* u. dgl. auf éine Linie gestellt werden.

b) Formen, die, wie zumteil die Formen von Wurzeln auf Geräuschlaut (1), vollstufige Wurzelsilbe zeigen, von denen (unter a) schon ai. *háryāmi* umbr. heri, arm. *berim*, griech. γείνομαι, lit. *periù* erwähnt sind. Lit. *geniù gēni-me* Inf. *genė́ti* 'Zweige abhauen', vgl. ai. *hanyá-tē* 'wird geschlagen'. Got. *wilja* aisl. *willu* 'will', aksl. *velją -iši velěti* 'befehlen', vgl. S. 90. Umbr. *an-ouihimu* 'induimino', lit. *aviù āvime* Inf. *avė́ti* (S. 153).

Zweideutig sind bezüglich der Stufe der Wurzelsilbe ai. Formen wie *tánya-ti* 'rauscht, tönt, donnert', woneben einerseits äol. τέννει· στένει, βρύχεται Hesych (aus *τενι̯ει), anderseits aisl. *stynia* 'stöhnen', vgl. lit. *stenė́ti* 'ächzen, stöhnen'.

Dass Formen mit vollstufiger Wurzelsilbe und Formen mit schwundstufiger Wurzelsilbe nebeneinander vorkommen, wie das eben genannte äol. τέννει und aisl. *stynia*, erinnert an das Nebeneinander der im Wurzelablaut verschiedenen ai. *brávī-mi* und av. *-mruvī-ta* (§ 99). Es ist also in solchen Fällen mit einem Übergang in themavokalische Flexion in der Weise zu rechnen, wie z. B. ai. *kšáya-ti* d. i. *kšáy-a-ti* und *kšiyá-ti* d. i. *kšiy-á-ti* dem einen älteren *kšḗ-ti* : *kšiy-ánti* entsprungen sind (S. 115).

124. Arisch. Zwar sind die Personen mit *-ī-* schon in urarischer Zeit durch themavokalische Formen ersetzt worden und sind so die *-ī-* : *-(i)i̯o*-Präsentia mit den *-i̯e-* *-i̯o*-Präsentia in der Flexion zusammengefallen, aber es sind doch noch deutliche Anhaltspunkte dafür, welche Formen der *-ī-* : *-i(i̯)o*-Bildung ursprünglich angehörten.

1) Zunächst beruht auf dieser das ar. Passivum mit *-ya-*, bei dem für diesen Ursprung der Sitz des Worttons, z. B. ai. *vidyá-tē*, das zweisilbige Formans *-iya-* als solches, z. B. ai. *bhri-ya-tē*, und die Bedeutung beweisend sind. Mehrere Formen erscheinen noch mit der alten rein intransitiven Bedeutung, z. B. ai. *mriyátē* av. *miryeⁱte* 'stirbt', gleichwie im Griechischen noch mehrere Formen des sogen. Passivaorists auf -ην die ältere intransitive Bedeutung aufweisen, wie ἐμάνην, ἐρρύην. Öfters erscheint im Ai. der Wortton zurückgezogen, z. B. in den in § 123 genannten teils aktivischen teils medialen Formen *kúpya-ti*, *tŕ̥šya-ti*, *mánya-tē*, *jāya-tē*. Ob solche Akzentneuerung schon in urar. Zeit geschehen ist, lässt sich nicht wissen. Sicher aber erst auf indischem Boden vollzog sich die Scheidung in der Betonung zwischen Intransitiv z. B. *múcya-tē* 'löst sich los', *pácya-tē* 'reift' und Passiv *mucyá-tē* 'wird erlöst', *pacyá-tē* 'wird gekocht' (Delbrück Altind. Synt. 267 f., Vergl. Synt. 2, 436).

Dass nicht erst mediale Flexion, die die intransitiv-passivischen und im besondern die ausgeprägt passivischen Formen im Arischen aufweisen, die Entwicklung bis zum reinen Passiv hin braucht hervorgerufen zu haben, zeigt das Griechische, wo auf Grund alter Intransitiva auf -ην, deren -η- als uridg. *-ēi̯-* mit dem *-ī-* : *-(i)i̯o*-Formans ursprünglich eins war (z. B. ἐρρύην 'floss', ἐδάμην 'wurde zahm'), die reinen Passiva wie ἐτύπην 'wurde geschlagen' entstanden sind (vgl. auch arm. *berim* 'werde gebracht', *aṙnim* 'werde gemacht' mit aktivischer Personalendung). Da einige Intransitiva, wie *mriyá-tē*, *mánya-tē*, schon von uridg. Zeit her mediale Flexion hatten (vgl. lat. *morior*, griech. μαίνομαι ir. *do-moiniur*), und da auch die *i̯o*-losen Medialformen wie *bhára-tē* von urarischer Zeit her zugleich passivisch gebraucht wurden (vgl. griech. pass. φέρεται usw.), so versteht man leicht, dass sich für das Passivum mit -(*i*)*ya*- Medialflexion festgesetzt hat. Aktivische Flexion, die im ind. Epos begegnet, z. B. *bhriyati*, *dr̥šyati*, war eine ind. Neuerung. Vielleicht dürfen aber die entsprechenden av. Formen, wie *baʼryeti* 'wird getragen', *disyāṯ* 'soll zugesichert werden', und apers. *ϑahyāmahy* 'wir werden genannt' als Beweis dafür herangezogen werden, dass das Passiv im Urarischen sich nicht bloss an medial, sondern auch an aktivisch flektierten Intransitiva entwickelt hat.

Weitere Beispiele von Passiva. Ai. *kriyá-tē* av. *kiryeʼnte* apers. *a-kariyaʼʼtā*, zu ai. *kr̥ṇṓ-ti* 'macht'; ai. *á-ghriyata*, zu *jígharti* 'besprengt'. Ai. *dīryá-tē*, zu *a-dar* 'spaltete' Part. *dīrṇá-ḥ*. Av. *piryeʼte paʼryete*, zu *-pərᵊnaoʼti* 'verurteilt' Part. *-pərᵊta- parᵊta-*. Ai. *gamyá-tē* = **gᵘ̯m̥i̯e-tai*, zu *gáma-ti* 'geht'; *tanyatē* = **tn̥i̯e-tai*, zu *tanti* 'dehnt' (daneben *tāyátē*, wie *jāyatē* S. 184, vgl. Aor. *a-tāyi*). Ai. *śrūyá-tē* gthav. *sruyē*, zu ai. Imper. *śru-dhí* 'höre', Opt. *śu-śrūyāt*, *śú-śrūṣatē*. Ai. *cīyá-tē*, zu *cinṓ-ti cáya-ti* 'schichtet, sammelt'. Ai. *diśya-tē* av. Konj. *disyāṯ*, zu ai. *diśá-ti* 'zeigt, weist'. Ai. *ucyá-tē*, zu *vak-ti* 'spricht'. Ai. *kr̥tyá-tē* av. Konj. *-kərᵊϑyāṯ*, zu ai. *kr̥ntá-ti karta-ti* 'schneidet'. Ai. *śasyá-tē* apers. *ϑahyāmahy*, zu ai. *śą́sa-ti* 'verkündet, preist'. — Ai. *dhīyá-tē* av. *ni-δayeʼnte*, zu ar. *dhā-* 'setzen', ai. *mīya-tē*, zu ar. *mā-* 'messen'. Vermutlich war av. *-δaya-* ursprüngliches **dhəi̯o-* und das *ī* der ai. Formen eine Neuerung wie in *á-dhīmahi*, *mī-mahē* (S. 101).

Die Produktivität der Formkategorie zeigt sich besonders in den im Anschluss an andre Tempusstammformen vollzogenen Neubildungen. So z. B. ai. *smaryá-tē*, zu *smára-ti* 'gedenkt', *gāhya-tē*, zu *gāha-tē* 'taucht ein', *cāyya-tē*, zu *cāya-ti* 'bemerkt', *pr̥chyá-tē*, zu *pr̥chá-ti* 'fragt', *ghrāya-tē*, zu *ghrā-ti* 'riecht', *dadyá-tē* (neben *dīyá-tē*), zu *dá-dā-ti* 'gibt' (vgl. S. 111), av. *yaēšyant-* 'siedend, wallend, zu ai. *yḗṣa-ti* (S. 143).

Bei den ai. Verba auf *-áyati* (§ 166 ff.) dient als Passiv eine (in der Sprache der ved. Hymnen fehlende) Bildung, bei der *-áyati* durch *-yátē* ersetzt ist, z. B. *dōhyátē*, zu *dōháyati* von *duh-* 'melken', *dāhyatē*, zu *dāhayati* von *dah-* 'brennen'. Eine und zwar die einzige av. Bildung dieser Art ist *dārye'te* = ai. *dhāryáte*, zu av. *dāraye'ti* = ai. *dhāráyati* 'hält, trägt'. Die Entstehung dieser Passivkategorie ist unklar (vgl. Bartholomae Altiran. Wtb. 632).

Anm. Die ältesten Formen, die als Muster gedient haben, können Formen gewesen sein, die an sich keine besondere formantische Beziehung zu den *éi̯o*-Präsentia hatten, sondern nur wegen der Übereinstimmung im Vokalismus der Wurzelsilbe ihnen angegliedert wurden. Da die *-ī-* : *-(i)i̯o*-Präsentia und die *-i̯e- -i̯o*-Klasse schon in uar. Zeit zusammengefallen waren, haben die Formen wie *dhāryátē* von Haus aus vielleicht der andern *i̯*-Klasse angehört. Man vergleiche, dass z. B. *dhyāyatē*, das Pass. zu *dhyā-ti* 'denkt', schon durch dessen ältere Nebenform *dhyā́-ya-ti* an die Hand gegeben worden ist, oder dass dem ai. Pass. *yujyá-te* 'wird angespannt' im Av. *yuǰye'ti* 'spannt an' gegenübersteht.

2) Andere *ya*-Präsentia werden durch die verwandten Sprachen als ursprünglich hierher gehörig erwiesen. Ausser den in § 123 genannten ai. *kúpya-ti*, *tŕ̥ṣya-ti*, *hárya-ti* dürfen noch u. a. erwähnt werden: ai *yúdhya-ti -tē* 'kämpft' av. *yū'δye'nti* 'sie kämpfen' neben lat. *jubet*, lit. *judė́ti* (S. 171), ai. *lúbhya-ti* 'empfindet Verlangen, begehrt' neben lat. *lubet libet*, got. *lubains* (S. 171).

125. Armenisch. In der Klasse der Präsentia auf *-im*, in dessen *-i-* mehrere ursprünglich lautlich getrennte Stammformantien zusammengefallen sein mögen, sind auch die intransitiven und passivischen *-ī-* : *(i)i̯o*-Präsentia enthalten. Der Ausgang der 1. Sing. *-im* ist für das **-(i)i̯ō* der andern Sprachen eingetreten (S. 179. 182).

Das *i*-Formans wurde zur Bildung des Passivs in ähnlicher Weise verwendet wie *-ya-* im Arischen. Im Prinzip konnte aus jedem Aktiv auf *-em* durch Verwandlung von *e* in *i* das Passiv dazu gebildet werden, z. B. *berim* 'feror', zu *berem* 'fero' (S. 183). Diese Bildung geschah auch bei Präsentien mit sie als solche charakterisierenden Formantien, z. B. *aṙnim* 'fio', zu *aṙnem* 'facio'. Wie im Arischen ist auch noch die Vorstufe zur eigentlichen Passivbedeutung, die intransitive Bedeutung, oft an diese Bildungskategorie geknüpft. Dass die Übertragung des *i*-Formans auf charakterisierte Präsentia schon beim Intransitivsinn der Formation begonnen hatte, zeigen Präsentia wie *meṙanim* 'sterbe' (Aor. *meṙay*, vgl. ai. *mriyá-tē*), *p'lanim* 'falle ein, stürze ein' (Aor. *p'lay*, vgl. lit. *pùlu* 'falle'), *t'akčim* 'verberge mich' (Aor. *t'akeay*, vgl. griech. πτώξ 'scheu, schüchtern').

Das Präsens *nstim* 'sitze, setze mich' aus **ni-stim* (Imper. *nist*, Aor. *nstay*) kann auf **-zdiịō* **-zdī-si* usw. beruhen, vgl. ai. *pīḍyē* griech. πιέζω lit. *sė́dżu* aksl. *sěždą*, aber auch auf **-zdē-*, vgl. lat. *sedet*. S. § 114 S. 171, § 123, 1 S. 183, Meillet IF. 5, 330, Gramm. de l'arm. 79 f., Osthoff Etym. Par. 1, 11 ff.

126. Griechisch. Welche Präsentia auf -ιω von der *-ī-* *-(i)ịo*-Klasse ausgegangen sind, ist fast nur noch mit Hilfe der andern Sprachen zu ersehen. Genannt sind in § 123, 1 φράζομαι (zweifelhaft), δράσσομαι, πιέζω, in § 123, 2, a φυίω φύω φῦω, θυίω θύω θῦω, κύω, φθίω, χαίρω, μαίνομαι, in § 123, 2, b γείνομαι. Ob θείνω 'schlage' (W. *g^{u}hen-*) hierher gehört, mag dahin gestellt bleiben: vgl. einerseits lit. *geniù gẽnime* Inf. *genė́ti* 'Zweige abhauen' (S. 184), anderseits aksl. *žьnją žьnješi* Inf. *žęti* 'schneiden, ernten'.

In βάλλω 'werfe' darf man unsern Typus sehen wegen ἔβλην usw. (S. 170), in ὄζω 'rieche' wegen ὀζήσω und lat. *olet* (S. 175).

Bei der Mehrzahl der Formen auf -ιω ist eine Entscheidung nicht zu treffen. Wahrscheinlich haben aber noch mehrere, namentlich unter denen mit schwundstufiger Wurzelsilbe (wie στίζω 'steche', ὀρύσσω 'grabe', ἀπο-μύττω 'schnäuze', βαίνω 'gehe', σαίρω 'fege'), ursprünglich der *ī-* : *(i)ịo*-Flexion angehört.

127. Italisch. Welche von den Präsentia auf *-iō -īs*, d. h. von den Formen der sogen. dritten Konjugation auf *-io* und von den Formen der sogen. vierten Konjugation, ursprüngliche Vertreter der uridg. *-ī-* : *-(i)ịo*-Klasse gewesen sind, ist fast nur mit Hilfe der verwandten Sprachen zu erkennen: wir nannten in § 123, 1 lat. *cupio*, *capio*, in § 123, 2, a lat. *fīo* osk. fiiet, lat. *suf-fio*, *inciens*, *morior*, *horior* umbr. heri, lat. *pario*, umbr. *ano-uihimu*. Von diesen erweisen sich aber auch ohnehin als von Haus zur *-ī-* : *-(i)ịo*-Klasse gehörig diejenigen primären Präsentia, deren Wurzelsilbe unmittelbar vor diesem Formans von alters her ihren Wert als Silbe verloren hatte: lat. *fīo* osk. fiiet, lat. *suf-fio* und *in-ciēns* aus **én-cu̯i̯ents*, welches *u̯* in der Zeit verlor, als es zu **én-cu̯i̯ens* geworden war (1, 280). *inquio -iunt* (Cic. usw.) ist angeblich zu *in-quit* aus **en-squet* = griech. ἔνι-σπε und *in-seque* (S. 127) hinzugebildet worden nach *aio* = **agi̯ō* neben *aiit*. Da jedoch schon Plautus das auf *inquio* beruhende Fut. *inquiēs* hat, so ist es vielleicht richtiger, ein altes **-squ̯i̯i̯o-* (vgl. hom. ἐνι-σπήσω) anzusetzen. Allerdings müsste dann *qu* für *c* (vgl. *in-ciēns*) nach den Formen *inquit*, *inquām* wiederhergestellt worden sein.

Was den Wechsel zwischen *ī* und *ĭ* betrifft, z. B. lat. *fīs*, *fulcīs*, *aperīs*, aber *capĭs*, zwar Kompositum *re-sipīs*, aber Simplex *sapĭs*, und nebeneinander z. B. *morĭmur* und *morīmur*, *cuperet* und *cupīret* u. dgl., so zeigt osk. *factud* 'facito' aus **fakītōd* (zu lat. *facio*) neben umbr. *an-ouihimu* u. a., dass diese Doppelheit mindestens aus urital. Zeit stammte. Sie muss aber aus noch älterer Zeit ererbt worden sein, wie z. B. lit. *smìrdi-me* (gegen aksl. *smrьdi-mъ*) zeigt. Abgesehen von *fīs*, *suf-fīs*, wo das Formans die erste Wortsilbe bildete, hat unzweifelhaft eine, vermutlich schon in urital. Zeit begonnene, Regelung stattgefunden: durch sie kam meist *ī* nach langer Silbe oder zwei kurzen Silben zu stehen, z. B. *fulcīs*, *resipīs*, *ĭ* nach kurzer Anfangssilbe des Wortes, z. B. *capis*. Dabei mögen aber im einzelnen auch noch andre lautliche Faktoren entscheidend gewesen sein, und zumteil haben auch analogische Übertragungen (Kompositum nach Analogie des Simplex u. dgl.) eine Rolle gespielt. Zuletzt über diese Verhältnisse Niedermann Mélanges F. de Saussure S. 43 ff., Stolz Lat. Gramm.[4] 267 f., wo die ältere Literatur verzeichnet ist.

128. Keltisch. Durch die andern Sprachzweige werden einige Präsentia hierher verwiesen. Ir. *-bīu* 'bin' 3. Plur. *-biat* *-bīat* 3. Sing. *-bī* Pass. *-bīther*; kymr. 1. Sing. *byddaf* mit *bydd-* aus **bii̯-*, woneben Imper. 3. Sing. *bit* 3. Plur. *bint* wohl zur Stammform **bhu̯ī-*, s. S. 183. Ebendaselbst s. *do-moiniur* 'meine', *gainithir -gainedar* 'nascitur'. Dass *gaibid* 'nimmt' (zu lat. *habet*) altes *-ī-* : *-(i)i̯o*-Präsens gewesen ist, ist an sich möglich, doch s. § 117. Vgl. noch *fo-daim* 'duldet' *daimid* 'gesteht zu' mit med. Perfekt *-dāmair*, zu W. *dem-* 'zähmen' (lat. *domāre*).

129. Germanisch. Über ags. *béo* 'bin' 3. Plur. *béoð* 2. Sing. *bis* 3. Sing. *bið* s. S. 183.

Ahd. *sizzu* 'sitze' as. *sittiu* aisl. *sit* (Inf. *sitia*), zu aksl. *sěždą sědiši* Inf. *sěděti*, und ahd. *ligg(i)u* 'liege' as. *liggiu* aisl. *ligg* (Inf. *liggia*), zu aksl. *ležą ležiši* Inf. *ležati*, s. S. 182 f. Dieser Klasse gehörten ursprünglich auch got. *sita* 'sitze', *liga* 'liege' an: diese Formen sowie *sitam*, *ligam* usw. wurden wohl zu 2. Sing. *sitis*, *ligis* usw. (mit uridg. *i* in der Endsilbe) hinzugebildet nach *giba gibis* usw. (vgl. am Schluss dieses Pargraphen); entsprechend im späteren Ahd. *ligu* für *liggu* nach *ligis*, *bitu* für *bittu* nach *bitis*. — Got. *wilja* as. *williu* 'will' zu aksl. *velją veliši* Inf. *velěti* (S. 90. 184).

In einigen Fällen erscheint im Germanischen selbst daneben die *ē(i̯)*-Stufe. Got. *þaúrsja* 'dürste' neben ahd. *dorrēm* (S. 182). As. *libbiu* 'lebe' und ahd. 2. 3. Sing. *libis libit* neben ahd. *lebēm*. As. *hebbiu* 'habe' und ahd. 2. 3. Sing. *hebis hebit* neben ahd. *habēm* got. *habais* (S. 182). Entsprechend as. *seggiu* 'sage' und ahd. 2. 3. Sing. *segis segit* neben ahd. *sagēm*, wurzelverwandt mit lit. *sakýti* 'sagen'; urgerm. **saʒi̯ō* aus **saʒu̯i̯ō* (W. *seqᵘ-*, lat. *īn-seque*) nach 1 § 682 [1]). Näheres über die Flexionsverhältnisse dieser Gruppe in § 140.

Zur Wurzel von got. *habaiþ* gehört auch got. *hafja* ahd. *heff(i)u* 'hebe' (S. 182).

Sicher waren schon in der urgerm. Periode die *-ī- : -(i)i̯o-*Flexion und die *-i̯e- -i̯o-*Flexion, von **bhuī-* **bhui̯i̯o-* abgesehen, zusammengefallen in der 1. Sing. und der 1. 3. Plur. Ind. Präs., die in gleicher Weise *-i̯o-* hatten: z. B. got. *hafja hafjam hafjand* ahd. *heffu heffemēs heffent*. Bezüglich der andern Personen können Zweifel bestehen. Als urgermanisch müssen wohl gelten 2. Sing. **hafizi*, 3. Sing. **hafiði* = ahd. *hevis hevit*, 2. Plur. **hafiðe*; got. *hafjis hafjiþ hafjiþ* für **hafis* usw. nach *hafja* usw., und ebenso ahd. 2. Plur. *heffet* nach *heffemēs*. Weiter entsteht dann aber die Frage, ob jene urgerm. Formen direkt den lat. *capis -it -itis* (mit uridg. *i*) entsprechen, oder lautgesetzlich aus **hafii̯-zi -ði -ðe* entstanden sind (1 § 309, 3 S. 284). Im letzteren Falle

1) Collitz Schwach. Prät. 95 lässt *sagēm* nach *dagēm* 'schweige' neu aufgekommen sein.

hätte, wie im Arischen und im Griechischen, in urgermanischer Zeit zunächst eine Angleichung der *-ī-* : *-(i)i̯o*-Stämme an die uridg. *-i̯e-* *-i̯o*-Stämme stattgefunden, und dann wäre gleichzeitig überall *-i̯i-* (aus *-i̯e-*) zu *-i-* geworden. Ferner ist die Frage aufzuwerfen, ob das *ī* von got. *þaúrseis -eiþ* das uridg. *ī* von lat. *farcīs*, aksl. *bъdiši* ist. Wahrscheinlich ist dieses nicht. Das got. *ī* wird von den Präsentia auf *-éi̯ō* und *-ei̯ó* wie *fra-wardja* (§ 145, a), *haúrnja* (§ 156, 2) stammen, wo die Ausgänge *-eis -eiþ* lautgesetzlich aus **-ei̯e-si *-ei̯e-ti* entstanden waren (1 § 309, 3 S. 284). Hierfür spricht namentlich das durchgehende *-ei* der 2. Sing. Imper., das nur von einem zweisilbigen Ausgang, also von dem Imperativausgang **-ei̯e* der Verba wie *fra-wardjan*, *haúrnjan* oder dem **-ii̯e* von Denominativa wie *dailjan* 'teilen', zu *daili-* 'Teil' (§ 146), stammen kann, und von dem man das *ei* von *þaúrseiþ* nicht trennen darf (1, 253 f., Wilmanns D. Gr. 3, 1, 74 f.). Bedenkt man nun noch, dass ahd. *far-wertis -wertit* nicht wohl mit got. *-wardeis -wardeiþ* auf **-ei̯esi *-ei̯eti* zurückgeführt werden kann, und dass ahd. *neris nerit* (got. *nasjis nasjiþ*) mit *hevis hevit* harmoniert, so dürfte folgendes die einfachste Deutung des Entwicklungsgangs der einschlägigen Präsensklassen gewesen sein.

Zunächst glichen sich in urgermanischer Zeit die *-ī-* : *-(i)i̯o*-Präsentia den *-i̯e-* *-i̯o*-Präsentien an, und es standen nun — nach dem Übergang von *e* in unbetonter Silbe in *i* — nebeneinander postkonsonantisch *-i̯ō -i̯izi* usw. und *-ii̯ō -ii̯izi* usw. Nachdem dann *i̯* überall vor *i* geschwunden war, wurde *-iizi* je nach der Beschaffenheit des Vorstücks teils zu **-īzi* (got. *fra-wardeis*, *mikileis*), teils zu **-i̯izi* (got. *nasjis*), **-ii̯a-* aber durchgängig zu **-i̯a-* (got. *fra-wardja*, *mikilja*, *nasja*). Das Weitere vollzog sich einzeldialektisch. Im Gotischen *hafjis hafjiþ* für **hafis *hafiþ* sowohl nach *hafja* als auch nach *nasjis nasjiþ* neben *nasja*, dagegen *þaúrseis*, *waúrkeis* usw. nach *fra-wardeis*, *haúrneis*, *daileis*. Im Westgerm. aber, wo das aus urgermanischer Zeit überkommene *-i̯a-* wie im Gotischen verblieb (ahd. *heff(i)u*, *far-wert(i)u*, *neriu*), wurde für die übrigen Personen in allen Klassen der Typus **hafis *hafiþ* ahd. *hevis hevit* massgebend: nicht nur *neris nerit*, sondern auch *far-wertis -wertit* usw.

Got. *sita*, *liga* für **sitja*, **ligja* kamen wohl neben *sitis*, *ligis* (mit altem *i* in letzter Silbe) auf, ehe **hafis* **hafiþ* nach *hafja* und nach *nasjis nasjiþ* zu *hafjis hafjiþ* wurden. Möglich ist allerdings auch, dass man **sitja *sitjis*, **ligja *ligjis* lediglich infolge der morphologischen Gleichheit von *sat sētum*, *lag lēgum* mit *gab gēbum* nach dem Muster von *giba gibis* in *sita sitis*, *liga ligis* verändert hat. Zugunsten dieser letzteren Auffassung dürfen freilich nicht die neben *bidjan* (as. *biddian* ahd. *bitten*, aisl. *biðia*) je einmal belegten Formen *us-bida* und *bidan* vorgebracht werden, da sie Präsensformen wie *trudan*, *digands* (S. 135) sein und dem homer. πιθέσθαι entsprechen können.

130. Baltisch-Slavisch. Hier sind die *-ī-* : *-(i)i̯o-* und die *-i̯e- -i̯o-*Formen klar geschieden geblieben. Mit den ersteren ist regelmässig ein Infinitivstamm auf *-ē* gruppiert: z. B. lit. *smirdė́-ti* zu *smírdžu*, aksl. *smrъdě-ti* zu *smrъždą*. Wie *smrъdě smrъdě-chъ smrъděachъ* neben 1. Plur. *smrъdi-mъ*, so auch *bě bě-chъ běachъ* aus **bhu̯ē-* neben 1. Plur. *bi-mъ* aus **bhu̯ī-* (S. 153. 176).

Weitere Beispiele. Lit. *turiù turė́ti* 'haben, müssen', preuss. *turri* = lit. *tùri*, *turriti* = lit. *tùrite*. Lit. *vilkiù vilkė́ti* '(Kleider) angezogen tragen', *žiūriù žiūrė́ti* 'hinsehen', *galiù galė́ti* 'können', *kenczù kentė́ti* 'leiden', *spindžu spindė́ti* 'glänzen', *tíngiu tingė́ti* 'träge sein', *virpiu virpė́ti* 'beben', *stóviu stovė́ti* 'stehen'. Aksl. *zъrją zъrěti* 'schauen', *pьrją pьrěti* 'streiten, disputieren', *zvъnją zvъněti* 'tönen', *skrъblją skrъběti* 'bekümmert sein', *mlъčą mlъčati* 'schweigen', *leštą letěti* 'fliegen', *gorją gorěti* 'brennen'.

Einige Verba dieser Art entstanden im Anschluss an Nomina (§ 142 Anm.). So lit. *laimiù laimė́ti* 'gewinnen', zu *láima láimė* 'Glück', *žvairiù žvairė́ti* 'schielen', zu *žvairùs* 'schielend', *vėsziù vėszė́ti* 'zu Gast sein', zu *vė̃szė* 'Gasterei, Besuch' lett. *wisis* 'Gast', aksl. *bolją bolěti* 'krank sein', zu *bolъ* 'Kranker', *tъštą tъštati* 'streben, eilen', zu einem **tъštъ* (*tъštьnъ* 'eifrig', *tъsnąti sę* 'sich beeilen'). So mag auch aksl. *boją sę bojati sę* 'sich fürchten' zu einem **bojь* hinzugekommen sein.

Sieht man von den Denominativa wie aksl. *cělěją cělěti* 'heil werden' (§ 145, b) ab, so hat das Slavische mit ganz wenigen Ausnahmen (aksl. *vidomъ* neben *vidimъ* 'ὁρώμενος', zu *viděti*, *gorąt-* neben *goręt-* 'brennend', zu *gorěti*) das Verhältnis *-ją -iši* usw. im Präsens und *-ē-* im Infinitivstamm durchgeführt. Dagegen sind im Litauischen Gruppierungen wie *szvitù* : *szvitė́ti*, *bundù* : *budė́ti* sehr häufig. Das Litauische steht hier im ganzen genommen auf einer altertümlicheren Stufe als das Slavische. S. § 103 Anm. 2 S. 159f.

c. Stamm auf *-i̯e- -i̯o-*.

α. Unreduplizierte konsonantisch schliessende Wurzel mit *-i̯e- -i̯o-*: Typus aksl. *borją borješi*.

131. Während für die Zugehörigkeit eines *i̯*-Präsens zur uridg. *-ī-* : *-(i)i̯o*-Klasse nicht nur sein Vorkommen im Baltisch-Slavischen, sondern auch noch mehrere andere Momente, formale und semantische, beweisend sein können, ist man hier fast ganz auf die Wegweisung des Baltisch-Slavischen angewiesen. Und diese ist darum oft unsicher, weil in mehreren Sprachzweigen, auch im Baltisch-Slavischen selbst, die Tendenz hervortritt, Präsentia auf *-o-* zu Präsentia zuf *-i̯o-* zu machen, eine Übereinstimmung demnach leicht nur zufällig sein kann.

Die Präsentia dieser Klasse sind nach § 29 nicht genauer zu scheiden von den Denominativa wie ai. *rajas-yá-ti*, da viele von ihnen nach demselben Bildungsprinzip, nach dem *rajas-yá-ti* entsprungen ist, von einsilbigen 'Wurzelnomina' ausgegangen sein können. So z. B. **spek̑i̯o-* 'specio' von **spek̑-* 'Späher' (ai. *spáś-* 2, 1, 139), **poti̯o-* 'potior' von **pot-* 'Machthaber' (vgl. ai. *pát-nī* griech. πότ-νια). Allerdings können derartige einsilbige Nomina, die scheinbar die Grundlage des *i̯o*-Präsens gewesen sind, nach 2, 1 § 11 auch umgekehrt erst im Anschluss an das Präsens aufgekommen sein. Vgl. noch § 122, 2 S. 181.

Zuweilen erscheinen *-i̯e- -i̯o-* und *-ī-* : *-(i)i̯o-* bei derselben Wurzel. So lett. *auju aut* aksl. *ob-ują -uti* 'Fussbekleidung anlegen' neben dem intrans. lit. *aviù avė́ti*, aksl. *žьnją žęti* 'schneiden, ernten' neben lit. *geniù genė́ti* 'Zweige abhauen'.

132. Zunächst Beispiele, die in mehreren Sprachzweigen zugleich und darunter im Baltisch-Slavischen belegt sind. Lit. *ùž-veriu* 'schliesse, mache zu', *àt-veriu* 'öffne, mache auf' Inf. *-verti*, lat. *operio aperio -īre* aus **op-veriō* **ap-veriō*. Lit. *láukiu* *láukti* 'auf jem. warten', griech. λεύσσω 'sehe' aus **leuqįō*. Lit. *pláuju pláuti* 'spülen', ahd. *flouwen flewen* 'spülen, waschen'. Onomatopoetica, die in der Gestaltung der Wurzelsilbe verschieden, aber verwandt sind: lit. *krokiù krogiù krõkti* 'röcheln, grunzen' lett. *krāzu* 'schnarche, krächze', lit. *krankiù krañkti* und *kraukiù kraũkti* 'krächzen', griech. κρώζω 'krächze', κράζω 'schreie', lat. *crōcio -īs*, got. *hrūkja* 'krähe' (daneben *hrūka-* 'das Krähen', das vom Verbum aus gebildet sein kann). Aksl. *plačą plakati* 'sich die Brust schlagen, klagen', griech. πλήσσω 'schlage' aus *πλακįω. Aksl. *borją brati* (aus **bor-ti*) 'kämpfen, streiten', lat. *ferio -īs*, ahd. *beren* 'schlagen, klopfen, treten' aisl. *beria* 'schlagen'; ob lett. *baŕu* 'schelte' alt war, mag dahingestellt sein. Aksl. *žьnją žęti* 'schneiden, ernten', dazu eventuell das derselben Wurzel *g^{u}hen-* angehörige griech. θείνω 'schlage', aber kaum seiner Bildung nach armen. *ǰnjem* 'töte, vernichte, reinige' = **ǰinjem* (S. 180). Aksl. *sъšą* (aus **sъchįą*) *sъchati* 'trocknen' (intr.), ai. *śúṣ-ya-ti* 'trocknet ein, welkt, dorrt' (1, 732). Lit. *spiriù spìrti* 'mit dem Fuss stossen', griech. σπαίρω ἀσπαίρω 'zucke, zapple'. Lit. *skiliù skìlti* 'Feuer anschlagen', griech. σκάλλω 'scharre, behacke' aus *σκαλįω. Lit. *ap-répiu -rèpti* 'umfassen, begreifen', lat. *rapio*, vgl. auch griech. ἐρέπτομαι 'rupfe, reisse ab, fresse' (§ 285). Äol. τέννει· στένει, aksl. *stenją stenati* 'seufzen' (vgl. S. 184).

Ferner nenne ich einige auf den balt.-slav. Zweig beschränkte (oder wenigstens nicht sicher anderswo nachgewiesene) *-įe- -įo-*Präsentia. Lit. *lëžiù lë́szti* aksl. *ližą lizati* 'lecken'. Lit. *žëdžu žë́sti* 'formen, bilden', aksl. *ziždą zьdati* 'formen, bauen'. Lit. *pë́sziu pë́szti* aksl. *pišą pьsati pisati* 'schreiben'. Lit. *száuju száuti* 'schiessen', aksl. *sują sovati* 'werfen, schleudern'. Lit. *káuju káuti* 'schmieden, kämpfen', aksl. *kują* (auch *kovą*) *kovati* 'schmieden'. Lett. *auju aut* aksl. *ob-ują -uti* 'Fussbekleidung anlegen'. Lit. *spiáuju spiáuti* aksl. *pljują pljьvati* 'speien'. Lit. *vemiù vémti* 'vomere', *keliù kélti* 'heben', *geriù gérti* 'trinken', *maukiù maũkti* 'glatt streifen', *verkiù veřkti* 'weinen', *verczù veřsti* 'wenden'. Aksl. *melją mlěti* (aus **melti*) 'mahlen', *stelją stьlati* 'ausbreiten', *črěplją črěpati* (aus **čerp-*) 'schöpfen', *češą česati* 'abstreifen, kämmen'. Die Neigung, die schon im Urbalt.-slav. vorhanden gewesen sein muss, Präsentia auf *-e- -o-* in die *-įe- -įo-*Flexion überzuführen, hat sich noch einzeldialektisch fortgesetzt, z. B. lit. *geidžiù* 'verlange wonach' : aksl. *židą* 'erwarte', aksl. *kolją* 'schlachte' : lit. *kulù* 'schlachte'.

Von Präsentia aus andern Sprachzweigen, die eventuell von Haus aus -*ie* -*io*-Präsentia waren, seien beispielsweise einige genannt, die in mehreren Sprachzweigen zugleisch erscheinen. W. *uerĝ*- 'wirken, machen': av. *vərᵊzyeⁱti*, got. *waúrkja*, griech. ἔρδω aus *Fερζω d. i. *Fερzδω (1 § 857) aus *Fεργιω, ahd. *wir-ch(i)u* as. *wirkiu*; griech. ῥέζω = *Fρεγιω ist vermutlich aus *Fρα-γιω = **urĝiō* umgebildet nach den Formen mit Fεργ-. Ai. *páśya-ti* 'sieht', gthav. 1. Sing. *spasyā*, lat. *specio cōn-spicio*; wenn griech. σκέπτομαι 'spähe' zur selben Wurzel gehört (1, 873), so muss urgriech. *σπεκιομαι zu *σκεπιομαι, dieses dann lautgesetzlich zu σκέπτομαι geworden sein (vgl. § 285). Av. *jaⁱδyeⁱti* 'bittet' apers. *jadiyāmiy* 'bitte', griech. θέσσεσθαι· αἰτεῖν, ἱκετεύειν (Hesych), uridg. **gᵘhedhio*-. Ai. *pátya-tē* 'herrscht, ist teilhaftig' av. *paⁱ-θimnō* 'im Besitz von etwas seiend', lat. *potior*, 3. Sing. *potitur* und *potītur* (vgl. § 146). Lat. *sāgio -īs*, got. *sōkjan* ahd. *suochen* as. *sōkian* aisl. *søkia* 'suchen' (Prät. ahd. *suohta* aisl. *sótta*). Griech. βαίνω, lat. *venio -īs*, W. *gᵘem*-. Griech. νίζω 'wasche', ir. *nigid* 'wascht' (Thurneysen Handb. des Altir. 1, 135, Osthoff IF. 27, 177).

β. Reduplizierte konsonantisch schliessende Wurzel mit -*ie*- -*io*-: Typus ai. *jaə-ghanya-tē*.

133. Die themavokallosen Präsensstämme mit Vollreduplikation, Formen wie ai. *jáə-ghan-ti*, *ál-ar-ti*, *ghánī-ghan-ti* (A, d § 65 ff.), neben denen themavokalische Formen, z. B. av. *naē-nižaⁱti* neben ai. *nḗ-nēj-mi* (B, d § 90), vorkommen, treten in mehreren Sprachzweigen mit -*io*- erweitert auf. Eine Bedeutungsmodifikation ist durch diese Erweiterung nicht bewirkt worden. Natürlich können diese Formationen auch zumteil wieder als Denominativa ins Leben getreten sein, vgl. z. B. ai. *vēvijá-ḥ* : *vēvijyá-tē*, griech. κορυθ-άϊξ : ἀίσσω.

Mehrsprachliches. Einzig zu nennen dürfte sein ai. *vēvijyá-tē* 'fährt los auf etwas, schnellt sich', hom. ion. ἀίσσω att. ᾄττω 'stürme, fahre los auf etwas', falls das zu erschliessende urgriech. *αἰFικιω (1, 182) dissimilatorisch aus *Fαι-Fικιω entstanden ist (Solmsen Unters. 189); als Wurzel wäre *u̯aᵊiq- u̯aᵊig-* anzusetzen.

Arisch. Im Ved. nur wenige Beispiele, während später dieser Typus von Intensiva grosse Ausdehnung gewann. Ausser den in § 18 bis § 20 genannten *tartūryatē, marmr̥jyátē, jañjabhyátē, kanikradyátē, panīpadyátē, cañcūryatē, pamphulyatē, jañjapyatē* seien noch erwähnt *carcūryátē*, zu *car-* 'bewegen', *dēdišyátē*, zu *diš-* 'weisen', *vēviṣyatē*, zu *viṣ-* 'tätig sein', *nōnudyatē*, zu *nud-* 'wegstossen', *nēnīyátē*, zu *nī-* (*nay-*) 'führen', *cōṣkūyátē*, zu *sku-* (*skav-*) 'schützen, bewahren', *marīmr̥jyatē* neben *marmr̥jyatē*. Av. *saosučya-* 'brennend' neben ai. *šōšucāna-* (S. 31).

Armenisch. Hier sind ausser dem S. 33 erwähnten *ci-catim* 'lache', das wie griech. παι-φάσσω redupliziert ist, noch Präsentia zu nennen wie *kot-kotim* 'jammre', *p'al-p'alim* (auch *p'alp'im*) 'glänze', *t'ap'-t'ap'im* 'flattre'. *de-devim* 'schwanke, wanke' erinnert mit seinem Stammauslaut an ai. *dō-dhavī-ti a-dhāvīt a-dhuvīt*, mit dem es vermutlich wurzelgleich ist (S. 155), ist aber doch wohl ursprünglich ebenfalls eine *i̯o*-Bildung gewesen. *ererim* 'bebe, zittre' hat neben sich das Substantiv *er-er* (Gen. *ereri*) 'das Beben, Zittern'.

Griechisch. Von den in § 18 bis § 21 genannten Formen gehören hierher: πορ-φύρω, μορ-μύρω, γαρ-γαίρω, μαρ-μαίρω, καρ-καίρω, παμ-φαίνω, βαμ-βαίνω, δαρδάπτω, falls aus *δαρ-δαρπι̯ω oder *δαρ-δραπι̯ω, παι-φάσσω, ποι-φύσσω, ποι-πνύω (zu πνέω πνεῦμα).

Lateinisch. *tin-tinnio -īs* § 18 S. 30.

Slavisch. Aksl. *mrъmъrją mrъmъrati, glagolją glagolati* (neben Subst. *glagolъ*), § 18 S. 30.

134. Seltner sind andre Reduplikationstypen.

Arm. *ca-canim* 'rufe kleine Wellen auf der Wasseroberfläche hervor', *sa-sanim* 'rege mich auf, zittre', *pa-pakim* 'vergehe vor Durst' u. a. sind bezüglich der Reduplikationsweise zu vergleichen mit griech. πα-φλάζω 'werfe Blasen, brodle' (vgl. φλέδων 'Schwätzer'), κα-χλάζω 'klatsche, plätschere' (vgl. dor. κεχλαδώς 'rauschend, brausend, strotzend'), βα-βράζω 'zirpe' u. a.

Griech. τι-ταίνω 'ziehe an, spanne', zu τείνω. ἰάλλω 'werfe, schicke' aus *ἰαλι̯ω, vielleicht mit ai. *íy-ar-ti* (S. 28. 105) zu verbinden. λιλαίομαι 'begehre, sehne mich', aus *λι-λασι̯ομαι, zu λάστη· πόρνη Hes., ai. *lása-ti* 'strebt, spielt, ist vergnügt'. — Att. δεδίττομαι hom. δειδίσσομαι d. i. δεδϝίσσομαι 'erschrecke' (trans. und intrans.) aus *δε-δϝικι̯ομαι, zu δέ-δοικα, δεδείκελος. Hom. τε-τραίνω 'durchbohre'.

Ir. *ar-sissedar* 'nititur, innititur' *fo-sissedar* 'tritt ein für', zu ai. *tí-ṣṭha-ti* usw. (§ 84, 3 S. 139 f.), mit demselben Eintritt in die *i̯o*-Flexion wie *sechithir* 'folgt' gegenüber ai. *sáca-tē* usw. (S. 120 f.).

Aksl. *deždą* 'lege' aus **dedi̯ą*, Erweiterung der im Lit. als *dedù* auftretenden Bildung (S. 143).

γ. Stamm auf *-āˣi̯e- -āˣi̯o-*, mit *-āˣ-* oder *-āˣi̯-* als Auslaut einer einsilbigen Basis: Typus av. *stāyeⁱti*.

135. I) Basis mit *ā*. Zu W. *stā- stə-* 'stare' (§ 56, 1, 3) **stāi̯e-ti*: av. *ā-stāyā* 'stelle jem. an', apers. *avāstāyam* (*ava astāyam*) 'brachte an seinen (gehörigen) Ort', lit. *stóju-s* aksl. *stają* 'stelle mich'. Dazu event. noch lat. *stō* aus **stāō* umbr. *stahu* und ir. *-tāu*, s. S. 100. — Zu W. *bhā- bhə-* 'offenbaren, kund tun' (§ 56, II S. 102): lat. *for* aus **fāi̯ō(r)*, aksl. *bają* 'fabulor'.

136. II) Basis mit *ē, ō*. Zu W. *dhē- dhə-* 'setzen, legen' (§ 56, I, 1) **dhēi̯e-ti*: ai. *dhāya-tē* 'setzt für sich', lett. *dēju dēt* 'Eier legen' aksl. *děją děti* 'legen, stellen'. — Zu W. *sē- sə-* 'säen' (lat. *sēmen satus*) **sēi̯e-ti*: got. *saia* ahd. *sāu*, lit. *sė́ju sė́ti* aksl. *sěją sěti* und *sějati*. — Zu W. *dō- də-* 'geben' (§ 56, I, 2): ai. *ā-dāyamāna-ḥ* gthav. Konj. *dāyāt̰*, aksl. *dają dajati*.

Ai. *sphāya-tē* 'nimmt zu, wächst' (unbelegt), lit. *spė́ju spė́ti* 'Musse haben, schnell genug sein', aksl. *spěją spěti* 'vorwärts kommen, Gelingen haben'; mit Abtönung *ō* ahd. *spuoen* 'gelingen' *spuot* 'Gelingen'. Daneben einerseits ein **spə-ro-*, ai. *sphirá-ḥ* aksl. *sporъ*, und lat. *spa-tiu-m* (2, 1, 350), anderseits ai. *sphī-tà-ḥ sphī-ti-ḥ*. Ähnlich aksl. *zěją* 'hio' (vgl. ai. *vi-hāyas-* 'offner, freier Luftraum'), zu griech. χήμη 'Kluft, Loch', χῶρος 'leerer, freier Raum', ahd. *guomo* 'Gaumen', woneben einerseits aisl. *gan* 'das Aufsperren des Mauls, Schreien' (vielleicht griech. χά-σκω = **ĝhə-sk̑ō* § 273), anderseits ahd. *gīēn* aisl. *gina* 'gähnen', aksl. *zinąti* 'hiare'.

Ir. *lïit* 'sie klagen an, legen zur Last' (urkelt. 1. Sing. **lēi̯ō*, 1, 281), got. **laian* 'schmähen', das man aus dem Prät. *lailōun* erschliessen darf; man verbindet damit lit. *lóju* aksl. *lają* 'belle, schimpfe', ai. *rā́ya-ti* 'bellt', aber auch arm. *lam* 'weine', lat. *lātro* mit sicherem uridg. *ā*.

b. Unredupliziert und redupliziert, Stamm auf *-āˣi̯e- -āˣi̯o-*, mit *-āˣ-* oder *-āˣi̯-* als Auslaut einer zweisilbigen Basis: Typus ai. *snāya-tē* und av. *-γrā-γrāyeiti*.

137. I) Basis mit uridg. *-ā-*.

Dieser Bildungstypus unterscheidet sich grundsätzlich nicht von der Art, wie seit uridg. Zeit Denominativa mittels *-i̯o-* von fem. *ā*-Stämmen aus geschaffen worden sind, z. B. lit. *žióju* lat. *hio* gleichwie griech. βιάομαι, zu βία ai. *jyā́-* (S. 52. 147 f.).

Ai. *snāya-tē* 'badet sich', lat. *nō* aus **snā[i̯]ō* (zum Anlaut vgl. umbr. snata 'umecta'), ir. *snaïd* 'fliesst'. Vgl. ai. *snā́-ti* § 104. — Lat. *hiō* aus **hiā[i̯]ō*, lit. *žióju* 'sperre den Mund auf' (Inf. *žió-ti*). Vgl. lat. *hiās* lit. *žió-k* § 104. — Ai. *priyāyá-tē* 'freundet sich an', aksl. *prijają* 'stehe bei, begünstige' (Inf. *prija-ti*), ags. *fréoʒ(e)an* as. *friehan* 'lieben' (Hortling Stud. üb. die *ō*-Verba im As. S. 87) aus **frijōjan* neben got. *frijōn* aisl. *fría* 'lieben', s. § 138. — Ai. *trā́ya-tē* 'rettet, behütet, schützt', av. *ϑrāyeiti* 'schützt', lat. *in-tro* aus **-trā[i̯]ō*, aksl. *trają* '(komme durch) daure' (Inf. *trajati*). Vgl. ai. *trā́-ti* lat. *in-trās* § 104. — Lat. *arō* aus **arā[i̯]ō*; auf ein urgriech. *ἀρα[ι]ω 'pflüge' (neben ἀρόω S. 151) weist herakl. ἀράσσοντι.

Ai. *damāyá-ti* 'bändigt', lat. *domō* aus **domā[i̯]ō*, neben lat. *domās* ahd. *zamōt*.

Schallverba dieser Art in einigen Sprachen: z. B. griech. ὀγκάομαι 'schreie, brülle' (vom Esel), lat. *unco -ās*; griech. μυκάομαι 'brülle', umbr. *mugatu* 'muttito' (vgl. lat. *mūgio*); griech. ὑλάω 'belle', lit. *ulóju* 'rufe, jauchze' (vgl. redupliziert lat. *ululo -ās* lit. *ululóju*).

138. Arisch. Anhalt für vorarisch **-āi̯e-ti* hat man ausser bei den in § 137 genannten Formen bei ai. *śrā́ya-ti* 'kocht, brät', *mlā́ya-ti* 'wird weich, erschlafft', *dhyā́ya-ti* 'denkt nach', die schon § 105 erwähnt sind als Nebenformen von *śrā-ti*, *mlā-ti*, *dhyā-ti*.

Andere Formen, bei denen aber unentschieden ist, ob ihr *ā* uridg. *ā* oder *ē* (*ō*) gewesen ist, sind z. B. ai. *śyā́ya-ti* 'gerinnt', *pyā́ya-tē* 'schwillt', *mathāyá-ti* 'quirlt', *śrathāyá-ti* 'erschlafft', *śamāyá-tē* 'müht sich ab' (Bartholomae Stud. 2, 90 ff.).

Griechisch. δρῶ 'tue' aus *δρᾱι̯ω, 3. Sing. δρᾷ (vgl. δρᾶμα), zu lit. *daraũ -ýti* 'tun', vgl. ὀλιγο-δρανέων δραίνω (§ 229, 2). ἰῶμαι 'heile' aus *ἰᾱι̯ομαι, 3. Sing. ἰᾶται (vgl. ἴᾱμα), zu ai. *iṣ-* 'Erquickung, Labung', vgl. ἰαίνω = ai. *iṣaṇyā́mi* (§ 229, 3. 298).

Über Verkürzung des ᾱ von -ᾱω, z. B. ἰάομαι wie auch ὀγκᾰομαι usw. (§ 137), s. § 151, 2.

Italisch. Hierher stellt sich die 1. Sing. Ind. Präs. auf *-ō* aus *-ā[i̯]ō* (umbr. noch unkontrahiert *subocauu* 'invoco') aller in § 104. 108 genannten *ā*-Verba, also ausser *no*, *hio*, *intro*, *aro*, *domo*, *unco* (§ 137) noch z. B. *flo*, *supo* (*dissipo*), *cubo*, *mico*.

Germanisch. Reste der *i̯o*-Flexion bei den zweisilbigen *ā*-Stämmen waren wahrscheinlich die auf urgerm. *-ōi̯a-* weisenden Formen des Ags. und As. Im Ags. wurde *-ōi̯a-* über umgelautetes *-ēi̯a-* zu *-ei̯a-*, *-ii̯a-* usw., und nur in 2. 3. Sing. Ind. und 2. Sing. Imp. erscheint der kürzere Stamm auf *-ō-*, z. B. Inf. *monian* 'mahnen' aus **manōi̯an*. Im As. ist das Vorkommen der *i̯o*-Formen an keine so feste Regel gebunden, z. B. Inf. *lađoian* (= ags. *ladian*) neben *lađon* = ahd. *ladōn* got. *laþōn* 'einladen' (Hortling Stud. über die *ō*-Verba im As. 87 ff.). Der Wechsel, den auch die jüngere Schicht der Denominativa zeigt (z. B. as. *wundron* und *wundroian*, ags. *wundrian* 'sich verwundern' neben ahd. *wuntarōn*), stammt aus urgerm. Zeit, ohne dass sich mehr bestimmen lässt, ob und wie er damals geregelt war. Grundsätzlich lassen sich also alle in § 110 aufgeführten *ō*-Verba auch hier anführen, speziell aber die ags. as. Formen, wie ags. *lofian* 'loben' (ahd. *lobōn*), *dofian* 'toben' (ahd. *tobōn*), *fundian* 'streben' (as. *fundon*), *macian* 'machen' (ahd. *mahhōn*), as. *scadoian* neben *skađon* 'schaden', *geboian* neben *gebon* 'geben'[1]). Die Aus-

1) Collitz Schwach. Prät. 95 ff. hält das as. ags. *-ōi̯an* für eine Neuerung für *-ōn*. Im Prinzip erscheint das nicht unglaubhaft, zumal wenn man die Neubildung umbr. *portaia* 'portet' vergleicht.

scheidung der *ōi̯a*-Formen im Gotischen beruht, ebenso wie die Herstellung des Paradigmas *haba habais* usw. (§ 140), auf der Tendenz, ein bezüglich der Silbenzahl der einzelnen Formen mit *baíra baíris* usw., *nasja nasjis* usw. im Einklang befindliches Formensystem zu haben.

Die einsilbigen Stämme auf urgerm. *-ō-* haben regelmässig *-i̯o-*, wie z. B. ahd. *gluoen* mhd. *glüejen* 'glühen'. Doch ist darunter keines, dessen *ō* als uridg. *ā* erweislich wäre, während einige mehr oder minder wahrscheinlich uridg. *ō* gehabt haben. S. § 140.

Baltisch-Slavisch. Die von uridg. Zeit her einsilbigen *ā*-Stämme haben alle die *i̯o*-Flexion. Ob aber ausser lit. *jóju* 'reite' (§ 104), *żióju* 'hio', aksl. *trają* 'daure' (§ 137) noch andre Verba dieser Lautung uridg. *ā* hatten, etwa lit. *klóju* 'lege breit hin' (Inf. *klóti*), ist unsicher, weil man auch mit uridg. *ō* (im Ablaut zu *ē*) zu rechnen hat. S. § 139 f.

Anm. Der 1 § 192 Anm. S. 170 erwähnten Hypothese Zubatý's schliesst sich Meillet Mém. 9, 137 f. 11, 15. 14, 345. 347, Études 175 an: aksl. *zěją* soll aus **zjāją* entstanden sein und ebenso *ě* aus *jā* in *lěją* 'giesse', *rěją* 'stosse', *směją sę* 'lache'. Ich bleibe bei meiner 2[1], 1079 geäusserten Ansicht (so auch Solmsen Untersuch. 282, Persson Beitr. 696 f.), dass z. B. *zěją* als Grundform **ĝhēi̯ō* hatte, und dass dieselbe Wurzelstufe in den lett. Präterita *lēju, smēju, slēju* erscheint. Aksl. *prěją* 'bin hold, stehe bei' (neben *prijają*) scheint seine genaue Entsprechung in aisl. *frǽnde* 'Verwandter' zu haben (zu *friá* 'lieben'), das Sievers PBS. Beitr. 18, 410 auf **prēi̯-* zurückführt.

Von den zweisilbigen *ā*-Stämmen gehören ausser aksl. *prijają* 'stehe bei, begünstige', lit. *ulóju* (§ 137) hierher die in § 111 besprochenen, meist als 'Deverbativa' erscheinenden Präsentia wie lett. *dīrāju* aksl. *dirają* 'schinde', lett. *mētāju* aksl. *mětają* 'werfe', lett. *tēkāju* aksl. *těkają* 'laufe', lit. *líndoju* neben *líndau* 'bin hineingekrochen', *rýmoju* neben *rýmau* 'sitze aufgestützt da', aksl. *čitają* 'lese' (zu *čьtą* 'zähle'), *sъ-birają* 'versammle' (zu *bьrati* 'sammeln'), *sъ-zyvają* 'rufe zusammen' (zu *zъvati* 'rufen'), *na-dymają* 'blase auf' (zu *dъmą* 'blase'), *po-grěbają* 'begrabe' (zu *grebą* 'grabe'), *po-magają* 'helfe' (zu *mogą* 'kann, vermag').

139. II) Basis auf uridg. *-ē* oder *-ēi̯* und auf uridg. *-ō* oder *-ōi̯*. Ob und wie weit der Ausgang 3. Sing. uridg.

-ēie-ti genetisch als *-ē-ie-ti* oder als *-ēi-e-ti* zu analysieren ist, steht dahin. S. § 103, 1. 136.

Ai. *vāya-ti* 'weht', got. *waia* ahd. *wāu* 'wehe', aksl. *věją* 'wehe' (Inf. *vějati*). Vgl. ai. *vā-ti* griech. ἄη-σι § 112. — Ai. *snāya-ti* 'umwindet, bekleidet' (*snāyu-ḥ* 'Band'), griech. νῇ 'spinnt' aus *σνη[ι]ει, lat. *neo*, ir. *sníid* 'flicht', ahd. *nāu*. Vgl. griech. ἔ-ννη, lat. *nēs* § 112. — Lat. *fleo*, aksl. *blěją* 'blöke' (Inf. *blějati*). — Ai. *manāyá-ti* got. *munaiþ* 'gedenkt' ahd. *fir-monēt* 'despicit, contemnat'. Vgl. lit. *minė* § 112 und aksl. *mьnją mьněti* § 123 S. 183.

Zu den Formen des § 112 gehören weiter: Lat. *video*, got. *witaiþ* 'sieht auf etwas, beobachtet' ahd. *gi-wizzēt* 'gibt acht'; lat. *torpeo*, aksl. *u-trьpěją* 'erstarre'; lat. *rubeo*, ahd. *rotēt* 'wird rot'; lat. *taceo*, got. *þahaiþ* ahd. *dagēt* 'schweigt'. Weniger sicher ist Gleichartigkeit der Bildung bei griech. ὠθέω 'stosse' gthav. *vādāyōit* 'er möchte zurückstossen' und lat. *augeo* ai. *ōjāyámāna-ḥ* 'Kraft anwendend' (vgl. griech. Fut. αὐξήσω, das nach dem Präs. αὔξω für *αὐγησω eingetreten sein mag).

Ausgang uridg. *-ōie-ti*. Ir. *raïd* 'rudert, befährt', mhd. *rüejen* (ags. *rówan*) aisl. *róa* 'rudern', Basis *erē-* (griech. ἐρέ-της, dazu vielleicht aksl. *réją* 'stosse'). Andres dieser Art nur einzelsprachlich (§ 140).

140. Arisch. Zu ai. *grabh-* 'greifen, nehmen' *gṛhī-tá* (§ 100): ai. *gṛbhāyá-ti*, gthav. *gəᵘrvāin* = **gər°vāyən* 'sie sollen nehmen', apers. *a-garbāyam* 'brachte in meine Gewalt'. Vgl. § 138 S. 199 über ai. *šyāya-ti*, *mathāyá-ti* u. a.

Griechisch. Die Vokallänge η ist nur noch bei einsilbigen *ē*-Stämmen nachweisbar. νῇ ist § 139 genannt; dazu ablautend Part. νῶντα wohl = *νώοντα (§ 112). ζῇ 'lebt' aus *ζη[ι]ει = **gᵘ̯iēie-* (§ 115 S. 173 f.), wozu im Ablaut ζώω gort. δώω. — χρῇ 'gibt ein Orakel' aus *χρή[ι]ει, Part. χρήων θ 79, vgl. § 115 S. 171 f. — Dor. λῇ 'will' el. Opt. ληοίταν (λῆμα 'Wille') aus **u̯lēie-*, zu got. *wiljan* aksl. *velją velěti* (S. 184. 190); anders Ehrlich KZ. 41, 299 ff. (vgl. dazu Walde Lat. et. Wtb.² 415). — ψῇ 'zerreibt, zermalmt' aus *ψη[ι]ει, und ψώω, zu ai. *psā-ti* (§ 112). — κνῇ 'reibt, schabt, juckt'.

i̯o-Präsentia von zweisilbigen *ē*-Stämmen, wenn ihrer überhaupt ins Griechische hineingekommen sind, haben den Ausgang

-εω bekommen durch Vermischung mit andern Präsensklassen auf -εω mit alten *ĕ*. Hierher kann ὠθέω gezogen werden (§ 139).

Italisch. Zu den § 139 genannten Formen der 1. Sing. Präs. kommen noch z. B. *-pleo jubeo scateo* (§ 112), *placeo habeo* u. a. (§ 116).

Über die Frage, ob es in der uritalischen Zeit neben der 1. Sing. auf *-ēįō* noch andere Personen des Paradigmas mit *į̯o*-Flexion gegeben hat, was besonders wegen der lautgeschichtlichen Möglichkeit, z. B. *flēs* mit aksl. *blěješi*, *tacēs* mit got. *þahais* zu identifizieren, ins Auge zu fassen ist, s. § 116 S. 175 f.

Keltisch. Sicher hierher Gehöriges kenne ich ausser dem § 139 genannten *snīid* nicht. Nach den Lautverhältnissen wäre es möglich, noch ir. *gniid* 'handelt' (vgl. Prät. Pass. *-gnīth*, das **gnē-to-* gewesen sein kann) heranzuziehen, doch ist dieses Verbum etymologisch nicht aufgeklärt. Ir. *gaibid* (zu lat. *habeo*) könnte **-ēįe-ti* gehabt haben (§ 117).

Germanisch. Wie ahd. *wāen*, *nāen* und mhd. *rüejen* (§ 139) noch andre. *blāen* 'blasen', nhd. *blähen*, vgl. ahd. *blāsan* 'blasen'; zu derselben Wurzel *bhel-* 'schwellen' (nhd. *ball*, *ballen*, lat. *follis* u. a.) gehört **bhlō-* ahd. *bluoen* 'blühen' (vgl. lat. *flōs*). Derselbe Ablaut *ē ō* in ahd. *knāen* 'kennen' (vgl. § 224 über got. 3. Sing. *-kunnaiþ*) gegenüber aksl. *znają zna-ti* 'kennen' (griech. ἔ-γνων), ahd. *krāen* 'krähen' gegenüber lit. *gróju gróti* aksl. *grają grajati* 'krächzen'. Ahd. *drāen* 'drehen' (vgl. griech. τρητός 'durchbohrt' = ahd. *gi-drāt*, τρῆμα 'Loch'), ursprünglich 'drehend bohren'; daher steht mit ihm *druoen* 'leiden, dulden' im Ablautverhältnis (vgl. *drōa* 'passio', engl. *throe* 'Geburtsschmerz, Todeskampf' und ahd. *drōēn* ags. *đrówian* 'leiden, dulden'). Ahd. *māen* 'mähen', vgl. kret. ἀμήτωρ (hom. ἀμητήρ) 'Mäher'. Ob ahd. *gluoen* 'glühen' (man vergleicht sowohl griech. χλωρός als auch dor. χλᾱρόν), *gruoen* 'grünen', *(h)luoen* 'brüllen' uridg. *ō* oder *ā* (zu § 138) gehabt haben, bleibt im Zweifel.

Anm. 1. Im Ags. entsprechen den ahd. Präsentia wie *bluoen* Formen auf *-ówan*, wie *blówan*, *spówan*. Das *w* ist wahrscheinlich von einigen wenigen Verba ausgegangen, in denen es etymologischen Wert hatte, z. B. *spówan* 'gedeihen', zu ai. *sphāvaya-ti* 'mehrt, mästet', wozu vielleicht griech. ἐσφυδωμένος 'vollgestopft (mit Essen)'. S. Persson Beitr. 414 f. 717.

Umfangreicher ist die Klasse der zweisilbigen *ē*-Präsentia. Wie got. *munaiþ* ahd. *-monēt*, got. *witaiþ* ahd. *-wiȥȥēt*, ahd. *rotēt*, got. *þahaiþ* ahd. *dagēt* (§ 139) noch z. B. got. *habaiþ* ahd. *habēt* 'hat', got. *libaiþ* ahd. *lebēt* 'lebt', got. *þulaiþ* ahd. *dolēt* 'duldet'. Die Flexion dieser Präsentia ist zumteil schwer zu erklären, und die Ansichten über ihre Entwicklung gehen stark auseinander (zuletzt über diese Formen Collitz Schwach. Prät. 96 f.). Als wahrscheinlich betrachte ich folgendes.

1) Auf *-ēi̯e-* beruhen 2. Sing. got. *habais* ahd. *habēs* as. *habes*, 3. Sing. got. *habaiþ* ahd. *habēt* as. *habed*, 2. Plur. got. *habaiþ* ahd. *habēt* aisl. *hafed*, während *-ēi̯o-* vorliegt in ags. *lifȝe* ('lebe') = **libēi̯ō* und in den Optativformen wie alem. *lebee*, *habeen*. Das Vorhandensein solcher Präsensformen mit *-ēi̯a-* *ēi̯i-* in vorgeschichtlicher Zeit wird bestätigt durch got. *armaiō* F. 'Erbarmen' (zu 3. Sing. *armaiþ*), *þulains* F. 'Dulden, Geduld', *habaiþs* 'gehabt' (2, 1, 290. 400), da sie nur von solchen Präsentia aus gebildet sein können (entsprechend aisl. *hǫfn* u. dgl., s. Neckel Z. f. d. Altert. 49, 316). Vgl. griech. ναιετάω von ναίω, ai. *bōdhayitár-* von *bōdháya-ti*, *rasayitá-m* von *rasáya-ti* u. a.

2) Die got. Formen *haba*, *habam*, *haband*, die aus *-ēi̯a-* nur dann hergeleitet werden dürften, wenn sich zeigen liesse, dass sie *ā* (als lautgesetzliche Fortsetzung eines hinter der haupttonigen Silbe stehenden Lautkomplexes *aia* = *ę̄a*) hatten, bestehen, wie das demselben Typus angehörige ahd. *habu* (Tatian), nur aus Wurzelsilbe plus thematischem Vokal *-a-* (uridg. *-o-*). Sie verhalten sich zu den *-ēi̯o-* *-ēi̯e*-Formen wie lat. *fulgo* zu *fulgeo* u. dgl. (S. 175). Dass man diese beiden Typen nebeneinander benutzte (*haba habais* usw.), erklärt sich aus dem S. 199 f. erwähnten Bestreben, ein bezüglich der Silbenzahl der einzelnen Formen mit *baíra baíris* usw., *nasja nasjis* usw. im Einklang befindliches Formensystem herzustellen.

Anm. 2. Andere lassen die 3. Plur. got. *haband* und das Part. *habands* lautgesetzlich aus **-ēnti*, *-ēnt-* (zumteil die 1. Sing. got. *haba* entsprechend aus **-ēm*) und darauf *habam*, *haban* nach dem Muster von *bairam bairan* entstanden sein. S. u. a. Streitberg Urgerm. Gramm. 306 ff., Janko IF. 20, 246 f., Wilmanns D. Gr. 3, 89 und dazu oben 1 § 932 Anm. S. 803. Als Beweis für die Richtigkeit dieser Anschauung wird got. *fijands* ahd. *fīant* 'Feind' neben got. *fijaiþ* ahd. *fīēt* 'hasst' vorgebracht und auf urgerm. *fijēnd- zurückgeführt. Aber wenn dies Wort zu ai. píya-ti 'schmäht' gehört, warum soll nicht das Substantiv, das doch älter sein kann als die ē-Flexion des germ. Präsens, dem ai. Part. píyant- entsprechen können?

3) Die ahd. Formen habēm, -ēmēs enthalten entweder uridg. -ē- als alte themavokallose Formen (§ 118), oder das ē stammte aus habēs usw. mit uridg. -ēi̯e- (s. 1). Die 3. Plur. habēnt muss ebenso eine german. Neuerung sein wie salbōnt got. salbōnd (1, 802 f.).

Baltisch-Slavisch. Zu den in § 139 genannten aksl. věją, blěją noch gręją grějati 'wärmen', zu W. g^u^her- (gorěti 'brennen'). Ob unter den lit. Formen wie lit. klóju solche mit uridg. -ōi̯o- sind, bleibt unsicher (S. 200). Aksl. znają : ahd. knāu S. 202.

Von den Präsentien mit zweisilbigem ē-Stamm mögen erwähnt werden die lit. sogen. Deminutiva wie byréju 'streue ein wenig', kyléju 'hebe ein wenig', lukéju 'harre ein wenig'. Wie aksl. u-trъpěją (S. 201) noch z. B. zъręją 'reife', tьlěją 'verderbe' (intransitiv).

141. III) Reduplizierte Formen auf -āˣi̯e-ti.

1) Uridg. -āi̯o-. Lat. ululō neben ululat, lit. ululóju 'jauchze'. Lat. murmurō neben murmurat, tintinnō neben tintinnat. S. § 121. Ai. ghurghurāya-tē 'saust, surrt', šimišimāya-ti 'brodelt' u. a. (Sütterlin IF. 19, 550 f.).

Durch Überführung in themavokalische Flexion entstand κιγ-κρᾷ· κιρνᾷ (Hesych), zu dor. ἐγ-κίκρα (§ 120).

2) Uridg. -ēi̯o-. Av. fra-γrāγrāyeiti 'weckt auf' (daneben -γrārayeiti 1, 856 f.), zu fra-γrāta- 'erwacht' griech. ἐγρήσσω 'bin wach', av. fra-γrisəmna- lat. expergīscor (§ 269, 3), Basis *gerēi̯-. Zur av. Reduplikationssilbe γrā- s. § 19.

Ags. rárie ahd. rērēm 'brülle, blöke' scheint zu lit. réju réti 'heftig losschreien, brüllen' zu gehören und weist dann auf ein urgerm. *rai-rēi̯ō. S. § 18 Anm. S. 30 f. Unsicherer ist die Morphologie von got. reiraiþ 'bebt, zittert' neben ai. lēlāya-ti 'schwankt', s. ebendaselbst.

ε. Die jüngere Schicht der Denominativa mit -i̯é- -i̯ó- hinter dem Nominalstamm: Typus ai. namas-yá-ti.

142. Es handelt sich hier um Präsentia wie ai. dēvayá-ti 'verehrt die Götter', zu dēvá-ḥ 'Gott', griech. φιλέω 'behandle einen als Freund', zu φίλο-ς 'Freund', lat. *albeo*, zu *albu-s*, ai. *namasyá-ti* 'bringt Verehrung dar', zu *námas-* 'Verehrung', griech. τελέ[σ-ι̯]ω 'beende', zu τέλος (τέλεσ-) 'Ende'. Diese Präsenskategorie erscheint fast in allen idg. Sprachen ununterbrochen von der Zeit ihres Eintritts in die Geschichte bis auf den heutigen Tag als ein lebendiger und produktiver Bildungstypus.

Wie schon in § 29 und wiederholt noch später bemerkt worden ist, lässt sich für die entwicklungsgeschichtliche Betrachtung eine feste Grenze zwischen den gewöhnlich als Denominativa bezeichneten Verba und den sogen. primären mit *-i̯e- -i̯o-* gebildeten Verba nicht ziehen. Denn auch die letzteren enthüllen sich zumteil noch klar als nominaler Herkunft. Als in der idg. Urzeit die Präsentien, die sich als 'Denominativa' darstellen, geprägt wurden, kamen also damit keine neuen, flexivisch eigenartigen Verbaltypen auf. Man bildete sie nach gewohnten Typen, das Präsens vorzugsweise nach den Präsentien mit *-i̯e- -i̯o-*. Wie weit hierbei den Formen auf *-ā̆i̯o-*, *-ē̆i̯o-*, *-ī̆i̯o-* letzten Endes Musterformen zugrunde gelegen hatten, in denen *i̯* zur 'Basis' gehört hatte (es wird z. B. gesagt, man habe den Denominativausgang *-āya-ti* des Indischen als *-āy-a-ti*, nicht als *-ā-ya-ti* zu analysieren), darauf kommt es uns wenig an, weil sich in die Zeiten der idg. Urgemeinschaft, in der solche Typen erwuchsen und produktiv zu werden begannen, nicht mehr zurückschauen lässt. Im allgemeinen hat man jedenfalls schon in uridg. Zeiten die Elemente *-i̯e-*, *i̯o-* als eine formantische Einheit empfunden, das ist für uns das wesentliche.

Erst allmählich entwickelten sich im Präsens der jüngeren Schicht Besonderheiten gegenüber den 'primären' Verba, vornehmlich dadurch, dass *-i̯o-* mit dem vorausgehenden Ausgang des Nominalstamms zu einer formantischen Einheit zusammenwuchs und diese auf Nomina von andrer formantischer Konstitution überging. Doch fielen eigenartige präsentische Denominativausgänge auch wieder durch die Wirkung von Lautgesetzen mit solchen primären Flexionsweisen zusammen, von denen sie ursprünglich konstitutionell verschieden gewesen sind, z. B. got. *dauþja* 'töte' 1. Plur. *dauþjam* usw. aus **dauþei̯ō -ei̯o-m-* usw. (zu *dauþs* 'tot') gleichwie *waúrkja -jam* aus uridg. **u̯r̥ĝi̯ō -i̯o-m-* (S. 195).

Was bei unsern Denominativa das Verhältnis des Präsens zu den andern Tempora betrifft, so ist wahrscheinlich, dass es in uridg. Zeit noch kein voll ausgebautes und festgeprägtes System von mannigfaltigen Tempora mit den jedesmal zugehörigen Formen des Verbum infinitivum gegeben hat. Denominativa wie die zu Anfang dieses Paragraphen genannten werden, wie schon S. 51 erwähnt wurde, damals im wesentlichen noch auf das Präsens beschränkt gewesen sein. Einzelsprachlich kam dann die ausserpräsentische Verbalbildung hinzu unter Führung der älteren primären Verba, z. B. griech. ἐκήρῡξα, κεκήρῡγμαι, ἐκηρύχθην zu κηρύσσω 'rufe als Herold' (zu κῆρυξ -ῡκος) wie z. B. ἔπτυξα, ἔπτυγμαι, ἐπτύχθην zu πτύσσω 'falte', Fut. ὀνομανῶ zu ὀνομαίνω 'nenne', ἀγγελῶ zu ἀγγέλλω 'verkünde' wie z. B. φανῶ zu φαίνω 'zeige', βαλῶ zu βάλλω 'werfe', mit -ῶ aus -έω.

Doch gab es bei den Denominativa selbst auch ausserhalb des Präsens noch eine voreinzelsprachliche formale Berührung mit den primären Verba, welche zum Ausbau des Tempussystems der Denominativa vorbildlich beitrug und sogar, unabhängig von den primären Verben, Neubildungen im Präsens der Denominativa hervorrief. Unabhängig von der denominativen Präsensbildung war nämlich die denominative Adjektivbildung mittels *-to-*, wie z. B. lat. *barbātus* aksl. *bradatъ* 'mit Bart versehen' zu lat. *barba* aksl. *brada* 'Bart', griech. κοντωτός 'mit einer Ruderstange versehen' zu κοντό-ς 'Ruderstange', lit. *plaukűtas* 'behaart' zu *plaukaĩ* Plur. 'Haar'. Solche Nomina wirkten in die Tempusbildung des Verbum finitum der Denominativa und dabei auch in ihre Präsensbildung herüber. Mit durch die Klasse der auf nominalen *o*-Stämmen beruhenden griech. Adjektiva wie κοντωτός sind, wie es scheint, auf dem Wege proportionaler Analogieschöpfung, die denominativen Präsentia auf -οω, wie ἰσόω, ins Leben getreten. Vgl. 2, 1, 400 ff. 405 ff. 2, 2, § 151 und zu den lit. Präsentia auf *-ūju* unten § 145 Anm.

Als urindogermanisches Erbe darf man ansehen *i̯o*-Präsentia von Nominalstämmen auf Nasal, Liquida, Verschlusslaut, Spirans *s*, (z. B. *-n̥-i̯é-ti*), auf *-ā* (*-ā-i̯é-ti*), auf *-o* (*-e-i̯é-ti*, auch *-i̯é-ti* ohne den vokalischen Auslaut des Nominalstamms), auf *-i* (*-i-i̯é-ti*), auf *-u* (*-u-i̯é-ti*). In einzelnen Sprachzweigen begegnen auch Denominativa, die von andern Arten von Stämmen in derselben Weise gebildet sind. Doch treten sie zu isoliert auf, als dass man sie mit zum uridg. Bestand rechnen dürfte. So z. B. die ai. Präsentia auf *-īyá-ti*, *-ūyá-ti* zu fem. *ī-* und *ū*-Stämmen (§ 146. 147): sie können ja leicht ar. Neubildung nach dem Verhältnis von *-āyá-ti* zu den *ā*-Stämmen sein. Oder ai. *gavyá-ti* 'begehrt Rinder, Kühe', zu *gō-* 'Rind', kann leicht nach den zahlreichen ebenfalls ein Begehren bezeichnenden Denominativa, die zu Stämmen andrer formantischer Gestaltung gehören, geschaffen worden sein.

Anm. Unsere *i̯o*-Klasse war seit uridg. Zeit diejenige Bildungsklasse, in die man überall in den Einzelsprachen gewöhnlich einlenkte, wenn man zu einem Nomen ein Verbum schaffen wollte. Aber auch nach dem Muster anderer Bildungsklassen wurden zu Nomina Verba geschaffen. Öfters waren nämlich 'primäre' Verba mit einem oder mehreren gleichwurzeligen Nomina enger assoziiert, und nach diesem Beziehungsverhältnis entstand nun anderwärts zu einem Nomen ein Verbum mit dem gleichen Gepräge. So schuf man z. B. im Balt.-Slav. zu den Präsentia mit *-ī-* : *-(i)i̯o-* Denominativa, wie lit. *laimiù laimė́ti* 'gewinnen', zu *láima láimė* 'Glück', aksl. *bolją bolěti* 'krank sein', zu *bolъ* 'Kranker', s. § 310, im Lit. zu den Verba wie *virstù* 'falle um' Denominativa, wie *gelstù* 'werde gelb', zu *geltas* 'gelb', s. § 289, 1.

Bei der nach dem Altindischen für die idg. Urzeit vorauszusetzenden Haupttonigkeit des Bildungselements *-i̯o-* hätte man im Griechischen, wo die Formen des Verbum infinitum grundsätzlich den alten Tonsitz festgehalten haben (z. B. λιπών, λιπεῖν), Betonungen wie *ὀνομαινών, *ἁρπαζών, *δραών, *φιλεών, *ὀνομαινεῖν usw. zu erwarten. Da sich aber mit der Tonverschiedenheit λιπών : λείπων, λιπεῖν : λείπειν der Sinnesunterschied von aoristischer und präsentischer Aktionsart verknüpft hatte, zogen präsentische Formen mit ursprünglich haupttonigem thematischen Vokal nach der Analogie von λείπων λείπειν den Ton zurück. ὀνομαίνων, ὀνομαίνειν usw. waren danach Neuerungen von derselben Art wie z. B. γλύφων, γλύφειν für *γλυφών, *γλυφεῖν (s. S. 132 f.). Bei den Formen wie *φιλεών, *φιλεεῖν lag diese Neuerung darum besonders nahe, weil die historische Betonung der zu dem Präsenstypus ai. *vēdáya-ti* gehörigen Formen des Verbum infinitivum φορέων, φορέειν u. dgl. die festgehaltene ursprüngliche Betonung war (§ 172).

Zunächst seien nun Beispiele für jede der idg. Urzeit zugeschriebenen Denominativklassen gegeben. Wie sonst, stelle ich solche Präsensbildungen voran, die in mehreren Sprachzweigen zugleich erscheinen. Da es sich dabei jedesmal um Bildungstypen handelt, die in den betreffenden Sprachzweigen gleicherweise produktiv waren, so können solche Übereinstimmungen jedesmal zufällig sein; in einigen Fällen ist die Zufälligkeit unmittelbar nachzuweisen.

143. 1) Von konsonantischen Stämmen aus.

a) Ai. *rajasyá-ti* 'wird zu Staub' (in der älteren Literatur nur *rajasyá-ḥ* 'staubig'), zu *rájas-* N. 'Staub', got. *riqizja* 'verfinstre mich', zu *riqis* N. 'Finsternis' (2, 1, 518. 522 f. 543). Ai. *śravasyá-ti* 'preist', zu *śrávas-* N. 'Preis, Lob', hom. κλείω 'rühme' d. i. κλεέω aus *κλεϝεσ-ι̯ω, zu κλέος 'Ruhm'. Ai. *sumanasyá-tē* 'ist günstig gesinnt, ist hold', zu *su-mánas-* 'günstig gesinnt', griech. εὐμενέω -ῶ 'bin günstig gesinnt' auf Grund von -εσ-ι̯ω (εὐμενήσω Neubildung, vgl. § 152, 2), zu εὐ-μενής 'günstig gesinnt'. Ai. *namasyá-ti* 'verehrt', gthav. *nəmaĥyāmahī* 'wir verehren', zu ai. *námas-* av. *nəmah-* N. 'Verehrung'. Ai. *apasyá-ti* 'ist tätig', zu *ápas-* N. 'Werk' *apás-* 'tätig', *svapasyá-tē* 'arbeitet gut', zu *sv-ápas-* 'gute Arbeit verrichtend'. Av. *aēnaŋha'ti* (für *-ahya'ti*) 'vergewaltigt', zu *aēnah-* N. 'Gewalttat'. Hom. τελείω -έω att. τελῶ 'beende' aus *τελεσι̯ω (Perf. τετέλεσται), zu τέλος N. 'Ende'. Lat. *fulgurio*, zu *fulgur* und *fulgor*. Ahd. *refsen* aisl. *refsa* 'strafen, züchtigen' (**rafisjan*), zu ai. *rápas-* N. 'körperlicher Schaden, Verletzung'. — Av. *xrvīšyant-* 'Grauen erregend', zu **xr(u)viš-*, verwandt mit ai. *kravíṣ-* 'blutiges Fleisch, Aas', griech. κρέας 'Fleisch' (2, 1, 532). Ai. *aviṣyá-ti* 'hilft gerne' neben *ávas-* 'Förderung' (2, 1, 533). Griech. γελάω γελῶ 'lache' aus *γελασ-ι̯ω (Aor. hom. γελάσσαι), zu γέλως 'Gelächter', ἐράω ἐρῶ 'liebe' (Aor. hom. ἐράσσασθαι), zu ἔρως 'Liebe' (2, 1, 529. 533). — Ai. *vapuṣyá-ti* 'wundert sich', zu *vápuṣ-* 'Wunder'. Griech. κονίω 'bestäube' aus *κονισ-ι̯ω (Plusqu. κεκόνιστο), zu κόνις 'Staub' lat. *cinis-* (2, 1, 533 f.).

b) Griech. ὀνομαίνω 'nenne' aus *-*mn̥-i̯ō*, zu ὄνομα N. 'Name', got. *namnja* as. *nemnin* 'nenne' vielleicht aus *-*mni̯i̯ō*, zu got. *namō* N. 'Name' (Plur. *namna*). Ai. *vṛṣaṇyá-ti* 'ist brünstig', zu *vŕ̥šan-* 'männlich, Männchen', *brahmaṇyá-ti* 'ist andächtig', zu *bráhman-* N. 'Andacht' *brahmán-* 'Andächtiger, Beter', av. *vyāxmanyeⁱti* 'spricht in der Versammlung, beratschlagt', zu *vyāxman-* N. 'Versammlung, Beratung'. Griech. τεκταίνω 'zimmere', zu τέκτων 'Zimmermann', σπερμαίνω 'gebe Samen von mir', zu σπέρμα 'Samen'. Got. *glitmunja* 'glänze', zu ahd. *glizemo* M. 'Glanz' (2, 1, 240).

c) Ai. *vadharyá-ti* 'schleudert Geschosse', zu *vádhar-* N. 'Geschoss'. Griech. τεκμαίρω 'bestimme', zu τέκμαρ N. 'Merkzeichen, Grenze'.

d) Ai. *išudhyá-ti* 'fleht an, erbittet', gthav. *išūⁱdyeⁱtī* 'trägt seine Schuld (an die Götter) ab, huldigt, dankt (ihnen), zu gthav. *išud-* 'Schuldforderung'. Ai. *bhišajyá-ti* av. *bišazyeⁱti* 'kuriert, heilt', zu ai. *bhi-šáj-* 'Arzt'[1]). Griech. κηρύσσω 'rufe als Herold' aus *καρῡκιω, zu κῆρυξ -ῡκος 'Herold', ἁρπάζω 'raube' aus *ἁρπαγιω, zu ἅρπαξ 'räuberisch', σαλπίζω 'trompete' aus *σαλπιγγιω (vgl. Fut. σαλπίγξω), zu σάλπιγξ -ιγγος 'Trompete', λιθάζω 'steinige' aus *λιθαδιω, zu λιθάς -άδος 'Stein', μιγάζομαι 'vermische mich' aus -αδιομαι, zu μιγάς -άδος 'gemischt', ἐλπίζω 'hoffe' aus -ιδιω, zu ἐλπίς -ίδος 'Hoffnung', βλίττω 'zeidele, schneide Honig aus' (Fut. βλίσω) aus *μλιτιω, zu μέλι -ιτος N. 'Honig', κορύσσω 'behelme, bewaffne' aus *κορυθιω, zu κόρυς -υθος 'Helm'. Lat. *custōdio*, zu *custōs -ōdis*, *compedio*, zu *com-pēs -pedis*. Got. *weitwōdjan* 'bezeugen', zu *weitwōd-* 'Zeuge'. Hierzu germ. Verba auf *-atjan*, *-itjan* (vgl. griech. -αζω, -ιζω), bei denen das Grundnomen wohl ursprünglich auf *-d* auslautete, aber schon vorhistorisch in eine vokalische Deklination übergetreten ist (2, 1, 468 f.), z. B. got. *lauhatjan* 'leuchten, blitzen' ahd. *lōhazzen lougazzan*, zu ags. *líeȝit* N. 'Blitz', ags. *emnettan* 'eben machen' (got.

1) Die Grundbedeutung war 'umsichtig erforschend', und es mag im Arischen vorhistorisch auch ein **saž̌ia-ti* 'geht einer Sache nach, erforscht' gegeben haben, identisch mit ir. *saigim* 'suche auf' (vgl. IF. 28, 285 ff.). Auch hier zeigt sich (s. § 122, 2 S. 181, § 131 S. 193), wie zwischen den 'primären' und den 'denominativen' *i̯o*-Präsentia eine Grenze nicht zu ziehen ist. Man vergleiche mit diesem Fall griech. ὀπυίω 'habe eine Ehefrau, eheliche' aus *ὀπυσιω zu *ὀ-πυσ(ο)- 'ὁμοτρόφος' oder 'ὁμότροφος' und ai. *púšya-ti* 'τρέφει' (IF. 28, 291 ff.), hom. *χερνίζομαι (χερνίψαντο), zu χέρνιψ und νίζω, ion.-att. διασχίζω, zu διασχίς und σχίζω.

ibnassus = ags. *emness* 'Ebne' von einem **ibnatjan*), zu *emnet* N. 'Ebne'. Mit ahd. *hagazussa* mndl. *haghetisse* 'Hexe', dem Part. Perf. eines solchen Verbums auf *-atjan* (2, 1, 570 f.), vergleiche man griech. κηκάζω 'schimpfe', zu κηκάς -άδος 'schimpfend'; das germ. Wort war also gleichsam *κηκαδυῖα.

Zu den konsonantischen Nominalstämmen gehörten seit uridg. Zeit Adjektiva au *-to-*, die 'mit dem Betreffenden versehen' u. dgl. bedeuteten (S. 206). Sie wurden nur zumteil näher an das Verbalsystem herangerückt. Z. B. griech. ἀ-τέλεστος 'unvollendet', während das ebenso gebildete lat. *scelestus* (zu *scelus -eris*) solche Angliederung nicht erfuhr (2, 1, 403); θαυματός 'wunderbar' aus **-m̥n̥-to-s* (a. a. O.) wurde nicht Glied des Systems von θαυμαίνω, wohl aber stellte sich θαυμαστός zu θαυμάζω u. dgl.

144. 2) Von *ā*-Stämmen aus, uridg. *-ā-i̯é-ti*. In den meisten Sprachzweigen stehen *āi̯o*-Formen und *ā*-Formen nebeneinander.

Wo eine feste Regulierung stattgefunden hat, ist sie in verschiedner Weise erfolgt. Im Paradigma eines Verbums ist entweder ein Teil der Formen der einen Weise, ein andrer Teil der andern Weise gefolgt, wie lat. *planto* aus *-ā[i̯]ō* (umbr. *subocauu* 'invoco'), aber *plantāmus* (vgl. § 108 S. 166, § 138 S. 199). Oder ein Dialekt oder eine Dialektgruppe innerhalb eines Sprachzweigs hat die eine von beiden Weisen ganz durchgeführt, z. B. att. τιμῶ -ᾷς usw. (entsprechend auch noch in andern griech. Mundarten) gegen äol. τίμαμι -αμεν (vgl. § 107. 115, 3), got. *fiskō -ōs* usw. Inf. *fiskōn* 'fischen' (ahd. *fiskōn*) gegen ags. *fiscian* (§ 110 S. 167, § 138 S. 199 f.); oder auch ein ganzer Sprachzweig hat die eine Weise verallgemeinert: so vermutlich arm. *janam -as* usw. mit *-ā-*, und so vielleicht auch im Keltischen seit urkelt. Zeit nur mehr die ir. Weise *rannaim rannai* usw. mit *-ā-* (vgl. S. 213), während umgekehrt im Urarischen nur noch die Weise von ai. *pr̥tanāyā́mi -āyási* usw. geherrscht zu haben scheint.

Die *ā*-Denominativa gehörten ihrer Form nach ursprünglich nur zu den nominalen *ā*-Stämmen. Von uridg. Zeit her wurden sie aber überall auch zu nominalen *o*-Stämmen, namentlich oft zu Verbaladjektiva auf *-to-* gebildet. Das erklärt sich aus zweierlei.

Das *ā*-Femininum der *o*-Adjektiva wurde oft als Abstraktum gebraucht (2, 1, 626), und dieses wurde nun der Verbalform zu Grunde gelegt. So ist z. B. das lat. *offēnso -ās*, das man auf das Adjektiv *offēnsus* bezieht, dem Bildungsprinzip nach vielmehr von dem Substantiv *offēnsa* abzuleiten, oder ai. *vr̥jināyá-ti* 'ist trüglich, falsch' eigentlich nicht von *vr̥jiná-ḥ* 'trüglich', sondern von *vr̥jinā́* 'Trug, Falschheit'. Zweitens kommt für die *ā*-Verba, die zu substantivischen *o*-Stämmen gehören, in Betracht, dass es auch hier von uridg. Zeit her nominale *ā*-Stamm-Formen neben den *o*-Stamm-Formen gab. Zunächst die Neutra auf *-o-m* hatten im Nom.-Akk. Plur. *-ā*, eine Bildung, der von Haus aus kollektiver Sinn inne wohnte (2, 1, 166. 576 f. 593 f. 645. 2, 2, 84. 231); so ist z. B. das zu *damnum* gehörige *damno -ās* formal eigentlich an die Pluralform *damna* anzuknüpfen (vgl. *armo -ās* : Plur. *arma*). Weiter hatten aber auch Maskulina auf *-o-s* einen gleichartigen Nom.-Akk. Plur. auf *-ā* neben sich, nach Art von lat. *locus* : *loca* (2, 2, 102); so gehört z. B. *loco -ās* formal zu *loca*, *jocor -āris* (von *jocus*) zu *joca*. In der Folge wurden nun massenhaft *ā*-Verba auch unmittelbar aus adjektivischen oder substantivischen *o*-Stämmen abgeleitet.

Mehrsprachliches. Griech. ὁράω -ῶ 'sehe', ahd. *bi-warōn* 'beachten, bewahren' as. *waron* ags. *warian* aisl. *vara* 'wahren', zu griech. φρουρά (aus *προ-ϝορᾱ) 'Vorschau, Hut, Wache' ἔφορος 'Aufseher', ahd. *wara* 'Acht, Obhut' *gi-war* aisl. *varr* 'behutsam'. Ags. *ǽscian* ahd. *eiscōn* 'fordern', lit. *jë́szkau jëszkójau jëszkóti* 'suchen' (aksl. *iskati* 'suchen'), zu ahd. *eisca* 'Forderung' (2, 1, 478, Berneker Slav. et. Wtb. 433). Ai. *dhūmāya-ti* 'raucht', lat. *fūmo -ās*, zu ai. *dhūmá-ḥ* 'Rauch', lat. *fūmus*; vielleicht dazu auch ahd. *tūmōn* 'sich im Kreise, wirbelnd bewegen'. Osk. *deiuaid* 'iuret' *deiuatud* 'iurato', lit. *dëvotas* 'religiös' preuss. *deiwūtai* Adv. 'selig' (*-ū-* aus *-ā-*), zu lat. *dīvos*, lit. *dë̃vas* preuss. *deiws* 'Gott'. Lat. *piscor -āris*, got. *fiskōn* ahd. *fiscōn* ags. *fiscian* 'fischen', zu got. *fisks* ahd. *fisc* 'Fisch'. Lat. *erro -ās*, arm. *eṙam* 'siede, bin erregt' *z-eṙam* 'bewege mich umher, kribble, schwanke', zu einem Nominalstamm **er*[*e*]*so-* oder **er*[*e*]*sā-*, vgl. got. *aírzeis* 'irre, πλανώμενος' (vgl. 2, 1, 531. 538 ff.). Ir. *-comalnadar* 'erfüllt', ahd. *follōn* 'füllen' as. *fullon* 'erfüllen', zu ir. *com-lān* 'vollständig' ahd. *fol* as. *ful* 'voll' (1, 345), ahd. *follā* 'Fülle'. — Griech. ἰτητέον 'eundum', el. Part. Perf. ἐπ-αν-ιτακώρ, zu einem verschollenen *ἰτάω[1]), lat. *ito -ās* umbr. *etaians* 'itent', zu **i-tó-* 'gegangen' (ai. *-ita-* usw.). σουν-επτᾶσθαι· συνακολουθῆσαι (Hesych), lat. *sector -āris*, zu **seq^u^to-* (lit. *at-sektas* 'aufgespürt, aufgefunden'). Lat. *gusto -ās*, ahd. *costōn* ags. *costian* aisl. *kosta* 'kosten, erproben', zu **ĝus-tó-* (ai. *juṣṭá-ḥ* 'beliebt'). Lat. *capto -ās*, ir. *cachtaim* 'nehme gefangen', zu **qap-tó-* (lat. *captu-s*, gall. *Mani-captos*).

Als Denominativa lassen sich auch die oben S. 160 und S. 198f. genannten Präsentia betrachten, wie ai. *priyāyá-tē* ags. *fréoȝ(e)an* as. *friehan* aksl. *prijają* (zu ai. *priyá-ḥ* 'amicus', got. *frija-þwa* 'Liebe'), ai. *damāyá-ti* lat. *domo -ās*, lat. *proco -ās* (lit. *praszaũ*), griech. ὀγκάομαι lat. *unco -ās*, griech. ὑλάω lit. *ulóju*.

Arisch. Ai. *pṛtanāyá-ti* 'kämpft', zu *pṛ́tanā* 'Kampf', *durhaṇāyá-ti* 'sinnt auf Unheil', zu *durháṇā* 'Unheil', *ducchunāyá-ti* 'will einem Leid zufügen', zu *ducchúnā* 'Unheil, Leid'. *vṛjināyá-ti* 'ist falsch, trüglich', zu *vṛjiná-ḥ* 'falsch' *vṛjinā́* 'Falschheit', *bhandanāyá-ti* 'ist glückselig', zu *bhandána-ḥ* 'glückselig' *bhandánā* 'Glückseligkeit'. *sumnāyá-ti* 'erweist Wohlwollen', zu *sumná-ḥ* 'wohlwollend' *sumná-m* 'Wohlwollen', *tilvilāyá-tē* 'erweist sich reich', zu *tílvila-ḥ* 'reich', *rathirāyá-ti* 'eilt herzu' zu *rathirá-ḥ* 'eilend', *ṛtāyá-ti* 'hält die Ordnung ein', zu *ṛtá-m* 'Ordnung', *yajñāyá-ti* 'ist im Gottesdienst tätig', zu *yajñá-ḥ* 'Gottesdienst', *aśvāyá-ti* 'verlangt nach Rossen', zu *áśva-ḥ* 'Ross', *svapnāya-tē* 'will schlafen', zu *svápna-ḥ* 'Schlaf'. Zu dem Schwanken zwischen *-āyá-ti* und *-ayá-ti* s. § 149, 1.

Bei den ar. Formen auf *-āya-ti* darf zumteil auch an uridg. **-ēje-ti* gedacht werden, wie bei ai. *ōjāyámāna-ḥ* wegen lat. *augeo*, gthav. *vādāye^i^tī* wegen griech. ὠθέω (S. 201).

Zu den Formen wie ai. *pṛtaṇāyá-ti* vgl. § 215.

Armenisch. Bei den arm. Präsentia auf *-am -as -ay*, *-amk̔ -ayk̔ -an* ist es nicht sicher, ob *-āie-*, *-āio-* oder nur *-ā-* zu Grunde liegt, vgl. § 106. Als von Nomina abgeleitet lassen sich z. B. betrachten: *ǰanam* 'bemühe mich', zu *ǰan* 'Bemühung',

1) Wahrscheinlich erhalten in φοιτάω, s. IF. 28, 288; vgl. φοίτης· ὁ κῆρυξ (Hesych) neben ἴτης.

otbam 'wehklage', zu *otb* 'Wehklage', *yusam* 'hoffe', zu *yois* 'Hoffnung', *xroxtam* 'bin übermütig, trotzig', zu *xroxt* 'übermütig, trotzig'.

Griechisch. τῑμάω -ῶ 'ehre', zu τιμή 'Ehre', ἡβάω -ῶ 'bin mannbar', zu ἥβη 'Reife', ὁρμάω -ῶ 'treibe an', zu ὁρμή 'Bewegung'. αἰτιάομαι -ῶμαι 'beschuldige', zu αἴτιος 'schuld' αἰτία 'Schuld', φοιβάω -ῶ 'reinige', zu φοῖβος 'rein', ἀτῑμάω -ῶ 'behandle als ehrlos', zu ἄτῑμος 'ehrlos', μωμάομαι -ῶμαι 'höhne', zu μῶμος 'Hohn', ἑδνάομαι -ῶμαι 'statte aus', zu ἕδνον 'Mitgift'.

Für das ᾰ der unkontrahierten Formen erscheint bei ion. Schriftstellern und im Nordwestgriech., El., Kret. ϵ, aber fast nur vor *o*-Vokalen, z. B. hom. μενοίνεον, delph. συλέοι, el. ἐνηβέοι. Teils wird angenommen, dass in urgriech. Zeit *ăŏ* zu *ĕŏ* geworden sei (worauf man in einigen Dialekten nach Analogie z. B. von -αεις, -αετε zu -αω, -αομεν zurückgekehrt sei), teils, dass Übergang in die Analogie der Verba wie φιλέω (§ 145, a) stattgefunden habe. S. Brugmann-Thumb Griech. Gramm.[4] § 49 Anm., Thumb Hdb. d. griech. Dial. 192, Buck Introduct. 115 f.

Italisch. Zur Flexionsweise vgl. § 108 S. 164, § 138 S. 199. Lat. *multo -ās*, osk. *moltaum* 'multare', zu lat. *multa* osk. *molto* 'multa', lat. *cūro*, umbr. kuraia 'curet', zu lat. *cūra*, lat. *planto*, zu *planta*, *lacrimo*, zu *lacrima*. Lat. *offēnso*, zu *offēnsus* Subst. *offēnsa*, *repulso*, zu *repulsus* Subst. *repulsa*, lat. *pio* umbr. *pihatu* Imper. 'piato', zu lat. *pius* osk. piíhiúí Dat. 'pio', *narro* umbr. *naratu* Imper. 'narrato, declarato', zu lat. *gnārus* (1, 801), lat. *cavo*, zu *cavos*, *firmo*, zu *firmus*, *armo*, zu *arma*, *damno*, zu *damnum*, *cumulo*, zu *cumulus*.

Irisch. Seit urir. Zeit gab es nur noch *-ā-*, keine *-āi̯o-*Formen, s. § 109 S. 166 f. *rannaid -ranna* 'teilt', zu *rann* F. 'Teil', *īc(c)aid* 'heilt', zu *īc(c)* F. 'Heilung', *fo-ciallathar* 'sorgt für etwas', zu *ciall* F. 'Sinn, Verstand'. *māraid* 'macht gross', zu *mār* 'gross', *marbaid* 'tötet', zu *marb* 'tot', *glanaid* 'reinigt', zu *glan* 'rein', *for-cenna* 'beendigt', zu *cenn* M. 'Ende', *nertaid* 'stärkt', zu *nert* N. 'Stärke'.

Germanisch. Über die Flexionsweise s. § 110. 138. Got. *karōn* 'sich sorgen, sich kümmern', ahd. *charōn* 'betrauern, beklagen' ags. *ceorian* 'klagen', zu got. *kara* 'Sorge' ahd. *chara*

'Trauer, Klage'. Got. *salbōn* ahd. *salbōn* ags. *sealfian* 'salben', zu ahd. *salba* ags. *sealf* 'Salbe'. Ahd. *ahtōn* as. *ahton* (Konj. *ahtoie*) ags. *eahtian* 'achten', zu ahd. *ahta* 'Beachtung'. Ahd. *frāgōn* as. *frāgon frāgoian* 'fragen', zu ahd. *frāga* 'Frage'. — Ahd. *wartōn* as. *wardon* ags. *weardian* aisl. *varđa* 'warten, wachen', zu ahd. *wart* 'Wart, Hüter' got. *daúra-wards* 'Torhüter', ahd. *warta* 'das Wachehalten, Wache'. Got. *ga-wundōn* ahd. *wuntōn* ags. *wundian* 'wund machen, verwunden', zu got. *wunds* ahd. *wunt* 'wund', ahd. *wunta* 'Wunde'. Got. *waírþōn* ahd. *werdōn* ags. *weorđian* 'würdigen, abschätzen', zu got. *waírþs* ahd. *werd* 'wert'. Got. *galeikōn* 'gleichstellen, vergleichen', zu *ga-leiks* 'gleich'. Got. *bi-raubōn* 'berauben', ahd. *roubōn* ags. *réafian* 'rauben', zu ahd. *roub* M. 'Raub' ags. *réaf* N. 'Beute'. Ahd. *lōnōn* ags. *léanian* 'lohnen', zu ahd. *lōn* M. N. got. *laun* N. 'Lohn'. Ahd. *zeihhonōn* 'bezeichnen' ags. *tácnian* aisl. *teikna* 'zeigen', zu ahd. *zeihhan* aisl. *teikn* got. *taikn* N. 'Zeichen'. Ahd. *wuntarōn* as. *wundron wundroian* ags. *wundrian* 'sich wundern', zu ahd. *wuntar* N. 'Wunder'. Ahd. *lastarōn* 'an der Ehre kränken', zu *lastar* N. 'Ehrenkränkung, Schmähung'.

Baltisch-Slavisch. *-ā-* und *-āi̯o-* nebeneinander.

a) *-ā-* in den lit. Präsentia auf *-au* (3. Sing. *-o*, 1. Plur. *-o-me*) teils mit dem Inf. auf *-oti*, wie *jëszkau jëszkóti* 'suchen' (S. 211), teils mit dem Inf. auf *-yti*, wie *jůstau jůstyti* 'gürten', zu *jůsta* 'Gürtel', *vétau vétyti* 'windige, worfle', zu *ãt-vétos* Plur. 'beim Windigen Zurückbleibendes' ai. *vāta-ḥ* 'Wind' griech. ἀήτη 'das Wehen' (2, 1, 409), *pelnaũ pelnýti* 'verdienen', zu *pelnas* 'Verdienst'. Dieselben Bildungstypen sind uns S. 168 ff. als 'Deverbativa' ('Durativa', 'Iterativa', 'Kausativa') begegnet, wie *rýmau rýmoti*, *laikaũ laikýti*; dort ist auch auf den Zusammenhang solcher 'Deverbativa' selber mit *ā*-Nomina gleicher Wurzelstufe hingewiesen, z. B. *bradaũ bradýti* neben *bradà*. Vgl. auch § 181. 183. Den Verba auf *-au -oti* entspricht preuss. *en-waitia* 'redet an', *waitiāmai* 'wir reden', Inf. *waitiāt waitiatun*, zu *carya-woytis* 'Ansprache an das Heer, Heerschau', vgl. aksl. *věštają věštati* 'reden, raten', zu *věšte* N. 'Rat'. Im Slavischen erscheint dieser Typus, abgesehen von aksl. *imamь* (S. 169), erst in jüngerer Zeit, im Westslav. und im Serbischen: z. B. čech. *dělám děláš* usw., aber ačech. auch *-aju -aješ* wie aksl. *dělają -aješi* usw., serb. *čuvām čuvāš* usw., aber aksl. *po-čuvają -aješi* usw. Vermutlich war dies einzeldialektische Neuerung.

b) *-āio-* war in beiden Sprachgruppen altüberliefert. Lit. *lankóju* 'biege hin und her', aksl. *ląkają* 'täusche, betrüge', zu lit. *lankà* 'Tal' *į-lanka* 'Einbiegung' aksl. *ląka* 'Biegung, Täuschung, Betrug'. Lit. *dovanóju* 'schenke', zu *dovanà* 'Geschenk', *bylóju* 'rede', zu *bylà* 'Rede' (preuss. 3. Sing. *billā*), aksl. *kotorają sę* 'kämpfe', zu *kotora* 'Kampf', *vonjają* 'rieche', zu *vonja* 'Geruch'. Lit. *kilnóju* 'hebe hin und her', zu *kìlnas* 'hoch', lett. *at-jaunāju* 'verjünge, erneuere', zu *jauns* 'jung', aksl. *gotovają* 'bereite', zu *gotovъ* 'bereit', lit. *at-kartóju* 'wiederhole', zu *kar̃tas* 'Mal', *mírksnioju* 'blinzle', zu *mírksnis -io* 'Blick', lett. *gûdāju* 'ehre', zu *gûds* 'Ehre', aksl. *gněvają sę* 'zürne', zu *gněvъ* 'Zorn', *rągają sę* 'spotte', zu *rągъ* 'Spott', *dělają* 'tue', zu *dělo* 'Tat, Werk'. Die neben den lit. Präsentia auf *-oju* stehenden Imperative auf *-o-k*, wie *dovanó-k* gehören dem Typus a an. —

Von den nominalen *ā*-Stämmen waren seit uridg. Zeit Adjektiva auf *-to-*, *-no-* abgeleitet, die 'mit dem Betreffenden versehen' u. dgl. bedeuteten (S. 206). Sie erscheinen vielfach näher ans Verbalsystem herangerückt, z. B. griech. ἀγαπητός dor. -ατός 'geliebt', lat. *plantātus* umbr. çersnatur 'cenati', got. *salbōþs* ahd. *gi-salbōt* 'gesalbt', lit. *lankótas* 'hin und her gebogen', aksl. *ląkanъ* 'betrogen'. Vgl. 2, 1, 400. 651.

145. Von *o*-Stämmen aus erscheint das Präsens in mehreren Sprachen auf folgende drei Weisen mittels des Formans *-io-* gebildet (über *āio*-Bildungen auf Grund von *o*-Stämmen s. S. 210 ff.):

a) *-eié-ti*, wie griech. φιλέω, zu φίλο-ς. Man nimmt an, was richtig sein mag, dass *-eio-*, als *-e-io-*, in *e* denselben Vokal enthält, den der Ausgang des Lok. Sing. *-ei* (2, 2 § 177, 1) und der des Vok. Sing. *-e* (2, 2 § 124, 1) hatten. Jedenfalls ist von den Indern z. B. in *dēvayá-ti* der Vokal der zweiten Silbe *-a-* ebenso als identisch mit dem *-a-* von *dēvá-ḥ* empfunden worden, wie das *-ā-* von *pr̥tanāyá-ti* als identisch mit dem *-ā* von *pŕ̥tanā* (S. 212).

Anm. Zugunsten der Annahme, dass das Formans *-e̯i̯ó-* von den *i*-Stämmen ausgegangen sei, also identisch sei mit dem *-é̯i̯o-* der Kausativa und Intensiva (§ 161 ff.), liesse sich das Adjektivformans *-e̯i̯o-* von lat. *igneus*, griech. αἴγεος, χρύσεος, ai. *hiraṇyáya-ḥ* (2, 1, 198 f.) anführen. Doch müsste dann wenigstens eine accentuelle Anlehnung an die Betonung der Formen ai. *pr̥tanāyá-ti*, *namasyá-ti* usw. stattgefunden haben auf Grund einer naiven Analyse *-e-i̯é-ti*. Vgl. Sütterlin IF. 19, 508.

Ai. *vasnayá-ti* 'feilscht', griech. ὠνέομαι -οῦμαι 'kaufe', zu ai. *vasná-ḥ* griech. ὦνος 'Kaufpreis' (vgl. Glotta 3, 327, F. Eichhorn De Graecae linguae nominibus derivatione retrograda conformatis, Gött. 1912, p. 21). Ir. *do-rīmi* 'zählt auf', ahd. *rīm(i)u* 'zähle', zu ahd. *rīm* M. 'Reihenfolge, Zahl' (ir. *rīm* F. 'Zahl'). Griech. ποθέω 'begehre, sehne mich', ir. *guidid* 'bittet', zu griech. πόθο-ς 'Begehren, Sehnsucht' (kann jedoch ebenso gut als *é̯i̯o*-Präsens ins Leben getreten sein, § 165). — Ai. *amitrayá-ti* 'ist feindlich', zu *á-mitra-ḥ* 'Feind', *kulāyayá-ti* 'hüllt sich ein', zu *kulāya-m* 'Hülle'; nur bedingungsweise, wegen der Unkenntnis des Tonsitzes, sind av. Präsentia zu nennen wie *arᵊzayeⁱti* 'kämpft', zu *arᵊza-* M. 'Kampf'. — Als die arm. Vertreter dieses Typus sind am ehesten anzusprechen Präsentia auf *-em* wie *gorcem* 'wirke, tue, bearbeite', zu *gorc* (Gen. *gorcoy*) 'Werk, Tat, Arbeit', s. § 150. — Griech. φιλέω -ῶ 'behandle als Freund', zu φίλος 'lieb, Freund', κοιρανέω 'herrsche', zu κοίρανος 'Herrscher', νοστέω 'kehre heim', zu νόστος 'Heimkehr', εὐφημέω 'brauche Worte von guter Vorbedeutung', zu εὔ-φημος 'von guter Vorbedeutung'. — Lat. *fateor*, osk. fatíum 'fateri', zum Verbaladjekt. **fă-to-s* = griech. φα-τό-ς 'dicendus', lat. *claudeo*, zu *claudus*, *albeo*, zu *albus*, *nigreo*, zu *niger*, osk. turumiiad 'torqueatur', zu einem **tormo-* (vgl. lat. *tormentum*). Lat. *-eo -ēs* usw. hiernach aus **-e[i̯]ō*, **-e[i̯]es* usw., jedoch erlauben die Lautgesetze auch Zurückführung auf **-ē[i̯]ō* **-ē[i̯]es* usw., wonach die Formen zur Abteilung b gehörten. Vgl. auch § 116 S. 175. — Ir. *durnid* 'schlägt mit Fäusten', zu *dorn* M. 'Faust', *cinnid* 'finit, definit', zu *cenn* M. 'Ende' (vgl. *for-cenna* S. 213), *do-sceulai* 'erkundet', zu *scēl* N. 'Nachricht' (2, 1, 342). Auch hier (wie im Ital.) ist zugleich an **-ēi̯ō* (b) zu denken. — Got. *dōmjan* as. *-dōmian* ahd. *tuomen* 'urteilen', zu got. *dōms* as. *dōm* ahd. *tuom* 'Urteil, Gericht', got. *haúrnjan* 'auf dem Horn blasen', zu *haúrn* 'Horn', *rigneiþ* 'es regnet', zu *rign* 'Regen'. Oder zu c? Solche von Adjektiven, wie got. *lausjan* ahd. *lōsen* 'lösen', zu got. *laus* ahd. *lōs* 'los', können ausser zu c auch noch zu § 178. 180 gestellt werden. — Im Balt.-Slav. fehlen Denominativa, deren Ausgang man berechtigt wäre als lautgesetzliche Fortsetzung von **-ēi̯ō *-ēi̯esi* usw. anzusehen.

b) *-ēi̯é-ti* mit intransitiver Bedeutung (vgl. Jensen KZ. 39, 589). Am deutlichsten liegt dieser Typus im Balt.-Slav. und im Germ. vor. Aksl. *cělějetъ* ahd. *heilēt* 'wird heil', zu aksl. *cělъ* ahd. *heil* 'heil' (vgl. aksl. *cěljǫ cěliti* got. *hailjan* 'heil machen', § 164). Got. *ana-silaiþ* 'lässt nach, wird still', lat. *sileo -ēs*, zu einem Adj. **si-lo-*, zu lat. *si-no* (S. 175). — Lit. *senė́ju* 'werde alt, senesco', zu *sẽnas* 'alt', *kė́tėju* 'werde hart', zu *kė́tas* 'hart', aksl. *blědějǫ* 'erbleiche', zu *blědъ* 'bleich', *prě-starějǫ* 'werde alt', zu *starъ* 'alt', *o-tьmьnějǫ* 'verdunkle mich', zu *tьmьnъ* 'dunkel', *bujajǫ* 'werde übermütig', zu *bujь* 'wild, übermütig'; lit. *gū̃dė́ju-s* 'bin gierig', zu *gū̃das* 'Gier, Geiz', *kerė́ju* 'wachse in Stauden', zu *kẽras* 'Staude', *umějǫ raz-umějǫ* mit Dat. 'werde einer Sache verständig, verstehe', zu *umъ* 'Verstand', *o-syrějǫ* 'werde zu Käse', zu *syrъ* 'Käse'. — Got. *ga-leikaiþ* ahd. *līhhēt* 'gefällt', zu got. *ga-leiks* 'ähnlich' ahd. *gi-līh* afries. *līk* 'gleich'. Got. *armaiþ* 'erbarmt sich' (*armaiō* F. 'Barmherzigkeit'), ahd. *armēt* 'ist arm', zu got. *arms* ahd. *arm aram* 'arm' (zur Bedeutung vgl. das finn. Lehnwort *armas* 'gratus, carus'). Got. *fastaiþ* 'beobachtet, fastet', ahd. *fastēt* 'fastet', zu germ. *fasta-* (ahd. Adv. *fasto*) 'fest'. Ahd. *altēt* 'wird alt', zu *alt* 'alt'. — Den lat. unter a genannten Intransitiva, wie *claudeo*, als ursprünglichen Ausgang *-ēi̯ō* zuzuweisen, hindert nichts. Für *sileo* aus **silēi̯ō* spricht got. *-silaiþ* (s. o.). — Viel unsicherer ist die Hergehörigkeit von ai. Formen auf *-āya-ti* wie *sanāyánt-* 'von alters her vorhanden seiend' neben *sána-ḥ* 'alt', obwohl man der Lautung nach lit. *senė́ju* unmittelbar vergleichen kann.

Wegen der Untrennbarkeit von den ebenfalls meist intransitiven 'primären' Präsentia auf *-ēi̯ō* siehe u. a. S. 175 f. 200 f. 203. Dieser Ausgang *-ēi̯ō* scheint zu dem *e- : o*-Formans der Nomina keine direkte Beziehung gehabt zu haben; dass die Formen vom Instr. Sing. auf *-ē* (2, 2, 188) ausgegangen seien, ist wenig glaublich.

c) *-i̯é-ti* ohne den vokalischen Auslaut des Nominalstamms. In den Formen wie ai. *turaṇyá-ti* neben *turáṇa-ḥ*, griech. ὀλισθαίνω = *ὀλισθαν̣ι̯ω neben ὀλίσθανος ist nicht der Stammauslaut des Nomens lautgesetzlich geschwunden, sondern die Präsensbildung ist die von konsonantischen Stämmen aus vollzogene (§ 143). Es lagen nämlich im Anfang in gewissen Fällen beim Nomen konsonantischer Stamm und *o*-Stamm nebeneinander (vgl. z. B. ai. *táruṣ-* N. 'Überlegenheit': *táruṣa-ḥ* 'Überwinder', *vápuṣ-* N. 'Wundererscheinung': *vápuṣa-ḥ* 'wunderbar', 2, 1, 544, griech. φύλαξ : φύλακο-ς 'Wächter', 2, 1, 475), und nachdem dann das zum konsonantischen Stamm gehörige Verbum (vgl. *taruṣyá-ti*, *vapuṣyá-ti*, griech. φυλάσσω) auf den *o*-Stamm bezogen worden war, wurden solche *i̯o*-Präsentia auch direkt zu andern *o*-Nomina hinzugebildet. Dieser Prozess kann bereits in uridg. Zeit begonnen haben.

Ai. *adhvaryá-ti* 'vollbringt ein Opfer', zu *adhvará-ḥ* 'Opfer', *pṛtanyá-ti* 'greift feindlich an', zu *pṛ́tana-m* 'Heer', *turaṇyá-ti* 'eilt', zu *turáṇa-ḥ* 'eilig', *vithuryá-ti* 'taumelt', zu *vithurá-ḥ* 'taumelnd', *caramyá-ti* 'ist der letzte', zu *caramá-ḥ* 'letzter', *ratha-kāmya-ti* 'verlangt einen Wagen', zu *ratha-kāma-ḥ* 'Verlangen nach einem Wagen habend'; av. *baēšazyeⁱti* 'heilt', zu *baēšaza-* 'Arznei', *vāstryeⁱti* 'weidet', zu *vāstra-* 'Futter'. — Griech. ἀγγέλλω 'verkünde' aus *ἀγγελι̯ω, zu ἄγγελος 'Bote', βασκαίνω 'verleumde, beneide', zu βάσκανος 'verleumderisch, neidisch', ὀλισθαίνω 'gleite aus', zu ὀλίσθανος 'schlüpfrig', καθαίρω 'reinige', zu καθαρός 'rein', κινύρομαι 'jammere' aus *κινυρι̯ομαι, zu κινυρός 'jammernd', καμπύλλω 'krümme' aus *καμπυλι̯ω, zu καμπύλος 'gekrümmt', μειλίσσω 'besänftige' aus *μειλιχι̯ω, zu μείλιχος 'sanft', φαείνω 'leuchte, scheine' = *φαϝεσνι̯ω, zu φαεινός 'leuchtend, scheinend' aus *φαϝεσνο-ς [1]), χαλέπτω 'bedränge' aus *χαλε-

1) Vgl. dagegen ἰσχαίνω 'trockne' (zu ἰσχνός 'trocken') aus *ἰσχν̥ι̯ω (wozu neu ἰσχναίνω gebildet wurde) und ἐχθαίρω 'hasse' (zu ἐχθρός 'verhasst, feindlich') aus *ἐχθρ̥ι̯ω. — Wie in φαείνω, ist das *i̯*-Element auch sonst hie und da völlig verschwunden, so dass der Schein entstand, als sei der Nominalstamm unmittelbar als Präsensstamm benutzt worden (vgl. S. 51 f.). Hom. θέρμω (zu θερμός) aus *θερμι̯ω. Hom. δείλετο η 289 nach Aristarch (zu δείλη): vielleicht zunächst für *δείλλετο (λλ = λι̯). ἐλαύνω

πι̯ω, zu χαλεπός 'beschwerlich'. — Hierher oder zu a gehören germ. Verba wie got. *laugnjan* ahd. *louganen* 'leugnen', zu ahd. *lougan* M. 'Leugnung', ahd. *gi-wahanen -wahinen* 'erwähnen' (Prät. *gi-wuog*, § 406, 2), zu einem **wahna-* 'Erwähnung' (W. *u̯eq*ᵘ-). Vgl. S. 216 f. — Lit. *kýburiu* 'zapple ein wenig' u. dgl. von Nomina auf *-uras* (§ 159, 5). Aksl. Verba zu Nomina auf *-etъ*, *-otъ*, *-ъtъ*, *-ьtъ* mit Inf. auf *-ati*, wie *trepeštą trepetati* 'zittern', zu *trepetъ* 'das Zittern', *blekoštą blekotati* 'blöken', zu čech. *blekot* 'Gebelfer', *rъpъštą rъpъtati* 'murren', zu *rъpъtъ* 'das Murren', *skrъžьštą skrъžьtati* 'mit den Zähnen klappern', zu *skrъžьtъ* 'das Zähneklappern'. Auch kann man aus dieser Sprache *glagolją glagolati* 'sprechen', zu *glagolъ* 'Wort', *dušą duchati* 'hauchen, blasen', zu *duchъ* 'Hauch', u. a. der Art heranziehen, sowie *ob-ręštą* 'finde', wenn es zu dem aus serb. *na-su-sret* 'entgegen' zu entnehmenden Nomen **-rętъ* hinzugebildet worden ist (IF. 30, 379 ff.).

Zweimal kommt, wie es scheint, eine Bildung dieser Art in zwei Sprachzweigen zugleich vor, ohne dass die betreffende Nominalform daneben sich erhalten hat. Ai. *saparyá-ti* 'verehrt', lat. *sepelio* (zur Bedeutung vgl. *einem die letzte ehre erweisen*), zu **sepelo-* von W. *sep-* (ai. *sapa-ti* 'liebkost, pflegt'), mit *-elo-* (2, 1, 365 ff.). Ai. *iṣaṇyá-ti* 'regt an', griech. ἰαίνω 'erquicke' aus *ἰσανι̯ω, vgl. oben ai. *turaṇyá-ti*, griech. ὀλισθαίνω u. dgl. (Debrunner IF. 21, 32. 43).

Ferner hierher Präsentia auf **-turi̯o-*: griech. μαρτῦρομαι 'rufe zum Zeugen auf', zu μάρτυρο-ς und μάρτυρ- 'Zeuge', von derselben Art die lat. 'Desiderativa' wie *scrīpturio*, *ēsurio*. Zu Grunde lagen Substantiva mit *-tu-* wie lat. *ēsus -ūs*, von denen aus mittels *-ro-* Adjektiva gebildet waren. S. 2, 1, 358.

Aus dem Griechischen sind weiter nach meiner Ansicht

---

aus *ἐλαύνι̯ω zu einem *ἐλαυνός (2, 1, 321). Bei dem Aorist hom. ἔχραισμον, neben χραισμέω, und bei hom. ὄπλεσθαι (Τ 172. Ψ 159) neben ὀπλέω liegt die Annahme nahe, sie seien nach ἔπιτνον neben πιτνέω, ἔκτυπον neben κτυπέω u. a. geschaffen worden; in welchem Falle mit Cod. Y[b] ὀπλέσθαι zu betonen wäre. Doch kann auch von *χραισμι̯ω ausgegangen werden, dessen Präteritum mit Rücksicht auf χραισμέω Aorist geworden wäre. Und für ὄπλεσθαι ist vielleicht eine aus ὀπλέεσθαι lautgesetzlich entstandene Form (ὀπλέσθαι oder ὀπλεῖσθαι) einzusetzen. Vgl. Brugmann-Thumb Griech. Gramm.[4] 41 f. 330. 353, Solmsen Unters. 90.

zu nennen die Denominativa auf -ευω, el. -ειω, = *-ηϝι̯ω, z. B. ἱερεύω 'opfere' (el. κατ-ιαραίων aus -ιαρείων, s. 1 § 118, 1 S. 117 f.), zu ἱερεύς 'Opferer' aus *-ηυς, woneben -ηϝο- im att. ἀρχιέρεως, Fem. ἱερέᾱ aus *-ηϝᾱ. Lautgesetzlich war nur el. -ειω (z. B. φυγαδείω), -ευω Neuerung nach -ευσω usw. S. 2, 1, 205 f. und die dort genannte Literatur, wozu jetzt noch Fraenkel Griech. Denom. 172 ff., Ehrlich KZ. 40, 352 ff. gekommen ist. Nächstvergleichbar sind die balt.-slav. Denominativa lit. *-áuju* (Inf. *-áuti*), preuss. 3. Sing. *-awie -awi* (Inf. *-aut*), aksl. *-ują* (Inf. *-ovati*), z. B. lit. *rykáuju* 'regiere' preuss. *rikawie* 'regiert', lit. *grěkáuju* 'halte Sünden vor' preuss. *grikaut* 'beichten', zu lit. *grěkas* preuss. *grīkas* 'Sünde', lit. *tarnáuju* 'diene', zu *tar̃nas* 'Diener', aksl. *besědują* 'rede', zu *beséda* 'Rede', *prorokują* 'prophezeie', zu *prorokъ* 'Prophet', *milują* 'erbarme mich', zu *milъ* 'erbarmenswürdig'. Diese Präsentia beruhen nämlich, wie es scheint, auf sekundären Nominalbildungen mit *-*ōu̯(o)*- (vgl. 2, 1 § 126 S. 206, § 132 S. 210 f.), und so stellt sich z. B. *cělują* 'grüsse' zu *cěly* 'Heilung' *cělyvati* Iter. 'grüssen', preuss. *kailūstiskun* Akk. 'Gesundheit' (von **kailūstas* aus geschaffen), mit *ū* als der Tiefstufe zu *ōu̯*. Erst im Anschluss an den Präsensstamm kamen das lit. Präteritum auf *-avaũ*, wie *rykavaũ*, und im Slav. der Inf. auf *-ovati*, wie *besědovati*, auf, umgekehrt wie im Griech. die Formen auf -ευσω -ευσα usw. das Präsens auf -ευω statt des lautgesetzlichen el. -ειω hervorgerufen haben. Vgl. Kretschmer Z. f. österr. Gymn. 1902 S. 711 f., Meillet Études 147 ff., Vondrák Vergl. slav. Gramm. 1, 519 ff. 2, 247 f.[1]).

Anm. Mit den lit. Verben auf *-áuju* verbindet man wohl richtig die lit. Denominativa auf *-ůju -avau -ůti*, wie *laidůju -avaũ -ůti* 'bürgen', zu *láidas* 'Bürge', *sapnůju -avaũ -ůti* 'träumen', zu *sãpnas* 'Traum', *jůdůju -avau -ůti* 'schwarz schimmern', zu *jůdas* 'schwarz', *raũdonůju -avau -ůti* 'rot schimmern', zu *raudónas* 'rot'. Auf diesen Zusammenhang weist besonders das Prät. auf *-avau* hin. Ursprünglich wird *ů* = uridg. *ō* nur dem Infinitivstamm angehört haben, wo es als Fortsetzung von *ōu̯* lautgesetzlich war (vgl. 1, 204. 2, 1, 210. 280), und das Tempussystem *-áuju -avau*

1) Reste der von *-ōu̯(o)*- ausgegangenen Präsensbildung im Griechischen mögen ὀρούω 'erhebe mich, stürze los' (zu ὄρνῡμι, ai. *árvan*- av. *aurva*-) und κολούω 'verstümmle' (zu κόλος 'verstümmelt'; dies vielleicht aus *κόλϝος, äol. in Π 117) sein. Das -ουω des Präsens wäre für *-οιω nach ὀρούσω, ἐκολούθην u. dgl. eingetreten, wie -ευω für -ειω.

-ūti gewesen sein. Dann waren einerseits z. B. lit. *grĕkáuti* preuss. *grikaut* Neubildung nach *grĕkáuju*, anderseits z. B. *laidū́ju* Neubildung nach *laidū́ti*. Anders Bezzenberger Γέρας 193 ff. Ist unsere Ansicht die richtige, dann ist im Slav. der Infinitivausgang *-ovati* für *-ati* = lit. *-ūti* eingetreten.

Die lat. Formen *sepelio*, *scrīpturio* (S. 219) erlauben noch andre Präsentia auf *-io*, die zu *o*-Stämmen gehören, heranzuziehen, z. B. *blandior*, zu *blandus*, *īnsānio*, zu *īn-sānus*. Doch können diese auch zu den von *i*-Stämmen ausgegangenen Präsentia auf *-io* (§ 146) gestellt werden.

Gleiches gilt von germ. Präsentia wie got. *lausjan* 'lösen', zu *laus* 'los', die überdies auch noch auf **-e̯i̯é-ti* und auf **-éi̯e-ti* zurückführbar sind (S. 217).

146. 4) Von *i*-Stämmen aus. Als uridg. Ausgang darf man *-i̯i̯é-ti* ansehen. Im Ai. erscheinen die Formen auf *-iya-ti* mit Formen auf *-īya-ti* vermischt (vgl. Oldenberg ZDMG. 60, 160 f.), in der klass. Sprache nur noch *-īya-ti*. Dieses *-īya-ti* war vielleicht verschiedener Herkunft. Sicher ist, dass an *-īya-ti* die Feminina auf *-ī* (uridg. *-ī-* : *-i(i̯)ā-*) beteiligt waren, z. B. *janiyá-ti* zu *jáni-ḥ*, *janīyá-ti* zu *jánī* (2, 1, 219), und möglicherweise ist die Übereinstimmung von *janīyá-ti* und aksl. *ženiti sę* 'sich beweiben, heiraten' nicht zufällig (vgl. Zubatý Sitzungsber. der böhm. Ges. d. Wiss. 1897, n. XIX S. 8). Ob das *-īya-ti* der Denominativa teilweise auch eine ablautliche (also uridg.) Nebenform zu *-āya-ti* gewesen ist (Bezzenberger Γέρας 187 ff.), lasse ich unentschieden; jedenfalls zeigt *-ūya-ti* neben *-uya-ti* (§ 147), dass man nicht nötig hat diesen Zusammenhang anzunehmen, um *-īya-ti* neben *-iya-ti* zu verstehen. Dass *-īyá-ti* von einem uridg. **-i̯i̯e-ti* herrühre, in dem *i* vor *i̯* rein phonetisch Dehnung erfahren habe, ist höchst unwahrscheinlich, wie auch *-ūya-ti* nicht so aus **-u̯i̯e-ti* entstanden sein wird (§ 147). Im Griech. war homerisch nur -ίω (über μήνιεν B 769 s. Schulze Quaest. ep. 349 ff.), das jüngere -ῑω hatte sein *ī* von Fut. -ῑσω usw. (§ 151, 2). Auch wird das *ī* von lit. *-yju* eine Neuerung sein und zwar aus den Formen mit dem Infinitivstamm, Fut. *-ysiu* usw., herrühren. Diese Änderung von *-ĭju*[1]) lag um so näher,

1) In gewissen lit. Dialekten wird *-ĭju* (neben Fut. *-ysiu*) gesprochen. Ich bezweifle, dass hierin eine Altertümlichkeit zu sehen ist.

als man schon von älterer Zeit her *-oįu* und *-osiu*, *-ẹ̄įu* und *-ẹ̄siu* nebeneinander hatte.

Griech. μητίομαι 'ersinne, stifte an' (dazu hom. μητίετα 'Berater'), lat. *mētior*, zu griech. μῆ-τι-ς 'Rat, Anschlag, Klugheit' ai. *mā-ti-ḥ* 'Mass, richtige Erkenntnis'[1]).

Ai. *janīyá-ti* 'verlangt ein Weib', zu *jáni-ḥ* (*jánī*, s. o.) 'Weib', *arātīyá-ti* 'ersinnt Schaden für einen, ist übelwollend', zu *árāti-ḥ* 'Schaden, Misslingen', *kavīyá-ti* 'handelt wie ein Weiser', zu *kaví-ḥ* 'Weiser', *durgr̥bhīya-tē* 'ist schwer zu fassen', zu *durgŕ̥bhi-ḥ* 'schwer zu fassen'. *putrí-ḥ* und *sutí-ḥ* 'einen Sohn wünschend' waren Rückbildungen aus *putrīyáti*, *sutīyá-ti* (2, 1, 18. 2, 3 § 160). — Griech. ep. δηρίομαι 'streite', zu δῆρις 'Wettstreit', μηνίω 'grolle', zu μῆνις 'Groll', μαστίω 'peitsche', zu μάστις 'Peitsche'. — Ital. **-i̯i̯ō* **-īs* usw. mit Eintritt in die Weise der *-ī-* : *-i(i̯)o*-Klasse (§ 127). Lat. *fīnio*, zu *fīnis*, *febrio*, zu *febris*, *crīnio*, zu *crīnis*, *grandio*, zu *grandis*, *lēnio*, zu *lēnis*; umbr. persnihmu *persnihimu* 'precamino, supplicato', zu einem Abstraktum **persni-*. Denominativa nach der Weise von lat. *capio -īs* (S. 188 f.) sind nicht sicher nachgewiesen: *gradior* (*graditur* und *congredīrī*) könnte mit lit. *gridyju gridyti* 'gehen, wandern' (KZ. 42, 369) zu got. *gridi-* F. 'Schritt, Stufe' gezogen werden (doch sind die Vokalverhältnisse der Wurzelsilbe verschieden, s. § 207), *potior* (3. Sing. *potitur* und *potītur*) nicht nur zu *pot-*, sondern auch zu *poti-s* (§ 132 S. 195). — Ir. *fo-dāli* 'teilt aus, schenkt aus', zu *dāil* 'Anteil'. Vgl. § 117. — Got. *dailjan* (3. Sing. *daileiþ*) as. *dēlian* ahd. *teilen* 'teilen', zu got. *dails* (*daili-*) 'Teil'. Got. *wēnjan* as. *wānian* ahd. *wānen* 'hoffen, erwarten', zu got. *wēns* (*wēni-*) 'Hoffnung, Erwartung'. Got. *dulþjan* 'ein Fest feiern', zu *dulþs* (*dulþi-*) 'Fest', *anamahtjan* 'Gewalt antun, misshandeln', zu *anamahts* (*ana-mahti-*) 'Gewalt, Misshandlung'. Vgl. § 129 S. 191. — Lit. *dalyjù* 'teile zu', zu *dalìs* 'Teil', *rūdyjù* 'roste', zu *rūdìs* 'Rost', *szir̃dyjù-s* 'nehme mir zu Herzen', zu *szirdìs* 'Herz', lett. *ausījûs* 'lausche', zu *auss* (lit. *ausìs*) 'Ohr'. Die slav. Denominativa stimmen nur noch im Infinitivstamm mit den baltischen überein, z. B.

1) Wenn kypr. παϝίω als 'schlage' = παίω und = lat. *pavio* ist (R. Meister Abh. der sächs. Ges. d. W. 27, 309. 320, Schwyzer IF. 30, 443 ff.), so muss ein Denominativum **pau̯i-i̯ō* angesetzt werden.

gostiti so wie lit. *dalýti*. Sonst sind sie in der Kategorie der Kausativa auf *-ją -iti* aufgegangen, denen sie auch begrifflich dadurch nahe stehen, dass sie alle transitive (faktitive) Bedeutung haben: *gošťą*, 2. Sing. *gostiši*, Inf. *gostiti* 'einen zu seinem Gast machen, als Gast behandeln, bewirten', zu *gostь* 'Gast', *čьštą čьstiti* 'ehren', zu *čьstь* 'Ehre'. Vgl. § 181 ff.

Die in den denominativen Präsentien auf *-*i̯e-ti* gehörigen mit *-to-* u. dgl. gebildeten Verbalnomina zeigen *-ī-* vor *-to-* usw., z. B. griech. ἀ-δήρῑτος, zu δηρίομαι δῆρις, lat. *fīnītus*, zu *fīnio fīnis*, umbr. *persnis* 'precatus' aus **persnītos*, lit. *dalýtas*, zu *dalyjù dalìs* (2, 1, 400), aksl. Inf. *gostiti* wie lat. *fīnītio* (2, 1, 436), entsprechend den unverbalen lat. *aurītus*, zu *auris*, lit. *akýtas* 'äugig' aksl. *mъnogoočitъ* 'vieläugig', zu lit. *akìs* aksl. Du. *oči* (2, 1, 406). Im Germ. dagegen z. B. got. *dailiþs* 'geteilt' nach Art der zu den Präsentia auf *-ei̯e-ti* gehörigen *to*-Partizipia (2, 1, 400).

147. 5) Von *u*-Stämmen aus. Die Denominativbildung geht im ganzen parallel mit der von *i*-Stämmen aus (§ 146). Als uridg. hat *-u̯i̯e-ti* zu gelten. Im Ai. *-ūyá-ti* neben *-uyá-ti* wie *-īyá-ti* neben *-iyá-ti*; auch hier ist der Ausgang mit der Vokallänge in der klassischen Sprache streng durchgeführt. Bei *-ūyá-ti* ist, wie bei *-īyá-ti*, zunächst an zu Grunde liegende *ū*-Feminina zu denken, wenn auch die vedische Sprache keinen Fall wie *janīyá-ti* : *jánī* bietet; aus späterer Zeit z. B. *smaravadhūya-ti* 'gleicht dem Weibe des Liebesgottes', zu *vadhū́-* 'Ehefrau'. Im Griech. war homerisch -ύω (über die Ausnahmen wie ἐρητύοντο O 3 u. sonst s. Schulze Quaest. ep. 339 ff.), und das spätere -ύω hatte sein ῡ von Fut. -ύσω usw. (§ 151, 2).

Ai. *gātūyá-ti* 'schafft Zugang', zu *gātú-ḥ* 'Zugang', *raghūyá-ti* 'eilt dahin', zu *raghú-ḥ* 'rennend, Renner', *r̥jūyá-tē* 'richtet sich gerade auf etwas', zu *r̥jú-ḥ* 'gerade', *šatrūyá-ti* 'tritt feindlich auf', zu *šátru-ḥ* 'Feind', *vasūyá-ti* 'begehrt Güter', zu *vásu* 'Gut'; av. *aŋhuyeˊte* 'erwirbt sich den Anspruch auf das (andere) Leben', zu *ahu- aŋhu-* 'Leben'. — Ob im Arm. bei den Denominativa auf *-um*, wie *argelum* 'verhindre, halte zurück' (zu *argel* 'Hindernis'), *u*-Stämme als Ausgangspunkt beteiligt gewesen sind, ist zweifelhaft (vgl. Meillet Gramm. de l'arm. 83). — Griech. ep. γηρύω 'töne', zu γῆρυς, κορθύομαι 'erhebe mich', zu κόρθυς

'Erhebung, Erhöhung', μεθύω 'bin trunken' (lesb. μεθυίω), zu μέθυ 'berauschender Trank', ἰθύω 'gehe gerade auf etwas los', zu ἰθύς 'gerade gerichtet'. — Lat. *statuo*, zu *status*, *metuo*, zu *metus*, *tribuo*, zu *tribus*. — Im Kelt., Germ., Balt.-Slav. ist diese Präsensklasse schon in vorhistorischer Zeit aufgegeben worden, vgl. z. B. ir. *-cruthaigedar* 'formt', zu dem *u*-Stamm *cruth* 'Form' (mit dem im Inselkeltischen so beliebten Denominativformans *-ag-*), got. *ga-hardjan* as. *herdian* ahd. *herten* 'härten', zu got. *hardus*, got. *ufarassjan* 'im Überfluss vorhanden sein', zu *ufarassus* 'Überfluss', lit. *saldinu* 'versüsse', zu *saldùs* 'süss'.

Die zu den denominativen Präsentien auf *-u̯ie-ti* gehörigen mit *-to-* u. dgl. gebildeten Verbalnomina zeigen *-ū-* vor *-to-* usw., z. B. griech. ἀρτῡτός 'zubereitet', zu ἀρτύω, lat. *statūtus*, zu *statuo* (2, 1, 400), entsprechend den unverbalen griech. πρεσβῦτης, zu πρέσβυς, lat. *cornūtus*, zu *cornu* (2, 1, 407).

148. Alle hier in Rede stehenden Denominativpräsentien, auf *-ā-i̯é-ti* usw., hatten ursprünglich im allgemeinen die Bedeutung, dass das Subjekt der Verbalform zum Nominalbegriff in irgend einer verbalen Beziehung stehe, die durch die Natur des Nomens und die Natur des Vorgangs, zu dessen Benennung das Verbum gebildet wurde, gegeben war. In vielen Fällen zeigt sich aber in der geschichtlichen Zeit der einzelnen Sprachen an eine Denominativendung eine speziellere Bedeutung geknüpft, wie z. B. die faktitive oder die desiderative. Dies ist jedesmal durch exkursive Formansausbreitung hervorgerufen worden: der betreffende besondere Sinn haftete zunächst nur an bestimmten einzelnen Verba, er teilte sich bei diesen der aus dem Formans *-i̯o-* und einem vorausgehenden Wortstück bestehenden Endung mit, und diese wurde dann mit diesem Sinn produktiv. Sie übertrug sich auf Nomina, deren Stammcharakter nach dem ursprünglichen Bildungsprinzip einen anderen Denominativausgang bedingt hatte; z. B. wurden im Ai. mittels des zunächst in Formen wie *janīyáti* 'verlangt ein Weib' (S. 222) abstrahierten formantischen Ausgang *-īyáti* *māsīyati* 'verlangt nach Fleisch' (zu *māsá-m* 'Fleisch') u. a. derartige Verba geschaffen. Dieses Umsichgreifen bestimmter Endungen mit spezialisierter Funktion war es, was häufig dazu Anlass gab, dass zu demselben Nomen mehrere Denominativa zugleich, mit verschiedenem Ausgang und verschiedener Bedeutung, gehörten.

Indem wir nunmehr für die einzelnen Sprachzweige noch Ergänzungen geben zu dem, was § 143 bis 147 vorgetragen ist, haben wir daher vor allem diese exkursiven Formansausbreitungen näher ins Auge zu fassen. Es sind deren so viele, dass wir uns auf eine Auswahl beschränken müssen.

149. Arisch. Neuerungen gegenüber dem uridg. Stand haben sicher schon in urar. Zeit stattgefunden. Doch sind zu wenige Denominativa aus dem Iranischen überliefert, um feststellen zu können, welche im Altindischen hervortretenden Änderungen bereits in urarischer Zeit begonnen haben. Ich beschränke mich deshalb im folgenden auf das Altindische.

1) Wie in der Überlieferung des Vedischen *-iyá-ti* und *-īyá-ti*, *-uyá-ti* und *-ūyá-ti* schwanken (S. 221. 223), so auch *-ayá-ti* und *-āyá-ti*, z. B. *sumnāyá-ti*, *r̥tāyá-ti* (S. 212), s. Oldenberg ZDMG. 60, 160 f., Sütterlin IF. 19, 482 ff. 538 ff. 577. In allen drei Fällen geht die Doppelheit auf eine uridg. Verschiedenheit zurück. Doch haben sich in vedischer Zeit deutlichere Funktionsunterschiede an sie noch kaum geknüpft. Dabei lassen wir die Denominativa auf *-áya-ti* (uridg. *-*ée̯e-ti*) aus dem Spiel, weil sie entwicklungsgeschichtlich eine besondere uridg. Präsensklasse repräsentieren (§ 166).

2) Indem man mit Verba wie *satvanāyá-ti* 'ist Krieger' (zu *satvaná-ḥ* 'Krieger'), *tilvilāyá-tē* 'ist reich' (*tílvila-ḥ* 'reich') Vorstellungen wie 'sich erweisen als, sich betragen als, erscheinen als, aussehen wie' verband, wurde dieser Ausgang *-āyá-ti -āyá-tē* mit diesen Begriffsfärbungen produktiv, namentlich (mit Medialflexion) in nachvedischer Zeit, z. B. *khalāyatē* 'stellt einen Bösewicht dar', zu *khala-ḥ* 'Bösewicht', *madanāyatē* 'gleicht dem Liebesgott', zu *madana-ḥ* 'Liebesgott', *vipināyatē* 'erscheint wie ein Wald', zu *vípina-m* 'Wald', *adbhutāyatē* 'erscheint als Wunder', zu *adbhuta-m* 'Wunder'.

3) Durch Verba wie *janīyáti* 'verlangt ein Weib' (zu *jáni* 'Weib'), *rayīyáti* 'wünscht Besitz' (zu *rayí-* 'Besitz') wurde *-īyati* mit dem Begriff des Verlangens, Begehrens, Wünschens produktiv, es wurde auf Nominalstammformen auch andrer Art

übertragen, z. B. *putrīyá-ti* 'wünscht sich einen Sohn, Kinder', zu *putrá-ḥ* 'Sohn', *mātrīya-ti* 'wünscht sich eine Mutter', zu *mātár-* 'Mutter', *dhanīya-ti* 'wünscht sich Reichtum', zu *dhána-m* 'Reichtum', *mą̄sīyá-ti* 'verlangt nach Fleisch', zu *mą̄sá-m* 'Fleisch'. Aber auch ohne diese Sinnesschattierung erscheint *-īya-ti* bei andersartigen Nomina, z. B. *adhvarīyá-ti* 'versieht den Opferdienst' (neben *adhvaryá-ti* S. 218), wie auch die genannten *putrīyá-ti*, *mātrīya-ti* auch bedeuten 'behandelt wie einen Sohn, wie eine Mutter'. Zumteil haben hier Bedeutungsverschiebungen von der Art stattgefunden, wie dass nhd. *kindisch* im 18. Jahrh. zu seiner Bedeutung 'kindlich' den deteriorativen Sinn hinzubekommen hat im Anschluss an *närrisch* u. a. Vgl. Sütterlin IF. 19, 558 ff.

4) An *saparyá-ti* (S. 219), *adhvaryá-ti* (S. 218), *vadharyá-ti* (S. 209) scheint sich *ratharyá-ti* 'fährt im Wagen' (zu *rátha-ḥ* 'Wagen') angeschlossen zu haben (anders Macdonell KZ. 34, 295). Auch *śratharyá-ti* 'wird los, locker' neben *śrathnā-ti* zeigt diesen Ausgang (es kommt nur RV. 10, 77, 4 unmittelbar hinter *vithuryá-ti* 'schwankt, taumelt' vor).

5) Von Formen wie *apasyá-ti* 'ist tätig', *sumanasyá-tē* 'ist günstig gesinnt', *vacasyá-ti* 'ist redelustig, plaudert' (S. 208) wurde der Ausgang *-asya-ti* losgelöst und weitergetragen, z. B. zur Angabe einer freundlichen oder feindlichen Handlung oder Gesinnung, wie *mānavasyá-ti* 'handelt nach menschlicher Weise', zu *mānavá-ḥ* 'menschlich', oder zur Angabe des Verlangens nach etwas, wie *vṛṣasyá-ti* 'verlangt nach einem Mann, ist geil', zu *vṛ́ṣa-ḥ* 'Mann', *madhvasya-ti* 'hat Lust auf Honig', zu *mádhu* 'Honig'. — Ähnlich scheint sich *uruṣyá-ti* 'sucht das Weite, macht sich davon; bringt in Sicherheit, rettet', zu *urú* 'das Weite', an die Formen wie *vapuṣyá-ti* (S. 208), *taruṣyá-ti* (S. 218) angeschlossen zu haben. — Bei Grammatikern *dadhiṣyá-ti* 'verlangt nach saurer Milch', zu *dádhi* 'saure Milch'.

150. Armenisch. Denominativa erscheinen in allen vier Präsensklassen, auf *-em*, *-im*, *-am* und *-um*, doch ist die Präsensflexion, die mit der der 'primären' Verba übereinstimmt, entwicklungsgeschichtlich in keiner Klasse mehr näher zu bestimmen.

Verhältnismässig am klarsten sind die Denominativa auf

-am, wie *janam* (S. 212), und die auf *-um*, wie *argelum* (S. 223), insofern als ursprüngliche Zugehörigkeit zu Nomina auf *-ā* und *-u* (*-ū*?) ausser Frage ist. Wie weit aber in der Flexion das *-i̯o*-Formans lautgesetzlich aufgegangen ist (die 1. Sing. *janam* entspricht nicht dem att. τιμῶ aus -άω, sondern dem äol. τίμαμι), ist unklar (S. 210).

Präsentia auf *-em* sind nicht nur, wie das S. 216 genannte *gorcem* 'wirke', von *o*-Stämmen aus geschaffen worden, sondern auch von andern Stämmen aus, z. B. *serem* 'bringe hervor, pflanze fort', zu *ser*, Gen. *seri*, 'Ursprung, Stamm', *ganjem* 'sammle Schätze', zu *ganj*, *u*- und *i*-Stamm, 'Schatz'. Vielleicht beruht *-e-* auf *-ei̯e-*. Man kann dann aber alle diese Denominativa auch zur *éi̯o*-Klasse (§ 171) rechnen. Eine Geichstellung von *kočem* 'rufe, lade ein', zu *koč* 'das Rufen, Einladung', mit ahd. *quetten* as. *queddian* aisl. *kueđia* 'anreden', wie sie Lidén Arm. Stud. 68 f. vornimmt, indem er *kočem* auf **gᵘot-i̯-* zurückführt, wäre hiernach abzulehnen, es müsste denn sein, dass man ein uridg. Nomen **gᵘot(o)-* ansetzt und davon **gᵘoti̯e-ti* gebildet sein lässt wie ai. *adhvaryá-ti* von *adhvará-ḥ* (§ 145, c S. 218 ff.); *koč* wäre dann eine Rückbildung aus *kočem*. Doch geht das germ. Verbum (daneben got. *qiþan* ahd. *quedan*) wohl auf **gᵘotéi̯e-ti* zurück (§ 178).

Unklar sind die Denominativa auf *-im*, weil das *-i-* sowohl altes *ī* als auch altes *ē* gewesen sein kann, und diese Verba teils transitiv, teils intransitiv sind: z. B. *hotim* 'rieche etwas', zu *hot* 'Geruch', *serim* 'wachse hervor, stamme ab' zu *ser* (s. o.), *tʻaṙamim* 'welke', zu *an-tʻaṙam* 'unverwelklich'. Vgl. § 125 über *nstim*, § 133 über *cicatim* usw. (so auch *hot-otim* zu *hotim*) und ausserdem Osthoff Et. Par. 1, 11 ff.

151. Griechisch. 1) Die Präsentia auf -όω, die faktitive oder 'instrumentative' Bedeutung hatten und zunächst zu *o*-Nomina gehörten, waren eine urgriech. Neuschöpfung. Faktitiv z. B. ἰσόω 'mache gleich', zu ἴσος 'gleich', νεόω 'mache neu', zu νέος 'neu', δουλόω 'mache zum Sklaven, unterwerfe', zu δοῦλος 'Sklave', σιφλόω 'mache zum Krüppel, verstümmle', zu σιφλός 'krüppelhaft'; instrumentativ (Ausstattung mit dem durch das Nomen Bezeichneten), z. B. κεντρόω 'versehe mit Stacheln', zu κέντρον 'Stachel', στεφανόω 'bekränze, umgebe', zu στέφανος 'Kranz'. S. Fraenkel Griech. Denom. 67 ff. Von uridg. Zeit her besass man als Faktitiva und Instrumentativa Verba auf -άω, die zu *o*-Nomina gehörten (§ 144), und da man hier für den Zusammenhang zwischen Nomen und Denominativum eine lebendige Empfindung hatte, konnte beim Verbum leicht eine lautliche Angleichung an den charakteristischen formantischen Vokal des Nomens stattfinden: z. B. ein *νεϝάω *ἐνέϝᾱσα = νέον ποιῶ (vgl. lat. *novo -ās* usw.) wurde nach νέ(ϝ)ος νέ(ϝ)ῳ usw. in νε(ϝ)όω ἐνέ(ϝ)ωσα umgestaltet. Überdies werden Verbalnomina des Typus κοντωτός neben κοντός (§ 142 S. 206), die man in irgendwelchen Exemplaren (trotz Fraenkel a. a. O. 104 ff.) getrost für älter halten darf als die Formen des Verbum finitum auf -όω, wesentlich mitgewirkt haben: man konnte leicht darauf kommen, neben ihnen Verbalnomina mit -ω-, wie die auf -ωτήρ, -ωσις, -ωμένος, und Formen des Verbum finitum auf -ωσα u. dgl. sowie die Präsentia mit *-o-* (-όω usw.) zu bilden nach der Analogie von -ᾱτήρ usw., -ῑτήρ usw., -ῡτήρ usw. und den Präsentia auf -άω, -ίω, -ύω.

2) Das ᾰ von -ᾰ́ω muss schon in urgriech. Zeit für α eingetreten sein. Die Änderung geschah nach der Analogie von -εω -ῐω -ῠω, und sie erstreckte sich auch auf 'primäre' Präsentia, wie ἰάομαι, ὀγκάομαι (§ 138). Man beachte dabei, was § 96 über ἐράομαι für ἔραμαι u. dgl. gesagt ist.

Im Äol., Nordwestgriech., Dor. finden sich -ήω, -ώω für -έω, -όω, z. B. lesb. ἀδικήει, thess. 3. Plur. Konj. κατ-οικείουνθι = *-ηωντι, böot. δᾱμιωέμεν, delph. στεφανωέτω. Diese Neuerung geschah nach den ausserpräsentischen Formen mit η, ω, vermutlich zugleich nach Präsentien wie χρήω, ζώω (§ 140). In denselben Dialekten haben wahrscheinlich gleichzeitig auch -αω, -ῐω, -ῠω langen Vokal bekommen. Sicher sind auf diesem Weg im Ion.-Att. die Denominativa auf -ῐ́ω, -ῠ́ω zu ῑ, ῡ gekommen (in Zeiten, wo -αω, -εω, -οω usw. durch Kontraktion durchgängig einsilbig geworden waren), s. § 146 S. 221, § 147 S. 223.

Anm. Auf das vielbehandelte Problem der sog. epischen Zerdehnung, z. B. ὁρόω ὁρόωσα ὁράασθαι = ὁρῶ ὁρῶσα ὁρᾶσθαι, kann hier nicht eingegangen werden. Zuletzt darüber Solmsen KZ. 44, 118ff., Brugmann-Thumb Griech. Gramm.[4] S. 76f. 355.

152. Exkursive Ausbreitung und Verallgemeinerung einzelner Denominativausgänge:

1) -αω (§ 144) wurde u. a. produktiv zur Bezeichnung des Leidens an einer Krankheit, z. B. nach λεπράω 'habe Aussatz' (zu λέπρᾱ 'Aussatz') u. dgl. schuf man ὑδεράω 'bin wassersüchtig', zu ὕδερος 'Wassersucht', δαιμονάω 'leide durch einen Dämon', zu δαίμων -ονος u. a.; nach ὀφθαλμίαω 'habe ein Augenleiden' (zu ὀφθαλμίᾱ 'Augenleiden') u. dgl. ὑδεριάω neben ὑδεράω, ὀδοντιάω 'zahne', zu ὀδούς -όντος 'Zahn', σπληνιάω 'leide an der Milz', zu σπλήν 'Milz' u. a. Ferner wurde -ιαω eine Art von Desiderativformans: nach στρατηγιάω 'strebe nach einer Feldherrnstelle' (zu στρατηγίᾱ 'Feldherrnstelle') u. dgl. entsprangen ἀρχοντιάω 'strebe nach einer Archontenstelle', zu ἄρχων -οντος, μαθητιάω 'möchte Schüler sein', zu μαθητής 'Schüler' u. a., und nach μαθητιάω, ὠνητιάω 'bin kauflustig' (zu ὠνητής 'Käufer') wieder βῑν-ητιάω 'möchte Beischläfer sein', zu βῑνέω 'übe Beischlaf'. Von andern Bedeutungssphären, innerhalb deren -άω sich ausbreitete, seien noch erwähnt die von Schalläusserungen und die von mechanischen Beschäftigungen.

Dass zur Bildung von Faktitiva -άω durch die urgriech. Neuschöpfung -όω zurückgedrängt worden ist, ist § 151, 1 gezeigt.

Eine Klasse von Iterativa auf -άω ist charakterisiert durch Dehnstufenvokalismus der Wurzelsilbe, z. B. λωγάω dor. (Schulze Quaest. ep. 507), zu λέγω 'sage', στρωφάω, zu στρέφω 'drehe', τρωπάω, zu τρέπω 'wende' (§ 104 S. 163, Buck Am. J. of Ph. 17, 472).

2) In der Klasse -έω (§ 145, 1) vermehrten sich besonders die von zusammengesetzten *o*-Stämmen aus gebildeten Verba, die von Haus aus besonders das, was das Nomen besagt, sein oder betätigen bedeuteten: nach οἰνοχοέω 'bin Weinschenk' (zu οἰνο-χόος 'Weinschenk') u. dgl. entsprangen μισθοδοτέω 'bin Lohnherr', zu μισθο-δότης 'Lohnherr', ἀφρονέω 'bin sinnlos', zu ἄφρων ονος 'sinnlos' u. a.

3) Wie die Klasse -όω (§ 151, 1) sich formal nicht im alten Geleise hielt, mögen zeigen κορυφόω 'bringe auf den

Gipfel, spitze zu', zu κορυφή 'Gipfel', γεφυρόω 'versehe mit einer Brücke, überbrücke', zu γέφυρα 'Brücke', σφηκόω 'schnüre wespenartig (d. i. eng) zusammen', zu σφήξ 'Wespe', γουνόομαι 'umfasse die Kniee von jem.', zu γόνυ 'Knie' (γουν- aus *γονϝ-), ῥακόομαι 'werde zerfetzt, zerlumpt', zu ῥάκος N. 'Fetzen'.

4) Für das Umsichgreifen von -εύω el. -είω (§ 145, c), an das sich der Begriff einer regelmässigen, beruflichen Tätigkeit geknüpft hatte, seien angeführt οἰνοχοεύω 'bin Weinschenk', zu οἰνοχόος, μαντεύομαι 'bin Wahrsager', zu μάντις, θηρεύω 'bin Jäger', zu θήρᾱ 'Jagd', ὑδρεύω 'hole Wasser', zu ὕδωρ 'Wasser', δραγμεύω 'sammle Garben', zu δράγμα 'Ährenbündel, Garbe', ὀρνῑθεύω 'bin Vogelsteller', zu ὄρνῑς 'Vogel' (etwa nach θηρεύω neben θήρ 'das wilde Tier'). Vgl. Fraenkel Griech. Denom. 172 ff.

5) Die Klasse -αίνω war doppelter Herkunft, von *n*-Stämmen aus, wie ὀνομαίνω, zu ὄνομα (§ 143, b), und von *no*-Stämmen aus, wie βασκαίνω, zu βάσκανος (§ 145, c). Ansatzpunkte für exkursive Ausbreitung von -αίνω gab es mehrere. Was z. B. die Faktitiva auf -αίνω zu adjektivischen *o*-Stämmen betrifft, wie ξηραίνω 'trockne', zu ξηρός 'trocken', λειαίνω 'glätte', zu λεῖος 'glatt', λευκαίνω 'weisse', zu λευκός 'weiss', κυλλαίνω 'krümme', zu κυλλός 'krumm', so ist auszugehen von Verba wie dem zu *τὸ θέρμα = arm. *jermn* (2, 1, 235) gehörigen θερμαίνω 'wärme': indem θερμαίνω auf θερμός bezogen wurde, bewirkte es ξηραίνω usw. S. Fraenkel a. a. O. 4 ff., Debrunner IF. 21, 18 ff.

Ähnlich standen Faktitiva auf -ύνω zu Adjektiva auf -ύς, z. B. ἰθύνω 'mache gerade', zu ἰθύς 'gerade', εὐρύνω 'mache breit', zu εὐρύς 'breit', aber auch zu anderen Stämmen, z. B. φαιδρύνω 'mache glänzend, erheitere', zu φαιδρός 'glänzend, heiter'. S. 2, 1, 322, Debrunner a. a. O. 74 ff.

6) *-άδι̯ω = -άζω entsprach teils dem got. *-atja* (§ 143, d), teils war es aus *-*n̥di̯ō* entstanden, wie in πεμπάζομαι 'zähle ab, überrechne', zu πεμπάς, ἑβδομάζω 'feire den 7. Tag', zu ἑβδομάς, wohl auch in den Formen auf -μάζω wie θαυμάζω 'bewundere', zu θαῦμα θαυμαίνω mit *mn̥* (2, 1, 466. 2, 2, 21). Der Ausgang wurde auf Nomina aller Stammklassen übertragen,

z. B. wenn eine Betätigung irgend einer Art auszudrücken war, wie δοκιμάζω 'erprobe, prüfe', zu δόκιμος 'probehaltig, echt', ῥιπτάζω 'schleudere', zu ῥιπτός 'geschleudert'. Bei der Fülle von Verba auf -άζω ist es leicht, in mehreren Richtungen auch noch engere Bedeutungsgruppen aufzustellen, z. B. bezeichnen viele Verba eine religiöse Betätigung, wie ἑορτάζω 'feiere ein Fest', κωμάζω 'feiere einen Umzug', θυρσάζω 'feiere das Bacchusfest' (Joh. Richter Ursprung u. analog. Ausbreit. der Verba auf -αζω S. 115 f.). Als Iterativa dürften bezeichnet werden die mit dem genannten ῥιπτάζω gleichartigen, wie ῥυστάζω, ἑλκυστάζω usw. (S. 77).

Ähnlich ist es mit *-ίδι̯ω = -ίζω, das sich weit verbreitet hat im Anschluss an solche Verba wie ἐλπίζω 'hoffe', zu ἐλπίς -ίδος 'Hoffnung', ληΐζομαι 'erbeute', zu ληΐς -ίδος 'Beute', κομίζω 'besorge', zu κομιδή 'Pflege': z. B. αἰνίζομαι 'lobe', zu αἶνο-ς 'Lob', καναχίζω 'rausche', zu καναχή 'Geräusch', ὀνειδίζω 'schmähe', zu ὄνειδος N. 'Schimpf', ἀκοντίζω 'schleudre einen Wurfspiess', zu ἄκων -οντος 'Wurfspiess', μακαρίζω 'preise selig', zu μάκαρ 'selig'.

Anm. 1. Formen wie herodot. 3. Plur. Med. Pass. ἐσκευάδαται -άδατο, ἀγωνίδαται waren in der historischen Gräzität die einzigen im Verbalsystem, in denen der Stammauslaut δ noch unverändert bewahrt war.

Anm. 2. -ζω war nur in verhältnismässig wenigen Fällen aus -γ-ι̯ω hervorgegangen, z. B. in ἁρπάζω, zu ἅρπαξ -αγος, ἁρπαγή. Daher, zugleich aber auch daher, dass der Ausgang -ζω bei den 'primären' Präsentia öfters auf -γ-ι̯ω beruhte, wurden Denominativa auf ursprünglich -δ-ι̯ω in der Tempusbildung und im Gebiet der Verbalnomina nach Art der Verba mit Gutturalcharakter behandelt, z. B. kret. δικαξάτω (neben δικαστᾶς), thess. ψαφιξάμενος (neben ἐψᾱφιστει), hom. πολεμίξομεν (neben πολεμιστής), lokr. ψάφιξις. Die weiteste Verbreitung fand diese Neuerung im Dor., und sie tritt hier am konsequentesten im *s*-Futurum und *s*-Aorist auf. Im Argivischen gewahrt man den Übergang zu dieser Neuerung insoweit, als man z. B. ἐναρμόξαι, προσεφάνιξε bildete, sich aber dieser Neuerung enthielt, wenn in dem Wortkörper schon ein Guttural vorausging, z. B. ἐδίκασσαν, ἐργάσσαντο, κατεσκεύασσαν, ἀνσχίσσαι (Buck Class. Philology 2, 251, Verf. Wesen der Dissimil. 167). Vgl. Brugmann-Thumb Griech. Gramm.[4] 359 f.

153. Italisch. 1) Die lat. Denominativa auf Konsonant + *-iō* werden im Präsens alle in gleicher Weise flektiert, *-io -īs* usw. Es sind das die wie *fulgurio* (§ 143, a), *custōdio*, *compedio* (§ 143, d), die wie *sepelio*, *scrīpturio* (§ 145, c), die wie *finio* (§ 146). Umbr. *persnihimu* (S. 222), *persnis* (S. 223) wie lat. *mūnīminō*, *mūnītus*. Ebenso ist im Präsens ein Zusammenfallen in der Flexion anzunehmen für die wie *fateor*, *claudeo* (§ 145, a), *sileo* (§ 145, b), falls die einen von ihnen aus uridg. *-eịō*, die andern aus uridg. *-ēịō* entstanden sind.

2) Bei diesen Präsentien auf *-iō*, *-eō*, ferner bei denen wie lat. *planto -ās*, umbr. *subocauu* 'invoco' (§ 144) und lat. *statuo* (§ 147) war die Präsensflexion dieselbe, welche 'primäre' Präsentia zeigen: vgl. der Reihe nach z. B. lat. *fulcio* (§ 127), *operio* (§ 132); *fleo*, *video* (§ 139 f.); *flo*, *cubo* (§ 108. 137 f.); *suo*, *spuo*, denen vielleicht, gleichwie den griech. κασσύω 'flicke, schustere', πτύω 'speie', eine Form auf *-ūịō* zu Grunde liegt als Parallele zu **snāịō* (§ 137), **(s)nēịō* (§ 139). Für dieses Hand in Handgehen sind auch ausserpräsentische Formationsübereinstimmungen zu beachten, wie z. B. dass die mehr als zweisilbigen Denominativa auf *-eo* ebenso wenig ein Perfekt auf *-ēvī* hatten wie die primäre Klasse *video*.

154. Exkursive Ausbreitung und Verallgemeinerung einzelner Denominativausgänge:

1) Urital. *-ā[ị]ō -ās* usw. (§ 144) war seit urital. Zeit besonders produktiv in transitiver (faktitiver) Bedeutung. Zu den a. a. O. genannten Beispielen seien noch einige hinzugefügt, besonders um das Hinausgehen über das Gebiet der *ā-* und *o-*Nomina zu zeigen. Lat. *cūro*, umbr. kuraia 'curet', zu lat. *cūra*, vgl. päl. *coisatens* 'curaverunt'; lat. *termino*, zu *terminus*, vgl. osk. teremnattens 'terminaverunt'; lat. *vinculo*, umbr. *preuišlatu* Imper. '*praevinculato', zu lat. *vinculum*; lat. *dōno*, zu *dōnum*, vgl. osk. d]uunated 'donavit'; lat. *glacio*, zu *glaciēs*, *fluctuo*, zu *fluctus*, *fūnero*, zu *fūnus -eris*, *corporo*, zu *corpus -oris*, *honōro*, zu *honor -ōris*, *pulvero*, zu *pulvis -eris*, *sēmino*, zu *sēmen*; umbr. vepuratu Imper. 'libato', zu vepurus 'libamentis' (aus **libōs-*). Lat. *sacro*, osk. sakarater 'sacratur', zu lat. *sacer* osk. σακορο: lat. *probo*, zu *probus*, vgl. osk. prúfattens 'probaverunt'; lat. *levo*, zu *levis*, *gravo*, zu *gravis*, *brevio*, zu *brevis*, *frequento*, zu *frequēns -entis*, *locuplēto*, zu *locuplēs -ētis*.

Eine Fülle von Verba auf *-tā[ị]ō* im Anschluss an die Verbaladjektiva auf *-to-* zeigt das Lateinische, die gegenüber den Grundverba, soweit diese neben ihnen sich erhalten haben, Iterativ- oder Frequentativbedeutung aufweisen (S. 77). Die weitere Ausbreitung begann schon im Uritalischen. Genannt sind bereits S. 212 lat. *ito* umbr. *etaians*, lat. *sector*, *gusto*, *capto*, S. 213 *offēnso*, *repulso*. Andere: lat. *porto*, umbr. *portaia* 'portet', zu **pori-to-* (zu **poreō*, vgl. got. *farjan* 'fahren, schiffen' § 175), lat. *occulto*, *adjūtō*, *canto*, *verso*, *curso*, *pēnso*, *tracto*, *dīcto*, *gesto*, *pōto*, *spūto*, *volūto*, *dormīto*, *horitor hortor*, *domito*, *crepito*, *habito*, *scīscito*, *vīsito* usw., umbr. statitatu 'statuito', zu statita 'statuta'. Im Lat. hatte *-itā-* dreifachen Ursprung: **-i-tā-* (*horitor*, *monito*, 2, 1 § 296 S. 397 f.), **-ə-tā-* (*vomito*, 2, 1, § 295 S. 399), **-e-tā-* (*agito*, *ex-ercito*, 2, 1 § 298 S. 401), und nach *crepitāre* : *crepāre* u. dgl. entstanden *clāmitāre* neben *clāmāre*, *imperitāre* neben *imperāre* usw. Weiter aber entsprang *-titā-* (*-sitā-*), indem *-itā-* auf die *tā*-Bildung übertragen wurde, z. B. *itito*, *cantito*, *dīctito*, *captito*, *cursito*, *pēnsito*. Schliesslich entstanden Formen auf *-titā-* (*-sitā-*) auch ohne dass Formen auf *-tā-* (*-sā-*) dazwischenlagen, z. B. *victito*, *sumptito*, *mānsito*. Vgl. Rozwadowski's S. 46 genannte Aufsätze.

Beliebt waren im Italischen die *ā*-Verba zu konsonantischen Nominalstämmen, welche Komposita waren, und deren Schlussglied ein Wurzelnomen war, wie *mancupo*, zu *man-cep-s* (S. 165). Hierzu gehört die produktive Klasse der Verba auf *-igo*, zu W. *aĝ-* 'agere': *rēmigo* zu *rēm-ex*, *nāvigo*, *jūrigo jūrgo*, *variego*, *mītigo* usw. Vgl. Leo Meyer BB. 6, 130 ff.

Über die Verba deminutiva auf *-illāre*, wie *cantillāre* 'trällern' s. § 44 S. 75 f.

2) Intransitiva auf *-eo*, wie *claudeo* (S. 175. 216. 217), wurden zu beliebigen Nominalstämmen geschaffen, z. B. *molleo* zu *mollis*, *aneo* zu *anus -ūs* (nach *seneo*). Zu Bildungen auf *-eo* von Substantiven aus, die nicht eine Eigenschaft bezeichnen, wie *calleo* zu *callum*, *frondeo* zu *frōns -ondis*, kam man dadurch, dass man z. B. *flōreo* (zu *flōrus*) auf *flōs -ris*, *squāleo* (zu *squālus*) auf *squālēs*, *sordeo* (zu **sordus* 'schmutzig') auf *sordēs* bezogen hatte.

3) Unter den Verba auf *-io* (S. 208 f. 219. 221. 222) wurden einige vorbildlich zur Bezeichnung eines leidenden (körperlichen oder seelischen) Zustandes, z. B. *lippio* (*lippus*), *ravio* (*ravos*, *ravis*),

dentio (*dēns*), *febrio* (*febris*), *sitio* (*sitis*), *fastīdio* (*fastīdium*), *saevio* (*saevos*), *īnsānio* (*īn-sānus*), *vēsānio* (*vē-sānus*), *lascīvio* (*lascīvos*), *superbio* (*superbus*), *ineptio* (*in-eptus*), *dēmentio* (*dē-mēns*), *ferōcio* (*ferōx*).

155. Keltisch. 1) Als eine lautlich besondere Klasse heben sich im Irischen nur noch die von uridg. Zeit her zu *ā*- und *o*-Stämmen gehörigen *ā*-Denominativa ab, deren deutlichste Form die 3. Sing. Ind. Präs. konjunkter Flexion auf *-a* ist, wie *-ranna* 'teilt', zu *rann* F. 'Teil', *-marba* 'tötet', zu *marb* 'tot' (§ 144 S. 210. 211. 213). Diese Flexionsweise ging auf andersartige Nominalstämme über, z. B. *ath-rīgaim* 'entthrone' (Inf. *aith-rīgad*), zu *rī* (Stamm *rīg-*) 'König'.

2) Bei den *i*-Denominativa (3. Sing. Ind. Präs. konjunkter Flexion auf *-i*) sind im Irischen nicht mehr auseinanderzuhalten die vorkelt. Ausgänge *-e̯i̯é-ti*, *-ēi̯é-ti* (*-durni* 'schlägt mit Fäusten', zu *dorn* 'Faust', § 145, a. b. S. 216. 217) und *-i̯i̯é-ti* (*fo-dāli* 'teilt aus' zu *dāil* 'Anteil', § 146 S. 222). Auch sind in dieser Klasse noch die Formen auf *-e̯i̯e-ti* aufgegangen (*ad-suidi* 'verzögert', § 177). Hinausgehen über den ursprünglichen Bereich zeigt sich z. B. bei *ad-rīmi* 'zählt', zu *rīm* F. 'Zahl' (Stamm *rīmā-*), *-bāgi* 'streitet, prahlt', zu *bāg* F. 'Streit' (Stamm *bāgā-*, vgl. ahd. *bāga* F. 'Streit' und das im Wurzelablaut zu *bāg* stimmende ags. *bóʒađ* 'prahlt').

3) Zu weiter Verbreitung kam eine gemeininselkeltische Bildung mit *-ag-*, die, wie das abrit. *-hag-* zeigt, aus **-sag-* hervorgegangen war und auf keine bestimmte Bedeutungsschattierung beschränkt war. Das Irische flektiert diese Verba als Deponentia der *i*-Klasse. Z. B. *-fograigedar* 'tönt', zu *fogur* 'Ton', *-cruthaigedar* 'formt', zu *cruth* 'Form', *-guaigedar* 'lügt, verfälscht', zu *gāu gō* 'Lüge, Falschheit', *-lobraigedar* 'schwächt, ist schwach', zu *lobur* 'schwach', *-ailigedar* 'verändert', zu *aile* 'anderer', *-foilsigedar* 'macht klar', zu *follus* 'klar'; akymr. *scamnhegint* 'levant', zu *scamn* 'leicht', abret. *lemhaam* (aus **-hagam*) 'arguo', zu *lem* 'spitz'. Nächstverwandt scheinen ir. brit. Nominalkomposita mit **-sagi̯o-* zu sein, wie ir. *meraige* 'Narr', zu *mer* 'toll', *slataige* 'Räuber', zu *slat* 'Raub', kymr. *casai* 'Feind', zu *cas* 'Hass', *cardotai* 'Bettler', zu *cardod* 'caritas, Almosen'. Zu Grunde lagen

vermutlich nominale Komposita; man wird an lat. *-igāre* zu **-aĝ-* 'treibend', wie *rēmigāre* zu *rēm-ex* (§ 154, 1 S. 233), freilich auch an nhd. *heiligen* (zu *heilig*), *beteiligen*, *beschönigen* erinnert.

Anm. Thurneysen Hdb. d. Altir. 1, 315 und Pedersen Vergl. kelt. Gramm. 2, 23 f. rechnen mit der Möglichkeit, dass diese Denominativklasse mit den lat. Verba auf *-igāre* auch etymologisch zu vergleichen sei, indem das kelt. *-s-* dem Auslaut von nominalen *s*-Stämmen (vgl. lat. *jūr(i)-gāre* von **i̯ous-ag-*) entnommen sein könne. Man hat ausserdem auch mit ir. *saigim* 'suche auf, gehe hinzu', ai. *bhi-ṣáj-* 'Arzt' (S. 209 Fussn. 1) zu rechnen. **-sag-* als zweites Kompositionsglied hätte in den vorhistorischen Musterformen den Sinn 'sich (in Gedanken oder tätlich) befassend' mit dem, was das erste Glied besagt, bekommen, und das davon gebildete Verbum konnte dann teils intransitiv, teils transitiv sein.

156. Germanisch.

1) Die Verba mit *-ā-*, *-āi̯o-*, Inf. got. *-ōn* ahd. *-ōn* as. *-on -oian* ags. *-ian* aisl. *-a* (§ 144), bilden in der germ. Grammatik die sogen. 2. schwache Konjugation. Ein bestimmtes Bedeutungsgebiet lässt sich für sie nicht abgrenzen. Meistens bezeichnen sie das Beschäftigtsein mit etwas.

Zu andern als zu *ā-* und *o*-Nomina sind sie, so weit nicht ganze Formanskonglomerate übertragen wurden, wie *-inōn* u. dgl. (§ 157), nur selten gebildet worden, z. B. ahd. *anadōn* 'zürnen, strafen, ahnden' zu *anado* M. 'Zorn, Strafe', *namōn* 'benamen' zu *namo* M. 'Name'.

Bei den Verba wie got. *hatizōn* 'hassen', zu *hatis* N. 'Hass', *walwisōn* 'sich wälzen', ahd. *egisōn* 'erschrecken', zu got. *agis* N. 'Furcht', ahd. *sigirōn* 'triumphare', zu got. *sigis* N. 'Sieg' ist zu beachten, dass die uridg. nominalen *es*-Stämme schon seit urgerm. Zeit als *eso*-Stämme erscheinen (2, 1, 522 f.).

Bei dem Ausgang *-inōn*, in got. *fraujinōn* 'herrschen', zu *frauja* (Gen. *-jins*) 'Herr', *gudjinōn* 'Priester sein, das Priesteramt ausüben', zu *gudja* (Gen. *-jins*) 'Priester', ahd. *waltinōn* 'praesidere', zu *walto* (Gen. *-in*) 'Walter' u. dgl., können die zu Stämmen auf *-ina- -inō-* gehörigen Denominativa wie got. *lēkinōn* ahd. *lāchinōn* aisl. *lǿkna* 'heilen' (zu ahd. *lāchin* N. 'Heilmittel' aisl. *lǿkn* F. 'Heilung') vorbildlich beteiligt gewesen sein.

Got. *grēdōn* 'hungern' neben *grēdus* 'Hunger' (vgl. *grēdags* 'hungrig' ahd. *grātag* 'gierig'), got. *lustōn* ahd. *lustōn* 'begehren' neben got. *lustus* 'Lust' (vgl. aisl. *losti* M. ahd. *lust* F. 'Lust'), got. *ga-friþōn* 'versöhnen' ahd. *ge-fridōn* 'schützen' neben ahd. *fridu* as. *frithu* M. 'Friede' (vgl. got. *Friþa-reiks*), got. *sidōn* 'üben' ahd. *sitōn* 'ausführen' neben got. *sidus* ahd. *situ* 'Sitte'. Sollten solche Verba von Haus aus zu *u*-Stämmen gehört haben, so waren wohl alte Stämme auf uridg. *-ō[u̯]-* beteiligt (s. § 145 mit Anm. S. 220 f.). Die Ausgänge *-ōn*, *-ōns*, *-ōþs* (z. B. *ga-friþōn*, *ga-friþōns*, *ga-friþōþs*) waren dann aus **-ō[u̯]no-*, **-ō[u̯]ni*, **-ō[u̯]to-* hervorgegangen (vgl. lit. *laidūti* a. a. O.), und nach dem Zusammenfallen von uridg. *ō* und *ā* in urgermanischer Zeit wurde von da aus in die Klasse der *ā*-Denominativa eingelenkt.

2) Die Denominativklasse auf got. *-jan*, die als die 2. schwache Konjugation bezeichnet wird, enthält Formen auf Grund von konsonantischen Stämmen, wie ahd. *refsen*, got. *glitmunjan*, *lauhatjan* ahd. *lōhazzen* (§ 143 S. 208. 209 f.), Formen auf uridg. **-ei̯é-ti* zu *o*-Stämmen, wie got. *dōmjan* ahd. *tuomen* (§ 145, a S. 216 f.), und Formen auf uridg. **-ii̯é-ti* zu *i*-Stämmen, wie got. *dailjan* ahd. *teilen* (§ 146 S. 222). Dazu haben sich im Urgermanischen noch die gerade im Germanischen besonders zahlreichen Präsentia auf uridg. *-éi̯e-ti* gesellt, wie got. *fra-wardjan* (§ 178).

Dass an der *jan*-Klasse nicht bloss uridg. *-i̯e-* (§ 143) sondern auch *-ei̯e-*, *-ii̯e-* beteiligt sind, wird u. a. durch die got. Formen der 2. 3. Sing. auf *-eis -eiþ* (1, 253. 284) und durch die nominalen Formen wie got. *usfulleins*, *fulleiþs* ahd. *mendīn* (2, 1, 290. 437) sicher gestellt. Zu der Präsensflexion in den verschiedenen german. Dialekten s. § 129.

Häufig trifft man auf Bildungen von Denominativa nach der 1. und der 2. schwachen Konjugation zugleich, wie got. *rignjan* : ahd. *regonōn* 'regnen', got. *timrjan* : ahd. *zimborōn* 'zimmern', got. *stainjan* : ahd. *steinōn* 'steinigen', got. *fulljan* ahd. *fullen* : *follōn* 'füllen', ahd. *terren* as. *derian* : ahd. *tarōn* 'schaden', *zellen* 'zählen' : *zalōn* 'recensere, reputare, calculum ponere'.

3) Gemeinsam mit der Schicht der 'primären' Verba wie got. *munan* 3. Sing. Präs. *-aiþ*, ahd. *-monēn* (§ 139 S. 200 f., § 140 S. 203) bilden die Denominativa wie got. *ga-leikaiþ* ahd. *līhhēt* (§ 145, b S. 217) die 3. schwache Konjugation. Waren schon die primären Verba der Klasse allermeistens Intransitiva, so zeigen

auch die Denominativa hauptsächlich intransitiven Sinn. Namentlich im Westgerm., wo besonders viele Verba wie ahd. *altēn* 'alt werden, altern' (S. 217) von Adjektiven aus geschaffen wurden, ich nenne noch *haldēn* 'sich neigen', zu *hald* 'geneigt', *ir-kaltēn* 'erkalten', zu *kalt* 'kalt', *ir-firnēn* 'alt werden', zu *firni* 'alt', *wesanēn* 'vertrocknen', zu *wesan* 'marcidus', *trunkanēn* 'trunken werden', zu *trunkan* 'trunken'. Sie ergänzten sich mit den Faktitiva der 1. Konj., z. B. *altēn* 'altern' : *alten elten* 'alt machen, aufschieben', *naȥȥēn* 'nass werden' : *nezzen* 'netzen, nässen', *haftēn* 'haften' : *heften* 'heften'; von Substantiva aus z. B. ahd. *bartēn* 'einen Bart bekommen', zu *bart* 'Bart', *rostēn* 'rosten', zu *rost* 'Rost'. Dass im Got. diese Gruppe nicht zu grösserer Entwicklung kam, hängt damit zusammen, dass sich hier in dieser Bedeutung der Ausgang *-nan* ausbreitete und auf Nomina überging, z. B. ahd. *haftēn* : got. *ga-haftnan* (s. 4). An dieser Bildung auf *-nan* hatte auch das Westgermanische teil und die intransitive Bedeutung war es, die auch diese Verba im Ahd. in unsere *ē*-Klasse übertreten liess, z. B. got. *maúrnan* : ahd. *mornēn* 'sich kümmern, sorgen' (§ 224).

4) Als 4. schwache Konjugation bezeichnet man im Gotischen die Verba wie *maúrnan*, Prät. *maúrnōda*, 'sich kümmern, sorgen', die den Übergang in den Zustand, auf den die Wurzelsilbe hinweist, bedeuten und daher auch 'Inkohativa' heissen (§ 43). Im Got. war diese Bildungsweise durchaus lebendig; sie erscheint auch in der Richtung produktiv, dass sie auf beliebige Adjektiva überging. Wie im Ahd. die Formenpaare wie *altēn* : *alten elten* in grösserer Anzahl aufkamen (3), so stellten sich im Got. viele Formen auf *-nan* neben die Faktitiva auf *-jan*, z. B. *mikilnan* 'gross werden' : *mikiljan* 'gross machen', zu *mikils* 'gross', *gabignan* 'reich werden' : *gabigjan* 'reich machen', zu *gabigs* 'reich', *ga-haftnan* 'sich anheften, anhangen' : *ga-haftjan* 'anhängen', zu *hafts* 'behaftet'.

157. Ausbreitung von Formanskonglomeraten als selbständiger Mittel der Verbalbildung.

1) Got. *-atjan* ahd. *-azzen*: z. B. got. *lauhatjan* ahd. *lōhazzen*, zu vorgerm. *d*-Nomina gehörig (S. 209). Im Got. sind nur vier Verba dieser Art belegt: noch *swōgatjan* 'stöhnen, seufzen' (neben *ufswōgjan* 'seufzen'), *kaupatjan* 'ohrfeigen', *ahmatjan* 'begeistern'

(aus *ahmateins* 'Begeisterung, Eingebung' zu folgern), zu *ahma* M. 'Geist'. Im Hd. dagegen ist eine starke Ausbreitung ersichtlich. Man kann diese hd. Verba als Iterativa oder Intensiva bezeichnen (S. 77 f.), z. B. *vlogezen* mhd. *vlokzen*, zu *fliogan* 'fliegen', *vlogarazzen*, zu *vlogarōn* 'fliegen, flattern', *sprungezen*, zu *springan* 'springen', *trophezen*, zu *tropfōn* 'tropfen', *ātumezen*, zu *ātumōn* 'atmen', mhd. *sluckzen* 'schluchzen', zu *slucken*, *smackezen smatzen* 'mit Behagen laut essen, schmatzen', zu *smacken*.

2) Got. ahd. *-isōn*: got. *walwisōn*, ahd. *egisōn*, und got. *-izōn* ahd. *-irōn*: got. *hatizōn*, ahd. *sigirōn*, zu uridg. *es*-Stämmen gehörig (S. 235). Selbständig gewordenes Ableitungsmittel scheint *-isōn* in got. *walwisōn* gewesen zu sein, vgl. *walwja* 'wälze' = **u̯olu̯éi̯ō* (§ 185). Sicherere Neuschöpfungen derselben Art im Westgermanischen: z. B. ahd. *harmisōn* 'schmähen', zu *hermen* 'schmähen' *harm* 'Beschimpfung', *altisōn* 'aufschieben', zu *alten elten* 'alt machen, aufschieben' *alt* 'alt', *rīchisōn* 'herrschen', zu *rīchen* 'reich machen' *rīchēn* 'reich sein' *rīchi* 'reich', *hērisōn* (mhd. *hērsen*) 'herrschen', zu *hēren* 'hehr machen' *hērēn* 'hehr sein' *hēr* 'hehr' (nebst *hērrisōn hērresōn* nach *hērro* 'Herr').

3) Got. *-inōn*: *fraujinōn*, zu *frauja -ins* (S. 235). Hiernach *reikinōn* 'Herrscher sein, herrschen', zu *reiks* 'Herrscher', *skalkinōn* 'Diener sein, dienen', zu *skalks* 'Diener', *airinōn* 'Bote sein', zu *airus* 'Bote' u. a. Desgleichen wurde im Westgermanischen *-inōn* produktiv, dieses *-inōn* aber war hauptsächlich an unpersönlichen Nomina mit *n*-Formans entsprungen, wie ahd. *firina* 'scelus' : *firinōn* 'scelerare' (got. *fairina* : *fairinōn*), *redina* 'Darlegung, Erzählung' : *redinōn* 'darlegen, erzählen', *lugina* 'Lüge' : *luginōn* 'lügen'. So wurden nun nach *redinōn* (neben *redea* 'Erzählung, Rede', *redeōn* 'reden'), *luginōn* (neben *lugi* 'Lüge', *liogan* 'lügen') u. dgl. neu gebildet *truginōn*, zu *triogan* 'trügen', *wīȝinōn* 'strafen', zu *wīȝan* 'strafen', *altinōn* 'verschieben', zu *alten elten* 'aufschieben', *girdinōn* 'begehren', zu *girida* 'Begierde'. Zuweilen *-inōn* und *-isōn* (2) nebeneinander, z. B. *altinōn* und *altisōn*.

4) Ahd. *-alōn* (*-olōn*), *-ilōn* als produktive Formantien sind ausgegangen z. B. von *hamalōn* 'verstümmeln', zu *hamal* 'verstümmelt' *ham* 'verstümmelt', *stammalōn* 'stammeln', zu *stamal* 'stammelnd' *stam* 'stammelnd' *stammēn* 'stammeln', *wortalōn* 'ge-

schwätzig sein', zu *wortal* 'geschwätzig' *wort* 'Wort', *gi-brittilōn* 'zügeln', zu *brittil* 'Zügel' *brettan* 'stringere'. Hiernach z. B. *rammalōn* 'rammeln', zu *ram* 'Rammbock, Widder', *mundalōn* 'effari', zu *mund* 'Mund', *betolōn* 'betteln', zu *betōn* 'beten, bitten' *bitten* 'bitten', *klingilōn* 'klingen, rauschen', zu *klingan* 'klingen, tönen'. Infolge davon, dass die den Musterbildungen zu Grunde liegenden *l*-Nomina und damit sie selbst zumteil einen spezielleren Sinn, wie den eines Hanges zu etwas oder einer Iteration oder einer Deminution hatten (was nicht überall scharf auseinandergehalten werden kann), erscheinen solche Begriffsschattierungen oft auch in den Nachbildungen, z. B. nhd. *kränkeln*, *frömmeln*, *künsteln*, *sticheln*, *spötteln*, *blinzeln* (vgl. S. 76).

5) Ahd. *-arōn* (*-orōn*) als produktives Formans ist ausgegangen z. B. von *wacharōn* 'vigilare', zu *wachar* 'vigilans' *wachēn* 'wachen', *flogarōn vlockorōn* 'flackern', zu ags. *flacor* 'fliegend, flackernd' ahd. *fliogan* 'fliegen'. Hiernach z. B. *gangarōn* 'umherwandeln', zu *gangan* 'gehen', *tantarōn* 'delirare', zu mhd. *tant* 'leeres Geschwätz' *tanten* 'Scherz treiben', mhd. *slipfern* 'ausgleiten', zu *slipfen* 'ausgleiten'. Auch hier lassen sich engere Bedeutungsgruppen ausscheiden, z. B. Verba mit der Bedeutung einer wiederholten, raschen und kurzen Bewegung, z. B. nhd. *flattern*, *stochern*, *schlottern*, *glitzern*.

158. Baltisch-Slavisch.

1) Der Typus der von konsonantischen Nominalstämmen aus geschaffenen Präsentia wie ai. *rajasyá-ti brahmaṇyá-ti* (§ 143) ist in diesem Sprachzweig erloschen. An seiner Stelle erscheinen Formen nach der Weise andrer Denominativklassen, wie lit. *akmenyjū̃-s* 'werde zu Stein', zu *akmũ*, Gen. *akmeñs*, 'Stein', aksl. *znamenają* 'bezeichne', zu *znamę*, Gen. *znamene*, 'Zeichen'. Dagegen lebt der Typus der zu *o*-Stämmen gehörigen Präsentia wie ai. *turaṇyá-ti* (§ 144, c) fort in den Verba wie aksl. *trepeštą*, *besědują*, lit. *rykáuju* (s. S. 219. 220).

2) Verba auf *-ēi̯o-* (§ 145, b S. 217) erscheinen auch von andern als *o*-Stämmen abgeleitet. So lit. *żygéju* 'tue einen Gang', zu *ży̆gis* 'Gang', lett. *brīdēju* 'halte hin', zu *brīdis* 'Weile, Frist', aksl. *braděją* 'bekomme einen Bart', zu *brada* 'Bart'. Besonders nahe lag das Einlenken in diese Klasse im Balt. bei

Feminina auf *-ē*: z. B. lit. *seilė́ju* 'geifere', zu *séilė* 'Geifer', *malonė́ju* 'habe gern', zu *malónė* 'Gnade, Huld', *trandė́ju* 'werde von Motten zerfressen', zu *trandė̃* 'Motte', *ap-si-żmonė́ju* 'verkehre mit Menschen', zu *żmónės* 'Menschen', lett. *aurēju* 'blase das Jagdhorn', zu *aure* 'Jagdhorn', *dûbēju* 'höhle', zu *dûbe* 'Höhle'.

159. Ausbreitung von Formanskonglomeraten als selbständiger Mittel der Verbalbildung.

1) Die produktiv gewordenen, an *-ōu̯(o)*-Stämmen entsprungenen Verba mit den Präsensausgängen lit. *-auju*, *-ûju* aksl. *-ują* sind schon § 145 S. 220f. besprochen.

2) Lit. *-joju -joti*, aksl. *-jają -jati.*

Im Lit. war dieser Ausgang zu Hause z. B. in *valióju* 'habe Gewalt, Kraft', zu *valià* 'Wille, Gewalt', *neszióju* 'trage', zu *neszỹs* 'Träger', *gylióju* 'steche', zu *gylỹs* 'Stachel', *vynióju* 'wickle', zu *-vynỹs* 'Band' (in *kakla-vynỹs* 'Halsband' u. a). Indem man nun z. B. *gylióju* auf *gylà* 'Stechen' bezog, wurde *-joju* vereinheitlicht, und man schuf *lankióju* neben *lankóju* 'biege' (S. 215), *lándżoju* 'krieche' (lett. *lûdāju* und *lûfchāju*), *brádżoju* 'wate' (lett. *bradāju*), *válkioju* 'ziehe' (lett. *walkāju*), *vadżóju* 'führe' (lett. *wadāju*), *lakióju* 'fliege', *sukióju* 'folge' usw. Diese ganze Klasse auf *-oju* und *-joju* hat teils faktitive, teils iterative Bedeutung. Es scheint, dass das letztere Sinneselement sich besonders an *-joju* angeknüpft hat (Leskien Ablaut 438).

Einen gleichartigen Ursprung müssen wohl die slav. Iterativa auf *-jają* wie aksl. *glašają* 'rufe', zu *glasъ* 'Stimme' *glasiti* 'rufen', gehabt haben, also ausgegangen sein von Formen wie aksl. *vonjają* 'rieche', zu *vonja* 'Geruch', *kašьljają* 'huste', zu *kašьlь* 'Husten'. Zu den vorbildlich gewesenen Verben darf man auch das zu *vešte* gehörige *věštają* (S. 214) rechnen, da *otъvěštają* 'antworte' auf *otъ-větъ* 'Antwort', *sъ-věštają* 'rate' auf *sъ-větъ* 'Rat' bezogen wurde. Hiernach nun *kaljają* 'besudle' zu *kalъ* 'Kot', *is-cěljają* 'heile aus' trans. zu *cělъ* 'heil' u. dgl. Die Formation bekam, ebenso wie *-ają*, teil an der S. 168f. besprochenen sekundären Vokaldehnung der Wurzelsilbe und gehört daher zugleich der Kategorie der Deverbativa an, z. B. *sъtvarjają* 'mache' Iter. neben *sъ-tvoriti* 'machen', *prigvaždają* 'nagle an'

Iter. neben *pri-gvozditi* 'annageln', *obnavljają* 'erneure' Iter. neben *obъ-noviti* 'erneuern'.

3) Lit. Bildungen auf *-joju* mit Hinzunahme eines konsonantischen Bestandteils des zu Grunde liegenden Nominalstamms. Iterativer oder deminutiver Sinn.

-lioju ist ausgegangen von Formen wie *pirszlióju* 'werbe für einen', zu *pirszlỹs* 'Werber, Zufreier' (*perszù piřszti* 'für einen werben'), *mìrklioju* 'blinzle', zu *mirklỹs* 'Blinzler' (*mérkiu mérkti* 'die Augenlider schliessen'). Nach diesen: *żirglióju* 'gehe mit gespreizten Beinen umher' (*żergiù* 'schreite'), *teplióju* 'schmiere hin und her' (*tepù* 'schmiere'), *mėtlióju* 'werfe hin und her' (*metù* 'werfe', *mė̃tau* 'werfe hin und her'), u. a.

-alioju ist ausgegangen von Nomina auf *-alas* (*-joju* nach 2); für *-alioju* auch *-aliůju* (S. 220 f.)[1]). Das *l*-Formans gehörte bereits dem Nomen an z. B. in *sárgalioju* 'kränkle', zu *sargal-íngas* 'kränklich', *svam̃baliůju* 'baumle hangend', zu *svam̃balas* 'was hangend baumelt, Bleilot'. Danach z. B. *karalioju* 'zapple, baumle', *darbalióju* 'arbeite fortgesetzt', *isz-vartalioju* 'stürze um', *isztraukalioju* 'ziehe aus', *mar̃galioju* 'schimmre bunt'. Entsprechend im Lett. z. B. *pirkal'āju* 'kaufe im kleinen', zu lit. *pirkalas* 'Ware'.

-urioju, *-ulioju*, daneben *-uriůju*, *-uliůju* (vgl. Fussn. 1), ist ausgegangen von Formen wie *vỹburioju* 'schweifwedle, fuchsschwänze', zu *vyburỹs* 'Schweifwedler', *krūtulioju* 'rege mich ein wenig', zu *krūtulis* 'das Sich-regen', *grõmulioju* 'käue wieder', zu *gromulỹs* 'Wiederkäuballen'. Hiernach *kỹburioju* 'zapple', *lūkurioju lūkuriůju* 'harre', *plūdurioju* 'treibe auf dem Wasser schwimmend', *kãturiůju* 'kitzle', *rūkulioju* 'schwele', *võbulioju* 'kaue an einer zähen Speise', *surbulióju* 'schlürfe', *mirguliůju* 'flimmre' u. a. Vgl. lett. *spīgul'ůju* 'schimmre', zu *spīgulis* 'Schimmrer, Johanniswürmchen'.

-czoju -szczoju ist ausgegangen von Formen wie *raiszczoju* 'binde fortgesetzt', zu *raĩsztis*, Gen. *raĩszczo*, 'Binde'. Hiernach *mirkczóju mirkszczóju* 'blinzle', *badmirszczóju* 'sterbe fast vor Hunger', *trúkczoju trúkszczoju* 'zucke wiederholt' u. a.

1) Die Unterscheidung von *o* und *ů* ist in vielen lit. Schriften so unvollkommen, dass man oft nicht weiss, hat man den Ausgang *-oju* oder den Ausgang *-ůju* vor sich.

4) Lit. *-inėju*, mit iterativem und deminutivem Sinn, ist ausgegangen von Formen wie *tekinėju* 'laufe ein wenig umher', zu *tẽkinas* 'laufend', *dilbinėju* 'glupe umher', zu *dil̃binas* 'glupend, Gluper', (§ 145, b S. 217). Hiernach *smilinėju* 'nasche umher', *lindinėju* 'krieche umher', *vaginėju* 'stehle hier und da' u. a. Solche Verba wurden öfters auch zu Verben gebildet, die selbst schon Iterativa waren, z. B. *laistinėju*, zu *láistau láistyti* 'wiederholt giessen' (zu *lė̃ti* 'giessen'), *żarginėju*, zu *żargaũ żargýti* 'die Beine mehrfach spreizen' (zu *żer̃kti* 'die Beine spreizen'); vgl. *pilstalioju*, zu *pílstau pílstyti* 'wiederholt giessen, schütten' (zu *pílti* 'giessen, schütten'), zu 3 gehörig.

5) Lit. *-uriu -uriau -urti*, engstens zusammenhängend mit *-urioju* und mit derselben deminutiven Begriffsschattierung (3): so *kȳburiu*, *lũkuriu*, *plũduriu* neben den genannten *kȳburioju*, *lũkurioju*, *plũdurioju*. Solche Verba sind nach § 145, c (S. 218 ff.) von Nomina auf *-uras* ausgegangen, die die Grundlage der Nomina auf *-urȳs* gewesen sind (2, 1, 358).

-teriu -teliu zur Bezeichnung eines kurz und leicht abbrechenden, plötzlichen Geschehens, z. B. *szúkteriu* 'schreie ein wenig auf', *trúkteriu trúkteliu* 'zucke plötzlich ein wenig'. Die Flexion in den Mundarten ist teils Prät. *-teriau -teliau*, Inf. *-terti -telti*, gleichwie *-uriu -uriau -urti*, teils Prät. *-terėjau -telėjau*, Inf. *-terėti -telėti*. Diese, auch im Lett. vertretene Bildungsklasse steht grösstenteils in engster Beziehung zu den interjektionalen und onomatopoetischen Gebilden auf *-t*, wie *czùpt!*, beim schnellen Fassen, wozu *czùpteriu*, *cìnkt!* 'klirr!', wozu *cìnkteliu*. Doch wird die Verbalbildung als solche nicht von diesen Begleitrufen herstammen, sondern der ursprüngliche Typus der sein, welcher vertreten ist durch Verba wie *tįsteriu* 'zupfe', zu *tį̃sti* 'sich ziehen, sich dehnen', *tę̃sti* 'ziehen, dehnen', *gýszteriu* 'werde plötzlich sauer' (von der Milch), zu *gȳszti* 'sauer werden'. Der letzte Ursprung bleibt freilich noch aufzuklären. S. Leskien IF. 13, 165 ff.

6) Aksl. *-vają -vati* Iterativformans bei den vokalisch auslautenden einsilbigen Verbalstämmen, z. B. *podavają*, zu *po-dati* 'hingeben', *oděvają*, zu *o-děti* 'bekleiden', *ubivają*, zu *u-biti* 'erschlagen', *umyvają*, zu *u-myti* 'abwischen', und bei den mehr-

silbigen Verbalstämmen auf *-a-* und *-ē-*, z. B. *o-klevetają*, zu *klevetati* 'verleumden', *podъkopavają*, zu *podъ-kopati* 'untergraben', *razumēvają*, zu *razumēti* 'verstehen', *odolēvają*, zu *odolēti* 'besiegen'. Sie stellen sich zur Seite den Iterativa wie *mētają*, zu *metą* § 111 S. 169, § 138 S. 200. Musterformen der Kategorie waren wohl Verba, die von Nomina mit *-u̯o-*, *-u̯ā-* aus geschaffen waren: vgl. z. B. *o-dēvati* neben *pri-dēvъkъ* 'cognomen' čech. *o-dēv* 'Anzug, Gewand' serb. *zá-djeva* 'Hindernis', aksl. *na-sēvają* 'besäe' neben russ. *sēv* 'Säen, Saatzeit', aksl. *pivają* 'trinke' neben *pivo* 'Trunk', aksl. *vъ-livają* 'giesse ein' neben nslov. *na-liv* 'Regenguss' russ. *pro-liv* 'Meerenge' (§ 144 S. 214 f.). Ausserdem kann *-davają* mit lit. *dovanà* 'Gabe' *daviaũ* 'ich gab', umbr. *purdouitu* 'porricito' lat. *duim*, kypr. δυϝάνω 'gebe' direkt verbunden werden und könnte so ebenfalls ein Muster für unsere Iterativa abgegeben haben. Anders, aber mich nicht überzeugend, über den Ausgangspunkt von *-vają* Sommer IF. 11, 202 ff.

7) Aksl. *-lēją* ist ausgegangen von Verba wie *o-mъdьlēją* *o-mъdlēją* 'bin langsam, zögere', zu *mъdьlъ mъdlъ* 'langsam, zögernd' (§ 145, b S. 217): danach *prokazьlēją* 'mache böse Anschläge', zu *pro-kaza* 'böser Anschlag', *mąžьlēją* 'werde ein Mann', zu *mąžь* 'Mann', *pečatьlēją pečatlēją* 'siegle', zu *pečatь* 'Siegel', u. a.

160. Rückbildung von Nomina aus Denominativa. Am Schluss dieses Abschnitts über die jüngere Schicht der Denominativa sei noch hervorgehoben, dass in diesem Gebiet der Formbildung ganz besonders zu rechnen ist mit der 2, 1, 18 ff. besprochenen rückwärts schreitenden Ableitung, wie sie sich z. B. darin zeigt, dass im Latein zu dem von *pugnus* abgeleiteten *pugnāre*, ursprünglich 'mit der Faust kämpfen', dann überhaupt 'kämpfen', ein *pugna* 'Kampf', im Griech. zu dem zu ἥττων 'inferior' gehörigen ἡττᾶσθαι 'inferiorem esse' ein ἧττα 'Niederlage' hinzugebildet worden ist. Für die historischen Perioden der idg. Sprachen sind 'noms postverbaux' als solche oft mit grösserer oder geringerer Sicherheit festzustellen. Aber es kann nicht zweifelhaft sein, dass ausserdem noch viele Nomina — namentlich solche, die aus vorhistorischen Perioden ererbt waren —, die für die Grundlage und den Ausgangspunkt der dazu gehörigen Verba gehalten werden, vielmehr erst von diesen aus geschaffen worden sind. Solche Nomina mögen also auch in den obigen Beispielsammlungen § 143 ff. unterlaufen.

Beispiele von dieser Art von Rückbildung sind 2, 1, 18 ff. angeführt (vgl. auch oben S. 53. 163. 222). S. überdies Bréal Mém. 4, 82 f., Osthoff Morph. Unt. 4, 224, Stolz Hist. Gramm. 1, 588, Wien. Stud. 25, 258 f., Wackernagel KZ. 30, 300, Hübschmann Arm. Gramm. 1, 483 (n. 337), G. Meyer Alban. Stud. 2, 33. 3, 41, F. Eichhorn De Graecae linguae nominibus derivatione retrograda conformatis, Göttingen 1912, Hatzidakis Einleit. 94. 366. 432, Meyer-Lübke Roman. Gramm. 2, 441 ff., Lené Les substantifs postverbaux dans la langue française, Upsala 1899.

d. Iterativa und Kausativa (Faktitiva) auf *-éi̯e- -éi̯o-*: Typus ai. *vēdáya-ti*.

161. Ihr Präsensausgang lässt diese Verbalklasse nirgends mehr ausser im Altindischen als eine besondere Klasse erscheinen. Im Altindischen aber bedingt, so weit es auf die äussere Sprachform ankommt, auch nur der Tonsitz die Sonderstellung, da die Lautung des Ausgangs der Formen im übrigen dieselbe ist wie die des Typus ai. *dēvayá-ti* griech. φιλέω (§ 145, a S. 215 ff.).

Mit der Accentverschiedenheit im Ai. hat man neuerdings eine Accentverschiedenheit in den slav. Verba auf *-iti* in historischen Zusammenhang gebracht: dem *vēdáya-ti* entspricht die Betonung serb. *nòsīm nòsiti*, dem *dēvayá-ti* die Betonung serb. *mòrīm mòriti*, und darin soll denn der uridg. Accentunterschied zwischen den uridg. Kausativa und Denominativa auch im Slavischen bewahrt sein. So P. Diels Arch. f. slav. Phil. 31, 82 ff. Leider ist aber unerweislich, dass *-ei̯e-*, auf welcher von beiden Silben auch betont, im Slav. lautgesetzlich zu *ī* geworden ist. Der slav. Formtypus ist nicht derselbe wie der der andern Sprachen, und so könnte die slav. Tondifferenz nur indirekt die uridg. Tondifferenz fortsetzen. Über die slav. Kausativa s. unten § 181.

Ohne Schwierigkeit fügen sich der Annahme eines ursprünglichen Präsensstammausgangs *-ei̯o-* mit der Betonung *-éi̯o-* die Verba, welche im Griech., Ital., Kelt., Germ. dem ai. Typus *vēdáya-ti* entsprechen, z. B. griech. φορέω, lat. *moneo*, ir. 3. Sing. *ad-suidi*, got. *fra-wardja* ahd. *far-wert*[*i*]*u*. Für die Betonung im

Germ. ist zu beachten, dass der Wurzelauslaut got. *d* ahd. *t* in dem genannten germ. Verbum, welches dem ai. *vartáya-ti* entspricht, und welchem got. *wairþan* ahd. *werdan* gegenübersteht, wenigstens ursprüngliche Unbetontheit der Wurzelsilbe gewährleistet (1, 697).

Bezüglich aller Formen des Verbum finitum weist nur das Altindische noch auf eine ursprüngliche Selbständigkeit unserer Verbalklasse gegenüber allen andern Verbalklassen hin. In weiterem Umfang wird aber diese durch das Verbum infinitum als uridg. erwiesen. Das zugehörige Verbaladjektiv auf *-to-* zeigt nämlich nicht nur im Ai., sondern auch anderwärts den Ausgang *-i-tó-*, und dieser muss seit uridg. Zeit dieser Klasse eigentümlich gewesen sein, z. B. ai. *vartitá-ḥ* got. *fra-wardiþs* lat. *monitus* (2, 1 § 296 S. 399f. 404f.). Das *i* dieses *-i-tó-* stand zu dem *-éi̯o-* des Präsens in einer alten Ablautbeziehung (vgl. § 162).

Am stärksten umgebildet tritt diese Klasse im Baltischen und im Slavischen auf. Z. B. lit. *vartaũ*, 3. Sing. *var̃to*, Inf. *vartýti* und aksl. *vraštą*, 3. Sing. *vratitъ*, Inf. *vratiti* gegenüber ai. *vartáya-ti* got. *fra-wardja*. Hierüber § 181.

162. Die *éi̯o*-Verba waren ihrer Herkunft nach Denominativa und zwar Ableitungen aus *i*-Stämmen. Sie haben frühe den lebendigen Zusammenhang mit ihrer nominalen Grundlage verloren dadurch, dass diese Nomina für sich selbst keine sehr produktive Kategorie waren, die von ihnen ausgegangenen Verba aber mit zugehörigen Wurzelverba (primären Verba) in engere Beziehung kamen, so dass sie nunmehr als Deverbativa erschienen und fortgepflanzt wurden. Ihr ursprünglicher Charakter als Denominativa wurde jedoch vielfach dadurch wiederhergestellt, dass sie zu den auf *o*-Nomina beruhenden Denominativa auf *-ei̯é-ti* und zu diesen *o*-Nomina selbst in Beziehung gesetzt werden.

Von der Herkunft von *i*-Stämmen war schon 2, 1, 166f. 168. 198. 399f. und 2, 3, 53 die Rede. Einige Zusammenstellungen mögen diese Herkunft erläutern. Dabei soll aber von den neben das Verbum gestellten *i*-Nomina nicht behauptet sein, dass jedes von ihnen altüberkommen war, schon darum nicht, weil manche Rückbildung nach Art von lat. *pugna* aus *pugnāre* (§ 160) vorliegen mag. Die Sammlung soll also nur zeigen, dass Anknüpfung an die *i*-Nomina überhaupt statthaft ist. a) Formen von *e*-Wurzeln mit der Abtönung *o*. Griech. στροφέω 'drehe hin und her': στρόφις 'gewandter, verschlagener Mensch'. τροπέω 'wende hin und her, wende, kehre': τρόπις ('Wender') 'Kiel, Grundbalken des Schiffs'. τροφέω 'mache dick, feist, schwelle' (τροφέοντο γ 290 nach Aristarch): τρόφις 'feist, dick, gross'. φορέω 'trage mit mir, an mir herum': ai. *-bhári-ḥ* 'tragend'. Lat. *torreo* : *torris* 'Brand, brennendes Scheit'. Aisl. *belgia* 'aufschwellen machen': *belgr* got. *balgs* ahd. *balg* (Stamm *balgi-*) ('Aufschwellung') 'Schlauch, Balg'. Ai. *bōdháya-ti* 'erweckt, macht aufmerksam', aksl. *buždą buditi* 'wecken': ai. *bṓdhi-ḥ* ('Erweckung') 'vollkommne Erkenntnis'. *rōcáya-ti* 'lässt leuchten, beleuchtet', lat. *lūceo* 'leuchte, bin hell', alat. 'lasse leuchten': ai. *rōci-ḥ* 'Licht, Strahl'. *rōpaya-ti* 'verursacht Reissen': *rṓpi-ḥ* 'Reissen, reissender Schmerz'. *ra̧há-ya-ti* 'eilt, beeilt, beschleunigt': *rá̧hi-ḥ* 'Eile'. *randháya-ti* 'unterwirft': *rándhi-ḥ* 'Unterwerfung'. *grantháya-ti* 'knotet, knüpft, reiht aneinander': *granthí-ḥ* 'Knoten'. *arcáya-ti* 'mache erstrahlen': *arcí-ḥ* 'Strahl'. *añjaya-ti* 'bestreicht': *añjí-ḥ* 'salbend, Salbe'. Vgl. auch *rṓhi-ta-ḥ lṓhi-ta-ḥ* av. *raoᶦδita-* 'rot' und ahd. *rōten* (got. **raudjan*) 'rot machen': ai. *rōhi-ḥ* 'Gazelle'. b) Formen mit dehnstufigem Wurzelvokal. Ai. *plāvaya-ti* 'lässt schwimmen', aksl. *plavlją plaviti* 'schwimmen lassen', reflex. (mit *sę*) 'navigare': aksl. *plavъ* 'Schiff'. Ai. *vāhaya-ti* 'lässt fahren, laufen': got. *wēgs* ags. *wǽʒ* (Stamm urgerm. **wēʒi-*) M. 'Bewegung des Wassers, Woge'. Ai. *mānaya-ti* 'berücksichtigt, ehrt': lit. *ìsz-monis* 'Verstand'. Ai. *sādáya-ti* 'macht niedersitzen, setzt': *sādi-ḥ* 'Reiter'. *dāraya-ti* 'sprengt, zerspaltet': *-dāri-ḥ* 'sprengend, zerspaltend'. *dhāráya-ti* 'hält, erhält, bewahrt': *-dhāri-ḥ* 'haltend'. *grāhaya-ti* 'lässt ergreifen': *grā́hi-ḥ* Benennung einer Unholdin, die als Krankheit den Menschen ergreift. c) Sonstiges. Ai. *gr̥bháya-ti* av. *gəᵘrvayeᶦti* 'ergreift, fasst': ai. *gŕ̥bhi-ḥ* 'in sich fassend'. *šucá-ya-ti* 'leuchtet, flammt': *šúci-ḥ* 'leuchtend', M. 'Feuer'. *dhuna-ya-tē* 'rauscht' (zu *dhvána-ti*), as. *dunian* 'dröhnen': ai. *dhúni-ḥ* 'rauschend'. *kavaya-ti* 'dichtet': *kaví-ḥ* 'Dichter'. *nīḍáya-tē* 'vereinigt' (RV. 6, 35, 2): *nīḍí-ḥ* 'Genosse' (zu *nīḍá-ḥ*). *dhūnaya-ti* 'bewegt hin und her, schüttelt': *dhūni-ḥ* F. 'das Schütteln'; damit kann griech. θυνέω 'bewege mich ungestüm, stürme' morphologisch identifiziert werden (oder aus *θūνεϝω?). *kīrtáya-ti* 'gedenkt, erwähnt': *kīrtí-ḥ* F. 'Gedenken, Erwähnung'. Av. *taurvayeiti* 'überwindet': ai. *tū́rvi-ḥ* 'überlegen'. Vgl. auch *rucitá-ḥ* 'beleuchtet' zu *rúci-ḥ* F. 'Licht'.

Das formale Verhältnis zu dem nominalen *i*-Stamm gleicht dem von ai. *vidhava-ti* 'gleicht dem Monde' zu *vidhú-ḥ* 'Mond', *ripava-ti* 'wird zum Feinde' zu *ripú-ḥ* 'feindlich, Feind', *savitara-ti* 'erscheint als Sonne' zu *savitár-* 'Sonnengott' (S. 53).

163. Die Verba dieser Klasse fungieren seit uridg. Zeit als Kausativa (§ 40) oder als Iterativa (genauer ist die Bedeutung als iterativ-ziellos zu bezeichnen), bezw. Intensiva (§ 45). Die Vermutung, dass der kausative Gebrauch aus dem iterativ-intensiven sich entwickelt habe (Delbrück Vergl. Synt. 2, 118 f.), ist mir unwahrscheinlich. Vermutlich ist von Anfang an in uridg. Zeit der Sinn in dem einen und andern Fall iterativ oder intensiv und unabhängig hiervon in dem einen und andern Fall kausativ gewesen auf Grund des jeweiligen Verhältnisses zu dem zu Grunde liegenden Nomen und den diesem nächstverwandten Formen und auf Grund der Situation, in der man dazu kam, zu dem *i*-Nomen ein Verbum zu schaffen. In beiden Richtungen schlossen sich dann gleichformige andre Verba mit der einen oder mit der andern Bedeutung als analogische Neubildungen an. Also grundsätzlich dasselbe, wie wenn z. B. in der einzelsprachlichen Entwicklung des Griechischen mit -αίνω einerseits Intransitiva gebildet worden sind, welche Stimmungen und Affekte bezeichneten, wie μαργαίνω 'bin wütend', δυσθῡμαίνω 'bin missmutig', χαλεπαίνω 'bin unwillig', anderseits Faktitiva wie μελαίνω 'mache schwarz', λευκαίνω 'mache weiss', ἐρυθ(ρ)αίνω 'mache rot', χλωραίνω 'mache blass' (Fraenkel Griech. Denom. 14 ff.), oder wenn im Ahd. für die Bildungen auf *-arōn* (nhd. *-ern*) bei verschiedenen Ausgangspunkten dieses Formans mit verschiedenen Sinnesschattierungen produktiv geworden ist (Wilmanns D. Gr. 2, 93 ff.). Welche *éi̯o*-Verba es sind, die in uridg. Zeit für die eine Bedeutungsgruppe das Muster abgegeben haben, und welche für die andre Bedeutungsgruppe, das wird sich freilich wohl nicht mehr feststellen lassen. Dazu wird auch die Beobachtung Delbrück's (IF. 4, 132 f.), dass im Altindischen die iterative Bedeutung vorzugsweise an den Formen mit *a* in offner Wurzelsilbe haftet, z. B. *patáya-ti* 'fliegt umher', die kausative Bedeutung dagegen vorzugsweise an den Formen mit *ā*, wie *pātáya-ti* 'macht fliegen', nicht verhelfen, um so weniger, als im Avestischen von den Verba mit *ā* 25 kausativ, 24 nicht kausativ sind (Reichelt Awest. Elem. 118 Fussn. 2).

164. Die *éi̯o*-Verba vermehrten sich nach zwei Richtungen hin weit über ihren ursprünglichen Bereich hinaus.

Neben 'primären' Präsentien stehend hatten sie zu diesen ein bestimmtes Bedeutungsverhältnis als sogen. Kausativum oder Iterativum (Intensivum), z. B. ai. *bōdháya-ti* 'erweckt, macht aufmerksam', zu *bṓdha-ti* 'erwacht, wird aufmerksam', ebenso aksl. *buždą buditi* 'wecken', zu *bъždą bъděti* 'wachen', griech. φοβέω 'scheuche', zu φέβομαι 'flüchte mich', got. *lagjan* 'legen', zu *ligan* 'liegen', oder ai. *patáya-ti* griech. ποτεῖται 'fliegt umher, flattert', zu *páta-ti* πέτεται 'fliegt', got. *wagjan* 'hin und her bewegen', zu *ga-wigan* 'bewegen'. Daher wurden nun gleichartige Formen als Deverbativa auf Grundlage beliebiger Präsensbildungen in der Art geschaffen, dass sie deren formantische Charakteristika mit in sich aufnahmen, z. B. ai. *jāgaráya-ti* 'weckt', zu *jā-gár-ti* 'wacht' (§ 64), *kṛntaya-ti* neben *kartaya-ti* 'schneidet, schneidet ab', zu *kṛntá-ti* 'schneidet, schneidet ab', got. *-rannjan* ahd. *rennen* 'laufen machen', zu got. *rinnan* 'laufen' (§ 179).

Anderseits wurden die *éi̯o*-Verba oft mit Nominalbildungen, die zu derselben Wurzel gehörten, von denen sie aber nicht abgeleitet waren, in engere Verbindung gebracht, wie etwa ai. *bōdháya-ti* (von *bṓdhi-ḥ* S. 246) mit *bōdhá-ḥ* 'begreifend, erkennend; das Erwachen, Wachsein', griech. στροφέω (von στρόφις S. 246) mit στροφή 'Drehung'. Dies liess dann nicht selten anderwärts zu Nomina, die nicht *i*-Stämme waren, Verba auf *-éi̯ō* aufkommen, oder, was besonders nahe lag, *ei̯é-ti*-Verba zu *éi̯e-ti*-Verba werden (vgl. Sütterlin IF. 19, 518). Z. B. ai. *mantráya-tē* 'ratschlagt, berät', zu *mántra-ḥ* 'Rat', got. *hailjan* ahd. *heilen* 'heil machen', zu got. *hails* ahd. *heil* 'heil'.

Hier und da aber wird auch das Motiv zur Neubildung von beiden Seiten gekommen sein. Da z. B. ai. *bōdháya-ti* sowohl mit *bṓdha-ti* als auch mit *bōdhá-ḥ* näher assoziiert war, wurden

z. B. ai. *jīváya-ti* und aksl. *živi-tъ* 'macht lebendig' zugleich durch *jīva-ti žive-tъ* 'lebt' (§ 186) und durch *jīvá-ḥ živъ* 'lebendig' hervorgerufen.

165. Mehrsprachlich auftretende *éi̯o*-Präsentia. Bei der grossen Produktivität, die diesem Bildungstypus besonders im Arischen, Germanischen und Baltisch-Slavischen eignete, können die Übereinstimmungen, ähnlich wie bei den *i̯ó*-Denominativa (§ 142 S. 208), jedesmal zufällig sein. Unabhängig von einander erfolgte Bildung ist — abgesehen davon, dass eine einzelsprachliche *éi̯o*-Form oft erst in einer jüngeren Periode des betreffenden Sprachzweigs angetroffen wird — namentlich dann anzunehmen, wenn das *éi̯o*-Verbum in dem einen Sprachzweig als 'Kausativum', in dem andern als 'Iterativum' auftritt, z. B. ai. *svēdaya-ti* 'lässt schwitzen, behandelt mit Schweissmitteln': ahd. *sweizen* 'schwitzen, nass werden', ai. *manthaya-ti* 'lässt aufrühren': aksl. *mątiti* 'umrühren, verwirren'.

Wurzelvokal *o* als Abtönung zu *e*. W. *qi̯eu̯-* (griech. ἔ-σσευα): ai. *cyavaya-ti* 'versetzt in Schwanken, bewegt, schüttelt', griech. ἐ-σσοημένον· τεθορυβημένον, ὡρμημένον (Hesych). — W. *pleu̯-* (griech. πλέ[F]ω): ai. *plavaya-ti* 'lässt schwimmen, überschwemmt, übergiesst', ahd. *flouwen flewen* 'spülen', serb. *ploviti* 'schwimmen lassen, schwemmen'. — W. *rem-* (griech. ἠ-ρέμα): ai. *ramaya-ti* 'bringt zum Stillstehen', lit. *ramaũ ramýti* 'beruhigen, besänftigen'. — W. *dem-* (got. *ga-timan* ahd. *zeman*): ai. *damáya-ti* 'bändigt, bezwingt', got. *ga-tamjan* ahd. *zemmen* aisl. *temia* 'zähmen'. — W. *men-* (griech. μένος): lat. *moneo*, lit. *isz-manaũ -manýti* 'verstehen'. — W. *u̯el-* (lat. *velle*): ai. *varaya-ti* 'wählt sich etwas aus, wirbt um etwas', got. *waljan* ahd. *wellen* aisl. *velia* 'wählen', aksl. *volją voliti* 'wollen, lieber wollen'. — W. *pet-* (griech. πέτομαι): ai. *patáya-ti* 'fliegt, eilt dahin' *patáya-tē* 'treibt in die Flucht, macht fallen' av. *patayeiti* 'macht fallen, macht stürzen', griech. ποτέομαι 'fliege umher'. — W. *sed-* (lat. *sedeo*): ir. *ad-suidi* 'schiebt auf, verzögert', got. *satjan* ahd. *sezzen* aisl. *setia* 'setzen'. — W. *gu̯hedh-* (griech. θέσσασθαι): griech. ποθέω 'begehre, sehne mich', ir. *guidid* 'bittet'; kann ebenso gut *ei̯é*-Denominativum gewesen sein, zu griech. πόθο-ς (S. 216). — W. *u̯eĝh-* (lat. *veho*) griech. ὀχέω 'lasse fahren, reiten' ὀχέομαι 'fahre hin und her, fahre gewohnheitsmässig', got. *wagjan* 'hin und her bewegen' ahd. *weggen* 'bewegen', aksl. *vožą voziti* 'hin und her fahren'. — W. *legh-* (griech. λέχος): ir. *fu-lugi* 'verbirgt', got. *lagjan* ahd. *leggen* aisl. *leggia* 'legen', aksl. *ložą ložiti* 'legen'. — W. *(s)teg-* (griech. στέγω lat. *tego*): ir. *-tuigi* 'deckt', ahd. *decchen* aisl. *þekia* 'decken', vgl. auch ai. *sthagaya-ti* neben *sthága-ti* 'verhüllt, verbirgt', deren *g* in diesen Präsensformen nicht ursprünglich sein kann. — W. *dhegᵘ̯h-* (lit. *degù*): lat. *foveo* 'wärme, halte warm, hege', alb. *δes n-des* 'zünde an' mit *e* als Umlaut von *a* (Pedersen KZ. 36, 323 f.). — W. *dek̂-* (lat. *decet*): griech. δοκέω 'meine, scheine', lat. *doceo*, ursprünglich 'mache etwas einem gut scheinend, einleuchtend'; δόκι-μο-ς (vgl. βάσι-μο-ς usw. 2, 1, 250) kann noch das Substantiv *δόκι-ς bergen, von dem **dok̂éi̯e-ti* ausgegangen ist, vgl. τροπέω : τρόπις u. a. S. 246. — W. *seqᵘ̯-* (griech. ἐννέπω): ahd. *seggen* as. *seggian* 'sagen', lit. *sakaũ sakýti* 'sagen' aksl. *sočą sočiti* 'anzeigen'. — W. *leip-* (griech. ἀλείφω, λίπος): ai. *lēpaya-ti* 'bestreicht', got. *bi-laibjan* ahd. *leiben* aisl. *leifa* 'übrig lassen', aksl. *lěplją lěpiti* 'conglutinare, festkleben'. — W. *u̯eid-* (griech. εἶδος): ai. *vēdáya-ti* 'lässt wissen, teilt mit, kündigt an' av. *uz-vaēδaye'ti* 'lässt wissen', ahd. *weizen* (*weizen* nach den Formen wie 2. Sing. *weizis*, vgl. 1, § 800) 'zeigen, beweisen'. — W. *bheid-* (ahd. *bīzan*): ai. *bhēdaya-ti* 'spaltet, teilt', ahd. *beizen* (*beizen* wie *weizen*, s. o.) 'beissen lassen', speziell 'einen Jagdfalken ein Stück Wild beissen lassen, mit Falken jagen, beizen' ags. *bǽtan* 'beissen lassen', speziell 'aufzäumen'. — W. *su̯eid-* (ai. *svḗda-tē*): ai. *svēdaya-ti* 'lässt schwitzen, behandelt mit Schweissmitteln', ahd. *sweizen* (*sweizen* wie *weizen*, s. o.) ags. *swǽtan* 'schwitzen'. — W. *leiqᵘ̯-* (griech. λείπω): ai. *rē-caya-ti* 'macht leer, entlässt, verlässt' av. *raēčaye'ti* 'lässt zurück, lässt im Stich', lit. *laikaũ laikýti* 'halten'. — W. *reup- reub-* (aisl. *riúfa*): ai. *rōpaya-ti* 'verursacht Reissen, bricht ab', got. *raupjan* ahd. *roufen* 'raufen, rupfen'. — W. *leubh-* (got. *liufs*): ai. *lōbhá-ya-ti* 'erregt jemandes Verlangen, lockt an', got. *us-laubjan* ahd. *ir-louben* 'erlauben', got. *ga-laubjan* ahd. *gi-louben* 'glauben'. — W. *i̯eudh-* (ai. *ud-yōdhati*): ai. *yōdháya-ti* 'verwickelt in Kampf, bekämpft', alat. Inschr. (SC. de Bacc. 27) *joubeatis* (sonst *jŭbeo*, s. § 175), falls nicht *ou* für *u* durch das vorausgehende *jousiset* versehentlich veranlasst ist. — W. *leuq-* (griech. λευκός): ai *rōcá-*

ya-ti 'lässt leuchten, beleuchtet' *lōcáya-ti* 'betrachtet' av. *raoča-ye'ti* 'macht leuchten', lat. *lūceo* 'leuchte, bin hell', alat. auch 'lasse (ein Licht) leuchten', preuss. *laukīt* 'suchen'; nach v. d. Osten-Sacken hierher auch aksl. *lučą lučiti* 'treffen, finden' poln. *łuczyć* 'zielen'. — W. *ĝeus-* (got. *kiusan*): ai. *jōṣáya-tē* 'hat gern, findet Gefallen an etwas, billigt', got. *kausjan* 'kosten, prüfen' (§ 178). — W. *menth-* (aksl. *mętą*): ai. *manthaya ti* 'lässt aufrühren', aksl. *mąštą mątiti* 'umrühren, verwirren'. — W. *bhlendh-* (got. *blinds*): ahd. *blenden* ags. *blendan* 'verdunkeln, blenden', lit. *blandaũ blandýti* 'die Augen niederschlagen', aksl. *blążdą bląditi* 'irren', nslov. *bluditi* 'in die Irre führen, täuschen'. — W. *ĝembh-* (aksl. *zębą*): ai. *jambháya-ti* av. *zəmbaye'te* 'zermalmt, vernichtet', serb. *zubiti* 'eggen'. — W. *u̯ert-* (got. *waírþan*): ai. *vartaya-ti* 'setzt in drehende Bewegung, lässt rollen, lässt eine Wendung, einen Verlauf nehmen', got. *fra-wardjan* ahd. *far-werten* 'corrumpere, verderben', lit. *vartaũ vartýti* aksl. *vraštą vratiti* 'wenden, kehren'. — W. *derk̑-* (griech. δέρκομαι): ai. *daršáya-ti* 'lässt sehen', got. *ga-tarhjan* 'auszeichnen' (§ 178). — W. *ters-* (griech. τέρσομαι): ai. *tarṣáya-ti* 'lässt dürsten, schmachten', lat. *torreo*, ahd. *derren* 'trocken machen, dörren'. — W. *selq-* (griech. ἕλκω): alb. *helk'* 'ziehe, reisse ab' mit *e* als Umlaut von *a* (Pedersen KZ. 36, 278), ir. *ar-osailci* ('zieht weg') 'öffnet' aus **od-solci* neben dem Abstraktum *ersolcud* (Vendryes Mém. 15, 360 ff.).

Zuweilen ist unsicher, ob der Wurzelvokal *o* war im Abtönungsverhältnis zu *e*. Ai. *šratháya-ti šlathaya-ti* 'macht locker, macht los', ahd. *(h)retten* ags. *hreddan* 'entreissen, erretten'. — Lat. *tongeo* 'novi, scio', wahrscheinlich aus einem Nachbardialekt entlehnt (vgl. prän. *tongitio* 'notio'), got. *þagkjan* ahd. *denchen* 'denken'; wegen osk. *tanginom* 'sententiam' kann die Abtönung *a* : *o* (Verf. Kurze vergl. Gr. 146) angenommen werden. — Got. *baidjan* 'zwingen' ahd. *beitten* ags. *bǽdan* aisl. *beiða* 'drängen, fordern', aksl. *běždą běditi* 'zwingen'. — Ai. *pēṣaya-ti* 'zerreibt, zerstampft', lit. *paisaũ paisýti* '(Gerste) abklopfen (um sie von den Grannen zu befreien)'.

Langvokalische Wurzel. W. *pāk̑-* (lat. *pāx*): ai. *pāšáya-ti* 'bindet', ahd. *fuogen* as. *fōgian* 'fügen, verbinden'.

Dehnstufige Wurzel. W. *sed-* (lat. *sedeo*): ai. *sādáya-ti* 'lässt sitzen, setzt' av. *ni-šāδaye'ti* 'lässt niedersitzen, setzt nieder' apers. *niy-ašādaya-m* 'ich setzte', aksl. *saždą saditi* 'setzen, pflanzen', vgl. **sodéi̯eti* S. 249. — W. *pleu̯-* (griech. πλέ[F]ω): ai. *plāvaya-ti* 'lässt schwimmen, überschwemmt, übergiesst', aksl. *plavlją plaviti* 'schwimmen lassen, schwemmen', vgl. **plou̯éi̯e-ti* S. 249. — W. *k̂leu̯-* (griech. κλέϝος): ai. *śrāváya-ti* 'lässt hören', aksl. *slavlją slaviti* 'rühmen, preisen'. — W. *per-* (griech. περάω): ai. *pāráya-ti* av. *pāraye'ti* 'führt etwas hinüber, setzt etwas hinüber', ahd. *fuoren* as. *fōrian* aisl. *føra* 'fahren machen, führen', aksl. *parją pariti* 'fliegen, schweben'. — W. *qu̯el-* (griech. πέλομαι): ai. *cāráya-ti* 'setzt in Bewegung, lässt weiden', griech. πωλέομαι 'verkehre an einem Ort, gehe häufiger hin'.

Unklar bezüglich der Wurzelstufe (vgl. die Literatur bei Walde Lat. et. Wtb.[2] 327) ist got. *af-dauþs* 'erschöpft, abgehetzt' aus **-dōwiþs*, aksl. *davlją daviti* 'erwürgen'.

Formen mit schwundstufiger Wurzel, die hierher zu gehören scheinen. Ai. *vi-śváyant-* 'schwellend', griech. κυέω 'bin schwanger' (vgl. den *i*-Stamm ai. *sú-śiśvi-ḥ* 'gut heranwachsend im Mutterleib'), zu ai. *a-śva-t śávas-* usw., W. *k̂eu̯-*. — Griech. ῥιγέω 'schaudre' (Perf. ἔρρῑγα), lat. *frīgeo*, W. *srēig- srīg-*.

Bildungen nach § 164. Ai. *jīváya-ti* 'macht lebendig', aksl. *življą živiti* 'lebendig machen': vgl. ai. *jīva-ti* aksl. *žive-tъ* 'lebt', ai. *jīvá-ḥ* aksl. *živъ* 'lebend'; zu griech. ζῆ (S. 201), av. *jyā'ti-š jīti-š* 'Leben'. — Got. *stōjan* (Prät. *stauida*) 'richten' aus urgerm. **stōu̯i̯a-*, aksl. *stavlją staviti* 'stellen, hemmen': vgl. lit. *stóviu stovėti* 'stehen', griech. στύω 'steife, richte empor', aksl. *stavъ* 'compages' *stava* 'Gefüge, Glied' got. *staua* F. 'Gericht' aus urgerm. **stōu̯ō* (1, 332). — Ai. *rādháya-ti* 'bringt zustande, befriedigt', aksl. *raždą raditi* 'auf etwas bedacht sein, für etwas sorgen': vgl. ai. *rādhnō-ti* 'kommt zurecht mit etwas, bringt zustande', got. *ga-rēdan* 'auf etwas bedacht sein', ai. *rā́dha-ḥ rā́dhas-* 'Erweisung des Wohlwollens, Geschenk', zu lat. *reor*, *ratio*, got. *raþjō* 'Zahl, Rechnung'; die Bedeutung, die das mit *raþjō* identische ahd. *redea* hat, 'Rechenschaft, Rede und Antwort, Verabredung, Rede' macht es wahrscheinlich, dass auch ir. *-rādi* 'redet' und got. *rōdjan* 'reden, sprechen' heranzuziehen sind, so dass sich **rōdhéi̯ō* als gemeinsame Grundform ergibt

(§ 291). Griech. γηθέω 'freue mich' aus *γαϝεθεω, lat. *gaudeo* aus *gāvideō*, Grundf. *gāuedheiō* (1, 215. 317. 800.): vgl. γήθομαι 'freue mich' aus *γαϝεθομαι, zu γαίω 'freue mich' aus *γαϝιω. — Ai. *tąsaya-ti* 'zieht hin und her, zerrt, schüttelt', lit. *tąsaũ tąsýti* 'umherzerren': vgl. ai. *tąsa-ti* 'zerrt', lit. *tęsiù* 'dehne', *ùž-tęsas* 'Leichentuch', zu ai. *tanṓ-ti* (§ 256).

Got. *hailjan* ahd. *heilen* 'heil machen', aksl. *cělją cěliti* 'heil machen': vgl. got. *hails* aksl. *cělъ* 'heil'. Got. *fulljan* ahd. *fullen* 'füllen', aksl. *plъnją plъniti* 'füllen': vgl. got. *fulls* ahd. *vol* aksl. *plъnъ* 'voll'.

166. Arisch. Seit urar. Zeit hat sich der Typus mit dehnstufiger Wurzelsilbe, der nach S. 246. 251 f. auf Nomina mit gleicher Wurzelstufe beruht, stark vermehrt. Daher erscheinen einesteils öfters Verba mit *ā* gegenüber nicht-arischen mit uridg. *o*, z. B. ai. *vāhaya-ti* 'lässt fahren, lässt (den Wagen) laufen': griech. ὀχέω ὀχέομαι, got. *wagjan*, aksl. *voziti* (S. 249 f.); ai. *dāhaya-ti* 'lässt verbrennen': alb. *đes*, lat. *foveo* (S. 250); ai. *ā-tānaya-ti* 'spannt an, macht straff' *są-tānaya-ti* 'lässt ausführen': got. *uf-þanjan sik* 'nach etwas trachten' ahd. *dennen* as. *thenian* 'ausdehnen'; ai. *sam-bhāraya-ti* 'lässt zusammenbringen': griech. φορέω 'trage mit mir, an mir herum'; ai. *nāśáya-ti* 'macht verschwinden, zerstört, richtet zugrunde': lat. *noceo*; av. *rāzaye'ti* 'reckt, verrenkt', got. *uf-rakjan* 'ausstrecken, hinaufziehen' ahd. *recchen* 'recken, strecken'. Anderntheils erscheint öfters bei denselben Verben im Arischen *a* und *ā*, z. B. *cyaváya-ti cyāváya-ti*, *ramaya-ti rāmaya-ti* av. *rāmaye'ti*, ai. *varaya-ti pra-vāraya-ti*, *patáya-ti* av. *pataye'ti* ai. *pātáya-ti*, apers. *viy-atarayāmaʰ* ai. *tāráya-ti* (S. 249 f.). Der Doppelheit *plavaya-ti plāvaya-ti* entspricht serb. *ploviti* aksl. *plaviti*, und dem ir. *ad-suidi* got. *satjan* steht ai. *sādáya-ti* av. *ni-šāδaye'ti* aksl. *saditi* gegenüber (S. 249. 251 f.). Dass im Ai. die Verba mit *ā* häufiger den kausativen, die mit *a* häufiger den iterativ-intensiven Sinn aufweisen, beruht auf speziell indischer Entwicklung (S. 247 f.).

167. Andre ar. Belege des *éi̯o*-Präsens.

1) W. *k̂leu̯-*: ai. *śraváya-ti* nebst *śrāváya-ti* av. *srāvaye'ti* 'lässt etwas hören, bringt zu Gehör, verkündigt'. — W. *nem-*: ai. *namaya-ti* nebst *nāmaya-ti* av. *nāmaye'ti* 'macht etwas sich

beugen, beugt'. — W. *seq^{u}-*: av. *hačaye^{i}ti* 'folgt' nebst *hāčaye^{i}te* 'veranlasst zu folgen'. — W. *deik̂-*: ai. *dēšaya-ti* 'zeigt, weist an, teilt mit', av. *daēsaye^{i}ti* 'zeigt'. — W. *leəg^{u}h-*: ai. *ram̥háya-ti* 'beschleunigt', av. *rənjaye^{i}ti* 'macht flink, lässt flink sich bewegen'. — W. *bherĝh-*: ai. *barhaya-ti* 'kräftigt, stärkt, macht fest', av. *us-bar^{ə}zaye^{i}ti* 'lässt aufwachsen'.

2) Weitere Beispiele (vgl. 1) für dehnstufige Wurzelsilbe. W. *men-*: gthav. *mānaye^{i}tī* 'veranlasst zu bleiben, hält auf', jgav. *upa-mąnaye^{i}ti* 'wartet'. — W. *dher-*: ai. *dhāráya-ti* 'hält, trägt, stützt', av. *dāraye^{i}ti* 'hält' apers. *dārayāmiy* 'habe im Besitz'. — W. *tep-*: ai. *tāpáya-ti* av. *tāpaye^{i}ti* 'macht warm, erhitzt'.

3) Schwundstufige Wurzelsilbe, wie ai. *gr̥bháya-ti* (S. 246). Zu W. *sed-*: ai. *pīḍaya-ti* 'drückt, presst' aus **pi-zd-* (2, 2, 839), av. *pa-zdaye^{i}ti* 'lässt wegrücken, scheucht' (2, 2, 806). Ai. *iṣáya-ti* 'regt an', gthav. *išayąs* 'anregend'. Ai. *chadáya-ti* 'scheint' (neben *chandaya-ti*), av. *saδaye^{i}ti* 'scheint' apers. *θadaya^{h}* 'soll erscheinen', zu ai. *chánda-ti* 'erscheint'. Ai. *turáya-ti* 'dringt durch, überwältigt' (neben *tāráya-ti*), zu *turá-ti* aus **tr̥ré-ti* (S. 129); apers. *viy-atarayāma^{h}* 'wir setzten über (den Fluss), überschritten' kann sich mit ai. *turáya-ti* decken (1, 460), aber auch mit griech. τορέω 'durchbohre' (ἀντι-τορέω). Dem S. 252 genannten ai. *vi-šváyant-* vergleicht sich ai. *hváya-ti* av. *zbaye^{i}ti* 'ruft', neben ai. *háva-tē á-hva-t*. Ai. *tulaya-ti* 'hebt auf, wägt' aus **tl̥le̯ie-*, wozu mit sekundärem Ablaut *tōlaya-ti* mit gleicher Bedeutung (1, 503). *īraya-ti* 'setzt in Bewegung, erregt', zu *īr-tē* (S. 105), *pūráya-ti* 'füllt', zu Imper. *pūr-dhí* (1 § 525, 3 S. 476 und 2, 3, 150).

4) Neubildungen auf Grund formantisch charakterisierter Präsentien oder zugleich zu diesen gehöriger Nominalbildungen (§ 164).

Av. *titāraye^{i}ti* 'überwindet', zu *ti-tarat̰* (§ 59, II S. 106).

éi̯o-Formen zu den reduplizierten Präsensbildungen § 64—68 (S. 112 f.). Ai. *dādhāraya-ti* 'lässt festhalten', zu *dā-dharti* (S. 112), vgl. av. *dādari-š* 'besitzend'. *jāgaráya-ti* 'erweckt, ermuntert', zu *jā-gárti* (S. 112). *dandašayitvā* Gerund. 'gehörig beissen lassend', zu *dán-dašāna-ḥ* (S. 113). *varīvarjáyant-* 'hin und her drehend', zu *várī-vr̥j-* von *varj-* 'drehen, umwenden' (zu § 68 S. 113).

Av. *taurvayeiti* 'überwindet' (aus **tr̥u-*), zu ai. *túrva-ti tūrvá-* (§ 187), vgl. ai. *jīváya-ti* § 164 S. 249.

éi̯o-Bildungen auf Grundlage von Formen, die durch Nasalformans charakterisiert waren. Ai. *prīṇaya-ti* 'ergötzt, macht geneigt', zu *prīṇā-ti* 'erfreut, hat Freude an etwas' (§ 216, 1). — *iṣaṇaya-tē* 'bewegt', zu *iṣaṇa-t* 'er bewege, rege an, erquicke', *iṣaṇyá-ti* 'erquickt', *iṣaṇi-ḥ* F. 'Anregung, Antreiben' (§ 227). — *kr̥ntaya-ti* (neben *kartaya-ti*) av. *kərəntayeiti* 'zerschneidet, spaltet', zu ai. *kr̥ntá-ti* av. *kərəntaiti* dasselbe, ai. *-kr̥nta-ḥ* 'zerschneidend' (§ 207); ebenso ai. *limpaya-ti* 'bestreicht, beschmiert, salbt' (neben *lēpaya-ti*), zu *limpá-ti* dasselbe; *br̥haya-ti* 'kräftigt, stärkt' (neben *barhaya-ti*), zu *br̥ha-ti* dasselbe, *dr̥haya-ti* 'macht fest, stellt fest', zu *dŕ̥ha-ti* dasselbe, av. *bunjayeiti* 'rettet sich vor etwas', zu *bunjaiti* 'rettet, befreit'. Vgl. § 200. — Apers. *a-kunavayantā* 'sie machten', zu *a-kunavam* 'ich machte' (§ 237, 2). Ai. *pinvaya-ti* 'macht schwellen, strotzen', zu *pínva-ti* dasselbe, *-pinvá-ḥ* 'von etwas schwellend, strotzend'.

Zu Präsentien mit *s*-Formantien, vgl. ai. *tąsaya-ti* (§ 165 S. 253). Ai. *vakṣaya-ti ukṣaya-ti* av. *vaxšayeiti -uxšayeiti* 'lässt wachsen', zu ai. *úkṣa-ti* 'wächst heran' av. *vaxšaiti* 'lässt wachsen, erhöht' *uxšyeiti* 'wächst' (§ 256, 1). Av. *aiwyāxšayeiti* 'führt die Aufsicht' aus *aiwi* + *āxš-* oder *axš-*, zu ai. *íkṣa-tē* 'sieht' (§ 264, 4, a). Av. *fra-nāšayeiti* 'bringt hinzu', zu Opt. *nāšīma* 'wir möchten tragen, als Stütze dienen' (W. *nek̂-*). Ai. zu *s*-Desiderativa (§ 263): z. B. *cikīrṣaya-ti*, zu *cí-kīrṣa-ti* 'will machen, beginnt, beabsichtigt', *šikṣaya-ti*, zu *šikṣa-ti* 'lernt'.

Zu Präsentien mit *-sk̂*-Formantien (§ 269 ff.): ai. *icchaya-ti* (neben *ēṣaya-ti*), zu *icchá-ti* 'verlangt' *icchā* 'Verlangen', *pracchaya-ti* (Gramm.), zu *pr̥cchá-ti* 'fragt' *pr̥cchā* 'Frage'.

Zu Präsentien mit Formantien mit dentalem Verschlusslaut (§ 282 ff.). Ai. *mr̥ḍáya-ti* 'ist gnädig', zu *mr̥ḍá-ti* dasselbe, *mr̥ḍa-ḥ* 'gnädig'. Av. *ni-xᵛabdayeiti* 'schläft ein', zu *-xᵛabdaiti* 'schläft', *ā-γzrāδayeiti* 'lässt aufwallen', zu *γzrād-*.

Zu Präsentien, die durch ein *i̯*-Formans charakterisiert sind: ai. *chāyaya-ti*, zu *chaya-ti chya-ti* 'zerschneidet' (Part. *chāta-ḥ*), *pyāyáya-ti*, zu *pyāya-tē* 'schwillt' (§ 138 S. 199).

168. Neben *-áyati* erscheint im Ai. häufig *-páyati*, das, wie jenes, Intensiva und Kausativa bildete. Dieser Ausgang hat sich seit urindischer Zeit von gewissen Fällen aus, wo *-p-* zum vorausgehenden Wortstück gehört hatte (vgl. unten), als produktives Formans ausgebreitet. Er erscheint fast nur bei vokalisch endenden 'Wurzeln', am häufigsten bei Wurzeln auf ar. *-ā*, z. B. *sthāpaya-ti* 'er macht stillstehen', zu *sthā-* 'stehen'. Hier unterstützte er das Bestreben, eine deutliche Formation zu bekommen, ähnlich wie z. B. das κ der griechischen Perfekta wie ἕστηκα diesem Zwecke diente (§ 35, 3 S. 63).

Nach der Beschaffenheit des Vorstücks lassen sich die Formen der älteren Perioden etwa folgendermassen gruppieren. a) Wie *sthāpaya-ti*: *dhāpaya-ti* Kaus. zu *dá-dhāti* 'legt, setzt': *dāpaya-ti* Kaus. zu *dá-dā-ti* 'gibt'; *snāpáya-ti* Kaus. zu *snāti snāya-ti* 'schwimmt, badet sich'; *mlāpáya-ti* Kaus. zu *mlāya-ti* 'welkt'; *dhāpaya-tē* Kaus. zu *dháya-ti* 'saugt' Aor. *a-dhāt* Inf. *dhātavē* (W. *dhē*[*i̯*]-); *kšēpaya-ti* (neben *kšayáya-ti*) Kaus. zu *kšé-ti kšáya-ti* 'weilt, wohnt'; *dīpáya-ti* Kaus. zu *á-dīdēt* 'strahlte', Imper. *di-dīhí*; *arpáya-ti* 'schleudert, steckt hinein' zu *íy-ar-ti* 'erhebt sich; bewegt'. b) *-āpáyati* zu Wurzeln auf *-ei̯ -i*: *ucchrāpaya-ti* Iter.-Int. zu *ucchraya-ti* 'richtet auf' (*ud šri-*), Part. *šritá-ḥ*; *jāpaya-ti* Kaus. zu *jáya-ti* 'ersiegt, gewinnt', Part. *jitá-ḥ*; *adhyāpayati* 'lässt lesen, unterrichtet' Kaus. zu *adhy-ēti* 'begreift' (W. *ei̯-* 'gehen'). c) *snapáya-ti* Kaus. neben *snāpáya-ti* (a); *jñapaya-ti* Kaus. neben *jñāpaya-ti* zu *jānā-ti* 'kennt', Fut. *jñāsya-ti*, Part. *jñātá-ḥ*; *šrapáya-ti* Iter.-Int. zu *šrāya-ti* 'kocht, brät', Part. *šrātá-ḥ*.

Bei einigen Wurzeln darf *p* als altüberkommenes 'Determinativ' (§ 35) gelten: etwa bei *dīpaya-ti* wegen *dīpya-tē* 'scheint, strahlt', Perf. *didīpē*, Part. *dīpta-ḥ* oder bei *dāpaya-tē* zu *dā-ti dyá-ti* 'teilt, teilt zu', vgl. griech. δάπτω 'zerteile, zerreisse' δαπάνη 'Aufwand', lat. *daps*, aisl. *tafn* 'Opfertier'. Über *-p-* als Determinativum zuletzt Persson Beitr. 305 ff. 565. Sütterlin IF. 19, 536 ff. denkt auch an Komposita mit einem zu *āp-* 'gewinnen, erreichen' gehörigen Schlussglied als Ausgangspunkt der ganzen Bildungskategorie: z. B. *sthāpaya-ti* von einem **sthāpa-* 'wer einen (festen) Stand gewinnt oder gewonnen hat', was mir sehr zweifelhaft ist (vgl. Persson Beitr. 592 f. 619 f.).

Die Klasse b (*śrāpaya-ti* zu *śri-*) konnte entstehen auf Grund des Nebeneinanders von Formen wie *gāyaya-ti* 'lässt singen' (zu *gā́ya-ti*, *gītá-ḥ*, *-gēṣṇa-* usw.) und *gāpaya-ti* 'lässt singen' (zu *gā-ti*, *gāsya-ti* usw.), wobei noch mitwirkte die lautliche Übereinstimmung z. B. von *śritá-ḥ śrití-ḥ* (W. *k̑lei̯-*) und *sthitá-ḥ sthití-ḥ* (W. *stā-*), von *śráya-ti* und *dháya-ti* (W. *dhēi̯-*) u. dgl. Das Verhältnis z. B. von *dīkṣitá-ḥ* (neben *dīkṣaya-ti*, zu *dīkṣa-tē* 'weiht sich', *dīkṣā́* 'Weihe') und *vardhita-ḥ* (neben *vardháya-ti*, zu *várdha-ti* 'macht wachsen, erhöht') zu *sthitá-ḥ* usw. liess ferner in nachvedischer Zeit aufkommen *dīkṣāpaya-ti*, *vardhāpaya-ti*, ferner *kṣamāpaya-ti* neben *kṣamaya-ti* 'bittet um Verzeihung' (zu *kṣáma-tē* 'geduldet sich, sieht nach') u. dgl. Für *jīvāpaya-ti* neben *jīváya-ti* 'macht lebendig' ist das bereits ved. *jīvā́-tu-ḥ* 'Leben' (2, 1, 23. 443) zu beachten.

Bei den sechs oder sieben Formen auf *-apaya-ti* (c) kommt man mit der Annahme einer aus vorar. Zeit stammenden *p*-Erweiterung aus, und zwar hat man's zu tun mit dem Bildungstypus von lat. *clepo* got. *hlifa* griech. κλέπτω 'stehle', zu ir. *celim* ahd. *hilu* 'hehle', lat. *trepidus* aksl. *trepetъ* 'das Zittern', zu ai. *taralá-ḥ* 'zitternd, zuckend, unstet', δρέπω 'breche ab, schneide ab, pflücke' δρέπανον 'Sichel', zu δέρω 'schinde' (Persson Stud. 50 ff.). *snapáya-ti* zu apers. νάπας, vielleicht auch zu lat. *Neptūnus* (Walde Lat. et. Wtb.[2] 516), *śrapáya-ti* neben *su-śrápa-ḥ* 'leicht zu kochen', *jñapaya-ti* neben *jñaptá-ḥ* 'unterwiesen' *jñapti-ḥ* 'das Kennenlernen', *glapaya-ti* 'lässt in Verfall kommen, erschöpft' (auch *glāpáya-ti*, zu *glā-ti glā́ya-ti*) neben Opt. *glapēt* (Mahābh.), *mlapaya-ti* 'zerdrückt' (auch *mlāpáya-ti*, s. a). Die Formen *su-śrápa-ḥ* usw. müssen freilich nicht notwendig als Grundlage der Formen auf *-apayati* betrachtet werden, sie können auch durch Rückbildung entstanden sein.

169. Andere ai. Denominativa auf *-áyati* nach Art von *mantráya-tē* (§ 164 S. 248) sind: *ṛtáyant-* 'der Ordnung gemäss handelnd', zu *ṛtá-m* 'Ordnung', *artháya-tē* 'wünscht', zu *ártha-m* 'Ziel', *nīḍáya-ti* 'bringt zur Ruhe', zu *nīḍá-ḥ* 'Ruheplatz'. Nicht nur durch den Tonsitz, sondern auch durch die Nichtverwandlung des wurzelschliessenden *k*-Lauts vor uridg. *-ei̯o-* in einem *c*-Laut (1 § 640) erweisen sich als Denominativa z. B. *mṛgáya-tē* 'setzt dem Wild nach', zu *margá-ḥ* 'Wild', *tarkáya-ti* 'vermutet', zu *tarka-ḥ* 'Vermutung'. Auch einige denominative *éi̯o*-Verba dieser Art bekamen den Charakter eines Deverbativums: *pālá-ya-ti* und *-tē* 'bewacht, schirmt', von *pālá-ḥ* 'Wächter' (vgl. *vī-ráya-tē* 'benimmt sich männlich' von *vīrá-ḥ* 'Mann'), zu *pā́-ti* 'schützt', *ghātaya-ti* 'lässt schlagen, töten, tötet' (Aor. *a-jīghatat*), von *ghāta-ḥ* 'Schlag, Tötung' (2, 1, 420), zu *hán-ti* 'schlägt, tötet'.

In der jüngeren Sprache trat *-āpayati* auch bei solchen denominativen *-áyati*-Verba an die Stelle von *-ayati* (vgl. § 168), z. B. *šabdāpaya-ti* neben *šabdaya-ti* 'ruft herbei, nennt', zu *šáb-da-ḥ* 'Laut, Schall', *karmakārāpaya-tē* 'lässt jem. als Knecht arbeiten', zu *karmakāra-ḥ* 'Knecht'.

Ob auch die altiranischen Dialekte denominative *áyati*-Bildungen hatten, ist unklar, weil man den Tonsitz der *ayati*-Verba in dieser Dialektgruppe nicht kennt.

170. Als Aorist zu den *áyati*-Präsentien fungierten im Ai. reduplizierte themavokalische Formen mit *ī*, *ū* in der Reduplikationssilbe, z. B. *a-ci-kšipa-t* zu *kšēpaya-ti*. S. § 85 S. 140. Als Passiv wurden Formen gebraucht, bei denen *-áyati* durch *-yátē* ersetzt erscheint, z. B. *dōhyá-tē* zu *dōháya-ti*, eine Formation, die auch im Av. begegnet. S. § 124, 1 S. 187.

-áyati war im Ai. Grundlage für eine Desiderativbildung auf *-ayišati*, z. B. *lulōbhayiša-ti* zu *lōbháya-ti* 'lockt', *sthāpayiša-ti* zu *sthāpaya-ti* 'macht stillstehen'. S. § 263. Ferner für verbale Nomina, wie z. B. *bōdhayitavya-ḥ* (2, 1 § 113, b S. 187. § 115, b S. 189), *bōdhayitár-* (2, 1 § 248 S. 338) zu *bōdháya-ti* 'erweckt'.

171. Armenisch. Wenn die Verba auf *-ei̯eti* in den Präsentia auf *-em* aufgegangen sind, so bleibt doch die Scheidung der *éi̯eti*-Verba von den *ei̯éti*-Verba unsicher. S. § 150. *lizem* 'lecke' lässt sich mit ai. *lēháya-ti* (Kaus.) identifizieren, und der zugehörige schwache Aorist *lizeçi* macht diese Auffassung von *lizem* annehmbarer als die Identifizierung mit dem primären griech. λείχω.

172. Griechisch. Hier ist — wie es scheint, schon in der Zeit der griechischen Urgemeinschaft — das Präsens auf *-éi̯e-ti* mit dem auf *-ei̯é-ti* äusserlich ganz zusammengefallen. Die Betonungsverschiedenheit könnte noch im Verbum infinituum des Präsens erwartet werden. Doch ist § 142 S. 207 gezeigt, dass und auf welche Art auch hier der Tonunterschied früh verschwunden ist. Die Folge des Zusammenfallens im Präsens war die Bildung von ausserpräsentischen Formen wie φορήσω ἐφόρησα, ὀχήσομαι nach φιλήσω usw. und von φορητός (für *φοριτός § 161 S. 245) nach φιλητός. Natürlich entzog sich der Typus φορέω im einzeldialektischen Leben der griech. Sprache auch im Präsens selbst nicht den analogischen Änderungen, die der Typus φιλέω erfuhr: so lesb. ποθήω (vgl. S. 249) wie ἀδικήει (S. 228), und φόρημι wie φίλημι (S. 174).

Von den Verba, die zu *e*-Wurzeln gehörend Abtönung o in der Wurzelsilbe aufweisen, sind oben schon genannt: Kausativa § 162 τροφέω, § 164 φοβέω, § 165 σοέω (ἐσσοημένον), ὀχέω, Iterativa (Intensiva) § 162 στροφέω (auch § 164), τροπέω, φορέω, § 164 ποτέομαι (auch § 168), § 165 ποθέω(?), ὀχέομαι. Andere Verba derselben Art (die übrigens meistens oder alle auch zur *e̯ió*-Klasse gestellt werden könnten): Kaus. τορέω 'lasse durchdringen, verkündige laut', zu W. *ter-* 'durchdringen' in τέρετρον 'Bohrer' (vgl. ai. *tāráya-ti* 'lässt hinübergelangen, weitergelangen'), σοβέω 'entferne schnell, verscheuche', zu σέβομαι 'scheue mich, verehre'; Iter. (Intens.) βρομέω 'summe, brumme', zu βρέμω, ῥοφέω 'schlürfe, schlucke', zu lit. *srebiù* lett. *strebju* 'schlürfe', W. *srebh-* (lat. *sorbeo* vielleicht aus **sr̥bh-*, § 175), σκοπέω 'schaue spähend, erwäge', zu σκέπτομαι.

Mit Dehnstufe der Wurzelsilbe πωλέομαι, s. S. 252. Unsicherer sind die von Ribezzo Atti R. Accademia Arch. Lett. Bell. Arti 2 (1910) S. 166 f. hierher gestellten Beispiele.

Unklar ist, ob auch Verba auf -εω mit noch anderen Wurzelstufen hierher zu ziehen sind. S. 252 sind genannt κυέω 'bin schwanger' und ῥῑγέω 'schaudre'.

173. Bildungen auf -εω, die sich an formantisch charakterisierte Präsentien angeschlossen zu haben scheinen (vgl. § 164), sind nicht selten.

ἰαχέω 'schreie', zu ἰάχω aus *Ϝι-Ϝαχω (S. 140). — πιτνέω 'falle', zu πίτνω. βῡνέω 'stopfe', zu βῡ́νω aus *βυσνω (vgl. βύστρα). εἰλέω 'dränge', el. ἀπο-Ϝηλέω, zu εἴλω aus *Ϝελνω (§ 229). δαμνεῖ· δαμάζει (Hesych), zu δάμνημι. Dor. ἀγνέω 'führe, bringe' (neben ἄγω). οἰχνέω 'gehe weg, bin fort' (neben οἴχομαι). ἀνέω ἄνέω 'befreie durch Schwingen, Werfen von den Hülsen' aus *ἀϝανεω, zu αἴνω aus *ϝανι̯ω, W. *u̯ē- u̯ə-* (Solmsen Unt. 272 ff.). βῑνέω 'coeo, besonders vom ausserehelichen Beischlaf' von W. *g^uā̆i̯- g^uī-* (Lidén IF. 19, 329). θῡνέω 'bewege mich ungestüm, stürme', zu θύνω, kann nach S. 246 f. mit ai. *dhūnaya-ti* morphologisch identifiziert werden, doch ist mit Rücksicht auf ai. *dhūnó-ti* auch *θῡνεϝω als Grundform annehmbar. Derselbe Zweifel, ob *-ε[ι̯]ω oder *-ε[ϝ]ω, besteht für δῑνέω 'wirble', zu δίνω (lett. *dīt* 'tanzen'), κῑνέω 'bewege', zu κίνυμαι (§ 242), ἱκνέομαι 'komme an', zu hom. ἱκάνω aus *ἱκανϝω. Vgl. § 234. — δεψέω, zu δέψω, ὀδαξέω, zu ὀδάξω. Vgl. § 259, 1. — ἐδιδάσκησα 'lehrte' (Hesiod) zu διδάσκω (§ 280, 1). — πεκτέω 'kämme', zu πέκτω (§ 283). ῥῑπτέω 'werfe', zu ῥίπτω. — γηθέω 'freue mich', zu γαίω, s. S. 253. Entsprechend ion. μινυθέω 'minuo', zu μινύ-θω. — χρηέομαι (kalch. χρηείσθω, Inf. el. χρηῆσται böot. χρειεῖσθη) 'gebrauche', zu att. χρῆται aus *χρήεται, Perf. κέχρη-μαι (zu § 140). — Auch dürfen hier ἑλκέω neben ἕλκω 'schleppe', μεδέων neben μέδων 'waltend, herrschend', hellenist. πιεζέω neben πιέζω 'drücke' genannt werden.

So wahrscheinlich es nun auch an sich ist, dass die *éi̯o*-Bildung im Griech. nicht auf dem Ablauttypus τροφέω (§ 172) beschränkt gewesen ist, und so gut auch die Einreihung der eben genannten Formen in die Klasse der *éi̯o*-Formen durch Analogien aus andern Sprachen, insonderheit aus dem Indischen (§ 167, 4), gestützt wird, so bleiben doch Zweifel übrig. Zunächst wegen der urgriech. Betonungsausgleichung zwischen *-éi̯e-ti* und *-ei̯é-ti*: man kann mehreres ebenso gut der *-ei̯éti*-Klasse zurechnen und z. B. ῥιπτέω von ῥῑπτός (vgl. ὑλακτέω neben ὑλάσσω), ἰαχέω (ἰαχήσω) von ἰαχή, χρηέομαι von χρῆος aus als reine Denominativa entstanden sein lassen, ebenso gut die ohnehin schon zweideutigen θῡνέω, δῑνέω (δῑνηθείς) von θῦνος, δῖνος δίνη aus. Ferner ist möglich, dass zunächst z. B. nur πέκτω πεκτήσω, ἕλκω ἑλκήσω u. dgl. (vgl. τύπτω τυπτήσω, ὄζω ὀζήσω, μέλει μελήσει u. a.) bestanden und danach erst πεκτέω, ἑλκέω sich eingestellt haben nach dem Verhältnis von φιλέω zu φιλήσω usw. Immerhin würden derartige Präsentia auf -εω, die erst auf griechischem Boden entsprungen sind, darum auch zum uridg. *éịeti*-Typus gestellt werden dürfen, weil als Vorbilder für sie neben φιλέω usw. auch die als unmittelbare Fortsetzung jenes uridg. Präsenstypus anzusehenden Präsentia in Rechnung zu stellen sind. Denn die beiden Bildungen waren ja wohl schon in urgriechischer Zeit für das Sprachgefühl eins geworden.

174. Albanesisch. Genannt sind *des n-des* 'zünde an' S. 250 und *helk'* 'ziehe, reisse ab' S. 251.

175. Italisch. Die *éịeti*- fiel mit der *eịéti*-Bildung (S. 215 f.) im Uritalischen zusammen. Wie *claudēmus claudent* war *monēmus monent* Neubildung nach *vidēmus vident* u. dgl. (S. 174 ff.)[1].

Von den lat. Verba, die zu *e*-Wurzeln gehörend Abtönung *o* in der Wurzelsilbe aufweisen, sind oben schon genannt: in § 165 *foveo*, *moneo*, *doceo*, *lūceo*, *joubeo* (nur éinmal inschriftlich belegt und nicht sicher), *torreo*, in § 166 *noceo*. Dazu kommen etwa noch folgende. *tondeo*, zu griech. τένδω 'benage, nasche'. *spondeo*, zu griech. σπένδω 'verspreche, bringe ein Trankopfer dar', Med. 'komme mit jem. feierlich überein' (gort. ἐπι-σπένδω 'sichere zu', vgl. Meringer Wörter u. Sachen 1, 177). Das aus lat. *porto* umbr. *portaia* 'portet' zu erschliessende **porito*- setzt ein Präsens lat. **poreo* voraus, das dem got. *farjan* 'fahren, schiffen' entspricht. *voveo*, zu umbr. vufetes 'votis, consecratis', wahrscheinlich auch mit griech. εὔχομαι 'bete' verwandt. *moveo*, zu griech. ἀμεύσασθαι 'vorankommen, übertreffen'. *mordeo*, zu griech. σμερδνός 'schrecklich', und *sorbeo*, zu griech. ῥοφέω lit. *srebiù* (§ 172), könnten auch -*or*- aus -*r̥*- haben; ingleichen ist *mulgeo*, zu griech. ἀμέλγω, doppeldeutig. *soleo* (*solitus*), vermutlich zu *solum*, got. *saljan* 'Herberge haben, wohnen bleiben' (*saliþwōs* Plur. 'Herberge'), aksl. *selo* N. 'Grundstück, Wohnung' gehörend, kann ebenso gut hierher als zu den *eịó*-Denominativa gestellt werden, wie denn auch sonst wieder, gleichwie in den andern europ. Sprachen, die alte Vermischung der *éịo*- und der *eịó*-Klasse nicht übersehen werden darf.

1) Lat. *sōpio -īre* darf trotz Hirt PBS. Beitr. 18, 522 und andern bezüglich seines formantischen Wortteils nicht zu Konstruktionen über die uridg. Flexion der *éịeti*-Verba verwendet werden. Wahrscheinlich war es von einem dehnstufigen Nomen aus nach der Weise von *mōlior* (zu *mōlēs -is*), *febrio*, *lēnio* usw. gebildet (§ 181). Vgl. auch Walde Lat. et. Wtb.² 725 f., Ribezzo Atti R. Accademia Arch. Lett. Bell. Arti 2 (1910) S. 154. 167.

Lat. *tongeo* vielleicht mit *o* als Abtönung zu *a*, s. S. 251.

Mit andern Stufen des Wurzelablauts. Lat. *frīgeo* S. 252. *suādeo* Kaus., ursprünglich 'lasse einem etwas gefallen, mache etwas annehmlich', zu griech. ἥδομαι 'freue mich' ἁνδάνω 'gefalle'. *augeo*, zu got. *aukan* 'wachsen', lit. *áugu* 'wachse', griech. αὔξω ἀ[F]έξω 'mehre'. *haereo*, zu lit. *gaisztù gaiszaũ gaĩszti* 'säumen, zögern'. *cieo*, zu *cio* (*cīre*), griech. κίω 'gehe'. *jubeo* (vgl. S. 250) kann auch auf uridg. **i̯udhē-* bezogen werden (§ 112 S. 171).

176. Anschluss an formantisch charakterisierte Präsentia (§ 164).

Lat. *gaudeo*, zu griech. γαίω, s. S. 253. — *misceo*, zu **mic-scō*, s. § 269, 1. — *ferveo*, zu alat. *fervo*, s. § 186. — Umbr. *tursitu* tusetu 'terreto, fugato', *tursiandu* 'terreantur, fugentur' Grundform **torsé̯i̯ō*, zu lat. *terreo* aus **terseō*, griech. ἔτερσεν· ἐφόβησεν (Hesych), W. *ter-* in ai. *taralá-ḥ* 'zitternd'.

177. Irisch. Einigermassen sichere Belege sind Verba mit *o*-Ablaut, von denen in § 165 genannt sind *ad-suidi* 'schiebt auf, verzögert', zu W. *sed-*, *guidid* 'bittet', zu W. *g^{u}hedh-* (doch vgl. S. 249), *fu-lugi* 'verbirgt', zu W. *legh-*, *-tuigi* 'deckt', zu W. (*s*)*teg-*, *ar-osailci* 'öffnet', zu W. *selq-*. Dazu: *guirid* 'wärmt', zu *fo-geir* 'erhitzt' (W. *g^{u}her-*); *do-lugi* 'verzeiht', zu *legaim* 'vergehe, zergehe'; *mōidid* 'rühmt', zu *miad* 'Ruhm, Stolz, Ehre' (Ablaut *oi* : *ei*); mit **ou* *im-luadi* 'setzt in Bewegung, exagitat', zu *-luid* 'ging', vermutlich zu griech. ἤλυθον ἐλεύσομαι gehörig.

Andrer Wurzelvokalismus: *-rādi* 'redet', s. § 165 S. 252.

178. Germanisch. Hier ist, nach dem Vernerschen Gesetz, noch zu ersehen, dass der Sitz des Worttons, wie bei den *ei̯ó*-Denominativa, einst hinter der Wurzelsilbe war (S. 244 f.). Dass die got. Formen grösstenteils stimmlosen Geräuschlaut statt des lautgesetzlich zu erwartenden stimmhaften in dem Ende der Wurzelsilbe aufweisen, ist teils aus jüngerer Angleichung an andre Formen derselben Wurzel zu erklären, teils daraus, dass die Form erst zu einer Zeit geschaffen wurde, als die Wirksamkeit jenes Lautgesetzes, durch das die stimmhaften Spiranten erzeugt wurden, schon erloschen war. *nasjan* 'retten' (ahd. *nerien*), zu *ga-nisan* 'davonkommen', *laisjan* 'lehren' (ahd. *lēren*), zu *lais* 'weiss', *drausjan* 'zu Falle bringen' (ahd. *trōren*), zu *driusan* 'fallen', *kausjan*, zu *kiusan* (S. 251), *ur-raisjan* 'aufstehen machen, aufrichten', zu *ur-reisan* 'aufstehen', *ga-nōhjan* 'Genüge leisten, befriedigen' (ahd. *gi-nuogen* aisl. *gnǿgia*), zu *ga-nah* 'es genügt', *uf-hlōhjan* 'zum Lachen bringen' (aisl. *hlǿgia*), zu *hlahjan* 'lachen', *ga-tarhjan* (S. 251) zu einer verschollenen Form der W. *derk̂-* mit haupttoniger Wurzelsilbe (anders, aber mich nicht überzeugend Meillet Mém. 15, 349 ff.).

Über die Präsensflexion, die Verschiedenheit got. *nasjis nasjiþ* : *fra-wardeis -wardeiþ* und über ahd. *far-wertis -wertit* s. S. 191. 236 f.

Seit urgermanischer Zeit ist die *éi̯o*-Bildung besonders in der kausativen Bedeutung produktiv gewesen. Aber auch Iterativa (Intensiva) sind mit dieser Funktion zu konstatieren; am deutlichsten wohl got. *draibjan* 'σκύλλειν, plagen' neben *us-dreiban* 'vertreiben'; so waren wohl auch got. *wraqjan* und *wrikan*, obwohl sie beide διώκειν übersetzen, für das Sprachgefühl semantisch nicht ganz dasselbe. Wo das 'primäre' Verbum neben dem Intensivum verloren ist, war die Begriffsschattierung des letzteren eingebüsst, wie bei ahd. *decchen* aisl. *þekia* 'decken', zu lat. *tego* (S. 250). Freilich ist dann wegen solcher Einbusse des Nebensinns der Intensität in den Fällen, wo kein primäres Verbum mehr neben der *éi̯o*-Bildung steht, zuweilen nicht zu wissen, ob das *éi̯o*-Verbum ursprünglich Kausativum oder Intensivum gewesen ist: z. B. könnte got. *-þanjan* ahd. *dennen* aisl. *þenia* 'dehnen, strecken' einstens ebenso gut als Kausativum einem intransitiven Verbum, das die Bedeutung 'sich dehnen, sich strecken' hatte, wie als Intensivum einem transitiven Verbum mit dem Sinn 'dehnen, strecken' zur Seite gestanden haben.

Im Gegensatz zum Griechischen, wo z. B. φορητός φορήσω usw. nach φιλητός φιλήσω usw. aufgekommen ist (S. 259), ist im Germanischen umgekehrt z. B. *af-dōmiþs* (S. 216) nach *-wardiþs* = ai. *vartitá-ḥ* (S. 245) gebildet worden.

Zu den oben (S. 249 ff.) gegebenen Belegen von *éi̯o*-Verben seien noch einige hinzugefügt:

Zu Wurzeln der *e*-Reihe. Got. *warjan* ahd. *werren* aisl. *veria* 'wehren', zu lit. *àt-veriu* 'mache auf, öffne', vgl. ai. *vārá-ya-ti* 'hält ab, hält zurück, hindert'. Ahd. *zerren* as. *terian* 'zerreissen, zerstören', zu got. *ga-tairan* ahd. *zeran* 'zerreissen', griech. δέρω 'schinde'. Ahd. *quellen* aisl. *kuelia* 'quälen, peinigen', zu ahd. *quelan* 'heftigen Schmerz erleiden' ags. *cwelan* 'sterben', lit. *gēlia* 'es schmerzt heftig'. Got. *-wakjan* ahd. *wecchen* 'wecken', zu lat. *vegeo*. Got. *-rakjan* ahd. *recchen* aisl. *rekia* 'recken', zu griech. ὀρέγω 'recke'. Got. *fra-atjan* 'zum Essen austeilen', ahd. *azzen ezzen* 'zu essen geben', zu got. *itan* 'essen', lat. *edo*. Got. *af-slaupjan* 'abstreifen', ahd. *sloufen* as. *slōpian* 'schlüpfen lassen', zu got. *sliupan* 'schlüpfen'. Got. *us-flaugjan* 'im Fluge fortführen', zu ahd. *fliogan* 'fliegen'. Got. *tandjan* 'anzünden', zu *tundnan* intr. 'brennen', das wahrscheinlich zu ai. *dunṓ-ti* 'brennt', griech. δαίω 'brenne' aus *δαϝ-ɩ̯ω gehört (1, 707). Ahd. *smelzen* 'liquefacere', zu *smelzan* 'liquefieri'.

Got. *þagkjan* ahd. *denchen* 'denken' (neben *þugkjan* ahd. *dunchen* 'dünken'), s. S. 251.

Dehnstufige Wurzelsilbe bei *e*-Wurzeln. Ahd. *fuoren* as. *fōrian* aisl. *føra*, W. *per-*, s. S. 252. Got. *ga-nōhjan* ahd. *gi-nuogen* aisl. *gnøgia*, W. *neḱ-*, s. S. 263. Ags. *lóȝian* 'collocare, disponere' aisl. *lóga* 'liegen lassen, abtreten, verbrauchen', zu got. *ligan* 'liegen'; kann auch als junge Ableitung von ags. *lóȝ* aisl. *lóg* 'Platz' betrachtet werden. Solche Denominativa mögen auch sein got. *drobjan* 'aufrühren' ahd. *truoben* 'trüben' (zu griech. τρέφω), got. *gōljan* 'grüssen' (zu ahd. *gellan* 'tönen, klingen') u. a.

Zu Wurzeln mit langem Vokal. Ahd. *fuogen* as. *fōgian*, s. S. 251. Got. *rōdjan*, s. S. 252.

Got. *ōgjan* 'schrecken' und *us-agjan* 'einen erschrecken', zu *un-agands* 'sich nicht fürchtend' *ōg* 'fürchte mich' (S. 121. 136).

179. Bildungen zu formantisch charakterisierten Präsentia (§ 164).

Zu Präsentien mit Nasalformantien. Ahd. *hleinen* 'lehnen' (trans.), zu *hlinēn* 'sich lehnen'. Ahd. *sceinen* 'sichtbar werden lassen, zeigen', zu *scīnan* 'scheinen'. Ahd. *sweinen* 'schwinden lassen, verringern', zu *swīnan* 'schwinden'. Ahd. *bi-swellen* 'anschwellen lassen, stauen', zu *swellan* 'schwellen'. Ahd. *scellen* 'ertönen lassen, zerschmettern', zu *scellan* 'schallen, tönen'. Vgl. § 232. — Ahd. *sprengen* aisl. *sprengia* 'springen machen, sprengen', zu ahd. *springan* aisl. *springa* 'springen' (§ 205). — Got. *-rann-*

jan ahd. *rennen* 'laufen machen', zu got. *rinnan* ahd. *rinnan* 'laufen, rinnen, fliessen' (§ 249). Ahd. *brennen* 'brennen machen', zu *brinnan* 'brennen' intr. (§ 253). Ahd. *trennen* 'spalten, trennen', zu *trinnan* 'sich absondern' (§ 253). — Got. *kannjan* 'wissen machen, kund tun', ahd. *ir-chennen* 'wissen machen, erkennen', zu got. *kann kunnum* (§ 224. 247).

Ahd. *ir-lesken* 'erlöschen machen, auslöschen', zu *ir-leskan* 'erlöschen' (§ 277).

Got. *rōdjan*, zu *ga-rēdan* (§ 165 S. 252, § 291). Got. *walt-jan* 'sich wälzen' *us-waltjan* 'umwälzen' ahd. *welzen* 'wälzen', zu ahd. *walzan* 'walzen (intr.), sich drehen', vgl. lit. *veliù* 'walke' (§ 292). Ahd. *flōzen flōȥen* mhd. *vlœtzen vlœȥen* 'fliessen machen, flötzen, flössen', zu *flioȥan* as. *fliotan* 'fliessen', vgl. *flewen* 'spülen, waschen' (§ 292).

180. Häufig sind Kausativa auf Grund von adjektivischen *o*-Stämmen nach Art von got. *hailjan* 'heil machen', zu *hails* 'heil' = aksl. *cěliti* 'heil machen', zu *cělъ* 'heil' und got. *fulljan* 'füllen', zu *fulls* 'voll' = aksl. *plъniti* 'füllen', zu *plъnъ* 'voll' (§ 164 S. 248, § 165 S. 253). Den Anstoss gab, dass aus uridg. Zeit überkommene *éi̯o*-Bildungen, deren Vorstück die Wurzelsilbe war, auf solche *o*-Adjektiva bezogen wurden, z. B. got. *-tamjan* ahd. *zemmen* aisl. *temia* 'zähmen' = ai. *damáya-ti* (S. 249) auf **tama-* 'zahm' ahd. *zam* aisl. *tamr*. Freilich ist nun nicht zu wissen, wie weit bei dieser Verbalkategorie zugleich die uridg. Denominativklassen § 145, a und c (S. 215. 218) beteiligt waren.

Andre Beispiele. Got. *lausjan* ahd. *lōsen* mhd. *lœsen* 'lösen', zu got. *laus* ahd. *lōs* 'los, frei'. Got. *hauhjan* ahd. *hōhen* 'hoch machen, erhöhen', zu got. *hauhs* ahd. *hōh* 'hoch'. Got. *ga-blindjan* 'blind machen' engl. *to blind*, zu got. *blinds* 'blind'; davon verschieden ahd. *blenden* (S. 251). Got. *ga-raihtjan* 'richten, hinlenken, als gerecht erweisen', ahd. *rihten* 'richten, zurecht machen, richtig machen', zu got. *raíhts* ahd. *reht* 'recht, gerade'. Got. *warmjan* ahd. *wermen* 'wärmen', zu ahd. *warm* aisl. *varmr*. Manche derartige Verba lassen sich in doppelter Weise, nach Art von got. *-tamjan* (s. o.), auffassen. So got. *gramjan* ahd. *gremmen* aisl. *gremia* 'aufreizen, erzürnen' neben ahd. *gram* aisl. *gramr* 'zornig' und ahd. *grim* ags. *ȝrimetan* griech. χρεμίζω χρόμος usw. Ahd.

wennen as. *gi-wennian* aisl. *venia* 'gewohnt machen, gewöhnen' neben aisl. *vanr* 'gewohnt' und ahd. *gi-won*, *wini*, ai. *vána-tē* usw. Got. *hnaiwjan* 'erniedrigen', ahd. *hneigen* aisl. *hneigia* 'neigen, beugen' neben got. *hnaiws* 'niedrig' ags. *hnáʒ* 'gebeugt, verächtlich' und got. *hneiwan* ahd. *hnīgan* 'sich neigen'.

181. Baltisch-Slavisch. Die litauische und die slavische Flexionsweise weichen von der der andern Sprachzweige völlig ab, z. B. lit. *vartaũ*, 3. Sing. *var̃to*, Fut. *vartýsiu*, Inf. *vartýti*, aksl. *vraštą*, 3. Sing. *vratitъ*, Aor. *vratichъ*, Inf. *vratiti*. Und doch muss, besonders wegen der Übereinstimmungen in der Gestaltung der Wurzelsilbe und in den Bedeutungsverhältnissen, ein engerer historischer Zusammenhang sein. Deutungsversuche s. bei Berneker Arch. f. slav. Phil. 25, 495 ff., Bezzenberger Γέρας 196 ff., ferner was oben S. 244 über die Betonungsverhältnisse der slav. Verba gesagt ist.

Am leichtesten verständlich ist die *ā*-Bildung des Präsens im Baltischen. Es gehören zusammen z. B. lit. *laižaũ* und got. *bi-laigōþ*, lit. *praszaũ* und lat. *procat* (S. 162. 169). Der *ā*-Typus, der bei einigen Wurzeln seit uridg. Zeit neben dem *éįo*-Typus bestand, z. B. lat. *domo -at* ahd. *zamōn* neben ai. *damáya-ti* got. *-tamjan* ahd. *zemmen* aisl. *temia*, hat im Lit. den *éįo*-Typus völlig verdrängt. Die Mischung von *ā*-Form und *ī*-Form erscheint auch im Preussischen: 3. Sing. *billā billa* 'redet' (zu lit. *bylà* 'Rede'): Inf. *billīt billītwei* (vgl. lit. *bylóju bylóti* 'reden'). Sie darf also im Prinzip für etwas Urbaltisches gelten, wenn auch bei einzelnen Wörtern Litauisch und Preussisch auseinandergehen (preuss. *lāiku* 'hält' = lit. *laĩko*, aber Inf. preuss. *laikūt*, lit. *laikýti*, preuss. *per-bānda* 'versucht' = lit. *bañdo*, aber preuss. *per-bandāsnan* 'Versuchung', lit. *bañdymas* 'das Versuchen'). Dass das Präsens *ā*-Stamm hat und dieser sich mit einem anders gearteten Stamm zu einem ganzen Verbalsystem vereinigt hat, hat sein Widerspiel im Lateinischen, z. B. *domo -at* (wie ahd. *zamōn*): *domitus*, *domuī* aus **domiuī* (wie ai. *damitá-ḥ*). Nun kann aber das *-ī-* von *vartý-ti* und *vrati-ti* nicht wohl mit dem *-ĭ-* von ai. *varti-tá-ḥ* got. *-wardi-þs* lat. *moni-tus* so identifiziert werden, als wenn die *éįo*-Klasse seit uridg. Zeit ausserpräsentisch *-i-* und *-ī-* nebeneinander gehabt hätte. Auch ist mit dem Hinweis auf ai. *gṛhī-ṣya-ti gṛbhī-tá-ḥ*, die neben *gṛbhāyá-ti* erscheinen (S. 154. 201), nichts gewonnen, ferner nichts mit der Annahme eines Übergangs von *-ei̯e-* in *-ī-* im Balt.-Slav., da diese in der Luft schwebt. Vielmehr ist lit. *vartý-ti* aksl. *vrati-ti* wahrscheinlich wesensgleich mit den Denominativa von *i*-Nomina, wie *gosti-ti* (S. 222 f.). Zu den *i*-Nomina gehörten seit uridg. Zeit Verba auf *-i-i̯é-ti* und Verba auf *-éi̯e-ti*, z. B. zu ai. *kaví-ḥ* 'Weiser, Dichter' *kavīyá-ti* und *kavaya-ti*, zu uridg. **poti-s* 'Herr, potis' ai. *patīya-ti* und osk. pútíad 'possit' (lat. *potēns*). Vermutlich hatte es also in urbaltischslavischer Zeit einige *-i-i̯é-ti*-Denominativa gegeben, die ebenso als Iterativa oder Kausativa fungierten wie die *éi̯o-* und wie gewisse *ā*-Präsentia. Vgl. lat. *sōpio* (*-īre*), das wahrscheinlich von einem Nomen **su̯ōpi-* aus gebildet war (S. 261 Fussn. 1; zu ai. *svāpáya-ti* verhielt es sich wie ai. *kavīyá-ti* zu *kavaya-ti*), und daneben *moneo -ēs* und *domo -ās*. Diese *-i-i̯é-ti*-Formen lieferten im Balt.-Slav. allgemein den Infinitivstamm mit *-ī-*. Im Präsens siegte dann im Baltischen der *ā*-Stamm, und im Slavischen drang das *-ī-* des Infinitivstamms ins Präsens ein, wodurch nicht nur *vraštą vratiši* usw. neben *vratiti*, sondern auch *gošta gostiši* usw. neben *gostiti* entsprang; die Flexion wie *mьnją mьniši* usw. (S. 182). Vielleicht war die baltische Verteilung des *ā*-Stamms und des *ī*-Stamms im Verbalsystem auch im Urslavischen vorhanden. Dann mögen zuerst die Präsentia wie *gošta gostiši* aufgekommen und hiernach weiter die Formen wie *vraštą vratiši* geschaffen worden sein.

182. Zu den oben (S. 249 ff.) gegebenen Belegen seien noch einige hinzugefügt.

Zu Wurzeln der *e*-Reihe. Lit. *ganaũ ganýti* '(Tiere) hüten, weiden', aksl. *gonją goniti* 'treiben', W. *g^{u}hen-* 'schlagen'. Lit. *praszaũ praszýti* 'fordern, bitten', aksl. *prošą prositi* 'fragen, bitten', W. *preḱ-* 'fragen, bitten'. Lit. *szvaitaũ szvaitýti* aksl. *svěštą světiti* 'hell machen, beleuchten', W. *ḱu̯eit-* 'hell sein'. Lit. *maiszaũ maiszýti* aksl. *měšą měsiti* 'mischen', W. *meiḱ-* 'mischen'; nach den Lautgesetzen wäre auch Zurückführung auf **moiḱ-s-* (vgl. ai. *mēkṣaya-ti*, § 255) oder auf **moiḱ-sḱ-* (vgl. lat. *misceo*, § 176) möglich. Lit. *daraũ darýti* 'machen' (ursprünglich 'fügen'), zu *deriù* 'dinge, tauge'; *żargaũ-s żargýti-s* 'die Beine auseinanderspreizen' (Iter.), zu *žergiù* dasselbe; *láužau láužy-ti* 'brechen' trans. (Iter.), zu *láužiu* dasselbe; *snaĩgo snaigýti* 'schneien' (Iter.), zu *sniñga snìkti* dasselbe, W. *sneig^{u}h-*; *kasaũ kasýti* 'kratzen', zu aksl. *česati* 'streifen, kämmen'. Aksl. *morją moriti* 'töten', zu *mьrěti* 'sterben', W. *mer-*, vgl. ai. *māráya-ti* 'lässt sterben, tötet'; *voždą voditi* 'führen' (Iter.), zu *vedą vesti* dasselbe; *točą točiti* 'laufen machen, fliessen machen, giessen', zu *teką tešti* 'laufen', vgl. av. *tāčaye'ti* 'lässt laufen'; *vlačą vlačiti* 'ziehen' (Iter.), zu *vlěką vlěšti* dasselbe.

Dehnstufige Wurzel. Aksl. *saždą saditi*, *plavlją plaviti*, *slavlją slaviti*, *parją pariti*, s. S. 252. *lažą laziti* 'schreiten' (Iter.), zu *lězą lěsti* dasselbe. *gašą gasiti* 'erlöschen, ausgehen' *u-gasiti* 'σβέσαι', zu lit. *gestù gèsti* 'erlöschen, ausgehen'. *palją paliti* 'entflammen', mit *polją polěti* 'in Flammen stehen' zu W. *pel-* in *pe-pelъ* lit. *pelenaĩ* 'Asche'. *iz-bavlją -baviti* 'befreien, erlösen', russ. *pri-bávit'* 'hinzufügen', zu W. *bheu̯-*, Kaus. zu *byti*. Vgl. v. d. Osten-Sacken Die sogen. Dehnung in der Wurzelsilbe der slav. Iterativa, Arch. für slav. Ph. 32, 321 ff.

183. Bildungen zu formantisch charakterisierten Präsentia (§ 164.)

Zu Präsentien mit Nasalformans (§ 196 ff.). Lit. *rążau rążyti* 'recken' (Iter.), zu *-ręszti* dasselbe (Part. *isz-si-rężęs* 'sich ausgereckt habend'), W. *reĝ-* griech. ὀρέγω. Aksl. *kraštą kratiti* 'drehen' (Iter.), zu *krę(t)nąti* dasselbe, W. *qert-* apreuss. *korto* 'Gehege', ir. *certle* 'Knäuel'. *trąšą trąsiti* 'erschüttern' (Iter.), zu *tręsą* 'erschüttre' *tręsą sę* 'zittre', W. *tres-* griech. τρέω Aor. homer. τρέσσαι (Erweiterung von *ter-*).

Lit. *tąsaũ*, zu *tęsiù*, W. *ten-*, s. S. 253.

Aksl. *raždą raditi*, zu got. *ga-rēdan*, W. *rē-*, s. S. 252. Lit. mit uridg. *-dh-* und *-d-* (§ 290 ff.). *-dh-* darf z. B. angenommen werden für: *skardau skardyti* 'schroten', zu *skérdžu* 'berste, springe' ahd. *scrintan* 'bersten, aufspringen', W. *sqer-* (lit. *skìrti* 'trennen, scheiden'); *púdau* 'mache faulen', zu *pūvù* 'faule', vgl. griech. πύθω 'mache faulen' (Perf. πέπῡθα). *-d-* z. B. für: *spráudau spráudyti* 'etwas gewaltsam in einen engen Zwischenraum drängen' (Iter.), zu *spráudžu spráusti* dasselbe, mhd. *spriezen* ags. *sprūtan* 'spriessen', W. *spreu̯-* (lett. *spraujû-s* 'komme empor, gehe auf', von der Saat);

száudau száudyti 'schiessen' (Iter.), zu *száuju* 'schiesse', vgl. ahd. *sciozan* 'schiessen'. *-dau -dyti* wurde als einheitliches Formans, ähnlich wie das an Präsentia mit demselben wurzelerweiternden Konsonanten entstandene *-dinu -dinti* (§ 233, 2), in weiterem Umfang produktiv, z. B. *spárdau* 'stosse mit den Füssen' (Iter.), zu *spiriù*, *gýdau* 'heile jem.', zu *gyjù* 'werde heil' (Leskien Ablaut 182 ff.).

184. Oft konnte von den Sprechenden ein Verbum unserer Klasse auf ein Verbum und auf ein Nomen zugleich bezogen werden, wofür als Beispiel S. 248 f. 252 aksl. *življą živiti* 'lebendig machen' neben *živą* und *živъ* genannt ist. Vgl. ferner die Nomina, die neben Verba stehen, welche oben als deverbativ aufgeführt sind: lit. *ap-szvaita* 'Reinheit' aksl. *světъ* 'Licht' neben *szvaitýti světiti*, lett. *gans* 'Hirt' ksl. *iz-gonъ* 'Vertreibung' neben *ganýti goniti*, lit. *ùž-daras* 'Abmachsel, Gewürz' neben *darýti*, aksl. *morъ* 'Tod' neben *moriti*, *lože* 'Lager' neben *ložiti*, *tokъ* 'Lauf, Strömung' neben *točiti*, *ljubъ* 'lieb' neben *ljubiti*, u. dgl. Daher sind denn auch Verba unserer Klasse nur auf Grund solcher Nomina geschaffen worden. Als Formen dieser Art, die zugleich im Germanischen erscheinen, sind S. 253 aksl. *cěliti* und *plъniti* genannt. Ferner z. B. die schon S. 169 f. genannten lit. Verba wie *jùstau jùstyti*, zu *jùsta* 'Gürtel'. Aus dem Slavischen *darją dariti* 'schenken', zu *darъ* 'Geschenk', *govorją govoriti* 'Tumult machen', zu *govorъ* 'Tumult', *dělją děliti* 'teilen', zu *dělъ* 'Teil', *u-ničъžą -ničъžiti* 'zu nichte machen', zu *ničъže* 'nichts', *lьgъčą lьgъčiti* 'leicht machen', zu *lьgъkъ* 'leicht', *oštrją ostriti* 'scharf machen', zu *ostrъ* 'scharf', *mъnožą mъnožiti* 'mehren', zu *mъnogъ* 'viel' u. a. Im Slavischen sind mit dieser Verbalklasse seit urslav. Zeit die uridg. Denominativa auf *-i̯éti*, von *i*-Nomina, zusammengefallen, die zumteil, wie *gostiti* 'einen zu seinem Gast machen', ebenfalls als Kausativa (Faktitiva) erscheinen (§ 146 S. 223).

E. Stämme auf *-(u)u̯o-* (*-eu̯o-*): Typus ai. *tū́rva-ti*[1]).

185. Dieser Typus darf als die themavokalische Erweiterung der in § 102 besprochenen Präsensbildung, Typus *taru-tē*,

1) Vgl. Verf. Kurze vergl. Gramm. 537, F. W. Thomas Transact. of the Cambridge Philol. Soc. 3, 207 ff., Zupitza Germ. Gutt. 69, Bloomfield BB. 23, 109 ff., Meillet Mém. 16, 242 ff., Bartholomae Grundr. d. iran. Ph. 1, 78 f.

angesehen werden: ai. *túrva-ti* zu *taru-tē*. Er entspricht demnach der in § 99 besprochenen themavokalischen Flexion von zweisilbigen auf *i*-Diphthong ausgehenden Basen.

Man könnte hierher auch Präsentia wie **sreu̯e-ti* 'fliesst' ai. *srávа-ti* griech. ῥέ[Ϝ]ει neben ai. *sára-ti sí-sarti*, ai. *dráva-ti* 'läuft' neben *drā́-ti* und *drama-ti* 'läuft' stellen. Doch lasse ich sie beiseite, weil eine Grenze gegenüber den Verben, deren *eu̯* man einfach als Wurzelauslaut zu rechnen hat, besonders schwer zu ziehen ist. Vgl. Meillet Mém. 16, 242 ff., Persson Beitr. 734 ff. 767 ff.

186. Mehrsprachliches. Ai. *jī́va-ti* av. *jva'ti* d. i. *jīva'ti* apers. *jīvatiy* 'lebt', lat. *vīvo* (*vīxī* nach *fīxī* neben *fīvo*, *-nīxī* neben *-nīvo*, s. § 189 Anm.), aksl. *živą* 'lebe', nebst ai. *jīvá-ḥ* lat. *vīvos* aksl. *živъ* 'lebendig' zu aksl. Aor. *žichъ* av. *gaya-* 'Leben' *ji-yaēša* 'du lebst', griech. ζῇ usw. — Griech. εἰλύομαι (S. 156), lat. *voluo volvo*, vgl. got. *-walwjan* 'wälzen', *walwisōn* 'sich wälzen' (S. 238), griech. πέλλῦτρον, lat. *volūmen* usw. (S. 156). — Lat. *fervo* (woraus *ferveo*, § 176), ir. *berb(a)id* 'siedet', mit lat. *dēfrūtum* (thrak. βρῦτον), ir. *bruth* 'Glut' *bruith* 'Kochen', ahd *briuwan* 'brauen' zu W. *bher-* in lat. *fermentum fretum* usw.

187. Arisch. Ai. *túrva-ti* 'überwindet', av. erweitert *taᵘrvaye'ti* 'überwindet' (S. 255), nebst ai. *tūrvá-ḥ* zu *taru-tē tárutra-* usw. (§ 102). Ai. *dhánva-ti* 'läuft, fliesst', apers. *danuvatiy* oder *danutaiy* 'fliesst' (Bartholomae Altiran. Wtb. 683), zu ai. *dhánu-tar-* 'laufend, fliessend'. Ai. *raṇva-ti* 'ergötzt', nebst *raṇvá-ḥ* 'behaglich, lustig', steht neben *ráṇa-ti ráṇya-ti raṇáya-ti* 'tut sich gütlich, vergnügt sich' und *ráma-tē* 'ergötzt sich'; vielleicht also aus **ramva-ti* (vgl. 1. Du. *gánvahi* 1, 350, Wackernagel Ai. Gramm. 1, 195). Ai. *bhárva-ti* 'kaut, verzehrt', mit av. *aš-baᵒᵘrva-* 'wo viel zu essen ist, wo es reichlich Nahrung gibt' zu den *d-* und *s*-Erweiterungen ags. *bréotan* aisl. *brióta* 'brechen', ags. *brȳsan* 'zerbrechen', ir. *brūim* 'zerschmettre'. Ai. *cárva-ti* 'zermalmt', zu *carú-ḥ* 'Opferbrei', *cūrṇa-m* 'Staub' (vgl. Persson Beitr. 786). *dhū́rva-ti* 'bringt durch Täuschung zu Fall', zu Perf. *dudhrāva* 'er tötete' *dhrúti-ḥ* 'Verführung', *dhvára-ti* 'täuscht' *dhūrtí-ḥ* 'Schädigung durch Täuschung'. Ai. *jū́rva-ti* 'versengt', zu *jvára-ti* 'ist heiss' (Persson Beitr. 120 f.). Av. *ni-šhaᵘrva'ti* 'hat acht auf', vgl. lat. *servo -ās* osk. serevkid '*servicio, auspicio, auctoritate'; ob *-haurv-* aus **seru̯-* (**soru̯-*) oder **sr̥u̯-* hervorgegangen ist, bleibt zweifelhaft; zu W. *ser-* in av. *haraiti* 'hat acht auf' *hāra-* 'acht habend, hütend'. Av. *āfənte* 'sie werden erreicht' = urar. **āpu̯antai*, zu ai. *āpnó-ti* (§ 237, 3).

Noch mehrere derartige ai. Formen auf *-vati* aus der Grammatikerliteratur (z. B. *pūrva-ti* und *parva-ti* 'füllt', zu *purú-ḥ pr̥ṇō-ti pipar-ti*) behandelt Thomas an der S. 269 Fussn. 1 genannten Stelle.

188. Griechisch. Ausser εἰλύομαι (§ 186) sind zu nennen ἐρύω 'ziehe' neben εἰρύμεναι und ἀρύω 'schöpfe' neben ἀρυτήρ, s. S. 156 f.

189. Italisch. Ausser lat. *vīvo* und *fervo* (§ 186) ist noch *loquor* (*locūtus*) zu erwähnen, falls es zu griech. λάσκω ἔλακον, d. h. zu einer nicht auf Labiovelar endigenden Wurzel, gehören sollte.

Anm. Unser *-u̯o-* hat man in einigen auf urlat. *-gu̯ō* ausgehenden Präsentien gesucht. Doch sind alle Fälle recht unsicher. Alat. *fīvo* (Perf. *fīxī*) wird **dhīgu̯ō*, nicht **dhīg-u̯ō*, gewesen sein und *fīgo* Neubildung nach *-flīgo* neben *-flīxī*. Für *tingo* (zu griech. τέγγω 'benetze, befeuchte') kam *tinguo* wohl nach *unguo* (**oŋgu̯ō*) auf, vgl. *tinxī* : *unxī*. Ebenso *distinguo* wohl für **-stingō*, vgl. umbr. an-stintu 'distinguito' aus **stingetōd*. *fluo* (Perf. *flūxī*, *flūctus*, *conflūgēs* [oder *conflŭgēs*?]) und *fruor* (*frūctus*) sind vermutlich aus **flūgu̯ō*, **frūgu̯ōr* entstanden, diese für **flūgō*, **frūgōr*. Die Muster für letztere brauchen aber nicht formantisches *-u̯o-* gehabt zu haben, da *-gu̯ō* ja auch Fortsetzung von *-gu̯ō* und *-gu̯hō* (alat. *cōnīvo* von W. *kneigu̯h-*) gewesen ist. Anders über *fluo* Persson Beitr. 54 ff. *struo* hat zwar *strūxī* neben sich, aber wegen *struēs*, umbr. struçla '*struiculam', got. *straujan* 'streuen' usw. ist es nach *vīvo* : *vīxī* (§ 186) zu beurteilen, das Präsens hat also nie *-gu̯-* gehabt.

190. Germanisch. Präsentia mit unserm Formans *-u̯o-* nimmt man an teils für Wurzeln auf langen Vokal, z. B. ahd. *sāwen* 'säen', teils für Wurzeln auf Guttural, z. B. aisl. *strýkua* 'streichen', teils für Wurzeln auf *-n*, z. B. ahd. *spannan* 'anspannen; sich dehnen' (neben *spanan* 'locken, reizen', Prät. *spuon*). Alle diese Annahmen sind unsicher.

Anm. Über die Formen wie ahd. *sāwen* (neben *sāen* got. *saian*), *bluowen* (neben *bluoen*) s. Braune Ahd. Gramm.[3] 92 und die hier genannte Literatur. Für die Formen wie aisl. *strykua* 'streichen' neben got. *striks* kommt man wohl überall mit der Annahme einer analogischen Beeinflussung durch Wurzeln auf Labiovelar aus, wie auch ahd. Part. *pi-siwaniu* (zu *sīhan*) neben ahd. *gi-sig*, griech. ἰκμάς usw. auf diesem Weg zu seinem -[ʒ]*u̯*- gekommen zu sein scheint. Auf solche Einwirkung führe ich zugleich -*sku̯a*- für -*ska*- in Präsentien der -*sk̑o*-Klasse (§ 268 ff.) zurück: got. *ga-wrisqan* (aisl. *roskenn*) aus **u̯redh-sk̑o*- (2, 1, 475), aisl. *þryskua* gegenüber got. *þriskan*. Was endlich die Verba auf -*nnan* (mit -*nn*- aus -*nu̯*-) betrifft, so ist keine Grenze zu finden gegenüber den Verba, deren -*nna*- das uridg. Formans -*nu̯-o*- war (§ 253), und vielleicht ist dieses für sämtliche Verba auf -*nnan* der Ausgangspunkt gewesen.

191. Slavisch. Aksl. *plěvą plěti* (aus **pelvą* **pelti*) 'jäten', serb. *plijèvēm pljèti*, ačech. *plevu pléti*; dazu aksl. *plěvelъ* aruss. *poločelъ* 'Unkraut'; Solmsen Rhein. Mus. 60, 499 vergleicht griech. σπαλύ-σσεται.

F. Stämme mit Nasalformantien.

a. Allgemeines.

192. Hauptsächlich die folgenden nasalformantischen Bildungstypen treten in mehreren Sprachzweigen zugleich auf: ai. *mr̥ṇā́-ti* und *mr̥ṇá-ti*, *yunák-ti* und *yuñjá-ti*[1]), *r̥ṇṓ-ti* und *r̥ṇvá-ti* sowie *kr̥páṇa-tē*.

Die themavokallosen Klassen hatten Stammabstufung nach Art von ai. *ḗ-mi* : *i-máḥ y-ánti* u. dgl., z. B. *mr̥ṇā́-mi* : *mr̥ṇī-máḥ* (griech. δάμνα-μεν) *mr̥ṇ-ánti*, *yunáj-mi* : *yuñj-máḥ yuñj-ánti*, *r̥ṇṓ-mi r̥ṇu-thá r̥ṇv-ánti*. S. § 34.

Ferner ist das Nebeneinander von themavokalloser und themavokalischer Flexion das gleiche, das anderwärts begegnet, z. B. *mr̥ṇā́-ti* : *mr̥ṇá-ti* wie griech. ἵστη-σι : ai. *tíṣṭha-ti*. Dabei ist zu beachten, dass der uridg. Ausgang der 3. Plur. der themavokallosen Flexion -*enti* oder -*onti* in dem *e*, *o* sehr wahrscheinlich dasselbe Element enthielt, das man in der andern Flexionsweise als thematischen Vokal bezeichnet, so dass z. B. *mr̥ṇ-ánti* und *mr̥ṇá-nti*, *r̥ṇv-ánti* und *r̥ṇvá-nti* nicht nur lautlich, sondern auch formantisch ursprünglich dasselbe waren. Vgl. S. 47. Die themavokalische Weise hat hier wie anderwärts im allgemeinen als die jüngere zu gelten. Sie aber durchweg als erst einzelsprachlich aufgekommen zu betrachten, liegt kein ausreichender

1) Der Accent von ai- *yuñja-ti* ist nicht überliefert, er ist nach *vindá-ti* (neben av. *vīnas-ti*), *śumbhá-ti* u. a. erschlossen.

Grund vor. Der Typus *yuñjá-ti* hat in allen Sprachzweigen ohne Ausnahme Vertreter und ist in einigen Sprachzweigen ihrer ältest erreichbaren Zeit zuzuweisen (z. B. ved. *vindá-ti* av. *vinda-t̰*, lat. *stinguo* umbr. an-stintu, got. *fāhan* ahd. *fāhan* aisl. *fá* = urgerm. **faŋχanan*, lat. *pangere*). Auch weist der Umstand, dass in allen europäischen Sprachen der zugehörige altertümlichere themavokallose Typus *yunákti* schon in vorgeschichtlicher Zeit abgestorben ist, darauf hin, dass wenigstens der Anfang zum Ersatz von Präsentia wie *yunák-ti* durch solche wie *yuñjá-ti* bereits in uridg. Zeit gemacht war. Natürlich darf auch hier nicht jedes Beispiel, das in mehreren Sprachzweigen zugleich zu belegen ist, deshalb als aus uridg. Zeit überliefert angesehen werden. Nur dem Typus schreiben wir dieses hohe Alter zu.

Bei den auf Verschlusslaut ausgehenden Wurzeln ist, wenn sie nasalpräsentische Formationen haben, oft ein uridg. Wechsel zwischen Media und Tenuis zu beobachten, z. B. griech. πήγνῡμι lat. *pango* : lat. *pāx -cis* (1, 629 ff.). Wo solcher Wechsel erscheint, ist jedesmal von vornherein die Wahrscheinlichkeit dafür, dass wenigstens éine von den nasalen Bildungsweisen bereits in uridg. Zeit vorhanden war.

193. Vom Standpunkt der idg. Einzelsprachen aus sowie auch schon vom Standpunkt der auf Grund der Einzelsprachen zunächst erschliessbaren idg. Ursprache aus war das nasale Bildungselement in ai. *mr̥ṇā́-ti* und *r̥ṇó-ti* ein Endformans ('Suffix') im Gegensatz zu *yunák-ti*, wo es als Binnenformans ('Infix') erscheint. *-*nā*- und *-*neu̯*- in jenen ersteren Formen mussten sich der Empfindung der Sprechenden so darstellen, als ob an ein geschlossenes Wortstück (das man Verbalstamm nennen kann) die Formantien *-*nā*- und *-*neu̯*- angetreten seien. Dennoch kann man, wenn man die Formen 'analysiert', auch den Nasal von *mr̥ṇā́-ti* und *r̥ṇó-ti* als ein Binnenformans ansehen. Denn das *ā* z. B. von ai. *jinā́-ti* 'überwältigt, unterdrückt' darf als identisch mit dem *ā* der Basis *g^{u}*ei̯ā*- (ai. *jyā-sya-ti*, *jyā́* griech. βία), das *u* z. B. von ai. *str̥ṇó-ti* griech. στόρνυ-μεν als identisch mit dem *u* von got. *straujan* (Basis **stereu̯*-) betrachtet werden; der Nasal erscheint hier also zwischen der 'Wurzel' und dem Schlussteil der zu ihr gehörigen zweisilbigen Basis. S. 2, 1, 7 f. 2, 3, 57.

156. Hiernach war der Nasal in den drei Typen *yunák-ti*, *mr̥-ṇá-ti*, *r̥ṇó-ti* etymologisch wahrscheinlich dasselbe Element, aber auch die Entstehungsweise der drei Typen in uridg. Zeit im wesentlichen die gleiche.

Es ist auffallend, wie oft das, was sich in Formen des Typus ai. *yunák-ti yuñjá-ti* als der Schlusskonsonant der 'Wurzel' darstellt, nachweislich ein erst zu einer Urwurzel hinzugekommenes Element ist: z. B. *qert-* 'schneiden', wozu ai. *kr̥ntá-ti* Perfekt *cakarta* usw., war Erweiterung von *qer-* 'schneiden' (ai. *kr̥ṇá-ti* griech. κείρω usw.). Es liegt also schon aus diesem Grunde die Vermutung nahe, dass die allerältesten Präsentia dieser Klasse ebenso wie die der *nā-* und der *neu̯*-Klasse einen aus Wurzel und zwei Formantien bestehenden Stamm gehabt haben. Die Weiterentwicklung der drei Kategorien war dann nur in folgender Weise verschieden. Bei *mr̥ṇá-ti* und *r̥ṇó-ti* hatten sich die festen Formanskonglomerate *-nā-* und *-neu̯-* ergeben, die in derselben Weise als Endformantien des Stammes produktiv wurden wie z. B. das griech. präsensbildende -αζω, das in Formen wie λιθάζω, von λιθάς -άδος, seinen Heimatsbereich hatte (S. 209. 230). Bei den Urmustern des Typus *yunákti* dagegen kam es nicht (oder nur in geringem Umfang, s. Osthoff IF. Anz. 1, 82 ff.) zu einer so festen Vereinheitlichung des Nasalformans mit einem einzelnen folgenden konsonantischen Formans: nicht z. B. zu einem **qer-net-* aus **qer-ne-t-* mit ebenso einheitlichem *-net-*, wie *-neu̯-* in **ster-neu̯-* aus **ster-ne-u-* einheitlich war. Der Grund hiervon war der, dass der Artikulationsart und der Artikulationsstelle nach sehr verschiedene Geräuschlaute hinter der Wurzel und der um das *n*-Formans vermehrten Wurzel als 'Determinative' nebeneinander lagen, z. B. ai. *chi-ná-d-mi* mit *-d-* (zu ai. *chyá-ti*, lat. *scī-sco* u. a.), *li-m-pá-ti* mit *-p-* (zu lat. *li-no*, ir. *lenim* u. a.) usw. usw. Welches die ältesten Exemplare des Typus *yunákti yuñjá-ti* gewesen sind, liegt im Dunkeln. Gewiss ist aber, dass schon in uridg. Zeit nach ihrem Muster der Nasal zu vielen Wurzeln gekommen ist, bei denen der Geräuschlaut von Anfang an Bestandteil der Wurzel selbst war. Nur hier war denn das nasale Element in Wahrheit 'Infix'.

In allen drei Klassen gewann, wie § 192 bemerkt worden

ist, mehr und mehr, in der einen Klasse früher, in der andern später, die sekundäre themavokalische Flexionsweise die Oberhand über die themavokallose.

Von dem entwicklungsgeschichtlichen Verhältnis des Typus *kr̥páṇa-tē* zu den andern nasalen Präsensklassen wird § 226 zu handeln sein.

194. Das nasale Element war in allen Klassen ursprünglich auf das Präsens beschränkt, z. B. ai. *yunákti*, Fut. *yōkṣyati*, Perf. *yuyṓja* usw., *str̥ṇṓti* und *str̥ṇā́ti*, Fut. *stariṣyati*, Perf. *tastā́ra* usw. Dies mag in uridg. Zeit noch durchgehend oder doch fast ausschliesslich der Fall gewesen sein. In allen Sprachzweigen erscheint dann aber, in verschiedenem Umfang, die Präsensbildung zur Grundlage der Bildung von andern Tempora sowie von Verbaladjektiva gemacht, z. B. ai. Aor. *ámīmr̥ṇa-t* zu *mr̥ṇā́-ti mr̥ṇá-ti*. Wie weit Übereinstimmungen hierin, wie ai. 1. Plur. Aor. *a-yuṅkṣmahi*, lat. *junxī*, lit. *júnksiu* (neben ai. *a-yōkṣīt*, griech. ζεύξω ἔζευξα usw.), lat. *minxī*, lit. *mį́sziu* (neben lit. *mìžia* 'cunnus', av. *maēzaiti* 'mingit' usw.), griech. ἔπλαγξα, lat. *planxī* (neben griech. πλήσσω, aksl. *plačą*, got. *flōkan*), auf schon in voreinzelsprachlicher Zeit vorgenommener Neubildung beruhen, ist nicht zu bestimmen.

Übrigens stammen nicht alle Nasale, die in eine ausserpräsentische Form neu aufgenommen worden sind, aus einem Nasalpräsens. Es können auch Verba vorbildlich gewirkt haben, deren Nasal ursprünglicher Bestandteil der Wurzel gewesen ist. So ist z. B. das zu W. *dhebh-* gehörige ai. Perf. *dadámbha* neben das ältere *dadā́bha* und das Präsens *dabhnṓ-ti* (§ 237, 3) getreten nach dem Verhältnis von *caskámbha* zu *skabhnṓ-ti* d. i. **skm̥bhneu-ti* u. dgl. (Bartholomae IF. 7, 82 ff.). Nasalierte Verbalformen dieser Art gehören also nicht in dieses Kapitel von den Nasalpräsentien.

195. 1) Ein Unterschied des aktionellen Sinnes der verschiedenen Nasalpräsentia ist nicht erwiesen.

Die Aktion der Nasalpräsentia ist, ebenso wie bei andern sogen. primären Verbalklassen, teils imperfektiv, teils perfektiv. Auch im Slavischen, wo die Aktionsunterschiede schärfer als anderwärts durchgebildet sind, ist keine Einheitlichkeit, z. B.

sind aksl. *vyknąti* 'sich gewöhnen', *sъchnąti* 'trocknen' (intr.) imperfektiv, *dvignąti* 'in Bewegung setzen', *minąti* 'vorübergehen' (d. h. so gehen, dass man vorbeigelangt) perfektiv. Über die Verhältnisse im Ai. und Griech. s. Delbrück Vergl. Synt. 2, 40 ff.

Es scheint hiernach, dass auch die nasalen Präsensformantien von Haus aus mit dem Begriff einer bestimmten Aktionsart nichts zu tun gehabt haben.

2) Geht man davon aus, dass bei den drei Typen *yunákti*, *mr̥ṇā́ti*, *r̥ṇóti* die themavokallose Flexion die ursprüngliche gewesen ist, so bietet sich aus der Geschichte der einzelsprachlichen Entwicklungen kein Anhalt dafür, dass der nasale Stamm früher nominal als verbal verwendet worden ist. Nomina wie ai. *yúñj-* 'zusammengejocht, Gefährte', lat. *con-junx* (2, 1, 146) können im Anschluss an nasale Verbalformen aufgekommen sein. Anders steht es mit dem Typus *kr̥páṇa-tē*, s. § 226.

b. Der Nasal als Binnenformans, themavokallos: Typus ai. *yunák-ti*.

196. Diese Klasse ist nur im Arischen erhalten. Nur Wurzeln auf einen Verschlusslaut oder Reibelaut zeigen diese Bildung. Vor dem wurzelschliessenden Konsonanten erscheint in den starken Formen (urar.) *-na-*, in den schwachen *-n-*.

Ohne zureichenden Grund hat man öfters Fälle des Vorhandenseins der starken Stammform, wie ai. *yunaj-*, auch in europäischen Sprachen angenommen.

Anm. Hom. κυνέω 'küsse' neben ἔκυσσα wird auf *κυνεσ-μι zurückgeführt von Johansson, Kretschmer u. a. Doch ist ein *kus-* (*ka^{x}us-*) 'küssen' aussergriechisch nicht nachgewiesen, und wenn ai. klass. *cumba-ti* 'küsst' auf **cunva-ti* beruht (Wackernagel Altind. Gramm. 1, 184), kann κυνέω, wie dieses, von jeher ohne *s* gewesen sein. Lat. *con-quinīsco* neben *conquēxī* (W. *q^{u}eĝ-*, vgl. aisl. *hnika*, aksl. *čeznąti*, lit. *ap-kéżęs*) soll aus **-quene-g-scō* entstanden sein und *frūniscor* neben *frūgēs* usw. entsprechend aus **frū-ne-g-scōr*. Aber durch *frūnītus* wird *frūnīscor* (mit *-ī-*) erwiesen (vgl. *concupītus* : *concupīsco* u. a.), und so ist vielmehr **frūgnīscōr* als Vorform anzusetzen (1, 680). Dadurch wird aber auch **con-queg-nīsco* als Vorform wahrscheinlich; dieses hat sein *g* durch Ferndissimilation eingebüsst (1, 856). Gegen die Annahme, dass *-quinīsco* Nasalinfix enthalte, jetzt auch Persson Beitr. 529. Ebenso problematisch ist die Verbindung von ahd. *binuʒ*, as. *binit* (aus dem Adjektiv *binitīn* zu entnehmen), ags.

beonet 'Binse' mit ai. *bhinádmi* 'findo' (s. Zupitza KZ. 36, 63). Des weiteren vgl. noch Pedersen KZ. 38, 354.

197. Zu Wurzeln mit *i*, *u*, *ṛ*.

Ai. Präs. *riṇák-ti* 'lässt' *riñcmáḥ riñcánti*, Imperf. *á-riṇacam á-riṇak*, Konj. *riṇáca-t*, Opt. *riñcyā́-t*, av. *ⁱrinaxti* 'lässt', vgl. lat. *linquo*, preuss. *po-līnka* 'bleibt', W. *leiqᵘ-*; lit. 3. Sing. *pa-linkt* ist schwerlich eine alte themavokallose Bildung (vgl. § 50). — Ai. *bhinád-mi* 'spalte', 3. Plur. *bhindánti*, vgl. pāli *bhinda-ti*, lat. *findo*, W. *bheid-*. — Ai. *chinád-mi* 'spalte', 3. Plur. *chindánti*, vgl. Opt. *chindēta*, lat. *scindo*, zu ai. *chēda-ḥ* 'Schnitt'. — Ai. *pinaṣ-mi* 'zerstampfe, zermalme', 3. Plur. *piṃṣanti*, vgl. ai. *piṃṣa-ti* lat. *pīnso*, zu ai. *pēṣṭar-* 'Zermalmer, Zerreiber'. — Ai. *in(d)dhé* 'entzündet', 3. Plur. *indhátē*, Konj. 3. Sing. *inádha-tē*, zu Perf. *īdhé*, W. *aidh-*. — Gthav. *činahmī* 'lehre, verspreche', 3. Sing. Inj. *činas*, 3. Sing. Imperf. *čistā* für **čįsta* (1, 353), zu 3. Sing. *čōišt* (S. 92). — Av. *vīnasti* 'findet', Med. *viste* für **vįste* (1, 353), vgl. *vinda-ṯ* ai. *vindá-ti*, W. *ueid-*.

Ai. *yunák-ti* 'schirrt an', 3. Plur. *yuñj-ánti*, vgl. *yuñja-ti*, W. *ieug-*. — Ai. *ruṇádh-mi* 'hemme', Med. *run(d)dhé*, vgl. *rundha-ti*, zu *rṓdha-ti*. — Ai. *bhunák-ti* 'gewährt Genuss', 3. Plur. *bhuñjánti*, vgl. *bhuñja-ti*, zu *bhṓga-ḥ* 'Genuss'. — Ai. *tundāná-ḥ* Part. zu **tunad-mi* 'tundo', vgl. *tunda-tē*, zu *tōdá-ḥ* 'Stachler'.

Ai. *kṛṇátti* 'dreht, spinnt', 3. Plur. *kṛntánti*, zu *karttar-* 'Spinner', ir. *certle* 'Knäuel', vgl. aksl. *krętą* § 207, 2. — Ai. *tṛṇátti* 'durchbohrt', Med. *tṛnttē*, zu Perf. *tatárda*, vgl. lit. *tréndu* § 207, 2. — Ai. *vṛṇájmi* 'drehe zusammen', Med. *vṛəktḗ*, zu Aor. *várk*, Kaus. *varjaya-ti*, vgl. mhd. *runke* usw. § 207, 2. — Ai. *chṛṇatti* 'speit aus', Imper. *chṛn(d)dhi*, zu Perf. *cacharda*. — Ai. *tṛṇēḍhi* 'zerschmettert' aus **tṛnaẓḍhi* (1, 560), 3. Plur. *tṛhánti*, zu Perf. *tatarha*. — Ai. *ṛndhánt-* 'gedeihend', Konj. *ṛṇádha-t*, zu Fut. *ardhiṣya-tē*. — Gthav. *vī-mərᵊnčaⁱtē* 'sie schädigen, verderben', Opt. *mərᵍšyā-ṯ* (1, 353), vgl. 3. Sing. jgav. *mərᵊnčaⁱte*, zu *mahrka-* M. 'Verderben, Tod'. — Weitere Beispiele s. bei Keller KZ. 39, 185 ff.

Im ganzen genommen, war diese Präsensbildung im Arischen im Absterben. Dass sie immerhin im Ai. noch nicht ganz der Triebkraft beraubt war, zeigt am deutlichsten ved. *a-bhiṣṇak*, eine

Neuschöpfung, zu dem nicht mehr als Kompositum empfundenen *bhi-ṣák-ti* 'heilt' (S. 96 f.).

Bei *níndat-i* 'schmäht' neben Pass. *nidyá-tē* usw. erklärt sich der unregelmässige Accent vermutlich so, dass es ursprünglich als *ní-nda-ti* ein redupliziertes Präsens wie *pí-bda-tē* usw. war, zu gthav. *nadant-* 'schmähend' gehörig (§ 85). Zurückgezogenen Accent zeigen aber auch *índhāna-ḥ*, *túñjāna-ḥ* (neben *tuñjāná-ḥ*), *túñjamāna-ḥ* neben Ind. 3. Plur. *tuñj-átē* (zu *tuj-* 'stossen, drängen'), *śúmbhamāna-ḥ śúmbha-ti* neben *śumbhá-ti* (zu *śubh-* 'schmücken'), *dŕ̥ha-ti* neben *dr̥hánt-* (zu *dr̥h-* 'befestigen'), Part. *pŕ̥ñcatī* neben *pr̥ṇákti pr̥əkté* (zu *pr̥c-* 'mengen'), womit man *pínva-ti* u. dgl. (§ 250, 1) vergleiche. Diesen unursprünglichen Accent zeigen ferner die zum Sing. *hinásti* 'schädigt, verletzt' gehörigen 3. Plur. *hiṣ-anti*, Med. *hiṣ-tē hiṣāna-ḥ* sowie themavokalisch *hiṣa-ti*, ein Verbum, das man gewöhnlich mit *hán-ti* 'schlägt' verbindet, das jedoch annehmbarer von Güntert IF. 30, 106 ff. mit *hḗṣas-* 'Geschoss' (gall. *gaiso-* ahd. *gēr* 'Speer' usw.) zusammengebracht wird. Hier ist vielleicht der Ton des reduplizierten *niṣ-tē niṣāna-ḥ* (S. 106) vorbildlich gewesen.

198. Nur das Altindische kennt diesen Präsenstypus auch bei Wurzeln ohne *i*, *u*, *r̥*. *anák-ti* 'salbt', 3. Plur. *añjánti*, Med. *aək-té*, vgl. *añja-ti*, zu *áñjas-* 'Salbe', Pass. *ajyá-tē*, W. *oəg*ᵘ- *n̥g*ᵘ- (lat. *unguo*). *tanák-ti* 'zieht zusammen, macht gerinnen', zu *-táñcana-*, *takrá-m*, W. *teəq- tn̥q-* (got. *þihan* as. *ge-thungan* mit Kaus. *-thengian* usw.). *bhanák-ti* 'bricht' Part. *bhañj-ánt-*, vgl. pāli *bhañja-ti*, zu Perf. *babhañja*, *bhaəgá-ḥ*, Pass. *bhajyá-tē* (ir. *bongid*, lit. *bongà*).

Es liegt nichts im Wege, z. B. *anák-ti añj-ánti* auf **n̥-né-g*ᵘ- **n̥-ə-g*ᵘ- zurückzuführen. Vgl. *r̥-ṇá-dh- r̥-n-dh-* (§ 197) und, wegen der Präsensbildung mittels Nasalformans zu einer Nasalwurzel, ai. *tanó-ti* = **tn̥-neu-ti* (§ 236, 2). Gleichwohl bleibt zweifelhaft, ob die Präsensbildungen *anákti*, *tanákti*, *bhanákti* nicht erst auf indischem Boden in Nachahmung der in § 197 genannten Bildungen aufgekommen sind. S. Keller KZ. 39, 147 ff. 189 f. Dass es sich bei *bhaəg-* um einen Nasal handelt, der vielleicht ursprünglich nur dem Präsens angehört hatte (s. § 210, 1), ändert hieran nichts.

c. Der Nasal als Binnenformans, themavokalisch: Typus ai. *yuñjá-ti*.

199. I) Wurzeln mit *i*- und *u*-Vokalismus.

Mehrsprachliches. Wir nennen hier zugleich Umbildungen dieser Präsensklasse, die den Typus *yuñjá-ti* nur voraussetzen lassen, besonders den häufigen Übergang in die *i̯o*-Flexion, den auch sonst Präsensformen so oft erfahren haben (§ 296).

Zunächst themavokalische Nebenformen zu den § 197 angeführten themavokallosen Formen. Zu ai. *riṇák-ti*: lat. *linquo*, preuss. *po-līnka* 'bleibt', vgl. griech. λιμπάνω (§ 202); hierzu wohl auch λίσσωμεν· ἔασωμεν (Hesych), das dann wahrscheinlich als **linqᵘi̯ō* aufzufassen und λίσσω zu lesen ist. — Zu ai. *bhinád-mi*: pāli *bhinda-ti*, lat. *findo*. — Zu ai. *chinád-mi*: ai. Opt. *chindēta*, lat. *scindo*, dazu vielleicht griech. σχινδαλμός 'Splitter, Schindel'. — Zu ai. *pinaṣ-mi*: ai. *piṣa-ti*, lat. *pīnso*; hiezu vermutlich auch griech. πτίσσω (πτίσσω) 'stampfe, schrote' als *πτινσι̯ω (vgl. νίσσομαι S. 106). — Zu av. *vīnasti*: ai. *vindá-ti* av. *vinda-t̰*, ir. *finnad* 'er wisse' mit *ro-finnadar* 'pflegt zu wissen' (vgl. § 204); vgl. arm. *giut* 'Gewinn' (§ 201). — Zu ai. *yunák-ti*: ai. *yuñja-ti*, lat. *jungo*, vgl. lit. *jùngiu* 'spanne ins Joch' (§ 206). — Zu ai. *tundā-ná-ḥ*: ai. *tunda-tē* 'stösst', lat. *tundo*.

Anderes. Ai. *limpá-ti* 'beschmiert', lit. *limpù* 'klebe, hafte', zu ai. Perf. *lilēpa*. — Ai. *piṁśá-ti* 'schmückt, ziert, putzt, rüstet', lat. *pingo*, zu ai. Perf. *pipḗśa* (W. *peik̑- peig̑-*). — Ai. *śvinda-tē* 'glänzt, leuchtet' (Gramm.), lit. *szvintù* 'werde hell', zu ai. Part. *śvitāná-ḥ* (W. *k̑u̯eit- k̑u̯eid-*). — Lat. *ninguit*, lit. *sniñga* 'es schneit', zu lit. *snēga* 'es schneit'. — Umbr. anstintu 'distinguito' aus **-stingetōd*, lat. *distinguo īn-stinguo* für **-stingō* (§ 189 Anm.), lit. *stingù* ('bleibe stecken') 'verbleibe ruhig an einer Stelle', zu lat. *īn-stīgāre*, ai. *tḗja-tē* 'ist scharf, stachelt an'. — Lat. *fingo*, ir. *con-utuing -utaing* (**-ud-ding-*) 'baut', *for-ding* 'unterdrückt'; zu lat. *fictus*, ir. 3. Plur. Konj. des *s*-Aorists *for-diassat* (§ 323), W. *dheig̑h-*. — Lat. *mingo* lett. *mīſchu* 'mingo' aus **minz-i̯u* (§ 206), vgl. lit. *mižalaĩ* 'Harn', zu lat. *mictum*, ai. *mḗha-ti* 'harnt' (W. *meig̑h-*). — Lat. *stringo* 'streife ab, streiche', vgl. griech. στρίγξ -γγός 'Reihe,

Zeile', zu lat. *striga*, ahd. *strīhhan* 'streichen'. — Ir. *lingid* 'springt', wahrscheinlich der *i̯o*-Klasse (§ 131) angehörig (*s*-Konj. *lias* 'prosiliat', Perf. *leblaing*), und so dürfte auch das etymologisch dazu zu stellende griech. πλίσσομαι 'schreite aus, gehe mit gespreizten Beinen', ἐκ-πλίσσω 'falle auseinander' Nasalbildung gewesen und aus *-πλιγχ-ι̯ω entstanden sein, wonach denn πλῑσσομαι -πλῑσσω anzusetzen wäre (Osthoff Morph. Unt. 6, 21 ff.); zu πλίξ 'Schritt'. — Lat. *vincio* aus **vinqu̯i̯ō* (1, 280) für **vinquō*, griech. ἴμψας· Ζεύξας. Θετταλοί, zu ἰψόν· τὸν κισσόν. Θούριοι, lat. *vicia*. — Ai. *lumpá-ti* 'zerbricht', lat. *rumpo*, zu ai. Perf. *lulōpa*. — Ai. *muñcá-ti* 'lässt los, löst, befreit', mit *ā́* und *práti* 'zieht an, legt an' (Kleidung), lat. *ē-mungo*, lett. *mūku* 'löse mich ab, fliehe' aus **munku*, zu ai. Perf. *mumóca* (W. *meuq- meug-* etwa 'schlüpfen'). — Pāli *pari-bhuñja-ti* 'reinigt, kehrt aus' av. *bunja'ti* 'löst', lat. *fungor* (ursprünglich 'entledige mich einer Sache'), zu got. *us-baugjan* 'ausfegen, auskehren' (mit uridg. *-k-*); zweifelhaft ist, ob wurzelhaft identisch mit griech. φυγγάνω 'fliehe', Part. lesb. πεφύγγων (§ 378), weiter φεύγω 'fugio'. — Ai. *luñca-ti* 'rauft, zupft' Gramm. (belegt ist das davon ausgegangene Perf. *luluñcuḥ*), lat. *runcāre*, vielleicht zu griech. ῥυκάνη 'Hobel' (man erwartet *ἐρυκάνη). — Ai. *unda-ti* 'quillt, benetzt' neben *unátti*, 3. Plur. *undánti*, lat. *undāre unda*, preuss. *unds* 'Wasser', zu ai. *ódman-* 'Flut', aksl. *voda* 'Wasser'. — Lit. *bundù* 'wache auf', griech. πυνθάνομαι 'erforsche' (§ 202), zu lit. Prät. *budaũ*, griech. hom. πεύθομαι. — Ir. *slucid* 'verschluckt', 3. Plur. *slogait*, vgl. abret. *ro-luncas* 'hat verschlungen', griech. λυγγάνομαι λυγκαίνω 'schluchze', λύζω 'schlucke, schluchze' vermutlich aus *λυγγι̯ω (λύγξ -γγός 'der Schlucken'), zu mhd. *slucken* 'schlucken'. — Vgl. noch in § 205 ai. *tuñja-ti* : got. *stiggan* und lett. *sprūku* aus **sprunku* : ahd. *springan*.

Mehr Beispiele für den Übergang der Binnennasalierung aus unserm Präsens in andere verbale und nominale Bildungen (vgl. oben ai. *luluñcuḥ*, griech. ἴμψας, πεφύγγων, ir. *leblaing*, lat. *runcāre*, *undāre unda*, preuss. *unds*) werden unter dem Einzelsprachlichen folgen.

Das mehrsprachliche Erscheinen des Nasals in einem nicht enger ans Verbum angegliederten Nomen, wie z. B. ai. *yúñj-* lat.

con-junx (2, 1, 146. 2, 3, 276), ai. *tuñjá-ḥ* 'Ruck, Anstoss' got. *bi-stugq* N. 'Anstoss' (§ 205), darf kaum auf uridg. Gemeinsamkeit zurückgeführt werden.

Auffallend ist lit. *vandũ -eñs* 'Wasser' neben dem unnasalierten aksl. *voda* und neben dem zu ai. *unádmi* und *unda-ti* gehörigen preuss. *unds* 'Wasser' (lat. *undāre unda*). Es bleibt unsicher, ob dieses lit. Wort seinen Nasal von Formen mit *und-* bekommen hat, oder ob, wie Schulze Eigenn. 243 annimmt, Vorausnahme des *n* aus der folgenden Silbe (*vanden-* aus **vaden-*) stattgefunden hat.

200. Arisch. Ai. *siñcá-ti* 'giesst aus, begiesst', av. *hinča'ti* 'giesst', zu ai. *séca-tē.* Ai. *ṡiṣa-ti* 'lässt übrig' neben *ṡinas-ti* Opt. *ṡiṣyā-t*, zu *ṡēṣa-ti.* Ai. *umbha-ti* 'hält zusammen' neben 2. Sing. *unap*, zu Part. *ubdhá-ḥ.* Ai. *kuñca-tē* 'zieht sich zusammen', zu Perf. *kukōca.* Noch andere Beispiele bei Keller KZ. 39, 185 ff.

Über die Betonung von *hiṣa-ti*, *nínda-ti*, *túñja-mānaḥ*, *ṡúmbha-ti* s. S. 278.

Eindringen des Binnennasals in andre Tempusbildungen und in Nomina.

a) Nicht selten erscheint Übergang in die *áya*-Klasse, z. B. ai. *limpaya-ti*, *indhaya-ti*, *hiṣaya-ti*, *rundhaya-ti*, *kuñcaya-ti*, av. *bunjaye'ti* mit den Partizipia wie ai. *indhita-*, *kuñcita-* (S. 255).

b) Sporadisch Verquickung unseres Nasaltypus mit einem andern Nasaltypus. Ai. *stiənō-ti* 'steigt' (MS.) aus **stiəghn-* neben *stighnō-ti*, wie auch aksl. *stignq* aus **stiəgn-* (§ 206), vgl. av. *-kərᵊnuyāt* (§ 207, 1). S. Keller KZ. 39, 182 f. 204.

c) Öfters Bildung nichtpräsentischer Tempora und Formen des Verbum infinitum im Anschluss an das Präsens: z. B. ai. *s*-Aor. *a-yuəkṣmahi* neben *a-yukṣi*, *āindhiṣṭa indhiṣīya* neben *idhiṣīmahi*, *s*-Fut. *hiṣiṣya-ti indhiṣyant-*, Perf. *jihiṣa*, *luluñcuḥ luluñcē*, Absol. *hiṣitvā bhuəktvā.* Dann Nomina wie *agnim-indhá-ḥ* 'Feueranzünder', *bhindú-ḥ* 'Zerspalter, Zertrümmerer', *limpi-ḥ* 'das Bestreichen, Schreiben, Schrift', *gō-vind-* 'Rinder verschaffend', *yúñj-* 'vereinigt, Gefährte'. Vgl. Keller a. a. O. 151 f. Gleichartige Verwendung des Nasalstamms als allgemeiner Verbalstamm zeigt sich in *pinvaya-ti pipinva*, zu *pínva-ti* u. dgl. (§ 250, 1).

201. Armenisch. Unsere Präsensklasse scheint hier untergegangen zu sein. Zu ai. *vindá-ti*, *go-vínd-*, *gō-vinda-ḥ* (§ 199. 200) mag das S. 279 genannte *giut* (Gen. *giuti*) 'Fund, Gewinn' (1, 523) gehören.

202. Griechisch. Überreste dieser Klasse scheinen zu sein: λινδέσθαι· ἁμιλλᾶσθαι neben λίζουσι· παίζουσιν Hesych (aus *λινδι̯ω?), zu λοίδορος, lat. *loidos lūdus*; σκίμπω 'stütze, stemme', Aor. ἔσκιμψα, zu σκίπων 'Stab, Stock', lat. *scīpio* (vgl. Solmsen Beitr. 1, 206 ff.). Auf ihr beruhen zwei Klassen von Präsensbildungen, Formen auf -ανω und Formen auf -ι̯ω. 1) Auf -ανω. Genannt sind in § 199 λιμπάνω, φυγγάνω, πυνθάνομαι, λυγγάνομαι. Weiter θιγγάνω 'berühre, betaste', zu Aor. ἔθιγον, welches Verbum vielleicht mit lat. *fingo* zu W. *dheiĝh-* (S. 279) zu stellen ist, τυγχάνω 'treffe, erlange', zu Aor. ἔτυχον, ἐρυγγάνω 'erbreche, rülpse', zu ἐρεύγομαι dasselbe. Diese Formation hat, wie χανδάνω u. dgl. (§ 210, 1), eine Parallele in av. *mərᵊnčaⁱnī-š* neben 3. Sing. *mərᵊnčaⁱte* (§ 207, 3) und stellt sich weiter den Formen wie ἰσχάνω, ἱζάνω (§ 229) an die Seite. 2) Auf -ι̯ω. Vermutlich hierher λύζω (S. 280) und die, wenn sie Binnennasal gehabt hatten, dann wahrscheinlich mit ῑ zu lesenden Formen λίσσωμεν, πλίσσομαι, πτίσσω (S. 279 f.). Vgl. § 296.

Eindringen des Binnennasals in andre Tempora und in Nominalbildungen. Part. thess. ἵμψας s. S. 280, wozu γιμβάναι (d. i. ϝιμβάναι)· ζεύγανα Hesych. Part. lesb. πεφύγγων S. 280, vgl. κέκλαγγα § 208, 1. στρίγξ, λύγξ S. 279 f. Unsicher ist σχινδαλμός S. 279.

203. Italisch. Genannt sind in § 197. 199: lat. *linquo*, *findo*, *scindo*, *pīnso*, *pingo*, *ninguit*, *distinguo* umbr. an-stintu, lat. *fingo*, *mingo*, *stringo*, *jungo*, *tundo*, *rumpo*, *ē-mungo*, *fungor*. Andre Beispiele. Lat. *vinco*, osk. *uincter* 'convincitur', zu *vīcī*, *per-vicāx*, lit. *ap-veikiù* 'bezwinge', W. *u̯eiq-*. *lingo*, zu *ligula*, griech. λείχω 'lecke' λίχνος 'lecker', W. *leiĝh-*. *pungo*, zu *pupugī*, *pugil*, *pugnus*, griech. ἐχε-πευκής 'der mit einer Spitze versehene Pfeil', W. *peuk̂- peuĝ-*. *cumbo*, nebst sab. *cumba* 'lectica' zu *cubāre*. *fundo*, zu *fūdī*, got. *giutan* 'giessen', W. *ĝheu-d-* (§ 292).

Übertritt in die *i̯o*-Klasse (§ 296): lat. *vincio* (S. 280) und *pīnsībant* (Ennius) neben *pīnso -ere* (vgl. *sancio* § 296). Übergang in die *ā*-Klasse lässt sich annehmen für *pīnso -ās*, *runco -ās*, *undo -ās* (S. 280); *unda* mag Rückbildung aus *undāre* sein.

Zumteil ist der Nasal auf das Präsens beschränkt geblieben, z. B. *findo* : *fidī*, *fissus*. Zumteil aber ist er ins Perfekt oder ins ganze Verbalsystem hinübergetragen worden, z. B. *mingo* : *mixī mictum* und *minxī minctum*; *pingo* : *pinxī pictum*; *jungo* : *junxī junctum*. Hierbei waren vorbildlich beteiligt Verba wie *cingo*, *unguo*, bei denen der Nasal von uridg. Zeit her dem ganzen Verbalsystem eignete.

Übergang des Nasals auf Nomina, z. B. *sublingio -iōnis*, *Pertunda*, *vinculum*, *runco -ōnis*. Im Anschluss an die Verbalnomina im engeren Sinn entstanden z. B. *junctor*, *junctio*, *junctūra*, wie *unctor*, *unctio*, *unctūra*.

204. Keltisch. Ir. *con-utuing* S. 279. Ir. *slucid*, abret. *ro-luncas*, kymr. *llyncaf llyngaf* 'devoro' S. 280. Bei *finnad* (S. 279) fällt, wie bei *-greinn* (§ 207), die ständige Schreibung mit *-nn-* (für *-nd-*) im Altir. auf: vielleicht ist *-nd-n-* anzunehmen, d. h. Verquickung zweier Nasaltypen wie bei ai. *stiṇōti* aksl. *stignǫ* (§ 200).

205. Germanisch. Präsentia mit *i*- oder *u*--Vokal, bei denen der Nasal auf das Präsens beschränkt blieb (vgl. got. *standa* : *stōþ*), kommen nicht vor. Der Nasal durchdrang das ganze Verbum.

1) Bei uridg. *i* im Präsens fand Übertritt in den Ablauttypus got. *binda band* (uridg. **bhendh-* **bhondh-*) statt. Als wahrscheinlich dürfen u. a. folgende Fälle bezeichnet werden. Ahd. *klimban* 'klimmen, klettern, steigen' aus vorgerm. **glimpṓ*, neben aisl. *klífa* 'klimmen' (Perf. *kleif*), ahd. *klīban* 'kleben, haften, anhangen'; *klimban* bekam das Prät. *klamb*. — Ahd. *ringu* 'bewege mich hin und her, winde mich mit Anstrengung' ags. *wrinȝe* 'drehe, presse' aus vorgerm. **u̯riṅkṓ*, neben ahd. *rīho* ('Fussbiege') 'Kniekehle' nhd. *reihen* (W. *u̯reik̑-*, griech. ῥικνός ῥοικός 'gebogen, krumm', lit. *ráiszas* 'lahm', av. *ᵘrvaēsa-* M. 'Wende des Weges'); von **u̯rinȝō* aus u. a. ahd. Perf. *rang*, got. *wruggō* F. 'Schlinge'. — Ags. *slincan* 'kriechen' (Prät. *slonc* Plur. *sluncon*) engl. *slink* 'schleichen, schlüpfen', schwed. *slinka* 'schnell kriechen, gleiten, schlüpfen', neben ahd. *slīhhan* mengl. *slíken* 'schleichen', von W.

slei-g-, und ebenso got. *fra-slindan* 'verschlingen' ahd. *slintan* 'schlingen' neben ags. *slīdan* mhd. *slīten* 'gleiten' von W. *slei-dh-*. — Unsicherer bleibt anderes, z. B. ob in derselben Weise nhd. *blinken* (schw. V.) mnl. mengl. *blinken* (engl. *blink*) mit ahd. *blanch* 'blank' zu as. *blīkan* 'blinken, scheinen' mhd. *blīchen*, as. *blēk* ahd. *bleih* 'bleich' (lit. *blyksztù* 'erbleiche' *blaikszt'yti-s* 'sich aufklären'), oder das mhd. *glinzen* 'glänzen' mit ahd. *glanz* 'glänzend' zu ahd. *glīʒan* 'gleissen', got. *glitmunjan* 'glänzen' (griech. χλιδών 'Schmuck, Prunk') gehören.

2) Auch bei den Verba mit ursprünglichem *u*-Vokalismus verblieb nicht der alte Ablaut. Nachdem *-un-* über das Präsens hinaus gekommen war und diese Formen mit *-un-* nun als gleichartig den Formen mit *-un-* = *-n̥-* von *en*-Wurzeln (z. B. *bund-* neben *bind- band-*) angeschaut wurden, gingen sie in die Analogie der zu *e*-Wurzeln gehörigen Bildungen über. Eine Parallele hierzu bietet das Litauische mit *męžù* für **mįžù* 'mingo' (S. 279), indem zum Prät. *mįžaũ* dies Präs. *męžù* trat nach *renkù* neben *rinkaũ* u. dgl. (§ 206). Got. *stiggan* 'stossen' (*stagg stuggqum stuggqans*) agutn. *stinqua* aschwed. *stinka* 'prallen' für **stuggan*, zu nhd. oberd. *stauchen* 'mit dem Fusse stossen' norw. *stauka* 'stossen'; die Präsensbildung **stuggan* hat ihr Ebenbild in ai. *tuñja-ti* 'drängt, stösst' (*túñjamāna-ḥ* S. 278) neben *tujá-ti*, vgl. auch ir. *tuag* F. 'Axt' aus **teugā* oder **tougā* (Osthoff Et. Par. 1, 363 ff.). — Ahd. *springan* 'springen' auf Grund von urgerm. **sprungṓ*, zu lett. *sprūku* (aus **sprunku*) *sprukt* 'entspringen, entwischen', lit. *isz-sprùkęs* Part. 'entschlüpft', lett. *sprauzû-s* 'entwische' (Osthoff a. a. O. 350 ff.). — Ags. *þrintan* mnd. mnl. *drinten* 'schwellen' auf Grund von urgerm. **þruntṓ*, zu aisl. *þrote* 'Anschwellung, Schwulst' (Osthoff a. a. O. 354). — Auf einem zu aisl. *skaup* N. und *skop* N. 'Spott, Hohn', ahd. *scopf* 'ludibrium' gehörigen urgerm. Präs. **skumpṓ* beruht nicht nur mhd. *schumpfe* 'Buhlerin', sondern auch ahd. *scimph* M. 'Scherz, Spass; Schimpf, Spott' und *schampf* M. 'Schimpf' (Osthoff BB. 29, 259 ff.).

206. Baltisch-Slavisch.

Zunächst das Baltische. Ausser den § 197. 199 genannten lit. *limpù*, *sniñga*, *szvintù*, *stingù*, **mįžu* (*męžù*), *bundù*, lett. *mūku*, *sprūku*, preuss. *po-līnka* (lit. *linkt*) z. B. noch lit. *stimpù* 'werde steif' (Prät. *stipaũ*), *mingù* 'schlafe ein' (Prät. *migaũ*), *tunkù* 'werde fett' (Prät. *tukaũ*), *dżungù* 'werde froh' (Prät. *dżugaũ*). Vgl. § 210, 2.

Öfters ist der Nasal, zumteil schon in urbaltisch-slavischer Zeit, über das Präsens hinausgegangen. In diesem Fall erfuhr die Präsensform formale Neuerungen.

1) Erweiterung durch *-i̯o-* (§ 296). Lit. *jùngiu* 'spanne ins Joch', Fut. *jùnksiu*, Inf. *jùnkti*, neben ai. *yuñja-ti* lat. *jungo* (S. 279). Lett. *mīfchu* 'mingo' aus **minzi̯u*, Prät. *mīfu*, Inf. *mīft*, neben lat. *mingo* (S. 279).

2) Übertritt in die *to*-Klasse (vgl. z. B. *blį̃sta* 'es wird Abend' neben *blindo*, § 289, 1) bei intransitiver Bedeutung, wodurch die inkohative Bedeutung, die sich mit den nasalierten Präsentia verknüpft hatte, noch deutlicher herausgehoben wurde. Lit. *jùnkstu* lett. *jūkstu* (aus **junkstu*) 'werde gewohnt' (dazu lit. *jùnkau jùnkti*) neben lett. *jūku* aus **junku*, zu aksl. *učą* 'lehre' ai. *ucya-ti* 'findet Gefallen an' *ṓkas-* 'Behagen, Heimstätte'; auf einer Präsensform mit Binnennasal beruht auch aksl. *vyknq* (S. 286) sowie got. *bi-ūhts* 'gewohnt' = lit. *jùnktas* 'gewohnt'. Lit. *stìnkstu* 'gerinne, werde steif' (*stìngau stìnkti*), zu griech. στείβω 'trete etwas fest' στιβαρός 'fest, derb'; dazu lit. *sténgiu* (3). Lit. *sklįstù* 'fliesse auseinander' (*sklindaũ sklį̃sti*) zu *sklìdinas* 'voll zum Überfliessen' *skleidżù* 'breite aus'; auch kommt Prät. 3. Sing. *sklìdu* (*sklìdo*) vor, was auf ein altes Präs. **sklindù* hinweist.

3) Durch Gleichstellung von *-in-* = uridg. **-in-* in ausserpräsentischen Formen mit *-in-* = uridg. *-n̥-* kam man zur Neubildung von Präsentien mit *-en-* (vgl. die entsprechende analogische Neuerung im Germ. § 205). So lit. *mężù* 'mingo', zu Prät. *mįżaũ*, das man mit Präterita wie *rinkaũ*, *kimszaũ* neben Präs. *renkù*, *kemszù* parallelisierte; durch Verquickung mit den Präsentia auf *-nu* entstand weiter lett. *mifnu* 'mingo' = **menfnu* (§ 233, 1). Ebenso lit. *slenkù slinkaũ sliñkti* 'schleichen, kriechen', zu lett. *slaika* 'eine Art Schlitten', ahd. *slīhhan* 'schleichen' (W. *sleiq- sleig-*, vgl. § 205); im Lett. wurde das alte Präsens **slinku* zu *slīkstu* umgebildet, vgl. lett. *būstu* für lit. *bundù*. Lit. *sténgiu stė́nkti* ('sich steif machen') 'Kraft an etwas setzen, sich anstrengen', zu *stìnkstu*, griech. στείβω, s. oben unter 2; ebendazu aksl. *tęgnąti* (S. 286). Lit. *éngiu ė́nkti* 'etwas mühsam und schwer-

fällig tun', mit *ingis* 'Faulenzer' zu lett. *īgstu īgt* 'innerlichen Schmerz haben, verdriesslich sein' *īgnis* 'verdriesslicher Mensch', zu lat. *aeger* 'verstimmt, unwohl'; das verlorene Präsens **ingō* war auch die Grundlage von aksl. *jędza jęza* 'μαλακία, νόσος' poln. *jędza* 'Furie, böses Weib, Hexe', ferner ags. *inca* 'Verdriesslichkeit, Skrupel, Schmerz' aisl. *ekke* 'Betrübnis' (wozu durch Übergang in andern Ablaut dän. norw. *ank(e)* 'Unwille, Klage'); russ. *bába-jagá* 'böses Weib, Hexe' scheint **ěga*, älter **aigā* gewesen zu sein. Lit. *spréndżu spręsti* 'mit der Hand spannen', mit *sprìndis* 'Spanne' zu lett. *spraids* 'Stelle, wo man gedrängt steht' *debesspraislis* 'Himmelsgewölbe', ahd. *spreiten* 'ausspannen, auseinanderspreiten'.

Im Slavischen sind Verbalsysteme mit Beschränkung des Nasals auf das Präsens wie lit. *limpù* : *lìpti*, ai. *limpá-ti* : *lilēpa* völlig verloren. Ihr einstiges Vorhandensein zeigt sich aber noch in verbalen und nominalen Umbildungen und Ableitungen. Bei diesen ist in urslavischer Zeit aus *-in-*, *-un-* teils *-ę-*, *-ą-* geworden, vermutlich bei Schleifton, teils *-ī-*, *-ū-*, bei Stosston (1, 389 ff., Osthoff Et. Par. 1, 353 ff.).

1) Erweiterung durch *-nq* (§ 233, 1). *stignq* 'erreiche' aus **stingnq*, wie ai. *stiə[gh]nō-ti* neben *stighnō-ti* (S. 281). *vyknq* 'werde gewohnt' aus **unknq*, zu lit. *jùnkstu* got. *bi-ūhts* (S. 285). Russ. *prýgnut'* 'einen Sprung, einen Satz machen' wie *prýgat'* 'springen, hüpfen', zu lett. *sprūku* (**sprunku*) *sprukt* usw. (S. 284); auf **pruñg-* beruht aksl. *prągъ* 'Heuschrecke'. So wohl auch *dvignq* 'bewege, hebe' *dvignq sę* 'strenge mich an, kämpfe', falls es mit Berneker als *d-vignq* (*d-* = **ad-*, 2, 2, 793) zu analysieren ist, zu ai. *vijá-tē* 'fährt zurück vor etwas' *vḗga-ḥ* 'heftige Bewegung, Zittern, Andrang', ahd. *wīhhan* 'weichen', und *otъ-rygnq* 'eructo' (nebst *rygajq sę* 'rülpse') zu griech. ἐρυγγάνω (S. 282). Auch Präsentia auf *-nq* mit *ę*, *ą* = *iñ*, *uñ* in der Wurzelsilbe scheinen vorzukommen, sie sind aber wohl erst im Anschluss an andere Formen derselben Wurzeln mit *ę*, *ą* gebildet worden. So aksl. *u-tąchnąti* 'stille werden, aufhören' russ. *túchnut'* 'erlöschen', mit *tąšiti* 'stille machen, extinguere' zu preuss. *tusna-* 'still', ai. *túṣya-ti* 'beruhigt sich, gibt sich zufrieden' *tōṣa-ḥ* 'Befriedigung' (Osthoff Et. Par. 1, 354 f.). *lęgnq* 'ziehe, spanne', mit

tęzati sę 'streiten' *tęgъ* 'Arbeit' und lit. *stinkstu sténgiu* zu griech. στείβω (s. o.).

2) Sonstiges. Ausser den unter 1) schon erwähnten Formen russ. *prýgat'*, aksl. *rygati sę*, *tęzati sę*, *tąšiti*, *pri-sęga -sęža*, *tęgъ*, *prągъ* mögen folgende hierher gehören. Aksl. *grąbъ* 'roh, unerfahren', zu lit. *grumbù* (3. Sing. *grum̃ba*) *grubaũ grùpti* 'holperig, schwielig werden', ahd. *grob* 'dick, ungeschickt, unfein'. Aksl. *vodьnyjь trądъ* 'Wassersucht' poln. *trąd* 'Aussatz', zu got. *þruts-fill* 'Aussatz', aisl. *þrote* M. 'Anschwellung, Schwulst' (vgl. S. 284). Poln. *trącić* čech. *troutiti*, zu lat. *trūdo*, *trudis*. Aksl. *nąžda* 'Zwang' *nąditi* 'nötigen', zu preuss. *nauti-* got. *nauþs* 'Not'.

207. II) Wurzeln mit *r̥*, vgl. ai. *kr̥ṇátti kr̥ntánti* (§ 197 S. 277).

1) In ein paar Fällen tritt der Präsenstypus ai. *kr̥ntá-ti* bei demselben Wort in zwei Sprachzweigen zugleich auf.

**qr̥nté-ti* (W. *qert-*) : ai. *kr̥ntá-ti* 'schneidet, spaltet' (Perf. *cakarta*, Part. *kr̥ttá-ḥ*) av. *apa karᵊntaᵢti* 'schneidet ab', lit. *krintù* 'falle ab' (von Blättern, Früchten u. dgl.), ursprünglich 'spalte (löse) mich ab von etwas' (zu *kertù kirtaũ kir̃sti* 'scharf hauen', mit der Axt u. dgl.). Ai. *kr̥ntaya-ti*, *kr̥ntátra-m* 'Abschnitzel, Abfall'. Im Av. durch Übergang in die Formation mit nasalem Endformans *ā-karᵉnəm* 'ich schnitt, schuf', Opt. *karᵊnuyāt̰* aus **kr̥nt-na- -nu-* (Keller KZ. 39, 183 f.). Die Lautgruppe *ri* in den zu lit. *krintù* gehörigen *kritaũ krìsti* war durch das Präsens hervorgerufen [1]).

**dr̥ñĝhé-ti* (W. *derĝh-*) : ai. *dr̥ha-ti* 'macht fest' (zum Tonsitz S. 278) neben *dr̥hya-ti*, av. *han-darᵊzan-* 'mit der Hand zusammenfassend', ir. *dringid* 'klimmt empor', 3. Plur. *drengait* (*drēimm* 'das Erklimmen' 2, 1, 243), kymr. *dringo* 'scandere', wozu bret. *derchell* 'tenir'. Ai. Aor. *a-dr̥hīt*, Kaus. *dr̥haya-ti*, *dr̥hitár-* 'Befestiger [2]).

1) Lit. *kretéti* 'sich hin und her bewegen, sich schütteln, wackeln', *krésti* 'schütteln, schütten' (Leskien Ablaut 333) sind sonach von *krìsti* zu trennen. Vgl. Zupitza Germ. Gutt. 125 f.

2) Die Grundbedeutung von *derĝh-* war 'fest mit den Händen (Armen) umfassen, umklammern', vgl. noch RV. 1, 130, 4 *dādr̥hāṇó vájram índrō gábhastyōḥ* 'fest fassend in seinen beiden Händen den Donnerkeil',

2) In andern Fällen ist der Typus _kr̥ntá-ti_ zwar nur in éinem Sprachzweig belegt, anderwärts aber erscheinen Bildungen, die ihn zur Voraussetzung haben, so dass er auch hier einmal bestanden haben muss. Oder eine Form dieses Typus ist überhaupt nur noch durch solche Anschlussbildungen nachweisbar.

Zu W. _reĝ-_ 'sich ausstrecken, sich recken' (ai. _rájiṣṭha-ḥ_, _r̥jya-tē_) gehört ai. _r̥ñjá-ti_, neben 3. Plur. Med. _r̥ñj-atē_ (zu § 197); dazu Inf. _r̥ñjásē_. Im Lit. sind von *_rinž-_ = ai. _r̥ñj-_ ausgegangen _į-si-ręžęs_ 'sich gereckt habend', _rą́žau-s rą́žyti-s_ 'sich recken', während das gleichartige urgerm. *_runk-_ die Grundlage war für ags. _ranc_ 'sich brüstend, kühn, übermütig' aisl. _rakkr_ 'schlank, aufrecht, kühn'.

Aksl. _grędą_ 'komme' (Inf. _gręsti_), ir. _ad-greinn_ 'verfolgt' (Perf. _ad-roigrainn_), zu av. _a^{i}wi-gər^{ə}δmahi_ 'ingredimur, wir heben an, beginnen', _gər^{ə}zdi-_ 'das Inbesitznehmen, Bekommen', lat. _gradior grassārī_, got. _griþs_ (Stamm _gridi-_) 'Schritt, Stufe', lit. _grìdyju_ 'gehe, wandre' (S. 222). Als Wurzel ist wohl _ghredh-_ (got. _gridi-_, lat. _gressus_) anzusetzen. Lit. _grid-_ für *_gird-_ im Anschluss an verlorenes *_grind-_, wie _kritaũ_ für *_kirtaũ_ nach _krintù_ (S. 287). Entsprechend lat. _grad-_ für *_horb-_ (wegen _h-_ s. Walde IF. 19, 99, wegen _-b-_ oben 1, 535) nach *_grand-_ aus *_ghr̥ndh-_, gleichwie _fragilis_ nach _frango_ aus *_bhr̥əgō_ (s. unten 3) [1]). _-nn-_ in ir. _-greinn_ ist vielleicht aus _-nd-n-_ hervorgegangen (§ 204), _-re-_ aber kann als durch alten Umlaut aus _-ri-_ = _-r̥-_ entstanden ebensowohl erklärt werden, als auch so, dass man in die Bahn der Präsentia mit _e_ in der Wurzelsilbe eingelenkt hat; wie auch das _ę_ von aksl. _grędą_ zweideutig ist.

Λ 393 κόνιος δεδραγμένος αἱματοέσσης 'die Hand mit blutigem Staub gefüllt habend', δράγμα 'Ährenbündel'. Zur Bedeutung von ir. _dringid_ vgl. ags. _climban climman_ 'klimmen, klettern', zu _clamm_ 'Griff, Fessel', verwandt mit lit. _glėbiu_ 'umfasse mit den Armen', aisl. _klífa_ 'klettern', zu ags. _clífan_ ahd. _klīban_ 'haften, fest anhangen', lit. _lipù_ 'klimme, klettre', zu _limpù_ 'bleibe kleben'.

1) Woher _con-_, _dī-_, _ē-gredior_ statt *_-gridior_ (wie _corripio_, _corrigo_ usw.)? Sollte sich das *_gredior_, für welches _gradior_ aufgekommen ist, in den Kompositis erhalten haben nach der Art von _appeto_, _retracto_ usw.? Anders Skutsch Glotta 4, 197.

Gthav. *mōr^{ə}nda-t̰* (*ō* = *ə*) 'macht zu Schanden', ai. *maṇḍa-ḥ* 'Schleim' prakr. aus **mṛnda-* oder **mranda-*, zu ai. *mṛdnā-ti márda-ti* 'zerdrückt, zerreibt, reibt auf', *vi-mrada-ti* 'erweicht', Superl. *mradiṣṭha-ḥ* 'der weichste, zarteste' (aksl. *mladъ* 'jung, zart' aus **moldъ*). Ferner ir. *blinn* 'Speichel, Schleim', während das ebenfalls zugehörige griech. βλέννος N. 'Schleim' ebenso gut als **mlend-n-* wie als **mled-sno-* (1, 659) deutbar ist.

Mit ai. *vṛṇák-ti* 'dreht zusammen', *vṛñjana-*, Inf. *vṛñjásē* (S. 277) sind zu verbinden: mhd. *runke* F. 'Runzel', ags. *wrencan* 'drehen', ahd. *renken* 'drehend hin und her ziehen', mhd. *ranc* 'schnelle drehende Bewegung', lit. *rìnga* 'wer (vor Frost) krummgezogen dasitzt' *ringoti* 'krümmen, kräuseln', *rengiù-s reñkti-s* 'sich anstrengen, sich anschicken', *rangaũ rangýti* 'krümmen'. Griech. ῥέμβομαι 'drehe mich herum' ῥόμβος 'Kreisel' kann hier angeschlossen werden (als Wurzel der ganzen Sippe wäre dann **u̯erg^{u}-* anzunehmen), kann aber auch mit mnd. *wrimpen* 'rümpfen' vereinigt werden (s. Persson Beitr. 497 ff.).

Zu ai. *kṛṇátti* 'dreht, spinnt' 3. Plur. *kṛntánti* von W. *qert-* (S. 277) gehört aksl. *krę̨nq̨* 'deflecto' aus **kręt-nq̨* (1, 472).

Zu ai. *tṛṇátti* 'durchbohrt' 3. Plur. *tṛndánti* von W. *terd-* (S. 277) gehört lit. *tréndu tréndžu trendė́ti* 'von Motten, Holzwürmern zerfressen werden' *trandìs* 'Motte, Holzwurm'.

Mhd. *schrumpfen* und *schrimpfen* nd. *schrumpen* 'schrumpfen', norw. *skramp* 'magerer Mann', lit. *skremblýs* 'Zwerg', preuss. *sen-skrempūsnan* Akk. 'Runzel' (*p* für *b* geschrieben), zu aisl. *skorpenn* und *skarpr* 'eingeschrumpft, dürr' *skorpna* 'einschrumpfen'.

Unsicherer ist die Verbindung von av. *drənja^{i}ti* 'kräftigt, festigt' (*drənjaye^{i}ti*) und griech. θρόμβος 'Klumpen, der durch geronnenes Blut und dgl. entsteht', woneben τρέφομαι 'gerinne, werde fest', τρόφις 'feist, stark, gross', mit lit. *drimbù dribaũ drìpti* 'dickflüssig herabtropfen'.

3) Der Binnennasal ist überhaupt auf éinen Sprachzweig beschränkt:

Ai. *tṛmpá-ti* 'sättigt sich, wird befriedigt' neben *tṛpṇṓ-ti*, *tarpáya-ti* und griech. τέρπω 'sättige, erfreue'. — *pṛñca-ti* 'mengt' neben *pṛṇák-ti*, Part. *pṛktá-ḥ*, *parka-ḥ* 'Mischung, Spende'. —

śṛntha-ti 'wird locker, erschlafft' neben Part. *śṛthitá-ḥ*, Perf. *śa-śrathē*, Kaus. *śratháya-ti*, ahd. *(h)retten* 'entreissen, erretten' (S. 251); ai. *śrantha-tē* (Gramm.) im Anschluss an *śṛntha-ti*. — *ni-śṛmbhá-ḥ* ved. 'sich verlassend auf, sicher auftretend', wozu nachved. *śram-bha-tē* 'er verläßt sich auf', zu ir. *crabud* 'Glaube', kymr. *crefydd* 'religio'. — Av. 3. Sing. *mərᵊnča'te* neben gthav. 3. Plur. *mərᵊnča'tē* (S. 277); dazu *mərᵊnčayąstəma-* 'der am meisten zerstörende' von einem Part. **mərᵊnčayant-*, *ašəm-mərᵊnčō* 'das Aša zerstörend'; mit urar. *-ana-* erweitert *mā mərᵊnča'nīš* 'du sollst nicht zerstören'. — Av. *pərᵊnc* 'ich gehe zu Leibe', Konj. *pərᵊnāne* aus **pṛnt-n-*, zu *pəšana'ti* ai. *pṛtanyá-ti*.

Lat. *frango*, lautgesetzlich aus **frṇgō*, zu *frēgī*, got. *brikan* (Prät. *brēkum*) 'brechen'; vgl. § 210, 1 über ai. *bhañja-ti* ir. *bongid* usw. Im Anschluss an *frango* entstand *fragilis* und *frāctus* (mit sekundärer Vokaldehnung). Vielleicht ist entsprechend aus dem zu lat. *fulgeo*, griech. φλέγω 'flamme' gehörigen lat. *flagrāre* (osk. Flagiúí 'Fulguratori'?) auf ein *flang-* = **bhḷṇg-* zu schliessen (*flamma* demnach aus **flangmā*?), vgl. ahd. *blanch* 'blank' nhd. *blinken* (neben ahd. *blecchen* 'sichtbar werden lassen' aus **blakjan*), die sich an Formen mit urgerm. **blunk-* angeschlossen haben können.

Ir. *in-dlung* 'spalte' *as-dloing* 'spaltet' neben *dluigim* 'spalte' *in-dlach* 'disceptatio' stellt man zu aisl. *telgia* 'schneiden', *tialga* 'dünner Zweig', lit. *dalgis* 'Sense'. Unklar ist mir das *o* (*u*) des Präsens, vgl. *-boing* § 210, 1, *-loing*, *-roind* § 210, 2.

Ahd. *scrunta scruntussa* 'Spalt, Ritz, Riss', *scrintan* (*scrant gi-scruntan*) 'bersten, aufspringen, Risse bekommen', zu lit. *skérdżu* 'berste, springe auf, bekomme Risse', Part. *su-skirdęs* 'aufgesprungen'. Noch anderes aus dem German. ergibt sich aus dem von H. Schroeder PBS. Beitr. 29, 489 ff., IF. 18, 516 ff. gesammelten Material.

Lit. *trinkù trikaũ trìkti* 'fehl gehen, nicht zustande kommen', zu *trākas* 'alberner Mensch' *trakùs* 'albern, toll', griech. ἀ-τρεκής 'unverwirrt, genau'. *splintù splitaũ splìsti* 'sich ausbreiten', zu *spleczù* 'breite aus'. Vgl. § 210, 2.

208. III) Wurzeln mit $ā^x$ als Normalstufe.

1) Mehrsprachliches.

W. *pāḱ- pāĝ-* 'fest machen' (ai. *pā́śa-ḥ* 'Falle, Schlinge', lat. *pāx -cis paciscor, com-pāgēs pe-pigi* alat. *pacunt* [*pagunt*, s. S. 133], griech. πάσσαλος πάσσαξ zu einem Präs. *πάσσω, πήγνῡμι πάγη, ahd. *fuoga* got. *fagrs*, ags. *fæc* ahd. *fah*). Lat. *pango* neben *pepigī pēgī pactum* und mit verschlepptem Nasal *panxī panctum*. Got. *fāhan* ahd. *fāhan* aisl. *fá* 'fahen, fangen' aus urgerm. **faəχ-* mit bereits im Urgerm. im Verbalsystem verallgemeinertem Nasal; Part. ahd. *gi-fangan* aus **faəχ-* nach dem Vernerschen Gesetz. Die Grundform dürfte auch im Germ. **pəñĝṓ* gewesen und das χ von **faəχ-* aus verschollenen unnasalierten Formen mit uridg. *ḱ* (etwa **faχi̯ō* = griech. *πάσσω oder **fōχi̯ō* wie griech. πλήσσω aksl. *plačą*, zu lat. *plango* von W. *plāq- plāg-*) herübergenommen sein. Ai. *pañjara-m* 'Käfig' ist wahrscheinlich fern zu halten.

W. *plāq- plāg-* 'plangere' (griech. πλήσσω aksl. *plačą* S. 194, got. *flōkan* 'beklagen', lit. *plakù* 'schlage, züchtige', *plōkis* 'Rutenstreich'): lat. *plango* mit *planxī planctum*, griech. πλάζω 'schlage, verschlage' aus *πλαγγι̯ω mit ἔπλαγξα πλαγκτός.

Lat. *clango* Subst. *clangor*, griech. κλάζω aus *κλαγγι̯ω und κλαγγάνω 'töne, schreie', Fut. κλάγξω, Perf. κέκλαγγα, κλαγγή 'Geschrei', aisl. *hlakka* 'schreien, jauchzen' (Prät. *hlakkaða*) mit *kk* aus *nk*, zu griech. Perf. κέκληγα (dor. κέκλᾱγα), Aor. ἔκλαγον, lit *klagéti* lett. *kladſēt* 'gakern'.

Lett. *plûku* (aus **planku*) *plakt* 'flach werden, platt hinfallen', lat. *plancus* 'Plattfuss', zu griech. πλάξ -κός 'Fläche, Platte', πλακίς 'Sitzbank', lit. *plókszczas* 'flach'.

2) Einzelsprachliches.

Griechisch. Ein paar Bildungen mit -αν- in der Wurzelsilbe scheinen dem unter 1) genannten κλαγγάνω und den Formen wie λιμπάνω, πυνθάνομαι (§ 202) zu entsprechen, so dass das -αν- der Wurzelsilbe = *-ən-* zu setzen ist. ἁνδάνω 'gefalle' aus *σϝανδανω, zu ἕαδον, ἥδομαι (S. 121). — λανθάνω 'bleibe unbemerkt', zu ἔλαθον, λήθω (dor. λᾱ́θω), vgl. aksl. *lajati* 'insidiari', lat. *lateo*; *lā-*, *lā-dh-*, *lə-t-*, § 291). — λαμβάνω 'nehme', zu ἔλαβον hom. ἔ-λλαβε, λήψομαι, εἴληφα, vermutlich mit λάφῡρον 'Beute' zu ai. *labh-* 'fassen, ergreifen, erlangen' Perf. *lalābha*, *su-lābhika-ḥ* 'leicht zu gewinnen' (daneben mit Binnennasal *lambha-tē lambhaya-ti* usw.), lit. *lōbis* 'Habe'.

19*

Italisch. Lat. *tango*, zu *tetigī* aus **te-tagī*, *tagam* (S. 127. 134), umbr. antakres 'integris', lat. *con-tāgium*, griech. τεταγών 'fassend'; man stellt dazu ir. *tongid* 'schwört', Prät. *-tethaig* (Schrader Reallex. 166). — *lambo*, zu ahd. *laffan* 'lecken' Prät. *luof*, arm. *lap'el* 'lecken', wohl auch griech. λάπτω 'schlürfe leckend'. — *langueo*, zu *laxus*, griech. λήγω 'höre auf' λαγαρός 'schlaff, dünn', ir. *lacc* 'schlaff, schwach', ahd. *slah* 'schlaff' (W. *slēg- slag-*); vielleicht dazu griech. λαγγεύει · φεύγει (Hes.), λαγγών 'Zaudern', λαγγάζω 'zaudere'.

Germanisch. Zu einer Dentalerweiterung von W. *stā-* 'stehen' (vgl. § 288 Anm.): got. *standan* 'stehen' Prät. *stōþ*, ahd. *stantan stuot* (meist *stuont* nach *stantan*), aisl. *standa stōđ*. — Aisl. *banga* (schw. V.) 'schlagen, klopfen', nhd. schweiz. *bangen* 'einem Stösse geben', mhd. *bengel* 'Prügel, Holz zum Schlagen', zu ahd. *bāgan* 'zanken, streiten', as. *bāg* 'lautes Rühmen', ags. *bóʒian* 'sich rühmen', ir. *bāg* 'Streit mit Taten oder Worten', lit. *bűžė* 'Keule, Klöppel am Dreschflegel' (W. *bhēĝh- bhōĝh-*).

Baltisch. Lit. *skantù skàsti* 'springen, hüpfen', zu lat. *scateo*. *kankù kàkti* 'hinreichen, genügen'. *rankù ràkti* 'aufpicken, aufstochern'. Vgl. § 210, 2.

209. IV) Wurzeln der *e*-Reihe ohne *i*, *u*, Nasal, Liquida (Typus *pet-*). Dass auch zu solchen Wurzeln seit uridg. Zeit Präsentia mit Binnennasal gehörten, kann nicht wohl bezweifelt werden. War aber schon in den Fällen I bis III das Entwicklungsgeschichtliche der Nasalierung öfters schwer zu erkennen, so liegt dieses hier überhaupt im Dunkeln. Zwei Hauptschwierigkeiten treten hervor:

1) Nach der Analogie von ai. *limpá-ti* (W. *leip-*), *yuñjá-ti* (W. *i̯eug-*), *kr̥ntá-ti* (W. *qert-*) sollte man als Präsens z. B. zu W. *ghed-* 'fassen, prehendere' **ghn̥dé-ti* erwarten. Nun liesse sich ja griech. ἔχαδον χαδεῖν als dessen direkte Fortsetzung denken. Aber bei keinem einzigen von den in Betracht kommenden Verben ist eine derartige Präsensformation die notwendige Voraussetzung für das Verständnis des Tempussystems. Andere Präsentia weisen auf *-ən-* hin, wie griech. χανδάνω, lat. *pando* (zu πετάσαι), wieder andere auf *-en-*, wie lit. *pa-si-gendù*. Dabei ist nicht einmal das erweislich, dass bei irgend einem Verbum dieser

Art mit Binnennasal dieser in uridg. Zeit noch auf das Präsens beschränkt gewesen ist. Denn dass die auf das Baltisch-Slavische beschränkten Verbalsysteme wie lit. *pa-si-gendù* : *-gèsti*, aksl. *sędą* : *sěsti* eine Neuschöpfung dieses Sprachzweigs waren, ist zum mindesten sehr gut möglich.

2) Wo nasalierte und unnasalierte Wurzelform neben einander liegen, machen die zu jener gehörigen Wörter in ihrer Gesamtheit allermeistens denselben Eindruck wie die Wörter, die sich unter einer Wurzel mit altkonstitutionellem Binnennasal (z. B. *bhendh-* 'binden') vereinigen. Vgl. z. B. die (zu *stā-* 'stare' gehörigen) Formen ai. *stambhaya-ti* 'stützt, hemmt usw.', Perf. *tastámbha*, Präs. *stabhnā́-ti*, *stambha-ḥ* 'Pfosten, Pfeiler', av. *aša-stəmbana-* EN. ('die Stütze des Aša bildend'), griech. ἀστεμφής 'fest', στέμφυλα 'ausgepresste Oliven', σταφυλή 'Weinstock, Zapfen im Mund', στέμβω 'trete mit Füssen, schimpfe, schelte', ahd. *stampfōn* 'stampfen, stossen', lit. *stembiù stem̃pti* 'in Stengel schiessen', *stambùs* 'grob' : daneben griech. στόβος 'Schimpfen, Schelten', ahd. *stepfen stapfōn* 'fest auftreten', *stab* 'Stab', lit. *stabýti stebýti* 'aufhalten, hemmen', *stābas* 'Schlagfluss'. Wer weiss nun, ob die Art und Weise, auf die in den Fällen I bis III nasale Elemente in Präsensbildungen hineingekommen sind, in uridg. Zeit die einzige gewesen ist, durch die das zustande kam, was uns als Nasalinfix erscheint? Sahen wir doch S. 275, dass ai. *dadámbha* in der historischen Periode der Sprache seinen Nasal auf eine Weise bekommen hat, die mit der Entwicklung von Nasalpräsentia nichts zu schaffen hat. Ähnliches kann sich auch schon in uridg. Zeiten bei unserer Wurzelklasse ereignet haben.

210. Ohne zu diesen und einigen mit ihnen enge zusammenhängenden andern Fragen Stellung zu nehmen, lasse ich das hauptsächlich in Betracht kommende Formenmaterial folgen.

1) Mehrsprachliches.

Griech. χανδάνω 'fasse', Aor. ἔχαδον (Stufe **ghn̥d-*), Fut. χείσομαι aus *χενδ-σομαι, alb. *ǵendem* 'werde gefunden' (Lehnwort?, s. Loewe KZ. 39, 312), lat. *prehendo -hendī -hēnsum*, dessen Schlussteil nach den Lautgesetzen aus **-hando* entstanden sein kann (sodass für *pre-hendo* **ghəndō*, **ghendō* und **ghn̥dō* als

Grundform möglich sind)[1]), lit. *pa-si-gendù* 'sehne mich', aksl. *žęždą žędati* 'verlangen, dürsten': zu lat. *hedera*, *praeda* aus **praihedā*, got. *bi-gitan* 'finden, antreffen' aisl. *geta* 'erlangen, vermuten', lit. *-gedaũ -gèsti* (zu *-gendù*), *gõdas* 'Habgier; Klette' lett. *gāds* 'erworbene Habe'. Lett. *ģidu ģidu ģist* 'inne werden, wahrnehmen, vermuten' vielleicht auf Grund von **gindu* (**ghn̥d-*), zu welchem *ģidu*, *ģist* als Neubildungen traten (vgl. lit. *kritaũ krìsti* zu *krintù* S. 287), und das dann selber zu *ģidu* wurde nach *schk'itu schk'ist* 'meinen' (v. d. Osten-Sacken KZ. 44, 44 f.).

Ai. *sasañja* 'hing, haftete', Inf. *saṅktōḥ*, *sañjin-* 'hangend an, in Berührung kommend mit' (Präs. *saja-ti*, Pass. *sajyá-tē*, Part. *saktá-ḥ* vermutlich mit **sn̥g-*), aksl. *pri-sęgną* 'berühre' (ai. *abhi-ṣaṅga-ḥ* aksl. *pri-sęga* 'Eidschwur'): zu av. *vohuna-zga-* 'der sich an das Blut heftet, die Blutfährte verfolgt' (*spā vohunazgō* 'Bluthund'), lit. *segù* 'hefte' *sagà* 'Schleife zum Festmachen'.

Ai. *bhañja-ti* 'bricht' (vgl. § 198 über *bhanákti*), Perf. *babhañja*, *bhaṅga-ḥ* 'Brechung, Bruch, Welle' (Pass. *bhajyá-tē* vermutlich mit **bhn̥g-*), ir. *bongid -boing* 'bricht', corn. *bong* 'Axt, Beil', lit. *bangà* 'Welle': zu ir. Perf. *-bobig* aus **-bebig*, Prät. Pass. *-bocht*, arm. *bekanem* 'breche' (Aor. 3. Sing. *e-bek*), *bekor* 'Bruchstück'. Sollte diese Sippe ursprünglich mit lat. *frango*, got. *brikan* identisch gewesen sein und *r* eingebüsst haben (1, 426 f.)[2]), so spräche das für den Charakter von *bhañja-ti* usw. als Nasalpräsens. Schwierigkeit bereitet freilich das *o* von ir. *bongid*, das sekundär ins Präsens eingedrungen sein müsste (vgl. andere gleichartige Präsentia mit *o* unter 2).

Die genannten drei Fälle mögen die sein, bei denen man am ehesten ein Nasalpräsens als Ausgangsstelle für den Binnen-

1) Über den Anfangsteil *pre-* s. 2, 2, 880.

2) Ist *r* hier, wie in griech. (F)άγνυμι : (F)ρήγνυμι, ahd. *spehhan* : *sprehhan*, geschwunden, so geschah es wohl, wie ich a. a. O. vermutet habe, durch Ferndissimilation. Daran mag die in den verschiedensten Formen in den idg. Sprachen vorkommende und sicher auch schon in uridg. Zeit beliebte 'Figura etymologica', z. B. ai. *yāmą yāti*, griech. νόσῳ νοσεῖν, lit. *dektè dēga* (vgl. auch ai. *carā-cará-ḥ* u. dgl. S. 32), einen Hauptanteil gehabt haben. Grundsätzlich vergliche sich hiermit die Behandlung von Wurzeln, die mit Konsonant + *r* beginnen, in der Reduplikationssilbe, wie ai. *śu-śráva* (S. 36).

nasal annehmen darf. Unsicherer noch ist die Beurteilung der S. 293 genannten Formen ai. *stambhaya-ti* griech. ἀστεμφής usw. sowie der folgenden Fälle. Ai. *mántha-ti* 'schüttelt, rührt, quirlt' (*mathnā́-ti*, *mátha-ti*), lat. *mamphur* (richtiger wohl *manfur*) 'ein Stück der Drehbank', Lehnwort aus dem Osk.-Umbr. (echt lat. etwa **mandar*), aisl. *mọndull* 'Drehholz an der Handmühle', lit. *mentùris mentùrė* 'Quirl, Rührstock', aksl. *mętą męsti* 'rühren, mischen, verwirren' : zu griech. μόθος 'Getümmel', μόθουρα 'Heft des Ruders', aksl. *motati sę* 'agitari' klruss. *motaty* 'schütteln'. Ai. Perf. *mamā́tha* (AV.) besagt wenig, da es Neubildung zu Formen mit *math-* aus **m̥th-* sein kann. — Ai. *spanda-tē* 'zuckt, schlägt aus', *spandaná-ḥ* 'zuckend' (*pani-ṣpadá-ḥ* 'zuckend'), griech. σφενδόνη 'Schleuder' (σφαδάζω 'zucke, zapple'), lat. *pendo pendeo pondus* umbr. em-pentu 'impendito', ev. auch ags. *finta* 'Schwanz' (als der wedelnde) : zu griech. σφεδανός und σφοδρός 'heftig, ungestüm'. (Woher φ in den griech. Wörtern?)

Nur erwähnt seien noch die nasalierten Formen zu W. *sed-* 'sitzen' : mpers. *ni-šīnēt* npers. *ni-šīnad* 'sitzt' (über gthav. *nišąsya* Bartholomae Altiran. Wtb. 1771, Zum altiran. Wtb. 242, Scheftelowitz ZDMG. 59, 693. 711 f.), preuss. *syndens sindats* 'sitzend', aksl. *sędą* 'setze mich' (Inf. *sěsti*), vielleicht auch ai. *āsandī́* 'Sessel'. Vgl. Bartholomae IF. 7, 93, Rozwadowski BB. 21, 149, Meillet Études 21 f., Keller KZ. 39, 146 f., Trautmann Altpreuss. Sprachd. 426 f.

2) Einzelsprachliches.

Aus dem Lateinischen noch *pando* (*pandī pānsum*), neben *passum*, *pateo*, osk. patensíns 'aperirent' und griech. πετάσαι 'ausbreiten'.

Im Irischen ausser *-boing* 'bricht' (S. 294) noch einpaar solche Präsentia. *fo-loing* 'erträgt, hält aus' neben Perf. *fo-coemallag* aus **-lelag*, Verbalabstr. *fulach* und mit dem präsentischen *n fulang*. *fo-roind* 'färbt'. Vgl. *-dloing* S. 290.

Baltisch-Slavisch. Im Lit.-Lett. erscheinen neben den Verba wie lit. *limpù lìpti* W. *leip-*, *bundù bùsti* W. *bheudh-* (§ 206), neben den Verba wie *krintù krìsti* W. *qert-* (§ 207) und neben den Verba wie *skantù skàsti* (§ 208) Verba mit *-en-* im Präsens. Ausser dem S. 292 f. genannten *pa-si-gendù -gèsti* z. B. noch *tenkù* *tèkti* 'hinreichen, zufallen', *jenkù jèkti* 'erblinden'. Die Produktivität dieser balt. Präsensnasalklasse, an die sich inkohative Aktionsbedeutung geknüpft hat, zeigt sich in zweierlei. Erstens darin, dass solche Verba zuweilen von Nomina aus gebildet worden sind, z. B. *rentù* (nebst *restù*) *retaũ rèsti* 'dünner werden' von *rẽtas* 'dünn, undicht', *lempù* (nebst *lepstù*) *lepaũ lèpti* 'sich verzärteln' von *lepùs* 'verzärtelt'. Zweitens darin, dass — nur in einem Teil der lit. Mundarten — Präsentia des Typus *skylù* (neben *skilaũ skìltu*) Nasalierung bekamen, z. B. *skįlù*, *sįrù*, *sząlù*, *pųvù*, *gįjù* (§ 82, 2 S. 137 f.). Dass der Nasal hier Träger der Inkohativbedeutung war, bekundet die Sinnesverschiedenheit *szālù* 'algeo' : *sząlù* 'algesco' (Poržezinskij Arch. f. slav. Phil. 25, 490).

Aksl. *lęgą* 'lege mich' (Inf. *lešti*) scheint sich an *sędą* 'setze mich' (oben unter 1) angeschlossen zu haben. Der Nasal im Präsens *ob-ręštą* 'finde' (Aor. *-rětъ*, Inf. *-rěsti*) ist anderen Ursprungs (s. S. 219), doch mag bei der Gruppierung von *-ręštą* mit nichtnasalierten Formen im übrigen Teil des Verbalsystems das System *sędą* : *sědъ sěsti* vorbildlich beteiligt gewesen sein.

d. *-nā-* (*-n̥nā-*) als Endformans des Präsensstamms: Typus ai. *mr̥ṇā-ti*.

211. S. 273 f. haben wir uns der Hypothese angeschlossen, nach der das Formans *-nā-* ursprünglich ein Konglomerat war und z. B. das *-nā-* von **g^u̯inā-ti* = ai. *jinā-ti* 'überwältigt' das *-ā-* der Ablautbasis **g^u̯ei̯ā-* (ai. *jyā-sya-ti*, griech. βία) enthalten hat. Schon in uridg. Zeit aber muss *-nā-* den Charakter eines einfachen Formans bekommen haben, und nirgends mehr in einer einzelsprachlichen Entwicklung wurde der Nasal so als 'Infix' empfunden, wie etwa von den Römern das *n* von *linquo* (neben *līquī* usw.).

Normalerweise hatte die Wurzel Schwundstufengestalt, z. B. ai. *punā-ti* neben *páva-tē*, *badhnā-ti* (**bhn̥dh-*) neben *babándha*.

212. Die starken Formen des Indikativs hatten durchgehends *-nā-*, z. B. ai. *mr̥ṇā-ti*, *gr̥bhṇā-ti* av. *gərᵊunāiti*, ion. δάμνησι.

Die schwachen hatten vor sonantisch anlautender Endung durchgehends *-n-*, z. B. ai. *mr̥ṇ-ánti*, *prīṇ-anti* av. *-frīn-*

ənti, ai. *vr̥ṇ-é* gthav. *vərᵊnē*. Vor konsonantisch beginnender Endung hatten sie meist *-nə-*: 2. Plur. griech. δάμνα-τε, ir. *-crenid* aus urkelt. **krina-te*. Im Ar. sollte man *-ni-* als Fortsetzung von *-nə-* erwarten. Dies erscheint aber hier nirgends.

Im Ai. dafür *-nī-*, z. B. *mr̥ṇī-máḥ mr̥ṇī-thá*. Da dieses *-nī-* nirgendwo im Kreis der idg. Sprachen wiederkehrt, so ist es wahrscheinlich eine speziell ai. Neuerung gewesen. Es liegt m. E. dasselbe Eindringen des Lautstands der *āˣi̯*-Stämme in das Gebiet der *ā*-Stämme vor, das wir S. 101. 108 kennen gelernt haben bei ai. *á-dhīmahi* (W. *dhē-*), *mī́-mahē*, *mi-mī-maḥ mi-mī-tē* (W. *mē-*). Es entsprechen danach einander *mr̥ṇā́-ti mr̥ṇī-máḥ mr̥ṇ-ánti* und *mimā-tu mimī-maḥ mim-anti*. Vgl. auch das unursprüngliche *-ī-* in *a-vamī-t* neben *vámi-ti* u. dgl. S. 154. Ob bei der Durchführung von *ī* für *i* das Bestreben, mehrere kurze Silben nacheinander (z. B. **mr̥nimas*(*i*)) zu vermeiden, eine Rolle gespielt hat (vgl. Meillet Mém. 12, 222), mag dahin gestellt sein.

Beim Altiran. kommt es darauf an, wie man sich stellt zu den Formen gthav. *vərᵊn-tē* 'erwählt für sich' (neben 1. Sing. *vərᵊn-ē*), *hvąn-mahi*[*-čā*] 'wir treiben an' (neben 3. Sing. *hunāⁱtī*), *fryąn-mahī* 'wir befriedigen' (neben jgav. *frīnā-t̰*, 3. Plur. *-frīnənti*). Klar ist, dass *hvąnmahī* = urar. **svanmasi*, *fryąnmahī* = urar. **pr*(*i*)*yanmasi* zu setzen ist. *-an-* aber vertritt älteres *-n̥-* wie in jgav. *apa-xᵛanvaⁱnti* 'sie treiben weg' = urar. **svanvanti* (*-xᵛanvaⁱti* : *hunāⁱtī* = ai. *śvanvant-* 'Hunde habend' : Instr. *śúnā*), *zᵃranimna-* 'zürnend' = **zranya-mna-* (vgl. ai. *hr̥ṇī-té* § 215, 2), ai. *iṣaṇa-t* 'er rege an' *iṣaṇyá-ti* 'regt an' (vgl. *iṣṇā́-ti* a. a. O.) und gthav. *dᵊbənaotā* 'ihr betrogt' = urar. **dbhananta* (vgl. ai. *dabhnṓ-ti*).

Es scheint, dass von gleicher Art wie *vərᵊntē*, *hvanmahī*, *fryąnmahī* auch waren die ai. Formen 1. Plur. *kr̥ṇ-mahē*, *sunmáḥ*, *man-mahē* usw., 1. Du. *kr̥ṇ-váḥ*, *sun-váḥ* usw., die in der ind. Grammatik zur *nau̯-* : *nu*-Klasse gerechnet werden, aber wohl eigentlich zu unserer *nā*-Klasse gehören; in der *nā*-Klasse sind wenigstens die Vorbilder für ihre Entstehung zu suchen. Häufig lagen seit urar. Zeit bei derselben Wurzel *nā*- und *nau̯*-Bildungen nebeneinander, und die 1. Du., wo **-nu-vas* und **-n-vas* leicht als formantisch identisch angesehen werden konnten (vgl. 1, 301, Wackernagel Altind. Gr. 1, 59, Bartholomae ZDMG. 50, 690 f.), war es wohl, die solche *n*-Formen in die *nau̯*-Klasse hinüberziehen liess und Neuschöpfung der 1. Du. und Plur. mit *-n-* statt *-nu-* bei Verben dieser Klasse veranlasste.

Eine weitere Frage ist nun, ob urar. *-n-* neben uridg. *-nə-* = griech. -να- eine altererbte schwächste Stufe war, oder ob *-n-* im Arischen durch eine assoziative Neuerung an die Stelle von ar. **-ni-* gekommen ist. Jedenfalls liegt es nahe, das Verhältnis von ai. *da-dh-máḥ dha-ttḗ* (3. Plur. *dá-dh-atē*) zu griech. τί-θεμεν, τί-θεται u. dgl. zu vergleichen. Die Bedingungen freilich, auf denen der Gegensatz von *da-dh-máḥ* : τί-θε-μεν beruhte, sind wohl andere gewesen wie die für av. *vərᵊn-tē*: griech. μάρνα-ται in Betracht kommenden (1 § 547, 9 S. 500 f.). Vgl. aber auch die Schwankungen wie *ján-ma* neben *jáni-ma* ('Geburt').

Im Kelt. ist die schwache Form **-na-*, aus **-nə-*, in den Sing. eingedrungen und hat hier *-nā-* verdrängt: ir. 1. *-crenaim*, 2. *-crenai*, 3. *-cren* aus **kri-nă-*, ebenso im Brit. 1. Sing. auf **-ăm*: kymr. *prynaf*, mbreton. *benaff*.

Im Armen. im Sing. wie im Plur. *-na-*, z. B. 1. Sing. *bar̄na-m* 1. Plur. *bar̄na-mk̔*. Da im Armen. lautgesetzlich **-nā-* = uridg. **-nā-* und **-nă-* = uridg. **-nə-* zusammenfallen mussten, so mag das historische Paradigma die ursprüngliche Verschiedenheit (wie in griech. δάμνη-μι : δάμνα-μεν) unmittelbar fortsetzen. Aber es kann ebenso gut eine analogische Ausgleichung nach der einen oder der andern Seite hin stattgefunden haben.

Im Lat. sind starke Formen mit *-nā-* die Grundlage gewesen für *ā*-Verba, wie *dē-stinās* aus **-sta-nā-s*, wozu *-stināmus* usw. Für Formen wie *li-ni-mus li-ni-tis* besteht derselbe Zweifel wie für *sisti-mus sisti-tis* gegenüber griech. ἵστα-μεν ἵστα-τε (S. 109).

Im German. sind Formen mit *-nō-* aus **-nā-* wie im Lat. der Ausgangspunkt für *ā*-Verba geworden, z. B. ahd. *ginōm* 'gähne'.

Dasselbe endlich im Balt.: lit. *žìno* 'weiss', Grundf. **ĝn̥-nā-t*, dazu 1. Plur. *žìno-me*, Part. *žinótas* = lett. *finâts* preuss. *posinnāts*.

Anm. Die von Bartholomae und Joh. Schmidt aufgestellte und zu weiter Verbreitung gekommene Ansicht, dass neben *-nā- -nə-* auch *-nāi̯- -nī-* als präsensbildendes Formans gestanden habe (s. z. B. Keller KZ. 39.

166 f., Reichelt Awest. Element. 102, Trautmann Die altpreuss. Sprachd. 280, Loewe Germ. Sprachw. 122, Fraenkel Gesch. der griech. Nomina agentis auf -τήρ usw. 1, 90 f.), halte ich immer noch für ungenügend fundamentiert und völlig überflüssig. Dass ai. *-nī-* sehr gut auch anders, nämlich als Ersatz eines *-ni-*, gedeutet werden kann, sahen wir oben. Eine gute Stütze für diese Auffassung ist, dass zu *mṛṇī-máḥ* die 3. Plur. nicht **mṛṇy-ánti*, sondern *mṛ-n̥-ánti* lautet. Umbr. *persnihimu* 'precator', dessen *-nī-* dem ai. *-nī-* entsprechen soll, war vielmehr Denominativum, von einem Substantiv **persni-* (S. 222). Und dass Formen wie preuss. 3. Sing. *po-gaunai* 1. Plur. *er-sinnimai* noch ein uridg. Verhältnis **-nāí-mi* : **-nī-més* (**-ni-més*) widerspiegelten (s. Bezzenberger KZ. 41, 93 ff.), ist schon darum problematisch, weil dieses preuss. *-ai* nicht auf die Nasalpräsentia beschränkt und es nicht nachzuweisen ist, dass es von diesen ausgegangen ist.

213. Wir kommen zu den Ablautverhältnissen der Wurzelsilbe. Diese ist von Haus aus schwundstufig gewesen, wie in ai. *jinā́-ti*, *gr̥bhṇā́-ti*. Dasselbe gilt für die *neu̯*-Klasse, die wir deshalb bezüglich dieses Punktes hier gleich mit ins Auge fassen, z. B. ai. *str̥ṇó-ti*, *dhr̥ṣṇó-ti*.

Auffallend sind die aus uridg. Zeit stammenden *ī*, *ū*, *n̥̄*, *r̥̄* neben *i*, *u*, *n̥*, *r̥*. Zumteil erscheint die zwiefache Quantität bei derselben Wurzel. So ai. *krīṇā́-ti* : pāli *kiṇā-ti* (auch schon ved. **kriṇā́-ti* nach Ausweis des Metrums), ir. *crenaid*; ai. *mīnā-ti* : *minā́-ti minō-ti*, lat. *minuo*; ai. *dhūnóti* : *dhunō-ti*; lat. *-clīnat* : griech. κλί̄νω aus *κλιν-i̯ω (§ 215, 2) as. *hlinon*; ai. *jānā́-ti* av. *zānənti* Grundf. **ĝn̥̄-n-* : av. *zanā-t̰* Grundf. **ĝn̥-n-*; ai. *ūrṇó-ti* Grundf. **u̯l̥̄neu-ti* : *vr̥ṇó-ti a-vr̥ṇī-dhvam*. Dass der Ursprung dieses Wechsels nicht etwa in dem Nebeneinander von zweisilbigen Ablautbasen auf *-ei̯ā^x* u. dgl. und einsilbigen auf *-ā^xi̯* u. dgl. gesucht werden darf, beweisen viele von unsren Präsentia. Unglaubhaft ist auch die Theorie (Fraenkel Gesch. der griech. Nomina agentis auf -τήρ usw. 1, 90 f.), einem uridg. Singular **gu̯ī-nā́-ti* habe im Plural (wegen 'des Vorrückens des Accentes') **gu̯ĭ-nə-més* gegenübergestanden, danach seien Ausgleichungen in verschiedener Richtung erfolgt (vgl. Meillet Bull. de la Soc. de lingu. 59 p. L). Die von Keller KZ. 39, 157 ff. angestellten Erwägungen machen vielmehr wahrscheinlich, dass ursprünglich im Satz die Formen wie *mīnā-ti* die absoluten gewesen sind (besonders im Satzanfang), die wie *minā́-ti* die angelehnten (konjunkten). Vgl. ai. *sūtí-ḥ* : *sú-ṣuti-ḥ* u. dgl. 1 § 547, 9 S. 500 f. Dafür, welche von beiden

Formen sich festsetzte, konnten verschiedene Momente wirksam werden, namentlich die Stellung zu andern Formen des Verbalsystems, z. B. ai. *prīṇā́-ti* mit *ī* wegen *prītá-ḥ prī́ya-tē*.

Dem *mīnā-ti* : *minā́-ti* entspricht demnach ai. *dabhnṓ-ti* (vgl. Part. *dabdhá-ḥ*) : gthav. *dᵊbənao-tā*. Vgl. auch das konjunkte urar. **zdnau-ti* (zu W. *sed-*) in av. *ā-snaoⁱti* 'kommt heran'.

Durch Anlehnung an andre Verbalformen sind öfters Formen mit Vollstufenvokalismus der Wurzel aufgekommen, z. B. ai. *rādhnō-ti* wie *rā́dhya-tē* usw., griech. πέρνημι nach περάσαι usw.

214. Mehrsprachliches. Ich führe hier auch solche Fälle auf, in denen *-nā- -nə-* nur in éinem Sprachzweig auftritt, ein andrer oder mehrere andre Sprachzweige aber eine aus Formen mit diesem Formans abgeleitete Präsensflexion zeigen.

1) Wurzel mit *i-* und *u*-Vokalismus.

Ai. *krīṇā́-ti* pāli *kiṇā-ti* 'kauft'; ir. *crenaid* 'kauft' (kymr. 1. Sing. *prynaf*) aus **krinā-* (Prät. Pass. *-crīth*); aruss. *krьnuti krenuti* 'kaufen'. Grundf. **qᵘrīnā-*. Zu griech. πρίασθαι 'kaufen', Basis **qᵘreįā-*.

Ir. *glenaid* 'bleibt hängen' (kymr. 1. Sing. *glynaf*) aus **glinā-* (redupl. Prät. *-gīuil*, § 395, 1); ahd. *klenan* st. V. 'schmieren, kleben' (in die *e*-Reihe übergetreten), aisl. *klīna* schw. V. 'schmieren'. Grundf. **glīnā-*. Zu griech. γλία γλίνη 'Leim', γλοιός 'klebrige Feuchtigkeit'.

Ai. *riṇā́-ti* 'lässt fliessen, lässt laufen' (daneben *riṇva-ti*, *rī́ya-tē*); vgl. ir. *du-lin* 'flutet', 3. Plur. *-linat* (zu *tuile* 'Flut'), vgl. § 222 [1]).

Ai. *linā-ti* 'schmiegt sich an, duckt sich, verschwindet' (unbelegt), *vi-lināti* 'zergeht, löst sich auf, schmilzt' (daneben *láya-tē*); ir. *lenaid* 'haftet, hängt an etwas' (redupl. Prät. *-lil*); wohl auch griech. λίναμαι· τρέπομαι (vgl. λιάζομαι 'weiche aus') und aisl. *lina* schw. V. 'erschlaffen'. Grundf. **linā-*. Vgl. die zur selben Wurzel gehörenden *nu*-Formen griech. ἐλῑνύω 'raste, zögere', got. *af-linnan* 'vergehen, weichen' ahd. *bi-linnan* 'weichen,

1) Ai. *riṇā́-ti* gehört zugleich zu ir. *rian* 'Meer', lat. *rīvos* usw.: *reį-* und *leį-* waren Parallelwurzeln, die im Ar. nicht mehr auseinanderzuhalten sind.

aufhören, nachlassen, nachgeben', urgerm. **linua-* (§ 253). — Etymologisch zu trennen sind hiervon, scheint es, lat. *lino* (*lēvī*, *litum*) 'beschmiere, bestreiche' und griech. ἀλίνω 'bestreiche, salbe' aus *ἀλινιω.

Ai. *kṣiṇā-ti* 'macht vergehen'; vgl. ir. *tinaid* 'verschwindet' (§ 222), ai. *kṣiṇó-ti* griech. φθίνω aus *φθινϝω. Grundf. **qᵘphi-nā-*. Zu ai. *kṣiti-ḥ* griech. φθίσις usw. Anders über *tinaid* Zupitza KZ. 37, 393. Nach Karsten PBS. Beitr. 28, 254 ff. würde auch mhd. *senen* 'sehnen' dazu zu stellen sein.

Ir. *benaid* 'haut, schneidet' (1. Sing. abret. *et-binam* mbret. *benaff*) aus **binā-* (Prät. Pass. *-bīth*); lat. *perfines* 'perfringas' (Festus) zu einem Indik. *-finat* oder *-fīnat*. Zu aksl. *biti* 'schlagen', *u-bojь* 'Mord'.

Lat. *-clīnat*, as. *hlinon* 'lehnen', Grundf. **klīnā-*, vgl. griech. κλίνω 'neige, lehne an' aus *κλινιω. Zu lat. *cliēns*, griech. κέκλιται usw.

Ahd. *ginōm* 'gähne' = vorgerm. **ghi-nā-mi* (ags. *ȝinie* durch Übergang in die Weise der *i̯o*-Denominativa, s. S. 199), wozu Neubildung *ginēm* (wegen des intrans. Sinnes, s. S. 236 f.), themavokalisch aisl. *gína* 'gähnen', ags. *tó-ȝínan* 'klaffen'; aksl. *zinę zinąti* 'hiare'. Grundf. **ĝhīnā-*. Zu ahd. *gīēn* 'gähnen', aksl. *zěją* (S. 200) usw.

Ai. *iṣṇá-ti* 'setzt in Bewegung, schwingt, schnellt, spritzt aus'. Dazu, wie es scheint, griech. ἰνάω ἰνέω 'entsende, leere aus, giesse aus' (die Quantität des ἰ- ist aus dem Griech. nicht zu bestimmen), und lat. *opīnā-tur*, wenn = **op-isnā-* (IF. 29, 234 f., vgl. Pantzerhielm Thomas Nord. tidsskr., 4de række, 1, 149). Vgl. ai. *iṣaṇa-t iṣaṇyá-ti* griech. ἰαίνω § 215. 227.

Ai. *dhunā-ti* 'bewegt sich hin und her, schüttelt', Part. *dhūnāna-ḥ*, griech. θύνω 'bewege mich schnell einher, stürme' (aus *θῡνιω?). Grundf. **dhūnā-*. Vgl. ai. *dhunō-ti dhūnó-ti*, griech. θυνέω. Zu ai. Perf. *dudhāva*, Part. *dhūtá-ḥ*, griech. θύω θυμός.

Aisl. *fúna* schw. V. 'verfaulen, verwesen' (vgl. Part. *fúinn* 'verfault'); lit. *pūnu* 'faule' neben *pūvù púti* (§ 233, 1).

2) Wurzel mit sonantischer Liquida, sonantischem Nasal.

Ai. *mṛṇá-ti* 'zermalmt, zerschlägt' (them. *mṛṇá-ti*), griech. μάρνα-ται 'kämpft'; att. kork. (ursprünglich wohl episch) βαρνάμενος weist auf *βρανα- (1, 360. 463). Zu ai. Part. *mūrṇá-ḥ*, griech. μαρα-σμός. μορνάμενος (Hesych) vielleicht äolisch aus μαρνα- (1 § 511).

Ir. *renaid* 'verkauft', urkelt. **prinā-* aus **pṛnə-*; griech. πορνάμεν· πωλεῖν, πορνάμεναι· πωλούμεναι (Hesych) vielleicht äol. (thess.) aus *παρνα- (vgl. oben μορνάμενος), zu griech. περά-σαι usw. Hom. u. sonst πέρνημι nach περάσαι. Im Ir. veranlasste *renaid* analogisch Formen mit *i*-Vokalismus, wie Prät. Pass. *-rīth* nach *-crīth* (S. 300).

Ai. *śṛṇá-ti* 'zerbricht, zermalmt, zertrennt' zu *śari-ṣya-tē*, *śīrṇá-ḥ*. Ir. *ara-chrinim* 'zergehe, zerfalle', 3. Sing. *-chrin*, 3. Plur. *-chrinat*, zum Aor. *-cer* aus **kerā-t* (§ 98); wegen der palatalen Färbung des *n* s. § 222.

Lat. *cōn-sternat* 'bringt aus der Fassung' mag noch alter *nā*-Stamm sein (vgl. S. 165), vgl. ahd. *stornēm* 'attonitus sum, inhio' (zu ahd. *starēn* 'starr werden'), das für **stornōm* wegen des intrans. Sinnes eingetreten ist (S. 236 f.). Ebenso kann lat. *aspernā-r* neben *spernit* (*sprēvī*) altes *-nā-* haben; ahd. *spornōm* 'schlage mit der Ferse aus' aisl. *sporna* (*-aða*) 'stosse mit dem Fusse, trete' neben dem st. Verb ahd. as. ags. *spurnan* 'treten'. Zu lat. *asper* aus **ap-sparo-s*, älter **spṛro-s* (ursprünglich 'wegstossend, abstossend', vgl. ai. *apa-sphúra-ḥ* 'wegstossend'), ahd. *spor* aisl. *spor* und mhd. *spur* (*i*-Stamm) 'Spur', griech. σπαίρω 'zucke, zapple', ai. *sphurá-ti* 'stösst mit dem Fusse weg, schnellt, zappelt, tritt', Abstraktum *-sphūrti-ḥ*. Vermutlich lat. *-sternā-*, *-spernā-* aus **-starnā-*, **-sparnā-* und diese aus **stṛrṇnā-*, **spṛrṇnā-*, woraus zunächst **starenā-*, **sparenā-*. In derselben Weise erklärt sich der Mangel des *a*-Umlauts in ahd. as. ags. *spurnan* sowie in ags. *murnan* 'sich bekümmern, trauern', wenn man von **spṛrṇna-*, **mṛrṇna-* ausgeht, woraus zunächst **spuruna-*, **muruna-*. Vgl. § 222 über ir. *marnid*, *at-baill*.

Ir. *tlenaid* 'nimmt weg' aus **tḷnā-*; lat. *tollit* aus **tolne-ti*, ursprünglich **tḷ-ne-*. Zu lat. *tulo* usw.

Ai. *jānā-ti* 'kennt, weiss', av. 3. Plur. *-zānənti*, apers. 3. Sing. *a-dānāh*, Grundf. **ǵṇ-nā-*; them. gthav. 2. Plur. Imp. *-zāna-tā*.

Dazu, wie es scheint mit *a* aus *n̥*, av. *zanā-t̰ zanąn* und afgh. *pē-žanī* 'unterscheidet, erkennt'. Lit. *žìno* 'weiss', preuss. *po-sinna* 'ich bekenne', urbalt.-slav. **žin-nā-*. Vgl. ir. *ad-gninaim* 'erkenne', 3. Sing. *-gnin* (§ 222) und got. *ga-kunnaiþ* 'lernt kennen', *kunnum* 'wir kennen, verstehen' (§ 224). Zu ai. Perf. *jajñāú*, lit. *žénklas* 'Zeichen' usw.

Ai. *śamnī-tē* 'müht sich', griech. κάμνω 'mühe mich, erarbeite', zu ai. *śami-tá-ḥ*, griech. κάμα-το-ς usw. Vermutlich sind *śamn-*, καμν- lautgesetzlich aus **k̑m̥n-* entstanden (Kurze vergl. Gr. 125).

3) Wurzel auf *-ā*.

Arm. *stanam* 'erstehe, erwerbe, kaufe' (Aor. *sta-çay*); lat. *dē-stinat* aus urlat. **-stanā-t(i)*; ir. *con-osnaim* 'desisto, desino' aus **con-od-stanā-*; aksl. *stanǫ stati* 'sich stellen', preuss. *po-stānimai* 'wir werden', Part. Präs. Adv. (Gerund.) *stānintei* (Konj. 3. Sing. *po-stānai*), Inf. *po-stāt*. Av. *fra-stanvanti* 'sie kommen voran' aus **stn̥u̥-* (vgl. *-xᵛanvaⁱnti* S. 297), kret. στανύω 'stelle' (vgl. auch die jüngere Neubildung -στανέτω). Die Grundform des *-nā*-Stamms war **stə-nā-* oder **st-n̥nā-*; auf beide sind arm. *stanam* lat. *dē-stinat*, ir. *-osnaim* lautgesetzlich zurückführbar, aksl. *stanǫ* aber war Neubildung mit *a* von *sta-ti* her.

215. Überführung in themavokalische Flexionsweise erfolgte zunächst so, dass *-ne- -no-* (*-n̥ne- -n̥no-*) für *-nā-* : *-nə-* (*-n̥nā-* : *-n̥nə-*) eintrat; dieser Übertritt darf als bereits in uridg. Zeit vollzogen betrachtet werden (§ 192 S. 272 f.). Aber auch Erweiterung mit *-i̯o-* begegnet in mehreren Sprachzweigen zugleich.

1) Von *-nā -n̥nā-* aus. Ai. *hr̥ṇāyánt-* zu *hr̥ṇī-tḗ* 'zürnt', Part. *hr̥ṇāná-ḥ*. Aus dem Griech. sind die Formen wie δαμνάω neben δάμνημι zu nennen, die, wie es scheint, der Weise des Präs. τῑμάω (S. 213) folgten[1]), aus dem Lat. solche wie *-clīnat* mit der 1. Sing. *-clīno*, wie *domo -ās*, *planto -ās* (S. 166. 213), aus dem

1) Denkbar wäre auch, dass von den Formen wie δάμνα-μεν, δάμνα-μαι aus der Übertritt in die themavokalische Flexion geschah (vgl. ai. *hr̥ṇīyá-māna-ḥ* zu *hr̥ṇītḗ* unter 2). Dann wäre ἐράομαι zu ἔρᾰμαι, ἐλάω zu ἔλᾰ-τω u. dgl. (S. 151) zu vergleichen. Hatte gort. δεδαμναμένος (SGDI. u. 4991, 2, 13) -νᾱ-, so spräche das für Anschluss an τῑμάω (vgl. att. τετῑμημένος), hatte es aber -νᾰ-, so wäre der andere Anschluss (vgl. ἐληλᾰμένος) wahrscheinlicher.

Germ. solche wie as. ahd. *hlinōn* 'lehnen' mit ags. *hlinian*, wie ahd. *lobōn* ags. *lofian* (S. 199. 213 f.), aus dem Balt. solche wie lit. *lynója* 'es regnet' (§ 225). Zu -*n̥nā*- kann man rechnen z. B. ai. *pr̥tanāyá-ti* 'kämpft' (neben av. *pəšanaiti* ai. *pr̥tanyá-ti*), griech. ἐρῡκανάω 'halte zurück, hemme' (neben ἐρῡκάνω), lat. *coquino -ās*, lett. *zilināju* 'hebe oft', lit. *stiprinóju* 'stärke' (neben *stìprinu*, § 225). Doch erscheinen derartige Präsentia zumteil auch als zu Nominalstämmen auf -*nā*- -*n̥nā*- gehörig, z. B. as. *hlinon* : ahd. *hlina hlena* 'Lehne', ai. *pr̥tanāyá-ti* : *pŕ̥tanā* 'Kampf' (S. 212), und es ist nicht zu wissen, wie weit sie tatsächlich von solchen aus gebildet worden sind oder Rückbildung nach § 160 stattgefunden hat. Vgl. auch § 218 über die armen. Verba auf -*anam*.

2) Von -*nə*-, -*n̥nə*- aus.

Av. *ᵘrvinyant*- 'zerknickend, zu Fall bringend', urar. **vri-n-ya*- (zu ai. *vlī-nā-ti vli-nā-ti* § 216, 1). Att. κλῑ́νω lesb. κλίννω 'biege, neige' aus *κλι-ν-ι̯ω. S. § 297.

Ai. *iṣaṇyá-ti* 'regt an', griech. ἰαίνω 'erquicke' aus *ἰσανι̯ω (zu ai. *iṣaṇa-t iṣṇá-ti* S. 301). Av. *zᵃranimna*- 'zürnend' aus **zranya-mna*-, Grundf. **ĝhr̥n̥i̯o*- (zu ai. *hr̥ṇī-té*). S. § 298.

Wie -*nī*- in den *nā*-Präsentia auf das Indische beschränkt war (§ 212 mit Anm.), so erscheinen auch nur hier Ableitungen mit -*ī-ya*-: *hr̥ṇī-yá-māna-ḥ* (von *hr̥ṇī-té* aus, vgl. *hr̥ṇāyánt*- unter 1), *caraṇīyá-māna-ḥ* 'zustrebend' (vgl. Opt. *caraṇyē-t*).

216. Arisch. Weitere Beispiele zu den § 214 genannten.

1) Ai. *jinā́-ti* 'beraubt, bedrückt', av. *zinā-t̰* 'schädigt um etwas', apers. *a-dināʰ* (ī?) 'nahm weg', zu ai. -*jyāni*- av. *zyāni*- 'Schädigung'. Them. apers. *a-dina-m* 'ich nahm weg' (ī?).

Ai. *prīṇā́-ti* 'erfreut, befriedigt, hat Freude an etwas', av. *frīnā-t̰* 'liebte', zu ai. Perf. *pipriyḗ*, Part. *prītá-ḥ*; über gthav. *fryąnmahī* S. 297. Them. av. *frīnaiti*.

Ai. *bhrīṇā-ti* 'versehrt' (belegt ist nur *bhrīṇánti*), zu Perf. Gramm. *bibhrāya*, av. *brōiϑra*- 'Schneide', aksl. *briją briti* 'scheren'. Them. av. *pairi-brīnaŋha* 'du beschnittest'. Daneben ai. Gramm. *bhr̥ṇā-ti* = npers. *burrad*, zu av. *tiži-bāra*- 'mit scharfer Schneide', griech. φάρος 'Furche', lat. *forāre*.

Ai. *vlīnā-ti vlinā-ti* 'drückt zusammen', dazu av. *ᵘrvinyant*- (§ 215, 2).

Ai. *punā́-ti* 'reinigt, läutert', zu *páva-tē*. *lunā-ti* 'schneidet, schneidet ab', zu Perf. *lulāva*. Gthav. *hunā'ti* 'treibt an', woneben *hvąnmahī* (s. S. 297), zu ai. *suvá-ti*.

Ai. *kliśnā-ti* 'quält, belästigt', zu *klēśaya-ti*. Av. *-miϑnā'ti* 'weilt, wohnt', zu *maēϑanə-m* 'Aufenthaltsort'. Ai. *ubhnā́-ti* 'hält zusammen, bindet, fesselt' neben *unap* (2. Sing.) und *umbha-ti*; da es wohl zu *u̯ebh-* 'weben' zu ziehen ist, so verhält sich *ubhnā́-ti* zu griech. ὑφαίνω 'webe' wie ai. *iṣṇā́-ti* zu *iṣaṇyá-ti* griech. ἰαίνω (§ 215, 2).

2) Ai. *vr̥ṇā-ti* Med. *vr̥ṇī-tḗ* 'wählt', av. 1. Sing. Med. *vərᵊne* 'wähle', 3. Sing. gthav. *vərᵊn-tē* (s. S. 297), zu ai. Perf. *vavrē* Part. *vr̥tá-ḥ*. Them. av. *vərᵊna-ta* 'wählte'. Vgl. ai. *vr̥ṇu-tē* (§ 237, 2).

Ai. *vr̥ṇī-tḗ* 'verhüllt, bedeckt', pāli *vunā-t*, av. Konj. 3. Plur. *-vərᵊnånte*, zu ai. Perf. *vavāra*, Part. *vr̥tá-ḥ*. Vgl. *vr̥ṇṓ-ti ūrṇṓ-ti* (§ 236, 2).

Ai. *str̥ṇā́-ti* av. *stərᵊnā'ti* 'sternit', zu ai. Perf. *tastāra*, Part. *str̥ta- stīrṇá-*. Them. av. 3. Sing. *-stərᵊna-ta*. Vgl. ai. *str̥ṇṓ-ti*.

Ai. *pr̥ṇā́-ti* 'füllt', zu *pípar-ti*, Part. *pūrṇá-ḥ*. Them. *pr̥ṇá-ti*, gthav. 2. Sing. *pərᵊnā* 'erfülle'. Vgl. § 229, 2 über griech. πιμπλάνω.

Ai. *gr̥ṇā́-ti* 'verschlingt', zu *girá-ti*, Part. *gīrṇá-ḥ*.

Ai. *gr̥bhṇā́-ti gr̥hṇā́-ti* av. *gərᵊwnā'ti* 'ergreift', zu ai. Perf. *jagrābha*. Them. ai. *gr̥hṇa-ti*.

Ai. *mr̥dnā́-ti* 'reibt, zerdrückt', zu *márda-ti* (vgl. S. 289).

Wie ai. *jānā́-ti* 'kennt' = **ĝn̥-nā-* (S. 302): av. 3. Plur. *zān-a'te* 'sie werden geboren', zu Fut. Part. *ząhyamna-* ai. *janiṣyá-ti*, Part. av. *zāta-* ai. *jātá-* (vgl. *jāya-tē* S. 184), W. *ĝen-*.

Wie ai. *śamnī-tē* (S. 303): *ramṇā-ti* 'bringt zum Stillstand, beruhigt', zu *ráma-tē*, W. *rem-*.

Ai. *badhnā́-ti* 'bindet' Grundf. **bhn̥dhnā-ti*, zu *bandha-ti babándha*. *mathnā́-ti* 'rührt, quirlt' Grundf. **mn̥thnā-ti*, zu *mántha-ti mamantha* (doch vgl. S. 295); them. *mathna-ti*. Eine derartige Formation wird auch *aśnā́-ti* 'isst' sein, wenn auch sein Ursprung nicht sicher ist (vgl. Uhlenbeck IF. 25, 143).

217. Auffallend ist die ai. 2. Sing. Imper. Akt. auf *-āná* bei Wurzeln auf Geräuschlaut: *gr̥hāṇá*, *badhāná*, *stabhāná*. Wenn *-na* als Partikel abzutrennen sein sollte (vgl. *-na* in 2. Plur. *bharata-na* u. dgl.), so könnte entweder *gr̥hāṇá* durch Dissimilation aus **gr̥bhn̥ā-na* (vgl. att. κρίμνη) entstanden sein, oder **gr̥bhā* gehörte mit *-ā* = *-*ē*[*i̯*] zu *a-grabhī-t*, 3. Du. *á-gr̥hī-tām* (S. 154), und erst sekundär wäre das so entstandene *gr̥hāṇá* zu *gr̥(b)hṇā́-ti* in Beziehung gesetzt worden. Vgl. Persson IF. 2, 254 ff., Thumb Handb. d. Sanskr. 1, 351 f.

218. Armenisch. Über die Flexionsweise Sing. *-na-m*, Plur. *-na-mk‘* s. S. 298.

Mit *stanam*, Aor. *sta-çay* (§ 214, 3), gleichartig ist *banam* 'öffne', Aor. *ba-çi*. Unsicher ist die Vermutung, dass die Grundbedeutung 'bringe ans Licht, zeige' gewesen sei und das Wort somit mit griech. φαίνω = *φανι̯ω (§ 297) zusammenhänge.

t‘anam 'benetze, feuchte an' (Aor. *t‘a-çi*), vgl. aksl. *talъ* 'fliessend', lat. *tābēs*, ir. *tām* 'tabes' (vgl. Persson Beitr. 462 ff.).

bar̄nam 'hebe, trage, ertrage, hebe auf' aus **barjnam*, Aor. *barji* (S. 126), vermutlich zu *barjr* 'hoch', ai. *br̥hánt-* 'hoch', Grundf. also **bhr̥ĝhnā-*; Pedersen KZ. 39, 354 und Persson Beitr. 607 f. ziehen got. *briggan* 'bringen' heran (anders über dieses IF. 12, 154 ff.). — *dar̄nam* 'kehre zurück' aus **darjnam*, Aor. *darjay*.

Präsentia auf *-anam* erscheinen neben sonstigem Stamm auf *-a-*. *lvanam* 'wasche', Aor. *lva-çi*, Imper. *lva* 'wasche', vermutlich zu griech. πλύνω 'wasche' aus *πλῠνι̯ω (πέπλυμαι, πλυτός). *loganam* 'bade mich' aus **lovanam* (1, 304), Aor. *logaçay*, zu griech. λόε, λούω, lat. *lavo* aus **lovō*. Ob hier *-ana-* = *-*ənā̆-* oder = *-*n̥nā̆-* zu setzen ist, ist ebenso unklar wie bei *stanam* (§ 214, 3).

Dieses *-anam* ist wohl dasselbe Element, welches produktiv geworden ist zur Bildung von Denominativa, wie *tk‘aranam* 'werde schwach' zu *t-k‘ar* 'schwach', *k‘ahanayanam* 'werde Priester' zu *k‘ahanay* 'Priester'.

219. Griechisch.

1) λίναμαι § 214, 1.

Bei δύναμαι 'kann', das vielleicht mit ir. *dūn* 'feste Stadt' ags. *tún* ahd. *zūn* 'Zaun' zu verbinden ist (Fick-Torp Wtb. 3[4], 165), und dem gleichbedeutenden gort. νύναμαι, das mit νό[F]ος, πι-νυμένην verwandt scheint (IF. 30, 371 ff.), ist der präsentische Nasal festgeworden, da Aktivformen mit -να- nicht vorlagen und so δύναμαι, νύναμαι mit Formen wie ἔρα-μαι ἄγα-μαι (§ 96) gleichartig angeschaut wurde: z. B. Fut. δυνήσομαι, Part. δυνατός νυνατός. Vgl. § 244 über τανύσσαι usw. zu τά-νυ-ται. δύνομαι in der Κοινή war Umbildung von δύναμαι.

2) μάρναμαι, πορνάμεν πέρνημι § 214, 2.

δάμνημι 'bändige' (bei Hesych them. δάμνω) zu Aor. δαμάσαι, wie κάμνω, zu ai. *śamnī-tē* (§ 214, 2), τάμνω (§ 229). Vgl. auch ὄμνῡμι zu ὀμό-σαι, ὄλλῡμι zu ὀλέ-σαι (§ 242).

3) Auffallend mit ι κίρνημι 'mische' (κεράσαι), πίλναμαι 'nähere mich' (πελάσαι, vgl. ir. *ad-ella* § 222), κρίμνημι 'lasse herabhängen, hänge auf' (κρεμάσαι), πίτνημι 'breite aus', them. ἔπιτνον (πετάσαι), σκίδναμαι 'verbreite mich' (σκεδάσαι), ὀριγνάομαι (von *ὀριγναμαι) 'recke mich, strecke mich' (zu ὀρέγω, ὀρέγνῡμι). Erklärungsversuche bei Osthoff Morph. Unt. 2, 20. 6, 212, Wackernagel KZ. 29, 126, Moulton A. J. of Ph. 10, 284 f., Class. Rev. 3, 45, Kretschmer KZ. 31, 375 f., Brugmann-Thumb Griech. Gramm.[4] 334 (dazu vgl. Vendryes Mém. 15, 363 f.), Pedersen IF. 2, 293, Persson Stud. 176, Beitr. 148 ff., A. Levi Dei suffissi uscenti in sigma (Torino 1898) 19 f., Solmsen Berl. Phil. Woch. 1902 Sp. 1141, Ehrlich Zur idg. Sprachgesch. 18 f., Hirt Gr. L. u. Fl.[2] 105 f.

220. Oft -ναω im Anschluss an -νᾱμι -νᾰμεν (vgl. -νυω § 251, 3), wofür § 215, 1 zu beachten ist. Ausser den in § 215, 1. 219 schon genannten δαμνάω (gort. δεδαμναμένος mit ᾱ oder ᾰ?) und ὀριγνάομαι noch κιρνάω, πιλνάω, κριμνάομαι, πιτνάω neben κίρνημι usw. Dazu vielleicht auch πλανάομαι 'irre umher' (πλάνη 'das Umherirren' durch Rückbildung, § 160), s. Wackernagel KZ. 30, 300.

Mit -αναω ausser ἐρῡκανάω § 215 z. B. noch ἰσχανάω, neben ἰσχάνω ἴσχω 'halte, habe', hom. δεικανάομαι 'huldige, grüsse', neben δεικνύμενος, vielleicht zu ai. *dāśnó-ti* 'huldigt' (s. § 236, 3), δαπανάω 'wende auf' neben δάπανος 'verschwenderisch' δαπάνη 'Aufwand'.

Anm. Zu dieser Klasse gehört wohl auch irgendwie γεννάω 'erzeuge' mit γέννα, γενναῖος (vgl. § 160). Es wird im Anschluss an ἐγενόμην γενετή u. dgl. aufgekommen und aus einer andern nasalen Präsensform mit Schwundstufe der ersten Basissilbe umgeformt sein, vgl. av. *zā-n-aite* 'sie werden geboren', arm. *cnanim* 'gebäre; werde geboren' (Aor. *cnay*). Zu γενετή, -γνητος kann sich γεννάω verhalten wie πέρνημι zu περάσαι, πρᾱτός. Dann wäre von **ĝn̥-nā-* auszugehen. Oder es hatte ein *γνανάω gegeben (vgl. πλανάομαι oben, ὀλιγο-δρανέων u. dgl. § 229, 2), das nach ἐγενόμην zunächst zu *γενανάω wurde, so wie γενήσομαι, γεγένημαι Fortsetzung von *γνήσομαι, *γέγνημαι waren, und weiter dissimilatorisch zu γεννάω, so wie κατατά zu καττά, got. **ainanōhun* zu *ainnōhun* geführt hat (Verf. Dissimil. 152 f.).

221. Italisch. Uridg. Formen mit *-nā-* sind Grundlage gewesen für die Flexion von lat. Präsentia auf *-no -nās* usw. So *-clīnat*, *per-fīnat* oder *-fīnat*, *op-īnātur* (?) (§ 214, 1), *cōnsternat*, *aspernātur* (§ 214, 2), *dē-stinat* (§ 214, 3). Bei dem flexivischen Anschluss an die *ā*-Denominativa wie *plantat* bleibt nur fraglich, wie weit solche Formen wie *-clīnās -clīnat* noch als direkte Fortsetzung der für die uridg. Zeit vorauszusetzenden Formen auf *-nā-si -nā-ti* gewesen sind.

Formen wie *lini-mus -tis*, *sini-mus -tis* (§ 230) sind vom Standpunkt der historischen Latinität aus zur *no*-Klasse zu rechnen, wenngleich *-ni-* lautgesetzlich auf **-na-* = griech. -να- zurückführbar ist (§ 212 S. 298).

Wie *coquināre* (§ 215) noch: *carināre* (wohl mit *i* aus *ă*), vgl. lett. *karināt* 'necken, zergen', griech. κάρνη · ζημία (Hes.), lit. *isz-kernóti* 'verleumden, schlecht machen'; *farcināre*; *aginat* 'διαπράσσεται, στρέφει, μηχανᾶται' (Corp. Gloss.); *runcināre*, vgl. *runcāre* (S. 280), wozu *runcina* (dies braucht nicht dem griech. ῥυκάνη nachgebildet zu sein).

222. Keltisch. Hier ist *-nă-* in den Sing. eingedrungen (S. 298), im Gegensatz zu lat. *-clīnā-mus* : *clīnā-s* (§ 221). Zu den Formen ir. *crenaid*, *glenaid*, *lenaid*, *benaid* (§ 214, 1), *renaid*, *tlenaid* (§ 214, 2), *con-osnaim* (§ 214, 3) gesellen sich noch *for-fen* 'vollbringt, vollendet', *im-fen* 'hegt ein' (Konj. 3. Sing. *-fia*) und *sernaid* (Part. *srithe*), das Formen von lat. *sternere* und *serere* glossiert und später in der Bedeutung 'breitet sich aus' vorkommt, vgl. kymr. *sarnu* 'sternere' (s. Thurneysen Handb. des Altir. 1, 130 f. 333).

Flexivisch abzusondern von diesen *n*-Präsentia sind wegen ihres *i* in erster Silbe *du-lin* 'flutet', zu ai. *riṇā-ti* (S. 300), *tinaid* 'verschwindet', zu ai. *kṣiṇā-ti* (§ 256), *ara-chrinim* 'zergehe, zerfalle', 3. Sing. *-chrin*, zu ai. *śṛṇā-ti* (S. 302), *ad-gninaim* 'erkenne', 3. Sing. *-gnin*, zu ai. *jānā-ti* und got. *kunnum* (S. 302 f.). *-gninaim* (neben Fut. *-gēna* = **ge-gnā-* S. 144, *gnāth* 'gewohnt' = griech. γνωτός) bedarf bezüglich der Gestaltung der Wurzelsilbe noch der Aufklärung: es erinnert an lit. *kritaũ* : *krintù*, lat. *fragilis* : *frango* (S. 287. 288). Das *i* der ersten Silbe in diesen Formen kann auf ehemaliger *-nu*-Bildung beruhen, da *i* vor *u* verblieb (1 § 85), vgl. *tinaid* : ai. *kṣiṇó-ti* (S. 301); *-gnin* : got. *kunnum*.

Gleichartig sind air. **marnaid* 'verrät' (mir. *mairnid*), neben Konj. *-mera*, und *at-baill* 'stirbt', 3. Plur. *-ballat* (*-ll-* aus *-ln-*), neben Konj. *-bela*: Grundf. vermutlich **mṛṛnā-*, **g^{u}ḷḷnā-*. Vgl. lat. *cōn-sternat*, *aspernātur* S. 302.

Ir. *ad-ella* 'besucht, geht hinzu' aus **-elnā-*, *ā*-Verbum (vgl. § 215, 1), scheint zu griech. πίλναμαι (§ 219, 3), lat. *ap-pellere* zu gehören; andre verbinden es mit griech. ἐλαύνω, lat. *amb-ulo*.

223. Im Germanischen sind Verba mit Beschränkung von *-nā-* *-nə-* auf das Präsens nicht überliefert. Nur themavokalische (mit *-no-* *-ne-*) zeigen noch solche Beschränkung: got. *fraíhna* 'frage' : *frah*, *fraíhans* (*keina* 'keime' : Part. *us-kijans*, aber Prät. *us-keinōda*), vgl. § 232. Doch wurde hier *-n-*, wenn ihm kein Geräuschlaut unmittelbar vorausging, gewöhnlich als Wurzelauslaut angeschaut und darauf ein Verbalsystem nach Art der starken ablautenden Verba aufgebaut, z. B. ahd. *kīnu* 'keime', *kein kinum*, *gi-kinan* (vgl. dagegen oben got. *keina*), *spurnu* 'trete, stosse mit dem Fusse' (S. 302), *sparn spurnum*, *gi-spurnan*.

Wo urgerm. *-nō-* = uridg. **-nā-* erscheint, ist dieses Formans ebensowohl in den schwachen Formen, die ursprünglich **-n(ə)-* hatten, wie in den starken vorhanden, und das *-ō-* des präsentischen *-nō-* geht, wie bei nasallosen Verba auf *-ō-* wie ahd. *borōn* aisl. *bora* (S. 167), ahd. *charōn* got. *karōn* (S. 213 f.), durchs ganze Verbum hindurch, z. B. ahd. *ginōm* 'gähne', Prät. *ginōta*, Part. *gi-ginōt*.

Auffallend ist dabei jedoch, wie das Gotische in der auf unsern uridg. *nā*-Präsentia beruhenden Klasse der intransitiven

Inkohativa verfährt. Während nämlich das Nordische dasjenige, was nach dem eben Gesagten zu erwarten ist, zeigt, z. B. *vakna* 'erwache', 2. Sing. *vaknar* usw., Prät. *vaknaða*, flektiert das Gotische im Präsens und nur in diesem themavokalisch: *ga-wakna -nis* usw., aber Prät. *ga-waknōda*. Dass *-na-* in got. 1. Plur. *-nam* die lautgesetzliche Fortsetzung des uridg. *-nə-* gewesen ist und dass das lautgesetzliche Zusammenfallen mit Formen wie *baíram* die themavokalische Flexion im ganzen Präsens hervorgerufen hat, ist nicht recht wahrscheinlich. Denn das *-nō-* von *gawaknōda*, das aus dem Präsens stammen muss, kann von diesem aus nur dann übertragen worden sein, wenn *-nō-* allen Personen des Ind. Präs. angehört hatte. Mehr hat für sich die Hypothese, dass das *a* in der Endsilbe der 3. Plur. *-waknand* und des Part. *-waknands* aus *ō* entstanden (1, 802 f.) und hierdurch der Übergang in die themavokalische Flexion veranlasst worden ist. Dass dieser Übertritt gerade hier und nicht auch bei andern Verba auf *-ō-*, wie *karōn*, *mitōn*, erfolgt ist, könnte dem Einfluss von Präsentia wie *fraíhna*, die schon von älterer Zeit her **-no- *-ne-* im Präsens hatten, zugeschrieben werden und wäre besonders leicht begreiflich, wenn es im Gotischen in einer vorhistorischen Periode dieses Dialekts präsentische Doppelheiten wie ahd. *spurnan* : *spornōn*, ags. *murnan* : as. *mornon* gegeben hätte. Es liegt ohnehin nahe, aus den drei überlieferten Formen 3. Sing. *keiniþ* (= ahd. *kīnit*), Part. *-kijans*, Prät. *-keinōda* eine Doppelheit des Präsens, nämlich *keiniþ*, mit *kijans* (wie *fraíhna* mit *fraíhans* und altertümlicher als ahd. *kīnit* mit *gi-kinan*), und **keinōþ*, mit Prät. *keinōda*, zu erschliessen. Aber auch das ist zu erwägen, ob nicht in der Zeit der germanischen Urgemeinschaft, wo im Ind. Präs. noch *-nā-* : *-n(ə)-* bestand, daneben schon der Inf. auf *-nana-* und das Part. auf *-nand-* gebildet worden waren (vgl. got. *witan*, *witands* zu *wait witum*), und nun *-waknan*, *-waknands* die themavokalische Behandlung des Präsens nach sich gezogen haben. Es bleibt dann nur noch die Frage, welcher besondere Umstand gerade im got. Dialekt im Präsens den themavokalischen Formen ein solches Übergewicht über die *nō*-Formen verschaffte, dass sie in diesem Tempus zur Alleinherrschaft kamen.

Die ahd. Flexion nach der *ē*-Klasse, z. B. (*ki-*)*storchanēn* 'hart werden' (got. *ga-staúrknan*, 3. Sing. *-niþ*, aisl. *storkna -aða*), war Neuerung aus Anlass der intransitiven Bedeutung (S. 237). —

Unsre Inkohativbildung geschah auch von adjektivischen Wörtern aus, wo sie mit der Bildung von Faktitiva auf (got.) *-jan* Hand in Hand ging, z. B. got. *fullnan* aisl. *fullna* 'voll werden' neben got. *fulljan* aisl. *fylla* 'voll machen, füllen' von got. *fulls* aisl. *fullr* 'voll', got. *ga-qiunan* 'lebendig werden' neben *ga-qiujan* 'lebendig machen' von *qius* (Gen. *qiwis*) 'lebendig', got. *mikilnan* 'gross werden' neben *mikiljan* 'gross machen' von *mikils* 'gross'. Vgl. S. 53.

224. Als auf uridg. *-nā*-Bildung beruhend sind in § 214 folgende Verba angeführt: aisl. *klīna* (*-aða*) 'schmieren', *lina* (*-aða*) 'erschlaffen', as. *hlinon* 'lehnen', ahd. *ginōn* 'gähnen', aisl. *fúna* 'verfaulen', ahd. *spornōn* 'mit der Ferse ausschlagen' aisl. *sporna* (*-aða*) 'mit dem Fusse stossen'.

As. *mornon* 'sich bekümmern, trauern' neben ags. *murnan mornan* st. V. (S. 302), ahd. Neubildung *mornēn* (S. 237). Ebenso ahd. *stornēn* 'attonitum esse, inhiare' für **stornōn*, zu lat. *cōnsternat* (S. 302).

Got. *ufar-munnōn* 'vergessen', zu dem Prät.-Präs. *man munum* gehörig, barg jedenfalls ein *n*-Formans, und da *-unn-* aus *-n̥n-* entstanden sein kann, so scheint es als **mn̥-nā-ti* dem ai. *jā-nā-ti* (S. 302) zu entsprechen. Eventuell kehrt es in der av. 3. Plur. *mąnayən* 'man könnte meinen' wieder, wenn nämlich diese Form als Opt. auf einen Ind. urar. **mā-nā-ti* und nicht als Inj. auf einen Ind. urar. **mānaya-ti* zu beziehen ist (s. Bartholomae IF. 7, 80, Altiran. Wtb. 1121, Keller KZ. 39, 158. 173. 195).

Man möchte in gleicher Weise *ga-kunnaiþ* 'lernt kennen' mit ai. *jānā-ti* in engere Beziehung bringen. Hier liegen aber die Verhältnisse anders. *kunnum* 'wir kennen' gehört zur *nu*-Klasse, und es ist nicht zu entscheiden, ob es aus **ĝn̥-nu-* entstanden oder ob es für **kunu-m* = **ĝn̥-nu-* (vgl. av. *zanā-t̰* mit *a* = *n̥*) eingetreten ist, indem sein *-nn-* aus der 3. Plur. *kunnun* und aus Opt. *kunneima*, Inf. *kunnan* mit *-nn-* = *-nu̯-* (*kunnun* = **ĝn̥-nu̯-n̥t* usw.) herüberkam. Da nun *ga-kunnaiþ* mit seiner *ē*-Flexion eine german. Neubildung sein muss, vermute ich in ihm eine Umbildung des urgerman. **knēịō* (ahd. *knāu* usw., S. 202) nach den Formen mit *kunn-*.

Anm. Problematisch ist die Annahme, *-nā-* stecke in Verba wie ahd. *zocchōm* 'ziehe heftig, zerre', *lecchōm* 'lecke', mhd. *hopfe* (rheinfränk. *hoppe*) 'hüpfe', wo das *n* von *-nā-* an den vorausgehenden Konsonanten assimiliert worden sei, Grundf. **duknā́mi*, **lig̑hnā́mi*, **qupnā́mi* (1, 383 f.); durch dieselbe Assimilation soll auch das *n* von *-no- -ne-* an vorausgehendes *u̯* assimiliert worden sein, z. B. urgerm. **bleu̯u̯o-* got. *bliggwan* ahd. *bliuwan* aus **bleu̯nó-* (van Helten PBS. Beitr. 30, 243 ff.). Mehrere Forscher sind geneigt, die Gemination vielmehr auf jene Affektaussprache zurückzuführen, durch welche einfache Konsonanten eine (auf die Dauer sich festsetzende) Gemination erfahren können, s. 1, 817 f. 2, 1, 43 ff., eine Auffassung, zu der die Intensivbedeutung der meisten einschlägigen Verba (vgl. S. 78) gut passt. Vgl. Trautmann Germ. Lautges. 67 ff., wo auch die ältere Lit. verzeichnet ist, Meillet Mém. 15, 357. 16, 241, E. Hellquist Några anmärkningar om de nordiska verben med mediageminata, Göteborgs högskolas årsskrift, 1908, II.

225. Baltisch-Slavisch. Verba mit dem Wechsel *-nā-* : *-n(ə)-* im Präsens kommen nicht mehr vor. Im Balt. *-nā-* noch in lit. *žìno* 'er weiss' (preuss. *po-sinna* 'ich bekenne'), wozu 1. Plur. *žìnome* und mit Durchführung vom *-nō-* durch das Verbalsystem Fut. *žinósiu*, Inf. *žinóti*, s. § 214, 2. Ursprünglich gehörten *žìno* und der Inf. *pa-žìnti* ('kennen') ebenso zusammen wie z. B. ai. *riṇā́-ti* 'lässt fliessen' und *rīti-ḥ* 'Fluss, Lauf', aber die Vereinfachung der Geminata in **žinnā-* brachte das Präsens in eine neue Bahn.

Als Erweiterung mit *-i̯o-* vom Stamm auf *-nā-* aus (§ 215) sind zu nennen: *lynója* 'es regnet leicht' (Inf. *lynóti*) neben *lỹna* und *lỹja* 'es regnet', *lasznója* 'es tröpfelt ein wenig' (Inf. *lasznóti*) zu *laszù laszéti* 'tröpfeln', *kilnóju* 'hebe hin und her' (Inf. *kilnóti*) zu *kìlti* 'sich heben', *kilėti*. Das letzte Verbum kann auch als Denominativum, zu *kìlnas kilnùs* 'erhaben', angesehen werden. Ferner, durch gleichartige Erweiterung von *-u̯nā-* aus, solche wie lett. *zilināju zilināt* 'oft heben', woran sich Denominativa anschlossen wie lit. *stiprinóju* (lett. *stiprinâju*) 'stärke' neben *stìprinu* 'stärke' zu *stiprùs* 'stark' (§ 233, 2). Zu den denominativ entstandenen Verba vgl. got. *fullnan* aisl. *fullna* S. 311.

Im Übrigen herrscht im Balt.-Slav. die *-no- -ne-*Flexion, wie bei den in § 214 genannten lit. *pū́nu* 'faule', aksl. *zinǫ* 'hio', *stanǫ* 'stelle mich'.

c. *-ne- -no-* (*-n̥ne- -n̥no-*) als Endformans des Präsensstamms: Typus ai. *mr̥ṇá-ti.*

226. Präsentia mit *-ne- -no-* ergaben sich durch Übergang von *nā*-Präsentia in die themavokalische Flexion (vgl. § 192); vielfach geschah dieser nachweislich erst einzelsprachlich. So haben wir schon oben u. a. nebeneinander gestellt: ai. *mr̥ṇá-ti* 'zermalmt' : *mr̥ṇā́-ti* (§ 214, 2), *gr̥hṇa-ti* 'ergreift' : *gr̥hṇā́-ti* (§ 216, 2), av. *pa'ri-brīnaəha* 'du beschnittest' : ai. *bhrīṇā́-ti* (§ 216, 1), gthav. *pərᵊnā* Imper. 'erfülle' : ai. *pr̥ṇā́-ti* (§ 216, 2), av. *-stərᵊna-ta* 'sternebat' : *stərᵊnā'ti* (§ 216, 2), apers. *a-dina-m* 'ich nahm weg' : *a-dināʰ* (§ 216, 1), griech. δύνομαι 'kann' : δύναμαι (§ 219, 1), κάμνω 'mühe mich' : ai. *šamnī-tē* (§ 214, 2), δάμνω 'bändige' : δάμνημι (§ 219, 2), ἔπιτνον 'breitete aus' : πίτνημι (§ 219, 3), lat. *tollo* : ir. *tlenaid* (§ 214, 2), ahd. *klenan* 'schmieren, kleben' : ir. *glenaid* (§ 214, 1), ags. *tó-ʒínan* 'klaffen' aisl. *gína* 'gähnen' : ahd. *ginōn* (§ 214, 1), *keinan* 'keimen' : got. Prät. *us-keinōda* (§ 223), ahd. *spurnan* 'treten' : *spornōn* (§ 214, 2. 223), ags. *murnan mornan* 'trauern' : as. *mornon* (§ 224), lit. *lýna* 'es regnet' : *lynója* (§ 225), *púnu* 'faule' : aisl. *fúna* (§ 214, 1), aksl. *zinǫ* 'hio' : ahd. *ginōn* (§ 214, 1), aksl. *stanǫ* 'stelle mich' : arm. *stanam* (§ 214, 3). Betrachtet man den Präsensausgang **-n̥nāi̯é-ti* als von *-n̥nā-* ausgegangen, so kann man in derselben Weise auch z. B. gegenüberstellen av. *pəšana'ti* 'kämpft' : ai. *pr̥tanāyá-ti*, griech. ἐρῡκάνω 'halte zurück' : ἐρῡκανάω, lit. *auginù* lett. *audſinu* 'ziehe gross' : lett. *audſināju*, lit. *stìprinu* 'stärke' : *stiprinóju* (§ 215, 1).

Nun dürfen aber nicht alle *no*-Präsentia der idg. Sprachen hiernach beurteilt werden. S. 52 sind *-no-* und *-n̥no*-Stämme genannt, die zugleich verbal und nominal fungieren: ai. *paṇa-tē* 'handelt ein, kauft' : *paṇa-ḥ* 'Wette, Stipulation' (vgl. lit. *pelnas* 'Lohn'), *vḗna-ti* 'ersehnt' : *vēná-ḥ* 'sehnsüchtig', aisl. *fregna* (got. *fraíhnan*) 'fragen' : ai. *prašná-ḥ* 'Frage', ai. *kr̥páṇa-tē* 'tut jämmerlich, erbittet' : *kr̥paṇá-ḥ* 'jämmerlich', griech. θηγάνω 'wetze' : θήγανον 'Wetzinstrument', lit. *kùpinu* 'häufe' : *kùpina-ḥ* 'gehäuft'. Weitere Beispiele dieser Koinzidenz sind ai. *ghūrṇa-ti* 'schwankt' : *ghūrṇa-ḥ* 'schwankend', griech. ἀν-αίνομαι 'stelle in Abrede' (mit ἀνὰ) : αἶνο-ς 'Rede, Lob', lat. *sterno* : griech. στέρνον 'Brust' (ahd. *stirna* 'Stirn'), doch vgl. § 230, av. *pəšanaiti* 'kämpft': ai. *pṛtana-m* 'Kampf'. Man kann nun zwar bei solchen *no*-Stämmen im einzelnen Fall nicht jedesmal wissen, ob die nominale oder die verbale Funktion die frühere gewesen ist. Jedenfalls war aber bei einem Teil die nominale die ursprünglichere, und so ergibt sich die Annahme als wahrscheinlich, dass die präsentischen *no*- und *n̥no*-Bildungen teilweise unabhängig von den *nā*-Präsentia aufgekommen sind[1]).

Diese beiden Kategorien der -*no*- -*n̥no*-Präsentia sind schon in vorhistorischen Zeiten zusammengeflossen; nur noch im Ar. sind sie einigermassen klar zu scheiden. Vollstufe der Wurzelsilbe spricht im allgemeinen zugunsten ursprünglicher themavokalischer Bildung, aber ein sicheres Anzeichen dafür ist sie nicht.

227. Arisch. Weitere Beispiele zu den in § 226 genannten. Ai. 3. Plur. *a-minanta* 'wurden beeinträchtigt', zu *minā́-ti* *mīnā-ti* (S. 299 f.). Av. *frīnaiti* 'liebt', zu *frīnā-t* (§ 216, 1). Ai. *gṛṇá-ti* 'ruft', zu *gṛṇā́-ti*. Av. 3. Sing. *vərəna-ta* 'wählte', zu ai. *vṛṇā-ti* (§ 216, 2). Gthav. 2. Plur. Imper. *paitī-zānatā* 'erkennet an, heisst willkommen', zu ai. *jānā́-ti* (§ 214, 2). Ai. *mathna-ti* 'rührt, quirlt', zu *mathnā́-ti* (§ 216, 2). — Ai. *iṣaṇa-t* 'er setze in Bewegung', mit *iṣaṇyá-ti* zu *iṣṇā́-ti* (§ 214, 2. 298). Gthav. Opt. *zaranaēmā* 'wir möchten erzürnen', mit *zaranimna*- 'zürnend' (§ 215, 1) zu ai. *hṛṇī-tḗ*.

ráṇa-ti 'vergnügt sich, erfreut sich' *ráṇa-ḥ* 'Ergötzen, Lust', *ráṇya-tē*, *ráṇva-ti* *raṇvá-ḥ* 'erfreulich, fröhlich' dürften auf **r̥no*-, **r̥n̥io*-, **r̥n̥uo*- beruhen und zu *arí-ḥ* 'verlangend, begierig' gehören. Der Nasal wurde aus dem Präsens weitergetragen: Perf. *rāraṇa* u. a.[2])

---

1) Dass im Grunde -*nā*- -*nə*- und alle in Nomina und Präsentia vorliegende -*no*- etymologisch zusammenhängen, soll damit nicht in Abrede gestellt werden.

2) Joh. Schmidt's (Kritik 92) Erklärung von *ráṇa-ti* aus **rámṇati* ist ebenso unhaltbar wie meine frühere aus **r̥m̥ne-ti* (hieraus wäre **ramṇa-ti* entstanden). Ob das Adj. *ratá-ḥ* etymologisch zugehört, ist zweifelhaft. Man stellt es zwar wohl richtig zu *ráma-tē*. Wie aber *rāraṇa*, so kann auch ein *ratá-ḥ* zu *ráṇa-ti* neu geschaffen worden sein, das dann mit dem zu *ráma-tē* gehörigen *ratá-ḥ* zusammenfloss.

228. Armenisch. Einige Präsentia auf *-nem* (**-no-*) und viele auf *-anem* (**-n̥no-*).

1) *aṙnem* 'mache': Aor. *arari* (S. 145). — *y-aṙnem* 'erhebe mich, stehe auf': Aor. *y-areay*, griech. ὄρνυμαι. — *dnem* 'setze' aus **dinem*, Grundf. **dhē-no-*: Aor. 3. Sing. *e-d* = ai. *á-dhā-t* (S. 99), vgl. *stanam* und aksl. *staną* (S. 303).

2) Den Präsentia mit *-anem* stehen öfters auch in andern Sprachzweigen Nasalpräsentia gegenüber. Neben *-anem* lag *-anim*, die intrans.-passivische *i̯o*-Erweiterung von *-anem* (§ 125), und dieses wechselt nicht selten mit *-num* (§ 241), z. B. *ǰeranim* 'fiebere, glühe': *ǰeṙnum* 'wärme mich, erglühe, brenne'.

lk̄anem 'verlasse' (Aor. 3. Sing. *e-lik̄*), vgl. ai. *riṇák-ti*, lat. *linquo*, griech. λιμπάνω. *gtanem* 'finde' (Aor. 3. Sing. *e-git*), vgl. ai. *vindá-ti* mit arm. *giut* 'Fund, Gewinn' (§ 201). *t'k'anem* 'speie, spucke' (Aor. 3. Sing. *e-t'uk'*). *harkanem* 'schlage, haue, fälle' aus **pr̥g-*, zu ir. *fris-orgat* 'nocent', s. S. 130. *klanem* 'verschlinge' (Aor. 3. Sing. *e-kul*), vgl. ai. *gr̥ṇā́-ti* (S. 305). *bekanem* 'breche' (Aor. *beki*), vgl. ai. *bhañja-ti bhanákti*, ir. *bongid* (S. 294). *tesanem* 'sehe' (Aor. *tesi*). *hatanem* 'schneide ab, haue ab' (Aor. *hati*). *elanem* 'gehe hinauf' (Aor. *eli*, 3. Sing. *el*). *bucanem* 'ernähre, ziehe auf' (Aor. *buci*); *buc-* zunächst aus **boic-* (1, 194); vgl. ai. *bhunákti*. *lucanem* 'löse, löse auf' (Aor. *luci*); *luc-* ebenso aus **loic-*. *lizanem* 'lecke' (Aor. *lizi*); *liz-* zunächst aus **lēz-* (1, 180); vgl. lat. *lingo*, griech. λιχνεύω. *dizanem* 'häufe auf' (Aor. 3. Sing. *e-dēz*); vgl. lat. *fingo*. *aṙoganem* 'bewässere' (vgl. *aṙu*, Gen. *aṙvi* oder *aṙvoy*, 'Rinne, Kanal'), Grundf. **srou̯n̥no-*, lit. *sravà* 'Fliessen', wozu *srāvinu* 'lasse fliessen'.

Ein paarmal ist mittels *-anem* das Präsens auf *-sk̂ō* (§ 272) erweitert (vgl. griech. ἀλυσκάνω zu ἀλύσκω). Es geschah das im Zusammenhang damit, dass die *sk̂o*-Bildung Aorist geworden war (S. 48 f.). *harçanem* 'frage', Aor. *e-harç* = ai. Imperf. *á-pr̥ccha-t*, vgl. *harsn* 'Braut' (W. *prek̂-*). *ançanem* 'gehe vorüber', Aor. *ançi*. *luçanem* 'zünde an', Aor. *luçi*, vgl. *lois*, Gen. *lusoy*, 'Licht'. *çuçanem* 'lasse sehen, zeige', Aor. *çuçi*, zu ahd. *scouwōn* 'schauen'.

-anim, Erweiterung von *-anem*, um intrans.-pass. Sinn auszudrücken (§ 125), z. B. *dizanim* 'häufe mich auf, sammle mich',

zu *dizanem* 'häufe auf' (s. o.), *hetanim* 'werde vergossen', zu *hetum* 'vergiesse'.

Vgl. Meillet Notes sur la conjug. arm. (Revue Banasêr II, 2) S. 7 ff., Gramm. de l'arm. 77 ff., Mém. 15, 100, Pedersen KZ. 39, 357 ff.

229. Griechisch.

1) Andere Präsentia von der Art der in § 226 genannten κάμνω, δάμνω (δάμνημι), ἔπιτνον (πίτνημι), δύνομαι (δύναμαι): δάκνω 'beisse' zum Aor. ἔδακον, Grundf. *dn̥knō*, W. *deñk̂-*. Hom. neuion. dor. τάμνω 'schneide', zu τέμαχος 'abgeschnittenes Stück', Perf. τέτμηται; dafür att. τέμνω nach τεμῶ usw., wie πέρνημι mit ε nach περάσαι usw. (S. 302). πτάρνομαι 'niesse' (Aristot.) neben πτάρνυμαι. πῑνω 'trinke' zu Imper. πῖθι, äol. πώνω zu πῶμα.

Formen mit ursprünglichem *-ln-*, das einzeldialektisch nach 1 § 408, 3 verändert wurde (vgl. auch Brugmann-Thumb Griech. Gramm.[4] 86 f.). Lesb. ἀπ-έλλω dor. Ϝήλω hom. εἴλομαι aus *Ϝελνω 'dränge', zu Aor. ἐάλην; daneben *Ϝελνέω εἰλέω (S. 259); vgl. Solmsen Unters. 224 ff. ὀ-φείλω 'bin schuldig, schulde' kret. ὀφήλω, zu ὤφελον, ὀφλισκάνω, ark. Ϝο-φληκόσι; vermutlich zu ir. *gellaim* 'verspreche' *gell* N. 'Einsatz, Pfand', dessen *ll* ebenfalls auf *ln* beruhen kann, wie in *ad-ella* 'besucht' aus **pelnā-* (Osthoff IF. 4, 268 ff.). Thess. βελλόμενος 'wollend', dor. δήλομαι, böot. βειλόμενος aus **g^u̯elno-*, woneben att. βούλομαι; der *o*-Vokalismus stammt ebenso wie bei hom. ark.-kypr. eretr. βόλομαι vermutlich aus dem Perfekt[1]).

Andre gehen bei diesen Präsentien nicht von *-ln-*, sondern *-ls-* aus, womit man aber für die a. a. O. meiner Griech. Gramm. zusammengestellten Fälle nicht durchkommt. Überdies ist ἀλανέως· ὁλοσχερῶς. Ταραντῖνοι und das vermutlich damit identische el. ἀϜλανέως 'vollzählig' (Ϝλαν- neben *-Ϝαλν- = **u̯l̥n-*) ein Zeugnis für die Richtigkeit des Ansatzes *Ϝελνω für εἴλω usw. (Solmsen a. a. O. 286 f.). Hirts Gegenbemerkungen Gr. L. u. Fl.[2] 240 f. über-

1) Mit Kretschmer Glotta 3, 160 ff. nehme ich an, dass die Wurzel dieses Verbums identisch war mit der von βάλλω. βόλομαι für *βαλομαι (vgl. α 234 ἐβόλοντο 'sie entschlossen sich') oder durch Überführung eines reduplikationslosen Perf. *βολα (vgl. οἶδα u. a. § 357. 380) in präsentische Flexionsweise. Vgl. IF. 32, 184 f.

zeugen nicht. Übrigens muss es bei *$\underset{\circ}{u}$elno-, *g^{u}helno-, *g^{u}elno- dahingestellt bleiben, ob sie zuerst verbal oder nominal gebraucht worden sind (§ 226).

2) Der Typus ἐρῡκάνω (§ 226), bei dem die Endung -ανω stets vor sich eine lange Silbe hat, geht mit ανο-Nomina Hand in Hand. Ausser dem § 226 genannten θηγάνω : θήγανον vgl. ὀλισθάνω 'gleite aus, werde schlaff': ὀλίσθανος 'schlaff, schläfrig', φασγάνεται· ξίφει ἀναιρεῖται Hes. : φάσγανον 'Schwert'. Häufiger dafür -αινω (§ 298).

Präsentia auf -ανω neben nasallosen Aoristen, z. B. ἀλφάνω 'bringe einem etwas ein' : ἦλφον, αἰσθάνομαι 'empfinde' : ᾐσθόμην, ὀλισθάνω : ὤλισθον, δαρθάνω 'schlafe' : ἔδαρθον, ἁμαρτάνω 'fehle' : ἥμαρτον, βλαστάνω 'sprosse' : ἔβλαστον, ὀφλάνειν· ὀφλισκάνειν Hes. : ὦφλον. Neben nasallosen Präsentien, z. B. θηγάνω : θήγω, ληθάνω 'bleibe unbemerkt' : λήθω, κευθάνω 'verberge' : κεύθω, αὐξάνω 'mehre' : αὔξω, ἀλυσκάνω 'vermeide' : ἀλύσκω, ἀμβλισκάνω 'abortiere' : ἀμβλίσκω (ὀφλισκάνω 'schulde', ἐνρῑγισκάνειν· ἐνριγοῦν Hes.), ἰσχάνω 'halte' (ἰσχανάω S. 307) : ἴσχω, ἱζάνω 'setze, sitze' : ἵζω, ἱστάνω 'stelle' : ἵστημι [1]). Ferner neben Präsentien mit Binnennasal (Typus ai. *yuñjá-ti*), die sich in ihrer unerweiterten Gestalt überhaupt früh verloren: λιμπάνω, φυγγάνω u. dgl. (§ 202. 208, 2). In Nachahmung dieser letzteren Präsensklasse entstand πιμπλάνω 'fülle' (schon Homer), vielleicht auf Grund zugleich von *πλανω = ai. *pr̥ṇá-ti* (S. 305) und -πί-πλημι -πί-πλαμεν (S. 107). Wie enge den Attikern der Ausgang -ανω und die Nasalierung der ersten Wortsilbe, wenn diese ι hatte, miteinander verknüpft waren, zeigt der Umstand, dass das aus *κιχάνϝω 'erreiche, hole ein' (hom. κιχάνω, § 234, 2) im Attischen enstandne *κιχᾱ́νω zu κιγχάνω umgestaltet wurde.

Eine Ausnahme von der Regel, dass dem -ανω eine lange Silbe vorhergeht, ist kypr. δυϝάνω 'gebe' (belegt ist Opt. δυϝάνοι), das mit umbr. *pur-douitu* 'porricito', pur-tuvies 'porricies', lat. *duim*, lit. *daviaũ* 'ich gab' (vgl. S. 243) zu verbinden ist. Seine Grundform war *$du\underset{\circ}{u}n o$-, und hierzu könnte δάνος N. 'Darlehn'

1) Das Nebeneinander von ἵστημι und ἱστάνω erzeugte ἵζημι (Strabo) neben ἱζάνω.

als *δϝανος, von *$d\underset{\circ}{n}no$- ausgegangen, gehören (anders über δάνος 1, 256. 526). Vgl. lit. *krùvinu* 'mache blutig' (neben *krùvinas* 'blutig'), *tvìnti* 'anschwellen' (Ind. *tvįstu* für *tvinu*), zu lat. *tu-meo*, und ὀλιγο-δρανέων 'ohnmächtig, schwach' zu δραίνω 'habe vor' (vgl. ai. *iṣaṇaya-tē* : *iṣaṇyá-ti*), δρῶ δρᾶμα, lit. *daraũ* -*ýti* (S. 199).

3) Weit verbreitet sind im Griech. *-νι̯ω neben -νω, z. B. κλίνω aus *κλινι̯ω (§ 295. 297), und *-ανι̯ω -αινω neben -ανω, z. B. ἰαίνω aus *ἰσανι̯ω (§ 295. 298). Vom speziell griechischen Standpunkt aus betrachtet man *-νι̯ω und *-ανι̯ω als Erweiterung von -νω und -ανω. Vielleicht sind aber -*n-i̯o*- -*n̥n-i̯o*- unmittelbar von -*nə*- -*n̥nə*- (: -*nā*- -*n̥nā*-) ausgegangen. -*no*- -*n̥no*-, selbst eine Erweiterung von -*nə*- -*n̥nə*-, und -*ni̯o*- -*n̥ni̯o*- stünden dann in einem geschwisterlichen Verhältniss zu einander.

230. Italisch. 1) Lat. *sino* (*sīvī*, *situm*), zu ai. *áva-syati* 'lässt los'; *pōno* aus *po-$s[i]no$ vgl. *po-situs*. *linō* (*lēvī*, *litum*), vgl. griech. ἀλίνω aus *ἀλινι̯ω (S. 301). *cerno* aus **crinō*, wie *certus* aus **critos*, vgl. griech. κρίνω aus *κρινι̯ω, Part. κριτός. *dēgūno* aus *-*gusnō*, zu *gustus*. *tollo* aus **tl̥nō*, zu ir. *tlenaid* (S. 302).

sterno (*strāvī*, *strātum*), vgl. ai. *str̥ṇā-ti* (S. 305) und griech. στέρνον (S. 313 f.); *sterno* könnte aus **sterinō*, urlat. **steranō*, hervorgegangen sein. Ähnlich zweifelhaft ist *sperno* (*sprēvī*, *sprētum*) neben *aspernātur* (S. 302).

temno (*tempsī*, *temptum*), unsicherer Herkunft. Wenn zu griech. στέμβω 'trete mit Füssen', wäre **tembnō* vorausgegangen.

Nicht klar sind einige Präsentia auf -*llo*, weil *ll* an sich *ln*, *ls*, *ld* gewesen sein kann. Eventuell mit -*ln*-: *pello* (*pepulī*, *ō-pilio*), vgl. umbr. ař*peltu* 'appellito, admoveto', das aus *-*pelletōd* entstanden zu sein scheint; *ex- prae-cello* (zu *collis*, *culmen*); *vello* (dazu vermutlich *voltur*); *pro-mellere* 'litem promovere' (zu *re-pro-mulcum*); *fallo* (*fefellī* mit Herübernahme des *ll* ins Perfekt, § 387, 2). Auszuschliessen ist -*ln*- nur für *per-cello* (-*culī*), dessen -*ll*- wegen *clādēs* auf -*ld*- zurückgeführt werden muss (§ 292).

Anm. *frūnīscor* aus **frūgnīscōr*, *con-quinīsco* aus **con-quegnīscō*, s. § 196 Anm. Die *sco*-Erweiterung mag sich an **frūgniō*, *-*quegniō* angeschlossen haben (vgl. *obdormīsco* zu *dormio*). Ob diese aber mit *linio* neben *li-no* (s. o.) auf gleicher Linie stehen oder Denominativa (wie *fīnio* von *fīnis* u. dgl.) waren, bleibt zweifelhaft. Wegen *con-quinīscor* vgl. aksl. *čeznq*.

2) Präsentia auf *-ino -inis* usw. aus **-anō* usw. (= *-n̥no-*) sind in der historischen Latinität nicht mehr vorhanden. Eventuell gehörten aber einst hierher *sterno*, *sperno* (s. 1). Auf ein vorhistorisches **cruanō* = lit. *krùvinu* 'mache blutig' weist *cruentus* = lit. *krùvintas*; dazu lit. *krùvinas* 'blutig' (§ 233, 2).

Zu einem Präsens dieser Art scheint osk. patensíns 'aperirent' zu gehören, vgl. osk. Patanaí Dat. 'Pandae', lat. *pateo* (s. IF. 30, 339 ff.).

231. Irisch. Es seien drei Formen mit *-nn-* genannt, weil in dieser Lautgruppe *-no-* enthalten zu sein scheint. *ad-greinn* 'verfolgt', s. S. 283. 288. *do-seinn* 'treibt, jagt', vielleicht mit kymr. *chwyf* 'motus', ahd. *swimman* verwandt. *bruinnid* 'fliesst', zu *bruithe* 'Brühe', *tipra*, Gen. *tiprat*, 'Quelle' aus **to-aith-brevant-*.

232. Germanisch. Nur selten ist *-no-* auf das Präsens beschränkt. Got. *fraíhnan* 'fragen', Prät. *frah*, Part. *fraíhans*, aisl. *fregna*, Prät. *frá*, Part. *fregenn*; dagegen ags. *friȝnan*, *fræȝn* *fruȝnon*, *fruȝnen* neben Prät. Plur. *fruȝan*, Part. *ȝe-fruȝen ȝe-freȝen*. Got. *us-keinan* 'hervorkeimen', Part. *us-kijans*. S. § 223.

Sonst ist das Nasalformans durch das Verbalsystem durchgeführt worden:

Ahd. *klenan* 'schmieren, kleben' (§ 214, 1); Prät. *klan* nach *nam* neben *niman*, aber Part. *gi-klenan* wie *gi-geban*. Aisl. *gína* 'gähnen', ags. *tó-ȝínan* 'klaffen' (§ 214, 1). Got. *skeinan* ahd. *scīnan* aisl. *skína* 'scheinen', zu got. *skeirs* 'klar, deutlich', *skeima* M. 'Leuchte'. Ahd. *swīnan* 'abnehmen, schwinden', zu nisl. *svía* 'abnehmen'. Ahd. *grīnan* aisl. *grína* 'den Mund verziehen, greinen', vermutlich zu ai. *ji-hrē-ti* 'schämt sich', *hrīṇa-ḥ* 'verlegen'. Aisl. *hrína* 'schreien', zu *hreimr* 'fremitus'. Ahd. (*h*)*rīnan* 'berühren, erlangen', aisl. *hrína* 'treffen, berühren' (zur Etymologie Fick-Torp 3^4, 104). Die Hinzubildung der ausserpräsentischen *n*-Formen, wie got. *skain skinum skinans* aisl. *skein skinom skinenn* erfolgte nach dem System der Verba wie got. *steigan staig stigum stigans*, wo das *ī* des Präsens aus vorgerm. *ei* hervorgegangen war (§ 404, 2, a).

Ahd. as. *spurnan* 'treten', s. § 214, 2. 223; die Neubildung *sparn spurnum*, *gi-spurnan* rief im Ahd. (Otfr.) die Formen *fir-*

spirnit, Konj. *spirne* (nach *wirfit* neben *warf* usw.) hervor. Ags. *murnan* (*mornan*) 'sich bekümmern, trauern', s. § 224.

Formen mit *-ll-* aus *-ln-*, die meist *e*-Stufe der Wurzelsilbe haben, und bei denen es dahin gestellt bleiben muss, ob sie zuerst verbal oder nominal im Gebrauch gewesen sind (§ 226). Ahd. *quellan* 'hervorquellen, schwellen', mit *quella* F. 'Quelle' zu *qualm* 'Qualm'. Ahd. *swellan* aisl. *suella* 'schwellen', zu *widerswalm* 'Strudel', *swilo* M. 'Schwiele', lat. *īn-solēns*. Ahd. *scellan* aisl. *skialla* 'schallen, tönen', zu aisl. *skal* N. 'Lärm'. Ahd. *gellan* aisl. *gialla* 'gellen, ertönen', zu ahd. *galm* 'Schall, Ton'. Ahd. *hellan* 'hallen', zu *halōn* 'berufen'. Ahd. *wellan* 'wälzen, rollen', mit ahd. *wella* 'Welle' (vgl. lit. *vilnìs* aksl. *vlъna* 'Welle') zu lat. *volvo*, aksl. *valiti* 'wälzen'. Aisl. *vella* (Prät. *vall*) und ahd. *wallan* (Prät. *wial*) 'wallen, sprudeln', mit aisl. *vella* F. 'sieden', nnorw. *olla* F. 'Quell' zu ags. *wielm* 'Sieden, Wallen' ahd. *walm* 'Hitze, Glut'. Ahd. *fallan* aisl. *falla* 'fallen', zu lit. *pùlu púlti* 'fallen'.

Darüber, wie die intransitiven Inkohativa wie got. *ga-waknan* aisl. *vakna* 'erwachen' zu ihrer präsentischen Flexion gekommen sind, s. § 223.

Formen mit *-n̥no-* scheinen im German. vorzuliegen in ahd. as. ags. *spurnan*, ags. *murnan* (S. 302).

233. Baltisch-Slavisch. *-no-* und *-n̥no-* sind in weitem Umfang produktive Formantien geworden.

1) Preuss. *po-stānimai* 'wir werden' Inf. *po-stāt*, aksl. *staną* 'stelle mich' Inf. *stati*, vgl. S. 303. 312. Lit. dial. *spiáunu* (neben *spiáuju*) lett. *spl'aunu* aksl. *pljuną* (neben *pliną* aus **pljyną*, 1, 114) 'speie, spucke'.

Im Baltischen kommt *-no-* nur postvokalisch vor, abgesehen von einigen auf Verquickung der Typen *mṛnā-ti* und *yuñjá-ti* beruhenden lett. Neubildungen (s. u.). Im Schriftlitauischen erscheinen drei Präsentia dieser Art. *einù* 'geht', zu *eimì* (S. 88); lat. 3. Plur. *prōd-īnunt*, neben *-eunt*, hat mit *einù* direkt wohl nichts zu schaffen. *aunù* (lett. *aunu*) 'ziehe Fussbekleidung an', Inf. *aũti*. *gáunu* (lett. *gaunu*) 'kriege, bekomme', Inf. *gáuti*; dazu preuss. *po-gaunai -gauni* 'empfängt' (Inf. *po-gaũt*). In den lit. Dialekten und im Lett. ist diese Bildung viel weiter verbreitet, z. B. lit. *lỹna* neben *lỹja* 'es regnet' (§ 225. 226), *rynù* neben *ryjù* 'schlucke, schlinge', *pūnu* neben *pūvù* 'faule' (§ 214. 225), *klūnu* neben *klūvù* 'hake an, bleibe hängen', *griūnù* neben *griūvù* 'stürze ein', *ráunu* lett. *raunu* neben lit. *ráuju* lett. *rauju* 'ziehe, reisse, raufe aus', von welcher Art auch das oben schon genannte lit. *spiáunu* lett. *pl'aunu* ist. Lett. *slinu* 'lehne an, stütze' (vgl. lat. *-clīnat* usw. S. 301) mit *i* aus dem Inf. *slit*, ebenso lett. *sinu* 'binde' (vgl. ai. *sinā́-ti* 'bindet, umschlingt') nach *sit*, *schūnu* (neben lit. *siūvù*) 'nähe'. Durch das Nebeneinander von *ráunu* : *ráuti* u. dgl. wurden in dem betreffenden lit. Dialektgebiet bei den jüngeren Denominativa Neubildungen erzeugt wie *keliáunu* für *keliáuju*, zu *keliáuti* 'reisen', *karaliáunu* für *karaliáuju*, zu *karaliáuti* 'König sein' (S. 220. 240).

Im Lett., zugleich mit Binnennasal: *brinu* 'wate' aus **bridnu*, **brendnu*, neben lit. *brendù* und *bredù* (*bridaũ brìsti*); *rùnu* 'finde' aus **rùdnu*, **randnu*, neben *rùdu* = lit. *randù* (*radaũ ràsti*); *mifnu* 'mingo' aus **menfnu*, neben lit. *mężù* (W. *meiĝh-*); vgl. S. 285. Dieselbe Art der *no*-Erweiterung im Slav. (s. u.).

Im Slavischen, wo *-no-* ebenso gut postkonsonantisch als postvokalisch erscheint, ist der Nasal nur in *staną* (s. o.) auf das Präsens beschränkt geblieben: Aor. *stachъ*, Inf. *stati*, Sup. *statъ*, Part. Prät. *stavъ*, *stalъ*. Sonst erscheint im Aksl. regelmässig *-ną-* im Inf. und Sup., z. B. *dvigną* : *dvignąti*, *dvignątъ*. Im übrigen tritt bei einem Teil der Verba, denen mit vokalisch auslautendem Verbalstamm, *-ną-* auch sonst regelmässig in den ausserpräsentischen Formen auf, z. B. *miną* : Aor. *minąchъ*, Part. Prät. *minąvъ*, *minąlъ*, aber z. B. *dvigochъ* neben *dvignąchъ*, *dvigъ* neben *dvignąvъ*, *dviglъ* neben *dvignąlъ* (Part. Prät. Pass. *dviženъ*). Beispiele: aksl. *zinq* 'hio' (S. 301. 313); *riną* 'stosse' *riną sę* 'stürze', zu *na-roj* 'Andrang'; *miną* 'gehe vorüber', zu *mi-mo* 'vorüber', lat. *meāre*; *siną* 'glänze', zu *sijają* 'glänze'; *po-męną* 'gedenke', zu *mьnją* 'meine'; *planą* 'flamme auf' aus **polną*, zu *plamy* 'Flamme'; *lьną* 'klebe an' (intr.) aus **lьpną*; *bъną* 'erwache' aus **bъdną*; *u-sъną* 'schlafe' aus **-sъpną*; *glъną* 'versinke in etwas' aus **glъbną*; *sъchną* 'trockne' intr.; *vrъgną* 'werfe'; *mlъkną* 'verstumme'; *o-slъpną* 'erblinde', zu *slěpъ* 'blind'; *čezną* 'verschwinde'; *za-kleną* 'verschliesse' aus **-klepną*; *toną* 'versinke (im Wasser)' aus **topną* (auch *topną* durch Wiederherstellung des *p*); *běgną* 'entlaufe'. Formen, die ursprünglich Binnennasal in der Wurzelsilbe hatten: *stignq* 'erreiche', *vyknq* 'werde gewohnt' u. a., s. S. 286.

Über die Entstehung von *-nq-* in den ausserpräsentischen Teilen des Verbalsystems s. Wiedemann Arch. f. sl. Phil. 10, 653 ff., Pedersen KZ. 38, 347 f., Vondrák Vergl. Slav. Gr. 1, 511 ff., Meillet Mém. 15, 99. Keine der hier vorgetragenen Theorien ist glaubhaft.

Anm. Den in der 1. Aufl. (2, 985. 992) gegebenen Erklärungsversuch gebe ich preis und gehe jetzt von der Annahme aus, dass im Urslav. zu den Präsentien wie *zinq*, *minq* gehörige Verbalabstrakta auf **-ono-*, die den germ. Infinitiven auf *-an* entsprechen (2, 1, 266 ff.), mit dem Infinitivformans *-ti-* zu *-qtъ-* verbunden worden seien. Vgl. *zvqkъ* 'sonus, tumultus' aus **zvon-kъ*, eine Erweiterung von *zvonъ*, das mit *zvъněti* (vgl. ai. *huvanya-ti* 'ruft') zu *zovq zvati* gehört, und das ahd. sogen. Gerundium auf *-annes* (Gen.), *-anne* (Dat.), z. B. *zi gebanne* 'zu geben', das auf einer Erweiterung des Infin. auf *-an* = **-ono-* zu einem Abstraktum auf **-on-io-* beruht. Dass *-ti-* in urbaltischslavischer Zeit im Infinitiv noch nicht die Alleinherrschaft gehabt hat, zeigt der preuss. Infinitivausgang *-twei* (Trautmann Altpreuss. Sprachd. 293). Es ist demnach nicht kühn, anzunehmen, dass damals neben *-ti-* (vgl. aksl. *po-znatъ* 'cognitio' neben Inf. *znati*, *sъ-mrъtъ*, *vъz-vitъ*, *blago-dětъ* usw.) auch *-ono-* im Gebiet der Verbalabstrakta eine Rolle spielte, zumal da im Slav. gerade so wie im Germ. bei der Bildung des Part. Prät. Pass. noch in der historischen Zeit *-to-* und *-eno-* (*-ono-*) in Konkurrenz mit einander sind. *-ono-* als Formans von Verbalabstrakta erlag dem in urslav. Zeit vordringenden und zur Verallgemeinerung strebenden *-ti-* dadurch, dass es durch dieses erweitert wurde, ein Vorgang, der in den Bildungen wie aksl. *qzos-tъ* 'Enge', lit. *rimas-tìs* 'Ruhe', *kalbes-tis* 'Rede', *auges-tis* 'Wuchs' (2, 1, 428 ff. 439) insofern eine Parallele hat, als auch hier Abstrakta den Zuwachs von *-ti-* bekommen haben[1]). Wichtig ist, dass man den Infinitivausgang *-nqti* nur bei den vokalisch auslautenden Wurzeln für urslavisch durchgeführt halten darf (*stanq* ausgenommen, das eine besondere Stellung einnimmt), in *zinqti*, *kynqti* usw. Denn wenn *-nqti* auch in allen slav. Sprachen zugleich bei konsonantisch auslautenden Wurzeln begegnet, so hat doch das Serbische noch Formen wie *dići* neben *dìgnuti*, *zapréći* neben *zaprégnuti*. Diese müssen, was Vondrák Vergl. Slav. Gramm. 2, 217 verkennt, darum für die ursprünglichen gelten, weil es unbegreiflich wäre, wodurch die Serben hier sollten

1) Sollte lit. *gyvenù* 'wohne' mit *gyvęsiu gyvénti* ebenso denominativ sein, wie z. B. *kràvinu kràvinti* auf *kràvinas* 'blutig' beruht (S. 323), wofür das Fem. *gyvena* 'Leben' zu sprechen scheint, so brauchte auch das im Inf. *gyvénti* vorliegende Verbalabstraktum nicht erst im Anschluss an's Präsens geschaffen zu sein.

veranlasst worden sein eine Regelmässigkeit im Verbalsystem durch eine Unregelmässigkeit zu ersetzen. Überdies ist im Aksl. bei so vielen Verben des Typus *dvignq* der Infinitivstamm unbelegt (s. Leskien Handb.[5] 124 ff.), dass es vielleicht nur Zufall ist, dass in diesem Dialekt keine Form wie **dvišti* erscheint. Ich nehme demnach an, dass einst z. B. *zinq* = ags. *ʒíne* ein dem Inf. *ʒínan* entsprechendes Verbalabstraktum neben sich hatte, dessen Erweiterung mittels *-ti-* der Inf. *zinq-ti* repräsentiert. Zu diesem und dem unmittelbar angeschlossenen Sup. *zinqtъ* traten *zinqchъ*, *zinqvъ*, *zinqlъ* hinzu nach dem Verhältniss von *dělachъ*, *dělavъ*, *dělalъ* zu *dělati dělatъ* u. dgl., eine Entwicklung, die im Germ. in der Hinzubildung z. B. von got. *skain skinum skinans* zum Präs. *skeina* Inf. *skeinan* (S. 319) ihr Gegenstück hat: in beiden Sprachzweigen lag das Motiv zum Übergang des *n*-Formans auf Ausserpräsentisches darin, dass man das *n* hinter dem die Wurzel schliessenden Vokal gewissermassen als Wurzelauslaut anschaute. Schon in urslav. Zeit begann man dann damit, auch bei den konsonantisch schliessenden Vokalstämmen *-nqti* usw. anzuwenden.

2) Während im Balt. **-n̥no-* = *-ina-* sehr verbreitet ist, ist es im Slav. ganz zurückgetreten. Es liegt nur noch in Weiterbildungen vor, wie aksl. *zvьnją zvьněti* 'ἠχεῖν, sonare', das, wie schon S. 322 bemerkt wurde, mit *zvonъ* 'Schall' zu *zovą zvati* 'rufen' gehört, vgl. ai. *huvanya-ti* 'ruft'.

Im Balt. bildet das Formans ganz vorzugsweise Kausativa oder Faktitiva (vgl. S. 74). Lit. *krùvinu* 'mache blutig', Fut. *krùvisiu*, Part. *krùvintas* (*krùvinas* 'blutig'), vgl. lat. *cruentus* (§ 230, 2), *kùpinu* 'häufe' (*kùpinas* 'gehäuft'), *trùpinu* 'zerbreche in Teilchen, bröckle' (*trupinỹs* 'Brocken'), *bùdinu* 'wecke', *lipinù* 'mache kleben', *tēkinu* 'lasse (auf einem sich drehenden Schleifstein) laufen, schleife' (*tēkinas* 'laufend' = aksl. *tečьnъ*), *auginù* 'mache wachsen'. Auch wurden mit *-ina-* Denominativa gebildet, wie lit. *szvéntinu* 'heilige' preuss. *swintina* 'heiligt' zu *szveñtas swints* 'heilig', lit. *línksminu* 'mache fröhlich, tröste' zu *liñksmas* 'fröhlich', *vẽninu* 'einige' zu *vẽnas* 'eins', *tvìrtinu* 'mache fest' zu *tvìrtas* 'fest', preuss. *podrūktinai* 'ich bestätige' zu *drūktai* Adv. 'fest', *gallintwei* 'töten' zu *gallan* Akk. 'Tod'; vgl. lit. *stiprinóju* neben *stìprinu* (§ 225).

Dasselbe Formans mit kausativem oder faktitivem Sinn auch bei Verba, deren Wurzel mit *-d-* erweitert war, wie lit. *pú-d-ìnu* 'mache faulen', *száu-d-inu* 'lasse schiessen', *pláu-d-inu* 'lasse spülen' (§ 290 ff.), von denen aus der Ausgang *-dinu* als einheitliches Formans produktiv wurde, namentlich so, dass da-

21*

mit die Kausativa auf *-inu* erweitert wurden, um zu bezeichnen, dass man etwas durch einen andern tun lässt, z. B. *linksmindinu* 'lasse fröhlich machen, trösten' zu *linksminu*, *kaĩtindinu* 'lasse heiss machen' zu *kaĩtinu* 'mache heiss'. Vgl. den in gleicher Art produktiv gewordenen Ausgang *-dau*, Inf. *-dyti*, § 183 S. 268 f.

f. *-neu̯-* (*-n̥neu̯-*) als Endformans des Präsensstamms: Typus ai. *ǵn̥ó-ti*.

234. 1) Dass ar. *-nau̯-* in der starken Stammform, z. B. in ai. *ǵn̥ṓ-ti*, Konj. *ǵn̥áva-t*, durchweg auf uridg. *-neu̯-* (mit *e*-Vokal) zurückgeht, ist nur als wahrscheinlich, nicht als sicher zu bezeichnen. Man beruft sich auf κῑνέω, das neben κίνυμαι auf *κῑνεϝω, älter *κῑνευμι, hinweise, auf ἱκνέομαι neben ἱκάνω aus *ἱκανϝω (§ 234, 2) u. dgl., Präsentia, die nach Verlust des ϝ völlig in die Flexion von φιλέω übergegangen seien, daher Fut. κῑνήσω, lesb. Imper. κίνη wie φίλη usw. (s. die Literatur bei Brugmann-Thumb Griech. Gramm.⁴ 339, wozu jetzt noch Solmsen KZ. 44, 217). So lange aber das *u̯*-Element nicht aus der Flexion dieser Verba auf -νεω selbst nachgewiesen ist, lassen sie sich (trotz Hirt Gr. L. u. Fl.² § 432 Anm. 2) auch zu § 173 ziehen[1]).

Griech. -νῡ- in den starken Stammformen neben -νῠ- in den schwachen (ὄρνῡμι : ὄρνυμεν) ist in der urgriech. Zeit für die dem ai. *-nō-* entsprechende Form -νευ- (vielleicht auch -νου-) eingetreten nach -νᾱ- : -νᾰ- (S. 296 ff.). Armen. Sing. *-nu-m* neben Plur. *-nu-mk̔* ist ebenfalls Neuerung, doch ist nicht zu wissen, welches die Quantität des *u* der ursprünglich starken Formen im Urarmenischen war (vgl. S. 156 über *gelu-m* : *gelu-mk̔*, S. 298 über *barna-m* : *barna-mk̔*).

2) *-n̥neu̯-* *-n̥nu̯-* für *-neu̯-* *-nu̯-* zeigen gthav. 2. Plur. *dᵊbə-naotā* (neben ai. *dabhnṓ-ti*), jgav. *apa-xᵛanva'nti* (neben gthav. *hunā'tī*). S. S. 297. Von gleicher Art waren wohl hom. ἱκάνω aus *ἱκανϝω (neben ἱκνέομαι) und κιχάνω aus *κιχανϝω (vielleicht zu armen. *jgem* 'strecke aus, werfe' aus **jigem*). Vgl. § 238. 251, 2.

1) Das von Hirt (nach J. Schmidt KZ. 32, 381) vorangestellte θαρνεύει · ὀχεύει, σπείρει, φυτεύει als eine Neubildung im Sinne der von Fraenkel Griech. Denom. 204 f. besprochenen Verba auf -ευω und speziell als nach ὀχεύω geschaffen aufzufassen, hindert nichts.

3) Postkonsonantisch erscheint *-nuu̯-* statt *-nu̯-*, z. B. 3. Plur. ai. *aśnuvánti* griech. ἀγνύασι gegen ai. *ṛṇvánti*. Im Griech. kommt *-νϝαντι neben *-νυ(ϝ)αντι nicht vor, dagegen vergleicht sich z. B. hom. ὀμνύω : τῑ́νω aus *τινϝω (§ 251).

4) Öfters begegnen bei derselben Wurzel *-neu̯-* und *-nā-*Präsentia nebeneinander, teils in demselben Sprachzweig, z. B. ai. *stṛṇṓ-ti stṛṇā́-ti* av. *stərᵊnaoⁱti stərᵊnāⁱti*, teils auf verschiedene Sprachzweige verteilt, z. B. av. *-sⁱrinaoⁱti* as. *hlino-d*.

235. Die Wurzelsilbe war von Haus aus schwundstufig, wie z. B. in ai. *ṛṇṓ-ti*, *dhunō-ti*. Wie Formen wie ai. *dhūnṓ-ti* neben *dhunō-ti*, *ūrṇṓ-ti* neben *vṛṇṓ-ti* zu erklären sind, ist § 213 gezeigt. Ebenda auch über Formen wie ai. *rādhnō-ti*.

236. Mehrsprachliches. Es werden hier auch solche Fälle aufgeführt, in denen *-neu̯- -nu-* nur in éinem Sprachzweig auftritt, ein andrer oder mehrere andre Sprachzweige aber eine aus diesem Formans abzuleitende Präsensflexion zeigen.

1) Wurzel mit *i-* und *u*-Vokalismus.

Ai. *cinṓ-ti* 'sammelt, schichtet, zahlt Strafe', Med. 'straft' (neben av. *-činaēta*); themavok. *cinva-ti*, hom. τῑ́νω att. τίνω 'büsse' aus *τινϝω. Die themavokallose Flexion ist im Griech., wie es scheint, noch vertreten durch τινύμεναι Eur. Or. 323. Hom. τῑ́νυται ist entweder nach ai. *mīnā-ti* : *minā-ti* zu beurteilen (S. 299 f.), oder es ist nach kret. inschr. ἀποτεινύτω vielmehr τείνυμαι zu schreiben, dessen ει aus τείσω ἔτεισα stammte (vgl. δείκνῡμι u. dgl. § 242 und ark. ἐσ-τεισις 2, 1, 432). Zu ai. *cáya-tē* 'straft', *citi-ḥ* griech. τίσις.

Ai. *minṓ-ti* 'schädigt, mindert' (neben *minā-ti mīnā-ti*); griech. μινύθω 'mindere' (§ 291), lat. *minuo* (§ 252), corn. *minow* 'verkleinern, mindern'. Zu ai. *mī́ya-tē mīyá-tē* 'mindert sich, vergeht', griech. μείων 'kleiner'.

Ai. *kšiṇṓ-ti* 'macht vergehen, vernichtet' (neben *kšiṇā́-ti* S. 301); griech. φθινύθω (§ 291) und hom. φθῑ́νω att. φθίνω aus *φθινϝω 'vernichte'. Zu ai. *kší-ti-ḥ* usw.

Ai. *inṓ-ti* 'dringt auf etwas ein, drängt, treibt' av. *inaoⁱti* 'vergewaltigt', hom. αἴνυμαι 'bekomme in meine Gewalt, ergreife'. Themavok. ai. *inva-ti*. Zu ai. *ḗnas-* 'Frevel', griech. ἔξ-αιτος 'ausgenommen, auserwählt'. Das αἰ- von αἴνυμαι mag von einem dem ai. *énas-* entsprechenden *αἰνεσ- stammen (vgl. ai. *árṇas-* 'Woge, Flut, Strom' : *ṛṇó-ti*).

Ai. *dhunō-ti dhūnṓ-ti* 'schüttelt, erschüttert' ist hier zu nennen, falls griech. ep. θύνω 'stürme, tobe' aus *θυνϜω entstanden und die Nebenform θῡνέω nicht dem ai. *dhūnáya-ti* gleichzusetzen, sondern auf *θῡνέϜω zurückzuführen sein sollte, s. S. 260. 324.

Unklar ist die Entwicklungsgeschichte der zu W. *k̑leu̯-* 'hören' (griech. κλέϜος κλυτός usw.) gehörigen Nasalpräsentia: ved. *śṛṇṓ-ti*, Shāhb. *śruṇeyu* pāli *sunō-ti*, av. *sᵘrunaoiti*, ir. *ro-cluinethar* (aus **clunie̯-* **cluni-* und ev. aus einem urkelt. **klunu-* umgebildet). Dafür, dass alle Formen von einem uridg. **k̑l̥neu̯-* **k̑l̥nu-* ausgegangen seien, ist ved. *śṛṇṓ-ti* ein zu schwacher Anhalt. S. Keller KZ. 39, 142 f. 158 ff., Meillet Mém. 15, 336 ff., Bull. de la Soc. de l. no. 58 (1910) p. CCCXLV, Thurneysen Handb. des Altir. 1, 333 f., Michelson KZ. 43, 351.

2) Wurzel mit sonantischer Liquida, sonantischem Nasal.

Ai. *ṛṇṓ-ti* 'erhebt sich, setzt sich in Bewegung', griech. ὄρνῡμι 'errege, störe auf'. Themavok. ai. *ṛṇvá-ti*. Zu griech. ὀρούω (S. 220 Fussn. 1), arm. *y-aṙnem* 'stehe auf', griech. ὀρῑ́νω, lat. *orior* usw. (Persson Beitr. 738. 767 ff.).

Arm. *aṙnum* 'nehme', griech. ἄρνυμαι 'erlange, erwerbe', wozu wahrscheinlich noch av. Konj. *arᵊnavante* 'sie sollen gewähren'. Dieses Verbum ist vielleicht mit dem vorausgehenden wurzelhaft identisch, zumal da ai. *ṛṇṓ-ti* auch 'stösst auf etwas, erreicht, erlangt' bedeutet. ἄρνυμαι verhielte sich dann zu ὄρνῡμι wie θάρνυμαι zu θόρνυμαι (§ 242).

Ai. *stṛṇṓ-ti* av. *starᵊnaoiti* 'sternit' (neben *stṛṇā-ti starᵊnāiti* S. 305), griech. στόρνῡμι 'sterno'. Zu got. *straujan* usw. (S. 273).

Griech. πτάρνυμαι 'niese' (vgl. πταρμός πτόρος 'das Niesen'); lat. *sternuo* (§ 252). Zu ir. *sreod* 'das Niesen', kymr. *ystrewi* 'niesen'. Wurzel uridg. etwa *pster-*.

Ai. *vṛṇṓ-ti* und *ūrṇṓ-ti* (S. 299) 'hüllt, umschliesst'; hom. κατα-είλυον 'sie umhüllten, bedeckten' (Ψ 135) aus *-ϜελνυοΝ. Zu **u̯elu-* ai. *varū́-tra-m* griech. ἔλυτρον (S. 156) und ai. *vára-ti*

Aor. *á-var*, Part. *vṛtá-ḥ*. Wie *kšṇāu-ti* mit *kšṇutá-ḥ* (3), so *ūrṇāu-ti* (ŠB.) mit *ūrṇuta-ḥ*. Themavokalisch av. *-vərᵊnvaⁱti*.

Ai. *dhṛšṇó-ti* 'ist dreist, wagt', apers. *a-daršnauš* 'er wagte' (§ 316). Mnd. *darn* 'wage', Konj. *dürne*, setzt einen Plur. as. **durnum* = got. **daúrznum* ai. *dhṛšṇumáḥ* fort; *darn* ergab sich zu diesem Plural nach dem Muster von as. *gi-dar* (= *-*darr* *-*darz*) zu **durrum* (= **durzum*), vgl. got. *ga-dars -daúrsum* [1]).

Ai. *tanó-ti* 'dehnt, spannt', av. 1. Sing. Konj. *-tanava*, griech. τάνυται 'tenditur', uridg. **tn̥-neu-ti*. W. *ten-* 'tendere' in τείνω τατός usw.

Ai. *sanó-ti* 'erlangt, gewinnt', hom. ion. ἄνῡμι 'gelange zum Ziel', Imperf. ἤνυτο, att. ἀνύω. Themavok. hom. ἄνεται aus *ἀνϝεται. W. *sen-* in ai. *sána-t sasā́na* usw.

3) Wurzel ohne *i, u, r, n*. Mit der zu erwartenden Schwundstufengestalt erscheinen einzelsprachliche Präsentia, wie av. *ā-snaoⁱti* = urar. *-*zdnau-ti*.

Hier darf genannt werden eine Formation, deren Formans *-neu- -nu-* vielleicht schon uridg. durch das Verbalsystem durchgeführt worden ist. Ai. *kšṇāu-ti* 'wetzt, schleift' für **kšṇó-ti* (nach *stāú-ti* usw. § 55 S. 99), Part. *kšṇuvāná-ḥ* (dazu *kšṇutá-ḥ* 'gewetzt', *kšṇótra-m* 'Wetzstein'); vgl. *ūrṇāu-ti* mit *ūrṇu-ta-ḥ* (s. oben). Lat. *novācula* 'Schermesser', das auf **qsneu̯-* beruht. Aisl. *snođenn* 'kahl geschoren'. Zu Grunde lag W. *qes-* in aksl. *česati* 'kratzen, kämmen, streifen', lit. *kasýti* 'kratzen', wozu auch griech. ξαίνω 'kratze, kämme', ξέω (aus *ξεσω, § 259, 2) und ξύω 'schabe, reibe, glätte', ai. *kšurá-ḥ* 'Schermesser' (vgl. Walde Lat. et. Wtb.² 524 f., Persson Beitr. 812).

Dehnstufig ai. *dāšnó-ti* 'huldigt, bringt Opfer dar' neben *dāšati dāšvás-*. Ob für hom. δεικνύμενος 'bewillkommnend' (I 196. δ 59) mit Wackernagel δηκνύμενος zu schreiben ist, das dem ai. Präsens genau entspräche, ist unsicher (Brugmann-Thumb Griech. Gramm. ⁴ 338). Vgl. ai. *rādhnó-ti* § 237, 3.

4) Arm. *z-genum* 'ziehe mir (ein Kleid) an' aus *-*gesnum* (Pedersen KZ. 39, 414 f.), ion. εἵνυμι 'ziehe an' aus *ϝεσνυμι (att. ἕννῡμι § 243). Zu arm. *z-gest* 'Kleid', griech. ἑσθῆναι usw.

1) Im Got. ist *s* aus dem Sing. in den Plur. (*-*daúrzum*) übertragen, im As. umgekehrt *z* aus dem Plur. in den Sing.

237. Arisch. Weitere Beispiele zu den § 236 genannten.

1) Ai. *cinō-ti* 'bemerkt, nimmt wahr', zu *caya-tē*, *cikḗ-ti*, *citá-ḥ*.

Ai. *minṓ-ti* 'befestigt' (neben pāli *minā-ti*) 'befestigt', zu *mimāya*, *mitá-ḥ*, lat. *moenia*.

Ai. *hinṓ-ti* 'setzt in Bewegung', zu *háyant-*, *á-hēma*, *hitá-ḥ*. Them. *hinva-ti*.

Ai. *pinvánt-* 'schwellen machend', Med. *pinu-tē*, av. *-pinaoiti* 'macht schwellen', zu ai. *páya-tē*, *pī-pihi*, *pīná-ḥ*. Them. ai. *pínva-ti* av. *-pinva-ta*.

Av. *ni-srinaoiti ni-sirinaoiti* 'stellt zu, überantwortet', zu ai. *śráya-ti*. Vgl. lat. *-clīnat*, as. *hlinon* S. 299.

Ai. *sunṓ-tì* 'presst aus', av. *hunū-ta* 'presste aus' (neben Opt. *hunyā-t̰*), zu ai. *su-ṣā́va*, *sutá-ḥ*. Them. av. Imper. Med. *hunvaŋuha*.

Ai. *dunṓ-ti* 'brennt', zu *dūya-tē*, *dūná-ḥ*. Them. Imper. Med. *dunva-sva*.

Av. *gūnaoiti* 'verschafft'. Vgl. lit. *gáunu* S. 320.

Ai. *pruṣṇṓ-ti* 'spritzt' (neben *pruṣṇā-ti*), zu *pruṣa-ti*, *pruṣitá-ḥ*.

2) Ai. *vṛṇu-tē* 'wählt', gthav. 3. Du. Med. *vərᵊnvaitē* neben ai. *vṛṇā-ti* gthav. *vərᵊn-tē* (S. 305).

Ai. *kṛṇṓ-ti* av. *kərᵊnaoiti* 'macht', apers. *akunavam* 'ich machte' (zu *u* s. 1, 454. 460 und die bei Bartholomae Altiran. Wtb. 447 genannte Literatur), zu ai. *karṓ-ti kuru-tē*, *á-kar*, *kṛtá-ḥ*. Them. ai. 3. Sing. *á-kṛṇva-ta*, av. 2. Sing. Imperf. *ākərᵊnvō*, 2. Sing. Konj. av. *kərᵊnavāhi* apers. *kunavāhy*.

Ai. *tṛpṇṓ-ti* 'wird befriedigt' (neben *tṛmpá-ti*), zu *tṛ́pya-ti*, *tṛptá-ḥ*. Zweifelhaft ist die Annahme, mit *tṛpṇumaḥ* sei ahd. *durfum* 'wir haben nötig, bedürfen' (ags. *đurfon* aisl. *þurfom* got. *þaúrbum*) identisch, vgl. § 224 Anm. S. 312.

Ai. *ṛdhnō-ti* 'gedeiht' (neben *ṛnádha-t*, *ṛndhyā-t*), zu *ṛ́dhya-tē*, *ardhiṣya-tē*, *ṛddha-ḥ*.

Ai. *kṣaṇō-ti* 'verletzt, verwundet', zu Aor. *kṣaniṣṭhāḥ*, *kṣatá-ḥ*. Mit dem derselben W. *q̑þen-* angehörigen att. κτίννυμι (neben κτείνω) war schwerlich ein näherer historischer Zusammenhang.

Ai. *manu-tḗ* 'denkt, meint', mit dem auf den Präsensstamm **mn̥-neu̯-* zurückgehenden gthav. *manao-ϑrī-* 'Mahnerin' (vgl. ai.

kšṇō-tra-m S. 327) zu ai. *mánya-tē*, *matá-ḥ*. Vgl. S. 311 über av. *manayən*, got. *ufar-munnōn*.

Ai. *vanṓ-ti* 'gewinnt', zu *vāvā́na*, *-vāta-ḥ*. Vgl. *vánanva-ti* § 238.

Ai. *skabhnṓ-ti* 'stützt' (neben *skabhnā́-ti*), zu *ca-skambha*.

Ai. *ašnṓ-ti* av. *ašnaoⁱti* 'gelangt hin zu etwas, erreicht' (vgl. Uhlenbeck IF. 25, 143 über *ašnā́-ti* 'nimmt zu sich, isst'), zu *ānā́ša*.

Ai. *daghnō-ti* 'reicht bis an', wahrscheinlich zu ahd. *gi-zengi* 'reichend bis, nahe rührend an', W. *deəgh-* (Aor. *dhak* nach der Analogie von Wurzeln mit an- und auslautender Aspirata, s. 1, 627. 642).

3) Av. *āsnaoⁱti* 'kommt heran' aus urar. **ā-zdnau-ti* (vgl. *āsna-* 1 § 835), zu ai. *ā́ sad-* 'herantreten an etwas'.

Ai. *dabhnṓ-ti* 'betrügt', Perf. *dadā́bha* (über *dadámbha* S. 275). Vgl. av. *dᵊbənaotā* § 238.

Ai. *takšṇuvanti* 'sie behauen', zu *tákša-ti* *tāšṭi* (griech. τέκτων).

Ai. *rādhnō-ti* 'gerät, kommt zurecht' Neubildung zu *rā́-dhya-tē* *rātsya-ti* *rāddhá-ḥ*. Vgl. *dāšnṓ-ti* S. 327.

Ai. *āpnṓ-ti* 'erreicht' neben av. *āfənte* = urar. **āpu̯antai* (S. 271). Enthält vielleicht die Präpos. ai. *ā́* vor *ap-*, vgl. ved. *apsanta* (§ 258, 1) av. *apayeⁱti*, lat. *apīscor*.

238. Formen mit *-n̥neu̯- -n̥nu-* (*-n̥u̯-*). Vgl. S. 297. 324, Keller KZ. 39, 169 ff.

Gthav. *dᵊbənao-tā* 'ihr betrogt' = urar. **dbhanau-ta*. Vgl. ai. *dabhnṓ-ti* § 237, 3.

Av. *apa-xᵛanvaⁱnti* 'sie treiben weg' (them.?) = urar. **sv-anvanti*, gthav. them. *xᵛə̄nva-t̰*, neben gthav. *hunāⁱtī*.

Av. *fra-stanvanti* 'sie kommen voran' (them.?), zu *stā-* 'stare', vielleicht in unmittelbarem Zusammenhang mit kret. στανύω 'stelle'.

Gthav. *spə̄nva-t̰* 'fördert' = urar. **sphanva-t*, zu ai. *sphātí-* 'Gedeihen, Fettmachung', aksl. *spěti* 'vorwärts kommen, Erfolg haben', lat. *spatium*. Zum *u* des Formans *-n̥u̯o-* vgl. ai. Kaus. *sphāvaya-ti* 'mehrt, mästet', ags. *spówan* 'gedeihen', griech. ἐσφυδωμένος 'vollgestopft (mit Essen)'.

Zu ai. *vanṓ-ti* (§ 237, 2) scheint zu gehören ved. *vánanvant-* 'begehrend' mit dem Ind. *vánanva-ti*. S. Pischel Ved. Stud. 3, 198 ff., Keller KZ. 39, 169.

239. Ein paarmal erscheint unser Formans hinter Wurzel mit nasalem Binnenformans.

Ai. *stiənō-ti* (MS.) 'steigt' aus **stiəghn-* neben *stighnō-ti*, wie auch aksl. *stignq* aus **stiəgn-*. Vgl. S. 281. 286.

Av. *frākərᵊnao-t* 'er brachte hervor', Opt. *kərᵊnuyāt* = urar. **kr̥nt-n-*, zu ai. *kr̥ntá-ti*; them. av. *ā-kərᵊnəm* 'ich schnitt, schuf'. Vgl. S. 287.

240. Ai. Formen mit schwacher Stammgestalt, die scheinbar das *u* von *-nu-* verloren haben, wie *kr̥ṇmáḥ kr̥ṇváḥ*, *sunmáḥ sunváḥ* (im Ved. nur erst einmal belegt: *kr̥ṇmahē*), sind mit gthav. *vərᵊn-tē* zu verbinden und gehörten von Haus aus zur *nā*-Klasse. S. S. 297 f.

241. Armenisch. Andere Beispiele zu den genannten *aṙnum* (§ 236, 2), *z-genum* (§ 236, 4):

ǰeṙnum 'wärme mich, erglühe' (Aor. *ǰeray*), neben *ǰeranim* 'glühe, fiebre'. — *aitnum* 'schwelle'. — *lnum* 'fülle' aus **linum* (Aor. 3. Sing. *e-lic*), zu *li* (Gen. *lioy*) 'voll', lat. *plē-nu-s* usw. — *sksnum* 'fange an' neben *sksanim* 'fange an'.

Zuweilen scheint *-num* aus **-unum* entstanden zu sein, wie in *erdnum* 'schwöre' zum Aor. *erdvay*, *tʿaƙnum* 'verberge mich', *pʿaxnum* 'fliehe'.

Zu der ganzen Klasse der Präsentia auf *-num* s. Pedersen KZ. 39, 354 ff.

242. Griechisch. Als Formans mit schwundstufiger Wurzel sind oben vorgekommen τινύμεναι τίνω, μινύθω, φθινύθω φθίνω (§ 236, 1), ἄρνυμαι, πτάρνυμαι, ὄρνῡμι, στόρνῡμι, τάνυται, ἤνυτο ἄνεται (§ 236, 2); dazu ἱκάνω, κιχάνω (§ 234, 2).

Andre Präsentia derselben Art[1]):

---

1) Charakteristisch ist, dass die Präsensbildung auf -νῡμι die gewöhnliche wurde für die Wurzeln auf γ, wenn der Aorist sigmatisch war. Da schon Homer acht Formen auf -γνῡμι hat, so ist schwer zu sagen, welches Verbum oder welche Verba den Anstoss zu dieser Gewohnheit gegeben haben.

θάρνυμαι (Hesych, nicht sicher) und θόρνυμαι 'springe, bespringe' zu θρώσκω 'springe' Aor. ἔθορον (vgl. S. 324 Fussn. 1). — ὀμόργνῡμι 'wische ab' (Aor. ὤμορξα) neben ἀμέργω (vgl. Walde Lat. et. Wtb.[2] 479, Meillet Mém. 17, 61). — φράγνυμαι 'werde umgeben, eingehegt' neben φράσσω φάρκτω, ἔφράξα ἔφαρξα, πέφραγμαι πέφαργμαι (vgl. dazu Zupitza KZ. 36, 55 f.). — κίνυμαι 'bewege mich' neben κῑνέω, zu lat. *ac-cītus*. — Hom. ὤϊγνυντο 'aperiebantur' (Aor. ὤϊξα), neben lesb. ὀ-είγω, zu hom. ἐπείγω 'setze in Bewegung, drücke, dränge, treibe' (IF. 29, 238 ff.). — Kret. -δίκνῡτι 'zeigt' (Aor. ἔδειξα), sonst δείκνῡμι (s. u.). — μίγνῡμι 'mische' (Aor. ἔμειξα); wie weit dieses in der Überlieferung durch μείγνῡμι zu ersetzen ist, wie man jetzt vielfach schreibt, ist zweifelhaft. — (F)άγνῡμι 'breche' (Aor. hom. ἔᾱξα); Schwundstufe stünde sicher, wenn das Verbum mit (F)ρήγνῡμι identisch war (1², 426. 2, 3 S. 294). — Oft wurden diese Präsentia mit Vollstufe gebildet. δείκνῡμι 'zeige', vgl. o.; über ion. δέκνῡμι Brugmann-Thumb Griech. Gramm.[4] 338. — ζεύγνῡμι 'verbinde' (Aor. ἔζευξα). — ἐέργνῡμι εἴργνῡμι (ἐ-Fεργ-) 'dränge, schliesse ein' (Aor. εἶρξαι), neben ἐέργω εἴργω. — ὀρέγνῡμι 'recke, strecke aus' (Aor. ὤρεξα), neben ὀρέγω (vgl. ὀριγνάομαι § 219, 3). — Spät πλέγνῡμι 'flechte' neben πλέκω (Aor. ἔπλεξα, vgl. πέπλεγμαι, πλέγμα). — ῥήγνῡμι 'breche' (Aor. ἔρρηξα), urgriech. Fρηγ- Fρᾰγ-. — πήγνῡμι 'mache fest' (Aor. ἔπηξα), urgriech. πᾱγ- πᾰγ- (vgl. § 208, 1). — ἐκ-πλήγνυμαι 'werde erschreckt' (Aor. ἔπληξα), neben πλήσσω, urgriech. πλᾱγ- πλᾰγ- (vgl. § 208, 1). — Spät φώγνῡμι 'röste' (Aor. ἔφωξα), neben φώγω.

ὄμνῡμι 'schwöre', zu ὀμό-σαι ὀμό-της. ὄλλῡμι 'richte zu Grunde' aus *ὄλνῡμι, zu ὀλέ-σαι, ὄλε-θρο-ς. Vgl. δάμνημι, zu δαμά-σαι (§ 219, 2).

Morphologisch unklar ist hom. γάνυμαι 'freue mich' neben γάνος 'Glanz' und γαίω 'bin froh, stolz', γαῦρος 'stolz'. Vielleicht γάνυμαι : γαῦ-ρο-ς wie kret. στανύω av. *-stanvanti* : σταυρός 'Pfahl'.

243. Eine eigne Gruppe bilden die Präsentia auf -ννῡμι. Für (ion.) εἵνῡμι aus *Fεσνῡμι = arm. *z-genum* (§ 236, 4) kam nach ἑσθῆναι usw. neu *ἕσνῡμι auf, woraus lautgesetzlich ἕννῡμι (1, 752). Ebenso σβέννῡμι 'lösche, dämpfe, stille' zu σβεσθῆναι usw. (vgl. S. 171), βδέννυμαι 'pedo' (Gramm.) neben βδέω Aor. βδέσαι aus *βzδ-εσ- von W. *pezd-* 'pedere' (§ 259, 2). Nach dem Verhältnis z. B. von ἠμφί-εσα -εσμαι zu ἀμφιέννῡμι entstanden weiterhin nachhomerisch κορέννῡμι 'sättige' zu ἐκόρεσα κεκόρεσμαι, πετάννῡμι 'breite aus' zu ἐπέτασα u. dgl. mehr. Auch ζώννῡμι von W. *i̯ōs-* (ζωσ-τήρ usw.) war eine Neuschöpfung wie ἕννῡμι; inschriftlich att. ὑπο-ζωνύνα[ι] (5. Jahrh. v. Chr.) zeigt wohl noch die ältere Stufe, gleichwie εἵνῡμι (vgl. die lautgesetzlichen Formen ζώνη, inschr. ἐζωμένος). Nach ζώννῡμι wiederum nachhom. στρώννῡμι 'sterno', ῥώννῡμι 'stärke' u. a. (vgl. στρῶσαι : ζῶσαι).

Über λάζυμαι (böot. Inf. λάδδουσθη) für λάζομαι 'fasse, ergreife' nach dem Vorbild von αἴνυμαι (S. 325) und noch einige andre Neubildungen auf -ῡμι s. Brugmann-Thumb Griech. Gramm.[4] § 344 f.

244. Zu τάνυμαι τανύω (S. 327), γάνυμαι (S. 331) schuf man τανύσσαι τετάνυσται, γανύσσεται u. dgl. nach dem Vorbild von ἐρύσσαι εἴρυσται, ἐρύσσεται neben Präs. εἰρύμεναι ἐρύω 'ziehe' (S. 156. 271), wonach auch die Neubildungen ἑλκύσσαι usw. zu ἕλκω 'ziehe'. Vgl. ai. Fut. *aśnuviṣya-tē* zu *aśnṓ-ti ā̆ṣṭa* (S. 329), *ūrṇuta-ḥ* zu *ūrṇṓ-ti* (S. 326 f.) und im Griech. selbst δυνατός δυνήσομαι zu δύναται (§ 219, 1).

245. Italisch. Hier nur noch themavokalische Formen, s. § 252. Ein sicherer Rest der Formansstufe *-neu̯-* scheint im lat. *novācula* verbaut zu sein (S. 327).

246. Keltisch. Auch hier ist die themavokallose Flexion erloschen. Über Umbildungen, wie das S. 326 genannte ir. *ro-cluinethar* 'hört', s. Thurneysen Handb. des Altir. 1, 333 f.

247. Germanisch. Einige themavokallose Präsentia dürften sich in der Verkleidung als Präteritopräsentia erhalten haben (§ 400, 1). Sie erscheinen in deren schwachstämmigen Formen, zu denen die starken Singularformen des Indik. nach dem Muster von got. *ga-dars* neben *ga-daúrsum* u. dgl. hinzugeschaffen worden sind. Genannt ist S. 327 mnd. *dürne* : *darn*, as. **durnum* aus **durznum*. Mit Rücksicht auf got. *ansts* ahd. *anst unst* aisl. *ást* und *ǫst* 'Gunst, Gnade' scheint ahd. *unnum* 'wir gönnen' (Sing. *an*) aisl. *unnom* 'wir lieben' (Sing. *ann*) auf **unz-num* zurückgeführt werden zu müssen; damit lässt sich griech. προσ-ηνής 'geneigt' ἀπ-ηνής 'abgeneigt' (vgl. ahd. *ab-unst*) leicht vereinigen. Ferner stelle ich hierher got. *kann* 'verstehe' : *kunnum*, ahd. *kan* : *kunnum*, aisl. *kann* : *kunnom*, worüber S. 311. Zweifelhaft ist dagegen die Gleichung ahd. *durfum* : ai. *tr̥pṇumáḥ*, s. S. 328.

Über germ. Verba mit *-nna-* aus **-nu̯-o-* s. § 253.

248. Baltisch-Slavisch. Über die Reste unseres Präsensformans in diesem Zweig s. § 254.

g. *-nu̯e- -nu̯o-* (*-n̥u̯e- -n̥u̯o-*) als Endformans des Präsensstamms: Typus ai. *r̥ṇvá-ti*.

249. Die Präsentia mit dem Formans *-neu̯-* sind in verschiedener Weise in themavokalische Flexion übergeführt worden, vgl. ai. *r̥ṇvá-ti* : *r̥ṇṓ-ti*, griech. ἄνομαι (*ἄνϝομαι) ἀνύω : ἤνυτο, av. *kərᵊnava* : *kərᵊnaoⁱti*. Die altertümlichste und vielleicht schon in uridg. Zeit begonnene Weise ist *-nu̯-o-* (*-n̥u̯-o-*).

Mehrsprachliches.

Ai. *cinva-ti*, griech. τί̄νω τίνω aus *τινϝω, zu ai. *cinṓ-ti* (S. 325).

Dem ai. *a-riṇvan* (MS.), *riṇva-ti* (Gramm.) 'lässt laufen, fluten' darf man gleichstellen got. *rinnan* ahd. *rinnan* 'laufen, rinnen' aus **ri-nu̯o-* (§ 253), zu ai. *riṇā́-ti* 'lässt laufen, fliessen', hom. ὀρί̄νω 'bewege, errege' aus *ὀρινι̯ω, ai. *rī́t-* 'entrinnend', lat. *rīvos*, aksl. *iz-rojь* 'effusio seminis'. Dieses *rinnan* ist vielleicht zusammengeflossen mit einem **ren-u̯ō* (vgl. § 190), zu aksl. *iz-roniti* 'effundere'. Vgl. Persson Beitr. 772.

250. Arisch.

1) *-nu̯o-*. Ai. *pínva-ti* av. *-pinva-ta*, zu ai. *pinu-tē* av. *-pinaoⁱti* (S. 328). Ai. *inva-ti*, zu *inṓ-ti* (S. 325 f.). Ai. *hínva-ti*, zu *hinṓ-ti* (S. 328). Ai. *jinva-ti* 'setzt in Bewegung, fördert', zu *jinṓ-ti*. Ai. *dunva-sva*, zu *dunṓ-ti* (S. 328). Av. *hunvaŋuha*, zu *hunū-ta* (S. 328). Ai. *á-kr̥ṇva-ta* av. *ākərᵊnvō*, zu ai. *kr̥ṇṓ-ti* av. *kərᵊnaoⁱti* (S. 328). Ai. *r̥ṇvá-ti*, zu *r̥ṇṓ-ti* (S. 326). Av. *-vərᵊnvaⁱti*, zu ai. *vr̥ṇṓ-ti* (S. 326 f.).

Die Accentzurückziehung in *pínva-ti*, *hínva-ti*, *jínva-ti* vergleicht sich mit derjenigen in Präsentien mit nasalem Binnenformans, wie *índhāna-ḥ*, *śúmbha-ti* (S. 278. 281). Damit stand die Benutzung des Nasalstamms als allgemeinen Verbalstamms in Zusammenhang, z. B. *pínva-ti* : *pipinva* *pinvaya-ti* *pinvitá-ḥ*;

jinva-ti : *jinviṣya-ti jijinva jinvitá-ḥ*, womit sich *luluñca*, *limpaya-ti* u. dgl. (S. 280 f.) vergleicht.

2) *-n̥u̯o-*. Gthav. *xᵛə̄nva-t̰*, zu *hunā'tī* (S. 329). Gthav. *spə̄nva-t̰*, zu ai. *sphāti-ḥ* (S. 329). Ai. *vánanva-ti*, zu *vanṓ-ti vavāna -vāta-ḥ* (S. 330). Als them. darf auch av. *-stanvanti* (W. *stā-*) angesehen werden (S. 329).

3) Av. Imper. *kərᵉnava*, 3. Plur. Imperf. *kərᵉnāun* für *-navən*, Part. *kərᵉnavant-*, apers. *a-kunavan a-kunavaⁿtā*, zu av. *kərᵉnao'ti* (S. 328). Av. *-vərᵉnava'nti* 'sie bedecken', zu ai. *vr̥ṇṓ-ti* (S. 326 f.). Apers. *varnavatām* 'er soll überzeugen', zu ai. *vr̥ṇu-tē* gthav. *vərᵉnva'tē* (S. 328). Diese *nava*-Formen waren eine iran. Neuerung, die teils durch die themavokallose 1. Sing. Imperf., wie apers. *a-kunavam* = ai. *á-kr̥ṇavam*, teils durch die bis ins Urarische hinaufreichenden langvokalischen Konjunktive, wie av. *kərᵉnavāt̰* apers. *kunavāhy* ai. *kr̥ṇávāt*, angeregt worden ist (vgl. § 251, 3 über griech. -νυω für -νῦμι).

251. Griechisch.

1) *-nu̯o-*. Genannt sind oben § 236, 1 τῖνω τίνω, φθῖνω φθίνω, § 236, 3 ἄνομαι. Zweifelhaft bleibt, ob das nur ep. θῦνω 'stürme, tobe' (neben θῡνέω S. 260. 324. 326) als *θυνϝω oder *θῡνϝω mit ai. *dhunō-ti dhūnṓ-ti* zu verbinden ist (S. 326), ferner, ob hesiod. δῖνω 'wirble' (herakl. ἀπο-δίνωντι mit zweifelhafter Quantität des ι) neben δῑνέω lett. *dīt* (S. 260) älteres *δῐνϝω gewesen ist.

2) *-n̥u̯o-* ist wahrscheinlich anzunehmen für hom. ἱκάνω, κιχάνω (S. 324. 330). Vielleicht auch für das etymologisch nicht klare hom. φθάνω att. φθάνω 'komme zuvor' (zu φθάμενος, φθήσομαι), falls es nämlich eine Form wie av. *-stanvanti* (S. 329) war; daneben ist auch die Analyse *φθα-νϝω angängig, vgl. ahd. *bannan* (§ 253).

3) Seit Homer häufig und in zunehmendem Mass im Ion.-Att. und Dor. -νύω statt -νῦμι, z. B. τανύω, ἀνύω, ὀμνύω, δεικνύω, zu vergleichen mit δαμνάω für δάμνημι (§ 220), ἐρύω für *ἔρυμι, ἀγάομαι für ἄγαμαι (§ 96. 102), τιθέω für τίθημι (§ 60, II S. 109). Zur Ausbreitung dieser themavokalischen Flexionsweise statt der themavokallosen trug wesentlich die Gleichartigkeit der Konjunktivbildung mit -η- -ω- bei (vgl. av. *kərᵉnava* zu

Konj. *kərᵊnavāt* § 250, 3). Ob bei den Formen mit postkonsonantischem -νυω, wie ὀμνύω δεικνύω, zugleich noch darauf zurückgegangen werden darf, dass sich 3. Plur. -νυουσι -νυον (ὀμνύουσι ὤμνυον) mit ai. *-nuvanti -nuvan* (*dhr̥ṣṇuvánti ádhr̥ṣṇuvan*) decken kann (S. 59), was dann ebenfalls leicht zu themavokalischer Flexion führen mochte, bleibt unsicher. Jedenfalls darf man die Gleichung ansetzen ἀνύω : ἤνυτο : ἄνομαι (*ἀνϜομαι) = δαμνάω : δάμναται : δάμνω.

252. Italisch. Nur weniges, was den griech. Formen auf -νυω entwicklungsgeschichtlich zu gleichen scheint. Lat. *minuo*, osk. menvum 'minuere' (wohl mit -v- aus *-uu̯-*; e nachlässige Schreibung für i), zu ai. *minṓ-ti* (S. 325). Lat. *sternuo*, zu griech. πτάρνυμαι (S. 326).

Neubildungen waren *minuī*, *sternuī* und *minūtus*, nach *statuī statūtus* neben *statuo* u. dgl.

253. Germanisch. Wenn wir S. 311. 333 got. *kann* : *kunnum* richtig gedeutet haben, so dürfen hier die themavokalischen Formen *kunnan*, *kunnands* genannt werden (vgl. § 81 Anm. S. 136).

Got. *af-linnan* 'vergehen, weichen', ahd. *bi-linnan* 'weichen, nachlassen' aus **li-nu̯o-*, zu ai. *linā-ti*, griech. ἐλīνύω (S. 300f.). Weniger sicher ist Entstehung von got. *rinnan* ahd. *rinnan* 'laufen, rinnen' aus **ri-nu̯o-*, zu ai. *a-riṇvan* (S. 333), und gleichartige Zugehörigkeit von got. *winnan* 'sich plagen, leiden', ahd. *winnan* 'sich mühen, streiten', aisl. *vinna* 'arbeiten' zu ai. *vḗ-ti* 'ist hinter etwas her, dringt an, verfolgt, bekämpft', aksl. *po-vinąti* 'unterwerfen', *vojь* 'Krieger', von got. *brinnan* ahd. *brinnan* aisl. *brinna* 'brennen' zu aisl. *brími* 'Feuer', ags. *bríw* ahd. *brīo* 'Brei', von mhd. *trinnen* 'sich absondern, sich trennen' zu griech. δρῖμύς ('zerspaltend') 'durchdringend, scharf', lett. *drīsme* 'Riss, Schramme' (vgl. Persson Beitr. 778. 784). Die Verba mit Wurzelvokal *i* verfielen urgermanisch der Analogie solcher wie *bindan*, daher z. B. got. *-lann -lunnum -lunnans*.

Ahd. *bannan* 'befehlen, unter Strafandrohung gebieten, vorladen', wohl aus **bhənu̯o-*, mit ags. *bén* aisl. *bón bǿn* (**bhā-ni-s*, 2, 1, 286) zu griech. φημὶ φαμὲν. Minder sicher ist gleichartige morphologische Konstitution von ahd. *spannan* 'anspannen; sich dehnen, in erwartungsvoller Aufregung sein' (§ 190). Die ahd. Präterita *bian*, *spian* nach *hialt* : *haltan* u. dgl.

254. Slavisch. Die zu der Klasse *dvignǫ dvignǫti* (§ 233, 1 S. 321 f.) gehörigen Participia Praet. Pass. auf *-novenъ*, wie *dvignovenъ* neben *dviženъ*, weisen auf eine alte Präsensflexion **-novǫ -noveši* usw. hin (mit *-nov-* aus **-neu̯-*), die mit av. *kərᵊnava* u. dgl. (§ 250, 3) zu vergleichen ist. Auf ihr beruhte auch *minujǫ* neben *mi-nǫ* 'gehe vorüber' (S. 321).

G. Stämme auf *-s-* und *-so-*.

a. Vorbemerkungen.

255. Hier ist besonders misslich, das speziell einen Tempusstamm charakterisierende konsonantische Element und das, was man ein konsonantisches 'Wurzeldeterminativ' zu nennen pflegt, auseinanderhalten zu wollen (vgl. 2, 1, 10 f. 2, 3, 56 f. 62 ff., Persson Beitr. 581 ff.) Viele Präsentia, deren Stamm ausser der Wurzel nur *-s-* oder *-so-* aufweist, zeigen das *s* regelmässig auch in andern Tempora, z. B. ai. *cáṣṭē* 'sieht' av. *čašte* 'teilt mit, lehrt' aus **qᵘeḱs-tai* und ai. *cakṣa-tē* (1, 561), daneben ai. Perf. *cacakṣē* usw. Also ist an sich kein Anlass, für solche Präsentia eine besondere Klasse anzusetzen. Wenn wir dies trotzdem tun, so geschieht es mit Rücksicht auf die teils sichere, teils wahrscheinliche Identität dieses *s* mit dem hinter der Wurzel oder Basis auftretenden *s* folgender Tempusbildungen. a) Des *so*-Futurums, wie griech. κρεμάω κρεμῶ aus *κρεμα-σω und lat. *faxo*, osk. *fust* (§ 300, 2). Diese Formation, die von dem kurzvokalischen Konjunktiv des *s*-Aorists nicht wohl zu trennen ist, könnte an sich ebenso gut hier wie beim Konj. Aor. näher behandelt werden. Der besseren Übersicht wegen geschieht es erst beim Aorist (§ 340. 351). b) Des ar. 'Desiderativums' mit der von Haus aus speziell präsentischen Reduplikation mit *i*, welches im Kelt. als 'Futurum' auftritt: z. B. ai. *vi-vitsa-ti* : lat. *vīso*, ir. 3. Plur. *lilsit* (§ 262). c) Der *-si̯o*-Bildung, die im Ar. und Lit. als das regelmässige 'Futurum' auftritt, z. B. ai. *dāsyá-ti*, lit. *dũsiu* (§ 299 ff.). d) Des *s*-'Aorists', dessen Indikativ morphologisch nichts andres als die Augmentbildung zum themavokallosen *s*-Präsens war, z. B. ai. *á-vākṣam* (§ 310 ff.).

Schon in uridg. Zeit muss sich mit dem *s*-Formans teilweise ein voluntativer oder auch rein futurischer Begriff verbunden haben. Beim *-s-i̯o*-Futurum scheint *-i̯o-* zu dieser Funktion nichts beigetragen zu haben (§ 300).

Es wäre aber wahrscheinlich falsch, wollte man dem *s* an sich diesen voluntativ-futurischen Sinn als seine ihm 'etymologisch' zukommende Grundbedeutung zuschreiben. Vielmehr wird diese Bedeutung ursprünglich durch die wurzelhafte Bedeutung eines oder einiger weniger Verba, die dieses *s* hatten, gegeben gewesen sein, so dass wir es auch hier, wie gewöhnlich, nur mit 'exkursiver' Formansausbreitung zu tun haben. Als diese ihren Anfang nahm, dürfte der *s*-Aorist bereits vollständig abgezweigt gewesen sein.

Erwähnt sei noch, dass neben den Formen mit *-s(o)-* zuweilen solche mit *-sk̂(o)-* auftreten, z. B. *meik̂-sk̂(o)-* (lat. *misceo*) neben **meik̂-s(o)-* (ai. *mēkṣaya-ti*). Daher scheint das Formans *-sk̂(o)-* ebenso eine Weiterbildung von *-s(o)-* zu sein wie *-si̯o-*. S. § 268. Vgl. dazu § 289 über die lit. *-sto*-Präsentia.

b. Unreduplizierter Stamm auf *-s-* (*-es-*) und *-so-* (*-eso-*): Typen ai. *dvḗṣ-ṭi* und *tą̄sa-ti*.

256. Da weder der Stamm auf themavokalloses *-s-*, den man morphologisch als Präsens zum themavokallosen *s*-Aorist ansehen darf, noch der Stamm auf *-so-* in der Art speziell als Präsens produktiv auftritt, dass andere Tempora des Verbalsystems ohne *-s(o)-* daneben stünden, hat es wenig Zweck, die themavokallosen und die themavokalischen Formen als getrennte Klassen aufzuführen. Wir fassen sie in eins zusammen.

Mehrsprachliches. Nur in éinem Sprachzweig belegte *s(o)*-Präsentia seien hier mit erwähnt, wenn das *s*-Element in andern Zweigen wenigstens in enger zugehörigen Bildungen (mit Ausschluss der reduplizierten Desiderativa, der *si̯o*-Futura und der *s*-Aoriste) erscheint. Wegen der Nominalstämme auf *-s-* und *-so-*, die mit verglichen sind, s. § 257.

1) **tu̯ei-s(o)-* 'erregen, hin und her bewegen, schütteln, seelisch erschüttern', zu av. *ϑway-* 'ängstigen, schrecken'. Ai. Imperf. *á-tviṣuḥ* 'waren erregt, bestürzt', 3. Sing. *á-tviṣa-ta*, *tvē-*

ṣa-ti (Gramm.), vgl. Perf. *titviṣē*, *tvēṣá-ḥ* 'ungestüm', av. *ϑwaēšah-* 'Furcht, Angst'. Griech. σείω 'schüttle, erschüttre, plage', Part. σιών, vgl. Perf. σέσεισται.

**k̑leu-s(o)-* 'hören, gehorchen', zu ai. *śru-dhí* lat. *clueo* usw. Ai. *śrṓṣa-ti* 'horcht', *śrṓṣamāṇa-ḥ*, vgl. *śruṣṭí-ḥ*, 'Willfährigkeit', av. *sraoša-* 'Gehör, Gehorsam', ir. *cluas* 'Ohr' aus **kleustā*, ahd. *hlosēn* 'zuhören, gehorchen', lit. *pa-klùsti* 'gehorchen', aksl. *sluchъ* 'Hören, Gehör'.

**qreu-s(o)-* 'hart, rauh, roh werden', zu ai. *krūrá-ḥ* 'roh, greulich', lat. *cruentus*, ahd. *rāo* 'roh' usw. Aisl. *hriósa* 'schaudern', vgl. Prät. *hraus*, ferner ahd. *roso* M. *rosa* F. 'Kruste, Eis', griech. κρυσταίνω 'mache gefrieren', lat. *crūsta* (ar. mit *d*-Erweiterung av. *xraoždišta-* 'härtest, festest', ai. *krūḍáya-ti* 'macht dick, fest' aus **kruẑ-ḍ-*).

**i̯ōs(o)-* 'gürten', vermutlich aus **i̯ōu-s(o)-*, zu ai. *yāú-ti* (Med. *yu-tē*) und *yuvá-ti* 'bindet an'. Lit. *jůsmi* (neben *jůsiu*) 'gürte'. Dazu vielleicht Ζούσθω· Ζωννύσθω (Hesych), falls es thessalisch war mit ου aus ω (1, 148). Vgl. av. *yåŋhaye'ti* 'gürtet', griech. Ζώννῡμι (§ 243). — Von derselben Art war vermutlich *rāsa-ti* 'brüllt, heult', neben *rāu-ti ruvá-ti*.

**ten-s(o)-* 'dehnen, ziehen, zerren', zu griech. τείνω 'dehne' usw. Ai. *tąsa-ti* 'zerrt', Aor. *á-tasa-t* (aus **e-tn̥se-t*), vgl. *tąsaya-ti*, *-tąsa-ḥ*. Got. *at-þinsan* 'heranziehen' (Prät. *-þans*) ahd. *dinsan* 'ziehen, reissen'. Vgl. auch lit. *tęsiù tę̃sti* 'durch Ziehen dehnen' lat. *tēnsa*.

**bhel-s(o)-* 'die Stimme erschallen lassen, brüllen, bellen' u. dgl., zu aisl. *belia* 'brüllen' (aus **baljōn*), lit. *bilti* 'zu reden anfangen', ksl. *blěją blějati* 'blöken' usw. Ai. *bhāṣa-tē* 'spricht' (Perf. *babhāṣē*), vgl. *bhāṣā* 'Sprache', *bháṣa-ti* 'bellt', vgl. *bhaṣá-ḥ* 'bellend' (1, 459). Ahd. *bellan* 'bellen' (1, 778). Vgl. auch lit. *bilstu balsas* (§ 289, 1). — Von derselben Art wohl ahd. *gellan* aisl. *gialla* 'ertönen, gellen', zu ahd. *galm* 'Schall, Ton', *galan* aisl. *gala* 'singen'.

**dek̑-s(o)-* 'etw. recht machen', zu lat. *decet* usw. Ai. *dákṣa-ti* 'macht etw. jemandem recht, zur Genüge'. Vgl. Perf. *dadakṣē*, *dákṣa-ḥ* 'Tüchtigkeit', *dákṣiṇa-ḥ* griech. δεξιός lat. *dexter* usw. 'rechts'.

*(*a*)*u̯eq-s*(*o*)- 'mehren, wachsen', zu lat. *augeo*, got. *aukan* 'sich mehren', ai. *ugrá-ḥ* 'gewaltig'. Av. Inj. *vaxšt* 'wird erhöhen', *fra-vāxšaiti* 'kommt in die Jahre', ai. *úkṣa-ti* 'wächst heran, erstarkt', *ukṣámāṇa-ḥ*, Aor. *āúkṣa-t*, vgl. Perf. *vavákṣa*, *vakṣaya-ti*, av. *-uxšayeiti*, *vaxšə-m* 'Wachstum'. Griech. ἀ[F]έξω und αὔξω 'mehre'. Ahd. *wahsan* 'wachsen' (got. *wahsjan wōhs*), das seinem Wurzelvokal nach zu § 72, 1 gehört. Vgl. noch lat. *auxilium*, ir. *ōs uas* 'oben', lit. *áuksztas* 'hoch'.

*(*a*)*leq-s*(*o*)- 'wehren', zu griech. ἀλαλκεῖν 'abwehren', ἀλκή 'Wehr, Kraft', ags. *ealgian* 'schützen'. Ai. *rákṣa-ti* 'bewahrt, rettet', vgl. Perf. *rarákṣa*, *rakṣa-ḥ* 'Wächter, Hüter', *rakṣā́* 'Schutz, Wache'. Griech. ἀλέξω 'wehre ab'. Das ai. Verbum kann auch zu griech. ἀρκέω 'wehre, schütze', lat. *arceo* gestellt werden.

**u̯eit-s*(*o*)-, zu lat. *video* usw. Lat. *vīso*, umbr. revestu 'revisito', vgl. ahd. *wīs* aisl. *víss*, ahd. *wīsa*, griech. ἴσος FίσFος = *Fιδσ-Fo- (2, 1, 518. 542). Vgl. § 262.

**meiḱ-s*(*o*)- 'mischen', zu ai. *miśrá-ḥ* 'vermischt', griech. μίγνῡμι (μείγνῡμι) usw. Eine solche Bildung als Präsens ist zwar nirgends bezeugt, ist aber zu vermuten nach ai. Perf. *mimikṣé*, Kaus. *mēkṣaya-ti*, *ā-míkṣā* 'Quark von Milch' und lat. *mixtus* aus **mixito-s*. Vgl. das ai. Desid. *mí-mikṣa-ti* (§ 264, 2).

**bhlē-s*(*o*)- 'blähen, schwellen, blasen', zu ahd. *blāen* 'blasen, blähen', ir. *blāth* 'Blume', griech. φληδάω 'schwatze' usw. Got. *uf-blēsan* 'aufblasen' (Prät. *-baíblōs*), ahd. *blāsan* aisl. *blása* 'blasen', vgl. ahd. *blāst* 'Blasen, Schnauben, Zorn', *bluost* 'Blüte', lat. *flōs -ris*. Vgl. Persson Beitr. 879.

2) In einigen Fällen darf man von einem in einer gewissen Zeit als einheitlich empfundenen Formans *-es*(*o*)- sprechen, dessen *-e-* ursprünglich der Auslaut einer zweisilbigen Basis war. Der Stamm auf *-es-* wurde einzelsprachlich als 'Wurzel' angeschaut.

**u̯-es*(*o*)- '(ein Kleid) anziehen', zu Wz. *eu̯-* lat. *ex-uo*, lit. *aunù aũti* 'Fussbekleidung anziehen'. Ai. *vás-tē* (3. Plur. *vásatē*) gthav. *vastē* 'zieht an, hat an', av. *vaŋhaiti*, ai. *uṣámāṇa-ḥ*, vgl. Perf. *vavasē*, Kaus. *vāsáya-ti*. Hom. ἕσσαι 'du hast an', 3. Sing. ἐπί-εσται.

**tr-es*(*o*)- 'tremere', zu W. *ter-* ai. *taralá-ḥ* 'sich hin und her bewegend'. Ai. *trása-ti* 'erzittert', vgl. *trastá-ḥ* 'zitternd'. Griech. τρέ[σ]ω 'zittere, fliehe', vgl. Aor. hom. τρέσ-σαι, ἄ-τρεστος 'unerschrocken'. Daneben **ter-s(o)-*: lat. *terreo*, umbr. *tursitu* 'terreto', griech. ἔτερσεν· ἐφόβησεν (Hesych). Zur selben Wurzel lat. *tremo* griech. τρέμω, lat. *trepidus* u. a.

**ĝ-es(o)-* 'gerere', zu W. *aĝ-* lat. *ago* usw. Lat. *gero*, vgl. *ges-sī ges-tus*, ferner ir. Imper. *ticsath* 'er hebe auf' aus **tu-id-gestatu* oder **dī-od-gestatu*.

Andre *es(o)*-Präsentia werden in § 258, 3. 259, 2 genannt werden.

257. Besonders erwähnt sei hier noch der Zusammenhang unseres verbalen *s*-Formans mit den nominalen *s*-Formantia, die 2, 1 § 396ff. behandelt sind. Die Frage, ob, im ganzen oder im einzelnen, die nominale oder die verbale Funktion der *s*-Formation die ursprünglichere gewesen sei, ist dieselbe, die S. 52 inbezug auf andere Präsensformantien besprochen worden ist.

Es seien hier einige Fälle aufgeführt mit Wiederholung von Zusammenstellungen, die schon in § 256 gegeben sind, und mit Hinzufügung von Neutra auf *-es-* *-əs-*, die von den Stämmen mit *-so-* nicht zu trennen sind. Der Zusammenhang zwischen dem verbalen und dem nominalen Formans war natürlich nicht überall ein direkter. **tu̯ei-s(o)-*: ai. *tvēṣá-h*, av. *ϑwayah-vant-* 'schrecklich' (von **ϑwayah-* 'Schrecknis'). **k̑leu-s(o)-*: av. *sraoša-* aksl. *sluchъ* (2, 1, 539), ai. *śrávas-* griech. κλέ(ϝ)ος (2, 1, 517). **qreu-s(o)-*: ahd. *rosa*, ai. *kravíṣ-* griech. κρέας lat. *cruor* (2, 1, 532). **ten-s(o)-*: ai. *-tąsa-*, *tánas-* lat. *tenor* (2, 1, 517). **bhel-s(o)-*: ai. *bhaṣá-ḥ* *-bhāṣa-ḥ bhāṣā* lit. *balsas* (2, 1, 539). **dek̑-s(o)-*: ai. *dákṣa-ḥ*, *dákṣiṇa-ḥ* griech. δεξιός usw. (2, 1, 516), ai. *daśas-yá-ti* 'ist zu Diensten' lat. *decus* (2, 1, 518). *(*a*)*u̯eq-s(o)-*: av. *vaxša-* (2, 1, 540), ai. *ōjas-* (2, 1, 519). *(*a*)*leq-s(o)-*: ai. *rakṣa-ḥ rakṣā*. **u̯eit-s(o)-*: ahd. *wīs wīsa* (2, 1, 542), ai. *vēdas-* griech. εἶδος (2, 1, 518). **bhlē-s(o)-*: lat. *flōs Flōra* (2, 1, 536).

Noch andre Beispiele derartigen Zusammenhangs folgen beim Einzelsprachlichen.

258. Arisch.

1) Ai. *dvēṣ-ṭi* 'feindet an, hasst', 3. Plur. *dviṣánti*, gthav. *dᵘⁱbišəntī* 'sie feinden an'. Mit ai. Perf. *didvēṣa*, Part. *dviṣṭa-ḥ*,

dviṣ- und *dvḗṣa-ḥ* 'Anfeindung' zu av. *dvaē-ϑā-* 'Bedrohung', griech. δέος N. 'Furcht' aus *δϜειεσ- (§ 257).

Av. *nāismī* 'schmähe', Imperf. 3. Sing. *nāist*, 2. Plur. *nista*. Zu griech. ὄνειδος N. 'Schimpf' (§ 257), got. *ga-naitjan* 'schmähen'.

Ai. *mṓkṣa-tē* 'löst sich, befreit sich von etwas'. Mit *mōkṣa-ḥ* 'Befreiung' zu *mucá-ti muñcá-ti* 'löst, befreit'. Vgl. Desid. *mú-mukṣa-ti* (§ 264, 2).

Ai. *mrakṣa-ti mṛkṣa-ti* 'streicht, reibt, striegelt'. Mit Perf. 3. Plur. *mimṛkṣuḥ*, *mṛkṣá-ḥ* 'Striegel' zu *mārṣṭi* (3. Plur. *mṛjánti*), *mṛjá-ti* 'wischt, reibt ab'. Vgl. Desid. (Gramm.) *mi-mṛkṣa-ti* (§ 264, 2).

Av. *han-gərᵊfšāne* Konj. Med. 'ich will ergreifen', Part. *han-grᵊfšəmnō*. Mit ai. *grapsa-ḥ* 'Büschel, Bund' (2, 1, 540) zu av. *gərᵊwnāiti* ai. *gṛbhṇā-ti* 'ergreift'. Vgl. Desid. ai. *ji-gṛkṣa-ti* (§ 264, 2).

Ai. *ákṣa-ti* 'erreicht', zu *aśnó-ti* 'erreicht' aus **n̥kneu-ti* (S. 329); vgl. Desid. *ín-akṣa-ti* (§ 264, 4, b). Zur selben Wurzel *nákṣa-ti* 'erreicht' neben *náśa-ti* 'erreicht'.

Av. *taxšaiti* 'lässt laufen, entsendet', zu *tačaiti* 'läuft'.

Ved. *sákṣant-* 'hinter jem. her seiend, antreibend', av. *hax-šaiti* 'begleitet'. Mit ai. *sakṣáṇi-ḥ* 'vereint mit jem., Genosse', *sacas-yá-tē* 'empfängt Pflege' (§ 257) zu *sáca-tē* av. *hačaite* 'sequitur'. Vgl. das av. Desid. *hixšāne* (§ 264, 3).

Ai. nachved. *lakṣa-tē* 'markiert, bemerkt, nimmt wahr'. Mit ved. *lakṣá-m* 'Zeichen, Mal, Zielpunkt, Marke' (im Anschluss an welches das Verbum wohl erst gebildet worden ist), wie es scheint, entweder zu *lága-ti* 'heftet sich an, haftet' oder zu ahd. *luogēn* 'spähend schauen, lugen'.

Ai. *bhakṣa-ti* 'nimmt teil, geniesst, verzehrt', av. *baxšaiti* 'schenkt'. Mit ai. *bhakṣáya-ti*, *bhakṣá-ḥ* 'Genuss' zu *bhája-ti* 'teilt zu'. Vgl. Desid. *bhíkṣa-ti* (§ 264, 3).

Ved. *apsanta* 'suchten zu erlangen', zu *āpnó-ti* (S. 329). Vgl. Desid. *ípsa-ti* (§ 264, 4).

Ai. *bhāsa-ti* 'scheint, leuchtet'. Mit Perf. *babhāsē*, *bhās-* und *bhāsá-ḥ* 'Licht, Glanz' (2, 1, 536. 545) zu *bhā-ti* 'leuchtet'.

Ai. *hāsa-tē* 'läuft um die Wette'. Mit Kaus. *hāsaya-ti* zu *já-hā-ti* 'verlässt, gibt auf' *jí-hī-tē* 'macht sich auf'.

Ai. *dhīṣamāṇaḥ* 'sinnend, sich sehnend' (nur RV. 10, 26, 6), zu *dī-dhyē* 'denke, sinne', Part. *dhītá-ḥ*.

2) Das Augmentpräteritum dieser Präsensklasse fungierte im Altindischen als Aorist bei Wurzeln, deren Auslaut mit dem folgenden *s* die Lautgruppe *kṣ* ergab, und deren Vokal *r̥*, *i* oder *u* war, z. B. *á-mr̥kṣa-t*, mit dem unter 1 genannten *mr̥kṣa-ti* zu *marj-*, *á-spr̥kṣa-t*, zu *sparś-* 'berühren', *á-vr̥kṣa-t*, zu *varh-* 'reissen, ausreissen', *á-dikṣa-t*, zu *diś-* 'weisen' (vgl. *di-dikṣa-ti* § 264, 2), *á-likṣa-t*, zu *lih-* 'lecken' (vgl. *li-likṣa-ti* § 262), *á-dhukṣa-t* und *á-dukṣa-t* (1, 642), zu *duh-* 'melken'. Wegen des Accentsitzes sind Formen wie *dhukṣá-n dhukṣá-nta* zu beachten. Diese Aoristformen entsprechen somit morphologisch den Aoristen *á-tasa-t* (Grundf. **e-tn̥se-t*), *āúkṣa-t* (S. 338 f.). Im Apers. scheint der zu W. *peiḱ-* (ai. *pēś-* av. *paēs-*) gehörige s-Aorist *niy-apišam* 'ich schrieb nieder' (kann freilich auch *-apaišam* gelesen werden) von derselben Art zu sein. Vgl. § 350.

3) Formen mit uridg. *-es(o)-*, wie ai. *rás-tē*, *trása-ti* (§ 256, 2).

Ai. *bhyása-ti* 'fürchtet sich'. Mit *bhiyás-* M., *-bhyasa-* M., *bhīṣaya-tē* zu *bháya-tē* 'fürchtet sich'. Vgl. Persson Beitr. 603.

Ai. *hrása-ti* 'nimmt ab, wird kürzer', mit Part. *hrasta-ḥ*, Kaus. *hrāsaya-ti*, *hrasvá-ḥ* 'kurz, klein' zu griech. χείρων χερείων 'geringer' (Güntert IF. 27, 67).

259. Griechisch.

1) Wie σείω, ζούσθω (?), ἀέξω αὔξω, ἀλέξω (§ 256, 1):

κλάω 'breche, breche ab' aus *κλάσω, Grundf. **ql̥sō*. Mit ἔκλασα, κέκλασται, κλαστός zu κόλος 'verstümmelt, gestutzt', κλῆρος dor. κλᾶρος 'Los, Anteil', κλαδαρός 'zerbrechlich', lat. *per-cello* usw.[1]).

ὀδάξω (auch ὀδαξέω, § 173) 'beisse, steche, jucke', Grundf. **dn̥ḱsō*, zu δάκνω 'beisse', ai. *dáṣa-ti* 'beisst'. Daneben mit gleicher Bedeutung ὀδάζω mit ὀδαγμός. Vgl. auch ὀδάξ, ὀδούς.

δέψω (auch δεψέω, § 173) 'knete, gerbe', zu δέφω 'knete,

1) Ob so auch σπάω 'ziehe, ziehe heraus, ziehe ein (schlürfe)' neben ἔσπασται hom. ἔ-σπασσα, zu σπατίζω 'ziehe, sauge' (Hesych), σπαδίζω 'ziehe (Haut) ab' gehörig, aus *σπασω entstanden ist, ist weniger sicher. S. Jacobsohn Hermes 45, 104 ff., Persson Beitr. 394. 953.

walke'. Man vergleicht ahd. *zabalōn* 'palpitare', *zispen* 'auf etwas treten, stossen', s. Fick-Torp Wtb.[4] 155.

ἕψω 'koche' lässt wegen ἑφθός ein ἑφ- als Grundlage annehmen. Zu arm. *ep'em* 'koche'. Vgl. Osthoff in Patrubány's Sprachw. Abh. 2, 51 f.

2) Wie ἐπί-εσται, τρέω (§ 256, 2):

ξέω 'schabe, reibe, glätte' aus *ξεσω, mit ξεστός, hom. ξέσσαι zu ξύω, ξαίνω, aksl. *česati* 'kratzen, kämmen, streifen', W. *qes-* (S. 327).

βδέω 'pedo' aus *βzδεσω, mit βδέννυμαι, Aor. βδέσαι (S. 331 f.) zu W. *pezd-* (sloven. *pezdēti* 'pedere').

260. Italisch. Ob ausser lat. *vīso* umbr. re-vestu (§ 256, 1) etwas hierher gehört, ist nicht ganz sicher.

Zwar dass *quaeso*, inschriftlich auch *quaesso*, neben *quaero quaestor*, und dass *in-cesso* neben *cēdo* (S. 133) unser *-so-* enthalten, dünkt mich wahrscheinlicher als die Ansicht andrer (s. Walde Lat. et. Wtb.[2] s. v.), dass das *-ss-* dieser Präsentia aus den Perfekta **quais-sī* (zu *quaesīvī* erweitert nach dem Vorbild von *petīvī*), *in-cessī* herübergenommen sei. Aber *quaeso* lässt auch Zurückführung auf **quaisessō* (vgl. *petesso*, *lacesso*) oder **quaisissō* (vgl. alat. *petisso*, *capisso*) zu.

vello (Perf. *volsī* und *vellī*, Sup. *volsum*), zu got. *wilwan* 'rauben' gehörig, vielleicht aus **u̯elsō*. Ist es dem *verro vorro* mit *-rr-* aus *-rs-* (zu aksl. *vrъchą*, S. 119. 126. 134) nachgebildet worden?

261. Germanisch. Wie aisl. *hriósa*, got. *-þinsan*, ahd. *hellan*, *gellan*. *wahsan*, got. *-blēsan* (§ 256, 1):

Got. *fra-liusan* ahd. *far-liosan* 'verlieren', mit got. Prät. *-laus*, Adj. *laus* 'los' zu *lun* (*ū*?) 'Lösegeld', griech. λύω 'löse', lat. *so-lvo* usw.

Ahd. *wīsan* 'von sich fern halten, vermeiden', mit Prät. *-weis*, Subst. *weiso* 'Waise' zu ai. *vindhá-tē* 'wird leer, hat Mangel an etwas', lat. *dī-vido*.

Ob got. *fraisan* 'versuchen, in Versuchung führen' mit Prät. *fai-frais*, aisl. *freista* 'versuchen' unter Ansatz einer Basis **perēi̯-* an lat. *ex-perī-rī* anzuschliessen sei, ist zweifelhaft. Vgl. 1, 925, Wood Mod. Langu. Notes 16, 309, O. Hoffmann Γέρας 38.

c. Stamm auf *-so-* mit Reduplikation auf *-i*: Typus ai. *dí-dṛkṣa-tē*[1]).

262. Dass mit dem ar. 'Desiderativum' das von Zimmer KZ. 30, 128 dazu gestellte ir. reduplizierte '*s*-Futurum' unmittelbar zusammenhängt, kann kaum bezweifelt werden bei der dreifachen Übereinstimmung in der *i*-Reduplikation, dem *s*-Formans und der auf die Zukunft gehenden (voluntativen) Bedeutung. Das uridg. Alter der ar. Formkategorie ergibt sich aber auch schon aus der nur aus uridg. Lautverhältnissen zu begreifenden Gestaltung der Reduplikation im Ar., z. B. *īkṣa-* (§ 264, 4).

Dass diese Formation auch im Lat. vertreten sei, durch *vīsi-t*, das sich allerdings lautlich dem ai. *vivitsa-ti* gleichsetzen liesse (Solmsen Stud. 119), ist wegen umbr. revestu 'revisito' abzulehnen (vgl. § 256, 1 S. 339).

Die Wurzelsilbe hatte von Haus aus eine Schwächung der normalen Vokalstufe, z. B. in den genannten ai. *dí-dṛkṣa-tē* (W. *derk̂-*), *vi-vitsa-ti* (W. *u̯eid-*). So auch ir. z. B. *-ninus* 'werde waschen' aus **niniksō* (zu *nigid*), wie ai. (Gramm.) *ninikṣa-ti* (zu *nijē*). Dies Bildungsprinzip wurde öfters verlassen, worüber unten.

Nur der themavokalische Stamm auf *-so-* ist als uridg. zu betrachten. Ved. Part. Med. *dídhiṣāṇa-ḥ* zu *dídhiṣa-ti* war Neuerung, wie *-āna-* auch sonst im Ved. auf themavokalisch flektierende Stämme übergegangen ist. Die Bildung der 3. Sing. auf **-s-t* in Ir., z. B. *gigis* aus **gi-ged-s-t* neben 1. Sing. *-gigius* aus **gi-ged-sō* ist Nachahmung des *s*-Konjunktivs (§ 266).

Die Eigentümlichkeiten der *i*-Reduplikation sind zumteil schon in dem Abschnitt über verbale Reduplikationsweise S. 27 ff. besprochen.

Formen derselben Wurzel, die im Ar. und Kelt. zugleich auftreten, sind kaum zu nennen ausser dem schon genannten ai. *ninikṣa-ti* : ir. *-ninus*, zu W. *neig$^{u̯}$-* 'waschen', und ai. *lilikṣa-ti* (Gramm.) zu *liha-ti* 'leckt' : ir. 3. Plur. *lilsit*, zu *ligid*

1) Für das Arische s. besonders Güntert Zur Bildung der ai. Desiderativa, IF. 30, 80 ff. Ferner Strachan The Sigmatic Future and Subjunctive in Irish, Sonderabz. aus den Transactions of the Philol. Society 1900, Z. f. celt. Philol. 3, 474 ff.

'leckt'. Ir. *-fïastar* 'wird wissen' steht dem ai. *vivitsa-ti* gegenüber, doch ist in **u̯i-u̯ess-* (woraus *fiass-*) *e*-Vokal statt *i* eingetreten im Anschluss an Wurzeln mit *e* (z. B. *-gess*, § 366).

263. Das arische Desiderativum. Es lassen sich im Ind. wie im Iran. zwei Schichten von Formen unterscheiden. Eine ältere, bei der die Basen mehr oder minder geschwächt erscheinen, z. B. ai. *dí-dhiṣa-ti* und *dhí-tsa-ti* zu *dá-dhā-ti*, *pí-pī-ṣa-ti* zu *pāy-ána-*, *bú-bhūṣa-ti* zu *bhávi-tum*, *ví-vāsa-ti* (*ā* = *n̥̄*) zu *váni-tar-*, *bi-bhitsa-ti* zu *bhētsya-ti*, *pitsa-ti* (= **pi-ptsa-ti*) zu *páta-ti*. Und eine jüngere, bei der von andern Formen des Verbalsystems her Vollstufengestalt der Wurzelsilbe eingeführt worden ist, z. B. *dí-dāsa-ti* (neben *dí-tsa-ti*) zu *dá-dā-ti*, *pí-pāsa-ti* neben *pí-pīṣa-ti*, *ci-carṣa-ti ci-cariṣa-ti* zu *cára-ti*, *vi-vakṣa-ti* zu *vak-ti*, *pi-patiṣa-ti* neben *pitsa-ti*.

Die Verschiedenheit des Schwächungsgrads in der älteren Schicht, *dí-dhiṣa-ti* und *dhí-tsa-ti*, vergleicht sich z. B. mit *da-dhi-dhvḗ á-dhi-ta* : *dha-t-tḗ* (W. *dhē-*) oder Part. *-di-ta-ḥ -t-ta-ḥ* (W. *dō-*), die Einführung der Vollstufe aber, *dí-dāsa-ti*, z. B. mit *-dāta-ḥ* neben *-di-ta-ḥ -t-ta-ḥ*.

Die Lebendigkeit der Desiderativbildung im Ai. zeigt sich besonders in der Übertragung auf das *-ayati*-Präsens, wie *ti-tar-payiṣa-ti* von *tarpáya-ti*, zu *tr̥pṇṓ-ti* 'sättigt sich', *pi-pāyayiṣa-ti* von *pāyáya-ti*, zu *pā́-ti* 'trinkt'.

Das Desiderativum wurde zuweilen selbst Grundlage eines Verbalsystems, z. B. Perf. *bibhikṣē*, Fut. *bhikṣiṣya-te* (§ 303), Kaus. *bhikṣaya-ti* zu *bhíkṣa-tē* (§ 264, 3), Aor. *á-mīmąsiṣ-ṭa*, Pass. *mī-mąsyá-tē* zu *mī-mąsa-tē* (§ 264, 1).

In der folgenden Beispielsammlung sind zugleich von Desiderativa gebildete Nomina, z. B. die Adjektiva auf *-ú-* (2, 1, 178), berücksichtigt, da zuweilen das betreffende Desiderativverbum selbst nicht belegt ist.

264. 1) Konsonantisch anlautende Wurzeln auf langen Vokal, auf *-i̯ -u̯*, Nasal, Liquida.

a) Ai. *dí-dhiṣa-ti dhi-tsa-ti*, zu *dá-dhā-ti* 'setzt'. *dí-tsa-ti dí-dāsa-ti*, zu *dá-dā-ti* 'gibt'. *ti-ṣṭhāsa-ti*, zu *ti-ṣṭha-ti* 'steht' Aor. *á-sthā-t*. *di-tsa-ti di-dāsa-ti* (Gramm.), zu *dā́-ti* 'teilt'.

b) Ai. *pi-pīša-ti pipāsa-ti*, zu *pā-nti* 'sie trinken' (*pāy-ána-m* 'das Tränken'). *pi-prīša-ti*, zu *prīṇā-ti* 'erfreut'. *ji-hāsa-ti*, zu *já-hā-ti* 'verlässt', *hīná-ḥ*.

c) Ai. *jí-gīša-ti* av. *ǰi-ǰiša'ti*, zu ai. *jáya-ti* 'ersiegt', *jitá-ḥ*. Ai. *ci-kšīša-ti*, zu *kšiṇā-ti* 'vernichtet', *kšitá-ḥ*. Ai. *šu-šrūša-tē* av. *su-srušəmna-*, zu ai. *á-šrō-t* 'hörte', *šrutá-ḥ*. Gthav. 1. Sing. *či-xšnušā*, zu *xšnao-ϑrə-m* 'Zufriedenstellung', Part. *xšnūta-*. Ai. *ní-nīša-ti*, zu *náya-ti* 'führt', *nītá-ḥ*. Ai. *bú-bhūša-ti*, zu *bháva-ti* 'wird, ist', *bhūtá-ḥ*.

Ai. *ti-stīrša-tē tu-stūrša-tē*, zu *stṛṇā-ti* 'sternit', *stīrṇá-ḥ*, *stṛta-ḥ*. Ai. *cí-kīrša-ti*, zu *kṛṇó-ti* 'macht', *kṛtá-ḥ*. Gthav. *dī-darᵊ-šatā*, ai. *di-dhīršā-* 'Absicht, zu stützen', zu *dhāráya-ti* 'hält', *dhṛtá-ḥ*. Ai. *ví-vāsa-ti*, zu *vanó-ti* 'gewinnt', *-vāta-ḥ vani-ta-ḥ*. Ai. *si-šāsa-ti*, zu *sanó-ti* 'erlangt', *sána-ti*, *sātá-ḥ*, *sanitar-*. Mit sekundär eingedrungenem Nasal *ą* statt *ā* = *n̥̄* (1, 420): *jí-ghąsa-ti*, zu *hán-ti* 'schlägt', *ghāta-ḥ hatá-ḥ*; *mī-mąsa-tē* (bei Gramm. auch *mi-mąsa- mi-maniša-*), zu *mánya-tē* 'denkt' (über *mī-* § 265, 2), *matá-ḥ*; *ji-gąsa-ti* (neben *jí-gamiša-ti*), zu *gáma-ti gáccha-ti* 'geht', *gatá-ḥ*; ebenso gthav. Imper. *vī-vəngha-tū*, zu *vana'ti* 'übertrifft'. Vgl. ai. *vāñcha-ti* § 269, 2, b.

ī, *ū*, *n̥̄*, *r̥̄*, die von Haus aus nur den zweisilbigen Basen zugekommen waren, scheinen schon in urarischer Zeit auch auf die einsilbigen Basen auf *-ei̯ -eu̯* usw. übertragen worden zu sein [1]), wie solche Übertragung auch in andern Formen des Verbalsystems häufig war, vgl. besonders die weite Verbreitung des unser Desiderativ-*s* enthaltenden Futurausgangs ai. *-išya-ti* (§ 302 f.).

Eine urarische Bildung war wohl auch ai. *ji-jñāsa-tē* av. *zixšnāŋhəmna-*, zu ai. *jānā-ti* 'kennt', *ja-jñāú* usw. Von derselben Art ai. *jí-jyāsa-ti*, zu *jinā-ti* 'überwältigt', *ji-jyāú* usw., *di-drāsa-ti*, zu *drā-ti* 'schläft', *da-drāu* usw.

Von der Art des genannten *mi-mąsa-* z. B. noch *yi-yąsa-ti*, zu *yama-ti yáccha-ti* 'erstreckt sich', *yatá-ḥ*: *ni-nąsu-ḥ*, zu *náma-ti* 'verneigt sich'; *ci-carša-ti* (neben *ci-cariša-ti*), zu *cára-ti* 'bewegt', *caritá-ḥ cīrṇa-ḥ*.

1) Wegen der Schreibung *i*, *u* im Av. (*ǰiǰiša'ti*, *susrušəmna-*, *či-xšnušā*) s. 1 § 64. 1.

Von der Art der genannten *mi-maniṣa-*, *ji-gamiṣa-*, *ci-cariṣa-* z. B. noch *ji-janiṣa-tē*, zu *jána-ti* 'erzeugt', *jātá-ḥ*; *ci-kramiṣa-ti*, zu *kráma-tē* 'schreitet', *krātá-ḥ krámi-tum*; *ci-caliṣu-ḥ*, zu *cala-ti* 'setzt in Bewegung' *calita-ḥ*; *ši-šayiṣa-tē*, zu *šé-tē* 'liegt' *šayita-ḥ*. Vgl. dazu *ji-jīvi-ṣa-ti* neben dem altertümlichen *jú-jyūṣa-ti*, zu *jíva-ti* 'lebt'.

2) Konsonantisch anlautende Wurzeln auf Geräuschlaut mit vorausgehendem *i*, *u*, Nasal, Liquida.

Ai. (Gramm.) *ri-rikṣa-ti*, av. Konj. *ⁱrī-rixšāⁱte*, zu ai. *riṇák-ti* 'lässt', *riktá-ḥ*. Ai. *di-dikṣa-ti*, zu *dišá-ti dišya-ti* 'zeigt', *diṣṭá-ḥ*, vgl. Aor. *á-dikṣa-t* (§ 258, 2). Ai. *vi-vitsa-ti*, zu *véda* 'weiss' *vin-dá-ti* 'findet', zu *véda* auch *vi-vidiṣa-ti*, vgl. *viditá-ḥ*. Ai. *mú-mukṣa-ti*, zu *muñcá-ti* 'löst, macht los', *muktá-ḥ*, vgl. *mókṣa-tē* (§ 258, 1). *ru-ruciṣa-tē*, zu *rōca-tē* 'scheint', *ruci-tá-ḥ*. Av. *dī-dərᵊžaⁱti*, ai. Gramm. *di-darhiṣa- di-dṛhiṣa-* zu ai. *dṛ́ha-ti dṛ́hya-ti* 'macht fest', *dṛḍhá-ḥ* (S. 287); mit *didṛhiṣa-* mit sekundärer Nasalierung vgl. *dṛhaya-ti*, *dṛ́haṇa-* usw. Ai. *dí-dṛkṣa-tē*, zu Aor. *a-daršam*, *dṛṣṭá-ḥ*. Ai. (Gramm.) *ni-nṛtsa-ti*, *ni-nartiṣā-* 'Lust zum Tanzen', zu *nṛ́tya-ti* 'tanzt', *nṛttá-ḥ*. Av. *mi-marᵊxšaⁱte*, zu gthav. *vī-mərᵊnčaⁱtē* 'sie schädigen' (S. 277), ai. *marcáya-ti*. Ai. *pi-pṛcchiṣu-ḥ* zum Präsens *pṛcchá-ti* 'fragt', W. *preḱ-* (§ 269, 1), vgl. Perf. *pa-praccha* usw. Ai. (Gramm.) *riratsa-ti ri-radhiṣa-ti*, zu *rádhya-ti* 'macht untertan', *randdhi*, *randháya-ti*, *raddhá-ḥ*. Ai. (Gramm.) *bi-bhantsa-ti*, zu *badhnā́-ti bandha-ti* 'bindet', *babándha*, *baddhá-ḥ* Gthav. 2. Plur. M. *dīdrayžō.duyē* für **dīdrayža-duyē*, zu *drənjaⁱti* 'sichert' (W. urar. *d(h)raŋgh-*).

Mithin vier Typen. 1) *ririkṣa-ti*. So noch z. B. *mí-mikṣa-ti*, zu *mišrá-ḥ* 'vermischt' (vgl. *mimikṣé* S. 339); *ví-vṛtsa-ti*, zu *várta-tē* 'vertitur', *vṛttá-ḥ*. 2) *ruruciṣa-tē*. So noch z. B. *ru-rudiṣu-ḥ*, zu *rōdi-ti* 'weint', *rudita-ḥ*; *ju-gupiṣu-ḥ* neben *ju-gupsa-tē*, zu *gōpsya-ti* 'wird beschützen', *gupitá-ḥ*. 3) *bibhantsa-ti*. So noch z. B. *vi-vyatsa-ti*, zu *vídhya-ti* 'durchbohrt', *vyadhaya-ti*; av. *vī-varᵊšaⁱti*, zu *vərᵊzyeⁱti* 'wirkt', *varᵊzayeⁱti*. 4) *ninartiṣā-*. So noch z. B. *vivartiṣa-ti* neben *ví-vṛtsa-ti* (1); *ci-kartiṣu-ḥ*, zu *kṛntá-ti* 'schneidet', *kartiṣya-ti*; *ji-grahiṣa-ti* neben *ji-ghṛkṣa-ti*[1]), zu *gṛbhṇā́-ti gṛhṇāti* 'ergreift', *gṛbhī-tá-ḥ gṛhī-tá-ḥ*.

1) *kṣ* statt *ps* (vgl. *grapsa-ḥ* av. *han-gərᵊfšāne* S. 341) veranlasst durch den Übergang von *bh* in *h* in andern Formen. Diese erregten den Schein einer Wurzel auf *-(g)h*, *-(ž)h*.

3) Konsonantisch anlautende Wurzeln auf Geräuschlaut mit normalstufigem kurzen Vokal ohne *i̯*, *u̯*, Nasal, Liquida. In den Formen der älteren Schicht ist der Wurzelvokal völlig eingebüsst. War in der auf die Reduplikationssilbe folgenden dreikonsonantischen Lautgruppe der erste Konsonant in urarischer Zeit ein stimmhafter Spirant, so fiel er mit Ersatzdehnung des *i* aus. So ai. *sī́kṣa-ti*, Grundf. **si-zĝzhe-ti*, zu *sáha-tē* 'bewältigt' W. *seĝh-* (1 § 935, Güntert IF. 30, 93 ff.). War er dagegen ein stimmloser Spirant oder ein Verschlusslaut, so fiel er lautgesetzlich spurlos weg; wobei wohl jedesmal Dissimilation mit im Spiel war. So ai. *śíkṣa-ti* 'hilft, huldigt, lernt' aus **śi-śkša-* (1 § 981, a), entsprechend av. *sixšant-* 'lernend', zu ai. *śaknṓ-ti* 'kann', vgl. daneben ai. *śi-śikṣa-ti*, *śikvá-ḥ* 'kunstfertig'. Av. 1. Sing. Konj. Med. *hixšāne*, zu *hačaⁱte* 'sequitur', vgl. *haxšaⁱti* ai. *sákṣant-* (S. 341). Ai. *dípsa-ti*, av. Inf. *diwžaⁱdyāi*, Grundf. **dhi-dbzhe-*, zu ai. *dabhnṓ-ti* 'betrügt', av. *dᵊbənao-tā* (S. 329). Ai. *bhíkṣa-tē*, zu *bhája-ti* 'teilt zu', *bhaktá-ḥ*, vgl. daneben *bi-bhakṣa-ti* (Gramm.) und *bhakṣa-ti* (S. 341). Ai. *-pitsu-ḥ*, zu *páta-ti* 'fliegt, fällt', daneben *pi-patiṣa-ti*. Ai. *pitsa-ti*, zu *pádya-tē* 'geht'. Als lautgesetzlich darf auch der Wegfall von wurzelanlautender Liquida gelten (vgl. *tricá-* aus **tri-rcá-*, *irajyá-ti* aus **irarj-* S. 35 und Güntert IF. 30, 97). Ai. *ripsa-tē* *lípsa-ti*, zu *rábha-tē labha-tē* 'erfasst'.

Nach *sī́kṣa-ti* und zugleich nach *ī́kṣa-tē* u. dgl. (s. 4, a) drang im Altind. für das lautgesetzliche *i* der genannten Formen zuweilen *ī* ein. So *dhī́psa-ti* neben *dípsa-ti*, *lī́psa-tē* neben *lípsa-ti*, *dhī́kṣa-tē* (neben *di-dhakṣa-ti*) zu *dáha-ti* 'brennt', *dagdhá-ḥ*.

4) Vokalisch anlautende Wurzeln. Zwei Arten der Reduplikation treten auf:

a) *i* als Reduplikation ist mit dem vokalischen Wurzelanlaut zu *ī-* kontrahiert (S. 28 f.). Ai. *ī́kṣa-tē* 'sieht', mit *prátīka-m* 'Anblick, Antlitz' u. a. zu griech. ὄπ-ωπα. Ai. *ī́psa-tē*, zu *āpnṓ-ti* 'erreicht', vgl. *apsanta* (S. 341). Av. *īžā-* 'Streben, Eifer' Grundf. **īĝzhā-*, zu *āzi-* M. 'Gier, Begierde', vgl. das ebenfalls mit *i* reduplizierte ai. *ī́ha-tē* 'erstrebt'.

b) In mehreren Fällen erscheint attische Reduplikation.

Ai. *in-akṣa-ti* (*-akṣ-* aus **-ṇkš-*), zu *ašnó-ti* 'erreicht', Perf. *ān-áša*, mit sekundärer Einführung von *i-* statt *a-* (S. 34).

Ai. *áśiśiṣa-ti*, zu *aśnā-ti* 'isst'. *-ēṣiṣiṣu-ḥ*, zu *-ēṣa-ti* 'verlangt'. *īcikṣiṣu-ḥ*, zu *īkṣa-tē*, das selbst schon Desiderativbildung war, dessen Desiderativsinn aber schon zur Zeit des RV. verblasst war. Bei den Grammatikern auch *aniniṣa-*, *arjihiṣa-* u. a. (Güntert IF. 30, 127 ff. und oben S. 35).

īrtsa-ti, zu *ṛdhnó-ti* 'gedeiht' (Fut. *ardhiṣya-tē*), kann *i* als Reduplikation (nach a) enthalten und wäre dann wie das zu *ar-* 'in Bewegung setzen' gehörige Med. *īrtē* (Akt. *iy-arti*) zu beurteilen. *īrts-* kann aber auch aus **ṛdh + s-* entstanden sein, s. S. 29. 35.

265. Zur Reduplikation der in § 264 behandelten Formen:

1) Wie in andern reduplizierten Formklassen mit dem Reduplikationsvokal *i* trat bei *u*-Wurzeln *u* für *i* ein, doch regelmässig nur im Ai., z. B. ai. *šu-šrūṣa-tē* av. *su-srušəmna-*, ai. *mú-mukṣa-ti*. Daneben gthav. *či-xšnušā*. Vgl. § 17, 1.

2) Sekundär und wohl nur ai. war die Dehnung des *i*, *u*, die einigemale bei konsonantisch anlautender Wurzel begegnet: *bī-bhatsú-ḥ* 'Widerwillen erregend, ekelhaft' (zu lit. *bodùs* 'ekelhaft'), *mī-māṃsa-tē* (§ 264, 1, c), *tú-turṣa-ti* (neben *ti-tīrṣa-ti*), zu *tára-ti tirá-ti* 'schreitet über etwas'. Ein Deutungsversuch bei Güntert IF. 30, 94 f.

266. Das irische reduplizierte *s*-Futurum. § 262 sind genannt *-ninus*, *lilsit*, *fïastar*.

Der Reduplikationsvokal war im Urir. durchgängig *i*. Wie die Reduplikation bei vokalisch beginnender Wurzel im Urkelt. war, ist zweifelhaft. Vielleicht ist *īss-*, zum *s*-Konj. *ess-* (*ed-s-*) 'essen' gehörig, aus **i-ed-s-* (**i̯ied-s-*) entstanden und wäre dann eine Form wie ai. *íy-ar-ti*, griech. ἵ-αύω (§ 17, 2) gewesen, vgl. § 267 und Thurneysen Hdb. des Altir. 1, 66.

Wie im Arischen, hatte die Wurzelsilbe ursprünglich Schwundstufe, und diese ist noch lautgesetzlich z. B. anzunehmen für *-ninus*, *lilsit*, vgl. ai. *ninikṣa-ti*, *lilikṣa-ti*. Meist aber erscheint Vollstufe, z. B. 3. Sing. *fo-cicherr* aus **ci-cerd-s-*, zu *fo-ceird* 'wirft'. Diese Änderung ist durch Anschluss an andere Formen des Verbalsystems erfolgt, wie auch den ai. Desiderativa von da aus häufig Vollstufe zugekommen ist. Insbesondere aber hat im Ir. der morphologisch verwandte unreduplizierte *s*-Konjunktiv vorbildlich gewirkt, der von Haus aus Vollstufe hatte (§ 323), z. B. *fo-cicherr* : *s*-Konj. *fo-cerr*, *-gigius* aus **-gigessō* : *s*-Konj. *-gess* aus **ged-s-* (zu *guidid* 'bittet'). Aus dem *s*-Konjunktiv stammt auch, dass die 3. Sing. themavokallos gebildet ist (§ 323), z. B. *fo-cicherr* aus **-ci-cerd-s-t*, *-gigis* aus **-gi-ged-s-t* (zu 1. Sing. *-gigius*, § 266).

267. Es folgen noch einige Beispiele:

2. Sing. *-riris* aus **ri-rig-se-*, zu *con-rig* 'bindet' (lat. *corrigia*, mhd. *ric*, Gen. *rickes*, 'Band, Strick'). Vgl. *s*-Konj. 1. Sing. *-rias* aus **reig-sō*.

3. Plur. *-cichset* aus **ci-cn̥g-so-* oder **ci-ceng-so-*, zu *cingid* 'schreitet' (§ 80). Vgl. *s*-Konj. 3. Plur. *-ciasat* für **-cēss-*, **-ceng-so-* (Thurneysen Handb. des Air. 1, § 615). Ebenso: 3. Plur. Pass. *-didsiter*, zu *for-ding* 'bedrückt' (§ 80). Vgl. *s*-Konj. 3. Plur. *-diassat*.

1. Sing. *-bibus*, 3. Sing. Pass. *-bibustar*, zu *bongid* 'bricht' (S. 294). Vgl. *s*-Konj. 3. Plur. *-bōsat* aus **bong-so-*. Ebenso: 3. Sing. *tithis*, 3. Plur. *tithsat*, zu *tongid* 'schwört'. Vgl. *s*-Konj. 3. Plur. *-tōsat*.

Vor Stämmen mit *a* ist das reduplikative *i* meist zu *e* gebrochen (1, 98 f.), wie 1. Sing. *-nenas*, zu *nascid* 'verknüpft', 1. Sing. *-selos* oder *-selas* (aus **-si-ṡlat-sō*), zu *slaidid* 'schlägt', aber 1. Sing. *ad-cichlus*, zu *ad-claid* 'jagt'.

1. Sing. *-iurr* aus **-i-org-sō*, zu *orgid* 'schlägt', vermutlich zu einer W. *perg-* (S. 29. 93).

Zu *ed-* 'essen' Prät. Fut. 3. Sing. *no-issad* 3. Plur. *no-īstais*, vgl. *s*-Konj. 3. Sing. *estir*, also dort *īss-*, hier *ess-*. Ob *īss-* aus **i-ess-* kontrahiert war (S. 349) oder eine Anlehnung an das begriffsverwandte *īb-* für **iib-* (asigmatischer Futurstamm mit *i*-Reduplikation zu *i-bid* 'trinkt' = ai. *pi-bati*, S. 141), ist zweifelhaft.

H. Stämme auf *-sk̑o-*.

a. Vorbemerkungen.

268. 1) Es darf angenommen werden, dass dieses Formans durch Weiterbildung von *s*-Stämmen (§ 255 ff.) mittels *-k̑o-* zustande gekommen ist (vgl. 2, 1 § 369, Persson Beitr. zur idg. Wortf.

315 f. 340). *-sk̂o-* war hiernach ein Formanskonglomerat von ähnlicher Art wie das als Bildungsmittel von Futura produktiv gewordene *-s-i̯o-* (§ 300). Dahingestellt lassen wir es dabei wieder, ob *-sk̂o-* zuerst Nomina oder präsentische Verba gebildet hat.

Für den Charakter von *-sk̂o-* als Konglomerat sprechen z. B. folgende Formen. Lat. *misceo*, ir. *con-mescatar* 'miscentur'[1]) neben ai. *mēkṣaya-ti mimikṣḗ*, lat. *mixtus*, zu W. *meik̂-* (S. 339). Arm. Aor. *luçi* 'ich zündete an' (Präs. *luçanem*) neben ai. *rukṣá-ḥ* aisl. *lióss* usw., zu W. *leuq-* (2, 1, 11. 538). Av. *tərᵊsaiti* 'bekommt Furcht', lit. *triszù* 'zittere' neben ai. *trása-ti* lat. *terreo*, zu ai. *taralá-ḥ* (S. 339 f.). Mhd. *lûschen* 'lauschen' = ahd. **hlūskēn* neben ahd. *lūstrēn* 'horchen', *hlosēn* ai. *śrṓṣa-ti*, zu W. *k̂leu-* (S. 338): auch arm. *lsem* 'höre' (Aor. *luay*) scheint *-sk̂o-* zu enthalten (**k̂lu-sk̂o-*), obwohl sonst *-ç-* in unserm Präsensformans als Fortsetzung von *-sk̂-* erscheint (§ 272); das *-s-* von *lsem* mag durch irgendeine Art von kombinatorischem Wandel entsprungen sein. Griech. γνώσκω γιγνώσκω 'erkenne', lat. *(g)nōsco* neben lat. *gnōritur* 'cognitum sive compertum est' (Gloss.), ai. Desid. *jijñāsa-tē* (*jñās-*, griech. ἄ-γνωστος, s. 2, 1, 536 f.), zur Basis **ĝenō-*. Das Formanskonglomerat *-esk̂o-* z. B. in apers. *arasa-m* 'kam' (neben ai. *r̥cchá-ti*), in av. Konj. *ā-frasāne* 'will hindurchdringen zu' (Grundf. **presk̂o-*, zu W. *per-*), in gthav. Imper. *išasā* 'begehre, erstrebe' (neben av. *isaiti* ai. *icchá-ti*) und in griech. ἀρέσκω hängt zusammen mit dem *-eso-* von ai. *trása-ti* usw. (§ 256, 2).

2) Wegen ai. *-ccha-* die uridg. Form des Formans als *-skho-*, mit Tenuis aspirata, zu bestimmen, ist wegen des griech. -σκο- unrätlich. Vgl. 1, 558, Thumb Handb. d. Sanskr. 1, 113[2]).

3) In den meisten Fällen ist das *k* von *-sko-* sicher als uridg. *k̂* zu erweisen. Auf *k̂* deuten z. B. av. *tərᵊsaiti* lit. *triszù*, aksl. *pasą* (§ 269, 1), arm. *harçanem*, *lsem* (1). Wie aber unter den nominalen *-sko*-Stämmen solche sind, die *q* enthalten (2, 1 § 369), so mögen auch verbale *-sqo*-Stämme bestanden haben. Beweiskräftigere Beispiele begegnen freilich nur im Balt.-Slav.:

---

1) Ahd. *misken* ags. *miscian* 'mischen' kann Lehnwort aus dem Lat. sein. Ferner ist unsicher, ob griech. μίσγω auf *μικ-σκω beruhte (S. 141).

2) Über das angebliche ai. *rapśa-tē* mit *ś* = *sk̂* (1, 558. 734) s. M. Bloomfield IF. 25, 192 ff.

z. B. aksl. *iskq* 'suche' (lit. *jëszkau*) gegen av. *isa'ti* (einige Forscher nehmen Entlehnung aus dem Germ., ahd. *eiscōn*, an, vgl. 1, 781, wogegen Bernøker Slav. et. Wtb. 433); lit. *tvìska* 'es blitzt', zu ai. *tvíṣ-* 'Strahl, Licht', av. *ϑwis-ra-* 'leuchtend'. Über got. *ga-wrisqan*, aisl. *þryskua* s. § 190 Anm. S. 271 f.

b. Unreduplizierter Stamm: Typus ai. *gáccha-ti*.

269. Mehrsprachliches.

1) *-sk̂o-* hinter einsilbiger Basis. Die Wurzelsilbe war in uridg. Zeit schwundstufig, *-sk̂o-* hatte den Hauptton.

Zu W. *gᵘem-* 'gehen, kommen' **gᵘm̥sk̂é-ti*: ai. *gáccha-ti* (zum Tonsitz § 271, 2), av. *jasa'ti* (*j-* unursprünglich, s. 1, 618 f.), griech. βάσκω.

Zu W. *ter-* 'zittern' **tr̥sk̂é-ti*: av. *tərəsa'ti* 'bekommt Furcht' apers. *a-tarsaⁿ* 'sie fürchteten sich', lit. *triszù* 'zittere' (S. 351).

Zu W. *prek̂-* 'fragen' **pr̥k̂sk̂é-ti*: ai. *pr̥cchá-ti*, av. *pərəsa'ti* apers. Konj. *parsā-tiy*, lat. *posco* aus **porcscō*, ir. *arco arcu* 'ich bitte'[1]), kymr. *archaf* 'frage' aus **[p]arsk-* (vgl. ir. *tart* = ai. *tr̥ṣṭá-*, 1 § 516, 4 S. 468 f., § 895 S. 773). Vgl. ahd. *forsca* 'Frage'.

Auf einem uridg. **mik̂-sk̂o-*, zu W. *meik̂-* 'mischen', beruhen lat. *misceo*, ir. *con-mescatar* 'miscentur', kymr. *mysgu* 'mischen' (S. 351): über *misceo* als Erweiterung von **miscō* s. § 176; *con-mescatar* nach der *ā*-Flexion (Inf. *do mescad*). Eventuell mit *-sk̂o-* auch lit. *su-miszañ* (§ 278, 1).

Zu ai. *-ēṣa-ti*: *icchá-ti* av. *isa'ti* 'begehrt', umbr. *eiscurent* 'poposcerint, arcessierint' (§ 387, 4), aksl. *iskq* 'suche' (§ 268, 3), vgl. ai. *icchā́* 'Verlangen, Wunsch', arm. *aiç* 'Untersuchung', ahd. *eisca* 'Heischung, Forderung' (2, 1, 478), ferner § 272 über arm. *içem*.

Zu ai. *uṣā́s-* 'aurora': *ucchá-ti* av. *-usa'ti* 'leuchtet auf', vgl. lit. *auszo* 'es tagte' (*-sz-* aus *-[s]sk̂-*).

Zu W. *es-* 'sein': griech. ἔσκον 'war', alat. *escit*. Vgl. § 272 über arm. *içem*.

Zu lat. *pā-bulum*, *pāvī*: lat. *pāsco*, aksl. *pasq* 'weide'. Über lat. *pāstum* § 275, 6, aksl. *pasti* § 278.

2) Zweisilbige Basis auf *-āˣ*.

1) Zur Endung *-o -u* vgl. Thurneysen Handb. d. Altir. 1, 338.

a) Erhaltung dieses langen Vokals entsprechend den präs.-aor. Formen wie griech. ἔ-γνω-ν (§ 112), den Verbaladjektiva wie γνωτός lat. *nōtus* (2, 1, 399). Apers. Konj. *xšnāsātiy* 'noscat', epir. γνώσκω (γι-γνώσκω § 280, 1), lat. *gnōsco nōsco*; über alb. *ńoh* 'kenne' s. 1, 758, Pedersen KZ. 36, 339. Von derselben Art griech. [F]ρήσκομαι· λέγομαι, lat. *hiāsco* u. a. (s. u.).

b) Formen mit $\bar{\d{n}}$, $\bar{\d{r}}$, die durch doppelte Reduktion aus *enā*^{x}, *erā*^{x} hervorgegangen sind. Ai. *vāñcha-ti* 'wünscht' für **vā-cha-ti* (1, 420), ahd. *wunsc* M. aisl. *ósk* F. 'Wunsch' (vgl. ai. *vāñchā* 'Wunsch'), neben ai. *vívāsa-ti -vāta-ḥ vanita-ḥ* (S. 346). Entsprechend u. a. dor. θνᾱ́σκω ion. θνήσκω 'sterbe' neben θνᾱτός aus *θFνατος (zu ai. *á-dhvanīt dhvāntá-ḥ*); lat. *nāscor* neben *gnātus* ai. *jātá-ḥ*; griech. ἀνα-βρώσκων· κατεσθίων (Hesych) neben βρωτός ai. *gīrṇá-ḥ*. Ungewiss bleibt, ob (verbale oder nominale) *sk̂o*-Formen schon vor jener Ablautreduktion zu $\bar{\d{n}}$, $\bar{\d{r}}$ gebildet waren und demgemäss diesen Lautwandel mitgemacht haben, oder ob sie alle erst im Anschluss an andre Bildungen mit bereits vollzogener Reduktion aufgekommen sind.

3) Zweisilbige Basis auf *-ā*^{x}*i̯*. Hier treten als eine bereits urindogermanische und dann einzelsprachlich produktiver gewordene Gruppe hervor die Formen mit *-ī-* und teilweise vermutlich *-ī-* aus *-ēi̯-*. Av. *fra-γrisəmna-* 'aufwachend', lat. *expergīscor* aus **ex-pro-grīscōr* (anders, aber schwerlich besser über *expergīscor* Persson Beitr. 828 f.), zu av. Part. *fra-γrāta-*, griech. ἐγρήσσω (**grē-* aus **grēi̯-*), ai. *jā-gar-ti* usw. (S. 112).

Die Quantität des ι in griech. -ισκω ist unbekannt, z. B. εὑρίσκω neben εὑρήσω, vermutlich zu einer Ablautbasis **u̯erēi̯-* (IF. 30, 376 ff.). Im Lat. mag es, wie wir § 275, 5 sehen werden, *-īsco* und *-ĭsco* nebeneinander gegeben haben, etwa *con-ticīsco* zu *taceo*, d. i. **tacēi̯ō*, *ob-dormīsco* zu *dormio -īs*, aber *pro-ficīscor* zu *facio -ĭs*. Vgl. lat. *farcīmus* : *cupĭmus* und aksl. *smrьdime* : lit. *smirdíme* (S. 179) oder ai. *a-grabhīṣ-uḥ* : lat. *vīdis-tī* (§ 335).

4) Minder altertümlich und vielleicht alle erst einzelsprachlich aufgekommen sind Formen wie apers. *arasam*, griech. ἀρέσκω (S. 351), griech. μεθύσκω 'mache trunken' u. dgl.

270. Häufig wird dem Formans *-sk̂o-* fälschlich inkohative Aktionsart (§ 43) in der Art zugeschrieben, als wenn ihm dieser Sinn von Anfang an angehaftet hätte.

Tatsächlich wurden im Lat. zahlreiche Inkohativa mit *-scō* gebildet, wie *lūcēscit* neben *lūcet* (§ 275, 4). Weiter im Griech. lassen sich etwa ἡβάσκω, γηράσκω, γενειάσκω, μεθύσκομαι als Inkohativa bezeichnen (§ 273, 4). Endlich im Avestischen, das verhältnismässig weit mehr *sk̂o*-Präsentia aufweist als das Indische, hat die grössere Hälfte der Formen einen Sinn, auf den diese Bezeichnung wohl anwendbar ist, wie *fra-γrisəmnō* 'aufwachend', vgl. lat. *expergīscor* (§ 269, 3), *tafsaṯ* 'wurde heiss', vgl. lat. *tepēsco* (Reichelt Awest. Elem. 111, Vendryes Mélanges S. Lévi 173 ff.). Da jedoch der Mehrzahl der altertümlichen *sk̂o*-Präsentia, wie z. B. ai. *gáccha-ti* av. *jasa'ti* griech. βάσκω, der inkohative Sinn fremd ist, so handelt es sich doch wohl in allen drei Sprachzweigen um einzelsprachliche exkursive Ausbreitung von einigen Verba aus, in denen durch den Sinn der Wurzel das Begriffselement des Inkohativen gegeben war (für das Lat. kann z. B. noch auf *crēsco*, *adolēsco* verwiesen werden).

271. Arisch. 1) Ind. und iran. zugleich war ausser den in § 269 schon genannten Formen: ai. *yáccha-ti* 'hält, lenkt', av. *apa-yasa'te* 'nimmt weg', zu ai. *yama-ti*, Grundf. demnach **i̯m̥sk̂e-ti*.

2) Aus dem Altind. allein kommen hinzu: *r̥cchá-ti* 'trifft, erreicht', *yúccha-ti* 'entfernt sich' (zu § 269, 1) und *mūrcha-ti* 'gerinnt, erstarrt' (Part. *mūrtá-ḥ*)[1], *hūrcha-ti* 'geht schief, gleitet, fällt', verwandt mit *hvára-ti* 'geht irre' (zu § 269, 2, b).

Gegenüber *pr̥cchá-ti*, *r̥cchá-ti*, *icchá-ti*, *ucchá-ti* haben unursprünglichen Tonsitz *gáccha-ti*, *yáccha-ti*, *yúccha-ti*. S. 1, 957.

Bei einigen Verben wurde die präsentische *cha*-Bildung Grundlage von andern, ausserpräsentischen Formen, wie *pr̥cchá-ti*: Perf. *papraccha*, Pass. *pr̥cchyá-tē* (vgl. lat. *poposci* § 275, 6); *vāñcha-ti*: Pass. *vāñchya-tē*, Kaus. *vāñchaya-ti*; *mūrcha-ti*: Perf. *mumūrcha*.

3) Aus dem Altiran. allein kommen hinzu:

Zu § 269, 1. Av. *fra-šusaṯ* 'machte sich auf', zu *šāvaye'ti*,

1) Über das zugehörige Adjekt. *mūrkhá-ḥ* s. 1, 545 Fussn. 1.

ar. *čyav-* 'in Bewegung setzen' (S. 129. 253). Av. *tusən* 'sie verlieren die Fassung', zu *taošaye'ti* 'lässt los, lässt fallen'. Av. *xšufsa'ti* 'gerät in Aufregung', zu ai. *kṣṓbha-tē* 'agitatur' (*-fs-* statt *-wž-* = uridg. *-bzĝh-* d. i. *-bh* + *sk̂-*). Av. *xᵛīsa-t̰* 'geriet in Schweiss', Grundf. **su̯id-sk̂e-*, zu ai. *svḗda-tē* 'schwitzt'. Gthav. *nərᵊfsa'tī* '(der Mond) nimmt ab', zu *narᵊpiš-* N. '(Minderung) Herabwürdigung'. Av. *tafsa-t̰* 'wurde heiss' (S. 354). — Mit unursprünglicher Vollstufe der Wurzelsilbe: Av. Imper. *xᵛafsa* 'schlaf', zu ai. *svápi-ti* 'schläft', *suptá-ḥ*. Av. *ᵘrvāsən* 'behagten sich, erholten sich', zu gthav. *ᵘrvādah-* 'Freude' (*-s-* statt *-z-* = uridg. *-dzĝh-* d. i. *-dh* + *sk̂-*, vgl. *ᵘrvāsā* 'Freude').

Zu § 269, 2, a nur das dort genannte apers. *xšnāsātiy* 'noscat'.

Zu § 269, 2, b. Av. *brāsat̰* 'begann umherzuirren', zu ai. *bhráma-ti bhrāmya-ti* 'irrt umher', Part. *bhrānta-ḥ*. Entweder hierher auch *dvąsa'ti* 'fliegt', neben Kaus. *dvąnaye'ti* 'macht fliegen', für **dvāsa'ti* (vgl. ai. *vāncha-ti* S. 353), oder aus **dvānsa-* (vgl. oben *xᵛafsa*).

Zu § 269, 3 nur das dort genannte av. *fra-γrisəmna-*.

Mit *-asa-* = uridg. **-esk̂o-* ausser den S. 351 genannten Formen noch av. *ϑanǰasa'te* 'zieht', neben *ϑanǰaye'ti* 'zieht'.

272. Armenisch. Wie alte Imperfekta auch anderwärts im Armen. zu Aoristen geworden sind und das Präsens mit *-anem* erweitert worden ist, z. B. *e-liz* 'er leckte', 1. Sing. *lizi*, Präs. *lizanem* (S. 49. 130. 315), so geschah das auch bei *sk̂o*-Formen. Aor. *e-harç* = ai. *á-pṛccha-t*, 1. Sing. *harçi*, Präs. *harçanem* 'frage'. S. 315 sind überdies genannt: *ançanem ançi*, *luçanem luçi* (vgl. S. 351), *çuçanem çuçi*.

Auch sonst sind die Imperfekta auf *-ç* = uridg. **-sk̂e-t*, 1. Sing. Akt. *-çi*, Med. *-çay*, zu Aoristen geworden, wenn das Vorstück ein Stamm auf *-ā*, *-ē* war. 1) Auf *-açi*, z. B. *baçi*, zu *bana-m* 'öffne' (S. 306), *mnaçi*, zu *mnam* 'bleibe' aus **mēnā-* oder **mōnā* (S. 164), *orcaçi*, zu *orcam* 'erbreche mich' (S. 164). Ohne dass zugleich der Präsensstamm auf *-a* ausging, z. B. *gitaçi* zu *gitem* 'weiss', *asaçi* zu *asem* 'sage'. 2) Auf *-eçi* aus **-eaçi*, 3. Sing. *-eaç*. Für *keçi* (neben *keam* 'lebe') ist auf **gᵘi̯i̯āsk̂o-* zurückzugehen (S. 150. 164), das an griech. ἀνα-βιώσκομαι 'lebe auf' erinnert. Auch sonst erscheint *-ea-* bezieh. *-e-* oft, und es ist nicht klar, wie dieses sich zu dem *-ea-* *-e-* von *keam keçi* verhält, z. B. *gorceçi*, zu *gorcem* 'wirke, tue', *lizeçi*, zu *lizem* 'lecke'. Vgl. dasselbe *-ea-* im Part. Pass., z. B. *gorceal* wie *gorceaç*. 3) 3. Sing. *e-liç* 'füllte', 1. Sing. *lçi*, zu Präs. *lnum* aus **li-nu-m* (S. 330), eine Form wie griech. [ϝ]ρήσκομαι, lat. *crēsco*.

içem, der Konj. zu *em* 'bin' wird von Meillet Mém. 14, 336, Gramm. de l'arm. 91 mit griech. ἔσκον, alat. *escit* (S. 352) verbunden, wobei aber das *i-* rätselhaft bleibt. Dagegen wird es, mit der Bedeutung 'ich möchte', von Scheftelowitz BB. 28, 293 zu *aiç* 'Untersuchung', ai. *icchá-ti* (S. 352) gezogen, was wiederum wegen der Bedeutung bedenklich ist.

S. noch S. 351 über *lsem* 'höre'.

273. Griechisch. 1) Zu § 269, 1 (βάσκω, ἔσκον). φάσκω 'sage', zu φημὶ (dor. φᾱμὶ). βόσκω 'weide, füttere', zu βώτωρ. Ob χάσκω 'gähne' altes **ghə-* enthielt (vgl. χή-μη χώ-ρᾱ) oder erst in jüngerer Zeit zu χαίνω ἔχανον hinzugebildet worden ist (vgl. βαίνω : βάσκω), bleibt zweifelhaft. ἴσκω 'mache gleich, halte für gleich' aus *ϝικ-σκω, zu ἔοικα; redupliziert ἐίσκω (§ 280, 2). ἐνθύσκω· ἐντυγχάνω (Hesych) aus *θυκ-σκω, vgl. Fut. ἐνθύξει· συναντήσει (Hesych). Ein *μισκω 'mische' = **mik̑-sk̑ō* (vgl. lat. *misceo* S. 352) scheint durch μίσγω = **mi-mzgō* ersetzt worden zu sein (S. 141). πάσχω 'erleide' d. i. *παθ + σκω (1, 625. 659), zu ἔπαθον, πένθος; el. πάσκω wohl durch Angleichung an die Formen auf -σκω. βάσκειν· λέγειν, κακολογεῖν (Hesych) aus *βακ-σκω, zu βάζω, βάξις; Erweiterung davon βασκαίνω. λάσκω 'töne, schreie' aus *λακ-σκω, zu ἔλακον.

2) Zu § 269, 2, a. b (γνώσκω, ῥήσκομαι, θνᾱ́σκω, ἀνα-βρώσκω). θρᾱ́σκειν· ἀναμιμνήσκειν, ion. θρήσκω· νοῶ (Hesych), s. Boisacq Dict. ét. 340. μνήσκομαι 'gedenke' (Anakr.), vgl. μι-μνήσκω (§ 280, 1). προ-βλώσκω 'komme hervor', zu ἔμολον. θρώσκω 'springe'. Über den Übertritt in die ισκω-Klasse s. unter 3).

3) Zu § 269, 3. Wie εὑρίσκω 'finde' εὑρήσω: ἐπ-αυρίσκομαι 'werde teilhaftig, erlange', Fut. ἐπ-αυρήσομαι (wahrscheinlich wurzelverwandt mit εὑρίσκω); ὀφλισκάνω 'bin schuldig', Erweiterung eines *ὀφλίσκω, Fut. ὀφλήσω; στερίσκω 'beraube', Aor. ἐστέρησα; κυΐσκομαι 'werde schwanger', Aor. ἐκύησα. Zu

ausserpräsentischen Formen mit Abtönung *ō*: ἁλίσκομαι 'werde gefangen', Aor. ἑάλων; ἀμβλίσκω 'abortiere', Fut. ἀμβλώσω. Ohne solche Nebenstammform auf -*ē* -*ō* das reduplizierte ἀρ-αρίσκω 'füge', woneben ἀριμάζει· ἁρμόζει (Hesych), νήριτος, ἀριθμός, deren ĭ dafür spricht, dass auch ἀραρίσκω ĭ, nicht ῑ, hatte (Persson Beitr. 741 f.). -ισκω wurde nun weiterhin an die unreduplizierten oder reduplizierten Stämme auf -η, -ω, -ᾱ angehängt, und meist erscheinen diese Neubildungen mit Kontraktion des ι mit der vorausgehenden Vokallänge: ion. χρηΐσκομαι 'gebrauche' (zu χρηέομαι wie στερίσκω zu στερέω), κληΐσκω 'nenne', att. θνῄσκω, μιμνῄσκω, θρῴσκω, lesb. θναίσκω, μιμναίσκω.

4) Zu § 269, 4. Wie ἀρέσκω: κορέσκω 'sättige' (ἐκόρεσα), τελέσκω 'beende' (ἐτέλεσα). Wie μεθύσκω (ἐμέθυσα): γανύσκομαι 'freue mich' (γανύσσομαι).

Vermutlich mit -ᾰσκω γηράσκω 'senesco' (zu γῆρας, γηραλέος), ἡβάσκω 'pubesco' und γενειάσκω 'werde bärtig'.

5) Perf. dor. πέποσχα (für πέπονθα), zu πάσχω (1). Vgl. ai. *papraccha* (§ 271, 2), lat. *poposcī* (§ 275, 6), ir. *nenaisc* (§ 276). —

Eine besondere Klasse von σκο-Formen sind die ion. Iterativformen des Imperfekts und Aorists, die stets augmentlos waren, übrigens bei Homer nicht durchgängig iterativen Sinn zeigen. Z. B. φεύγεσκον, zu ἔφευγον 'floh', φάσκον, zu ἔφην 'sagte', εἴπεσκον, zu εἶπον 'sprach', αὐδήσασκον, zu αὔδησα 'sprach', φάνεσκον, zu ἐφάνην 'erschien'. Vielleicht war dieses -σκον das Prät. ἔσκον, als Hilfszeitwort mit einer Form des Verbum infinitum verschmolzen. Vgl. IF. 13, 267 ff., Hirt Griech. L. u. Fl.[2] 531, Brugmann-Thumb Griech. Gramm.[4] 341, E. Hermann Berl. phil. Woch. 1912 Sp. 400 f.

274. Albanesisch. *ńoh* 'kenne', 2. Sing. *ńeh*. S. § 269, 2, a S. 353.

275. Italisch. 1) Zu § 269, 1 (*posco*, *escit*, *misceo*, *pāsco*). Lat. *hīsco* (neben *hiāsco*), zu *ĝhē̆i-* in aksl. *zěją* (§ 138 Anm. S. 200). *scīsco*, zu *scio*. *glīsco*, zweifelhafter Herkunft (Walde Lat. et. Wtb.[2] 345). *pōsco* 'trinke' Cic. Verr. 2, 1, 66 nach Stowasser Wien. Stud. 12, 326 f., vgl. *pōsca* (2, 1, 479). *vēscor* aus **vē̆-ēscōr* (zu *edo*), ursprünglich 'esse ab von etwas' (2, 2, 809), vgl. *esca* oder *ēsca* (2, 1, 477. 514). *com-pesco* aus **-parc-scō*, mit osk. *compara-*

scuster 'consultus erit' (ursprünglich vom Zusammentreiben, Zusammenrufen einer Versammlung), zu osk. kúmparakineís 'consilii (convocatae contionis)', lat. *parco* mit Dat. 'halte mich zurück gegenüber etwas', *parcus* 'zurückhaltend, sparsam'; lat. *dispesco* dazu als Oppositionsbildung.

2) Zu § 269, 2 (*gnōsco nōsco, hiāsco, nāscor*): *crēsco*, zu *crēvī*, arm. *serem* 'bringe hervor' (W. *k̑er-*). *quiēsco*, zu *quiēvī*. *viēsco*, zu *viētus*.

3) Zu § 269, 3 (*expergīscor, conticīsco*): *re-minīscor*, zu aksl. *mьnją mьněti* (S. 183).

4) Die Ausgänge *-āsco*, *-ēsco*, *-īsco* fanden als Inkohativformantien (§ 270) hinter ein- oder mehrsilbigem Wortstück grosse Verbreitung. *-āsco* wählte man für Stämme auf *-ā*, z. B. *labāsco* zu *labāre*, *inveterāsco* zu *inveterāre*, *īrāscor* zu *īrātus*, *-ēsco* für Stämme auf *-ē*, z. B. *rubēsco* zu *rubēre*, *calēsco* zu *calēre*. Dagegen hatte *-īsco* von vorn herein eine doppelte Bahn für seine Ausbreitung. Einerseits z. B. *obdormīsco* zu *dormīre*, wie *scīsco* zu *scio scīre*. Anderseits kam *-īsco* dadurch, dass es von ältester Zeit her mit Formen mit Stammauslaut *ē* (aus *ēi̯*) ablautlich zusammenstand, z. B. *conticīsco* : *tacēre*, dazu, sich zu beliebigen *ē*-Formen zu gesellen, z. B. *perdolīsco* zu *dolēre*. *-īsco* und *-ēsco* wurden so zu Konkurrenten, und es entstanden Doppelbildungen wie *conticīsco conticēsco*, *dēlitīsco dēlitēsco*. Sie wurden aber zur Herstellung von Inkohativverben weiterhin auch dann gebraucht, wenn die zu Grunde liegenden Wortformen überhaupt nicht *ī* oder *ē* enthielten (vgl. *re-*, *com-minīscor* unter 3), z. B. *tremīsco tremēsco* zu *tremere*, *implicīscor* zu *implicāre -plicitus*, *lapidēsco* zu *lapis -idis*, *inveterēsco* (älter *inveterāsco*) zu *vetus -eris*, *gemmēsco* (älter *gemmāsco*) zu *gemma*.

5) Ich habe im Vorstehenden das *i* der drei und mehrsilbigen lat. Verba auf *-isco* überall als lang angesetzt, und Länge ist für die Mehrzahl der Verba teils durch die morphologischen Verhältnisse, teils durch das Romanische (*-isco* als lautgesetzliche Fortsetzung von *-īsco*) nahe gelegt[1]. Es ist aber nicht ganz

[1]) Wegen des inschr. *erceiscunda* (*hercīscenda*) ist zu beachten der wahrscheinliche Ursprung dieses Verbums aus einem Kompositum (Walde Lat. et. Wtb.[2] 362 f.).

unwahrscheinlich, dass zumteil *-īsco* (= roman. *-ẹsco*) gesprochen wurde: etwa *pro-ficīscor*, entsprechend dem *facī-* in *facis* usw., gegenüber *obdormīsco*, entsprechend dem *dormī-* in *dormīs* usw. Vgl. zu dieser Frage § 269, 3 S. 353.

6) Zumteil wurde die präsentische *s̑ko*-Bildung Grundlage von ausserpräsentischen Formen. Zu *posco*: lat. *poposcī* (vgl. ai. *papraccha* § 271, 2), *postulo* von einem Nomen **porsc-tlo-* (2, 1, 343); umbr. *peperscust* 'precatus erit' weist im Zusammenhang mit *persclu* 'supplicatione', osk. pestlúm 'templum', umbr. persnihmu 'precamino' (1, 531. 2, 3, 222) auf Beeinflussung durch die Formen mit *e*-Vokalismus der Wurzelsilbe (lat. *prex-* usw.). Lat. *dispestus* zu *dispesco*, *pāstum* zu *pāsco* (1), wie *postulo*. Umbr. *eiscurent* (§ 269, 1), osk. *comparascuster* (§ 275, 1).

276. Keltisch. Hier nur wenige *s̑ko*-Bildungen, alle zu § 269, 1 gehörig, bezieh. von da wenigstens ausgegangen. In keinem Fall erscheint mehr präsentische *s̑ko*-Bildung gegenüber andern Gliedern des Verbalsystems ohne *-s̑ko-*. Zu den genannten ir. *arcu* kymr. *archaf* und ir. *con-mescatar* kommen noch folgende hinzu. Ir. *nascid* 'bindet, verknüpft' mit Prät. *-nenaisc* und *nasc* 'Ring', bret. *naska* 'binden', mit ahd. *nuscia* 'Mantelschnalle' zu ir. *naidm* 'nexus', *nessa* 'propior' (1, 687. 692, Persson Beitr. 814). Ir. *fascid* 'drückt, presst' (in die *i̯o*-Flexion übergetreten), kymr. *gwasgaf* 'premo, comprimo', vermutlich zu ai. *vāha-tē* 'drückt, presst' (1, 687. 692). Ir. *loscaid* 'brennt', vermutlich zu *lassair* 'Flamme', griech. λάμπω 'leuchte' (1, 685).

277. Germanisch. Nur wenige verbale *s̑ko*-Bildungen, alle zu § 269, 1 gehörig und keine mehr auf das Präsens beschränkt.

Ahd. *ir-leskan* 'erlöschen', vermutlich entweder mit ir. *lesc* 'piger', kymr. *llesg* 'infirmus, languidus' zu W. *legh-* 'legen', griech. λέχος 'Bett', got. *ligan* 'liegen', so dass **legzĝhō* die Grundform gewesen wäre (vgl. 1, 687. 705. 781), oder zu got. *lasiws* 'schwach, kraftlos', mhd. *er-leswen* 'schwach werden', lat. *sub-lestus* (Osthoff Wien. Stud. 10, 174. 327); weniger glaubhaft Fick-Torp Wtb. 3⁴, 533, Lewy KZ. 40, 563. — Ahd. *wascan* (Prät. *wuosc*), aisl. schw. Vb. *vaska* 'waschen', zu got. *watō* 'Wasser', ai. *unád-mi* 'benetze, bade' (1, 702. 809 f.). — Got. *þriskan* (Prät. *þrask*) ahd. *drescan* 'dreschen', vermutlich zu lat. *tero* nach Art von apers. *arasam* u. dgl. (S. 351), s. Verf. K. vergl. Gramm. 519, Persson Beitr. 662. 665; weniger wahrscheinlich stellt man es als **trig-skō* zu griech. τρίβω, das man teils auf **trīg-yō*, teils auf **trizgᵘ̯ō* zurückführt (Prellwitz Et. Wtb.² 467, Walde Lat. et. Wtb.² 775).

Zumteil handelt es sich um schwache Verba. Diese sind möglicherweise alle im Anschluss an *sk̑o*-Nomina aufgekommen. Ahd. *forscōn* 'forschen', *forsca* 'Forschung, Frage' (§ 269, 1). Ahd. *eiscōn* 'heischen', *eisca* 'Heischung' (§ 269, 1). Ahd. *wunscen* 'wünschen', *wunsc* aisl. *ósk* (§ 269, 2, b). Mhd. *lūschen* 'lauschen' neben ahd. *lūstrēn* (S. 351). Mhd. *krīschen* 'kreischen' (die weit verbreitete starke Flexion, Prät. nhd. *krisch*, scheint sekundär), zu mhd. *krīȝen* mnd. *krīten* 'kreischen'. Mhd. *rūschen* mnd. *rūsken* 'rauschen' entweder zu ahd. *rūȝōn* 'rasseln, summen' oder zu mnd. *rūsen* 'lärmen, toben', aisl. *rosi* M. 'heftiger Windstoss'. Ahd. *zuscen* 'exurere, oburere', vermutlich zu ai. *dunṓ-ti* 'brennt'. Nhd. *haschen*, entweder als **hafskōn* zu ahd. *haft* lat. *capere* (1, 711), oder als **hatskōn* zu as. *hatōn* 'nachstellen, verfolgen' ahd. *hezzen* 'hetzen'. Hierher wohl auch got. *and-hruskan* 'erforschen, untersuchen', 3. Sing. *-hruskaiþ*, dessen Etymologie unsicher ist, s. Fick-Torp Wtb. 3⁴, 475 f., Feist Et. Wtb. d. got. Spr. 27.

278. Baltisch-Slavisch. Dieselbe beschränkte Verwendung von *-sk̑o-* wie im Kelt. (§ 276) und Germ. (§ 277).

1) Mit lit. *sz*, slav. *s* aus *sk̑*: lit. *triszù* 'zittere' S. 351. 352, *aũszo* 'es tagte' (dazu Präs. *aũszta*) S. 352, aksl. *pasą* 'weide', Inf. *pasti* (vgl. lat. *pāstum* § 275, 6). Vielleicht so auch *gaiszaũ* 'zauderte, zögerte' (Präs. *gaisztù*) aus **ghais-sk̑o-* zu lat. *haereo* Prät. *haesī*, und *su-miszaũ* 'mengte mich, geriet in Verwirrung' (Präs. *su-misztù*) aus **mik̑-sk̑o-* (S. 352).

2) Mit **-sqo-* (§ 268, 3): lit. *tvìska* 'es blitzt' (S. 352), aksl. *iską* 'suche' mit lit. *jė́szkau* 'suche' (S. 352). Etymologisch unsicher, aber vielleicht ebenfalls hierher gehörig sind u. a. lit. *treszkù* 'prassle, knacke' mit aksl. *trěskъ* 'Schall, Krach' *troska* 'Donnerschlag', *dreskiù* 'reisse' *driskaũ* 'werde zerrissen' (§ 307).

c. Redduplizierter Stamm: griech. δι-δάσκω.

279. Eine redduplizierte Form, die in mehreren Sprachzweigen zugleich vorkäme, scheint es nicht zu geben, da griech.

δι-δάσκω und lat. *disco*, die man oft zusammengebracht hat, schwerlich wurzelgleich waren (s. § 280, 1). Da reduplizierte *sk̑o*-Bildungen nur das Griechische und das Italische aufweisen, so mögen sie überhaupt erst einzelsprachlich aufgekommen sein.

280. Im Griechischen dreierlei Arten von Reduplikation:

1) Mit ι. βι-βάσκω neben βάσκω (S. 352) und βιβάς (S. 177). δι-δάσκω 'lehre' vermutlich zu δέ-δαε Grundf. **dedn̥se-t*, gthav. *dīdaiŋ̊hē* 'wurde unterwiesen' Grundf. **didn̥sai*, ai. *dąsiṣṭha-h*, *dąsas-* griech. δήνεα (2, 1, 518). Danach sind διδάξω, ἐδίδαξα als aus *διδασκσω, *ἐδιδασκσα entstanden zu betrachten, gleichwie ἀλύξω, das Fut. zu ἀλύσκω 'weiche aus, entrinne', wegen ἐξ-αλύοντες, ἀλεύασθαι auf *ἀλυσκσω zurückzuführen ist. Noch jünger waren δεδίδαγμαι, διδαχή. S. Schulze KZ. 43, 185. 187, Ehrlich Zur idg. Sprachg. 35 f. διδασκῆσαι (Hesiod) wie lat. *misceo* (§ 173). — τι-τύσκομαι 'mache, bereite', zu τύκος 'Schlägel, Meissel'. — ἱλάσκομαι 'mache mir gnädig, versöhne' aus *σι-σλα-σκομαι, zu ἵλαθι (S. 107); Aor. hom. ἱλάσσασθαι, bei Apoll. Rhod. ἱλάξασθαι mit Beibehaltung der Reduplikation, wie δι-δάξαι (s. o.). — πιπίσκω 'tränke', zu πίνω, πῖ-θι und ai. *á-pipīta* (S. 108). — ἰάσκειν· ἄγειν (Hesych), s. S. 29.

γι-γνώσκω, μι-μνήσκω, βι-βρώσκω neben γνώσκω, μνήσκομαι, ἀνα-βρώσκω (S. 356). δι-δράσκω 'laufe'. πι-πράσκω 'verkaufe'. κι-κλήσκω 'rufe, rede an'. τι-τρώσκω 'verwunde'. Über den Übertritt in die ισκω-Klasse (μιμνῄσκω lesb. μιμναίσκω, ion. γῑνῴσκω) s. S. 357.

2) Mit ε. ἐίσκω 'mache gleich' aus *ϝε-ϝισκω, zu ἴσκω; *ϝι-ϝισκω scheint wegen der kakophonen Lautfolge ϝι-ϝι- vermieden worden zu sein (Schulze KZ. 43, 185). τετύσκετο· κατεσκευάζετο (Hesych) zu τετυκέσθαι, neben τιτύσκομαι (1). δεδίσκομαι 'schrecke', zu δέδοικα, δεδείκελος (Brugmann-Thumb Griech. Gramm.[4] 342). γεγωνίσκω 'verkünde', zu γέγωνα, Inf. γεγωνέμεν.

3) Mit Vollreduplikation. ἀραρίσκω 'füge', zu ἀραρεῖν (S. 357). ἀπαφίσκω 'habe zum besten', zu ἀπ-αφεῖν (zu ἀφάω 'tango').

281. Lateinisch. Wenn lat. *disco* (Perf. *didicī*) wurzelhaft zu *doceo* = griech. δοκέω (S. 250) gehört, so ist es auf **di-d[e]c-scō* zurückzuführen. Vielleicht aber stammte es von W. *deik̑-* 'weisen, zeigen' (*didicī* = ai. *didišē*).

J. Stämme auf *-to-*: Typus ai. *rḗṣṭa-tē*.

282. Zum grossen Teil hatten die *to*-Präsentia *to*-Nomina neben sich, z. B. lat. *plecto* ahd. *flehtan* : griech. πλεκτός 'geflochten' (πλεκτή 'Seil, Netz'), ai. *vḗṣṭa-tē* : *vēṣṭa-ḥ* 'Schlinge, Binde' (*viṣṭā* 'Schlinge'), griech. ἔβλαστον : βλαστός (βλάστη) 'Spross', got. *us-alþan* : ahd. *alt* 'alt'. Welche von beiden Funktionen da im einzelnen die ursprünglichere gewesen ist, bleibt wieder allermeistens zweifelhaft[1]). Im allgemeinen darf aber wohl die nominale Geltung als die ursprüngliche bezeichnet werden (S. 52 f.).

Eine andere Quelle für *to*-Verba waren Personalendungen der 3. Sing. mit *-t* : *-ti* usw. Man hörte auf, diese als solche zu fühlen, ihr *t* wurde infolge davon zum Stamm geschlagen. Sicher ist so das ir. *t*-Präterium, z. B. 1. Sing. *-biurt* usw., im Lit. z. B. 1. Sing. *eitù* ('gehe') usw. zu erklären (§ 36 S. 64, § 287. 289, 2). Vgl. § 284 über ai. *dyṓta-tē*, § 288 Anm. über got. *stōþ*, § 289, 1 über die lit. Intransitiva auf *-stu*, § 289 Anm. 2 über poln. *jestem*.

Diese zwei Entstehungswege sind nicht immer mit Sicherheit auseinanderzuhalten. Zudem ist fraglich, ob sie die einzigen gewesen sind, auf denen man zu *to*-Präsentien gelangte.

283. Mehrsprachliches.

Griech. πέκτω 'kämme' (πεκτέω S. 259 f.), lat. *pecto* (*pexī pexum*), zu griech. πέκω 'kämme'. Dasselbe *t* in lat. *pecten* und vielleicht auch in griech. κτείς -ενός 'Kamm', falls nämlich aus *πκτεν- (2, 1, 298). Über ahd. *fehtan* 'fechten', das man öfters, von dem Sinne 'raufen' ausgehend, herangezogen hat, s. § 288.

Lat. *plecto* (*plexī plexum*), ahd. *flehtan* ags. *fleohtan* 'flechten'. Mit griech. πλεκτός, πλεκτή, aisl. *flétta* F. 'Flechte' ags. *fleohta* M. 'Hürde' got. *flahta* F. 'Flechte' (§ 282) zu ai. *praśna-ḥ* 'Geflecht, Turban', lat. *ex-plico*. Aksl. *pletą plesti* 'flechten' kann ursprüng-

1) Wenn nicht das spätere Auftreten der einen oder der andern Form einen Fingerzeig gibt, kann dies die Bedeutung tun. Oder auch beides zugleich. So tritt das ai. Verbum *lṓṣṭa-tē* 'häuft auf' neben dem ved. *lōṣṭá-* 'Erdkloss, Lehmklumpen' erst spät auf (Gramm.). Und dass es denominativ war, zeigt der Umstand, dass das Nomen von *leuĝ-* 'brechen' (lit. *láužiu* 'breche' usw.) abgeleitet war und demnach ursprünglich 'Brocken, Bruchstück' bedeutet hat (diese schon in der 1. Aufl., 2, 1040 gegebene Etymologie vertritt jetzt auch Persson Beitr. 201 ff. 298. 324).

liches **pletō* sein (vgl. unten lat. *meto* zu griech. ἀμάω), oder es ist (trotz ai. *praśna-ḥ*) auf **pleqtō* zurückzuführen (1, 585). Wenig wahrscheinlich ist, dass zu *plesti*, mit *-st-* = *-k̂t-*, das Präs. *pletą* geschaffen worden sei nach *gnetą* : *gnesti*, *metą* : *mesti* (Uhlenbeck PBS. Beitr. 19, 517 ff.).

Ai. *puṭa-ti* 'umhüllt mit', got. *falþan* ahd. *faldan* aisl. *falda* 'falten'. Mit ai. *puṭa-ḥ puṭa-m* 'Falte, Tasche', *paṭa-ḥ* 'Stück Zeug', got. *ain-falþs* ahd. *ein-fald* aisl. *ein-faldr* 'einfach', aisl. *faldr* 'Falte, Zipfel' mhd. *valte* 'Falte' zu griech. ἁ-πλός lat. *sim-plus* usw. (2, 2, 70).

Ai. *sphuṭá-ti sphaṭa-ti* 'birst, platzt' (1, 429 f.), ahd. *spaltan* 'spalten' (Prät. *spialt*). Mit ai. *sphuṭa-ḥ* 'aufgeblüht, offen', got. *spilda* F. ('abgespaltenes Holzstück') 'Schreibtafel' (Grundf. **speltā*) zu griech. πέλας 'Haut', lat. *pellis*. Vgl. auch Persson Beitr. 418.

Ahd. *brestan* aisl. *bresta* 'bersten', ir. *brissim* 'breche', schwaches Vb., Umbildung eines **bristō* oder **brestō*. Zu mndd. *bräsken* 'krachen', ir. *brosc* 'Donner' u. a., so dass sich **bhres-* als nächste Grundlage ergibt (Fick-Torp Wtb. 3[4], 280, Persson Beitr. 329 f.).

Lat. *meto* (*messuī messum*); bret. *medi* 'ernten', ir. *meithel* akymr. *medel* 'Abteilung von Schnittern', auf urkelt. **metō* 'meto' beruhend. Zu griech. ἀμάω 'mähe, ernte', ahd. *māen* 'mähen' (S. 202). Daher wohl **me-tō*, zu vergleichen mit aksl. *ple-tą*, wenn die oben gegebene erste Erklärung die richtige ist, ferner wegen des morphologischen Charakters des dem Präsensformans vorausgehenden Wortstücks mit griech. κατα-βλέθει, ἔσχεθον (§ 291). Von derselben Art lat. *nītor* u. a. (§ 286).

284. Arisch. In den altiran. Mundarten kein sicherer Beleg. Wegen der jüngeren iran. Mundarten s. Bartholomae Grundr. d. iran. Ph. 1, 78.

Zu ai. *puṭa-ti*, *sphuṭá-ti sphaṭa-ti* (§ 283) kommt nur weniges hinzu:

ˏkuṭa-ti 'krümmt sich' (Gramm.), mit griech. κυρτός 'krumm' zu lat. *curvos* griech. κορωνός (2, 1, 280).

naṭa-ti 'tanzt, spielt', ved. Part. *nṛtú-māna-ḥ*, mit *náṭa-ḥ* 'Schauspieler' zu *nar-má-ḥ* 'Scherz'. Die *t*-Bildung darf als altererbt gelten, wenn lit. Part. *į-niřtęs* 'ergrimmt', preuss. *er-nertimai* 'wir erzürnen' dazu gehört (IF. 28, 364).

vḗṣṭa-tē 'wickelt sich um, bekleidet sich'. Mit *vēṣṭa-ḥ viṣṭā* 'Schlinge', lit. *výstas* 'Schnürbrust, Frauenweste' *výstyti* '(ein Kind) windeln', lett. *wīsts* 'Bündel' *wīstīt* 'wickeln, zusammenbinden' zu ai. *vḗṣa-ḥ* 'Tracht, Anzug', *vēṣká-ḥ* 'Schlinge zum Erwürgen', aisl. *visk* 'Bündel aus Stroh oder Schilf', russ. *vichá* 'Weidengeflecht', von W. *u̯ei̯-* ai. *váya-ti* 'flicht, webt', lat. *vieo* (Persson Beitr. 321 ff.).

cḗṣṭa-ti 'ist in Bewegung, bewegt die Glieder', Perf. *cicēṣṭa*, mit *cēṣṭa-m cēṣṭā* 'Bewegung, Gebärde' vermutlich zu griech. κῑνέω 'setze in Bewegung', lat. *cieo* (vgl. oben *vḗṣṭa-tē* zu lat. *vieo*).

lṓṣṭa-tē 'häuft auf', s. S. 362 Fussn. 1.

Schliesslich sei *dyṓta-tē* 'leuchtet' (Aor. *a-dyuta-t*, Perf. *didyutē*, Fut. *dyōtiṣya-ti* usw.) genannt, zu *dyú-t-* 'Glanz' *su-dyút-* 'schön glänzend', *dyu-ti-ḥ* 'Glanz', *dyu-mná-m* 'Glanz', *dyāú-ḥ* 'Himmel' gehörig. Zu seiner Entstehung wirkte wohl zweierlei zusammen. Prät. 3. Sing. *á-dyāu-t* (vgl. *a-stāu-t* zu *stāú-ti* S. 99) wurde angeschaut wie *á-śvāit* (*śvit-* 'glänzen'), *á-cāit* (*cit-* 'erscheinen') u. a.; dadurch wandelte sich im Sprachgefühl die Personalendung zum Wurzelauslaut, und es entstand 2. Sing. *á-dyāut* (für **á-dyāuḥ*) wie *áśvāit* usw., *dyutāná-ḥ* wie *śvitāná-ḥ*, *dyṓta-tē* wie *cḗta-tē* usw. Anderseits wurde auch das Nominalformans *-t-* in *dyu-t-* *-dyu-t-* zum Wurzelauslaut umgedeutet durch Gleichstellung mit dem Wurzelauslaut *t* der Wurzelnomina *-śvit-*, *cit-* *-cit-*.

285. Griechisch. Genannt ist πέκτω (mit πεκτέω) § 283.

φάρκτομαι 'schliesse mich ein, verwahre mich' (Gramm.), mit φαρκτός, δρύ-φρακτος zu φράσσω aus *φρακι̯ω [1]).

Mehrere Präterita dieser Art hatten Aoristbedeutung. ἔβλαστον 'entsprang, entspross', Präs. βλαστάνω, mit βλαστός βλάστη 'Spross'; vermutlich mit βλωθ-ρό-ς verwandt (1, 475). ἥμαρτον 'verfehlte' (lesb. ἀμβρότην Inf. = *ἀμβρατην, 1 § 178), Präs. ἁμαρτάνω, dazu νημερτής 'unfehlbar, sicher'; Herkunft unklar. Wenn ὤλισθον 'glitt', Präs. ὀλισθάνω, mit ὄλισθος 'Glätte' zu

1) τίκτω gehört nur scheinbar in diese Reihe, s. S. 140.

W. (*s*)*leidh*- 'gleiten' (ags. *slídan* 'gleiten', lit. *slidùs* 'glatt') gehört, so lässt sich ebenso gut **lidh* + *to*- zugrunde legen (1, 625 ff.) als **lidh* + *dho*- (vgl. ἔ-δαρ-θο-ν, δαρθάνω § 291). ἄχθομαι 'gräme mich' (Λ 274. 400 ἤχθετο γὰρ κῆρ) dürfte auf uridg. **agdho*- aus **agh* + *to*- beruhen und zu got. **agda*, der älteren Form von *ōhta* 'fürchtete', gehören (§ 288). ἔμορτεν· ἀπέθανε mit μορτός· ἄνθρωπος, θνητός (Hesych); beide vermutlich äolisch mit ο aus α (1 § 178), und somit aus **m̥r-to*- = ai. *m̥r-tá*- (auch βροτός mit äol. ο aus α, zunächst aus *μρατό-). Die aoristische Funktion dieser Formen hängt schwerlich damit zusammen, dass das Nomen formansbetont war (βλαστός : βλαστεῖν). Vermutlich wurden sie zunächst als Präsentia durch -ανω erweitert (wie λήθω : ληθάνω usw. S. 317) und selbst dann zu Aoristen nach Massgabe von ἦλφον : ἀλφάνω, ᾐσθόμην : αἰσθάνομαι u. dgl.

Att. ἀνύτω oder ἁνύτω 'vollende' neben ἁνύω ἀν-ήνυτος, att. ἀρύτω 'schöpfe' neben ἀρύω ἀρύταινα ἀρυστρίς. Sie erinnern an φθινύθω u. dgl. (§ 291).

Im übrigen nur Präsentia auf -πτω[1]), wie τύπτω 'schlage' (Aufzählung derselben bei Debrunner IF. 21, 207 ff.). Lautgesetzliche Formen auf -τω scheinen zunächst die zu sein, deren Wurzel auf -q^{u} oder -g^{u} ausging: βλάπτω 'schade' zu ai. *marc*-, πέπτω 'coquo' neben πέσσω zu ai. *pac*-, ἐνίπτω 'fahre an, schelte' neben ἐνίσσω zu ὄπις ὄσσε W. *o*q^{u}- (IF. 12, 31), νίπτομαι 'wasche mich' neben νίζω zu ai. *nij*- (*niktá-ḥ*). Dagegen kann -πτω in den Formen von Wurzeln auf -*p*, wie τύπτω, κόπτω 'haue', κλέπτω 'stehle', ἐρέπτομαι 'rupfe, reisse ab, fresse' ebenso gut *-*p-tō* wie *-*p-i̯ō* gewesen sein; zu ἐρέπτομαι vgl. lat. *rapio*, lit. *ap-rėpiu* 'umfasse, begreife' (S. 194). Für die Denominativa χαλέπτω 'bedrücke, erzürne' (von χαλεπός 'schwer'), ἀστράπτω 'blitze' (von ἀστραπή 'Blitz') ist Bildung auf -i̯ω von vorn herein wahrscheinlich (S. 218 f.). Nun sind aber die Formen von Wurzeln auf -φ (= -*bh* oder -*g*^{u}*h*), z. B. βάπτω 'tauche' (ἐβάφην), ἐρέπτω 'überdache' (neben ἐρέφω), κρύπτω 'verberge' (κρύφα), θάπτω 'begrabe' (ἐτάφην, vgl. Collitz Schwach. Prät. 122 f.) weder aus Grundformen auf -*tō* noch aus Grundformen auf -*i̯ō* lautgesetz-

1) πίπτω ist hier beiseite zu lassen. s. S. 140 f.

lich zu gewinnen. βάπτω ist demnach nach τύπτω entstanden infolge der Gleichheit von βάψω und τύψω usw. (vgl. Neubildungen wie σφάττω 'schlachte' für σφάζω, zu σφαγή, nach φράττω aus *φρακ-ιω wegen der Gleichheit von σφάξω und φράξω usw.). So haben wir denn, wegen βλάψω, πέψω, νίψομαι usw., auch keine Gewähr dafür, dass nicht βλάπτω, πέπτω, νίπτομαι erst nach τύπτω geschaffen worden sind; bei ἐνίπτω konnte das Nebeneinander von ἠνίπαπον ἐνένῑπον, ἐνῑπή (letzteres wie ἀστραπή) und ἐνίσσω genügen, um ein ἐνίπτω hervorzurufen. Und so können die Präsentia auf -πτω allesamt von Formen auf -*i̯ō* ausgegangen sein. Hierüber kommt man vorderhand nicht hinaus.

286. Italisch. 1) Lat. Formen auf -*ctō*, von denen *plecto* schon genannt ist (§ 283).

necto (*nexī nexuī*, *nexum*), entweder von einer W. *negh*-, auf die man ai. *náhya-ti* 'bindet' bezieht, oder von der durch ir. *naidm* 'nexus' usw. vertretenen Wurzel in der Weise, dass ein zugehöriges Präsens, etwa urital. **nepō* oder **nedō*, nach *plecto* umgestaltet wurde. S. Walde Lat. et. Wtb.² 512, Persson Beitr. 815.

flecto (*flexī flexum*), vermutlich zu *falx -cis*.

plēctor 'werde gezüchtigt, gestraft' (*ē* allerdings nicht klar erweislich), vermutlich zu *plāga plango* (S. 291), im Vokalismus zu lit. *plèkiu plèkti* 'züchtigen, strafen', *plė́gà* 'Züchtigung, Strafe' stimmend. Vgl. Persson Beitr. 229 ff.

2) -*tō* hinter vokalisch auslautendem Stamm. Genannt ist § 283 schon lat. *meto* (*messuī messum*).

Lat. *nītor*, zu *cōnīveo*, *nicto*, (*g*)*nixus*, aus **nīvitōr* (**kneigᵘ̯hetō*) oder **nivitōr* (**knigᵘ̯hetō*). *nīssus nīsus* wie *messus*.

Lat. *mitto* (*mīsī*, *missum*), alat. *cosmittere* = *committere*, aus **smidetō*, zu mnd. *smīten* afries. *smīta* 'schmeissen, werfen', got. *bi-smeitan* 'an etwas werfen (haften machen), beschmieren' (IF. 28, 374 ff.).

Lat.-osk. *proiecitad* 'proiciat' CIL 9, 782, zu *jacio*.

Wohl auch -*ā-tō* neben -*ĕ-tō* ist anzuerkennen für das Oskische: krustatar 'cruentetur', wohl von einem Adj. **kruu̯esto-s*, zu lat. *cruor*, kaispatar 'glebis tundatur' oder 'comminuatur, concidatur', zu lat. *caespes*, das ursprünglich 'Abschnitt, Stück' bedeutet zu haben scheint. Die Konjunktivendung -ar wie in umbr. *ferar* 'feratur'. Mit diesen Präsentia hängen vermutlich die *t*-Präterita, wie osk. d[e]unated 'donavit', päl. *coisatens* 'curaverunt' (§ 385, 6. 392, 2), enge zusammen, indem sie zunächst als Aoriste, wie griech. ἔβλαστον u. a. (§ 285), fungiert hatten (IF. 15, 76 ff.)[1].

287. Keltisch. Auf alte *to*-Präsentia weisen ir. *brissim* 'breche', bret. *medi* 'ernten' (§ 283).

Ausserdem ist hier das *t*-Präteritum zu nennen, die Formen wie *-biurt*, 2. Sing. *-birt*, 3. Sing. *-bert*, 3. Plur. *-bertar* (zu *berid* 'trägt'). Dieses *t*-Tempus ist aller Wahrscheinlichkeit nach dadurch entstanden, dass man die Personalendung der 3. Sing. (*-ber-t* zu ai. *bhar-ti* S. 89 f.) aufhörte als solche zu empfinden und zum Stamm selbst schlug (S. 64. 362). Vgl. dazu Thurneysen KZ. 37, 118. Andre Präterita dieser Art, 3. Sing. *-ēt*, *-gert*, *-celt*, *-alt*, sind S. 91 genannt. Über die Flexionsverhältnisse im einzelnen s. Thurneysen Hdb. des Altir. 1, 391 f.

288. Germanisch. In allen Fällen erscheint das *t*-Formans durchs ganze Verbalsystem durchgeführt, wie z. B. in ahd. *flihtu flaht gi-flohtan*.

Ahd. *flehtan*, *brestan*, got. *falþan*, ahd. *spaltan* s. § 283.

Ahd. *sceltan* 'schelten, tadeln', zu ahd. *scellan* 'schallen, lärmen', aisl. *skella* (**skallian*) 'lärmen, schelten'. Damit verwandt scheint ahd. *scaltan* as. *scaldan* 'fortschieben, fortstossen' (mit der Stange ein Schiff u. dgl.). Wahrscheinlich zu griech. κέλσαι, ὀ-κέλλειν '(ein Schiff) ans Land treiben'.

Ahd. as. *fehtan* ags. *feohtan* 'kämpfen' (Prät. ahd. *faht*) ist, wenn es zu griech. πυγμή 'Faust, Faustkampf', lat. *pugnus pug-*

1) Freilich bedarf das -tt- in osk. prúfatted 'probavit', teremnattens 'terminaverunt' u. a. noch der Erklärung. Vielleicht hatte man nach Art der lat. Verba auf *-titāre*, wie *cantitāre*, *jactitāre*, von dem *t*-Verbum abermals ein *t*-Verbum abgeleitet und beseitigte durch Synkope den kurzen Vokal zwischen den beiden *t*. Wonach z. B. **profāteted* (zu dem *e* der dritten Silbe vgl. osk. *angetuzet* 'indixerint, iusserint' = **an-aget-*, zu lat. *aio* aus **ag-i̯ō*) die Grundform von prúfatted gewesen wäre. Vgl. die Synkope in prúffed 'posuit' aus **pro-fefed*, aa-manaffed 'mandavit, locavit' aus **-man-fefed* (§ 370).

näre gehört, für **fuχtan* eingetreten: nach aisl. *trad* : *troda* (got. *trudan*) 'treten' wäre **faχt* für **fauχt* zu **fuχtan* gebildet worden und zu **faχt* dann weiter **feχtan* (Osthoff Et. Par. 1, 369 ff., PBS. Beitr. 27, 343 ff., BB. 29, 264). Es ist aber auch denkbar, dass solches **fuχtan* mit einem **feχtan* = lat. *pectere* (S. 362) zusammengeflossen ist.

Aisl. *serda* 'fleischlich verkehren, Unzucht treiben', Part. *sordenn* und *strodenn* (1, 470. 776), mnd. *serden* 'schänden, schädigen', mhd. *serten* 'stuprare, quälen, belästigen, schlagen', vermutlich ursprünglich 'angreifen, anfallen', zu W. *ser-* in griech. ὁρμή 'Angriff, Andringen', lett. *sirt* 'Raubzüge machen' usw.

Got. *us-alþans* 'veraltet', aisl. *aldenn* 'gealtert' (Präs. **alþan*), mit got. *alþeis* ahd. *alt* 'alt' zu got. *alan* 'aufwachsen' (vgl. Anm.).

Got. *haldan* '(Vieh) weiden', ahd. *haltan halthan* aisl. *halda* aschwed. *halla* (*ll* = *lþ*) 'halten' (urgerm. **hálþ-* und **hald-*), wahrscheinlich zu ai. *kaláya-ti* 'treibt, hält, trägt', lit. *keliù kélti* 'heben'.

Got. *waldan* ahd. *waltan* aisl. *valda* 'walten, gebieten' (aisl. Prät. *olla* aus **wolþa*), mit ahd. *gi-walt* F., aisl. *vald* N. 'Gewalt, Macht', ir. *flaith* 'Herrschaft', kymr. *gwlād* 'regio, patria' zu lat. *valeo*. Ist zu § 283 zu stellen, wenn das Vorderglied des av. Eigenn. "*rvatat-nara-* ein Part. "*rvatant-* 'gebietend' war.

Got. *af-hlaþan* 'überbürden', aisl. *hlada* 'aufschichten, laden', ahd. *hladan* ags. *hladan* 'laden' (urgerm. **χláþ-* und **χlad-*), mit ags. *hlæd* N. 'Erdaufwurf, Haufe', aisl. *hlad* 'Pflaster im Hof, Stapel, Haufe', mhd. *luot* F. 'Last, Menge' zu lit. *klóju klóti* 'hinbreiten, breit hinlegen', aksl. *kladą klasti* 'laden, legen' (§ 293).

Im Kreis der Schall-Verba scheint *-s-to-* im Germ. einige Produktivität gehabt zu haben. Ausser ahd. *brestan* (vgl. *brastōn* 'krachen, prasseln'): got. *kriustan* 'knirschen' (*krusts* 'knirschen'); mhd. *krīsten* 'scharf schreien, ächzen' (vgl. mhd. *krīȥen* mnd. *krīten* 'scharf schreien', mnd. *krīsken krīschen* 'kreischen', ahd. *scrīan* 'schreien'); aisl. *gnesta* 'krachen, knallen' (vgl. *gnísta* schw. Vb. 'einen knirschenden Laut bewirken'). Vgl. noch ndd. *prūsten* 'stark niesen', ags. *hwistlian* 'pfeifen' (zu *hwīnen* 'sausen, zischen, pfeifen') u. a. bei Persson Beitr. 336 f. 347.

Anm. Die Annahme Hirt's (PBS. Beitr. 23, 315 f.), got. *us-alþans* sei von der 3. Sing. **al-to* ausgegangen (womit ir. *-alt* § 287 zu vergleichen wäre), ist mir wenig glaubhaft, weil die Bedeutung das Verbum näher an das Adjekt. ahd. *alt* kettet. Eher kann zugestanden werden, dass das Prät. got. *stōþ* ahd. *stuot* (S. 292) von einer 3. Sing. **stā-to* herstammte.

Mit unserm Formans *-to-* dürfte der Dental des sogen. schwachen Präteritums, der Formen wie got. *munda*, *kunþa*, *waúrhta*, *wissa*, *nasida*, *salbōda*, identisch gewesen sein. Da Collitz Schwach. Prät. 105 ff. gezeigt hat, dass auch das *d* von Formen wie as. *hogda*, *libda* auf *t* zurückzuführen ist, steht lautgesetzlich dieser Vermutung nichts im Wege. Der Zusammenhang des dentalen Formans des schwachen Präteritums mit dem *t*-Formans von Verbalnomina wie got. *munds*, *kunþs* usw. liegt auf der Hand, und so gleicht das Verhältnis von *munda* zu *munds* usw. dem von lat. *plecto* zu griech. πλεκτός usw. (S. 362). Mit aussergermanischen *to*-Präsentia lassen sich einige von unsern Präterita direkt vergleichen: ahd. *skafta* (zu *skephen* 'schöpfen') mit griech. σκάπτω 'stelle durch Hacken etwas her'; got. **agda*, die Vorform von got. *ōhta* (zu *ōg* 'fürchte'), mit griech. ἄχθομαι 'gräme mich' (neben ἄχνυμαι S. 365), uridg. **agdho-* aus **agh* + *to-*; ahd. *konsta* as. *consta*[1]) (zu *kann* 'weiss, kann') mit lit. *-žįstu* 'kenne' (§ 289, 1). Die alte themavokalische Flexion ist in urgerm. Zeit aufgegeben worden infolge von Anlehnung an den Ausgang reduplizierter Perfekta von Wurzeln auf langen Vokal, vor allem des Perfekts von W. *dhē-* ahd. *teta* as. *deda* (2. Sing. *dedos*, 3. Plur. *dedun*) ags. *dyde* (*dydes*(*t*), *dydon*) (§ 307. 400, 2). Im Plural entsprangen hiernach die Ausgänge ahd. *-tum -tut -tun* as. *-dun* ags. *-don*. Und nachdem nach dem Typus got. *sētum sētuþ sētun* die im Ahd. als *tātum tātut tātun* bewahrten Formen entstanden waren (§ 400, 2)[2]), wurde im Got. weiterhin z. B. **nasi-dum -duþ -dun* zu *nasi-dēdum -dēduþ -dēdun*. Im Sing. lauten die Ausgänge des schwach. Prät. got. *-da*, *-dēs*, *-da*, ahd. *-ta*, *-tōs* (rheinfränk. *chi-minnerodes* 'minuisti'), *-ta*, as. *-da*, *-des* und *-dos*, *-da*, aisl. *-đa* (nord. run. *-do*), *-đer*, *-đe*[3]). Bei westgerm. *deda* kehrt dasselbe Schwanken in der Vokalqualität der Endung

1) Für **kunsta* nach *ga-dorsta*, *þorfta* (Braune Ahd. Gramm.[3] § 32 Anm. 1).

2) Ebenso ist im Westgerm. die 2. Sing. ahd. *tāti* as. *dādi* eine Neuschöpfung nach dem Typus ahd. *sāʒi*.

3) Über den run. Ausgang der 1. Sing. *-do*. z. B. *tawido*, vgl. § 375 Anm.

der 2. Sing. wieder: ags. *dydes*, aber as. *dedos*. Wie hier, im Singular, im einzelnen seit urgerm. Zeit bei der Übertragung der Ausgänge auf das *t*-Präteritum verfahren worden ist, ist in nicht mehr zu ersehen; die Schwierigkeit liegt dabei aber nicht der Annahme der Übertragung, sondern in den Flexionsverhältnissen des Perfekts der W. *dhē-* selbst. S. Verf. PBS. Beitr. 39, 84 ff.

289. Baltisch-Slavisch.

1) Im Baltischen Präsentia auf *-stu* mit intransitiver und meist inkohativer Bedeutung, wobei *-stu*, die Schallverba ausgenommen, stets auf das Präsens beschränkt ist. Beispiele: Lit. *pa-žįstu -žinaũ -žìnti* 'kennen', vgl. das Prät. ahd. *konsta* as. *consta* (S. 369). *kìlstu kilaũ kìlti* 'sich erheben' (lett. *zilstu zilu zilst*), *rúkstu rúgau rúkti* 'sauer werden, gähren', *džiústu džiúvau džiúti* 'trocken werden, dorren', *tirpstù tirpaũ tir̃pti* 'erstarren, einschlafen'. Hinter *r* wurde *s* zu *sz* (1 § 912, 1): *mìrsztu miriaũ mir̃ti* 'sterben'. Hinter Stämmen auf dentalen Verschlusslaut oder *s* kann das *s* von *-stu* nicht erscheinen, da der Stammauslaut schon an sich mit dem *t* der Endung zusammen *st* ergab: *virstù virtaũ vir̃sti* 'umfallen, sich in etwas verwandeln, zu etwas werden', preuss. *wīrst wirst* 'wird' = lit. *vir̃st(a)* lett. *wirst*, lit. *blįsta blindo blįsti* 'Abend werden', *výstu výdau výsti* 'gewahr werden', *gestù gesaũ gẽsti* 'erlöschen', *tįstù tįsaũ tį̃sti* 'sich dehnen'. Ebenso musste *s* untergehen in der Verbindung *k̑s*, aus der *sz* entstanden ist (1 § 906, 1): *lúsztu lúžau lúszti* 'brechen' (intr.). Auch zur Bildung von Denominativa wurde diese Formation verwendet (§ 142 Anm. S. 207), z. B. *gelstù geltaũ gel̃sti* 'gelb werden', zu *geltas* 'gelb', *karstù kartaũ kar̃sti* 'bitter werden', zu *kartùs* 'bitter', *brankstù brangaũ brañkti* 'teuer werden', zu *brangùs* 'teuer', *žũstu žuvau žũti* 'fischen', zu *žuvìs* 'Fisch', Gen. Plur. *žuv-ũ* (2, 1, 137).

Johansson KZ. 32, 507 ff. erklärt *-stu* für ausgegangen von der 3. Sing. Med. des *s*-Aorists, z. B. *rímsta* wie ai. *á-rąsta*; ohne *-s-*, also vom starken Aorist, vielleicht *vir̃sta* = **vr̥t* + *to*, vgl. ai. *ávr̥tran*. Meines Dafürhaltens (so auch Persson Beitr. 304 ff.) haben wir es vielmehr auch hier mit unserm *to*-Formans zu tun, und *-s-* ist das § 255 ff. behandelte Determinativ. Die Verbindung *-s-to-* vergleicht sich mit *-s-k̑o-* (§ 268), und insbesondere

-žįstu mit ahd. *konsta*, deren *-s-* identisch ist mit dem *-s-* von griech. ἄ-γνω-σ-τος, γι-γνώ-σ-κω ai. *ji-jñā-sa-tē* usw. (S. 351)[1]), ferner *bilstu* 'fange an zu reden' (Inf. *bilti*) mit *balsa-s* ai. *bhā̆ṣa-tē bhā́ṣa-ti* (S. 338).

Dabei scheinen die Schallverba auf *-stu*, wie *żvínkstu* neben *żvíngu* 'breche in Wiehern aus', lett. *pl'ūpstu pl'ūpu pl'ūpt* 'brodeln' (von kochender Grütze), in engster Beziehung zu den germanischen Schallverba auf *-stan* (S. 368) zu stehen. Der Unterschied ist nur der, dass im Germanischen das *st*-Element stets durchs ganze Verbum durchgeführt ist. Letzteres ist indessen gerade bei dieser Verbalklasse auch dem Lit.-Lett. nicht fremd. Z. B. lit. *szvìrksztu svìrkszczau svìrkszti* 'pfeifen, sausen' neben *szvirklẽ* 'durch die Luft sausender Pfeil' (mit Überführung des *t*-Präsens in die *j*-Klasse z. B. *krankszczù krankszczaũ krañkszti* 'gurgelnd röcheln' neben gleichbedeutendem *krankiù krankiaũ krañkti*), lett. nicht nur *sprāgstu sprāgt* 'mit Knall bersten', sondern auch *sprāgstēt* = *sprāgt* (vgl. Leskien IF. 13, 172 f.).

Anm. 1. Dass das *-t* der von Leskien a. a. O. 165 ff. behandelten lit. Begleitrufe wie *drúmst* 'plumps!' grossenteils mit unserm präsentischen *to*-Formans zusammenhängt, ist sehr wahrscheinlich, besonders auch wegen des so häufigen Nebeneinanders dieser interjektionalen Gebilde und der Verba auf *-terėti -telėti*, z. B. *drúmst!*: *drúmstelėti* 'plumpsen' neben *drumsczù drum̃sti*, Iter. *drumstýti*, *brákszt! bárkszt!*: *brákszterėti* 'knackend brechen', *bárkszteleti* 'ein wenig klappern' (Leskien S. 178 ff.). Denn diese Verbalausgänge können nicht wohl von den Endungen unserer germ. Verba wie nhd. *knistern*, ags. *brastlian*, *hwistlian* u. dgl. getrennt werden, diese aber enthalten deutlich unser präsentisches *t*-Formans.

2) Lit. dial. *eitù* 'gehe' usw. ist in Anschluss an die 3. Sing. *eĩt(i)* 'geht' = ai. *é-ti* entsprungen. Ebenso nach *lė̃k-t(i)* 'bleibt' (1. Sing. *lëkmì*) die 2. Sing. *lëktì*, nach *mė̃k-t(i)* 'schläft' (1. Sing. *mëgmì*) die 2. Sing. *mëktì*. S. Johansson KZ. 32, 477. 504 ff. Ähnlich ist preuss. 2. Plur. *wīrstai* 'werdet' von *wīrst* aus gebildet (Bezzenberger KZ. 41, 85).

Anm. 2. Von etwas andrer Art ist, dass im Polnischen auf Grund der 3. Sing. *jest* 'ist' die Formen *jestem, jesteś, jesteśmy, jesteście* geschaffen worden sind. S. Vondrák Vergl. Slav. Gr. 2, 252 f.

1) *žįstu* und westgerm. **kunsta* (S. 269 Fussn. 1) enthalten **ĝn̥-s-*. Ebenso entsprechen ablautlich einander die Wurzelsilben in *mìrsztu* und ai. *mumūrṣa-ti*. Vgl. W. Schulze Ber. der Berl. Ak. 1904 S. 1440.

3) Slavisch. Über aksl. *pletą* s. § 283.

Aksl. *rastą rasti* (aruss. *rostu rosti*, ačech. *rostu rósti*) 'wachsen' aus **orstą*, entweder als **or-s-tą* zu arm. *arm* 'Wurzel', griech. ὄραμνος 'Zweig', ὄρμενος 'Schössling', oder — was wahrscheinlicher ist — als **ord + tą* zu lat. *arduos*, ir. *ard* 'hoch, gross'.

Aksl. *čьtą čisti* 'zählen, rechnen, lesen (Schrift); ehren', mit *pri-čьtъ* 'κλῆρος, γενεαλογία' zu *činъ* 'Ordnung, Reihe, Rang', ai. *cinṓ-ti* 'sammelt, schichtet', *citá-ḥ* 'geschichtet' *citā* 'Schicht'. Ob *čьtą* zugleich mit ai. *cḗta-ti* 'hat Acht auf etwas, nimmt wahr' zusammenhing (1, 605), ist fraglich, da *cḗta-ti* nicht wohl von *ci-kḗ-ti* 'bemerkt' (S. 106) getrennt werden kann. Die Beurteilung wird erschwert durch das überdies zu berücksichtigende lit. *skaitýti* 'zählen, lesen (Schrift)'.

Aksl. *ob-rětъ* Aor. 'traf', Inf. *-rěsti* beruhte auf **u̯rē-t(o)-*, von einer Basis **u̯erē(i̯)-*, zu der auch ir. *-frīth* 'inventum est' usw. (IF. 30, 376 ff.).

K. Stämme auf *-dho-* und *-do-*: Typen ai. *márdha-ti mṛdhá-ti* und *márda-ti vi-mrada-ti*.

290. Ich verbinde hier das *dh-* und das *d*-Formans, weil die Laute *dh* und *d* im Iranischen, Italischen, Keltischen, Baltisch-Slavischen ganz oder teilweise lautgesetzlich zusammengefallen sind und es oftmals, auch mit Hilfe derjenigen Sprachen, in denen sie auseinandergehalten waren, nicht zu entscheiden ist, welche von beiden Artikulationsarten als die ursprüngliche anzunehmen ist. Die Beispiele seien in drei Gruppen zerlegt: Formen mit sicherem *dh*, Formen mit sicherem *d* und Formen, bei denen die ursprüngliche Artikulationsart nicht mehr zu erkennen ist.

Bei beiden Formantien kommt wieder die Unmöglichkeit in Betracht, präsensbildendes Element und sogen. Wurzeldeterminativ oder Wurzelerweiterung auseinanderzuhalten (§ 35)[1].

1) Wenn Pedersen KZ. 39, 247 f. über unsere Behandlung in der 1. Aufl. (2, 1045 ff.) sagt, er vermisse in ihr eine scharfe Scheidung zwischen beiden Kategorien, so ist von ihm eben übersehen, dass bei einer auch nur halbwegs entwicklungsgeschichtlichen Darstellung eine solche Scheidung einfach untunlich ist. Hoffentlich wirkt jetzt Persson's ausführliche Behandlung dieses Themas in dem S. 62 genannten Buch allgemein aufklärend.

Dass übrigens alle *-dh-* und alle *-d*-Formen die gleiche Art der Entstehung gehabt haben, ist nicht zu erweisen. Für einige Fälle ist Ursprung des *-dh-* aus W. *dhē-* 'setzen, legen' wahrscheinlich oder wenigstens nicht unglaubhaft. Hier muss dann das vorausgehende Wortstück ursprünglich ein nominales oder pronominales, kasuelles oder adverbiales Wort gewesen sein. So lat. *crēdo*, ir. *cretid* 'glaubt', zu ai. *śrád dadhāti* (S. 127 f.); griech. ἔθων 'consuetus' mit ἔθος, ἦθος, εἴωθα, lat. *sodālis* (aus **su̯edhāli-*), got. *swēs* 'eigen' as. *swās* 'traut, verwandt' aisl. *suáss* 'traut, angenehm' (= **su̯ēdh-to-*)[1] zu ai. *sva-dhā́* 'Eigenart, Gewohnheit' av. *xᵛa-δāta-* 'eigner Bestimmung unterstehend'; lat. *(dī-)vido*, ai. *vídhya-ti* 'durchbohrt' zu ai. *ví* 'auseinander'. Zu W. *dō-* vielleicht griech. ἔδω 'esse', lat. *edo*, lit. *ė́du*, mit der Präposition **ĕ* (S. 96. 128). Auf Grund von diesen und ähnlichen Fällen aber alle Wörter, bei denen man hinter der Wurzel ein *dh-* oder *d*-Formans auslösen kann, diese Konsonanten auf die Wurzeln *dhē-* und *dō-* beziehen zu wollen, wäre vermutlich zu weit gegangen. Von vorn herein ist wahrscheinlich, dass, wie bei dem *t*-Formans (§ 282), der Ausgangspunkte mehrere neben und nacheinander gewesen sind.

Wenn wir in der folgenden Darstellung die zu verbalen *dho-* und *do*-Stämmen gehörigen Formen in den Vordergrund stellen, so soll — was sich aus dem Dargelegten ergibt — damit nicht gesagt sein, dass *dh-* und *d*-Formen jedesmal zuerst in der verbalen, nicht einer nominalen Formung aufgetreten seien.

291. I) Uridg. *-dho-*.

1) Mehrsprachliches.

Lat. *frendo* (*frēsum*) 'zerreibe, knirsche die Zähne' (über den Anlaut *fr-* Walde IF. 19, 100), ags. *grindan* 'zerreiben, zermalmen, mit den Zähnen knirschen', lit. *gréndu gręsti* 'reiben', zu griech. χραίνω 'streife, bestreiche', ai. *ghárṣa-ti* 'reibt'. — Griech. ἤλυθον 'kam', ir. *lod* 'ging' (S. 125), zu griech. 2. Plur. ἐλήλυτε, προσ-ήλυτος. — Ai. *á-rādha-t* 'kam mit etwas zurecht, machte zurecht' (Präs. *rādhnō-ti*), got. *ga-rēdan* 'auf etwas bedacht sein' (Perf. *-rairōþ*), ahd. *rātan* 'sorgen, auf etwas sinnen, raten', mit

1) Vielleicht lat. *suēsco* aus **su̯ēdh-skō* und nach ihm erst *suēvī suētum* und *sueo* (vgl. § 292 über *per-cello -culī*).

ai. *rā́dha-ḥ* 'Erweisung des Wohlwollens, Geschenk', ahd. *rāt* M. 'Rat, Ratschlag, Vorrat', ai. *rādháya-ti* (S. 252) zu lat. *reor ratio.*

Ai. *márdha-ti mr̥dhá-ti* 'lässt nach, vernachlässigt, vergisst', mit griech. μάλθων 'Weichling', μαλθακός 'weichlich, zart, mild', ir. *meld meldach* 'acceptus, gratus', got. *mildeis* 'liebreich, mild' zu griech. μαλακός 'weich', lat. *molere* usw. Vgl. ai. *márda-ti* usw. § 292. — Av. *raoδa-t̰* 'floss', mit *raoδah-* 'Fluss', *"rūδ-* 'Flusslauf', *"ruzdi-* 'Flüssigkeit' (*-zd-* = *-ddh-*), ai. *vi-srúh-* 'Strom, Gewässer', griech. ῥυθ-μό-ς 'Rhythmus' zu ai. *srávа-ti* 'fliesst'. Daher wird *dh* auch anzunehmen sein für lit. *srudžu srudžau srusti* 'blutig machen'. — Ai. *édha-tē* 'gedeiht' aus **azdha-*, mit griech. ἐσθλός 'tüchtig, gut' zu ἐύς 'wacker' aus *ἐσυ-ς. — Vermutlich ai. *dōdhat-* 'erschütternd, ungestüm' (*dúdhi-ḥ* 'ungestüm') mit griech. θύσσομαι 'schüttle mich, rüttle mich' zu ai. *dhunō-ti* (S. 326).

Griech. πῡ́θω 'mache faulen' (Perf. πέπῡθα), mit lit. *púdau púdinu* 'mache faulen' zu griech. πύον 'Eiter', lit. *pūvù* 'faule'. — ἔμαθον 'lernte' aus **mn̥-dho-*, mit μάθη 'Lernen', got. *mundōn* 'das Augenmerk auf etwas richten' aisl. *munda* 'zielen', ahd. *munter* 'wach, eifrig, lebhaft', lit. *mandrùs* 'munter', aksl. *mądrъ* 'weise' zu griech. μένος 'Sinn' usw. Dazu gthav. *mən dadē* 'bin eingedenk', das vielleicht erst einzelsprachlich aus **mendho-* durch Tmesis entstanden ist unter dem Einfluss von *mąz dā-*, *zraz dā-* (S. 127 f., Bartholomae Altiran. Wtb. 1136. 1181), aber wohl auch die Grundlage darstellen kann, auf der uridg. **mendho-* entstanden ist (vgl. S. 373). — γήθομαι 'freue mich' aus *γᾱϝεθομαι oder *γᾱϝαθομαι (Perf. γέγηθα), mit γηθέω lat. *gaudeo* (S. 253) zu griech. γαίω 'freue mich' aus *γαϝ-ι̯ω.

Lit. *skérdžu* Inf. *skérdėti* 'bersten, springen', Erweiterung eines **skerdu*, mit *su-skirdęs* 'aufgesprungen', ahd. *scrintan* 'bersten, aufspringen' (S. 290) zu lit. *skir̃-ti* 'trennen, scheiden'.

Aksl. *idą* 'gehe' aus **ьdą*, mit griech. ἴθ-μα 'Gang, Schritt' zu Inf. aksl. *i-ti* lit. *eĩ-ti* 'gehen'. So wird auch aksl. *jadą* 'fahre, vehor' *-dho-* enthalten, zu Inf. *ja-chati* Part. Prät. *prě-javъ*, lit. *jó-ti* 'reiten', ai. *yā́-ti* 'geht, fährt'.

2) Einzelsprachliches.

Griechisch. βρῖθω 'wuchte, drücke schwer auf etwas' (Perf. βέβρῖθα), zu βριαρός 'wuchtig'. — λήθω dor. λάθω 'bin verborgen' Aor. ἔλαθον, mit λήθη 'Vergessen' zu lat. *la-teo* (von **lə-tó-*); *-dh-* vielleicht auch in ai. *rāhú-ḥ* Dämon, der Sonne und Mond verfinstert. — Aor. ἔδραθον ἔδαρθον 'schlief', zu lat. *dormio*; Präs. δαρθάνω wie βλαστάνω neben ἔβλαστον (S. 317).

πλήθω 'bin voll', mit πλῆθος 'Menge' zu πλῆτο, πίμπλημι; auch lat. *plēbēs* mit ursprünglichem *-dh-*? (vgl. Walde Lat. et. Wtb.[2] 591). ἐμ-πρήθω 'zünde an', zu πίμπρημι. κνήθω 'schabe, reibe, kratze', zu κνῆ. νήθω 'spinne', zu ἐύ-ννητος, νῆμα. — Vgl. av. *fra-snāδayən* § 293.

ἔσχεθον 'hielt', zu ἔσχον, ἔχω. κατα-βλέθει· καταπίνει, zu κα-βλέει· καταπίνει (Hesych), δέλεαρ, ir. *gelid* 'frisst'. ἐμέθω 'vomo', zu ἐμέω ἤμεσα. νεμέθομαι 'weide', zu νέμω. τελέθω 'bin', zu πέλομαι. φλεγέθω 'brenne', zu φλέγω. — πελάθω 'nähere mich', zu πέλας πελάσσαι. μετα-κιάθω 'gehe nach, verfolge', zu κίω. ἀμῡνάθω 'wehre ab', zu ἀμῡ́νω. διωκάθω 'verfolge', zu διώκω. — φθινύθω 'vernichte', zu φθί̄νω φθίνω aus *φθινϝω, ai. *kṣiṇó-ti* (S. 325). μινύθω 'minuo', zu ai. *minó-ti* (S. 325). βαρύθω 'bin beschwert', zu βαρύς βαρῡ́νω.

Aor. ᾐσθόμην 'empfand, merkte' (Präs. αἰσθάνομαι, vgl. oben δαρθάνω) aus *ἀϝισ-θο-, zu ἀίω 'höre', ἐπ-άιστος, ἤισ(σ)α. Vgl. lat. *audio* aus **au̯iz-d-*, dessen *-d-* (man erwartet **austio* aus **au̯is-þ-*) entweder aus Verbindungen stammt, in denen das *þ* lautgesetzlich zu *d* geworden war (z. B. *con-do*), oder aus solchen, wo sich das Verbum *dare* an die Stelle von W. *dhē-* gesetzt hatte. Die Wurzel von **au̯is-* vermutlich in aksl. *u-mъ* 'Verstand'. — ἀίσθω 'hauche aus', zu ἄιον ἄημι.

βιβάσθων 'einherschreitend', zu βιβάζω ἀνα-βιβαστέον.

Anm. Zwei Verba auf -θο-, die gewöhnlich dieser Präsensklasse zugeteilt werden, gehören wahrscheinlich nur scheinbar dazu. ἄχθομαι neben ἄχνυμαι, s. S. 365. Hom. ἔσθω, das Schwyzer IF. 30, 443 für ursprünglich hält, wird vielmehr ἐσθι̯ω = ἐσθίω gewesen sein (IF. 32, 66 ff.).

Germanisch. Ags. *breȝdan* ahd. *brettan* (1, 556) 'schwingen, zücken', aisl. *bregđa* 'schnell bewegen, schwingen', zu lit. *mérkiu* 'schliesse die Augenlider, winke'; Grundf. **mregdhō* aus **mreq-dhō* (Collitz Schwach. Prät. 110 f.). Analog ags. *streȝdan* 'streuen, sprengen', zu W. *ster-* in *streówian* usw. 'streuen'.

292. II) Uridg. *-do-*.

1) Mehrsprachliches.

Ai. *márda-ti* 'reibt, zerdrückt' *vi-mrada-ti* 'erweicht sich', griech. μέλδομαι 'werde weich, schmelze', ags. *meltan* 'schmelzen, aufgelöst, verdaut werden' aisl. *melta* '(im Magen) auflösen, verdauen', ahd. *smelzan* 'zerfliessen, schmelzen', mit lat. *mollis* aus **molduis*, preuss. *maldai* Plur. 'junge', aksl. *mladъ* 'jung, zart' aus **moldъ* zu griech. μαλακός 'weich', lat. *molere* usw. Vgl. ai. *márdha-ti* S. 374. Neben **mel-de-ti* mag es ein **mer-de-ti* mit ähnlichem Sinn gegeben haben (griech. ἀμέρδω u. a.), und es ist dann schwer zu sagen, ob nicht ai. *márda-ti* zugleich dieses fortgesetzt hat, s. Persson Beitr. 213 ff. 217 ff. — Griech. ἔλδομαι hom. ἐέλδομαι 'sehne mich, verlange nach etwas' (könnte auch aus *Ϝελδιομαι entstanden sein, vgl. ἔρδω S. 195), got. *swiltan* 'hinsterben', ahd. *swelzan* 'verbrennen, sich in Liebesglut verzehren, hinschmachten', aisl. *suelta* 'hungern', wahrscheinlich mit lit. *svildinu* 'lasse sengen' zu ags. *swelan* ahd. *swilizōn* 'langsam verbrennen, sengen, dörren', lit. *svílti* 'sengen'. — Griech. τένδω 'benage, nasche', ir. *ro-s-teind* 'schnitt ab', mit ir. *temm* 'Biss' (aus **tend + smen-*, vgl. 2, 1, 243), mhd. *stunz* 'kurz' zu W. *tem-* 'schneiden', griech. τέμνω. — Ai. *kū́rda-ti* 'springt, hüpft' ir. *fo-ceird* 'schwingt, wirft' (Prät. Pass. *fo-cress* mit Wurzelstufe *qrd-*), mit griech. κόρδαξ ein Tanz, κραδάω 'schwinge, schwenke', aisl. *hrata* schw. V. 'schwanken, fallen', mhd. *scherz* M. 'Spiel, Vergnügen' *scharz schurz* M. 'Sprung', aisl. *skart* N. 'prahlerisches Auftreten' zu griech. σκαίρω 'hüpfe, springe, tanze', ahd. *scerōn* 'mutwillig sein', aksl. *skorъ* 'schnell'. — Griech. ἔφλιδεν · διέρρεεν (Präs. φλιδάνω), lett. *blidu* Inf. *blist* 'dick werden, schwellen', mit griech. φλιδή 'Überfluss' zu φλιμέλια 'Blutgeschwulst', norw. *bleime* 'flemina'. — Alb. *heϑ* 'werfe' aus **sk̑eudō* (1, 197. 566), ahd. *sciozan* aisl. *skióta* 'schnell bewegen, vorstossen, schiessen', mit lit. *száudau* 'schiesse', *száudinu* 'lasse schiessen', *szaudỹklė* 'Weberschiffchen' zu lit. *száuju száuti* 'schiessen' aksl. *sują sujati* 'werfen, schleudern'. — Lat. *sallo* aus **saldō*, got. *saltan* ahd. *salzan* 'salzen', mit got. *salt* N. 'Salz', arm. *aɫ* (*i*-Stamm) 'Salzlager, Salz', lit. *saldùs* aksl. *sladъkъ* 'süss' (ursprünglich 'salzig', daraus 'würzig, wohlschmeckend') zu lat. *sal-*, griech. ἅλς ἁλός, aksl. *solь*. — Ai. *khidá-ti* (*skhidá-ti*) 'stösst, drückt, reisst', lat. *caedo* (Perf. *cecīdī*), mit ai. *khēdā* 'Hammer, Schlegel' zu mndl. *heie* 'Rammblock' *heien* 'schlagen, stossen, rammen'. — Lat. *claudo clūdo*, ahd. *sliozan* afries. *slūta* 'schiessen', mit ahd. *sloz* N. 'Schloss' *sluzzil* M. 'Schlüssel' zu lat. *clāvis*, lit. *kliūrù kliúti* 'anhaken, hängen bleiben', aksl. *ključь* 'Haken, Schlüssel'. Auch abgesehen vom Anlaut (vgl. 1, 703), ist die Art des Zusammenhangs nicht klar; Thurneysen Thes. l. Lat. s. v. *claudo* fragt, ob nicht *claudo claustrum clāvis* aus dem Griech. entlehnt seien. — Alb. *l'oϑ* 'mache müde' *l'oδem* 'werde müde' (aus **lēdō*, 1, 133), got. *lētan* (Perf. *laílōt*) ahd. *lāzan* aisl. *láta* 'lassen', mit got. *af-lēt* N. 'Ablass' *lats* 'lass, träge', griech. ληδέω 'bin träge, müde', lat. *lassus* aus **ləd + to-* zu lat. *lēnis*, lett. *lēns* 'faul, mild, nachsichtig' aksl. *lěnъ* 'träge', lit. *lė́tas* 'blöde', lett. *lēlis* 'schlaffer Mensch'. Vgl. § 57, 2 und Persson Beitr. 710f. 900f.

Ai. *tarda-ti* (Gramm.) 'spaltet, durchbohrt' (Perf. *tatárda*), mit *tr̥ṇátti*, *tárdman-* 'Loch, Öffnung, Spalte', lit. *tréndu trendė́ti* 'von Motten oder Würmern gefressen werden' zu griech. τιτράω τετραίνω 'bohre', τρῆμα 'Bohrung, Loch'. — Ai. *hė́ḍa-ti* 'ärgert, kränkt' aus **hēžda-*, *hīḍamāna-ḥ* 'einem gram seiend, feindlich' aus **hižda-*, mit *hė́ḍa-ḥ* 'Ärger, Zorn', av. *zōiždišta-* 'schauderhaftest' zu W. *ĝheis-* in got. *us-gaisjan* 'ausser sich bringen, von Sinnen bringen, erschrecken' *us-geisnan* 'von Sinnen sein, sich entsetzen', und ir. *goet* 'Wunde' (1 § 897), lit. *żaizdà* 'Wunde' *į-żaizdus* 'schädlich' zu W. *ĝheis-* in ai. *hísa-ti hinas-ti* 'schädigt, verletzt' *hēṣas-* 'Geschoss' (S. 278). Die beiden *ĝheis-* waren wohl eins. — Ai. *īḍa-tē* 'verehrt, preist, fleht an' aus **iždа-* (auch themavokallos *īṭṭē*), wohl mit got. *aistan* schw. V. 'sich scheuen vor' (könnte lautgesetzlich auch *-to*-Stamm sein) zu ahd. *ēra* 'Ehre', osk. aisusis 'sacrificiis' (nicht zu ai. *yája-ti* 'verehrt durch Gebet und Opfer' Part. *iṣṭá-ḥ*).

Griech. ἄζω 'dörre, trockne' = *azdō*, mit ἄζη 'Dürre, Trockenheit', čech. apoln. *ozd* 'Malzdarre' zu ai. *ā́sa-ḥ* 'Asche, Staub', lat. *āreo*; daher lat. *assus* 'trocken, geschmort' wohl aus **azd + to-*.

Lat. *per-cello* wohl aus **-caldō* (1, 479), mit *clādēs*, griech. κλαδάσαι· σεῖσαι, κλάδος 'Zweig' zu κλάω 'breche', κλῆρος 'Los, Anteil', κόλος 'verstümmelt, gestutzt', lat. *clāva*, lit. *kálti* 'schlagen, schmieden'; *per-culī* wohl kaum die kürzere, *d*-lose Form, sondern Neubildung nach *-pulī* neben *-pello* aus **pelnō* (S. 318).

Got. *giutan* ahd. *giozan* 'giessen', mit lat. *fundo* Perf. *fūdī* zu griech. χέω 'giesse' κέχυ-ται; vgl. griech. χύδην, χυδανός, χυδαῖος, redupl. κοχυδεῖν, κοχύζειν. — Ahd. *fliozan* aisl. *flióta* 'fliessen', mit aisl. *fliót* N. 'Fliessen, Fluss', ahd. *fluz* M. 'Fluss', got. *flauts* 'prahlerisch', lit. *plústu plúdau plústi* 'ins Schwimmen geraten, überfliessen', *pláudżu pláusti* 'waschen' zu griech. πλέω 'schwimme, schiffe' πλεύσομαι, lit. *pláuju pláuti* 'spülen'. — Mhd. *spriezen* ags. *sprútan* 'spriessen', mit ags. *spréot* 'Stange, Schaft', ahd. *spriuza* 'Stütze', lit. *spráudżu spráusti* 'gewaltsam in einen engen Raum drängen, klemmen', Iter. hierzu *spráudau spráudyti*, *į-sprústu -sprúdau -sprústi* 'in eine Klemme gleiten' zu lett. *spraujù-s* 'komme empor, gehe auf' (von der Saat). — Ahd. *glīzan* as. *glītan* 'gleissen, glänzen', mit ahd. *gliz* (Gen. *glizzes*) M. 'Glanz', got. *glitmunjan* 'glänzen', griech. χλιδή 'Üppigkeit', χλιδών 'Schmuck, Prunk', κεχλιδότα· ἀνθοῦντα (Hesych) zu as. *glīmo* 'Glanz', mhd. *gleim* M. 'Glühwürmchen', ags. *ʒlíw ʒléo* N. 'Freude, Scherz', ir. *glē* 'glänzend, klar'. — Ahd. *wāzan* 'wehen, blasen', mit mhd. *wāz* M. 'Wehen, Sturm, Duft', lit. *vėdinu* 'lüfte' zu ahd. *wāen* 'wehen', ai. *vā́-ti* 'weht'.

2) Einzelsprachliches.

Arisch. Ai. *mṛḍá-ti* 'ist gnädig, verzeiht' aus **mṛžda-* (1, 559), mit gthav. *mərᵉždā-tā* 'seid barmherzig' zu ai. *marj- mṛj-* 'abwischen'; die av. Form deutet auf **mṛĝ dō-* ('Verzeihung gewähren'), vgl. S. 373. — Ai. *krī́ḍa-ti* 'spielt, tanzt' aus **križda-*, wird teils mit lat. *crīnis* aus **crisnis*, *crista*, got. *-hrisjan* 'schütteln' verbunden, teils mit ir. *cless* 'Kunststück, Waffenspiel'.

Italisch. *tendo*, umbr. *an-dendu* an-tentu 'intendito, imponito' aus **tend[e]tōd*, zu lat. *teneo*; dieselbe *d*-Erweiterung vielleicht in ai. *tandatē* 'lässt nach, ermattet'. — Lat. *cūdo*, wohl aus **caudō* in Kompositis entstanden (vgl. *caudex*), mit *in-cūs* zu lit. *káuju káuti* 'schlagen, schmieden, kämpfen'. — Lat. *rudēns*, wohl aus **u̯rudent-*, zu griech. ἐρύω 'ziehe', ῥῡμός 'Zugholz, Zugriemen'.

Germanisch. Aisl. *velta* 'sich wälzen' (Prät. *valt*), ahd. *walzan* 'walzen (intr.), sich drehen' (Prät. *wielz*), mit aisl. *valtr* ags. *wealt* 'rollend, wälzbar' zu ahd. *wellan* 'wälzen, rollen' *wallōn* 'wallen, wandern', lit. *veliù vélti* 'walken'. — Ahd. *rīʒan* as. *wrītan* ags. *wrítan* 'reissen, ritzen, schreiben, zeichnen', wohl zu griech. ῥίνη 'Feile, Raspel', ῥῑνός 'Haut auf dem Leib' (vgl. δέρμα zu δέρω).

293. III) Uridg. *-dho-* oder *-do-*.

Av. *ava-ᵬhabdənti* 'sie schlafen ein', zu gthav. *xᵛafna-* 'Traum' W. *su̯ep-*. Gthav. *vōiždа-t̰* 'erhebt, hebt hoch', vielleicht zu ai. *vḗṣa-ti* 'bringt zustande, wirkt'. Gthav. *syazda-t̰* 'weicht zurück', mit gthav. *sīždyamna-* 'zurückweichend' vielleicht zu ai. *šinasti šḗṣa-ti* 'lässt übrig'. Av. *fra-snāδayən* 'sie möchten abwaschen', zu ai. *snā́-ti* (vgl. Persson Beitr. 882. 901).

Lat. *dē-fendo of-fendo*, zu ai. *hán-ti* 'schlägt', griech. θείνω 'schlage'.

Lit. *vérdu viriaũ vírti* lett. *werdu wiru wirt* 'sprudeln, wallen, kochen', vgl. aksl. *vьrją vьrěti* 'quellen, sprudeln, kochen'. — In den folgenden Fällen ist das *d*-Formans nicht auf das Präsens beschränkt. Lit. *mérdmi* und *mérdžu* 'liege im Sterben', Inf. *mérdėti*, zu *mir̃-ti* 'sterben'. Lit. *gḗdmi gḗdu* 'singe', Inf. *gėdóti*, mit *gýstu gýdau gýsti* 'zu singen anfangen' *gaidỹs* 'Hahn' zu ai. *gā́ya-ti* 'singt' Part. *gītá-ḥ*. Lit. *skéldu* und *skéldžu* 'spalte mich, berste', Inf. *skéldėti*, zu *skeliù skéliau skélti* 'spalten'. Lett. *erfchu erdu erst* 'trennen' (§ 309, 3), zu lit. *yrù írti* 'trennen, auflösen'. Aksl. *kladą klasti* 'laden, legen', zu lit. *klóju klóti* 'hinbreiten, breit hinlegen', got. *af-hlaþan* (S. 368).

Baltisch. Auf Grund der *dho-* und *do*-Bildungen entstanden im Lit.-Lett. zahlreiche Verba kausativer und iterativer Bedeutung auf (lit.) *-dau*, Inf. *-dyti* und zahlreiche Verba kausativer oder faktitiver Bedeutung auf (lit.) *-dinu* Inf. *-dinti*, worüber § 183 S. 268 f. und § 233, 2 S. 323 f. Ferner gehört wahrscheinlich dazu das Part. II Präs. Akt. auf *-damas*, dessen *m*-Formans mit dem Formans von *vẽžamas* (2, 1, 232) identisch war und ursprünglich mediale Bedeutung gehabt haben muss. Das zum Verbum *skeliù* gehörige *skéldamas* z. B. wird also ursprünglich ebenso wie *skéldinu* ein Glied des Verbums *skéldu skéldžu* (s. oben) gewesen sein. Endlich dürfte hier noch das *d* des Imperfektausgangs *-davau*, wie *skéldavau* zu *skeliù*, seinen Ursprung gehabt haben.

L. Formans *-i̯o-* als Erweiterung von formantisch charakterisierten Präsensstämmen.

a. Vorbemerkungen.

294. Das Formans *-i̯o-* (S. 178 ff. 193 ff.), dem, so weit wir rückwärts zu schauen in der Lage sind, keinerlei besonderer aktioneller Bedeutungswert inne wohnte, diente seit uridg. Zeit der verbalen, zunächst der präsentischen Gestaltung von Wörtern. Da die verbalen Stämme der uridg. Zeit ursprünglichst nominalen Sinn gehabt zu haben scheinen (S. 52 f.), so kann man ganz wohl nicht nur z. B. ai. *rajas-yá-ti* 'wird zu Staub' (zu *rájas-* 'Staub'), sondern die ganze Klasse der *i̯o*-Präsentien ihrem Ursprung nach als Denominativa betrachten. Dann gab es einerseits Denominativa, bei denen das nominale Gebilde, selbst schon ein *i̯o*-Stamm, unmittelbar durch Anhängung der Personalendung zum Verbum geworden, und solche, bei denen *-i̯o-* als Erweiterung des Nominalstamms hinzugekommen war. Die letzteren mussten als Erweiterung oder Ableitung aus Verbalformen der ersteren Klasse erscheinen. So z. B. griech. θείνω (aus *θενι̯ω), aksl. *žьnją* : ai. *hán-ti*; griech. βαίνω (aus *βαμι̯ω), lat. *venio* : ai. 3. Sing. *a-gan* (S. 89) und *gáma-ti* got. *qiman* (S. 117) ai. Aor. *á-gama-t* (S. 124); griech. κτείνω (aus *κτενι̯ω) : ai. *á-kšа-ta* griech. ἔκτατο (S. 89); lit. *lëžiù* aksl. *ližą* : ai. *léhmi* und griech. λείχω; aksl. *deždą* (aus **ded-ją*) : lit. *dedù* (S. 110); ai. *dēdišyá-tē* : *dḗdištē* (S. 113. 196).

Im folgenden haben uns nur diejenigen Fälle zu beschäftigen, wo mit *-i̯o-* solche Präsensformen erweitert worden sind, die selbst schon ausser der 'Wurzel' ein konsonantisches Präsenscharakteristikum enthielten. Dabei kann von den (*u*)*u̯o*-Präsentien (§ 185 ff.) abgesehen werden. Auch spielt die *i̯o*-Erweiterung von Stämmen auf *-sk̑o-* (§ 268 ff.), auf *-to-* (§ 282 ff.) und auf *-dho-* und *-do-* (§ 290) nur eine ganz untergeordnete Rolle. Den Hauptanteil haben die Nasalstämme (§ 192 ff.) und die Stämme auf *-s-* und *-so-* (§ 255 ff.).

b. *i̯o*-Erweiterung von Nasalstämmen.

295. Diese *i̯o*-Bildungen zerfallen zunächst in zwei Hauptgruppen, 1) Erweiterung von Formen der Typen ai. *yunák-ti* *yuñjá-ti* (§ 196 ff. 199 ff.), 2) Erweiterung von Formen der Typen ai. *mṛṇā́-ti mṛṇá-ti*, gthav. *hvąn-mahī*, ai. *iṣaṇa-t* (§ 211 ff. 226 ff. 229, 3). Im letzteren Fall lässt sich dann weiter zerlegen in Formen auf *-n-i̯o-* und solche auf *-n̥-i̯o-*.

Es geht uns hier nur der Antritt des *-i̯o-* an die schwache Stammgestalt des zugrunde liegenden Nasalstamms an. Über Formen wie ai. *hṛṇāyánt-*, lat. *-clīno* aus **clīnā[i̯]ō*, ai. *pṛtanāyá-ti*, lett. *zilinâju* s. § 215, 1 S. 303 f.

Anm. Ob im Anschluss an die Präsentien auf *-neu̯- -nu- -nu̯-*, *-n̥neu̯- -n̥nu̯- -n̥u̯-*, *-nu̯o-*, *-n̥u̯o-* (§ 234 ff.) Formen auf *-nu-i̯o-*, *-n̥nu-i̯o-*, *-n̥u̯-i̯o-* entstanden sind, ist fraglich. Jedenfalls braucht es für die Formen wie griech. τανύω, lat. *minuo* eines Zurückgehens auf **-nu-i̯ō* ebenso wenig, wie für griech. ἀγάομαι (für ἄγαμαι) eines Zurückgehens auf *ἀγαοι̯μαι. S. § 251. 252.

296. I) *i̯o*-Erweiterung von Präsentien mit Binnennasal. Besonders oft im Griechischen und im Baltischen. Diese Erweiterung erscheint, vom Griech. abgesehen (wo in mehreren Fällen in dieser Beziehung Unklarheit ist), nur da, wo der Nasal über die Grenzen des Präsenssystems hinausgegangen war.

Griech. πτίσσω (πτῑσσω) 'stampfe, schrote' aus *πτινσι̯ω, lat. *pīnsio* (Perf. *pīnsī*) neben *pīnso*, zu ai. *pinaṣmi piṣa-ti* (S. 279); πέπτισμαι, ἐπτίσθην, ἔπτισα (ἔπτῑσα?) können ν verloren haben.

Griech. κλάζω 'töne, schreie' aus *κλαγγι̯ω (Aor. ἔκλαγξα), zu κέκληγα (S. 291). πλάζω 'schlage, verschlage' aus *πλαγγι̯ω (Fut. πλάγξομαι), zu πλήσσω (S. 291). λύζω aus *λυγγι̯ω neben λυγγάνομαι ir. *slucid* (S. 280). — Die folgenden Fälle sind weniger sicher. λίζουσι· παίζουσιν neben λινδέσθαι (S. 282). λάζομαι ion. 'nehme' (*λαγγι̯ομαι), neben λαμβάνω λήψομαι; Fut. λάμψομαι ist unsicher überliefert. πλίσσομαι (πλῑσσομαι) 'schreite aus, gehe mit gespreizten Beinen' (*πλιγχι̯ομαι) neben ir. *lingid* (S. 280). λίσσωμεν· ἐάσωμεν (λῑσσωμεν) bei Hesych (*λιγκι̯ω) neben λιμπάνω lat. *linquo* (S. 279). σκίμπτω 'stütze, stämme' (*σκίμπι̯ω) neben σκιμπω ἔσκιμψα (S. 282); σκίμπτω könnte auch *to*-Bildung (§ 285) sein.

Lat. *pīnsio*, s. o. Ferner: *vincio* (Perf. *vinxī*) neben griech. ἴμψας S. 280. 282. Lat *sancio* (*sanxī sanctus*, osk. saahtúm 'sanctum' 1, 373), mit *Sancus* umbr. *Sanśi* 'Sancium' zu lat. *sacer* osk. sakrid 'sacro'.

Lit. *jùngiu jùnkti* 'ins Joch spannen' neben lat. *jungo* (S. 279. 285). *skùndžu skų́sti* 'sich beschweren', zu *pra-skundù -skùsti* 'nichts weiter hören wollen'. *sunkiù suñkti* 'abfliessen lassen, absickern lassen', zu lett. *swaks* 'Harz'. *rengiū́-s reñkti-s* 'sich anstrengen, sich anschicken', zu *rìnga* (S. 289). *stembiù steñpti* 'in Stengel schiessen', zu *stebýti stabýti* (S. 293). *lenkiù leñkti* 'biegen', mit aksl. *lęką lęšti* 'biegen' zu griech. λοξός 'verbogen, verrenkt, schräg', lat. *lacertus.* Lett. *mīſchu* = **minz-i̯u*, Inf. *mīſt* 'pissen', zu lat. *mingo* (S. 279. 285). *kampju kampt* 'fassen, greifen', zu lat. *capio.* Lit. *tréndžu* und *tréndu trendė́ti* 'von Motten zerfressen werden', zu ai. *tatárda* (S. 289). *sténgiu sténkti* 'Kraft an etwas setzen, sich anstrengen', zu griech. στείβω (S. 285). *énkiu énkti* 'mühsam und schwerfällig etwas tun', zu russ. *jagá* (S. 285 f.). *spréndžu spręsti* 'mit der Hand spannen', zu lett. *spraids* (S. 286). Aksl. *žęždą žędati* 'begehren, dürsten', zu lit. *pa-si-gė́sti* (S. 293 f.).

297. II) a) *-n-i̯o-*, Erweiterung der Typen ai. *mṛṇā́-ti*, *mṛṇá-ti.*

Griech. ἀλίνω 'bestreiche, salbe' aus *ἀλινι̯ω, Aor. ἀλῖναι, lat. *linio linīre*, mit lat. *lino* zu *lēvī litum* (S. 301. 318). Griech. φαίνω 'lasse erscheinen, mache sichtbar, zeige' aus *φανι̯ω, Fut. φανῶ alb. geg. *bą̄j* tosk. *bɛń* 'tue' (eigentlich 'bringe zur Erscheinung') aus **bani̯ō*, vermutlich mit arm. *bana-m* 'öffne'(S. 306) zu ai. *bhā́-ti* 'leuchtet, scheint, erscheint'.

Av. *ᵘrvinyant-* 'zerknickend, zu Fall bringend', zu ai. *vlīnā-ti vlinā-ti* (S. 304). Von derselben Art vielleicht ai. *rā́ṇya-tē*, s. § 227.

Griech. κλίνω lesb. κλίννω 'beuge, neige' aus *κλινι̯ω, Fut. κλινῶ, mit ahd. *hlinōn*, lat. *-clīnat* zu griech. κέκλιται (S. 301). κρίνω 'scheide, wähle aus, entscheide' aus *κρινι̯ω, Fut. κρινῶ, mit lat. *cerno* zu κριτός (S. 318). σίνομαι lesb. σίννομαι 'schade, raube' aus *σινι̯ομαι, Aor. ἐσῖνάμην, neben σίνος N. 'Schade'. πλύνω 'wasche' aus *πλυνι̯ω, Fut. πλυνῶ, zu πέπλυμαι (S. 306). ὀτρύνω 'treibe an' aus *ὀτρυνι̯ω, Fut. ὀτρυνέω, zu ὀτραλέος aus *ὀ-τϝρα- (1, 260). Zweifelhaft ist Hergehörigkeit von θύνω, s. S. 301. χαίνω 'klaffe', mit Aor. ἔχανον zu χήμη, χώρα (S. 356). αἴνω 'befreie von Spreu durch Schwingen' wohl aus *Ϝανι̯ω, zu ἄησι 'weht' (W. *u̯ē-*).

298. b) *-n̥-i̯o-*, Erweiterung der Typen gthav. *hvąnmahī*, ai. *iṣaṇa-t*. Hier waren von Anfang an primäre und denominative Bildungen nicht geschieden, s. S. 218. 313 f.

Ai. *iṣaṇyá-ti* 'regt an', griech. ἰαίνω 'erquicke' aus *ἰσανι̯ω, Fut. ἰανῶ, neben ai. *iṣaṇa-t*, *iṣṇā́-ti* (S. 297. 301. 304. 314).

Av. *zᵘranimna-* 'zürnend' aus **zranyamna-* neben ai. *hr̥ṇī-tḗ* (S. 297. 304. 314). Ai. *turaṇyá-ti* 'eilt' (S. 218), *bhuraṇyá-ti* 'ist rührig' u. a.

Griech. δραίνω 'habe vor' aus *δρανι̯ω, mit ὀλιγο-δρανέων zu δρῶ δρᾶμα (S. 318). ἐκ-φλαίνω 'sprudle hervor', zu φλέω, φλύω. ξαίνω 'kratze', mit ξάνιον 'Kamm zum Wollekämmen' zu aksl. *česati* 'kämmen', griech. ξέω ξέσσαι. αὐαίνω 'mache trocken' neben lit. *saũsinu* dasselbe. ὑφαίνω 'webe' neben ai. *ubhnā́-ti* (S. 305). ὀλισθαίνω 'gleite aus' neben ὀλισθάνω (S. 218). Ebenso κῡδαίνω 'ehre', neben κῡδάνω, κλαγγαίνω 'töne, schreie', neben κλαγγάνω, τερσαίνω 'mache trocken' u. a.

c. *i̯o*-Erweiterung von Stämmen auf *-s-* und *-so-*.

299. Es sind zwei Arten der *i̯o*-Erweiterung zu unterscheiden, die zugleich zwei zeitlich verschiedene Schichten darstellen. Zunächst erfuhren *s*-Präsentia die Erweiterung, und es entwickelte sich *-s-i̯ó-* zu einem einheitlichen Formans mit 'futurischem' Sinn. Und weiter wurde das Präsens von Verba, in denen das *s*-Formans durchs ganze Verbalsystem durchgeführt war, durch *-i̯o-* vermehrt.

300. I) Das *si̯o*-Futurum. Auch schon ohne den *i̯o*-Zusatz hatten *s*-Stämme einen voluntativen, bezieh. futurischen Sinn. *-i̯o-* selbst hatte keine aktionelle oder temporale Bedeutung, so wenig als etwa in ai. *dēdiš-yá-tē*, zu *dḗdiṣ-tē*, *iṣaṇ-yá-ti*, zu *iṣaṇa-t*, *namas-yá-ti* usw. Insofern *-s-i̯o-* ein einheitliches Bildungselement wurde, vergleicht es sich mit *-s-k̂o-* (§ 268).

Einzelsprachliche *s*-Formationen ohne *-i̯o-*, deren *s* etymologisch dem von *-si̯o-* gleichgesetzt werden darf, und die daher wenigstens zumteil beim Aufbau des *si̯o*-Tempus beteiligt gewesen sein werden, sind die folgenden:

1) *s*-Präsentia wie lat. *vīso* (§ 255 ff.). Dabei ist zu beachten, dass die engstens zu diesen gehörigen, mit *i*-Reduplikation ver-

sehenen *s*-Präsentia im Arischen regelmässig desiderativen Sinn aufweisen, wie ai. *vivitsa-ti*, und im Irischen futurischen Sinn haben, wie *-ninus* (§ 262 ff.).

2) Formen voluntativ-futurischen Sinnes, die ihren Bildungselementen nach wie Konjunktive von *s*-Aoristen erscheinen. a) Griech. Formen wie δείξω 'werde zeigen', λείψω 'werde lassen', nach deren Analogie — mit intervokalischem σ gegen 1 § 851 — solche Formen wie στήσω 'werde stellen', τείσω 'werde büssen' entsprangen (vgl. ἔστησα, ἔτεισα § 317. 331. 347). Dann die auf zweisilbiger Ablautbasis beruhenden Formen wie κρεμάω -ῶ 'werde hängen' aus *κρεμα-σω, zu κρέμα-μαι, ὀλέω -ῶ 'werde zugrunde richten' aus *ὀλε-σω, zu ὤλε-σα, ὀμοῦμαι 'werde schwören', zu ὤμο-σα, ein Typus, dem überhaupt Verba von Wurzeln auf Nasal und Liquida folgten, z. B. κτενέω, φθερέω, στελέω [1]). Hier zeigt sich eine Verallgemeinerung eines zu zweisilbigen Basen gehörigen Formans von gleicher Art, wie sie ai. *-iṣyá-ti* erfahren hat, z. B. *haniṣyá-ti* zu *hán-ti ha-tá-ḥ*, *staviṣya-ti* zu *stāú-ti stu-tá-ḥ* S. § 340. b) Italische Formen wie lat. *faxo*, *dīxo*, osk. *fust* 'erit'. S. § 321. c) Solche 'Futura' scheinen auch im Altindischen vorzuliegen in *sākṣē* (*sah-*), *bhūṣa-ti*, *hāsa-tē* u. a. (vgl. Hopkins A. J. of Ph. 13, 20 ff.). Dass der themavokalische Stamm des *s*-Aorists seit uridg. Zeit nicht lediglich 'Konjunktiv' war, zeigen die Imperativformen auf *-*e* wie ai. *nēṣa*, griech. οἶσε (§ 350). Dazu kommen wahrscheinlich

3) die lit. Formen der 3. Sing. Fut. wie *dũs* 'wird geben' = **dōs-t*, ein Injunktiv, der mit aksl. *da* 'gab' identisch ist. S. § 305, 2. Von ihnen nicht zu trennen ist das lit. Part. Fut. *dũsęs* (neben dial. *dûsius* = **dũsiąs*), mit dem wahrscheinlich das aus aksl. Neutr. *byšęšte-je* zu entnehmende Mask. **byšę* bildungsgleich war: **byšę* = lit. *bũsęs*. *-*sent*- vermutlich wie lat. *vehēns* (2, 1, 458, vgl. Leskien Gramm. der abulg. Spr. 213).

Mit dem vermuteten Ursprung der *-sió*-Formen steht im Einklang, dass die Wurzelsilbe (von ein paar Einzelheiten wie av. *būšyant*- lit. *bũsiu* abgesehen) Vollstufe hatte, z. B. ai. *dāsyá-ti* lit. *dũsiu*. Zugrunde lag ein **dōse-ti*; die Erweiterung durch

1) Die Zurückführung von -αω -εω auf -ασ̯ω -εσ̯ω ist lautlich nicht zu rechtfertigen.

-i̯ó- änderte an dem Wurzelablaut nichts. *-si̯ó-* ist somit einheitliches Formans erst nach der Entstehung des Ablauts geworden.

Ob der so entstandene *si̯o*-Typus überhaupt nur im Arischen und Baltischen produktiv geworden ist, oder ob er auch in den andern Sprachen einst weiter verbreitet war und dann abgestorben ist, bleibt zweifelhaft. Für den griech. Ind. δείξω 'werde zeigen' älteres *δεικσι̯ω anzusetzen, liegt kein ausreichender Grund vor, da man mit der Annahme, dass es eine mit κρεμάω -ῶ aus *-ασω auf gleicher Linie stehende Form gewesen sei, auskommt; ob man diese Bildung als ursprünglichen Ind. Fut. oder als ursprünglichen Konj. Aor. bezeichnet, darauf kommt wenig an (S. 336 f.). Dafür aber, dass die Ind. Fut. des Typus δείξω mindestens teilweise altes -σω, nicht -σι̯ω, gehabt haben, sprechen die ep. Imperativformen wie οἶσε οἰσέτω neben οἴσω (ark. Konj. ἐπ-οίσῃ), ὄψεσθε neben ὄψομαι, weil sie von den ai. Imperativen wie *nēṣ̌a* nicht getrennt werden dürfen (§ 350). Anderseits mag das mit dem ai. Part. Fut. auf *-syant-* im Gebrauch genau sich deckende Part. δείξων mit diesem auf uridg. **-si̯ont-* beruhen. Denn diese Annahme ist einfacher als die Annahme, man habe im Griech. zu dem ursprünglichen indikativischen *so*-Stamm ein neues Partizipium geschaffen, das zufällig dieselbe Bedeutung bekommen habe wie das ar. Part. Fut. Nach dem Muster von δείξων = *δεικσι̯ων wären dann zu ἐλάω τενέω usw. die Partizipia ἐλάων τενέων usw. neu hinzugekommen, während vielleicht die Infinitive auf -ειν, sicher die Optative auf -οιμι, bei beiden Formklassen gleichzeitig frisch entstanden. Der Accent von δείξων ist ebenso unursprünglich wie der von ὀνομαίνων, ὁράων usw. (S. 207).

301. Mehrsprachliches. Wegen des in § 300 vermuteten Ursprungs der griech. Partizipialformen wie δείξων seien im folgenden den ar. und balt. *si̯o*-Formen die dem Verbalstamm nach entsprechenden griech. Formen auf -σων nebst den zugehörigen *s*-Aoristen beigegeben.

1) W. *u̯ert-* 'vertere': ai. *vartsyá-ti*, lit. *versiu* (*versti*). W. *dheg̑ᵘh-* 'brennen': ai. *dhakṣyá-ti*, lit. *dèksiu* (*dèkti*). W. *stā-* 'stehen': ai. *sthāsya-ti*, lit. *stósiu* (*stóti*), vgl. griech. στήσων (στῆσαι). W. *dhē-* 'setzen, stellen': ai. *dhāsya-ti* av. Part. *-dāhyamna-*,

lit. *dėsiu* (*dė́ti*), vgl. griech. θήσων. W. *dō-* 'dare': ai. *dāsyá-ti*, lit. *dū́siu* (*dū́ti*), vgl. griech. δώσων. W. *saus-* 'trocken werden': ai. Gramm. *šōkšya-ti* (Präs. *šúšya-ti*, s. 1 § 826 Anm. 2), lit. *saũsiu* (*saũsti*).

2) Zu zweisilbigen Basen auf *-ā̆ˣ*.

a) Entsprechend den Formen wie ai. *ji-jñāsa-te* (S. 346), apers. *xšnāsātiy* (S. 353). **ĝenē- *ĝenō-* 'noscere': ai. *jñāsya-ṭi*, vgl. griech. γνώσομαι. **gᵘei̯ā-* 'bewältigen': ai. *jyāsya-ti*, vgl. ion. βιήσομαι. **ei̯ā-* 'gehen': ai. *yāsya-ti*, lit. *jósiu* (*jóti*). **au̯ē-* 'wehen': ai. *vāsya-ti*, vgl. griech. ἀήσομαι. **menē-* 'sinnen, geistig rege sein': lit. *minė́siu*, vgl. griech. μανήσομαι (S. 170).

Zu ai. *á-bhū-t* usw. (S. 149): av. *būšyant-*, lit. *búsiu*, vgl. griech. φύσων lit. *búsęs* aksl. *byšęšteje* (S. 384).

b) Dass der ai. Ausgang *-išyá-ti*, dessen *-i-* den Auslaut zweisilbiger Basen darstellt, aus uridg. Zeit stammt, und dass als Grundlage dieses Bildungstypus die griech. Futurformen wie κρεμάω aus *κρεμασω zu betrachten sind, ist S. 384 erwähnt. Im Lit. weist auf ursprüngliche Zweisilbigkeit des dem *-siu* vorausgehenden Wortstücks der Stosston hin, wie in *kláusiu* ('will hören' = 'frage'), dem ein ai. **šravišya-ti* entspräche. Man darf darnach als gleichartig auch zusammenstellen ai. Gramm. *vamišya-ti* (Präs. *vámi-ti*), lit. *vémsiu* (Präs. *vemiù*), griech. ἐμέω -ῶ (Präs. ἐμέω -ῶ), s. S. 149. Vgl. ferner: zu W. *ten-* 'dehnen' ai. Gramm. *tanišya-ti*, griech. τενέω -ῶ; zu W. *gᵘđher-* 'zerfliessen, zerrinnen' ai. Gramm. *kšarišya-ti*, griech. φθερέω -ῶ; zu W. *gᵘhen-* 'schlagen' ai. *hanišya-ti* griech. θενέω -ῶ. Vgl. hierzu § 302.

302. Arisch. Zu § 301, 1. Ai. *vakšyá-ti* gthav. 1. Sing. *vaxšyā*, zu ai. *vák-ti* 'spricht'. Ai. *rēkšya-tē*, zu *rinák-ti* 'linquit', vgl. griech. λείψων (λεῖψαι). Ai. Gramm. *šlēkšya-ti* av. *sraēšyeⁱti*, zu ai. *šlíšya-ti* 'hängt sich an, klammert sich an'. Ai. *yōkšya-ti*, zu *yunák-ti* 'jungit', vgl. griech. ζεύξων (ζεῦξαι). Ai. *bhantsya-ti*, zu *badhná-ti* 'bindet'. Gthav. *hąsyā* 'werde gelangen lassen', zu *hant-* 'gelangen, gelangen lassen'. Ai. *srakšya-ti* (1, 430 f.), av. *harᵊšyeⁱte*, zu ai. *sṛjá-ti* 'lässt los'. *sarpsya-ti srapsya-ti* (1, 430 f.), zu *sárpa-ti* 'serpit', vgl. griech. ἕρψων (ἕρψαι). Ai. *tarpsya-ti trapsya-ti* (1, 430 f.), zu *tṛ́pya-ti* 'sättigt sich, wird befriedigt', vgl. griech. τέρψων (τέρψαι). Av. *varᵊšyamna-*, zu *vərᵊzyeⁱti* 'wirkt', vgl. griech. ἔρξων (ἔρξαι). Ai. *pakṣya-ti*, zu *páca-ti* 'coquit', vgl. griech. πέψων (πέψαι). Ai. *pāsya-ti*, zu *piba-ti* 'bibit' Aor. *á-pāt*. *bhāsyá-ti*, zu *bhā́-ti* 'scheint'.

Zu § 301, 2, a. Ai. *snāsya-ti*, zu *snā́-ti* 'badet sich'. *trāsya-tē*, zu *trā-ti* 'lässt glücklich hinüberkommen, rettet'. — Dem av. *būšyant-* entspricht ai. *sū́ṣyant*, zu *sū́-tē* 'zeugt, gebiert', Perf. *sasū́va*.

Zu § 301, 2, b (Wurzel auf *u̯*, *i̯*, Nas., Liqu.). Die ai. Formen wie *vamiṣya-ti*, zu *vámi-ti*, *janiṣyá-ti*, zu *jániṣva* (S. 149) sind dem Iran. fremd. Dem letztgenannten Futurum entspricht av. *ząhyamna-*, und ebenso apers. *patiy-ā-vaⁿhyaiy* 'ich werde anflehen' dem ai. *vaniṣyē* (Wackernagel Festschr. für V. Thomsen 134 ff.). Vgl. ferner av. *haošyant-* gegenüber ai. *saviṣya-ti* (ŚB.) und *sōṣya-ti* (KŚS.), zu *sunṓ-ti* 'presst aus, keltert', av. *saošyeⁱti* 'wird nützen', zu *suyamna-* 'Nutzen bekommend'. Da der RV. bei den Wurzeln auf *v*, *m*, *n*, *r* durchweg *-iṣya-ti* hat, so wird diese Endung auch bei den Wurzeln auf *y* geherrscht haben, folglich z. B. *jēṣyá-ti* (zu *ji-* 'ersiegen') nach 1 § 288 aus **jayiṣyá-ti*. Erst vom AV. an erscheint auch *-sya-ti* bei den so auslautenden Wurzeln: *kr̥asyá-tē* (zu *kram-* 'schreiten'), *hōṣyá-ti* (zu *hu-* 'opfern'). In urarischer Zeit wird das ursprünglich nur den zweisilbigen Basen zukommende *-iṣya-ti* auch schon bei den einsilbigen Basen auf *i̯*, *u̯*, Nas., Liqu. zu Hause gewesen sein, und diese Übertragung scheint aus noch älterer Zeit zu stammen (§ 301, 2, b). Die in den Formen wie *kr̥asyá-tē* erscheinende Neuerung, die auf ind. Boden in jüngerer ved. Zeit aufkam, vollzog sich im Iranischen schon in vorhistorischer Zeit, und av. *haošyant-* : ai. *sōṣya-ti* ist eine zufällige Übereinstimmung. *-iṣya-ti* blieb übrigens regelmässig dann, wenn die Wurzel auf *r* endete, z. B. *kariṣyá-ti*. Vgl. W. Schulze Ber. d. Berl. Ak. 1904 S. 1434 ff., Persson Beitr. 353.

Erlitt bei den Wurzeln auf *v*, *m*, *n* *-iṣyá-ti* im Ai. Einbusse, so breitete es sich umgekehrt aus bei den Wurzeln auf Geräuschlaute, z. B. Brāhm. *bhantsya-ti*, aber klass. *bandhiṣya-ti*, zu *bandh-* 'binden' (Part. *baddhá-ḥ*), ved. *kartsya-ti*, aber klass. *kartiṣya-ti*, zu *kart* 'schneiden' (Part. *kr̥ttá-ḥ*). Vgl. dazu § 303.

Ai. *grahīṣya-ti*, zu *a-grahīt* usw. (S. 154).

303. Wurde im Ai. auf einem formantisch charakterisierten

Präsens mit Beibehaltung seines Charakteristikums ein *si̯o*-Futurum aufgebaut (gewöhnlich entstanden zugleich auch noch andere solche Glieder des Verbalsystems), so bekam das Futurum den Ausgang *-iṣ̌ya-ti*. Beispiele:

dadiṣ̌ya-tē (neben *dāsyá-ti*), zu *dádā-ti dáda-ti* (§ 62. 88). *jahiṣ̌ya-ti* (neben *hāsya-ti*), zu *jáhā-ti jaha-ti* (§ 63. 89).

sīdiṣ̌ya-ti (neben *satsya-ti*), zu *sī́da-ti* (§ 84).

khyāyiṣ̌ya-tē, zum Pass. *khyāya-tē* 'wird gesehen' (§ 124). *gōpāyiṣ̌ya-ti*, zum Denom. *gōpāyá-ti* 'behütet', von *gōpā́-ḥ* 'Behüter' (vgl. § 144). *dhārayiṣ̌ya-ti*, zum Kausat. *dhāráya-ti* (§ 166).

indhiṣ̌ya-ti, zu *in(d)dhḗ* (§ 197). *hįsiṣ̌ya-ti*, zu *hinásti hįsa-ti* (§ 197. 200). *aš̌nuviṣ̌ya-ti*, zu *aš̌nṓ-ti* (§ 237). *jinviṣ̌ya-ti*, zu *jinṓ-ti jínva-ti* (§ 237. 250).

akṣ̌iṣ̌ya-ti, zu *ákṣ̌a-ti* (§ 258). *titikṣ̌iṣ̌ya-tē*, zum Desid. *títikṣ̌a-tē* von *tij-* 'scharf sein' (§ 264, 2). *bhikṣ̌iṣ̌ya-tē*, zum Desid. *bhíkṣ̌a-tē* (§ 264, 3). *īkṣ̌iṣ̌ya-tē*, zum Desid. *ī́kṣ̌a-tē* (§ 264, 4).

304. Das Ai. hatte ein Augmentpräteritum vom *si̯o*-Futurum, das zunächst bedeutete, dass etwas im Begriff war zu geschehen, z. B. *ábhariṣ̌ya-t* 'war im Begriff wegzunehmen, wollte wegnehmen'. Gewöhnlich wurde diese Neubildung als 'Kondizionalis' verwendet.

Sporadisch erscheinen (im Mahābh.) Injunktivformen (mit voluntativer Bedeutung), wie 2. Plur. *bhaviṣ̌ya-dhvam*, und (im Ved.) Konjunktivformen, wie 2. Sing. *kariṣ̌yā́-ḥ*.

305. Baltisch.

1) Im Lit.-Lett. geht die Futurform mit ihrem Wurzelablaut ganz Hand in Hand mit der Gestaltung des sogen. Infinitivstamms (2, 1, 429 ff.), und zu jedem beliebigen Verbum erscheint ein Futurum auf *-siu* gebildet. Es heisst z. B. *reñsiu* wie Inf. *reñti* 'stützen', aber *rìmsiu* wie Inf. *rìmti* 'ruhig werden' oder *ver̃siu* wie Inf. *ver̃sti* 'wenden', entsprechend dem ai. *vartsyá-ti*, aber *vir̃siu* wie Inf. *vir̃sti* 'umfallen'. Dadurch hat sich die lit. Futurform öfters von der ai., die die ursprünglichere ist, lautlich getrennt. Vgl. noch *lìksiu* wie *lìkti*, neben Präs. *lëkù*, gegenüber ai. *rēkṣ̌ya-tē* (griech. λείψων).

Dass auch das Baltische einst den zu zweisilbigen Basen gehörigen Ausgang wie ai. *-i-ṣ̌ya-ti* (vgl. griech. -αω aus *-α-σω) gehabt hat, zeigt, wie wir S. 386 sahen, der Stosston von *kláusiu* und *vémsiu*.

Die Produktivität des *siu*-Futurums mögen noch folgende lit. Beispiele veranschaulichen:

ulósiu, zu *ulóju ulóti* (§ 137). *rýmosiu*, zu *rýmau rýmoti* (§ 138). *byrésiu*, zu *byrėju byrėti* (§ 140).

jüstysiu, zu *jüstau jüstyti* (§ 144). *dovanósiu*, zu *dovanóju dovanóti* (§ 144). *kėtėsiu*, zu *kėtėju kėtėti* (§ 145, b). *grėkáusiu*, zu *grėkáuju grėkáuti* (§ 145, c). *laidüsiu*, zu *laidüju laidüti* (§ 145 Anm.). *dalýsiu*, zu *dalyjù dalýti* (§ 146). *lūkursiu*, zu *lūkuriu lūkurti*, *szúktersiu*, zu *szúkteriu szúkterti* (§ 158, 5).

vartýsiu, zu *vartaũ vartýti* (§ 168. 181).

júnksiu, zu *júngiu júnkti* (§ 206). *kilnósiu*, zu *kilnóju kilnóti* (§ 225). *krùvįsiu*, zu *krùvinu krùvinti* (§ 233, 2). *gyvęsiu*, zu *gyvenù gyvénti* (S. 322 Fussn. 1).

2) Da lit. *-siu* von ai. *-syá-ti* nicht getrennt werden darf und *-i̯o-* in *-si̯ó-* das Sekundärformans *-i̯o-* war, so ist anzunehmen, dass die ursprüngliche Flexion, entsprechend der des ai. *-syā̆mi*, gewesen ist *-siu -si -sia -siame -siate* (vgl. *lëżiù* § 122). Tatsächlich hat sich diese Flexion das frühzeitig zum Präsens gewordene Fut. *kláusiu* bewahrt: 3. Sing. *kláusia* usw. Dafür ist sonst eingetreten *-siu -si -s -sime -site*. Die Pluralausgänge sind die des Typus *smìrdżu*: *smìrdime -ite* (§ 122. 130), wobei, wie wegen des modalen Sinnes des Fut. angenommen werden darf, die 'optativischen' Indikativformen *-bime -bite* (S. 179) vorbildlich beteiligt gewesen sind. Die 3. Sing. auf *-s* war Injunktiv des *s*-Aorists, wozu weiter die dialektisch vorkommenden Formen wie Plur. *düsme dụ̈ste*, Du. *düsva düsta* gehören. Vgl. § 327, Meillet Mém. 11, 317 ff., Berneker Arch. f. sl. Ph. 25, 480 f. sowie Bezzenberger BB. 26, 169 ff. (vgl. KZ. 41, 126), dessen Theorie über das lit. Futurum meines Ermessens unhaltbar ist.

306. II) *i̯o*-Erweiterung zu solchen *s*-Präsentien, deren *s*-Formans durchs ganze Verbum durchgeführt war, in denen demnach der Ausgang *-s-i̯o-* des Präsens nicht ein einheitliches Formans bildete. Beispiele: Av. *uxšyeⁱti* 'wächst', got. *wahsjan* 'wachsen' (§ 256, 1). Ai. *tvíṣya-ti* 'ist erregt, bestürzt', zu *á-tviṣuḥ* (§ 256, 1). Lit. *tęsiù* 'dehne durch Ziehen', zu ai. *tąsa-ti* got. *-þinsan* (§ 256, 1); dazu Fut. *tęsiu* = **tens-siu*. Ai. *trasya-ti* neben *trása-ti* 'erzittert' (§ 256, 2).

d. *io*-Erweiterung von Stämmen auf *-sk̂o-*, *-to-*, *-dho-* und *-do-*.

307. *-sk̂-io-* (§ 268 ff.). Nur Vereinzeltes. Lit. *dreskiù* 'reisse' (Iter. *draskaũ draskýti*), mit čech. *z-dřieskati* 'zerbrechen' zu griech. δέρω 'reisse, schinde' (Persson Beitr. 778 f.); aksl. *išta* 'suche' aus **iskią* neben *iską* (S. 352. 360). Im Griech. beruhte vielleicht -σσω zumteil auf *-σκιω: ἔθρωσσεν· ἐκινεῖτο, θρώσσει· φοβεῖται (Hesych), zu θρώσκω (S. 356), πτώσσω 'ducke mich furchtsam', zu πτωσκάζω (vgl. Brugmann-Thumb Griech. Gramm[4] 350).

308. *-t-io-* (§ 282 ff.). Nur Vereinzeltes. Ai. *nṛ́tya-ti* 'tanzt, spielt', zu *nṛtámāna-ḥ* (S. 363 f.). Wegen griech. ὀδάξω neben ὀδακτάζω, ion. ἀρύσσομαι neben att. ἀρύτω (S. 365) s. Brugmann-Thumb a. a. O.

309. *-dh-io-* und *-d-io-* (§ 290 ff.).

1) *-dh-io-*. Ai. *rádhya-tē* 'führt glücklich durch', zu *á-rādha-t* (S. 373). Griech. θύσσομαι 'schüttle mich, rüttle mich' vermutlich aus *θυθιομαι, zu ai. *dṓdha-t* (S. 374). Lit. *srudžu* 'mache blutig', zu av. *raoδa-t̰* (S. 374).

2) *-d-io-*. Griech. κλύζω 'spüle' aus *κλυδιω, mit κλύδων 'Wogenschlag' zu alat. *cluere* 'purgare' *cloāca*, got. *hlūtrs* 'lauter, rein'; ἐκ-φλύζω 'breche auf' (von Geschwüren) aus *-φλυδιω, zu ἐκ-φλύω. Lit. *pláudžu* 'wasche', zu ahd. *fliozan* (S. 378), *spráudžu* 'dränge gewaltsam in einen engen Raum, klemme', zu mhd. *spriezen* (S. 378).

3) *-dh-io-* oder *-d-io-*. Gthav. *siždyamna-* 'zurückweichend', zu *syazda-t̰* (S. 379). Lett. *erſchu* aus **erdiu*, zu lit. *írti* (S. 379).

2. Die *s*-Aoriste [1]).

A. Vorbemerkungen.

310. Die *s*-Aoriste gehören bildungsgeschichtlich ebenso zu den *s*- und *so*-Präsentien (§ 255), wie die sogenannten starken Aoriste zu entsprechenden Präsensklassen, z. B. wie ai. *a-kṣa-ta*

1) Allgemeinidg. Verfasser Zur sigmatischen Aoristbildung im Griech., Ital., Kelt. und Ar., Morph. Unt. 3, 16 ff. Meillet Sur l'aoriste sigmatique, Mélanges F. de Saussure S. 81 ff. Reichelt Der sigmatische Aorist, BB. 27, 88 ff.

griech. ἔ-κτα-το ἔκτα-μεν zur Klasse von ai. *hán-ti* (S. 89), ai. *á-vida-t* hom. ἴδε zur Klasse von ai. *diśá-ti* (S. 114), ai. *á-prā-t* hom. πλῆ-το zur Klasse von ai. *vā́-ti* (S. 170). Doch ist das sigmatische Präteritum mit seiner aoristischen Aktionsart in hö-

Arisch. Whitney On the Classification of the Forms of the Sanscrit Aorists, Proceed. of the Amer. Or. Soc. 1875—76 p. XVIIIsq. Ders. The *siṣ*- and *sa*-Aorists in Sanskrit, A. J. of Ph. 6, 275 ff. Bartholomae Zur Bildung des sigmatischen Aorists [im Avest.], KZ. 29, 288 ff.

Griechisch. Inama Degli aoristi greci, Rivista di filol. 2, 249 ff. L. Meyer Griech. Aoriste, Berl. 1879. T. H. Key On the Formation of Greek Futures and First Aorists, Transact. Phil. Soc. 1861 S. 1 ff. Leskien Die Formen des Futurums und zusammengesetzten Aorists mit σσ in den homer. Gedichten, Curtius' Stud. 2, 65 ff. P. Cauer Die dor. Futur- und Aoristbildungen der abgeleiteten Verba auf -ζω, Sprachwiss. Abhandl. aus G. Curtius' Gramm. Gesellsch. S. 126 ff. G. Mekler Die Flexion des activen Plusquamperfects, in: Beitr. zur Bildung des griech. Verbums, Dorpat 1887, S. 43 ff. F. W. Walker The greek aorists, Class. Rev. 5, 446 ff. 7, 289 ff. (dazu Moulton ebend. 8, 239 ff.). W. Schulze Zur Bildung der sigmatischen Aoriste im Griech., KZ. 33, 126 ff, E. G. Parodi Intorno alla formazione dell' aoristo sigmatico e del futuro greco, Stud. it. di fil. class. 6, 417 ff. Wackernagel Unregelmässige Aoriste auf -εσα u. Verwandtes, KZ. 33, 35 ff. Stolz Zum Konj. des griech. sigmatischen Aoristes, IF. 2, 154 ff. Solmsen Der Conj. des sigmatischen Aorists, Rh. Mus. 59, 161 ff. O. Hoffmann Zur Bildung des sigmatischen Aorists, BB. 26, 30 ff. Fick Heta und Sigma in der Tempusbildung, BB. 29, 1 ff. — A. Franke Das Fut. im Griech., Göttingen 1861. Hirt Zur Bildung des griech. Fut., IF. 16, 92 ff. V. Magnien Le futur grec, 2 Bde., Paris 1912.

Italisch. J. V. Netušil Ob aoristach v latinskom jazykě (Über die Aoriste in der lat. Sprache), Charkow 1881. Corssen Kein Aoristus I im Lateinischen, in: Beitr. zur ital. Sprachk. S. 556 ff. Ders. Die synkopierten Formen des Futurum II und Conjunctiv des Perfects auf *-si*, *-a-ssi*, *-e-ssi*, *-i-ssi*, ebend. 523 ff. Ch. Blinkenberg Om resterne af det sigmatiske aorist i Latin, Kort Udsigt det Kjöbenh. phil. Samf. XXXI. Madvig De formarum quarundam verbi Latini natura et usu [über *faxō* *faxim* u. dgl.], Kopenh. 1835 u. 36 = Opusc. ac. alt. S. 60 ff. G. Hermann De I. N. Madvigii interpretatione quarundam verbi Lat. formarum, Leipz. 1843 = Opusc. 8, 415 ff. G. Curtius De verbi Lat. futuro exacto et perfecti coniunctivo (Progr. zur Begrüss. der Philologenversamml.), Dresd. 1844. E. Lübbert Gramm. Stud. I: der conj. perf. und das fut. ex. im älteren Lat., Bresl. 1867. Ders. Paralipomena zur Geschichte der lat. Tempora und Modi II [über *faxim* u. dgl.], Wölfflin's Arch. 2, 223 ff. Fr. Cramer Das lat. futurum exactum, ebend. 4, 594 ff. P. Giles The Origin of the Latin Pluperfect Subjunctive and other Etymologies, Trans-

herem Mass als der starke Aorist durch eigenartige Neubildungen zu einer von den Präsentien sich abhebenden Tempuskategorie geworden. Die meisten von diesen Neubildungen gehören den einzelsprachlichen Entwicklungen an.

Als mehr oder weniger umfängliche Formklasse tritt der *s*-Aorist hervor im Arischen, Griechischen, Albanesischen, Keltischen und Slavischen. Im Lateinischen hat er sich synkretistisch mit dem altidg. Perfekt, zumteil auch mit dem starken Aorist verbunden (§ 385). Konjunktivische oder injunktivische Formen des *s*-Aorists bilden Bestandteile des in den Grammatiken als Futurum erscheinenden Tempus im Griech., Ital., Kelt., Balt. Ganz untergegangen ist der *s*-Aorist im Germanischen.

Anm. Als *s*-aoristische Formen bezeichnet Pedersen KZ. 38, 206. 39, 423 f. einige armenische Präterita mit *c*, in denen dieses aus Wurzelauslaut *d* + Aoristcharakter *s* bestehen soll: *e-moic* 'induxit' (wozu als Neubildung Präs. *mucanem*), zu *e-mut* 'intravit' (Präs. *mtanem*); *anēc* 'er fluchte' (wozu als Neubildung Präs. *anicanem*), zu griech. ὄνειδος; *e-xac* 'er biss', zu ai. *khāda-ti* 'zerbeisst'; *hecay* 'ritt', zu griech. ἕζομαι. Vgl. auch KZ. 38, 212.

Eine Medialform des *s*-Aorists scheint venetisch *zonasto* 'donavit' zu sein.

B. Die Gestaltung des dem -*s*- vorausgehenden Wortstücks.

311. 1) Bei den leichten einsilbigen Basen mit *e* erscheinen Abstufungsverhältnisse im Altindischen, die von

---

act. of the Cambridge Phil. Soc. 1889 S. 126 ff. H. Cannegieter De formis quae dicuntur futuri exacti conjunctivi perfecti syncopatae in *-so -sim*, Traj. ad Rh. 1896. — Anderweitige Literatur über die dem Perfekt angegliederten *s*-Aoriste s. beim Perfekt § 355.

Keltisch. D'Arbois de Jubainville Du futur sigmatique [en irland.], Mém. 6, 56. Thurneysen Der *s*-Aorist im Ir., KZ. 28, 151 ff. Päpke Über das irische *s*-Präteritum, Jena 1880. Zimmer Die Schicksale des idg. *s*-Aorists im Ir. und die Entstehung des kelt. *s*-Präteritums, KZ. 30, 112 ff. Thurneysen Zu den ir. Verbalformen sigmatischer Bildung, KZ. 31, 62 ff. Strachan The sigmatic future and subjunctive in Irish, Transact. Phil. Soc. 1900 S. 291 ff. Windisch Über einige als *s*-Aorist angesehene ir. Formen, Festschr. f. Stokes 35 ff.

Slavisch. Miklosich Zusammengesetzter Aorist [im Altslov.], Ber. d. Wien. Ak. 81, 110 ff.

dem sonstigen Ablaut in den Tempusstämmen (§ 34) abweichen. Im Indik. Akt. Sing., Plur., Du. sogen. Dehnstufe, z. B. *á-vākṣam*, *á-rāutsam*, *á-chāntsam*, *á-yąsam*, *á-spārṣam*, *á-nāiṣam*. Im Indik. Med. Sing., Plur., Du. Schwundstufe oder Normalstufe, und zwar gewöhnlich Schwundstufe bei Wurzeln, die auf einen Geräuschlaut ausgehen und *i̯*, *u̯*, (Nas.,) Liqu. enthalten, z. B. 1. Sing. *á-dikṣi*, *á-rutsi*, *á-sṛkṣi*, Normalstufe bei Wurzeln auf *i̯*, *u̯*, Nas., (Liqu.,) z. B. *á-nēṣi*, *á-stōṣi*, *á-mąsi* (beachte den Tonsitz in *vąsi*), und bei Wurzeln auf Geräuschlaute ohne *i̯*, *u̯* Nas., Liqu., z. B. *á-sakṣi*. Der Konj. zeigt fast immer die Normalstufe, z. B. 3. Sing. *nēṣa-ti*, *stōṣa-ti*, *yąsa-ti*, *dárṣa-ti*, *vákṣa-ti*, *pákṣa-ti*, *chántsa-ti*, der Opt. Med. geht mit dem Indik. Med.: *mukṣīya*, *mąsīmáhi*, *sakṣīmáhi* (*sac-*) wie *á-mukṣi*, *á-mąsi*, *ásakṣi*; aber auch *masīyá*, *vasīmahi* (neben *vąsīmáhi*) wie *á-gasmahi* (*gam-*), und *sākṣīya* (*sah-*) wie *á-sākṣi*. Dazu stimmt im grossen ganzen das Avestische, wo besonders der Gāthādialekt in Betracht kommt. Z. B. Dehnstufe im Indik. Akt.: 2. Sing. *dāiš* (ai. *diš-*), 3. Sing. *dārᵊšt* (ai. *dhar-*); Normalstufe im Konj.: *sᵊraošānē* (ai. *śru-*), *varᵊšaⁱtī* (zu *vərᵊzyeⁱti*), und im Indik. Med.: 3. Sing. *raostā* (ai. *rud-*), *baxštā* (ai. *bhaj-*). Wichtig sind die Indik. Med. mit Schwundstufe ai. ved. *á-gasmahi*, Brāhm. *a-tasi* (neben *a-tąsmahi*), gthav. *mǝ̄hmaⁱdī* aus urar. **masm-* (wie ai. *masīyá*, zu *man-*), 2. Plur. *a-srūždūm* (ai. *śru-*). Denn sie dürften mit beweisen, dass in urar. Zeit einmal im Indik. Opt. Med. überall (nicht bloss in *á-dikṣi* usw.) die Schwundstufe geherrscht hat. Dass der Plur. und der Du. des Indik. Akt. einmal Schwundstufe gehabt hätten (z. B. **á-rutsma* statt *á-rāutsma*), wie man erwarten sollte, ist aus der Überlieferung des Ar. nicht zu erweisen (eventuell kommt griech. ἴσαν in Betracht, s. u.): vgl. Aor. Plur. *á-dhāma* gegen griech. ἔ-θεμεν, neben Med. *á-dhi-ta* = ἔ-θε-το, Opt. Plur. *syā́-ma* gegen lat. *sī-mus* u. dgl.

Die andern idg. Sprachen geben nur weniges zur Bestimmung des uridg. Ablauts her.

Für das uridg. Alter der Dehnstufe im Indik. Akt. zeugen lat. *vēxī* aksl. *věsъ* = ai. *á-vākṣam*. Vgl. die Dehnstufe in den Präsensformen wie ai. *rā́ṣṭi*, *tā́ṣṭi* (§ 55).

Nach 1 § 929 ff. können auch die Formen wie griech. ἔδειξα lat. *dīxī*, griech. ἔστειξα ir. *-tē* = **-steiks-t*, griech. ἔτεισα (ai. *á-cāiṣam*), lat. *serpsī* (ai. *a-sārpsam a-srāpsam*), *dī-vīsī* (Präs. *dī-vido*), aksl. *po-sluchъ* (ai. *á-šrāuṣam*) ursprünglich *ē* (*ēi̯* usw.) gehabt haben: ἔδειξα aus *ἐδηιξα usw. Doch ist für diese Formen diese Stufe anzunehmen nicht unbedingt erforderlich. Denn daneben stehen Formen, für die lautgesetzlich nicht *ē* vorausgesetzt werden darf, wie griech. ἔπεψα lat. *coxī* aus **quexī*, griech. ἔσσα (W. *sed-*), ἔτεινα aus *ἐ-τενσα[1]). Diese können freilich ihr *ĕ* aus dem Konj. (vgl. ai. *pákṣa-ti*, *sátsa-ti*, *yąsa-ti*), vielleicht aber auch zugleich aus andern Formen des Verbalsystems bekommen haben. Dasselbe gilt aber auch für ἔδειξα, *dīxī*. Bezug des *ĕ* aus dem Konjunktiv anzunehmen, liegt um so näher, als der Konj. Aor. in den Futurformen wie δείξω, τείσω, *dīxo* fortlebte.

Ob ausserhalb des Ar. noch Formen mit altererbter Schwundstufengestalt (vgl. ai. *á-dikṣi*) vorliegen, ist ebenfalls zweifelhaft. Hom. ἴσαν (ᾖσαν = *ἠ-[F]ισαν) 'sie wussten' scheint ursprünglich Aorist gewesen zu sein (vgl. ai. *á-vitsi*), aber ι ist möglicherweise durch ἴδμεν usw. veranlasst worden. Höchst wahrscheinlich war das ι von ἔσχισα ἐσχισάμην (ai. *á-chitsi*) durch σχίζω bedingt und der Vokalismus von ἔγλυψα, ἔγραψα, ἔπηλα (aus *ἐπαλσα) durch den von γλύφω, γράφω, πάλλω oder der von lat. *torsī* (Grundf. **tr̥qᵘ-s-*) durch *torqueo*, *tortum* (§ 312). Fraglich ist dabei aber, ob z. B. ἐσχισάμην die ursprüngliche Ablautstufe unter dem Schutz von σχίζω beibehalten hat, oder ob es nach σχίζω überhaupt erst geschaffen worden ist.

Dafür, dass im Indik. Plur. Du. ursprünglich die Schwundstufe geherrscht habe, ist demnach überhaupt kein sicherer Beweis zu erbringen, wenn es auch an sich als sehr wahrscheinlich zu bezeichnen ist.

Für konsonantisch schliessende Wurzeln mit anderm Vokalismus fehlt es an Material zu sicherer Bestimmung des ursprünglichen Ablauts. Bei Wurzeln mit innerem *ā* dürfen als ursprünglich betrachtet werden Formen wie griech. Sing. Akt. ἔπηξα dor. ἔπαξα, zu W. *pāk̂-* 'befestigen', ir. 3. Sing. Inj. *-sā* = *-*sākst* (Präs. *saigid* 'geht auf etwas zu'), zu W. *sāg-* (lat. *sāgio*

1) Bei Wurzeln auf *n*, *m* könnte wenigstens in der 2. und 3. Sing. *ē* lautgesetzlich zu *ĕ* geworden sein: *ἐ-τενσ[-ς], *ἐ-τενσ[-τ] aus *ἐ-τηνσ[-ς], *ἔτηνσ[-τ], wonach sich möglicherweise dann die 1. Sing. gerichtet hätte.

sagāx, griech. ἡγέομαι dor. ἁγέομαι). Auch scheint altertümlich der Ablaut aksl. *basъ* : Präs. *bodą*.

2) Die einsilbigen schweren Basen wie **dhē-* 'ponere' zeigen überhaupt nur noch im Ar. Abstufung: ai. *á-dhāsam á-dhą̄sma* Med. *á-dhiṣi*, Konj. *dhā́sa-ti*, Opt. Med. *dhiṣīyá*, aksl. *děchъ*; ai. *á-sthiṣi*, griech. ἔστησα[1]), aksl. *stachъ*.

3) Zweisilbige Basen auf langen Vokal oder Langdiphthong zeigen vor *-s-* zweierlei Gestaltungen.

a) Reduktion der zweiten Silbe: dann gleichen sie den Präsensbildungen der Typen ai. *vámi-ti*, *brávī-ti*, *taru-tē*, wobei die Gestaltung des präformantischen Wortteils durch alle Formen des Aorists dieselbe ist, z. B. ai. 3. Du. Akt. *jániṣ-ṭām*, 3. Sing. Med. *á-janiṣ-ṭa* wie *jáni-ṣva* (§ 93 ff.).

b) Reduktion der ersten Silbe: dann gleichen sie den Präsensbildungen des Typus ai. *trā́-ti*, wobei wieder der präformantische Wortteil durch alle Formen des Aorists die gleiche Gestalt hat, z. B. ai. Med. *a-trās-mahi* wie *trā́-ti trā́-sva* (§ 104 ff.).

312. Weit verbreitet zeigt sich die Abhängigkeit des Vokalismus des *s*-Aorists von andern Gliedern des Verbalsystems, besonders von dem des Präsens (und des starken Aorists), in den einzelsprachlichen Entwicklungen. Hierfür sind § 311, 1 schon Beispiele wie griech. ἔσχισα, lat. *torsī* genannt. Abhängigkeit vom Präsens tritt namentlich deutlich zutage, wo nasale Präsensformantien in die Aoristbildung mit hinübergenommen sind, wie ai. *a-yuṅkṣmahi* (neben *a-yukṣi*), zu *yunák-ti yuṅk-té*, lat. *junxī*, zu *jungo*, lit. *jùnksme*, zu *jùngiu*, W. *i̯eug-*; griech. ἴμψας· ζεύξας, lat. *vinxī*, zu lat. *vincio vicia*; griech. ἔ-πλαγξα (neben ἔπληξα), zu πλάζω aus *πλαγγι̯ω, lat. *planxī*, zu *plango*, W. *plāg- plāg-*; griech. ἔκρῖνα aus *ἐ-κρινσα, zu κρίνω aus *κρι-νι̯ω. Abhängigkeit von Formen des Verbum infinitum: z. B. lat. *ussī* mit *ū* wie *ustus*, daneben Präs. *ūro*.

313. I) Zu § 311, 1: Typus ai. *á-vākṣ-am*.

Mehrsprachliches. Bei weitaus den meisten Verba werden die Einzelsprachen unabhängig voneinander den *s*-Aorist

1) Das hom. transitive ἔστᾰσαν (Μ 56. γ 182), das man als Zeugnis für alten Ablaut zitiert, gehört nicht hierher, s. S. 100 Fussn. 1.

geschaffen haben. Es seien hier auch solche Formen aufgeführt, deren Wurzelstufe durch die von ausseraoristischen Formen bedingt erscheint. Formen dagegen mit eingeführten Präsensformantien, wie ai. *a-yuṇkṣmahi*, seien, auch wenn mehrere Sprachzweige, wie bei diesem Beispiel, übereinstimmen, erst bei den Einzelsprachen genannt.

1) Zu Wurzeln mit *e*-Vokalismus.

W. *qᵘei̯-* 'sammeln, schichten usw.': ai. *á-cāiṣam*, griech. ἔ-τεισα, Fut. τείσω. — W. *qᵘphei̯-* 'vernichten': ai. Med. *kṣēṣṭa*, griech. ἔ-φθεισα, Fut. φθείσω; daneben, bei den Tragikern, ἀπ-έφθισα Fut. ἀπο-φθίσω wie ἔ-φθιτο Präs. φθίν[F]ω φθινύθω, vgl. ἔ-φθᾰσα wie φθάμενος φθάνω (§ 331). — W. *k̑ei̯-* 'liegen' (S. 97): ai. Konj. 3. Plur. *śēṣan*, griech. Fut. κείσομαι. — W. *pleu̯-* 'schwimmen': ai. Med. *a-plōṣṭa*, griech. ἔ-πλευσα, Fut. πλεύσομαι, aksl. *plucha*. — W. *sneu̯-* 'fliessen, triefen': ai. Med. *a-snōṣṭa* (Gramm.), griech. ἔ-νευσα, Fut. νεύσομαι. — W. *k̑leu̯-* 'hören': ai. *a-śrāuṣam*, Konj. *śrōṣa-t*, gthav. 2. Plur. *a-srūždūm*, Konj. *sᵊraošānē*, aksl. *po-slucha*. — W. *men-* 'denken, sinnen': ai. Med. *á-mąsta*, Konj. *mąsa-tē*, Opt. *masīyá*, gthav. Med. *mąstā*, 1. Plur. *mǝhmaidī* (= ai. **mas-mahi*), Konj. *mǝnghāi*, lit. Inj. *mįs-me -te*. — W. *ten-* 'ausstrecken, dehnen': ai. *á-tąsam* 3. Sing. *á-tān*, Med. *a-tasi a-tąsmahi*, griech. ἔ-τεινα aus *ἐ-τενσα. — W. *gᵘhen-* 'schlagen': ai. Med. *a-hasta* (Gramm.) für **a-ghasta* (wie Präs. *ha-tē* Part. *ha-tá-ḥ* 1, 619), griech. ἔ-θεινα für *ἐ-θενσα, lit. Inj. *gįs-me -te*, aksl. *po-žę*. — W. *rem-* 'ruhen, sich stützen': ai. Med. *á-rąsta*, lit. *rem̃s-me -te*. — Lat. *dēmpsī prōmpsī* Opt. *empsim*, zu *emo*, lit. Inj. *im̃s-me -te*, zu *imù im̃ti* 'nehmen', aksl. *jęsъ* 3. Sing. *ję*, zu *imą jęti* 'nehmen'. — W. *gᵘđher-* 'zerfliessen, zerrinnen': ai. *á-kṣārṣam* 3. Sing. *á-kṣār*, griech. ἔ-φθειρα aus *ἐ-φθερσα, Fut. hom. δια-φθέρσω. — W. *der-* 'reissen, schinden': ai. Konj. *darṣa-t(i)*, griech. ἔδειρα aus *ἐ-δερσα. — W. *per-* 'hinüberbringen, übersetzen': ai. Konj. *párṣa-ti*, griech. ἔ-πειρα aus *ἐ-περσα. — W. *bher-* 'tragen': ai. *á-bhārṣam*, Konj. *bharṣa-t*, griech. ἔφερσεν· ἐκύησεν Hesych (unwahrscheinlich über ἔφερσεν Wood Class. Phil. 5, 304).

W. *leiqᵘ-* 'linquere': ai. *á-rāikṣam* 3. Sing. *á-rāik*, Med. *á-rikṣi*, av. Konj. *raēxšaiti*, griech. ἔ-λειψα, Fut. λείψω, lit. Inj. *lìks lìks-me -te*. — W. *deik̑-* 'zeigen': ai. Med. *á-dikṣi* 3. Sing. *á-diṣṭa*, gthav.

2. Sing. Inj. *dāiš*, griech. ἔ-δειξα, Fut. δείξω, lat. *dīxī*, *dīxo dīxim*. — W. *reiḱ- reiĝ-* 'binden': ir. Inj. 3. Sing. *-rē* aus **-reikst*, Konj. *-rias* aus **reiksō* (Präs. *con-rig* 'bindet'), lit. Inj. *rìsz*, *rìsz-me -te* (Präs. *riszù* 'binde'). — W. *neigᵘ-* 'waschen': ai. *á-nāikṣam* Med. *á-nikṣi*, griech. ἔ-νιψα, Fut. νίψω, zu Präs. νίζω, ir. 1. Sing. Konj. *-nus* (*do-fo-nus*) aus **niksō*, zu Präs. *nigid* (vgl. *-ninus* S. 344. 349). — W. *sneigᵘh-* 'schneien': griech. ἔ-νειψε, Fut. νείψει, lit. Inj. *snìks* (Präs. *sniñga*), vgl. lat. *ninxit* (Präs. *ninguit*). — W. *steigh-* 'steigen': griech. ἔ-στειξα, Fut. στείξω, ir. Inj. 3. Sing. *-tē* aus **steikst* (auch *-tēi*, nach dem Konj. 3. Sing. *tēis*), Konj. 1. Sing. *-tias* 3. Plur. *-tiassat* aus **steiksō *steikso-nt*. — W. *leiĝh-* 'lecken': ai. Med. *a-līḍha* (Gramm.), griech. ἔ-λειξα, Fut. λείξω, lit. Inj. *lẽsz-me -te*, vgl. lat. *linxī* (Präs. *lingo*). — W. *meiĝh-* 'mingere': griech. Hipponax ὤμιξεν (ὤμειξεν?), lat. *mixī* (*mīxī*?) neben *minxī*. — W. *u̯eid-* 'sehen, finden, wissen': ai. Med. *á-vitsi*, gthav. 2. Plur. *fra-vōizdūm* (1. Sing. jgav. *aⁱwi-vīsəm* 'habe wahrgenommen', vgl. § 350), griech. ἐείσατο und ἴσαν (S. 394), lit. Inj. *isz-výsme -te*. — W. *qᵘeit-* 'Acht haben, wahrnehmen, rechnen usw.': ai. 3. Sing. *a-cāit*, aksl. *čisъ*. — W. *sḱheid- sqheid-* 'scindere': ai. *a-chāitsam*, Med. *chitsi chētsi*, griech. ἔ-σχισα, Fut. σχίσω (Präs. σχίζω), lit. Inj. *pa-skýsme -te* (Präs. *-skýstu*), *skė́s-me -te* (Präs. *skė́džu*). — W. *leip-* 'beschmieren': ai. Med. *á-lipsi*, griech. ἤλειψα, Konj. ἀλείψω, lit. Inj. *lìps-me -te* (Präs. *limpù*). — W. *meuq- meug-* 'loslassen, befreien': ai. *á-māukṣam* 3. Sing. *á-māuk*, Med. *á-mukṣi*, griech. ἀπ-έμυξα, Fut. ἀπο-μύξω (Präs. -μύσσω), lit. *mañks-me -te*, vgl. lat. *ē-munxī* (§ 312). — W. *leuq-* 'leuchten': ai. Med. *a-rukta*, lat. *lūxī*. — W. *i̯eug-* 'iungere': ai. Med. *a-yukṣi*, griech. ἔ-ζευξα, Fut. ζεύξω, vgl. lat. *junxī*, lit. Inj. *júnks-me -te* (§ 312). — W. *i̯eudh-* 'aufstören, in Bewegung bringen': ai. Med. *yutsmahi*, lat. *jussī*, *jusso* (wie *jussus*) alat. *jousiset* (S. 250), lit. Inj. *jùs-me -te* (Präs. *jundù*). — W. *bheudh-* 'erwachen, aufmerken': ai. Med. *á-bhutsi*, griech. Fut. πεύσομαι, lit. Inj. *bañs-me -te* (Präs. *baudžù*), *bùs-me -te* (Präs. *bundù*), aksl. *bljusъ*. — W. *eus-* 'brennen': griech. εὖσα, Fut. εὔσω, lat. *ussī* (vgl. *ustus*, § 312). — W. *teng-* 'benetzen': griech. ἔ-τεγξα, Fut. τέγξω, lat. *tinxī*. — W. *derḱ-* 'sehen': ai. 3. Sing. *á-drāk* Med. 3. Plur. *á-dṛkṣata*, gthav. Konj. *darᵊša-t̰*, griech. ἐδερξάμην (spät), Fut. δέρξομαι. — W. *merḱ-* 'berühren,

anfassen': griech. βράξαι· συλλαβεῖν Hesych (vgl. βρακεῖν· συνιέναι Hesych); dazu ai. *a-mrākṣī-t a-mārkṣī-t* (Gramm.) und *á-mṛkṣa-t*. — W. *merĝ-* 'abwischen': ai. *a-mārkṣam*, griech. Inf. ἀμέρξαι (vgl. ὤμορξα, Fut. ὀμόρξω, zu ὀμόργνῡμι S. 331). — W. *u̯erĝ-* 'zusammendrängen, zusammenschnüren': homer. ἔρξαν, Fut. herakl. ἔρξω, lit. *verszme -te*; zweifelhaft ist, ob dazu auch ai. *a-vārkṣam* Med. *a-vṛkṣmahi*, lat. *ursī* (Präs. *urgeo*) gehört. — W. *u̯erĝ-* 'wirken': gthav. Inj. 2. Sing. *varᵊš* Konj. *varᵊšaⁱtī*, hom. ἔρξα Fut. ἔρξω zu Präs. ἔρδω aus *ϝεργi̯ω (ἔρρεξα ἔρεξα, ῥέξω zu Präs. ῥέζω). — W. *u̯ert-* 'vertere': ai. Med. *á-vṛtsi*, lit. Inj. *veřs-me -te* zu Präs. *verczù*, *viřs-me -te* zu Präs. *virstù*. — W. *terp-* 'sättigen, befriedigen': griech. ἔ-τερψα, Fut. τέρψω; dazu ai. Gramm. *a-trāpsīt a-tārpsit*. — W. *serp-* 'serpere': ai. Med. *a-sṛpta*, griech. spät εἷρψα, Fut. ἕρψω, lat. *serpsī*. — W. *u̯erp-* 'nähen, spinnen': griech. ἔ-ρραψα, Fut. ῥάψω (Präs. ῥάπτω), lit. *veřps-me -te*. — W. *melĝ-* 'melken': griech. Inf. ἀμέλξαι, Fut. ἀμέλξω, lat. *mulsī* (Präs. *mulgeo*), ir. Inj. 3. Sing. *-mail* (*du-in-mail*) zu Präs. *mligid* (zur Ablautstufe der Wurzelsilbe in *-mail* s. Strachan Transact. Phil. Soc. 1900 S. 309, Thurneysen Handb. des Altir. 1, 367), lit. Inj. *mílsz-me -te*, zu Präs. *mélžu* (S. 99).

W. *preḱ-* 'poscere': ai. *á-prākṣam* 3. Sing. *á-prāṭ* Med. *a-praṣṭa*, gthav. Med. *frašī* 3. Sing. *fraštā*, Imper. *fᵊrašvā*, ir. *imme-chomairsed*, zu Präs. *im-com-airc* § 269, 1 S. 352 (vgl. Strachan a. a. O. 309, Thurneysen a. a. O. 363). — W. *qlep-* 'stehlen': griech. ἔ-κλεψα, Fut. κλέψω, lat. *clepsī*. — W. *plek-* 'plectere' (S. 362): griech. ἔ-πλεξα, Fut. πλέξω, lat. *plexī*. — W. *u̯eĝh-* 'vehere': ai. *á-vākṣam* 3. Sing. *á-vāṭ*, Konj. *vákṣa-t(i)*, lat. *vēxī*, lit. Inj. *vèsz-me -te*, aksl. *věsъ*. — W. *u̯edh-* 'führen': ir. Inj. *-fē* aus **-vets-t*, Konj. 3. Plur. *-fessat*, lit. Inj. *vès-me -te*, aksl. *věsъ*. — W. (*e*)*neḱ-* 'gelangen lassen' (vgl. ai. *ānąśa ašnó-ti* usw. S. 34. 329): gthav. Med. *ə-nāṣštā* (über *-ṣšt-* 1, 739), lit. Inj. *nèsz-me -te*, aksl. *něsъ*. — W. *reĝ-* 'recken': griech. ὤρεξα, Fut. ὀρέξω, lat. *rēxī*, ir. Inj. 2. Sing. in imperativischer Funktion *at-rē* aus **-reks-s*, *comēir* aus **com-eks-reks-s*, Konj. 1. Sing. *-res* aus **reksō*. — W. *leĝ-* 'legere': griech. ἔ-λεξα, Fut. λέξω, lat. *-lēxī*. — W. *legh-* 'legen': griech. ἐ-λεξάμην λέκτο λέξο λέχθαι, Fut. λέξομαι, ir. Inj. 3. Sing. *-lē* aus **-leks-t* (Präs. *laigid* 'liegt, legt sich').

W. *peḱ-* 'pectere': griech. ἐ-πεξάμην, lat. *pexī*. — W. *seĝh-* 'bewältigen': ai. Med. *a-sakṣmahi* Konj. *sakṣa-ti*, auch Med. *sākṣi sākṣa-tē sākṣīya*, zu Präs. *sákṣva sáha-ti* (S. 98. 123), griech. Fut. ἕξω. — W. *(s)teg-* 'tegere': griech. ἔ-στεξα Fut. στέξω, lat. *tēxī*, lit. Inj. *stė́ks-me -te* (Präs. *stė́giu*). — W. *teq-* 'laufen': ir. Inj. 3. Sing. *-tē* aus **-teks-t*, Konj. 1. Sing. *-tess* 3. Plur. *-tessat*, aksl. *těchъ*. — W. *peqᵘ-* 'coquere': ai. Konj. *pákṣa-t*, griech. ἔ-πεψα, Fut. πέψω, lat. *coxī* aus **quexī* (Präs. *coquo*). — W. *seqᵘ-* 'sequi': ai. Med. *á-sakṣi*, Konj. *sákṣa-t(i)*, griech. Fut. ἕψομαι, lit. Inj. *sèks-me -te*. — W. *dhegᵘh-* 'brennen': ai. 3. Sing. *á-dhāk*, Konj. *dhákṣa-t(i)*, lit. Inj. *dèks-me -te*, aksl. *žachъ* aus **gěchъ* (vgl. Präs. *žeže-tъ* S. 120). — W. *sed-* 'sedere': ai. Konj. *sátsa-t*, hom. ἕσσα ἀν-έσαιμι Fut. ἐφ-έσσομαι, ir. Konj. 3. Sing. *seiss*, lit. Inj. *sė́s-me -te* (Präs. *sė́du* S. 123); hier mag auch das zu lat. *cēdo* 'schreite einher' = **ce-zdō* (*sed-* 'gehen', S. 133) gehörige lat. *cessī* genannt sein, das ein **-sts-ai* = **-zd-s-ai* enthalten kann, indess vielleicht erst durch ital. (lat.) Synkope aus **ce-sessai* entstanden ist. — W. *gᵘhedh-* 'begehren, bitten': griech. θέσσασθαι, ir. Inj. 3. Sing. *-gē* aus **gets-t*, Konj. 2. Sing. *-geiss* 1. Plur. *-gessam*, vgl. griech. ποθέω ir. *guidid* aus **gᵘhodhéi̯e-ti* oder **gᵘhodhei̯é-ti* (S. 249).

2) Zu Wurzeln mit anderm Vokalismus. W. *añĝh-* 'angere': griech. Fut. ἄγξω, lat. *anxī*. — W. *aĝ-* 'agere': griech. Imper. ἄξετε, Fut. ἄξω, lat. *axim* (*āxim*? vgl. *ad-axim* gegen *effexim*). — W. *ghais-* 'haerere': lat. *haesī*, lit. 3. Sing. *gaĩsz*, Plur. *gaĩsz-me -te*. — W. *su̯ād-* 'angenehm sein': homer. ἡσάμην, Fut. spät ἥσω, lat. *suāsī* (S. 262). — W. *pāḱ- pāĝ-* 'fest machen': griech. ἔ-πηξα hom. ἔ-πηκτο Fut. πήξω (dor. ἔ-πᾱξα, πάξω), vgl. lat. *panxī* (Präs. *pango*).

314. Arisch. Noch andere Beispiele (vgl. § 313):

Ai. *jay-* 'ersiegen' (*jitá-ḥ*): *á-jāiṣam*, Med. *á-jēṣi*, Konj. *jēṣa-ti*. Urar. *ay-* (uridg. *ei̯-*) 'gehen' (ai. *itá-ḥ*): ai. Med. *adhy-āiṣṭa* (Gramm.), apers. 3. Sing. *āiš*, 3. Plur. *āišaʰ* (oder themavokalisch *āišaⁿ*), vgl. § 321 über umbr. *eest est* 'ibit' und § 350 über lett. *isim* 'lasst uns gehen'. Urar. *čyav-* 'in Bewegung setzen, treiben' (*cyutá-ḥ*): Med. *a-cyōṣṭa*, av. Konj. *šaošaⁱti*. Av. *xšnav-* 'Genüge haben an': gthav. Konj. *xšnaošən*. Urar. *van-* 'gewinnen, siegen' (ai. *vanṓ-ti* S. 329): ai. Med. *vąsi*, Konj. *vą́sa-t(i)*, Opt. *vasī-mahi vąsī-máhi*, gthav. Inj. 3. Sing. *vą̄s* (urar. **vāns-t* oder **vans-t*), *vəŋ̄hᵃitī* (urar. **vansa-ti* oder **vānsa-ti*). Urar. *jam-* (uridg. *gᵘem-*) 'gehen' (ai. *gatá-ḥ*): ai. Med. *á-gasmahi* und *a-gąsi a-gąsmahi* (*gąs-* für **jąs-* 1, 618), gthav. Konj. *jə̄ŋhaitī* (urar. **jansa-ti* oder **jānsa-ti*). Ai. *yam-* 'cohibere' (*yatá-ḥ*): *á-yą̄sam* 3. Sing. *á-yān*, Med. *á-yąsta*, Konj. *yąsa-t(i)*. Urar. *dhar-* 'festhalten' (ai. *dhṛtá-ḥ*): gthav. Inj. 3. Sing. *dārᵊšt dōrᵊšt*, apers. Med. *a-daršiy* (*-ar-* = urar. *-ṛ-* oder *-ar-*), ai. Gramm. *a-dhārṣīt*. Ai. *var-* (uridg. *u̯el-*) 'wählen' (ai. *vṛtá-ḥ*): Med. *á-vṛṣi* 3. Plur. *a-vṛṣata*.

Ai. *viš-* (uridg. *u̯eiḱ-*) 'eintreten in' (*viṣṭá-ḥ*): Med. *á-vikṣmahi*. Urar. *rud-* (uridg. *reud-*) 'jammern': gthav. Med. *raostā* (vgl. ai. *a-rāutsīt*, zu Präs. *rōdi-ti*). Ai. *chand-* 'scheinen': 3. Sing. *a-chān* 3. Plur. *a-chāntsuḥ*, Konj. *chantsa-t*. Av. *sand-* 'bewirken': gthav. Inj. 2. Sing. *są̄s* 2. Plur. *sąstā* (urar. **sāns-* oder **sans-*). Ai. *sarj-* 'loslassen' (*sṛṣṭá-ḥ*): 3. Sing. *a-srāk* Med. *á-sṛkṣi*, Konj. *srakṣa-t*.

Urar. *vrag-* 'wandeln': gthav. Inj. 3. Plur. *ᵘrvāxšaṯ* (vgl. ai. *a-vrājiṣam*, zu Inf. *vrajitum*). Av. *vak-* (uridg. *u̯eqᵘ-*) 'sprechen': gthav. Konj. 3. Plur. *vaxšəntē*.

Urar. *bhag-* (uridg. *bhag-*, S. 121. 132) 'zuteilen': ai. *á-bhākṣam* 3. Sing. *á-bhāk*, Med. *á-bhakṣi* 3. Sing. *á-bhakta*, Konj. *bhakṣa-t(i)*, gthav. Med. 3. Sing. *baxštā*.

315. Die Verundeutlichung, die im Ai. die 2. und 3. Sing. Ind. Akt. im Auslaut (ursprünglich auf *-s* und *-t*) lautgesetzlich erfahren haben, z. B. *á-rāik* = **a-rāikš-š* und = **a-rāikš-t*, *á-chān* = **a-chānts-s* und = **a-chānts-t*, hatte zweierlei zur Folge:

a) Ein paar Neubildungen in der älteren Sprache: 3. Sing. *a-rāt* (AV.), zu *vas-* 'scheinen', 2. Sing. *a-yās* (RV.) neben 3. Sing. *a-yāṭ*, zu *yaj-* 'opfern', 2. Sing. *srās* (AV.) neben 3. Sing. *a-srāṭ a-srāk*, zu *sarj-* 'loslassen'. Vgl. 1, 853. 894, Wackernagel Altind. Gramm. 1, 305, Thumb Handb. d. Sanskr. 1, 123, Macdonell Ved. Grammar 378.

b) In jüngerer ved. Zeit kamen für die ursprünglich auf *-s-s*, *-s-t* ausgehenden Formen Formen auf *-s-ī-ṣ*, *-s-ī-t* nach der Analogie des *-iṣ-* und *-siṣ-*Aorists auf, die eine Unterscheidung der 2. und 3. Person ermöglichten, z. B. *á-bhārṣī-ṣ á-bhārṣī-t* für *á-bhār*. In der klassischen Sprache erhielt sich nur noch die Injunktivform *bhāiṣ* (neben *a-bhāiṣiṣ*) in der Verbindung *mā bhāiḥ* 'fürchte nicht'. Vgl. § 337.

2) Da zwischenkonsonantisches *s* im Ai. ausgedrängt worden ist (1, § 828), z. B. ai. *ábhakthāḥ ábhakta* gegen gthav. *baxštā*, fielen bei einem Teil der konsonantisch endigenden Wurzeln Formen des *s*-Aorists mit denen des themavokallosen starken Aorists zusammen (vgl. denselben Vorgang im Griech. § 319). Z. B. gehörten *a-yukthāḥ a-yukta a-yugdhvam* ebensogut zu *a-yukṣi* wie zu *a-yuji*, *a-chitthāḥ a-chitta* ebensogut zu *a-chitsi* wie zu *a-chidi*.

Anm. Infolge dieser Vermischung haben die ind. Grammatiker Formen wie *a-kṛthāḥ a-kṛta*, *a-dhithāḥ a-dhita* mit *a-kārṣam a-kṛṣi* usw., *a-dhāsam a-dhiṣi* usw. verbunden und dem *s*-Aorist zugeteilt, während sie entwicklungsgeschichtlich nur zu *a-karam a-kri*, *a-dhām* zu stellen sind.

316. Neubildung von charakterisierten Präsentien aus.

Ai. *a-yuṇkṣmahi* neben *a-yukṣi*, zu *yunák-ti yuṇk-té* (§ 312). *sāṇkṣī-t* (mit *á-sakthāḥ*), zu *saj-* 'hängen, haften', *a-bhāṇkṣī-t*, zu *bhaj-* 'brechen', s. S. 294.

Hier mögen noch genannt sein apers. *a-kunauš* 'er machte', *a-daršnauš* 'er wagte', deren *-š* vom *s*-Aorist ausgegangen zu sein scheint. Vermutlich hatte das Zusammenfallen von 3. Sing. *āiš* (S. 399) mit 2. Sing. **āiš* und die äussere Gleichheit von diesem mit der 2. Sing. Imperf. **āi-š* im Imperf. die Form **āi-š* auch für die 3. Sing. **āi*[h] (urur. **āi-t*) aufkommen lassen und so dann auch anderwärts im Imperf. den Gebrauch der 2. Sing. zugleich als 3. Sing. hervorgerufen [1]).

317. Griechisch. Weshalb wir auch den Ind. Fut. auf -σω im folgenden aufführen, ist S. 385 gesagt.

Noch andre Beispiele (vgl. § 313):

ἔ-πνευσα, Fut. πνεύσομαι, zu πνέ[F]ω 'wehe, hauche'. ἔ-κλαυσα, Fut. κλαύσομαι, zu κλαίω 'weine' aus *κλαF-ι̯ω. Hier, wie in ἔτεισα τείσω u. a. (§ 313), ἔ-στησα στήσω u. a. (§ 331), war σ nicht lautgesetzlich, worüber § 351.

ἔ-μεινα lesb. ἔ-μεννα dor. ἔ-μηνα aus *ἐ-μενσα (S. 394 Fussn. 1), zu μένω 'bleibe'. ἔ-κτεινα, zu κτείνω 'töte' aus *κτεν-ι̯ω. ἔ-νειμα, zu νέμω 'teile aus'.

---

1) Vgl. hierzu Grundr.[1] 2, 1177, Foy KZ. 37, 540 f., Meillet Mém. 17, 352.

ἔ-κειρα, hom. ἔκερσα, zu κείρω 'schere' aus *κερ-ι̯ω. Ion. ἔ-κυρσα, Fut. κύρσω, zu κύρω 'treffe auf etwas' aus *κυρ-ι̯ω. ὦρσα, Fut. ὄρσω, zu ὄρνῦμι 'errege'. ἔ-στειλα thess. ἔ-στελλα dor. ἔ-στηλα und bei Hesych ἔ-στελσα, zu στέλλω 'bestelle' aus *στελ-ι̯ω. Hom. ἔ-κελσα, bei Alkman κέντο aus *κελτο (vgl. 1 § 476, 7 S. 436), Fut. κέλσω, zu κέλλω 'treibe' aus *κελ-ι̯ω, κέλομαι 'treibe an', att. ὤκειλα zu ὀ-κέλλω. ἔ-πηλα hom. πάλτο (§ 319), zu πάλλω 'schwinge' aus *παλ-ι̯ω. ἡλάμην dor. ἁλάμην, hom. ἆλτο (§ 319), zu ἅλλομαι 'salio' aus *ἁλ-ι̯ομαι. Über die Doppelheiten wie ἔκειρα : ἔκερσα s. 1, 744, dazu jetzt noch Ehrlich KZ. 39, 564 (nach dem ἔφθειρα von 2. 3. Sing. *ἔφθερς = *ἐ-φθερσ-ς, *ἔ-φθερσ-τ, ἔ-στειλα von 2. 3. Sing. *ἔστελς = *ἐ-στελσ-ς, *ἐ-στελσ-τ ausgegangen wäre), Brugmann-Thumb Griech. Gramm.[4] 141. 364.

ἔ-μειξα, hom. ἔ-μεικτο, Fut. μείξω, zu μίγνῦμι 'mische' (S. 331). ἔ-πεισα, Fut. πείσω, zu πείθω 'rede zu, überrede'. ἐ-γευσάμην, Fut. γεύσομαι, zu γεύω 'lasse kosten' (γευσ-τέον). ἔ-παισα, Fut. παίσω, zu παίω 'schlage' (παισ-θῆναι). Ep. ἷκτο, Fut. ἵξομαι, zu ἱκνέομαι 'komme'. ἔ-γλυψα, Fut. γλύψω, zu γλύφω 'grabe ein, graviere'. ἔ-σπεισα kret. ἔ-σπενσα, Fut. σπείσω, zu σπένδω 'bringe dar, spende'. ἔ-περσα, Fut. πέρσω, zu πέρθω 'zerstöre'. ἔ-τρεψα, Fut. τρέψω, zu τρέπω 'wende'. ἔ-γραψα, Fut. γράψω, zu γράφω 'schreibe'.

ἐ-δεξάμην, hom. ἔδεκτο, Imper. δέξο, Fut. δέξομαι, zu δέχομαι 'nehme, empfange'.

318. Zu den Formen, in denen nach alter Weise die Personalendung unmittelbar hinter σ angefügt war (wie in der 1. Sing. ἔ-δειξ-α, vgl. § 351), gehören zunächst solche, in denen σ, zwischen Konsonanten stehend, ausgedrängt (nach 1, 753 f.) oder σσ postkonsonantisch zu σ vereinfacht war (nach 1, 810). Oben sind genannt λέκτο λέξο λέχθαι (S. 398), ἔ-πηκτο (S. 399), πάλτο, ἆλτο[1]), κέντο = *κελτο, ἔ-μεικτο, ἷκτο, ἔ-δεκτο (§ 317)[2]). Von

1) Liest man ἄλτο, so wäre dies die augmentierte Form mit äol. ᾱ.

2) Der Beweis für Zugehörigkeit zum σ-Aorist ist in mehreren Fällen deutlich dadurch gegeben, dass die scheinbare Stammform, z. B. λεκ-, nur vor konsonantisch anlautender Endung erscheint. Beginnt die Endung vokalisch oder tritt ein Modusvokal zwischen Stamm und Endung, so kommt das σ des *s*-Aorists zum Vorschein, z. B. ἐλέξαντο, Konj. λέξεται.

derselben Art vielleicht kret. Part. Fέλμενος (zu hom. ἐάλη) sowie, wenn auch nur als jüngere Nachbildung, γέντο (*γεμτο) 'fasste', zu ὕγ-γεμος· συλλαβή. Σαλαμίνιοι (W. *gem-*). Infolge dieser Lautveränderungen wurden diese Formen zumteil den Formen des themavokallosen starken Aorists gleich (vgl. dieselbe Erscheinung im Ai. § 315, 2) und lässt es sich bei einigen Formen nicht sicher ausmachen, zu welcher von beiden Gruppen sie gehören, nämlich bei denen mit Schwundstufengestalt der Wurzel: ἄσμενος (S. 92), πάλτο, ἅλτο, ἄρμενος (Jacobsohn Hermes 45, 100 f.).

Eventuell waren ursprünglich Glieder des *s*-Aorists auch die 2. Sing. ἐμείχθης neben ἔμεικτο ἐμείξατο, ἐπήχθης neben ἔπηκτο ἐπήξατο, ἐρείσθης neben ἐρείσατο, ἥσθης neben ἥσατο, ἐτείσθης neben ἐτείσατο, ὠίσθης neben ὀίσσασθαι u. dgl. m. (S. 173).

319. Zahlreiche Neubildungen auf Grund von charakterisierten Präsentien.

Zu reduplizierten Präsentia: z. B. ἐ-δίδαξα, Fut. διδάξω, zu δι-δάσκω 'lehre' (S. 361); Hom. δειδίξασθαι, Fut. δειδίξομαι, zu δειδίσσομαι d. i. δε-δϝίσσομαι 'erschrecke' (S. 197); Hom. τέτρηνα, zu τε-τραίνω 'durchbohre' (S. 197); ἐ-ποίφυξα, Fut. ποιφύξω, zu ποι-φύσσω 'schnaube' (S. 196).

Zu Nasalpräsentia: 1) Zu Formen mit Binnennasal: z. B. ἴμψας Part. (S. 280. 282. 395), ἔ-πλαγξα πλάγξω (S. 291. 395), ἔ-κλαγξα κλάγξω (S. 291). 2) Zu Präsentien mit nasalischem Endformans, und zwar zu Formen auf *-ν-ἰω und *-αν-ἰω. Der Aorist folgte der Analogie des Aorists zu Wurzeln auf -*n* (wie ἔ-κτεινα aus *ἐ-κτενσα, zu κτείνω aus *κτεν-ἰω). So z. B. ἔ-κλῑνα, zu κλίνω aus *κλι-νἰω, ἔ-πλῡνα, zu πλύνω aus *πλυ-νἰω, ἔφηνα, zu φαίνω aus *φα-νἰω (S. 382) und ὕφηνα, zu ὑφαίνω aus *ὑφ-ανἰω, αὔηνα, zu αὐαίνω aus *σαυσ-ανἰω (S. 383). Demselben Muster folgte das Futurum: κλινῶ, πλυνῶ, φανῶ und ὑφανῶ, αὐανῶ, gleichwie κτενῶ usw. (§ 340).

In gleicher Weise bildete man bei der jüngeren Schicht der Denominativa mit konsonantischem Stammauslaut Aoriste auf -σα, teilweise zugleich Futura auf -σω, indem man der Analogie der primären Verba mit dem gleichen Wurzelauslaut folgte. 1) Nach ἔ-κτεινα : κτείνω, ἔ-πηλα : πάλλω u. dgl. z. B. ὠνόμηνα, zu ὀνομαίνω aus *ὀνομαν-ἰω, ἐ-τεκτηνάμην, zu τεκταίνω aus *τεκταν-ι̯ω (S. 208 f.), ἐ-τέκμηρα, zu τεκμαίρω aus *τεκμαρ-ι̯ω (S. 209), ἤγγειλα, zu ἀγγέλλω aus *ἀγγελ-ι̯ω, ἐ-κάθηρα, zu καθαίρω aus *καθαρ-ι̯ω (S. 218). Dazu Fut. ὀνομανῶ, ἀγγελῶ, καθαρῶ, gleichwie κτενῶ usw. 2) Nach ἔπληξα Fut. πλήξω : πλήσσω, ἔσφαξα Fut. σφάξω : σφάζω u. dgl. z. B. ἐ-κήρυξα Fut. κηρύξω, zu κηρύσσω, ἥρπαξα Fut. ἁρπάξω, zu ἁρπάζω, ἐ-σάλπιγξα Fut. σαλπίγξω, zu σαλπίζω (S. 209), ἐ-μείλιξα Fut. μειλίξω, zu μειλίσσω (S. 218), hom. ἐ-κόμισσα, zu κομίζω (S. 231).

Beim Aorist und Futurum zu Präsentien auf -ζω fanden infolge davon, dass in diesem die Ausgänge -δ-ι̯ω und -γ-ι̯ω zusammengefallen waren, mancherlei Formübertragungen statt, z. B. kret. δικαξάτω, zu δικάζω aus *δικαδ-ι̯ω, umgekehrt att. ἥρπασα, zu ἁρπάζω aus *ἁρπαγ-ι̯ω (S. 230 f., Brugmann-Thumb Griech. Gramm.[4] 359 f.).

320. Albanesisch. Einige Reste des *s*-Aorists, meist zu Präsentien gehörend, die von einer andern Wurzel gebildet sind (G. Meyer Alb. Gr. 38). Die lautlichen Verhältnisse sind zumteil noch unklar, namentlich der Vokalismus der Wurzelsilbe. Zur Behandlung der Verbindung des konsonantischen Wurzelauslauts mit dem sich anschliessenden aoristischen *s* sieh 1, 566. 758, Pedersen KZ. 36, 290. *pašε* 'sah' mit *š* aus *k̂s* (zu Präs. *šoh* 'sehe'), vgl. lat. *spexī*. *l'ašε* 'liess' mit *š* aus *ts*, zu Präs. *l'ε* geg. *l'ą*, Part. *l'enε* geg. *l'an* aus **ləd-no-*, zu got. *lētan* 'lassen' (2, 1, 258). *pašε* 'hatte' neben *pata* 'hatte' (Präs. *kam* 'habe'), zu lat. *potior*. *ϑašε* 'sagte', zu Präs. *ϑom* = **k̂ēns-mi* (S. 98), vgl. ai. Aor. *a-šąsī-t šąsiša-t* (zu *šąsa-ti* 'rezitiert') und aksl. *sę-tъ* 'inquit', das mit der Personalendung *-tъ* erweitert ist (vgl. § 328) und ebenso gut **k̂ēns-s-t* (Aor.) als **k̂ēns-t* (Imperf.) gewesen sein kann. Andre Beispiele s. bei G. Meyer a. a. O.

Vgl. *dašε* § 332.

321. Italisch. Die einzige Form des Osk.-Umbr., die dieser Klasse des *s*-Aorists zugezählt werden könnte, ist umbr. *eest est* 'ibit', wenn es nämlich urital. **eise-ti* war und somit der Konj. zu apers. *āiš* 'er ging, zog' (S. 401); doch lässt sich die Form auch als **ei̯ese-ti* zu § 348 stellen.

Noch andre Beispiele aus dem Lateinischen (vgl. § 313): Zu *dēmpsī empsim* (S. 396): *con-tempsī*, zu *con-temno*. *mānsī*, zu *maneo*. Formen nach der Art von ai. *á-cāiṣam*, *a-plōṣṭa* scheinen ebenso zu fehlen wie Formen nach der Art von ai. *á-dhāsam* (§ 329). Dass *rausī* ein solcher Aorist zu *ravio* sei mit dissimilatorischem Unterbleiben des Rhotazismus (s. Sommer Lat. L. u. Fl. 601), ist wenig glaublich. Eher wäre zuzugeben, dass *sīrim* (zu *sino*) auf einem Aor. **sei-s-* beruhte (Sommer a. a. O. 625).

Zu *dīxī dīxo* (S. 397) und *haesī* (S. 399): *dī-vīsī*, zu *dī-vido* (S. 128. 133). *mīsī*, zu *mitto*; älteres *ei* ist gesichert durch alat. inschr. *conpromesise*. *cōnīxī*, zu *cōnīveo* (W. *kneig^{u}h-*). *dūxī*, zu *dūco*, alat. *douco*. *sēnsī*, zu *sentio*. *tersī*, zu *tergo tergeo*. *volsī vulsī*, zu *vello*, vielleicht aus **velsō* (S. 343). *hausī* aus **haus-sai*, zu *haurio*. *auxī*, zu *augeo*, vgl. lit. *áuks-me -te*, zu *áugu* 'wachse'. Alat. *ausī*, *ausim*, zu *audeo*. *parsī*, zu *parco*.

Zu *clepsī* (S. 398), *pexī* (S. 399) und *axim* (S. 399): *pressī* neben *premo* (s. Walde Lat. et. Wtb.² 610). *gessī*, zu *gero gestus*. *con-quexī* (*ē*?), zu *con-quinīsco* (S. 276). *allexī* aus **ad-laxī*, zu *allicio* aus **ad-laciō*. *quassī*, zu *quatio*, *con-cussī*, zu *-cutio*, ist vielleicht mit lit. *kuntù* (*kustù*) *kùsti* 'sich aufrütteln' zu verbinden, so dass *kùs-me -te* vergleichbar wäre. *trāxī*, zu *traho*.

Wo das Präsens urital. *ī*, *ū* gehabt hat, ist urital. *ī*, *ū* auch für den *s*-Aorist anzunehmen. *fīxī*, zu *fīgo* alat. *fīvo*, vgl. lit. *dýks-me -te*, zu *dýkstu dýgau dýkti* (S. 128. 271). *-flīxī*, zu *-flīgo*. *frīxī*, zu *frīgo* (S. 126). *scrīpsī*, zu *scrībo* (S. 128). *sūxī*, zu *sūgo* (S. 128). *flūxī*, zu *fluo* aus **flūguō* (S. 128. 271).

Konjunktive und Optative, zu denen kein gleichartiger Indikativ auf *-sī* belegt ist (vgl. *dēmpsī* : *empsim*, *jussī* : *jusso*, *dīxī* : *dīxo dīxim*), waren ausser dem schon genannten *axim*: *in-cēnsim*, zu *in-cendo*; *capso occepso*, *capsim*, zu *capio*; *faxo faxitur*, *faxim effexim*, zu *facio*; *oc-cīsim*, zu *caedo*. Vgl. § 348 über die Formen auf *-āsso* usw.

322. Lat. Formen auf *-sī* mit präsentischem Nasal sind nicht selten. Zu den oben S. 396 ff. genannten *vinxī*, *ninxit*, *linxī*, *minxī*, *ē-munxī*, *junxī*, *panxī*, *planxī* noch: *distinxī*, zu *distinguo*, vgl. griech. ἔ-στιξα στίξω, zu στίζω 'steche'; *sanxī*, zu *sancio* (neben *sacer*).

323. Irisch. Der ir. *s*-Konjunktiv, der ein Geschehen als gewünscht (oder gefürchtet), als gewollt oder gesollt bezeichnet, setzt sich aus themavokalosen Formen (Injunktiv des *s*-Aorists) und themavokalischen Formen (kurzvokalischer Konjunktiv des *s*-Aorists) zusammen. Jene sind die 3. Sing. Akt. und Depon. und die 2. Sing. Depon., diese die übrigen (vgl. § 350). Die 2. Sing. Inj. kommt auch imperativisch vor: *at-rē* 'erhebe dich' (S. 398).

Zu *-rias*, *-tias*, *-mail* (S. 397 f.): Konj. 3. Plur. *-diassat* aus **deiksont*, zu *for-ding* 'bedrückt' (S. 279). Inj. 3. Sing. *t-ī* aus **inks-t*, 3. Plur. *t-īssat* (1, 378 f.), zu *t-ic* 'kommt' aus **ink-*; Inj. 3. Sing. *con-r-ī*, zu *con-r-ic* 'trifft zusammen'. Inj. 3. Sing. *-orr* aus **-orks-t*, 3. Plur. *-orrat*, zu *orgid* 'schlägt' (S. 93. 134). Der zu *cingid* 'schreitet' (von urkelt. *keng-*, S. 134) gehörige Konj. 3. Plur. *-ciasat* hat *ia* für *ē* (1, 378) nach der Weise der zu Wurzeln der *i*-Reihe gehörigen Formen wie *-diassat* (s. o.).

Zu *imme-chomairsed*, *-fē -fessat*, *-res*, *-lē*, *-tē -tessat*, *seiss*, *-gē -geiss* (S. 398 f.): Inj. 3. Sing. *-rē* aus **rets-t*, Konj. 3. Plur. *-ressat*, zu *rethid* 'läuft'. Inj. 3. Sing. *-dlē*, 3. Plur. Konj. *-dlessat*, zu *dligid* 'hat Anspruch auf etwas'. Konj. 3. Sing. *-mestar*, zu *midithir* 'urteilt'. Konj. 1. Sing. *-esur* 1. Plur. *-essamar*, zu *ed-* 'essen'. Die einsilbigen Formen mit *ē* (*-fē*, *-lē*, *-tē*, *-gē*, *-rē*, *-dlē*) zeigen Vokallänge nach 1 § 938, 2 (während *ē* z. B. in *-tē* = **steikst* S. 397 die Fortsetzung von **ei*, und *ē* z. B. in *-grē* [§ 324] durch Ersatzdehnung aus *en* entstanden war).

Inj. 3. Sing. *-sā* aus **sāks-t*, Konj. 3. Plur. *-sās(s)at*, zu *saigid* 'geht auf etwas zu', s. S. 394. Ebenso *-clā* aus **clāts-t*, *-clās(s)at*, zu *claidid* 'gräbt' (S. 134), *-mā* aus **māts-t*, *-mās(s)at*, zu *maidid* 'bricht'.

324. Ursprünglich nur präsentischer Nasal erscheint auch im *s*-Aorist in Inj. 3. Sing. *-grē* aus **grents-t* (*ē* wie in *grēss* aus **grenssu-* d. i. *grend* + *tu-*, 1, 378), zu *in-greinn ad-greinn* 'verfolgt'; 3. Plur. *-griassat* mit *ia* wie in den Formen zu *i*-Wurzeln (vgl. *-ciasat* § 323). Minder sicher ist Verschleppung des Nasals aus dem Präsens in folgenden Aoristen. Konj. 2. Sing. *in-glēis*, zu *in-gleinn* 'spürt nach'. Konj. 1. Sing. *-sēs*, zu *do-seinn* 'treibt' (S. 134). Inj. 3. Sing. *-tō*, Konj. 3. Plur. *-tōs(s)at*, zu *tongid* 'schwört' (S. 292). Inj. 3. Sing. *-bō*, Konj. 3. Plur. *-bōs(s)*, zu *bongid* 'bricht' (S. 294).

325. Der '*s*-Konjunktiv' hat eine absolute und eine konjunkte Flexion, z. B. zu *tiagu* 'gehe' der Singular absolut *tiasu*, *tēsi*, *tēis*, konjunkt *-tias*, *-tēis*, *-tē* (*-tēi*). Über ihr genetisches Verhältnis zueinander s. Thurneysen Handb. des Altir. 1, 364 ff.

326. Germanisch. In diesem Sprachzweig scheint der *s*-Aorist spurlos untergegangen zu sein. Wegen got. *wissa*, das man herangezogen hat, s. Collitz Schwach. Prät. 204.

327. Baltisch-Slavisch.

Baltisch. Injunktive des *s*-Aorists sind im Lit. die Formen der 3. Sing. auf *-s* (aus **-s-t*) mit Futurbedeutung, z. B. *reñs* zu 1. Sing. *reñsiu* 'werde stützen', Präs. *remiù*, *dèks* zu 1. Sing. *dèksiu* 'werde brennen', Präs. *degù* (S. 384. 389); die Annahme, dass solche Formen auf *-s* am Ende ein *i* verloren haben (so zuletzt Bezzenberger KZ. 41, 126), ist meines Ermessens unhaltbar (vgl. IF. 29, 404). Aus diesem ihrem Ursprung verstehen sich die Accentänderungen wie *gaũs* (1. Sing. *gáusiu*), *bùs* (1. Sing. *búsiu*), *rìs* (1. Sing. *rýsiu*), vgl. *vežantì* aus **vežantí* (1, 973 f. 988). Diese allgemeinlitauische Verwendung dieser Injunktivform nötigt dazu, die dialektisch vorkommenden 1. 2. Plur. Fut. auf *-sme -ste* für sonstiges *-sime -site* ebenfalls dem Injunktiv des *s*-Aorists zuzurechnen.

Gleichartige Formen auch zu nasalformantisch charakterisierten Präsentien, deren Nasalelement das ganze Verbalsystem durchdrang. Es sind dies die Formen, die zu den S. 389 genannten Futura wie *jùnksiu*, *krùvįsiu*, *gyvę́siu* gehören.

Vermutlich hängt mit dieser Zumischung von Injunktiven des *s*-Aorists der Gebrauch des lit. Futurums in allgemeinen Behauptungen zusammen, wie *kàs võks nepralõps* 'wer stiehlt, wird nicht reich'. Vgl. dieselbe Verwendung des Aor. im Griechischen, wie κάτθαν' ὁμῶς ὅ τ' ἀεργὸς ἀνὴρ ὅ τε πολλὰ ἐοργώς. Auch stimmt zu der Auffassung der Formen auf *-sme*, *-ste* als Injunktiv gut die Tatsache, dass die 1. und 2. Personen des lit. Futurums auch adhortativ gebraucht werden.

Bei dieser Lebendigkeit des Injunktivs des *s*-Aorists im Balt. muss damit gerechnet werden, dass unter den als 2. Sing. Imper. fungierenden Formen wie preuss. *teīks*, lit. *geĩs-k*, *vèsz-k*

(S. 93) auch *s*-Aoriste waren. Denn z. B. *geĭs-k* kann ebenso gut **geid-s* als **geids-s* enthalten (IF. 29, 409).

Über lett. *isim* 'lasst uns gehen', preuss. *galbsai* 'er walte' u. dgl., die Optative des themavokalischen *s*-Aorists zu sein scheinen, s. § 350.

328. Slavisch. Hier sind themavokallos die zweiten und dritten Personen, z. B. Sing. *ję ję*, Plur. *jęste jęsę*, Du. *jęsta jęste* (während die 1. Personen themavokalisch sind, *jęsъ jęsomъ jęsově*, § 350).

In der 2. und 3. Sing. ist *-*s-s*, *-*s-t* nach den Auslautgesetzen überall geschwunden. Diese Formation dieser beiden Personen hat sich im Kreis der uns hier beschäftigenden Verbalstämme erhalten, wenn die Wurzel auf *i̯*, *u̯*, Nasal, Liquida ausgeht. Ausser dem genannten *ję* vgl. *vi vi* zu 1. Sing. *vichъ*, Präs. *vъją viją* 'wickle', W. *u̯ei̯-* (S. 136)[1], *plu plu* zu 1. Sing. *pluchъ* (S. 396), *po-žę -žę* zu 1. Sing. *žęsъ* (S. 396), *žrě žrě* zu 1. Sing. *žrěchъ* aus **žerchъ*, Präs. *žьrą* 'fresse, opfere', *kla kla* zu 1. Sing. *klachъ* aus **kolchъ*, Präs. *kolją* 'steche, schlachte'. Bei Verba mit anderm konsonantischen Wurzelauslaut traten die Formen des starken Aorists an die Stelle, z. B. *vede vede* zu *věsъ*, Präs. *vedą* (S. 398), vgl. § 354.

Eine Ausnahme macht hier *jasti* 'essen' (Stamm **ēd-*): *iz-ě*, *iz-ě* zu *iz-ěsъ* (*jasъ*). Diese beiden Formen sowie auch 2. Plur. *jaste* und 2. 3. Du. *jasta jaste* können ursprünglich Imperfekt gewesen sein, wie das *vede vede* von Haus aus sicher gewesen sind, s. S. 49. 96.

Den griech. Neubildungen wie ὕφηνα aus *ὕφανσα (S. 403) und den litauischen wie 3. Sing. *krùvis*, *gyrę̃s* (zu 1. Sing. *krùvisiu*, *gyvénsiu*, S. 407) entsprechen die aksl. Aoriste wie *minąchъ miną miną minąchomъ* usw. (S. 321), eine Formation, die bei den vokalisch auslautenden Verbalstämmen die stehende Aoristbildung war, während z. B. der Aorist zu *drigną* teils *drignąchъ drigną drigną*, teils *drigochъ driže driže* war (§ 233, 1).

Bezüglich der Ablautverhältnisse sei hier noch einmal

---

1) Ob das *i* von *vichъ* ursprünglich *ei* oder *ī* (vgl. lit. *výsiu*) gewesen ist, bleibt zweifelhaft.

erwähnt, dass, wie *věsъ* (zu *vezą*), *basъ* (zu *bodą*) dehnstufigen Vokal haben, auch die Formen wie *sluchъ* (urslav. *u* aus *ou* aus *eu*), *vichъ* (falls hier urslav. *i* aus *ei* entstanden war, s. S. 408 Fussn. 1), *žęsъ*, *jęsъ*, *žrěchъ* aus **žerchъ*, *čisъ*, *bljusъ*, *vrěsъ* aus **versъ* (zu *vrъzą vrěsti* 'binden') ursprünglich *ē* (*ēu*, *ēi*, *ēn* usw.) gehabt haben können, s. S. 393f. Vgl. auch das eine 3. Sing. **sę* voraussetzende *sę-tъ* 'inquit', zu W. *k̂ens-* in alb. *ϑom* = **k̂ēns-mi* usw. (§ 320). Dass die Verba *žъrą* 'fresse, opfere', *tъrą* 'reibe' im Aorist auch schwache Wurzelgestalt aufweisen, *žrъchъ žrъ*, *trъchъ trъ*, hängt mit der Doppelgestalt des Inf., *žrěti* und *žrъti*, *trěti* und *trъti*, zusammen.

329. II) Zu § 311, 2: Typus ai. *á-dhās-am.*

Mehrsprachliches. W. *dhē-* 'ponere': ai. *á-dhāsam á-dhāsma* Med. *á-dhiṣi*, griech. Fut. θήσω, lit. Inj. *dės-me -te* aksl. *děchъ*. — W. *dō-* 'geben': ai. Med. *á-diṣi*, Konj. *dāsa-t*, griech. Fut. δώσω, alb. *ďašε* (1, 170. 757), lit. Inj. *dū́s-me -te* aksl. *dachъ*. — W. *stā-* 'stehen': ai. Med. *á-sthiṣi* gthav. Inj. 3. Plur. *stånh-at*, griech. ἔ-στησα Fut. στήσω, lit. Inj. *stós-me -te* aksl. *stachъ*. — W. *bhā-*: griech. ἔ-φησα Fut. φήσω, zu φημὶ 'sage' Plur. φαμὲν, lit. Inj. *bós-me -te*, zu *bóju* 'frage wonach' (aksl. *bają* 'erzähle, bespreche').

330. Arisch. Noch andre Beispiele: Ar. **mā-* uridg. *mē-* 'messen' (ai. *mā-hi* S. 101, *mi-m-atē mi-mī-tē* S. 108): ai. Med. *á-māsi*, vgl. Konj. *mā́sātāi*. — Ar. **ǰhā(i̯)-* uridg. *ĝhē(i̯)-* 'gehen, verlassen' (ai. *a-hāt hī-ná-ḥ* S. 101. 108): ai. 3. Sing. *a-hās* 1. Plur. *a-hāsma* Med. *á-hāsi*, vgl. hom. κιχήσατο Fut. κιχήσομαι, zum Prät. κί-χης (S. 108). — Ar. **rā(i̯)-* 'geben' (Präs. *rā-ti*, *ri-rī-hi*, Part. *rā-tá-ḥ*, lat. *rēs*): ai. *á-rāsma*, Konj. *rā́sa-t rāsa-tē*, Opt. *rāsīya*, av. Med. *rāhī*, Konj. 2. Sing. gthav. *rånhanhōi*. — Ar. **gā(i̯)-* 'singen' (*gā́ya-ti*, Part. *gītá-ḥ*): ai. Med. Inj. *gāsi*. — Ar. **pā(i̯)-* uridg. *pō(i̯)-* 'schützen, hüten' (ai. *pā́-ti*, *-pī-ti-ḥ* S. 101): ai. Konj. *pāsa-ti*, gthav. Konj. Med. 1. Sing. *ni-pånhē*. — Av. *sā-* 'wehren': Inj. Med. 2. Plur. *sāz-dūm*. — Av. *spā-* 'abicere' (Präs. *spaye'ti*): Konj. *spånhaiti*.

Anm. Über die Zurechnung von *a-dhithāḥ a-dhita* zum Paradigma *a-dhiṣi* bei den ind. Grammatikern s. § 315 Anm. S. 401.

331. Griechisch. Noch andre Beispiele: ἔ-δησα Fut. δήσω, zu δίδημι 'binde' (S. 108). Fut. ἥσω, zu ἵημι 'werfe, entsende' aus *ḭι-ḭημι (S. 102. 108). Hom. θήσατο 'sog', mit θῆσθαι zu ai. *dháya-ti dhī-tá-ḥ* (S. 127), vgl. ai. Gramm. *á-dhāsīt*. — Fut. φθήσομαι 'werde zuvorkommen', zu ἔ-φθην φθᾱ́-μενος. Daneben ἔ-φθᾰσα, φθᾰ́σω wie φθᾰ́νω φθᾰ́μενος und in derselben Weise -ἔ-φθισα φθίσω wie ἔ-φθιτο φθίνω (S. 396). Vermutlich sind ἔ-φθασα, -ἔ-φθισα von den 3. Plur. ausgegangen, die als ἔφθα-σαν, ἔφθι-σαν von Haus aus zu φθά-μενος, ἔφθι-το gehört hatten, gleichwie ἔδοσαν und ἔθεσαν die Systeme δόσαι, θέσαι hervorgerufen haben (Brugmann-Thumb Griech. Gramm.[4] 365). -ἔφθισα für sich allein liesse sich auch als Umbildung von ἔφθεισα nach ἔφθιτο verstehen (so Jacobsohn Hermes 45, 99 ff.).

Verbleib des zwischenvokalischen σ in ἔ-δησα gleichwie in ἔ-πνευσα usw., s. § 351.

332. Albanesisch. Einziges sicheres Beispiel *daše* 'gab' (§ 329), dessen *da-* uridg. **də-* (ai. *á-diṣi*) gewesen zu sein scheint. Vgl. § 320.

333. Italisch. Hier wäre das zu lat. *sino* (S. 318) gehörige *sīrim* zu nennen, wenn Sommer's Erklärung dieser Form (S. 405) richtig sein sollte.

334. Baltisch-Slavisch. Noch andre Beispiele: Lit. Inj. *spė́s-me -te*, aksl. *spěchъ*, zu Präs. lit. *spė́ju* akl. *spěją* (S. 197). Lit. Inj. *sė́s-me -te*, zu Präs. *sė́ju* (S. 197).

Über preuss. *dāsai* 'er gebe' § 350.

Zu aksl. 2. 3. Sing. *dastъ* s. § 353.

335. III) A). Zu § 311, 3: Typus ai. *á-janiṣ-ṭa*.

Dieser Aoristtypus schliesst sich an Präsentia mit zweisilbigem Stamm an. Der Aoriststamm kann ausgehen 1) auf *-əs-*, zu Basen auf *-ā^x* gehörig: ai. 2. Du. *jániṣ-ṭām* Med. *á-janiṣ-ṭa*, zu Präs. *jáni-ṣva*, Basis **ĝenē-* (S. 149 ff.), 2) auf *-īs-*, zu Basen auf *-ā^{x}ḭ* gehörig: ai. 3. Plur. *a-grabhīṣ-uḥ* Med. *a-grahīṣ-ṭa*, zu Prät. *a-grabhī-t* (§ 339), lat. *vīdis-tī*, *vīderunt* aus **-is-ont(i)*, zu lit. *pavýdi-me* aksl. *vidi-tъ*, Basis **ḁeidē̆ḭ-* (S. 152 ff.), und 3) auf *-us-*, zu Basen auf *-ā^{x}ṷ* gehörig: griech. ἐρύσαι, zu εἰρύμεναι, Basis **ṷerā^{x}ṷ-* (S. 156 f.). Die erste Silbe des zweisilbigen Wortstücks vor *-s-* hatte normaler Weise Vollstufe und zwar *e*-Stufe bei

Wurzeln mit *e* : *o*-Vokalismus, wie im Präsens, z. B. griech. ἐ-κρέμα-σα wie κρέμα-μαι; die erste Silbe war haupttonig.

Ablautung innerhalb des aoristischen Formensystems selbst fand von uridg. Zeit her nicht statt, z. B. ai. *a-kramiṣ-am kramiṣ-ṭam* Med. *krámiṣ-ṭa*. Ausnahmen von letzterem sind wohl nur scheinbar, denn z. B. ai. *a-sāniṣam* neben *saniṣa-t*, *a-bhāriṣam*, *jāriṣuḥ*, av. *zāviši* (vgl. ai. *apāviṣuḥ* neben *paviṣ-ṭa*) dürften Neuerungen im Anschluss an den Typus ai. *a-bhārṣam* gewesen sein.

Was den Vokal der zweiten Silbe betrifft, so ist über diesen, von dem Typus ἐρύσαι abgesehen, für die einzelnen Sprachzweige folgendes zu bemerken:

Im Altind. bildet *-i-* die Regel. Lautgesetzlich kann dieses uridg. *-ə-* und *-i-* gewesen sein. In den meisten Fällen wird *-ə-* anzunehmen sein, z. B. bei *jániṣ-ṭām*, da kein Grund dazu ist, dessen *i* von dem *i* = uridg. *ə* in *jáni-ṣva jani-tōḥ*, *jáni-man-jani-tar-* u. dgl. zu trennen. Einige male aber liegt es näher, uridg. *i* anzunehmen, weil der Ausgang der Basis als *-ē̜i* anzusetzen ist, z. B. bei *á-vēdiṣam* wegen lit. *pa-vydime* aksl. *viditъ* (S. 153). Gestützt wird diese Auffassung dadurch, dass *i* in lat. *-is-* (*vīdis-tī*) ursprüngliches *i* gewesen sein muss (s. u.). Vielleicht sind also in *-iṣ-* uridg. *-əs-* und *-is-* in urar. Zeit zusammengefallen. Die Ansicht, dass im Av. uridg. *-əs-* zu *-š-*, uridg. *-is-* aber zu *-iš-* geworden sei, wonach z. B. *zāviši* sicher uridg. *-is-* gehabt hätte (Meillet Les dialectes indo-europ. 66, Mélanges F. de Saussure 100), ist nicht ausreichend begründet.

Im Griech. begegnen α, ε, ο wie im Präsens und in andern Teilen des Verbalsystems und sind natürlich hiernach zu beurteilen, z. B. ἐ-κρέμασα Fut. κρεμάω wie κρέμα-μαι, ἤμεσα Fut. ἐμέω wie Präs. ἐμέω für *ϝεμε-μι, ἤροσα wie Präs. ἀρόω für *ἀρο-μι (S. 150 f.).

Im Lat. ist *jovaset* 'iuverit' auf der Duenos-Inschrift ein sehr unsicherer Zeuge für uridg. *-əs-*. Die Regel ist durchaus *-is-* = uridg. *-is-*, woraus antevokalisch *-er-* (1, 97), z. B. *vīd-istī -istis -ĕrunt*, Konj. *vīdero*, Opt. *vīderim*. — Als Konj. dieser Aoristklasse betrachtet man die als Ind. Fut. fungierenden Formen des Osk.-Umbr. wie osk. *pert-emest* 'perimet', *ostensendi* 'ostendentur' aus *-*tendesenter*, umbr. ferest 'feret'. Doch handelt es sich hier vermutlich durchweg um einzelsprachliche Neubildung nach dem Präsensstamm, wie das unverkennbar ist für umbr. *heriest* 'volet' neben Präs. heri 'vult', s. § 348.

Die aus urkelt. Zeit stammende Aoristbildung mit *-ăs-*, wofür *-ăss-* bei folgendem Vokal, z. B. ir. 3. Sing. *-car* aus **karas-t*, 1. Sing. *-carus*, 2. Sing. *-caris* (Thurneysen KZ. 37, 117 f., Handb. des Altir. 1, 387 ff.), setzt uridg. *-ə-s-* fort. Vgl. das starke Prät. *do cer* 'er fiel' aus **kerā-t* (§ 98). S. § 344.

Im Lit. weist auf Verlust von *ə* vor *s* der Stosston in Formen wie Inj. Plur. *pláusme -te*, *véms-me -te*. Doch ist hier diese Betonungsart nicht auf das *s*-Tempus beschränkt: z. B. *pláuju plóviau pláuti* (neben ai. *a-plōṣṭa* usw. S. 396). Vor allem ist sie ja auch die der *s̥io*-Formen, wie *pláusiu*, *rémsiu*, denen die ai. Formen auf *-iṣyāmi* entsprechen (S. 386 f.). Es muss demnach dahin gestellt bleiben, ob der uridg. *-əs*-Aorist bei der Erzeugung der Betonung *pláusme*, *rémsme* überhaupt beteiligt gewesen ist.

Nach dem allem dürfte zugleich für *-ə-s-* und für *-i-s-* Vererbung aus uridg. Zeit sicher sein.

Dem Eindringen der schwachen Stammform in den Singular des Ind. Akt. ai. *á-bhū-t* griech. ἔ-φῡ (S. 147. 149) entspricht der Aoriststamm **bhū-s-*: griech. ἔ-φῡσα, Fut. φύσω, Konj. osk. *fust* umbr. fust *fust* 'erit' umbr. furent 'erunt' (§ 348), lit. Inj. *bús-me -te* aksl. *bychъ*. Von derselben Art war ai. Med. *a-hūṣata* neben Präs. *hū-máhē* Aor. *á-hūmahi*, zu *háva-tē* 'ruft' Part. *hūtá-ḥ*; daneben nach III B (§ 345) *a-hrās-ta* bei Gramm. (vgl. Fut. *hrāsya-tē*). Vgl. § 345.

336. Arisch. Von den zweisilbigen Basen ist *-i-ṣ-* als einheitliches Formans über seinen ursprünglichen Gebrauchsbezirk hinausgegangen, dieselbe Gebrauchserweiterung, die der ai. Futurausgang *-iṣyá-ti* erfahren hat (S. 384. 387).

Beispiele zu den in § 335 gegebenen: Ai. 3. Plur. *āniṣuḥ*, zu *áni-ti* 'atmet', Part. *anita-ḥ*. 2. Sing. Med. *á-śamiṣṭhāḥ*, zu *śamiṣva* 'mühe dich', Part. *śamitá-ḥ*. 3. Sing. Med. *a-nariṣṭa*, zu *nava-tē* 'preist', Part. *nuta-ḥ*. 3. Sing. Med. *yámiṣṭa*, zu *yáccha-ti* 'cohibet', Part. *yatá-ḥ*. 2. Sing. Med. *kṣaniṣṭhāḥ*, zu *kṣaṇō-ti* 'verwundet', Part. *kṣatá-ḥ*. *á-stariṣam*, zu *stṛṇā-ti* 'sternit', Part. *stṛta-ḥ stīrṇá-ḥ*. 3. Plur. Med. *á-bōdhiṣ-ata*, Konj. *bōdhiṣa-t*, zu *bōdha-ti* 'erwacht, merkt', Part. *buddhá-ḥ*. *a-šąsiṣam*, Konj. *šąsiṣa-t*, zu *šą́sa-ti* 'rezitiert', Part. *šastá-ḥ*. Konj. *jambhiṣa-t*, zu *jambha-tē* 'schnappt nach etwas'. 3. Sing. *á-sahiṣṭa*, Opt. *sahiṣī-máhi* neben *a-sakṣ-mahi* (S. 399). 3. Plur. *ājiṣuḥ*, zu *ája-ti* 'treibt'. Gthav. 1. Sing. Konj. *xšnəvīšā* 'ich will befriedigen' neben 3. Plur. *xšnaošən* (S. 399). Gthav. Med. *čəvīšī* 'versehe mich einer Sache, erhoffe', zu ai. *ā-kuvatē* 'beabsichtigt', Part. *ā-kūta-ḥ*.

Der *iṣ*-Typus hat sich im Ai. öfters an die Stelle der *s*-Formation gesetzt mit Beibehaltung von deren Wurzelablaut im Ind. Akt., z. B. *a-bhāriṣam* für *a-bhārṣam* (S. 411). Und noch andere verbale Stämme der verschiedensten Art sind Grundlage von *iṣ*-Aoristen geworden. Opt. *gmiṣīya* (neben *gamiṣṭam*), zum Aor. 3. Sing. *á-gata* 3. Plur. *a-gmata*, Opt. *gmīya* (S. 89). 2. Sing. *pūriṣṭhāḥ*, zum Aor. *pūr-dhí* (S. 150). 3. Sing. *á-dadiṣṭa*, zu *dá-dā-ti dá-da-ti* (S. 110. 143). 3. Sing. *áindhiṣṭa* Opt. *indhiṣīya* (neben *idhiṣī-mahi*), zu dem Nasalpräsens *in(d)dhḗ* W. *aidh-* (S. 277); ebenso *á-dṛhiṣam*, zu *dṛ́ha-ti* W. *derĝh-* (S. 287). *āipsiṣam*, zu *īpsa-tē*, Desid. zu *āpnṓ-ti* (S. 348), *jijñāsiṣi*, zu *ji-jñāsa-tē*, Desid. zu *jānā́-ti* (S. 346). 3. Plur. *á-hlādayiṣata*, zu *hlādaya-ti*, Kaus. zu *hlā́da-tē* 'erfrischt sich', 2. Sing. *pyāyayiṣṭhāḥ*, zu *pyāyáya-ti*, Kaus. zu *pyā́ya-tē* 'schwillt' (S. 244 ff.).

337. Während bei dem *s*-Aorist die 2. und 3. Sing. Ind. Akt. in der älteren Sprache des Ai. noch in ihrer ursprünglichen, nur durch die Auslautgesetze abgeänderten Gestaltung erscheinen, z. B. 2. 3. Sing. *á-rāik*, zu *á-rāikṣam* (§ 315, 1), *á-hās* (*á-hāḥ*), zu *á-hāsam* (§ 330), sind die Ausgänge **-iṣ[-ṣ]*, **-iṣ[-t]* schon in vorgeschichtlicher Zeit erloschen. An ihrer Stelle erscheinen *-īṣ*, *-īt*. Genetisch hatten diese überhaupt nichts mit dem sigmatischen Aorist zu tun, sondern waren Präterita zu dem Typus *brávī-ti*, also Formen wie *á-bravīt*, *a-grabhīt*, neben 1. Sing. *a-grabhīm* usw. (S. 152 ff.). Sie wurden herangezogen, weil sie eine äussere Unterscheidung der 2. und 3. Person ermöglichten, und sie konnten sich um so leichter hier angliedern, weil auch schon anderwärts *i* und *ī* im Verbum wechselten (S. 154). Dass *-īḥ*, *-īt* in der jüngeren ved. Zeit auch in den *s*-Aorist eindrangen, so dass z. B. zu *á-bhārṣam* die Formen *á-bhārṣīḥ*, *á-bhārṣīt* sich einstellten für *á-bhār*, ist schon S. 400 bemerkt worden.

Bei der 2. Plur. Med. auf *-iḍhvam*, wie *á-janiḍhvam*, ist zu beachten, dass *-iḍh-* für **-iẓḍh-* nicht lautgesetzlich war; entweder erwartete man *-īḍh-* nach 1 § 830, c oder *-iḍḍh-* nach 1 § 615 Anm. 1, § 830 Anm. 2. Nach den ind. Grammatikern war klassisch auch *-idh-*, *á-janidhvam*, zulässig, eine Formation, die genetisch ebenso wenig zum sigmatischen Aorist gehört, wie die von den ind. Grammatikern ebenfalls diesem zugerechneten Formen *a-kṛta*, *a-dhita* u. dgl. (§ 315 Anm. S. 401), oder wie *a-jayit* (TS.) von *ji-* 'ersiegen', *varti-thāḥ* (Mahābh.) von *vṛt-* 'vertere'. *-iḍhvam* ist vielleicht für *-īḍhvam* eingetreten durch Ausgleichung mit den Personen des Paradigmas, die lautgesetzlich *-iṣ-* beibehielten. Vgl. aber auch Wackernagel KZ. 41, 312 f.

338. An den *iṣ*-Aorist schloss sich im Ai. ein *siṣ*-Aorist an. Er erscheint nur selten und, abgesehen vom Optativ, nur als Aktivum, ausschliesslich bei Stämmen auf *-ā* und auf Nasal, z. B. *a-yāsiṣam* 2. Plur. *á-yāsiṣṭa*, Konj. *yāsiṣa-t*, zu *yā-* 'gehen', Inj. *rąsiṣam* zu *ram-* 'sich ergötzen', Opt. *vąsiṣīya*, zu *van-* 'gewinnen'. Musterformen waren *iṣ*-Aoriste zu Präsentien des Typus *tą-sa-ti* (S. 337 ff.). Es gab nebeneinander z. B. *bhā́-ti* und *bhā́sa-ti* 'leuchtet' (S. 341). Indem nun ein von *bhā́sa-ti* ausgegangenes *a-bhāsiṣam* (3. Sing. *a-bhāsīt*) auf *bhā́-ti* bezogen und ihm gegenüber als *a-bhā-siṣam* (*a-bhā-sīt*) empfunden wurde, konnte zu *yā-* ein *a-yāsiṣam* usw. gebildet werden. Vgl. IF. 15, 78 f. In ähnlicher Weise sind im Lat. die *-sis*-Formen wie *dīxis-tī dīxero* usw. entsprungen (§ 343).

Anm. Über handschr. *-ṣiṣ-* für *-siṣ-* (vgl. *ṣúṣka-* = av. *huška-* 1 § 826 Anm. 2) in *vąṣiṣīya* AV. 9, 1, 14, *pyāṣiṣīmahi* AV. 7, 81, 5 s. Whitney A. J. of Ph. 6, 277 und seine Anm. zu den beiden Stellen (A-V. Saṁh. p. 447. 520), Bloomfield und Spieker Journ. of the Am. Or. Soc. 13, 118.

339. Nur ausnahmsweise im Ai. *-īṣ-* für *-iṣ-* in *a-grabhīṣuḥ* usw. (S. 410). Diese Formation mit *ī* ist offenbar im Anschluss an die Formen *a-grabhīm* usw. (S. 154) aufgekommen. Über *a-grahāiṣam* (Āit. Br.) s. § 100 Anm. S. 154 f.

340. Griechisch. Weitere Beispiele zu den S. 410. 411 genannten ἐκρέμασα κρεμάω, ἤμεσα ἐμέω, ἤροσα, ἤρυσα ergeben sich aus S. 150 ff.: ἠρασάμην, zu ἔρα-μαι 'liebe', ἐρα-τός; γηράσαι, zu γηράς 'alternd', γερα-ρός; γελάσαι Fut. γελάσομαι, zu γελάω 'lache' arg. -γελάμενος; ἤλασα, Fut. ἐλάω, zu arg. -ελάτω 'er treibe' ἐλήλα-ται ἐλα-τήρ; ἱλάσασθαι, zu ἵλαμαι 'versöhne'; ἐδάμασα Fut. δαμάω, zu ἀ-δάμας ('unbezwingbar') ἀ-δάμα-τος; ταλάσαι, zu τάλαντα 'Wage'; ἀγάσασθαι, Fut. ἀγάσομαι, zu ἄγα-μαι 'achte für gross, staune'; λόεσα, att. λοῦσα, zu λοέω 'wasche' aus *λοϝε-μι; καλέσαι, Fut. καλῶ, zu καλέω 'rufe'; ἀλέσαι, Fut. att. ἀλῶ, zu ἀλέω 'mahle' ἀλε-τρίς. Ferner ἐ-κέρασα, Fut. κεράσω und (Hesych) κερῶ, zu Präs. κεράομαι 'mische mir', Perf. κέκραμαι; ἐ-σκέδασα, Fut. σκεδάσω und σκεδῶ, zu σκεδάννῡμι 'zerstreue'; ὤλεσα 'richtete zu Grunde', Fut. ὀλέσω und ὀλέω, zu ὀλώλε-κα, ὀλε-τήρ; ὤμοσα 'schwor', Fut. ὀμοῦμαι, zu ὀμώμο-ται ἀπ-ώμοτος; ἀρύσαι, zu ἀρύω 'schöpfe' aus *ἀρῦ-μι, ἀρυ-τήρ ἀρύ-ταινα.

An die Futura wie ἐμέω ὀλέω schliessen sich die εο-Futura von beliebigen Wurzeln auf Nasal oder Liquida an, z. B. κτενέω κτενῶ, τενῶ, νεμῶ, φθερῶ, στελῶ, βαλῶ. Hiernach wiederum κλινῶ, πλυνῶ, φανῶ, ὑφανῶ, αὐανῶ u. dgl. und ὀνομανῶ, καθαρῶ, ἀγγελῶ u. dgl. (S. 403 f.). Vgl. § 300, 2, a.

Ferner ging -εω auf die Futura auf -σω über, wodurch das sogen. Futurum Doricum entsprang, z. B. δειξέω, woraus lautgesetzlich teils δειξῶ teils δειξίω, zu δείξω (§ 313. 317), θησέω, zu θήσω (§ 329. 331), μνασέω, zu μνάσω μνήσω (§ 345. 347). Dieser Typus kommt nicht nur in den dor. Dialekten vor (zumteil untermischt mit den älteren Formen mit -σο-), sondern bei einigen Verben auch im Ion.-Att., z. B. att. φευξοῦμαι neben φεύξομαι. Vermutlich ist die Bildung von den Personen mit -σε- ausgegangen, und zwar ist zunächst z. B. die 3. Sing. δείξει nach κτενεῖ usw. in δειξεῖ geändert worden, um einen formalen Unterschied gegen den (kurzvokalischen) Konj. Aor. δείξει zu gewinnen. Einer andern Erklärung zufolge wäre hom. ἐσσεῖται herakl. ἐσσῆται 'erit' = *ἐσσέεται eine Kontamination von ἔσσεται und dem (futurischen) Konj. zu εἰμὶ *ἔεται = *ἔσεται (vgl. lat. *erit* ai. *ása-t(i)* S. 94) und hätte diese Neubildung *ἐσσέεται den Anstoss zu dem ganzen Fut. Doricum gegeben. Vgl. Brugmann-Thumb Griech. Gramm.[4] 371 f. Die Identifizierung des Fut. auf -σεω mit dem lit. Fut. auf *-siu* (Bezzenberger BB. 26, 169 ff., dem Schulze Ber. d. Berl. Akad. 1904 S. 1439 beistimmt) leuchtet mir nicht ein.

Das Fehlen des σ in den Konjunktivformen, die zu Ind. Fut. geworden sind, κρεμάω usw. repräsentiert den lautgesetzlichen Stand nach 1, 747 f., während die Formen mit σ, ἐκρέμασα usw., ebenso Neuschöpfungen waren wie ἔπνευσα, ἔστησα usw. S. hierüber § 351.

341. Aoriste dieser Klasse zeigen im Äol. (Lesb.-Äol., Hom., Böot.) -σσ- statt -σ-, z. B. κρεμάσσαι ἐλάσσαι δαμάσσαι, ἐμέσσαι ὀλέσσαι, ὀμόσσαι. Dass diese Formen Neuerungen waren, wird dadurch bewiesen, dass Dialekte, welche die Geminata σσ lautgesetzlich festhielten, in diesen Aoristen nur σ aufweisen, z. B. herakl. thess. ὀμόσαντες neben herakl. ἐσσῆται thess. ἐσσομέναν. Das σσ stammt aus Aoristen, in denen σ den Auslaut des Verbalstamms bildete, wie ξέσ-σαι zu ξέ[σ]ω 'schabe', τελέσ-σαι zu τελέω 'beende' aus *τελεσ-ι̯ω. Solcher Übergang in die Analogie der Verbalstämme auf σ zeigt sich auch in andern Teilen des Verbalsystems, und hier haben auch andere Mundarten als jene äolischen Teil daran, z. B. ἠγάσθην ἀγαστός, ἠρύσθην ἀπ-αρυστέον. Da man nun γελάσσαι ἐγελάσθην γελαστός, ἐράσσασθαι ἤρασμαι ἠράσθην ἐραστός, κεράσσαι ἐκεράσθην auch auf die Nominalstämme *γελασ- 'Lachen', *ἐρασ- 'Liebe' (2, 1, 533), Adv. μετά-κερας beziehen darf (vgl. τελέσ(σ)αι usw. zu τὸ τέλος, μεθύσαι μεμέθυσμαι μεθυσθῆναι zu ai. *mádhuṣ-* 2, 1, 534), so handelt es sich im wesentlichen wohl um eine schon in urgriechischer Zeit begonnene Einmischung denominativer Bildungsweise in die primäre σ-lose. Vgl. Brugmann-Thumb Griech. Gramm.[4] 363 und die dort genannte Literatur.

342. Strittig ist, ob das -εα von ᾔδεα 'wusste', πεποίθεα 'vertraute', ὀλώλεα 'war verloren' aus *-εσα hervorgegangen ist. Ein σ ist bei den Formen in dieser Tempusbildung nicht greifbar überliefert, und es ist wohl denkbar, dass im Anschluss an ὀλώλε-μεν -τε -σαν, welche Formen von derselben Art wie ἀληλε-μένος (ἐλήλα-ται, ὀμώμο-ται) waren, im Sing. -εα -εας -εε entstand nach hom. Plusqu. δείδιε (δέδϝιε): ἐδείδιμεν ἐδείδισαν, vgl. τιθέασι zu τίθε-μεν nach ἴασι : ἴμεν, δεδίασι : δέδι-μεν. Vgl. Verf. K. vergl. Gramm. 547, Brugmann-Thumb Griech. Gramm.[4] 363 ff. 367 f., Hirt Griech. L. u. Fl.[2] 580 f.

343. Italisch. Im Lat. *-is-*, woraus antevokalisch *-er-*: *vīd-is-tī -is-tis -ĕrunt*, Konj. *-ero*, Opt. *-erim* (S. 411). Hierzu

Plusqu. *vīderam*, Neubildung zu *vīdero* nach dem Verhältnis von *eram* zu *ero* und *-bam* zu *-bō* (S. 166). Ferner Inf. *vīdisse* nach *esse* usw. und Konj. Plusqu. *vīdissem* nach *essem* usw. Diese Ausgänge *-istī -istis* usw. wurden auf alle Klassen der Perfektbildung übertragen: nicht nur *dedistī*, *tutudistī*, *sēvistī*, *amāvistī*, *genuistī*, sondern auch *dīxistī* zu *dīxī* (§ 321), was zu vergleichen ist mit den ai. Neubildungen wie *a-yāsiṣam* (§ 338).

Für die Festsetzung von *-istī*, *-istis* im Ind. Perf. aller konsonantisch endigenden Wurzeln ist zu beachten, dass *-tī*, *-tis* in Verbindung mit dem Auslaut von vielen dieser Wurzeln zu unbequemen Lautgruppen führen mussten, z. B. ein **tetud-tai* (zu *tundo*) hätte lautgesetzlich **tetussī* (**tutussī*) ergeben.

Die inschriftlichen Schreibungen *inter-ieisti*, *ad-iesed* (*-iēs-* zu lesen) u. a. weisen auf einen alten *i*-Diphthong vor *-s-*. Es handelt sich aber hier nicht um etwas den ai. Formen *a-grahāiṣam*, *a-grabhīṣuḥ* (§ 339) Ähnliches, sondern wahrscheinlich um Eindringen des *i*-Diphthongs, der von Haus aus die Wurzelsilbe dieses Verbums ausgemacht hat (§ 364. 386).

Über die osk.-umbr. Ind. Fut. wie osk. *pert-emest* s. § 335 S. 411, § 348.

344. Keltisch. Die Formen wie ir. 3. Sing. *-car* 'liebte' aus **karas-t* setzten uridg. *-ə-s-* fort, woraus urkelt. *-ās-*, doch muss für das Inselkeltische *-āss-* bei folgendem Vokal angesetzt werden, z. B. 1. Plur. *-carsam* aus **karasso-m-* (themavokalisch), s. S. 412. Die Flexion ist ein Gemisch themavokalloser und themavokalischer Formen, wie beim *s*-Konjunktiv (§ 323. 350). Aus den brit. Dialekten sei *cafas* 'er bekam' genannt. Im Gall. begegnet nur éine Form, die hierher gehören kann, und die einfaches *s* und dahinter eine andre Endung als das Irische zeigt, die 3. Sing. *legasit* (Inschrift von Bourges).

Woher *-ss-* stammt, das an die äol. Formen wie κρεμά-σσαι (§ 341) erinnert, ist unklar. Vielleicht lagen, wie im Griechischen, den *ss*-Formen zweisilbige Verbalstämme auf *-əs* zu Grunde. Thurneysen hat KZ. 37, 118 vermutet, nachdem im Urinselkeltischen in der 3. Sing. *-ast* zu *-ass* oder *-as* geworden war, sei diese Form der 3. Sing. gewissermassen als Stamm der übrigen Personen erschienen, und man habe auf ihr ebenso **-karas(s)ū*,

**-karas(s)es* aufgebaut, wie man beim *t*-Präteritum der 3. Sing. *-bert* (mit der Personalendung *-t*) die Formen 1. Sing. **bertū* (*-biurt*) usw. zugesellte (§ 287).

345. B) Zu § 311, 3: Typus ai. *á-trās-ta*. Diese Aoristbildung schliesst sich an die Präsentia (Aoriste) des Typus ai. *trā́-ti* (S. 161 ff.) an.

Mehrsprachliches.

ā-Stämme. **i̯ā-* 'gehen' ai. *yā́-ti* lit. *jóju* (S. 161): ai. *á-yāsam*, 3. Plur. *á-yāsuḥ*, Konj. *yā́sa-t*, lit. Inj. *jós-me -te*. — **ĝhu̯ā-* 'rufen': ai. Gramm. *a-hvāsta* (vgl. Fut. *hvāsya-tē*, Inf. *hvā-tum*), zu Präs. *háva-tē*, aksl. *zъvachъ* (vgl. Inf. *zъva-ti*), zu Präs. *zovą*. — **derā-* 'entlaufen' ai. *drā́-ti* griech. ἔ-δρᾱν (S. 161): ai. Konj. *drāsa-t*, griech. ἀπ-έδρασα (spät), Fut. δράσομαι. — **gᵘā-* wie **drā-* (S. 148. 161 f.): ai. Gramm. *a-gāsta*, griech. ἔ-βησα, Fut. βήσομαι. — Gleiche Aoriste zu jüngeren, einzelsprachlich zweisilbigen *ā*-Stämmen, wie **arā-* 'pflügen': herakl. Fut. 3. Plur. ἀράσοντι (vgl. Präs. hom. ἀρόωσι und gort. ἄρατρον, das wohl ἄρᾱτρον zu lesen ist), aksl. *orachъ* (vgl. Inf. *ora-ti*), und zu den jüngeren *ā*-Denominativa, wie griech. ἐτίμησα Fut. τιμήσω, lit. Inj. *lankós-me -te* aksl. *ląkachъ* (S. 210 ff.).

ē-, *ō*-Stämme. **au̯ē-* 'wehen' ai. *vā́-ti vā́ya-ti* griech. ἄησι (S. 170): ai. *a-vāsīt*, griech. κατ-αήσεται· καταπνεύσεται (Hesych). — **menē-* 'sinnen, geistig rege sein' (S. 170): griech. Fut. μανήσομαι (zu ἐ-μάνην), lit. Inj. *minės-me -te* aksl. *mьněchъ*. — **pelē-* 'füllen' ai. *á-prāt* griech. πλῆτο (S. 170): ai. *á-prāsam*, 3. Sing. *á-prāḥ*, griech. ἔ-πλησα Fut. πλήσω. — **bhesē-* 'zerkauen' ai. *psā́-ti* griech. ψῆ (S. 171): ai. Gramm. *a-psāsīt*, griech. ἔ-ψησα Fut. ψήσω. — **ĝenē- ĝenō-* 'kennen' (S. 170): ai. *a-jñāsam*, griech. ἀν-έγνωσα Fut. γνώσομαι, aksl. *znachъ*. — Die gleichen Aoriste zu jüngeren, einzelsprachlich zweisilbigen *ē*-Stämmen, wie hom. Fut. εἰδήσω, att. εἴδησα, lit. *pa-vydės-me -te* aksl. *viděchъ* (S. 157), und zu den jüngeren sich ihnen anschliessenden Denominativa, wie griech. ἐ-φίλησα ἐ-μίσθωσα (Fut. φιλήσω μισθώσω), lit. Inj. *senės-me -te jůkūs-me -te*, aksl. *cěléchъ* (S. 215 ff.).

Mit den einsilbigen *s*-Stämmen auf *-ā-s-*, *-ē-s-* *-ō-s-* erschienen den Sprechenden als formal gleichartig diejenigen des Typus **bhū-s-* griech. ἔφῡσα aksl. *bychъ* (S. 412). Zu diesem gehören u. a. noch folgende Aoriste. Ai. Med. *á-dhūṣṭa*, griech. ἔ-θῡσα, zu **dheu̯āx-* 'schütteln' (ai. *dhavi-tra-m* usw.). Ai. 3. Plur. *a-hūṣata* neben *a-hvāsta* (S. 418); 3. Plur. *a-kīrṣata*, zu *kirá-ti* 'zerstreut' Part. *kīrṇa-ḥ* (Persson Beitr. 657); 3. Plur. *á-dhūrṣata* (vgl. Desid. *dú-dhūrṣa-ti*), zu *dhvára-ti* 'beschädigt' Part. *dhūrta-ḥ* (Basis **dhu̯erāx-*). Griech. ἔ-στρωσα Fut. στρώσω, mit στρωτός ai. *stīrṇá-ḥ* zu Basis **sterē-* 'sternere'. Aksl. *žichъ*, mit Inf. *ži-ti* zu Basis **gu̯ei̯ē-* 'leben'; *žichъ* : ion. ἔζησα ἔζωσα = ai. *a-hūṣata* : *a-hvāsta*.

Aoriste dieser Art auf **-ī-s-m̥ *-ū-s-m̥* waren mit vorbildlich für denominative Formen wie griech. ἐ-μήνῑσα ἐδάκρῡσα, Fut. μηνίσω δακρύσω, lit. Inj. *dalýs-me -te*, aksl. *gostichъ* (S. 221 ff.).

346. Arisch. Noch andre Beispiele (vgl. § 345): Ai. 1. Plur. *á-trāsmahi*, gthav. Inj. *ϑrāzdūm* = ai. *trádhvam* (aus **trāzdhvam*), zu ai. *trā́-tē trā́ya-tē* 'behütet' Basis **terā-* 'glücklich hinübergelangen' (S. 161). Ai. *á-dhyāsam*, zu *dhyā-ti dhyā́ya-ti* 'denkt, sinnt' (S. 163). *a-pyāsam*, zu *pyā́ya-tē* 'schwillt'. *a-drāsīt*, zu *drā-ti* 'schläft'.

a-drāsī-t : *á-prās* (S. 418) = *á-bhārṣī-t* : *á-bhār* (§ 337).

347. Griechisch. Noch andre Beispiele (vgl. § 345): ἔ-μνησα Fut. μνήσω (urgriech. ᾱ), zu μι-μνή-σκω μέ-μνη-μαι Basis **menā-* 'gedenken' (S. 163). ἔ-νησα Fut. νήσω (urgriech. η), zu ἔ-ννη Basis **senē-* 'spinnen, nähen' (S. 170). ἐ-βιωσάμην βιώσομαι, zu βιώ-σκομαι 'belebe wieder' Basis **gu̯ei̯ō-* (vgl. S. 173 f.).

Über das Verbleiben des zwischenvokalischen σ, wie in ἔπνευσα ἔδησα usw., s. § 351.

348. Italisch. Hier mag zunächst das osk.-umbr. *-so-*Futurum genannt werden, welches der kurzvokalische Konj. des *s*-Aorists gewesen zu sein scheint. Es war nicht vom allgemeinen Verbalstamm aus geschaffen, sondern vom Präsensstamm aus. Denn es begegnen nicht nur osk. *deiuast* 'iurabit', *censazet* 'censebunt', umbr. -pehast 'piabit' (vgl. dor. ἐ-τί̄μασα), osk. sakrvist 'sacrabit' neben Präs. sakruvit 'sacrat' (vgl. griech. ἐμήνῑσα), osk. umbr. *fust* 'erit' umbr. furent 'erunt' (vgl. griech. ἔ-φῡσα aksl. *bychъ* S. 412), sondern auch osk. *pert-emest* 'perimet' (zu lat. *emi-t*), *didest* 'dabit' (zu vest. *didet* 'dat'), umbr. staheren 'stabunt' (zu *stahu* 'sto'), *heriest* 'volet' osk. bantin.

herest 'volet' aus **herįest* (zu umbr. heri 'vult'), umbr. *habiest* osk. *hafiest* 'habebit' (zu umbr. *habe* 'habet', habia 'habeat'). Vielleicht hat man erst nach dem Verhältnis von **deiųāseti* (osk. *deiuast*) zu **deiųā-ti* (osk. **deiuat*), dem von **fūseti* (osk. umbr. *fust*) zu **fūtōd* 'esto' (umbr. *futu*) u. dgl. die Formen **emeseti* (osk. *-emest*) zu **eme-ti* (osk. **eme-t*) gebildet (vgl. westslav. **možechъ* nach *dělachъ*, *budichъ* u. dgl. § 354). Vgl. IF. 30, 358 ff.

Die 3. Plur. auf **-senti* (osk. *censazet* umbr. furent) zeigt den Ersatz des ursprünglichen Ausgangs durch den der themavokallosen Stämme, den auch sonst die themavokalischen Indikative aufweisen, z. B. osk. fiiet d. i. fiient 'fiunt' (S. 58). Diese Neuerung ist wohl erst zu der Zeit eingetreten, als die *so*-Konjunktive mit den Indikativen auf gleiche Linie gekommen waren.

Im Lateinischen gehen den Formen wie *faxo faxitur*, *faxim* (S. 405) parallel solche wie *indicāsso turbāssitur cūrāssint*, *habēsso*, *ambīsso*. Dazu ein präsentisch gebildeter Infinitiv, z. B. *expugnāssere*. Nach IF. 15, 77 ff. würde die Formation zu den osk. sabell. Präsentia auf **-ātō* wie osk. krustatar gehören (S. 366 f.): *-āsso* aus **-ātsō*. Danach wäre sie eigentlich zu § 321 zu stellen. Sturtevant (Class. Philol. 6, 221) dagegen vermutet, von *faxo*, *capso*, *in-cēnsim* usw. sei in uritalische Ausgänge **-āzō* **-ēzō* *s* für *z* in derselben Weise eingeführt worden, wie griech. ἔδησα, ἐτίμησα ihr σ dem analogischen Einfluss von ἔδειξα, ἔτερψα usw. verdankten (§ 347). Verfehlt ist meines Ermessens die Vermutung von Skutsch (Glotta 3, 103), *amāssim* sei *amāns sim* (vgl. IF. 30, 342 f.).

349. Baltisch-Slavisch. Noch andre Beispiele (vgl. § 345): Lit. Inj. *klós-me -te*, zu *klóju klóti* 'hinlegen, hinbreiten' (S. 200), *bijós-mė-s -tė-s*, zu *bijaũ-s bijóti-s* 'fürchten' (S. 168), *žinós-me -te*, zu *žinaũ žinóti* 'wissen' (S. 168). Aksl. *běchъ* aus **bhųē-s-*, zu Basis **bheųē-* (S. 176).

C. Die Flexionsweise der *s*-aoristischen Formen.

350. Themavokallose und themavokalische Flexion des Ind. Aor. Im allgemeinen muss die Flexion in uridg. Zeit themavokallos gewesen sein, *-s-m̥*, *-s-s*, *-s-t* usw., z. B. ai. Akt. 2. 3. Sing. *á-rāik* aus **a-rāik-š* **a-rāik-t*, Med. 3. Sing. *á-mąs-ta*, gthav. Akt. 3. Sing. *dār^əš-t*, Med. 3. Sing. *mąs-tā*, griech. Akt. 1. Sing. ἔ-μειξ-α, Med. 3. Sing. ἔ-μεικ[σ]-το, ir. Akt. 3. Sing. *-car* aus **karas-t*, aksl. Akt. 2. 3. Sing. *-žę* aus **žęs-s *žęs-t*, 2. Plur. *žęs-te*. Dazu noch die Injunktivformen wie ir. 3. Sing. *-orr* aus **-orkṣ-t* (S. 406), lit. 3. Sing. *reñs* aus **rems-t* (S. 407). Zu dieser themavokallosen Flexion stimmt, dass der Konjunktiv meist kurzvokalisch auftritt, wie ai. 3. Sing. *pāsa-ti* av. 2. Sing. Med. *pårəhahe*, hom. 1. 2. Plur. τείσο-μεν τείσε-τε, dieselben Formen als Indik. Fut., lat. Fut. 2. 3. Sing. *faxi-s faxi-t*, ir. 3. Plur. *-diassat* aus **deikso-nt*.

Nun erscheinen in allen Sprachzweigen im Indik. auch themavokalische Formen, teils so, dass der thematische Vokal bei bestimmten Verben durch alle Personen durchgeht (Ai.), teils so, dass er nur gewissen Personen des Paradigmas eignet (Griech., Lat., Ir., Slav.). Im Altindischen zeigen vorzugsweise Wurzeln auf Guttural (*k̂ q qᵘ*, *ĝ* usw.) diese Bildung. Dabei ist es kaum Zufall, dass gerade diese Wurzeln auch ein grosses Kontingent zu den Präsentien auf **-se-ti* stellen (*dákṣa-ti*, *úkṣa-ti*, *rákṣa-ti*, *mṓkṣa-tē*, *mrakṣa-ti mṛkṣa-ti* usw.). Ich habe daher die *kṣ*-Aoriste wie *á-mṛkṣa-t*, *á-dikṣa-t*[1]) mit diesen Präsentien zusammen in § 256. 258 besprochen. Hier sind sie nun nochmals zu erwähnen, zumal da bei dieser Aoristklasse die 1. Sing. und die 2. 3. Du. Med. nach der Lehre der ind. Grammatik regelmässig themavokallos gebildet werden, z. B. *á-dikṣi*, *á-dikṣāthām*, *á-dikṣātām*. Auch das Iranische hat themavokalische Formen zu gutturalisch endigenden Wurzeln: apers. wahrscheinlich *niyapišam* (S. 342), av. *uz-važa-t̰* 'er führte heraus' (W. *u̯eĝh-*), aber zugleich av. *a-sąsa-t̰* 'er vollzog' neben gthav. *sąs* (S. 400). Überdies kann im ganzen ar. Gebiet die 1. Sing. auf *-am* als themavokalisch angesehen werden, z. B. av. *aiwi-vīsəm* (S. 397). Aus dem Griechischen kommen in Betracht die 3. Sing. auf -σε, wie ἔδειξε, deren -ε aber durchweg auch aus dem Perfekt (οἶδε) herübergekommen sein kann (§ 351), und das homer. ἷξον 'sie kamen'. Aus dem Lateinischen die 3. Sing. auf *-it*, wie *dīxit*,

1) Auch *dvikṣa-t* (AV.), zu *dvḗṣ-ṭi dviṣ-ánti* (S. 340 f.), was eine Folge davon war, dass *-ṣṭ-* nicht nur aus *-st-* entstanden war, sondern auch aus *-k̂t-*, z. B. in *váṣṭi* (S. 91).

wahrscheinlich aus dem ältern *-ĕd* (inschr. *feced*); möglicherweise stammte aber dieser Ausgang im Ind. Perf. von starken themavokalischen Präterita, die dem Perfektsystem einverleibt worden sind, wie *fidit* (S. 134), *pe-pugit* (S. 144). Überdies kann die 1. Plur. *dīximus* als alte *so*-Form betrachtet werden, doch ist zugleich mit Neubildung zu rechnen nach *fidimus*, *pepugimus* u. dgl. Im Irischen ist die Flexion eine Mischung von *s*- und *so*-Formen, und zwar sind die Formen themavokalisch ausser der 3. Sing. Akt. und Depon. und der 2. Sing. Depon. (S. 417). Da nun dieselbe Flexionsweise im *s*-Konjunktiv erscheint (S. 405 f.), so müssen sich diese beiden Modi früh gegenseitig beeinflusst haben. Eine Art von Übereinstimmung war von früher dadurch vorhanden, dass die themavokallosen Formen ohne Augment zugleich indikativischen und (als Injunktive) konjunktivischen Sinn haben konnten. So mögen die *so*-Formen des Ind. alle unursprünglich sein. Auch kann, da der Konj. schon von Haus aus teilweise sekundäre und primäre Personalendungen nebeneinander hatte (vgl. ved. *nḗṣa-t* und *nḗṣa-ti*), das Nebeneinander von 'konjunkter' und 'absoluter' Flexion im Ind., z. B. 3. Sing. *-mōr* und *mōrais*, 3. Plur. *-mōrsat* und *mōrsit*, aus dem Konj. stammen. Im Slavischen zeigen die ersten Personen der drei Numeri Themavokal: *jęsъ jęso-mъ jęso-vě*[1]).

Zu berücksichtigen ist noch zweierlei aus der Modusbildung der *s*-Aoriste.

1) Übereinstimmend im Ar. (im Ai. ausserhalb des Gebietes der *kṣ*-Formen) und im Griech. kommt thematischer Vokal auch im Imperativ vor: ved. Akt. 2. Sing. *nēṣa*, *parṣā* 3. Sing. *nēṣa-tu* (vgl. Konj. *nḗṣa-t(i)*, *párṣa-t(i)*), Med. 3. Sing. *rāsa-tām* 3. Plur. *rāsa-ntām* (vgl. Konj. *rā́sa-t*), av. Akt. 3. Plur. *jaŋhəntu* (vgl. Konj. gthav. *jə̄ngha'tī* S. 400), gr. οἶσε οἰσέ-τω (vgl. Konj. = Ind. Fut. οἴσω 'feram', ark. Konj. ἐπ-οίσῃ), ὄψε-σθε (ὄψεο bei Hesych), ἄξε-τε, λέξε-ο u. a. Entsprechendes im Imper. Perf.: ai. *mu-mōca-ta*, griech.

1) Dem Umstand, dass die ai. themavokalischen Formen *á-dikṣa-t* usw. zu Wurzeln auf Guttural gehören, dass im Lat. so viele Perfecta auf *-xit* ausgehen, und dass zu einer Gutturalwurzel auch ἶξον gehört, kann ich mit Rücksicht auf die Frage, welche Formen des Ind. in uridg. Zeit themavokalische Flexion gehabt haben mögen, nicht das Gewicht beilegen, das ihm Meillet Mélanges F. de Saussure S. 99 beilegt.

κε-κράγε-τε (§ 412). Diese *so*-Formen zeigen, wie unscharf die Grenzen zwischen *-so-* als Bildungselement des Konj. des *s*-Aorists und als Bildungselement eines themavokalischen Indikativs mit voluntativer oder prospektiver Bedeutung ursprünglich waren (vgl. S. 336 f. 384 f.).

2) Vielleicht waren auch themavokalische Optative mit *-sei-* oder *-soi-* altererbt. Ausser dem vereinzelten ai. *janiṣēyam janiṣēya* (Kāṭhaka) werden dafür angeführt aus dem Baltischen die Formen wie lett. *isim* 'lasst uns gehen', preuss. *galbsai* 'er walte', *boūsei bousai* 'er sei', *dāsai* 'er gebe', aus dem Griech. δείξεια (vgl. ark. ἐξ-ελαύνοια), δείξει-μεν -τε -αν. S. hierüber zuletzt Solmsen KZ. 44, 172, Brugmann-Thumb Griech. Gramm.[4] 368 f. und S. 677, wo eine Vermutung von R. Günther angeführt wird, nach der zunächst durch Dissimilation *-σαια, *-σαιαν zu -σεια, -σειαν geworden und hiernach -σειας, -σειε für -σαις, -σαι und -σειμεν, -σειτε für -σαιμεν, -σαιτε aufgekommen wären.

Nach allem dem ist nicht zu bestimmen, wie in uridg. Zeit die themavokallose und die themavokalische Flexion beim *s*-Aorist gegen einander abgegrenzt gewesen sind.

351. Griechisch. Das nicht lautgesetzliche σ in den Formen wie ἔτεισα ἔπνευσα (§ 317), ἔστησα ἔμνησα (§ 331. 347) scheint auf einem zweifachen analogischen Einfluss zu beruhen. Einerseits auf der Einwirkung der Formen wie ἔδειξα, ἔτερψα. Anderseits mögen ἔτεισα, ἔτεισαν in einer urgriechischen Zeit, als noch *ἐ-τεισ(-ς) *ἐ-τεισ(-τ) *ἐ-τεισ-τε *ἐ-τεισ-τον *ἐ-τεισ-τᾱν gesprochen wurde, zugleich von hier aus das σ wiederbekommen haben. Mit den zum Ind. Fut. gewordenen Konjunktiven wie δείξω, τέρψω gingen Hand in Hand die Formen wie τείσω, στήσω, μνήσω.

Da im Widerspruch mit ἐκρέμασα, ὤλεσα (§ 340) und den zu diesen gehörigen Konjunktiven κρεμάσω, ὀλέσω die Futura κρεμάω, ὀλέω bezüglich des σ den urgriechischen lautgesetzlichen Stand festgehalten haben, so ist zu schliessen, dass die Aoriste zu den zweisilbigen Stämmen κρεμα-, ὀλε- in den Personen, wo *s* zwischen Vokalen gestanden hatte, länger als die zu den einsilbigen Stämmen τει-, πνευ- usw. gehörigen Aoriste ohne *s* gesprochen worden sind, dass man also länger *ἐ-κρεμα-α, *ἐ-κρεμα-αν usw. gesprochen hat als *ἐ-τει-α *ἐ-τει-αν usw. Dieser Unterschied in der Behandlung des Aoristcharakters erklärt sich leicht aus der Verschiedenheit der Silbenzahl des Verbalstamms: *ἐ-τεια (bezieh. *ἐ-τειhα, worauf hier wenig ankommt) war dem Einfluss von ἔδειξα, ἔτερψα mehr ausgesetzt als *ἐ-κρεμαα (bezieh. *ἐ-κρεμαhα). Als ἐκρέμασα -σαν aufkam (nach *ἐ-κρεμασ(-ς) *ἐ-κρεμασ(-τ) *ἐ-κρεμασ-τε usw.), hatte sich κρεμάω als Ind. Fut. vom *s*-Aorist bereits losgelöst und verselbständigt. Wenn sich aber später z. B. für ὀλέω auch ὀλέσω als Ind. Fut. neben ὤλεσα einstellte, so geschah das nach dem Muster von Fut. δείξω, φιλήσω usw. neben Aor. Ind. ἔδειξα, ἐφίλησα, Konj. δείξω, φιλήσω usw.

Unursprünglich war das α in -σας -σατε -σατον -σατᾱν -σαο u. a., dagegen ursprünglich d. h. lautgesetzlich entwickelt in -σα = *-*s-m̥* und -σαν, -σαντο für *-σα[τ], *-σατο = *-*s-n̥t*, *-*s-n̥to* sowie im Part. -σαντ-, für *-σατ- = **s-n̥t-* (2, 1 § 346). Von den letzteren Formen aus hat sich α im *s*-Aorist verbreitet, vielleicht zugleich vom Infinitivausgang -σαι aus, der ursprünglich vom *s*-Aorist unabhängig gewesen zu sein scheint (2, 1, 142. 640). Offenbar hat Beeinflussung stattgefunden zwischen diesem Aoristindikativ und dem Ind. Perf. (wie δέδορκα -ας -ε usw.), die von älterer Zeit her in der 1. Sing. auf -α übereinstimmten und in der 3. Sing., falls ἔδειξε aus *-σετ hervorgegangen war (S. 421). In welcher Zeitfolge die beiderseitigen Paradigmata im einzelnen zu ihren seit Beginn der historischen Periode der griech. Sprache vorliegenden flexivischen Ausgängen gekommen sind, ist nicht mehr zu ersehen. Vgl. Brugmann-Thumb Griech. Gramm.[4] 364.

Die Ausbreitung von -α- fand erst statt, nachdem σ zwischenkonsonantisch geschwunden, bezieh. σσ postkonsonantisch zu σ geworden war. Nur so erklärt sich das Verbleiben von Formen wie λέκτο aus *λέκσ-το (§ 318).

Ferner ist hier zu erwähnen, dass die Endung der 3. Plur. -σαν in ἔθεσαν, ἐτίθεσαν, ἔστασαν, ὀλώλεσαν, εἵησαν usw. aus dem σ-Aorist, von Formen wie ἔδειξαν, herrührt. -σαν in ἔδειξαν konnte sich als Personalendung ablösen, als daneben noch *ἔδεικμεν (oder *ἔδειχμεν, s. Brugmann-Thumb Griech. Gramm.[4] § 84, 1), *ἔδεικτε usw. standen. Dass so nur -σαν, nicht auch

-σαντο als Personalendung weiterging (ἔθεσαν, aber ἔθεντο, nicht *ἐθεσαντο), beruht darauf, dass man beim Aktiv darauf aus war, eine mit den Formen der 1. und 2. Plur. inbezug auf die Silbenzahl übereinstimmende Form herzustellen, ἔ-θεσαν wie ἔ-θεμεν ἔ-θετε. Diese zu starken Aoristen gehörigen Formen auf -σαν wurden in jüngerer Zeit wieder Ausgangspunkt für neue Formensysteme nach Art des *s*-Aorists: ἔθεσα usw. zu ἔθεσαν, ἔδοσα usw. zu ἔδοσαν und vermutlich so auch ἔφθασα, ἔφθισα zu ἔ-φθα-σαν, ἔ-φθι-σαν (§ 331).

352. Lateinisch. Von den an die alten Perfekta wie *tutudī* angeschlossenen *s*-Aoristformen können als themavokalische Formen gelten die 3. Sing. und die 1. Plur., *dīxit* und *dīximus* (S. 421 f.). Im übrigen s. § 385. Für den Anschluss des *s*-Aorists an's Perfekt vergleiche man, dass im Irischen in der späteren Zeit alte Perfekta vielfach nach der Analogie des *s*-Aorists umgestaltet worden sind, z. B. *tānacus* 'ich kam' für *tānac*.

353. Slavisch. Zunächst wechselten *-sъ* und *-chъ* lautgesetzlich nach Massgabe des vorausgehenden Lautes, z. B. *jasъ* zu *jamь* (3. Plur. *jadętъ*), *čisъ* zu *čьtą*, *věsъ* zu *vedą* nach 1 § 810, a. 908, *věsъ* zu *vezą* nach 1 § 627, 2, *jęsъ* zu *imą*, *pęsъ* zu *pьną* nach 1 § 908, dagegen *těchъ* zu *teką* nach 1 § 647, 6, *žrěchъ* aus **žerchъ* zu *žьrą* nach 1 § 906, 2. 913, *pichъ* zu *pьją*, *gostichъ* zu *gošlą*, *pěchъ* zu *pojq*, *bychъ* zu *byti*, *sluchъ* zu *slovą* nach 1 § 906, 2. 913. Aber schon in urslav. Zeit wurde *-chъ* auf alle vokalisch auslautenden Verbalstämme analogisch ausgedehnt, z. B. *dachъ*, *děchъ*, *orachъ*, *cělěchъ*, ebenso auch *minąchъ* (S. 322 f.). Später sogar *jachъ jachomъ jaše* statt *jasъ jasomъ jasę*, *męšę* statt *męsę* (zu *mętą*) u. dgl.

Bei der 3. Sing. einsilbiger Verbalstämme, die auf *-ę*, *-i*, *-ě* ausging, trat oft vom Ind. Präs. her *-tъ* an: *pętъ* für *pę*, *-jętъ* für *-ję*, *bitъ* für *bi*, *po-vitъ* für *-vi*, *pětъ* für *pě*, *u-mrětъ* für *-mrě*. Nach Massgabe der Gleichheit der 2. und 3. Sing. in der ursprünglichen Gestaltung, z. B. 2. 3. Sing. *pę*, wurde dann die Form auf *-tъ* auch als 2. Sing. gebraucht.

Für dieses *-tъ* der 2. und 3. Sing. erscheint *-stъ* in *jastъ* für **ja* neben *iz-ě*, *dastъ* für *da* und *bystъ* für *by*. Da *-ě* eigentlich wohl Imperfektform zum Präsens *jastъ* war, = **ēss*, **ēst*, so gut wie *vede* neben *věsъ* (S. 49. 408), so war vielleicht *jastъ* für **ja* schon als Imperfekt aufgekommen. In *da* mögen **dō-s *dō-t* (ai. *á-dāḥ á-dāt*) und das Imperfekt zu Präs. *dasi dastъ* (S. 99 f. 110) zusammengefallen sein, so dass das Prät. *dastъ* vielleicht ebenfalls schon als Imperfekt bestanden hatte. *bystъ* endlich hat seinen Ausgang von *jestъ* übernommen, eine Verschmelzung der beiden verschiedenen Wurzeln, mit der sich vergleichen lässt, dass im Preussischen für den Opt. **sei* 'er sei' *seisei* gebildet worden ist nach *boūsei* (Trautmann Altpreuss. Sprachd. 288, Solmsen KZ. 44, 172).

354. Im Aksl. erscheinen bei den konsonantisch auslautenden Wurzeln, ausser in der 2. 3. Sing., Aoristformen mit *o* zwischen der Wurzelsilbe und den Ausgängen *-chъ*, *-chomъ* usw.: z. B. *vedo-chъ*, *-chomъ -ste -šę*, *-vě -sta -ste*. Für *-o-* im Westslav. *-e-*, z. B. ačech. *možech*, 3. Du. *možesta* gegenüber aksl. *mogochъ*, *mogoste*. Diese Formen sind in der slav. Entwicklung neu aufgekommen, und zwar so, dass man themavokalische starke Aoriste, wie sie sich schon vorher in der 2. 3. Sing. im Paradigma des sigmatischen Aorists festgesetzt und hier die *s*-Formen verdrängt hatten (z. B. *vede vede* neben *věsъ* usw., *reče reče* neben *rěchъ*), teils von den Personen mit *-e-* aus, teils von den Personen mit *-o-* aus zu *s*-Aoristen machte. Wie man *znachъ* neben *zna*, *budichъ* neben *budi* hatte, so stellte man westslav. **možechъ* neben *može*, **padechъ* neben *pade* usw., während man im Südslav. und Russ., an die Formen *mogą mogomъ mogą* anknüpfend, zu *mogochъ* kam. Dass man hier wie dort im Paradigma die eine Qualität des Themavokals durchführte (abgesehen davon, dass sich in der 2. 3. Sing. aksl. *može može*, *vede vede* usw. neben *mogochъ mogochomъ mogoste* usw. behauptete), geschah nach dem Vorbild der Vokalgleichheit vor den *s*-aoristischen Ausgängen in *budichъ budichomъ budiste* usw., *dělachъ dělachomъ dělaste* usw. (Ähnlich osk. *pert-emest* nach *deiuast* usw., S. 419 f.). Gefördert wurde die Ausbreitung der Neubildung durch zweierlei. Erstens dadurch, dass Formen der 2. Plur. und 2. 3. Du. wie *vedete vedeta vedete*, *možete možeta možete*, da sie sowohl dem Aorist- wie dem Präsensparadigma angehörten, zweideutig waren: durch die Neuschöpfungen auf *-ste -sta -ste* wurden die beiden Tempora nunmehr formal auseinandergehalten. Zweitens dadurch, dass die neuen Aoristsysteme wie *redochъ vede vede redochomъ* bezüglich des Wurzelvokals gleichmässig waren gegenüber den älteren wie *věsъ vede vede věsomъ* usw.

So im wesentlichen schon in der 1. Aufl. (2, 1190). Vgl. damit Leskien Gramm. d. abulg. Spr. 204, Meillet Gött. g. A. 1910, S. 365 ff., Jagić Arch. f. slav. Ph. 28, 27, Vondrák Vergl. Slav. Gramm. 2, 151 f.

3. Das Perfekt und sein Augmenttempus [1]).

A. Vorbemerkungen.

355. Während zwischen den als Präsens, Futurum und Aorist bezeichneten Tempora von uridg. Zeit her kein irgend wesentlicher Bildungsunterschied bestanden hat, war das Per-

---

1) Allgemeinidg. H. Osthoff Zur Geschichte des Perfects im Idg. mit besonderer Rücksicht auf Griech. und Latein., Strassb. 1884. C. Pauli Das praeteritum reduplicatum der idg. Sprachen und der deutsche Ablaut, KZ. 12, 50 ff. Pott Verschiedene Bezeichnung des Perfects in einigen Sprachen und Lautsymbolik, Z. f. Völkerpsych. 15, 287 ff. 16, 117 ff. La Terza Modi e tempi formatisi sul tema del perfetto nelle lingue indo-europee e specialmente nell' antico indiano ed iranico, nel greco e nel latino, Napoli 1892. G. Meyer Zum idg. *ē*-Perfektum, IF. 5, 180 ff. F. Lorentz Die *ē*-Perfekta, IF. 8, 68 ff. P. von Bradke Über den 'Bindevokal' skr. *i* griech. α (lat. *i* got. *u*) im Perfektum, IF. 8, 123 ff.

Arisch. Bartholomae Die ai. *ē*-Formen im schwachen Perfect, KZ. 27, 337 ff. Ders. Der 'Bindevocal' *i* im avestischen Perf., Ar. Forsch. 2, 97 ff. A. Hillebrandt Zum ind. Perfektum, BB. 19, 246 f.

Griechisch und Lateinisch. Ernault Du parfait en grec et en latin, Paris 1886.

Griechisch. H. Malden On Perfect Tenses in Greek, and especially the First Perfect Active, Transact. Philol. Soc. 1865 S. 168 ff. R. Loebell Quaestiones de perfecti Homerici forma et usu, Leipz. 1876. H. von der Pfordten Zur Geschichte des griech. Perfectums, Münch. 1882. J. Stender Beiträge zur Gesch. des griech. Perfects, 2 Teile, München-Gladbach 1883. 84. J. Wackernagel Studien zum griech. Perfektum, Göttingen 1904. La Terza Trattamento della vocale radicale nel tema del perfetto greco, Studi glottol. ital. 2 (1901) S. 1 ff. R. Fritzsche Über griech. Perfecta mit Präsensbedeutung, Sprachwiss. Abhandl. aus G. Curtius' Grammat. Gesellsch. S. 43 ff. H. Uhle Die Vocalisation und Aspiration des griech. starken Perf., ebend. S. 59 ff. Meillet Sur le parfait aspiré, Mém. 13,

fektum von jener Zeit her formal schärfer von ihnen geschieden, wie ihm auch semantisch eine besondere Aktionsart eignete (§ 48).

Die hauptsächlichsten äusseren Kennzeichen des Perfekts, das zu den themavokallosen Tempusbildungen gehört, sind: 1) Einige eigenartige Personalendungen im Indik. Akt.: *-*a* in der 1. Sing., griech. οἶδ-α ai. *véda* 'weiss', *-*tha* in der 2. Sing., griech. οἶσθα ai. *véttha*, *-*e* in der 3. Sing., griech. οἶδε ai. *véda*. Als uridg. darf auch die *r*-Endung der 3. Plur. gelten, ai. -*ur* av.

---

50 ff. G. Mahlow Einige altertümliche Perfectbildungen des Griech., KZ. 24, 293 ff. J. Schmidt Die Entstehung der griech. aspirierten Perfecta, ebend. 27, 309 ff. Ders. Noch einmal die griech. aspirierten Perfecta, ebend. 28, 176 ff. A. Hoppe Über das griech. zweite Perfect, Festprogr. des Erfurter Gymn., Erfurt 1870, S. 34 ff. Verfasser Der Ursprung des griech. schwachen Perfects, KZ. 25, 212 ff. F. Hartmann Wieder einmal das κ-Perfectum, ebend. 28, 284 ff. K. F. Johansson Über das griech. κ-Perfect, in: Beitr. zur griech. Sprachk., Upsala 1890, S. 33 ff. F. W. Walker Greek Aorists and Perfects in -κα, Class. Rev. 5, 446 ff. Sonnenschein The perfect subjunctive, optative and imperative, Class. Rev. 19, 439 f. J. E. Harry The perfect subjunctive, optative and imperative in Greek, ebend. 19, 347 ff. 20, 100 ff., The Perfect in Later Greek, Transact. of the Am. Phil. Ass. 37, 53 ff. Solmsen Homer. πεφυζότες u. Verwandtes, Rhein. Mus. 66 (1901) S. 140 ff. Mekler Die Flexion des activen Plusquamperfects, Beitr. zur Bildung des griech. Verbums, S. 43 ff.

Italisch. A. Harkness On the Formation of the Tenses for Completed Action in the Latin Finite Verb, Transact. of the Am. Phil. Ass. 5, 14 ff. 6, 5 ff. Platzer Die Lehre von den lat. Perfectis und Supinis, Neubrandenburg 1840. Lattmann Das Gesetz der Perfect- und Supinbildung im Lateinischen, Z. f. d. Gymn., N. F. 2 (1868) S. 94 ff. M. Kinke Die Zeitwörter der latein. 3. Conjugation in ihren Perfectformen, Heiligenstadt 1843. Schleicher Der Perfectstamm im Lateinischen, KZ. 8, 399 f. Fr. Müller Über das lat. Perfectum, Ber. d. Wien. Ak. 66, 225 ff. Corssen Zur Bildung des Perfectums, in: Beitr. zur ital. Sprachk. S. 503 ff. P. G. Goidanich Del perfetto e aoristo latino, Napoli 1896. H. Hirt Zum lat. Perfektum, IF. 17, 278 ff. A. Uppgreen De perfecti systemate Latinae linguae quaestiones, Eranos 6, Lund 1906. W. Deecke De reduplicato linguae Latinae praeterito, Leipz. 1869. E. Frohwein Die Perfectbildungen auf *vi* bei Cicero, ein Beitrag zum Sprachgebrauch C.'s und zugleich ein Supplement zu F. Neue's Formenlehre, Gera 1874. L. Havet Les prétendus parfaits en -*āui*, Mém. 6, 39. W. Schulze Das lat. *r*-Perfectum, KZ. 28, 266 ff. G. Curtius Über das lat. Perfect auf *vi* und *ui*, Ber. d. sächs. G. d. W. 1885 S. 421 ff. P. Regnaud Les parfaits composés en latin, Lyon 1882. L. Scheffler De perfecti in *vi* exeuntis

-*ṇr*[^3], ir. -*atar* (die *r*-Endung verbunden mit einer *nt*-Endung). 2) Die Abtönung *o* in der Wurzelsilbe im Indik. Sing. gegenüber dem *e* der entsprechenden Personen des Präsens (oder Aorists), z. B. griech. δέδορκα : δέρκομαι 'sehe'. Entsprechend *ō* gegenüber *ē*: z. B. griech ἔρρωγα : ῥήγνυμι 'zerbreche', got. *sai-sō* : *saia* 'säe'. 3) Die Bildung des aktiven Partizips mittels des Formans -*ṷes*-, z. B. ai. *vid-vás-* griech. εἰδώς (2, 1, 563 ff.). Gewöhnlich wird als Charakteristikum auch noch die einsilbige Re-

formis apud poetas Latinos dactylicos occurrentibus, Marburg 1890. Th. Birt Verbalformen vom Perfectstamme bei Claudian, Wölfflin's Arch. 4. 589 ff. H. Kern Das osk. Perfect auf -*te*, KZ. 21, 240 ff. Danielsson Zum altital. *t*-Perfect, Pauli's Altit. St. 4, 133 ff.

Keltisch. Windisch Das redupl. Perfect. im Ir., KZ. 23, 201 ff.

Germanisch. W. Scherer Die reduplicierten Präterita, Z. f. öst. Gymn. 24, 295 ff. und Z. f. d. Alt. 19, 154 ff. 390 ff. Sievers Die reduplicierten Präterita, PBS. Beitr. 1, 504 ff. Pokorny Üb. die reduplicierten Präterita der germ. Sprachen und ihre Umwandlung in ablautende, Landskron 1874. Holthausen Die reduplicierenden Verba im German., KZ. 27, 618 ff. G. Burghauser Die Bildung des germ. Perfectstammes vornehmlich vom Standpunkte der idg. Vocalforschung. Prag 1887. Ljungstedt Anmärkningar till det starka preteritum i germanska språk, Upsala 1887. R. Loewe Das starke Präteritum im German., KZ. 40, 266 ff. J. Janko Üb. german. $ē^2$ u. die sog. reduplizierenden Praeterita, IF. 20, 229 ff. R. E. Ottmann Die reduplicierten Präterita in den german. Sprachen, Alzey 1890. G. Holz Die im Got. noch reduplicierten Perfecta, in: Urgerm. *ē* und Verwandtes (Leipz. 1890) S. 21 ff. H. Lichtenberger De verbis quae in vetustissima Germanorum lingua reduplicatum praeteritum exhibeant. Nancy 1891. Bezzenberger Zu den german. reduplizierten Präteriten. KZ. 42, 383. J. Grimm Die ahd. Präterita, Germania 3, 147 ff. J. Hoffory Die reduplicierten Präterita im Altnord., KZ. 27, 593 ff. O. Hoffmann Das Präteritum der sogen. reduplizierenden Verba im Nord. und Westgerm., Γέρας S. 33 ff. C. Pauli Über die deutschen Verba praeteritopraesentia. Stettin 1863. Osthoff Das praeteritopraesens *mag*, PBS. Beitr. 15, 211 ff. Aufrecht Eine altnord. Aoristform, KZ. 1, 474 ff. Von Knoblauch Die german. Perfecte auf *r*, ebend. 1, 573 ff. Schweizer-Sidler *r* im altdeutsch. Präteritum, ebend. 2, 400. Müllenhoff Angebliche Aoriste oder Perfecta auf *r* im Altnord. und Hochd., Z. f. d. Alt. 12, 397 ff. F. Zarncke Zu den reduplicierten Präteriten, PBS. Beitr. 15, 350 ff. R. Kögel Zu den reduplicierten Präterita, PBS. Beitr. 16, 500 ff. J. von Fierlinger Die 2. ps. sg. perf. starker Flexion im Westgerman., KZ. 27, 430 ff. (Die Literatur über das schwache germ. Präteritum s. bei H. Collitz Das schwache Präteritum, Gött. 1912, S. 1 ff. und unten beim Germ. § 400 ff.)

duplikation auf *-e*, wie in griech. δέ-δορκα, lat. *ce-cinī*, ir. *-ce-chan* (§ 14, 3. 16), genannt. Aber diese war für dieses Tempus nicht wesentlich, da schon in uridg. Zeit auch Stämme wie **u̯oid- u̯id-* und **sēd- sōd-* als Perfekt fungierten und es unerweislich ist, dass diese ehemals Reduplikation besessen haben.

Als lebendige Tempuskategorie, wenn auch nicht immer mit der ursprünglichen Bedeutung und der ursprünglichen Flexionsweise, ist das Perfekt in allen Sprachzweigen bis in die historische Zeit hineingekommen mit Ausnahme des Armenischen und des Baltisch-Slavischen. Im letztgenannten Sprachzweig ist aber wenigstens die Partizipialbildung mit *-u̯es-* verblieben (2, 1, 571 ff.), ausserdem Formen des Ind. des Verbums *wissen* (aksl. 1. Sing. *vědě*, preuss. 2. Sing. *waisei waisse*).

B. Übersicht über die uridg. Bildungstypen.

a. Reduplikation und Stammbildung.

α. Vorhandensein und Fehlen von Reduplikation.

356. Die reduplizierten Gestaltungen des Perfekts lassen sich hinsichtlich der Reduplikation in vier Klassen zerlegen:

1) Bei konsonantisch beginnender Wurzel herrschte in den reduplizierten Perfekta von Haus aus der Typus γέ-γονα, einerlei welcher Ablautreihe der Wurzelvokalismus angehörte, z. B. griech. πέ-φαται ir. *-ge-goin* ai. *ja-ghāna* av. *ǰa-ɣnvā̊*, zu W. *gᵘhen-*, griech. ἕ-σταμεν lat. *ste-tī* ai. *ta-sthāú* av. *vi-ša-starᵊ*, zu W. *stā-*. S. § 16, 1, a.

2) Als Intensivperfekta dürfen bezeichnet werden diejenigen ar. und griech. Formen, deren Reduplikationssilbe statt des *ĕ* des Typus γέ-γονα *ē* aufweist, wie ai. *jā-gāra* griech. ἐγρήγορα für *ἐγη-γορα, zu Präs. ai. *jā-gárti*. S. § 14, 3. 16, 2. 64.

3) Mit *e-* oder zugleich *ē* mögen auch sonantisch anlautende Wurzeln in uridg. Zeit redupliziert gewesen sein. Doch fand damals schon Vokalkontraktion statt, z. B. zu W. *es-* 'sein' ai. *āsa* 3. Plur. *āsúḥ*, griech. ἦσθα (Imperf. geworden, § 367), zu W. *aĝ-* 'agere' griech. ἦχα ἦγμαι (η aus urgriech. *ā*), aisl. *ók* 3. Plur. *óko -u*. S. § 16, 1, b.

4) Daneben gab es bei sonantisch anfangenden Wurzeln

sogen. attische Reduplikation seit uridg. Zeit. So ai. *ān-ą́ša* 'er erlangte' 3. Plur. *ān-aśúḥ*, ir. *t-ān-aic* 'er kam'; über griech. ἐνήνεγκται s. § 379, 2. Ai. *iy-ā́ya* 'er ging' 2. Sing. *iy-ét́ha* 3. Plur. *īyúḥ*, lat. *iī* 3. Sing. *-ieit -iīt* (umbr. *iust* 'ierit'), vgl. § 364. 386. Ai. *iy-ḗṣa* 'er suchte' 3. Plur. *īṣúḥ*, *uv-ṓṣa* 'er brannte' 3. Plur. *ūṣúḥ*. Griech. ἄρ-αρα, zu ἀρ-αρεῖν 'anfügen'. S. § 22.

Hierzu dürfte auch das Med. ai. *ī́šē* (2. Sing. *ī́šiṣē*, 3. Plur. *ī́širē*) gthav. *isē* 'hat zu eigen, verfügt über etwas' (vgl. got. *aih* 'habe, besitze', 1. Plur. *aigum aihum*) gehören. Im Ai. war der Accent geändert. Das Verbum war nur medial flektiert; das Aktiv würde **iyḗša* 3. Plur. **īšúḥ* lauten. Es kamen auch präsentische Endungen auf: *īṣṭḗ*, 3. Plur. *ī́šatē*, vgl. *vēdmi* für *véda* u. a. (S. 92). Wie ai. *ī́šē* und got. *aih*, stehen zu einander ai. *īdhḗ īdhirḗ* (Präs. *inddhḗ*) und griech. αἴθυια, Name eines Wasservogels (Präs. αἴθω 'brenne, funkle', 2, 1, 566).

357. Dafür, dass es seit uridg. Zeit auch Perfektformen gegeben hat, die keine Reduplikationssilbe besassen, im übrigen aber denselben Wurzelablaut hatten und ebenso flektiert waren wie die reduplizierten Formen, spricht besonders die Übereinstimmung zwischen ai. *véda vidmá* gthav. *vaēdā* und hom. οἶδα ἴδμεν (lat. *vīdī*, got. *wait*, aksl. *vědě*)[1]. Andere Formen dieser Art sind nur einzelsprachlich belegt (s. u.). Mit auf diesen Formen beruht jedenfalls die Reduplikationslosigkeit, die im Germanischen die Perfekta der zur *e*-Reihe gehörigen Wurzeln, wie got. *laiƕ* (griech. λέ-λοιπα, ai. *ri-réca*), *ga-dars* (ai. *da-dhárṣa*) und im Baltisch-Slavischen die Partizipia, z. B. aksl. *čьtь* lit. *kir̃tęs* (ai. *ca-kr̥tvás-*), aksl. *davъ* lit. *dãvęs* (ai. *da-dāvás- da-divás- da-dvás-*), durchweg zeigen.

Die Annahme (Hirt Ablaut 194 ff., IF. 17, 284 f., Griech. L. u. Fl.² 568 f.), in den unreduplizierten Formen sei die Reduplikation infolge von Schwachtonigkeit der Reduplikationssilbe in der Weise geschwunden, wie **dek̑m̥tó-m* zu **dk̑m̥tó-m* **k̑m̥tó-m* (ai. *šatám* usw.) geworden ist (2, 1, 649. 2, 2, 6), ist von vorn herein darum unwahrscheinlich, weil die Reduplikation im Verbum,

1) Die Herleitung der griech. Formen mit Ϝειδ- εἰδώς εἴδομεν ἐείδεα aus *ϜεϜιδως usw. (Fick KZ. 44, 14) halte ich für verfehlt.

ähnlich wie das Augment *e*-, in der idg. Urzeit noch eine gewisse Selbständigkeit nach Art des ersten Teils eines Kompositums gehabt haben muss und daher die Anfangssilbe einer reduplizierten Form mit der Anfangssilbe eines unreduplizierten einfachen Wortes hinsichtlich der Accentuation nicht auf gleiche Linie gestellt werden darf (§ 14). Dazu kommt, dass man für ai. *vḗda vidmá* die Formen **uvḗda* **uvidmá* zu erwarten hätte, da ja bei jener Accentwirkung *u̯e* regelmässig zu *u* geworden ist. S. 2, 1, 567 Fussn. 1, Bartholomae Woch. f. klass. Phil. 1900 Sp. 1222 f., Verf. Kurze vergl. Gramm. 543 f., Loewe KZ. 40, 284. Eher ist vielleicht (nach Loewe a. a. O.) mit haplologischem Silbenschwund (1, 857 ff.) zu rechnen. Nur darf man dann diesen als lebendigen Vorgang nicht für die Stellung der Perfektform im Satzanlaut annehmen, sondern nur für die engere Verbindung mit vorausgehenden Wörtern, vor allem also für Präpositionalkomposita (vgl. ai. *upa-sarpa* und *sa-sarpa*, av. *apa-bara* und *ba-vara*, *pra-višivás-* und *vi-višivás-* [1]), griech. ἐπί-τευκται und τέ-τευχα, ἀμφι-[F]αχυῖα). Dass in den einzelsprachlichen Entwicklungen auf diesem Weg öfters die Reduplikationssilbe verloren gegangen ist, ist zuzugeben. Doch sieht man nicht ein, wie dieses Motiv in uridg. Zeit gerade bei dem Perfekt zu W. *u̯eid-* sollte gewirkt haben. Ich bin daher immer noch (vgl. 2[1], 410. 1215. 2[2] 1, 566) geneigt, den Anstoss zur Entstehung der reduplikationslosen Perfekta wenigstens für die frühesten (uridg.) Fälle und insbesondere für **u̯oida* in ursprünglicher Reduplikationslosigkeit des mit *-u̯es-* gebildeten P a r t i z i p s zu sehen. Vgl. noch ai. *ōkivás-* zu *uv-ōca* (S. 26), *daršivas-* zu *da-dárša* (§ 365), griech. ἄγυια 'Strasse' (§ 368) u. a. (2, 1, 566 f.), ferner § 358 über ai. *sāhvás-*, *dāšvás-*, lit. *sėdъ* aksl. *sědъ*. Entweder waren die Partizipia anfänglich durchgängig reduplikationslos oder hatten zumteil in der Art Reduplikation, wie auch sonst Nomina ohne engeren Zusammenschluss mit einem bestimmten reduplizierten Tempusstamm redupliziert waren (z. B. ai. *ca-krá-*, griech. τέ-τανος). Nach der Angliederung ans Perfekt bewirkten dann die Formen wie ai.

---

1) Wegen *pravišivā̊sam* AV. 4, 23, 1 s. Lanman zu der Stelle (Whitney-Lanman 1. S. 190), wegen *apa-bara* N. 54 Bartholomae Altiran. Wtb. S. 942.

vid-vás- griech. [F]ειδώς [F]ειδός [F]ιδυῖα, dass dazu reduplikationslose Formen des Verbum finitum geschaffen wurden, während anderseits die reduplizierten Formen des Verbum finitum auch dem *u̯es*-Partizip Reduplikation zubrachten. Dass dieses Partizip ursprünglich ausserhalb des durch Perfekta wie λέ-λοιπα vertretenen Bildungstypus gestanden hat, dafür darf der dem Indik. Perf. fremde Wurzelablaut in den Formen wie griech. εἰδώς, εἰκώς, mess. κεκλεβώς angeführt werden. Die Verbindung aber der *u̯es*-Adjektiva gerade mit dem Perfektum lässt sich aus der Funktion ihres stammbildenden Formans, das mit *-u̯ent-* (2, 1, 461 ff.) verwandt ist, erklären: *-u̯es-* deutete ein mehr oder minder reichliches Versehensein mit etwas an. Vgl. 2, 1, 565 ff. Wieviel nun von der Reduplikationslosigkeit einzelsprachlicher Perfektsysteme letzten Endes von jenen uridg. Verbaladjektiva wie ai. *vidvás-* εἰδώς herrührt, und wieviel später auf Grund haplologischer Vorgänge hinzugekommen ist, denen sich auch noch, z. B. im Italischen, Synkopierungsvorgänge zugesellt haben, das lässt sich nicht mehr im einzelnen gesondert abschätzen. Will man indessen nicht speziell den aktiven Partizipien ursprüngliche Reduplikationslosigkeit zugestehen, so kann man auch die doppelte uridg. Bedeutung des Perfekts, die rein präsentische (intensive) und die des erreichten Zustands, in der Art heranziehen, dass man annimmt (vgl. Solmsen Rhein. Mus. 66, 146, Kretschmer Glotta 3, 341 f.), anfänglich habe Reduplikation nur dem intensiven Perfekt geeignet. Dazu passte gut **u̯oida* 'ich weiss', weil seine Grundbedeutung 'ich habe ausfindig gemacht, bin inne geworden' gewesen ist.

358. Bei einkonsonantisch auslautenden Wurzeln wie *sed-*, *g^u̯em-* gab es seit uridg. Zeit einen reduplikationslosen perfektischen Stammtypus teils mit *ē*, teils mit dessen Abtönung *ō*, **sēd-* und **sōd-* usw. (sogen. Dehnstufenform). Es sind die Formen wie ai. *sāhvás-* (W. *seĝh-*), hom. ἄωρτο (ἀείρω), alb. *-l'oδa* mit *o* = uridg. *ē* (Präs. *l'eϑ*), lat. *lēgī* (Präs. *lego*) umbr. pru-sikurent 'pronuntiaverint' mit i aus *ē* (W. *seq^u̯-*), ir. *-mīdair* mit urkelt. *ī* aus *ē* (Präs. *midithir*) und *fo-rāith* = akymr. *guo-raut* urkelt. **rōt-* (Präs. ir. *rethid*), got. *sētum* ahd. *sāȥum sāȥi* (W. *sed-*) und got. *fōr fōrum* ahd. *fuor fuorum* (W. *per-*), lit. *sė́dęs* aksl. *sědъ* (W. *sed-*).

Beispiele von Wurzeln, bei denen dieser Typus in mehreren Sprachen zugleich auftritt. W. *g^{u}em-* 'gehen, kommen': lat. *vēnī*, got. *qēmum* ahd. *quāmum quāmi*. W. *u̯er-* 'verknüpfen, anhängen': hom. ἄωρτο auf Grund eines Aktivs *ἄωρα (vgl. hom. ἀπ-ήωρος, att. αἰώρᾱ), alb. *vora* (Präs. *vjer*), lett. Part. *wēris* (Präs. *wer'u*), vgl. Solmsen Unters. 290 ff., wo (S. 291 Fussn. 1) ἄωρτο unrichtig beurteilt wird. W. *(s)qer-* 'scheren, vernichten': alb. *š-kora* (Präs. *š-k'er* 'reisse auseinander'), ahd. *scārum scāri*. W. *seĝh-* 'bewältigen, halten': ai. *sāhvás-*, vgl. hom. συν-οκωχώς (B 218), aus dem ein *ὠχώς (zu ἔχω) gefolgert werden darf (K. vergl. Gramm. 542 Fussn. 1). W. *sed-* 'sitzen': got. *sētum* ahd. *sāȥum sāȥi*, lit. *sėdęs* aksl. *sědъ*, vielleicht auch lat. *sēdī* (das lautgesetzlich auch auf **se-zd-ai* zurückgeführt werden könnte). W. *teq-* 'laufen, fliessen': alb. *ndok'a* (Präs. *ndjek* 'verfolge'), ir. *-tāich*. W. *med-* 'messen, abschätzen': ir. *-mīdair*, got. *mētum* ahd. *māȥum māȥi*, überdies vermutlich got. *ga-mōt* ahd. *muoȥ* 'finde Raum, kann' (Meringer IF. 18, 211 ff., Collitz Schwach. Prät. 46). W. *u̯eĝh-* 'vehere': alb. *voδa* (Präs. *vjeϑ* 'stehle'), got. *-wēgum* ahd. *wāgum wāgi*. W. *leĝ-* 'sammeln, lesen': alb. *-l'oδa*, lat. *lēgī*. W. *bhreg-* 'brechen': lat. *frēgī*, got. *brēkum* ahd. *brāhhum brāhhi*. W. *qlep-* 'stehlen': alat. *clēpī*, got. *hlēfum*. Einiges Einzelsprachliches: Ai. *dāśvás- dāśivás-*, zu *dāṣṭi* 'huldigt', W. *dek̂-* (S. 98). Griech. εἴωθα ἔωθα 'bin gewohnt' (über die Reduplikation s. u.), zu ἔθω, ἐθίζω. Alb. *dora*, zu *djer̄* 'vernichte, verliere'; weiteres § 384. Ir. *-īr* 'gewährte' aus **pēre*, zu Konj. *-era*, W. *per-*, *-fīdetar* 'sie führten', zu W. *u̯edh-*; *-scāich -scāig* 'ging fort', zu W. *sqeq-*; weiteres § 399. Got. *grōf* ahd. *gruob*, zu W. *ghrebh-* 'graben' aksl. *grebą* aisl. 1. Plur. Prät. *grófom*; ahd. *gi-wuog* 'erwähnte', zu W. *u̯eq^{u}-* 'sprechen'; weiteres § 72, 1. 406.

Dieser Stammtypus ist derselbe, der auch in Präsentien auftritt, wie ai. *dāś-vás-* neben *dāṣṭi* (§ 55). Er hat vermutlich erst im Anschluss an den Typus γέ-γονα Reduplikation angenommen, wie in dem oben genannten griech. εἴωθα aus *σε-σϝωθα und vor allem im Ar. in der 3. Sing. Ind. Akt., wie ai. *da-dhāra* av. *da-δāra* (§ 374, 1). Im Ar. erscheint dieser dehnstufige Stamm ausser dieser 3. Sing. Perf. auch in der 3. Sing. Med. (Pass.) Aor. auf *-i*, wie ai. *vāci á-vāci* gthav. *vāčī*, eine Formation zu W. *u̯equ̯-*, die sich dem ahd. *gi-uuog* und dem reduplizierten ai. *u-vāca* an die Seite stellt. Wenn alle diese verbalen Dehnstufengebilde, wie wir S. 98 vermuteten, von dehnstufigen Nomina ausgegangen sind[1]), so liegt es nahe, in den 3. Sing. ai. *vāci* und *uvāca* (oder vielmehr in dem dem *uvāca* vorausgegangenen **vāca*) ursprüngliche Verbalabstrakta zu sehen. Wichtig ist, dass im Perfektsystem, von dieser ar. 3. Sing. Ind. Perf. und dem, was sich ihr in jüngerer Zeit analogisch angeschlossen hat, abgesehen, übereinstimmend im Ar. und im Balt.-Slav. dieser Dehnstufentypus nur im Part. Akt. auftritt, ai. *sāhvás-*, *dāšvás-*, lit. *sėdęs* aksl. *sědъ* (vgl. damit got. *bērus-jōs*, zu *bērum*). Auch hier wird also unsere Dehnstufenform altansässig gewesen sein, und meine S. 433 geäusserte Vermutung, dass die reduplikationslosen Partizipien ai. *vidvás-* griech. εἰδώς die ursprünglichsten Glieder ihres Tempus gewesen seien, bekommt dadurch eine starke Stütze.

Im Germ. drang der Typus **sōd-* durch das ganze Perfektsystem hindurch. Dagegen erscheint **sēd-* nur da, wo die ursprünglich reduplizierten Perfekta von Haus aus schwache Stammform hatten, wie **se-zd-*. Offenbar drang **sēd-* an die Stelle von **se-zd-*, weil in dieser Perfektklasse oft Formen lautgesetzlich entstehen mussten, die von den übrigen Formen des Verbalsystems zu sehr abstachen, z. B. got. **si-sq-* zu *sahv*, **qai-ht-* zu *qaþ*. Dieser Ersatz ergab sich auf Grund desselben lautlichen Notstands, der im Ai. nach dem Muster von *sēd-* aus **sa-zd-* (*sēdúḥ*, av. *hazdyāt̰* = ai. *sēdyā-t*), *yēm-* aus **ya-ym-* (*yēmúḥ*) u. dgl. die Formen wie *pēcúḥ* (zu *pac-*), *nēmúḥ* (zu *nam-*) entspringen liess (§ 373, 3). Im Westgerm. tritt der Dehnstamm ausserdem noch in der 2. Sing. Ind. auf, wie ahd. *sāʒi*, *nāmi*, worüber S. 123. 136. Dass man gerade dem Typus **sēd-*, nicht dem Typus **sōd-*, die Stellvertreterrolle zuwies — man hätte ja auch (got.) *sat* : *sōtum* sagen können — erklärt sich wohl daraus, dass die Stammtypen **sezd-* und **sēd-* die Gleichheit der Qualität des Vokals vor **sezd-* : **sōd-* voraushatten.

Anm. Über den seit langem immer wieder hervortretenden, meiner Meinung nach verfehlten Versuch, den Perfekttypus **sēd-* mit dem Perfekttypus **se-zd-* lautgesetzlich zu identifizieren, s. Verf. IF. 32, 184.

1) Vgl. auch die dehnstufigen *éi̯o*-Präsentia wie ai. *sādáyati* aksl. *saždą* S. 246. 251 f.

β. Wurzelablaut und Betonung.

359. Da die ai. Verschiedenheit 1. Sing. *jajána* : 3. Sing. *jajā́na* eine Neuerung des arischen Zweiges war (§ 358. 374, 1), nehme ich an, dass folgende Ablautverhältnisse bei den *e*-Wurzeln die aus uridg. Zeit ererbten waren. Griech. οἶδα οἶσθα οἶδε: Plur. ἴδμεν usw., Konj. εἴδω εἴδομεν (Ϝειδ-), Opt. ai. *vidyā́-t*, Imper. ai. *viddhí* griech. ἴσθι, Part. εἰδώς (Ϝειδ-) ἰδυῖα. Entsprechend, wenn die Formen Reduplikation hatten (doch gibt es hier keine zuverlässigen Zeugnisse für die den Formen εἴδομεν und Mask. εἰδώς ablautlich entsprechenden Formen): z. B. γέγονα γέγαμεν ai. 3. Plur. *jajñúḥ*; ai. *jaghána jaghántha jaghné* πέφαται; πέποιθα *πέπιθμεν (aus ἐ-πέπιθμεν zu erschliessen); πέπονθα, πεπαθυῖα; ai. *vavárta vavr̥túḥ vavr̥té, vavárta-t, vavr̥tyā-t, vavr̥túṣī*; *sasáda sasáttha sēdúḥ sēdirē, sēdyā-t* av. *hazdyā-t*.

Vermutlich hatten auch *ē*-Wurzeln die *o*-Abtönung, z. B. got. *saísō*, zu *saian* (W. *sē-*), *laílōt*, zu *lētan*, griech. ἕωκα, zu ἵημι, ἔρρωγα, zu ῥήγνυμι. Bezüglich der schwachen Stammgestalt vgl. ai. *dadhimá dadhé*, zu *dadhā́ú dadhā́tha*, griech. τέθεται (W. *dhē-*).

Für die Wurzeln mit *a*-Vokalismus ist so viel sicher, dass sie ebenfalls den Gegensatz von starker und schwacher Stammform hatten. Ai. *tasthā́ú tasthimá tasthé* griech. ἕσταμεν καθ-έσταμαι lat. *stetimus*. Griech. λέληκα (urgriech. ᾱ), λελᾰκυῖα, zu ἔλακον.

360. Bezüglich der uridg. Betonungsverhältnisse sind wir zunächst an das Altindische gewiesen; z. B. *vavárta vavr̥tmá vavr̥túḥ vavr̥té, vavártat, vavr̥tyā́t, vavr̥tvás-*. Dass diese Accentuation die urindogermanische war, zeigt der grammatische Wechsel in got. *saí-zlēp*, zu *slēpan*, aisl. *se-ra*, zu *sá*, ahd. *ward wurtum*, zu *werdan*, *chōs churum*, zu *chiosan*, u. dgl. (1, 698. 777). Wegen des Partizips vgl. auch griech. εἰδώς, λελοιπώς.

γ. Die kurzen Vokale zwischen Wurzel einerseits und Personalendung und Partizipialformans *-ues-* anderseits.

361. Zwischen konsonantischem Wurzelauslaut einerseits und anderseits konsonantischem Anlaut der indikativischen Personalendung oder dem Partizipialformans *-ues-* erscheinen oft kurze Vokale: ai. *i*, griech. α, lat. *i*, ir. *a*, got. *u*.

i im Ai. Z. B. in 2. Sing. Akt. *āsitha ruróјitha cakartitha* neben *sasátta vḗttha tatántha.* 1. Plur. Akt. *āsimá sēdima paptima saścima jaghnimá* neben *yuyujma vidma rarabhmá.* 2. Sing. Med. *ūciṣḗ tatniṣē* neben *dadr̥kṣḗ vivitsē.* 3. Plur. Med. *ūcirḗ dadhrirē tatnirḗ saścirḗ* (vgl. av. Inj. *vaozirəm*) neben *yuyujrḗ tatasrḗ.* Im Ved. war diese Verschiedenheit vor *-tha -ma -sē -rē* rhythmisch geregelt: *i* wurde angewendet, wenn die vorausgehende Silbe lang war (eine Ausnahme macht *vḗttha*), dagegen fehlte es, wenn sie kurz war. Im Part. erscheint *-i-vás-* gewöhnlich, wenn das Vorstück einsilbig war, z. B. *ūṣivás- paptivás- jakṣivás-* neben *dadr̥śvás- tatanvás-*, doch Ausnahmen wie einerseits *vidvás-*, anderseits *viviśivás-*. — Das *a* der 2. und 3. Du. Akt., z. B. *vidáthuḥ* und *vidátuḥ*, muss von diesem *i* getrennt werden, da es vermutlich aus der 2. Plur. auf *-a*, *vidá*, stammte, *-a* hier aber die Personalendung war und deren Herkunft noch völlig dunkel ist.

Im Griech. α nur in Aktivformen. 2. Sing. γέγονας neben οἶσθα. 1. 2. Plur., 2. 3. Du. τετράφαμεν τετράφατε, τετράφατον neben ἴδμεν ἴστε, ἔικτον.

Aus dem Ital. kommt die 1. Plur. in Betracht, wie *tutudimus*, *sēdimus.*

Ir. 1. Plur. *-ăncammar* (zu 3. Sing. *-ānaic*) neben *-commar* (zu 3. Sing. *-cuaid*), das aus **-codmar* durch Assimilation entstanden und vielleicht ein Zeugnis für unmittelbaren Anschluss von *m-* an den Wurzelauslaut ist (Thurneysen Handb. des Altir. 1, 397. 400 f.), und 2. Plur. *-āncaid.*

Got. 1. Plur. *witum sētum skai-skaidum*, 2. Plur. *wituþ sētuþ skaiskaiduþ*, entsprechend ahd. *-um -ut*, aisl. *-om -od.*

362. Welches die uridg. Verhältnisse gewesen sind, auf Grund deren diese Formen zustande kamen, ist noch recht unklar. Man hat hier, wie überall, nicht von einer fertigen Ablauttheorie auszugehen, die sich nach Bedarf so oder so wenden und anwenden lässt, sondern von den in den Einzelsprachen gegebenen Tatsachen. Diese sind grösstenteils von vorn herein so vieldeutig, dass durch sprachvergleichende Betrachtung der uridg. Zustand nur für wenige Punkte mit einiger Wahrscheinlichkeit rekonstruierbar ist. Vermutungen bei v. Bradke IF. 8,

123 ff., Hirt Ablaut 185 f., Griech. L. u. Fl.[2] 574 ff., Reichelt BB. 27, 94 f., Thumb Handb. d. Sanskr. 1, 359 f.

Es liegt ja von vorn herein die Annahme nahe, dass der Vokal von den zweisilbigen Ablautbasen herrühre, so dass sich z. B. ai. 2. Sing. *jajñi-ṣé* zu *jániṣva jániṣṭām jātá-ḥ* usw. (S. 411) ebenso stellte, wie 2. Sing. *jagán-tha* 1. Plur. *jagan-ma* zu 3. Sing. *á-gan*, *gatá-ḥ* usw. Aber schon das Altindische, in dem man am ehesten ein Festhalten am uridg. Stande zu erwarten hätte, bildet hier eine unzuverlässige Grundlage für uridg. Rekonstruktionen. Denn im Veda war das Auftreten und Nichtauftreten des *i* an sekundär entwickelte phonetische Regeln über die Silbengestaltung gebunden, denen zufolge es z. B. *jaghnimá* trotz *hán-ti hatá-ḥ*, *ā́sitha* trotz *ás-ti*, anderseits z. B. *vavántha vavanmá vavanvás-* trotz *-vāta-ḥ vanita-ḥ* heisst.

Im Griechischen hat Beeinflussung zwischen dem Ind. Akt. des Perfekts und dem Ind. Akt. des schwachen Aorists stattgefunden, die von urgriech. Zeit her in der 1. Sing. auf -α übereinstimmten und beide in der 3. Plur. ein *n̥t*-Formans hatten (Aor. -αν, Perf. -ᾰτι, -αντι), vgl. δέδορκα -ας -ε, δεδόρκαμεν -ατε, -ατον und ἔδειξα -ας -ε, ἐδείξαμεν -ατε, -ατον. Wie diese Beeinflussung im einzelnen vor sich gegangen ist, bleibt unklar, und es ist z. B. eine ganz vage Vermutung, dass γέγονας für *γεγόναθα = uridg. **ĝeĝónə-tha* eingetreten sei. Ferner ist auch nicht mit den Medialformen πέπταμαι, ἐλήλαται, ὀμώμο-ται (zu πετά-σαι, ἐλά-σαι, ὀμό-σαι) und mit ὀλώλε-μεν (zu ὀλέ-σαι), woneben die Aktiva ἐλήλακα, ὀμώμοκα, ὀλώλεκα, zu rechnen. Denn die waren wahrscheinlich verhältnissmässig junge Neubildungen: z. B. ἐλήλαμαι mit ἐλήλακα zu ἔλᾰμι (ἐλάντω S. 151) ἤλασα, gleichwie πέπλημαι mit πέπληκα zu πλῆτο ἔπλησα u. dgl. So waren ja ganz sicher ai. *babhū́-tha* griech. πέφῡκα (zu Basis **bheu̯ā-*, **bheu̯ē-*), dor. τέθνᾱκα (aus *τεθϝνᾱ-, zu Basis **dhu̯enā-*) u. dgl. erst bei weiterer Ausbreitung des Perfekttypus zu andern Gliedern des verbalen Formsystems hinzugeschaffen worden.

Bei lat. *tutudimus*, *sēdimus* muss mit der Möglichkeit gerechnet werden, dass *-imus*, dessen *-i-* phonetisch mehrdeutig ist, aus den themavokalisch flektierenden Bestandteilen des Perfektsystems herrührte (§ 385).

Dieselbe Möglichkeit gilt für ir. *-ăncammar*, *-ăncaid*, für die überdies die 3. Plur. *-ăncatar* zu berücksichtigen ist.

Im Germanischen ist durch die Qualität des Zwischenvokals die Deutung allerdings von vorn herein in engere Grenzen gewiesen, und da ist mir immer noch das wahrscheinlichste, dass das *u* von got. *witum witu*þ aus der 3. Plur. *witun*, mit *-un* aus **-n̥t*, stammt. Klärlich verhält sich *witum witu*þ aisl. *vitom vitoð* zu hom. ἴδμεν ἴστε, wie Präs. aisl. *erom eroð* (ahd. *birum birut*) zu griech. εἰμὲν (ἐσμὲν) ἐστὲ.

Alles dies zusammengenommen, scheint mir bezüglich des Arischen und Griechischen folgendes der Wahrheit am nächsten zu kommen. Die zu zweisilbigen Basen auf *-ā*ˣ gehörigen Perfekta des Typus ved. *paprā paprātha* griech. τετληώς μέμνημαι (§ 370) hatten ursprünglich ihr Formans *-ā*ˣ durch alle Personen des Aktivs und Mediums hindurch ebenso, wie die Präsentia und Aoriste des Typus ai. *trā́-ti* (S. 161). Sowohl die ai. Formen wie *jajñivás-* (*jñā-*), *dadhmirē* (*dhmā-*) als auch die griechischen wie τέτλαμεν τέτλαθι τετλάμεναι, τέθναμεν (neben τετληώς τέτληκα, τεθνηώς τέθνηκα) waren Neubildungen nach den Formen des § 370, wie ai. *tasthimá dadhimá* usw. und griech. ἕσταμεν usw. Ebendaher stammt aber im Ai. auch das *i* der zu § 364 gehörigen Formen wie *jajñiṣé jajñiré* (*jan-*), *saścimá*, *paptivás-* usw. Ein Hauptanstoss zu diesen Neuerungen war dadurch gegeben, dass bei konsonantisch auslautender Wurzel, wenn konsonantisch beginnende Personalendungen antraten, sich vielfach unbequeme Lautgruppen ergeben mussten. Diesen wurde durch diese Art von Neuerung ausgewichen. Zuletzt kam *i* in die 2. Sing. Akt.: *-i-tha*. Vgl. Bartholomae IF. 7, 71. Dagegen bleibt es für die entsprechenden α-Formen des Griechischen wie δεδόρκαμεν -ατε bei dem, was darüber S. 438 gesagt ist.

Auf einer ähnlichen Entwicklung wie ai. *jajñivás-* (*jñā-*) griech. τέτλαμεν beruhen vielleicht die ir. Formen wie *-gēnammar* aus **gegn-* (§ 370), zumal da auch die Formen 1. 2. Sing. *-gēn* 3. Sing. *-gēuin* an ai. *jajñúḥ jajñé* erinnern. Doch sind hier zuerst noch die urkeltischen Verhältnisse vom Keltischen selbst aus genauer festzustellen. Vgl. 396, 2 mit Anm.

Schliesslich bleibt noch zu bemerken, dass bei lat. *-imus*

in *tutudimus* der Ausgang von *stetimus*, *dedimus* mit eine Rolle gespielt haben kann, falls wir letztere den ai. *tasthimá*, *dadimá* unmittelbar gleichsetzen dürfen.

b. Beispiele von mehrsprachlichen Perfekta.

363. Es mögen nun Beispiele von Wurzeln (Verben) folgen, die in mehreren Sprachen zugleich eine Perfektform aufweisen. Dabei teilen wir nach den verschiedenen Ablautverhältnissen ein, im übrigen aber wird auf Verschiedenheit der unter a. (§ 356 ff.) besprochenen Bildungsmittel keine Rücksicht genommen, sodass nicht nur das den verschiedenen Sprachen Gemeinsame, sondern zugleich die Bildungsunterschiede in den verschiedenen Sprachen zur Anschauung kommen. Erläuterungen zu einzelnen Formen folgen unten in dem Abschnitt 'Einzelsprachliches' (§ 371 ff.).

364. Zu *e*-Wurzeln des Typus *ĝen-* (*e* + *i̯*, *u̯*, Nas., Liqu.): γέγονα (W. *ĝen-*), ai. *iyétha* (W. *ei̯-*), lat. *vēnī* (W. *gᵘem-*), got. *fōr* (W. *per-*).

W. *k̂lei̯-* 'lehnen, neigen' (ai. *śritá-ḥ*): ai. *śiśraya*, 3. Sing. *śiśrā́ya*, Med. *śiśriyē*, griech. κέκλιται. — W. *qᵘei̯-* 'sammeln, schichten' usw. (ai. *citá-ḥ*): ai. *cikā́ya*, *cikyē*, griech. τέτεισμαι (§ 382, 2). — W. *qᵘhei̯-* 'vernichten' (ai. *kṣitá-ḥ*): ai. Gramm. *cikṣā́ya*, griech. ἔφθιμαι (Plusqu. ἐφθίατο). — W. *k̂leu̯-* 'hören' (ai. *śrutá-ḥ*): ai. *śuśráva śuśruvē*, Konj. *śuśrava-t*, Opt. *śuśruyā-t śuśrūyā́-ḥ*, av. *susruma*, ir. 1. Sing. *-cuala* aus **cucloṷ-*, mkymr. 3. Sing. *cigleu* (S. 25); griech. κέκλυθι κέκλυτε kann (trotz κέκλυκα bei Epicharm) auch zu § 63 (S. 112) gezogen werden. — W. *ĝheu̯-* 'giessen, opfern' (ai. *hutá-ḥ*): ai. *juhā́va juhuvuḥ*, *juhvḗ juhuvē*, *juhurḗ juhvirē*, griech. κέχυμαι — W. *qi̯eu̯-* 'bewegen, von der Stelle bringen' (ai. *cyutá-ḥ*): *cucyuvḗ*, *cicyuṣḗ*, griech. ἔσσυμαι. — W. *pleu̯-* 'schwimmen, fliessen' (ai. *plutá-ḥ prutá-ḥ*): ai. *pupluvuḥ pupluvē pupruvē*, griech. πέπλυμαι.

W. *ei̯-* 'gehen' (ai. *itá-ḥ*): ai. 2. Sing. *iyétha*, 3. Sing. *iyā́ya*, 3. Plur. *iyúḥ*, lat. *iī*, *-ieit -iīt* (schwache Stammform *ī̆i̯-* in *īerant*, IF. 31, 102 f.), vgl. umbr. *iust* 'ierit', lit. Part. *ė̃jęs*. Über die attische Reduplikation im Ar. und Ital. s. S. 34 f.

W. *qᵘrei̯-* 'kaufen' (ai. *krītá-ḥ*): ai. *cikrā́ya*, Gramm. *cikriyē*, ir. 1. Sing. *-cēr* 3. Sing. *-cīuir* (1, 689). — W. *lei̯-* 'anschmiegen' (ai. *līna-ḥ*): ai. *lilyuḥ*, *lilyē*, ir. 3. Sing. *-lil* 3. Plur. *-leldar*. — W. *dheu̯-* 'schütteln, erschüttern' (ai. *dhūtá-ḥ*, *dhavítra-m*): ai. *dudhāva dudhuvē*, Opt. *dudhuvīta*, griech. τέθυται. — W. *leu̯-* 'loslösen' (ai. *lūna-ḥ*): ai. *lulāva*, griech. λέλυμαι. — W. *bheu̯-* 'werden' (ai. *bhūtá-ḥ*, *bhávitum*): av. 3. Sing. *bvāva* d. i. *bubāva*, 3. Plur. *bābvarᵊ*, ir. 3. Sing. *boi* aus **bove*, griech. 3. Plur. πεφύασι, πεφυώς, lit. Part. *bùvęs*. Daneben eine Perfektformation, die den Formen ai. *ábhūt* griech. ἔφῡ (S. 149), griech. ἔφῡσα aksl. *bychъ* (S. 412), av. *būšyant-* lit. *búsiu* (S. 386) entspricht: ai. 1. 3. Sing. *babhū́va*, 2. Sing. *babhū́tha babhūvitha*, Opt. *babhūyā́-t*, Part. *babhūvás- babhūvúṣ-*, lat. *fūī* (Ennius, Plautus), Part. aksl. *byvъ* apreuss. *boūuns baūuns* (*oū aū* aus *ū́*).

W. *men-* 'meinen, denken, trachten' (ai. *matá-ḥ*): ai. Opt. *mamanyā-t*, 3. Du. Ind. *mamnā́tē*, av. *mamne*, 3. Du. *mamanāitē*, Part. Nom. Sing. M. *mamnūš*, griech. μέμονα μέμα-μεν -τε, μεμάτω, μεμαώς, lat. *meminī*, *mementō*, ir. *mēnair*, got. *man munum* as. *far-man -munun* aisl. *man munom*, lit. Part. *mìnęs*; zur selben W. ai. Gramm. *mamnāu*, dor. μέμνᾱμαι (§ 370). — W. *gu̯hen-* 'schlagen, töten' (ai. *hatá-ḥ*): ai. *jaghā́na jaghnḗ*, Konj. *jaghána-t*, Part. *jaghanvás- jaghnivás-*, av. *ǰaγnvah-*, griech. πέφαμαι, ir. 1. Sing. *-gegon* 3. Sing. *-gegoin*, Part. lit. *gìnęs* aksl. *žьnъ*. — W. *ten-* 'ausdehnen, spannen' (ai. *tatá-ḥ*): ai. *tatā́na tatnē tatanē*, *tēnḗ*, Konj. *tatana-t*, griech. τέταμαι, alat. *tetinī*, lit. Part. *tìnęs*. — W. *qþen-* 'verwunden, töten' (ai. *kṣata-ḥ*): ai. Gramm. *cakṣāṇa cakṣaṇē*, griech. ἀπ-έκτονα. — W. *gu̯em-* 'gehen' (ai. *gatá-ḥ*): ai. *jagama jagmúḥ jagmḗ*, Opt. *jagamyā-t*, Part. *jaganvás-*, av. Opt. *ǰaγmyąm*, griech. βέβαμεν, ἀνα-βέβαμαι, lat. *vēnī* für **vēmī*, got. *qam qēmum* ahd. *quam quāmum* aisl. *kuam kuǫmom*. — W. *drem-* 'laufen': ai. Gramm. *dadrāma*, griech. δέδρομα. — W. *der-* 'spalten' (ai. *dr̥ta-ḥ*): ai. *dadāra dadrē dadr̥vás-*, griech. δέδαρμαι, alb. *dora*, got. *ga-tar -tērum* ahd. *zar zārum*. — W. *ger-* 'wecken' (ai. 2. Plur. *jigr̥tá*): ai. *jāgā́ra jāgr̥vás-* av. *ǰaγāra ǰaγaurvah-*, griech. ἐγρήγορα für **ἐγήγορα* (S. 27. 112), ἐγήγερμαι. — W. *mer-* 'sterben' (ai. *mr̥tá-ḥ*): ai. *mamā́ra mamruḥ mamrē*, *mamr̥vás-*, Part. lit. *mìręs* aksl. *mьrъ*. — W. *smer-* 'gedenken, bedenken, begaben' (ai. *smr̥ta-ḥ*, vgl. S. 36. 39. 91): ai. *sasmāra sasmaruḥ*, griech. εἵμαρται, lesb. μέμορθαι;

lat. *memor* vermutlich im Anschluss an ein Perf. **memorī* (S. 39 Fussn. 1). — W. *per-* 'durchdringen zu etwas' (av. *pəšu-š* 'Furt'): griech. πέπαρμαι, got. *fōr fōrum* ahd. *fuor fuorum* aisl. *fór fórom*. — W. *bher-* 'ferre' (ai. *bhr̥tá-ḥ*): ai. *babhāra babhrē*, ved. *jabhāra jabhartha* (§ 24 Anm. 2 S. 39), av. *bavara* 3. Plur. *bawrarə* Opt. *bawryąm*, got. *bar bērum* (*bērusjōs* 2, 1, 570), ahd. *bar bārum* aisl. *bar bǫ́rom*. — W. (*s*)*qer-* 'scheren, vernichten' (griech. καρτός): griech. κέκαρμαι, alb. *š-kora*, ahd. *scar scārum* aisl. *skar skǫ́rom*, lit. Part. *skýręs* (für **skìręs*, s. S. 177). — W. *u̯er-* 'verknüpfen, anhängen': griech. ἡερμένος, ἄωρτο ἤωρτο (auf Grund eines Akt. *ἄωρα), alb. *vora*, lett. Part. *wēris*, vgl. S. 433 f. — W. *sqel-* 'schulden' (vgl. Meringer IF. 18, 229 f.): got. *skal skulum* ahd. *scal sculum* aisl. *skal skolom*, lit *skìlęs*.

Zu lat. *emo* usw. (S. 126): lat. *ēmī*, Part. preuss. *immus-* aksl. *imъ*, lit. *ė̃męs*.

W. *ĝen-* 'gignere' (ai. *jātá-ḥ*, *janitōḥ*): ai. *jajāna jajñúḥ jajñé*, griech. γέγονα hom. γεγάασι Plusqu. -γεγάτην, Part. γεγαώς, ir. -*gēnair*. W. *u̯em-* 'vomere' (ai. *vāntá-ḥ vamitvā́*): ai. *vavāma uvāma*, *vēmuḥ*, lit. Part. *vėmęs*. — W. *k̑er-* 'zerbrechen' (ai. *śīrṇá-ḥ -śīrta-ḥ śaritōḥ*): ai. *śaśrē*, Gramm. *śaśāra śaśruḥ śaśaruḥ*, ir. 3. Sing. *ara-ruichiuir*. — W. *gᵘer-* 'vorare' (ai. *gīrṇá-ḥ giritum*): ai. *jagāra*, Part. lit. *gėręs* aksl. *žьrъ*; dazu griech. βέβρωμαι (vgl. ἔβρων § 115, 2). — W. *gᵘdher-* 'zerrinnen lassen, zerfliessen lassen' (ai. *kṣarita-ḥ*): ai. *cakṣāra*, griech. δι-έφθορα ἔφθαρμαι. — W. *per-* 'bringen, hervorbringen, zubringen, zuteilen' (lat. *partus*): lat. *peperī* aus **peparī*, ir. 3. Sing. -*ír* aus **pēr-* (zu *era*, *ebra* S. 37 Anm. 1, S. 141); dazu griech. πέπρωται. — W. *mel-* 'mahlen' (umbr. *comatir* 'commolitis', lit. *míltai* Plur. 'Mehl'): got. *mōl mōlum* ahd. *muol muolum* aisl. *mól mólom*, lit. Part. *mál̨ęs*.

W. *er-* 'in Bewegung setzen' (ai. *īrṇá-ḥ*, S. 105. 326): ai. 3. Plur. *īr-iré*, griech. ὄρωρα. Ai. *īr-* enthält entweder attische Reduplikation, aus **r̥̄-*, wie *īyúḥ* S. 440 (vgl. IF. 32, 60 ff.), oder *īriré* ist im Anschluss an Präs. *ír-tē* entstanden (über ved. *ēriré* s. Macdonell Ved. Gramm. 360 Fussn. 4).

365. Zu *e*-Wurzeln des Typus *leiqᵘ-* (*e* + *i̯*, *u̯*, Nas., Liqu. + Geräuschlaut): griech. λέλοιπα (W. *leiqᵘ-*), δέδορκα (W. *derk̑-*).

W. *leip-* 'beharren, haften, kleben' (S. 124): *lilēpa lilipuh*, got. *bi-laif* ahd. *bi-leib -libum*, Part. lit. *lìpęs* aksl. *pri-lьpъ*. — W. *reip-* 'stürzen, brechen' (S. 118. 131): griech. ἐρήριπται κατ-ερήριπα, aisl. *reif rifom*. — W. *u̯reit-* 'drehen' (S. 125): aisl. *reid riđom*, lit. Part. *rìtęs*. — W. *bheid-* 'findere' (S. 118): ai. *bibhḗda bibhidúḥ*, *bibhidē*, got. *bait bitum* ahd. *beiʒ biʒʒum*. — W. *u̯eid-* 'sehen, wissen' (S. 118): ai. *vḗda vḗttha vidúḥ*, Opt. *vidyā́-t*, Part. *vidvás-*, gthav. *vaēdā vōistā*, jgav. *viđarᵉ*, Opt. gthav. *vīdyā-t̰*, Part. *vīdvā̊*, arm. *gitem* (S. 92), griech. οἶδα ἴδμεν, Konj. εἴδω, Part. εἰδώς ἰδυῖα, lat. *vīdī* (aus **voidai*, unrichtig 1, 186), ir. Med. 1. Sing. *ro-fetar* 3. Sing. *-fitir* (*t* für *d* durch den Einfluss von *cretid* 'glaubt'?), got. *wait witum* ahd. *weiʒ wiʒʒum* aisl. *veit vitom*, aksl. 1. Sing. Med. *vědě*, preuss. 2. Sing. *waisei waisse* = aksl. *věsi*. — W. *sk̑heid-* *sqheid-* 'spalten, scheiden' (S. 125. 277. 279): ai. *cichēda cichidē*, av. Opt. *-hisiδyāt̰*, lat. *scicidī*, got. *skaiskaiþ skaiskaidum*, lit. Part. *ap-skydęs*. — W. *deik̑-* 'zeigen' (S. 118. 124): ai. *didḗśa didiśē*, griech. δέδειχα δέδειγμαι, got. *ga-taih -taihum* ahd. *zēh zigum*. — W. *leiĝh-* 'lecken' (S. 118): ai. *ririhvás-*, Gramm. *lilēha lilihē*, ir. 3. Plur. *lel-gatar*, lit. *lëžęs*. — W. *meiĝh-* 'mingere' (S. 118. 279): ai. Gramm. *mimēha*, ags. *máʒ miʒon*, lit. Part. *mįžęs* (zu *męžù* S. 284. 285). — W. *u̯eiq-* 'kämpfen' (S. 125): lat. *vīcī* (aus **voicai*, vgl. oben über *vīdī*), got. *waih*, lit. Part. *ap-veīkęs*; ir. *fích* Neubildung zu Präs. *fichid* nach *-mīdar* zu Präs. *midithir* (vgl. aisl. 1. Plur. *vógom* S. 125). — W. *steigh-* 'gehen, steigen' (S. 118): ai. Gramm. *tiṣṭighē*, got. *staig stigum* ahd. *steig stigum* aisl. *sté* (*steig*) *stigom* aksl. Part. *stigъ*. — W. *leiqᵘ-* 'linquere' (S. 118. 279): ai. *rirḗca ririćé*, griech. λέλοιπα, lat. *līquī* (aus **loiquai*, unrichtig 1, 186), got. *laihv laíhvum*, ahd. *lēh liwum*, lit. Part. *lìkęs*. — W. *seiqᵘ-* 'giessen, seihen' (S. 118): ai. *siṣḗca siṣicē*, ved. *sisicuḥ sisicē*, ahd. *sēh* ags. *sáh*. — W. *neigᵘ-* 'waschen': ai. *ninḗja ninijē*, ir. 3. Sing. *-nenaig*. — W. *sneigᵘh-* 'tröpfeln, schneien, feucht werden' (S. 118): ai. Gramm. *siṣṇēha*, ir. *-senaig* d. i. *seśnaig*. — W. *sleig-* 'schmieren, glätten' (ir. *fo-slig* 'beschmiert', Konj. 3. Sing. *-slēi*, ahd. *slīhhan* 'schleichen', ndl. *slik* 'Schlamm, Kot'): ir. *-selaig* d. i. *-seślaig*, 3. Plur. *-selgatar*, ahd. *slaih slihhum*. — W. *peis-* 'pinsere' (S. 125. 277): ai. *pipḗṣa pipiṣē*, lit. Part. *pìsęs*. — W. *tu̯eis-* 'erregen, hin und her bewegen, schütteln' (*tu̯ei-s-*, S. 337): ai. *titviṣḗ*, griech. σέσεισμαι. — W. *reup-* 'rumpere'

(S. 280): ai. *lulōpa lulupē*, lat. *rūpī* vermutlich aus **roupai*. — W. *gleubh-* 'sculpere' (S. 118. 125): griech. γέγλυμμαι ἐξ-έγλυμμαι, ahd. *kloub klubum*. — W. *reud-* 'klagen' (S. 125): ai. *rurōda rurudúḥ*, ahd. *rōȥ ruȥȥum*. — W. (*s*)*teud-* 'stossen': ai. *tutṓda tutudúḥ*, lat. *tutudī con-tūdī*, got. *staístaut staístautum*. — W. *bheudh-* 'wach sein, aufmerksam sein' (S. 125): *bubōdha bubudhē*, Konj. *bubōdha-ḥ*, griech. πέπυσται, got. *-bauþ -budum* ahd. *bōt butum* aisl. *bauđ buđom*, lit. Part. *pa-bùdęs*. — W. *leudh-* 'gehen, kommen' (S. 373): hom. εἰλήλουθα εἰλήλουθμεν (εἰλ- = ἐλ-, metrische Dehnung), att. ἐλήλυθα ἐληλύθαμεν, ir. 2. Sing. *-lod*, 1. Plur. *-lodmar*, 3. Plur. *-lotar*, enklit. *-ldatar* (zum Perfekt gewordener Aorist, s. S. 125). — W. *bheuq-bheug-* 'biegen, ausbiegen, fliehen' (S. 125): ai. Gramm. *bubhōja*, griech. πέφευγα πεφυγμένος, lat. *fūgī* vermutlich aus **fougai*, got. *baug bugum* ahd. *boug bugum*, lit. Part. *búgęs*. — W. *ieug-* 'iungere' (S. 279): ai. *yuyōja yuyujma*, *yuyujḗ*, griech. ἔζευχα (spät), ἔζευγμαι. — W. *dhreugh-* 'trügen, lügen' (S. 125): ai. *dudrōha dudruhē*, ahd. *troug trugum*. — W. *dheugh-* 'geschickt anfertigen, herrichten': griech. τέτευχα τέτυγμαι, got. *daug* ahd. *toug tugun*. — W. *ĝeus-* 'kosten, prüfen, geniessen' (S. 118. 125): ai. *jujōṣa jujuṣuḥ*, *jujuṣḗ*, griech. γέγευμαι. ir. 1. Sing. *-roiga*, 3. Sing. *-roigu*, got. *kaus kusum*, ahd. *kōs kurum*. — W. *preus-* 'brennen, versengen, frieren': ai. Gramm. *puplōṣa*, ahd. *frōs frurum*.

W. *eus-* 'brennen' (S. 118): ai. *uvōṣa ūṣuḥ*, griech. ἐφευμένος.

W. *menth-* 'rühren, quirlen' (S. 119): ai. *mamantha mamanthuḥ*, *mamātha mamathuḥ*, *mēthuḥ*, aksl. Part. *mętъ*, vgl. S. 295. — W. *q^u enth-* 'erleiden' (S. 356): griech. πέπονθα, hom. πεπαθυῖα, lit. Part. *pa-kẽntęs*. — W. (*s*)*pend-* etwa 'sich pendelnd bewegen' (von herabhängenden Gegenständen): ai. Gramm. *paspandē*, lat. *pependī*, vgl. S. 295. — W. *ghend-* 'fassen': griech. κέχονδα, κέχανδα, lat. *pre-hendī*, vgl. S. 293 f. — W. *bhendh-* 'binden' (S. 118): ai. *babándha babandhuḥ*, *bēdhúḥ bēdhḗ*, got. *band bundum* ahd. *bant buntum* aisl. *batt bundom*. — W. *sleəq-* 'sich schlängeln' (S. 119), ahd. *slang slungum*, lit. Part. *slìnkęs*. — W. *leəgh-* 'sich flink bewegen' (S. 119. 131): ai. *rārahāṇá-ḥ*, Gramm. *raragha*, griech. λέλογχα, λελάχασι, ahd. *gi-lang -lungum*. — W. *təns-* 'dehnen, ziehen, zerren' (*ten-s-*, S. 338): ai. *tatasrḗ*, got.

-þans -þunsum ahd. *dans dunsum*, lit. Part. *tę̃sęs*. — W. *(s)terp-* 'torpere': ahd. *starb sturbum*, lit. Part. *tir̃pęs*. — W. *u̯ert-* 'vertere' (S. 119. 126): ai. *vavárta vavr̥túḥ vavr̥tḗ*, *vāvárta vāvr̥túḥ vāvr̥tḗ*, lat. *vortī vertī* umbr. *co-uortus* 'reverterit', got. *warþ waúrþum* ahd. *ward wurtum* aisl. *varđ urđom*, lit. Part. *vir̃tęs*. — W. *qert-* 'schneiden' (S. 119. 126): ai. *cakarta*, *cakr̥tvás-*, Part. lit. *kir̃tęs* aksl. *čr̥tъ*. — W. *perd-* 'furzen' (S. 119): griech. πέπορδα, alb. *porđa* (§ 384), ahd. *farz furzum*, Part. lit. *pérdęs* (Präs. *pérdžu*) lett. *pirdis*. — W. *smerd-* 'beissen, Schmerz verursachen': lat. *momordī*, ahd. *smarz smurzum*. — W. *derk̂-* 'sehen' (S. 126): ai. *dadárša dadr̥šúḥ*, *dadr̥šḗ*, *daršivas-*, av. *dādarᵊsa*, griech. δέδορκα, ir. 3. Sing. *-dairc*. — W. *u̯erĝ-* 'wirken' (S. 195): av. *vavarᵊza*, gthav. 3. Du. *vāvərᵊzātarə̄*, griech. ἔοργα. — W. *derĝh-* 'festhalten' (S. 182. 287): ai. Gramm. *dadarha*, ved. *dādr̥hāṇá-ḥ*, griech. δέδραγμαι (§ 382, 6). — W. *bhergh-* 'bergen, sorgen für etwas' (S. 119): got. *barg baúrgum* ahd. *barg burgum*, aksl. Part. *brъgъ*. — W. *ters-* 'trocken sein, dürsten' (S. 119): ai. *tātr̥šúḥ*, *tatr̥šāṇá-ḥ*, got. *-þars -þaúrsum*. — W. *dhers-* 'kühn sein' (S. 327): ai. *dadhárṣa dadhr̥ṣúḥ*, *dādhr̥ṣúḥ*, Konj. *dadhárṣa-t(i)*, got. *ga-dars -daúrsum*, ahd. *gi-tar* (2. Sing. *-tarst*) *-turrum*. — W. *melĝ-* 'streichend berühren, melken' (S. 119): ai. *mamárja* (§ 372, 1, a), *mamr̥juḥ*, *māmr̥juḥ*, *mamr̥jē*, *māmr̥jḗ*, alb. *mol'a* (§ 384), ir. 1. Sing. *-malgg*, ahd. *malk mulkum*, Part. lit. *mílžęs* (Präs. *mélžu*) aksl. *mlъzъ*. — W. *bhels-* 'die Stimme erschallen lassen' (*bhel-s-* S. 119. 338): ai. Gramm. *babhāṣa*, ahd. *bal bullum*.

366. Zu *e*-Wurzeln des Typus *qlep-* (*i̯*, *u̯*, Nas., Liqu. + *e* + Geräuschlaut): griech. κέκλοφα (W. *qlep-*), lat. *frēgī* (W. *bhreg-*), ahd. *gi-wuog* (W. *u̯eqᵘ-*).

W. *i̯es-* 'sprudeln, sieden' (S. 119): ai. Gramm. *yayāsa*, griech. ἔζεσμαι, ahd. *ias iārum* schwed. dial. *as*. — W. *eu̯ebh- u̯ebh-* 'weben' (S. 305): ai. Gramm. *uvōbha* (Präs. *ubhnā-ti*), ahd. *wab wābum* aisl. *vaf vǫfom*. — W. *u̯eĝh-* 'vehere' (S. 119): ai. *uvāha ūhúḥ ūhḗ*, *vavāha vavāhatuḥ*, av. Part. *vavazāna-*, *vaozē*, alb. *vođa*, got. *-wag -wēgum* ahd. *wag wāgum*, Part. lit. *vėžęs* aksl. *vezъ*. — W. *u̯eqᵘ-* 'sagen' (S. 143): ai. *uvāca uvāktha ūcúḥ ūcḗ*, *vavāca*, av. *vavača vaokuš-* gthav. *vaoxᵊmā*, ahd. *gi-wuog -wuogum* (S. 219). — W. *u̯edh-* 'führen' (S. 119): ir. 3. Plur. *-fīdetar* (Thurneysen Handb.

des Altir. 1, 398), Part. lit. *vẽdęs* aksl. *vedъ*. — W. *u̯es-* 'weilen, bleiben, wohnen' (S. 119): ai. *uvāsa ūṣuḥ*, arm. *gom* (S. 92), ir. 3. Sing. *fiu* 1. Plur. *femmir*, got. *was wēsum* ahd. *was wārum* aisl. *vas vǫ́rom*. — W. *u̯es-* 'kleiden' (*u̯-es-* S. 339): ai. *vavasē vāvasē*, griech. εἱμένος. — W. *enek̂- nek̂-* 'hinlangen, erreichen, tragen' (zu ai. *āną́śa* usw. S. 431): got. *ga-nah* ahd. *gi-nah* 'es reicht hin, genügt', ags. *ȝe-neah* 3. Plur. *-nuȝon*, Part. lit. *nẽszęs* aksl. *nesъ*. — W. *med-* 'messen, schätzen' (S. 123): ir. *-mīdair*, got. *mat mētum* ahd. *maȥ māȥum* aisl. *mat mǫ́tom* und vermutlich auch got. *ga-mōt* ahd. *muoȥ* 'finde Raum, kann' (vgl. S. 434). — W. *ereĝ- reĝ-* 'recken, richten' (S. 120. 268. 288): ai. *ānr̥júḥ*, griech. ὀρώρεγμαι, ion. ὤρεγμαι, ὄργυια ὀρέγυια 'Klafter' (2, 1, 566), ir. 3. Sing. *-reraig*, aisl. *rak*, lit. *į-si-rė́żęs*. — W. *leĝ-* 'sammeln, lesen' (S. 120): griech. συν-είλοχα -είλεγμαι, ion. λέλεγμαι, spät λέλεχα λέλογα, alb. *l'oða*, lat. *lēgī*. — W. *legh-* 'legen': griech. λελοχυῖα· λεχὼ γενομένη (Präs. λέχεται· κοιμᾶται Hesych), got. *lag lēgum* ahd. *lag lāgum* aisl. *lá lǫ́gom*, aksl. Part. *legъ* (Präs. *lęgą*, S. 296). — W. *les-* 'lesen, aufsammeln' (S. 120. 177): got. *las lēsum* ahd. *las lārum*, lit. Part. *lẽsęs*.

W. *su̯ep-* 'schlafen' (S. 119 f.): ai. *suṣvāpa suṣupuḥ*, av. *hušx*ᵛ*afa* (*f* statt *p* aus *x*ᵛ*afsa-* u. dgl. herübergenommen), ags. *swæf swǽfon* aisl. *suaf suǫ́fom*. — W. *trep-* 'sich wenden' (S. 120): ai. Gramm. *trēpē*, griech. τέτροφα τέτραφα τέτραμμαι. — W. *dhrebh-* 'dick machen, ballen' (S. 289): griech. τέτροφα τέθραμμαι, lit. Part. *su-drìbęs*. — W. *prek̂-* 'fragen, bitten' (S. 352): got. *frah frēhum* aisl. *frá frǫ́gom*, lit. *pir̃szęs*; dazu umbr. pepurkurent 'rogaverint, decreverint'. — W. *bhreg-* 'brechen' (S. 290): lat. *frēgī*, got. *brak brēkum* ahd. *brah brāhhum*. — W. *qlep-* 'stehlen' (S. 120): griech. κέκλοφα κέκλεμμαι, mess. κεκλεβώς (§ 382, 6), alat. *clēpī* (Pacuvius), got. *hlaf hlēfum*. — W. *slek- sleg-* 'schlagen': ir. 3. Sing. *-selaig* d. i. *-seslaig* (Präs. *sligid* 'fällt, schlägt nieder'), got. *slōh slōhum* ahd. *sluoh sluogum* aisl. *sló slógom*.

367. Zu Wurzeln des Typus *ĝhed-* (*e* + Geräuschlaut, ohne *i*, *u̯*, Nas., Liqu.): griech. κέχοδα (W. *ĝhed-*), got. *sētum* (W. *sed-*), ir. *tāich* (W. *teq-*).

W. *pet-* 'fliegen, durch die Luft schiessen, fallen' (S. 120): ai. *papāta paptimá paptúḥ pētuḥ*, *paptivás-*, griech. πεπτώς aus *πεπταώς. — W. *sed-* 'sedere' (S. 123): ai. *sasáda sēduḥ*, *sēdivas-*, av. *hazdyā-t̰*, lat. *sēdī* aus urital. **sēdai* oder **sezdai*, got. *sat sētum* ahd. *saʒ sāʒum* aisl. *sat sǫ́tom*, Part. lit. *sédęs* preuss. *sīdons* aksl. *sědъ*. — W. *ĝhed-* 'scheissen': ai. Gramm. *jahadē*, griech. κέχοδα. — W. *seĝh-* 'bewältigen, halten' (S. 120): ai. *sasahē sasahvás-*, *sēhāná-ḥ*, *sasāhé*, *sāsāha sāsáha-t sāsahvás-*, *sāhvás-*, av. *zazuštəma-* aus **se-zĝh-us-* (S. 39), hom. συν-οκωχότε auf Grund von *ὠχώς (S. 434). — W. *teq-* 'laufen, fliessen' (S. 120): av. Part. Fem. *-tat̰kušī-* für **taϑkušī-*, alb. *ndok'a* (Präs. *ndjek* 'verfolge'), ir. 3. Sing. *-tāich*, aksl. Part. *tekъ*. — W. *sqeq-* 'schnell einherfahren, hervorspringen': ir. *-scāich -scāig* (Präs. *scochid* 'geht fort'), ahd. *scah* (Präs. *scehan*). — W. *steg-* 'decken' (S. 120): ai. Gramm. *tastāga*, lit. Part. *stégęs*. — W. *peqᵘ-* 'kochen' (S. 121): ai. *papáca pēcuḥ*, *pēcē*, alb. *pok'a*, aksl. Part. *pekъ*. — W. *seqᵘ-* 'sequi' (S. 120): ai. *saścima saścuḥ*, *saścirē sēcirē*, lit. Part. *sēkęs*; dazu wohl auch got. *salv sēlvum* ahd. *sah sāhum* ags. *seah sáwon* aisl. *sá sáom*. — W. *dhegᵘh-* 'brennen' (S. 120): ai. *dadāha dēhivás-*, *dēhē*, alb. *dog'a*, Part. lit. *dēgęs* aksl. *žegъ*.

W. *es-* 'sein' (S. 93): ai. *ása āsúḥ* av. *åŋha åŋharᵉ*, griech. 2. Sing. ἤσθα; letzteres ist Imperfekt geworden, wie wohl auch ἦα ἦμεν ἦστε ἦστον ursprünglich Imperfekt und Perfekt zugleich gewesen sind (S. 67. 94). — W. *ed-* 'essen' (S. 96): ai. *āda āduḥ*, griech. ἐδηδώς, woneben ἀλληλοδωδόται· ἀλληλοβόροι, ἀλληλοφάγοι vielleicht ein *ἔδωδα oder *ὄδωδα zu erschliessen erlaubt (Fraenkel IF. 28, 249 f.), lat. *ēdī ēdimus*, got. *fr-ēt -ētum* ahd. *āʒ āʒum* aisl. *át ǫ́tom*, Part. lit. *édęs* preuss. *īduns* aksl. *jadъ*.

368. Zu Wurzeln der *a-* und der *o*-Reihe: griech. δέδηα (W. *dau̯-*), lat. *scābī* (W. *sqabh-*) usw.

W. *dau̯-* 'brennen' (S. 328): ai. Gramm. *dudāva*, griech. δέδηα aus *δεδαϝα, δεδαυμένος. — W. *qan-* 'canere' (S. 121): lat. *cecinī* aus **cecanai* (umbr. *procanurent* 'praecinuerint'), ir. 1. Sing. *-cechan* 3. Sing. *-cechuin -cechain*. — W. *ar-* 'arare': ion. ἀρήροται, ahd. oberd. *uar*.

W. *qap-* 'capere' (S. 182): lat. *cēpī*, got. *hōf hōfum* ahd. *huob huobum* aisl. *hóf hófom*. — W. *sap-* 'sapere': osk. *sipus* 'sciens' (aus **sēp-*), ahd. *int-suab -suabum*. — W. *lap- lab-* 'lambere' (S. 292): griech. λέλαφα, lat. *lambī* (nach Präs. *lambo*), ahd.

luof luofum. — W. *sqabh-* 'kratzen, schaben, schneiden' (zum Wurzelauslaut vgl. jedoch Walde Lat. et. Wtb.[2] 681 f.): lat. *scābī*, got. *skōf skōbum* ahd. *scuob scuobum* aisl. *skóf skófom.* — W. *labh-* 'fassen, ergreifen, erlangen' (S. 291): ai. *lalābha lēbhé*, griech. εἴληφα (urgriech. α), lit. Part. *lōbęs.* — W. *k̑ad-* 'sich auszeichnen': ai. *śāśadúḥ śāśadmahē*, Pindar κεκαδμένος, hom. κέκασσαι κεκάσμεθα.

W. *aĝ-* 'treiben' (S. 121): ai. Gramm. *āja*, griech. ἦχα ἦγμαι (urgriech. α), ἄγυια 'Strasse' ursprünglich Attribut von ὁδός 'Weg', lat. *ēgī*, aisl. *ók ókom.* — W. *an-* 'atmen, hauchen' (S. 121): ai. *āna*, got. *-ōn -ōnum.*

W. *aik̑-* 'Verfügung über etwas bekommen' (osk. aíkdafed 'decrevit'): ai. *īśē īśirē* gthav. *isē*, got. *aih* 1. Plur. *aigum aihum* ags. *áʒ* ahd. 1. Plur. *eigum* (S. 431); dazu Part. urgerm. **aiʒus-*, woher as. *ēcso* 'Eigentümer' (2, 1, 570 f.). — W. *aidh-* 'brennen, funkeln': ai. *īdhé īdhirē*, griech. αἴθυια (S. 431). — W. *saus-* 'trocknen' (S. 127. 194): ai. Gramm. *śuśōṣa*, lit. Part. *sùsęs* aksl. *sъchъ.* — W. *sqand-* 'scandere' (S. 121): ai. *caskánda, caskandē*, lat. *scandī* (*ascendī*), ir. 3. Sing. *-sescaind.*

W. *od-* 'riechen': griech. ὄδωδα (Präs. ὄζω), lit. Part. *ūdęs* (Präs. *ūdžu*).

Wurzelvokal unsicher in ai. *babhañja babhañjirē* (Präs. *bhanák-ti*), ir. 3. Sing. *-bobig* (Präs. *bongid*), s. S. 278. 294; die ir. Form ist für **-bebig* aufgekommen durch Einführung des Präsensvokals in die Reduplikationssilbe.

369. Zu konsonantisch schliessenden Wurzeln mit langem Vokal davor: got. *-rairōþ* usw.

W. *rēdh-* 'zurecht machen' (*rē-dh-*, S. 373): ai. *rarādha rarādhúḥ*, got. *ga-rairōþ -rairōdum.*

W. *bhōg-* 'rösten, braten' (S. 131. 135): griech. πέφωγμαι, ahd. *buoh buohhum.*

W. *pāk̑- pāĝ-* 'fest machen' (S. 291): griech. πέπηγα (urgriech. α), lat. *pepigī* aus **pepagai*, *pēgī*, got. *faifāh faifāhum* (Präs. *fāhan* aus **fanχan*, S. 291). — W. *plāq- plāg-* 'plangere' (S. 291): griech. πέπληγα (urgriech. α), got. *faiflōk faiflōkum*, lit. Part. *plākęs.*

W. *tēg-* (*dēg-*) oder *tāg-* (*dāg-*) 'berühren' (S. 127. 134. 292):

lat. *tetigī* aus **tetagai*, got. *taítōk taítōkum* (Inf. *tēkan*) aisl. *tók tókom* (Inf. *taka*); dazu eventuell ir. *-tethaig* (S. 292).

370. Zu einsilbigen Basen auf einfachen Langvokal oder Langdiphthong: av. *daδa* usw.

W. *dhē-* 'setzen' (S. 99. 108. 143): ai. *dadhāú dadhā́tha dadhimá dadhúḥ, dadhé*, av. 3. Sing. *daδa*, 2. Sing. *dadāϑa*, 3. Sing. *daⁱδe*, griech. τέθεμαι, lat. *con-didī, crēdidī*, osk. prú-ffed 'posuit' aus **pro-fefed*, aa-manaffed 'mandavit, locavit' aus **-man-fefed*, 1. 3. Sing. ahd. *teta* as. *deda* afries. *dede*, aksl. Part. *děvъ*.

W. *dō-* 'geben' (S. 99 f. 108. 141. 143): ai. *dadāú dadimá, dadé, dadivás- dadvás- dadāvás-*, av. *daδvah-*, griech. δέδομαι, böot. 3. Plur. -δεδόανθι, Part. F. δεδωῦσα, lat. *dedī dedimus* osk. deded umbr. dede 'dedit', gall. 3. Sing. δεδε, Part. lit. *dāręs* preuss. *dāuns* aksl. *davъ*.

W. *stā-* 'stehen' (S. 100. 108. 139): ai. *tasthāú tasthimá tasthivás-, tasthé*, av. 3. Plur. *vi-šastarᵊ*, griech. ἕσταμεν, ἑσταώς ἑστώς, ἑστηώς ἑστεώς, καθ-έσταμαι, lat. *stetī stetimus*, Part. preuss. *-stāuns* aksl. *stavъ*.

W. *spē(i̯)-* 'vorwärts kommen, zunehmen' (S. 197): ai. Gramm. *pasphāyē*, aksl. Part. *spěvъ*. — W. *dhē(i̯)-* 'saugen': ai. *dadhúḥ* (Präs. *dháya-ti*), ir. 3. Sing. *did* (vgl. Thurneysen Handb. des Altir. 1, 396).

W. *pō(i̯)-* 'trinken' (S. 37. 108. 140): ai. *papāú papātha, papē*, Opt. *papīyā-t*, griech. πέπομαι, lat. *bibī*.

370 a. Zu zweisilbigen Basen auf Langvokal oder Langdiphthong mit Reduktion der ersten Silbe der Ablautbasis (vgl. S. 157 ff.): ved. *paprā*, dor. μέμνᾱμαι usw.

**gᵘ̯ei̯ā-* 'bewältigen' (S. 52. 147 f. 386): ai. *jijyāú* (vgl. Fut. *jyāsya-ti*), ion. βεβίημαι (urgriech. ᾱ). — **menā-* 'gedenken' (S. 163): ai. Gramm. *mamnāu* (vgl. *mnāta-ḥ*), dor. μέμνᾱμαι; zur selben Wurzel ai. *mamanyā-t* u. a. (S. 441). — **k̂erā-* 'mischen' (S. 163. 415): ai. Gramm. *śaśrāu* (vgl. *śrātá-ḥ*), griech. κέκρᾱμαι. — **perā-* 'hinüberschaffen, verkaufen' (S. 163. 302): griech. πέπρᾱμαι, ir. 3. Sing. *-rir*. — **derā-* 'laufen' (S. 161): ai. *dadrāu*, erschlossen aus *dadruḥ dadrāṇá-ḥ* (vgl. *drā-ti*), griech. δέδρᾱ-κα (§ 382, 5). — Dazu noch **gᵘ̯ā-* 'gehen' (S. 148. 161 f.): ai. Opt. *jagāyā-t*, Indik. Med. *-jagē* (vgl. *á-gāt gātá*), dor. βέβᾱ-κα (§ 382, 5).

*$a\underset{\frown}{u}\bar{e}$- 'wehen' (S. 170. 386): ai. *vavāu* (vgl. *vāta-ḥ*), got. *waiwō*. — *$\hat{g}en\bar{e}$- $\hat{g}en\bar{o}$- 'kennen' (S. 170): ai. *jajñāú*, *jajñivás-*, *jajñé* (vgl. *jñātá-ḥ*), griech. ἔγνωσμαι (§ 382, 2), ἔγνωκα (§ 382, 5), ir. 1. 2. Sing. *-gēn* 3. Sing. *-gēuin -gēiuin* 1. Plur. *-gēnammar*, aksl. Part. *znavъ*. — **pelē-* 'füllen' (S. 170): ai. *paprā paprāú*, *paprē* (vgl. *prātá-ḥ*), griech. πέπλησμαι (§ 382, 2). — **bhesē-* 'zerreiben, zermalmen' (S. 111. 171): ai. Gramm. *papsāu* (vgl. *psātá-ḥ*), griech. ἔψησμαι (§ 382, 2).

*$bher\bar{a}^x\underset{\frown}{i}$- 'versehren, scheren' (S. 304): ai. Gramm. *bibhrāya*, aksl. Part. *brivъ*.

C. Einzelsprachliche Erscheinungen.

a. Arisch.

371. Weitere Beispiele zu § 364 ff.:

1) Zu § 364. 368. Ai. *kṣay-* 'siedeln, besitzen' (*kṣití-ḥ*, S. 88): Gramm. *cikṣāya*. — Ai. *srav-* 'fliessen' (*srutá-ḥ*, S. 117): *susrāva susruvuḥ*, *susruvē*, Gramm. *susruma*. — Ai. *stav-* 'preisen' (*stutá-ḥ* S. 90): *tuṣṭāva tuṣṭuvuḥ*, *tuṣṭuvé*, Gramm. *tuṣṭuma*. — Ai. *yam-* 'cohibere' (*yatá-ḥ*): *yayāma yayantha yēmimá yēmúḥ yēmé*. — Ar. *kar-* 'machen' (ai. *kṛtá-ḥ*, S. 328): ai. *cakāra cakṛmá cakruḥ*, *cakṛvás- cakrúṣ-*, *cakré*, av. 3. Plur. *čāxrare* apers. Opt. 3. Sing. *čaxriyā^h*. — Ar. *dhar-* 'festhalten' (ai. *dhṛtá-ḥ*, S. 254): ai. *dadhāra dadhré*, *dādhāra*, av. *dadāra dadrāna-* gthav. *dādrē*. — Ai. *var-* 'wählen' (*vṛtá-ḥ*, S. 90): *vavrē vavṛmáhē*.

Ai. *pay-* 'schwellen, fett machen' (*pīná-ḥ*): *pīpāya pīpētha*, *pipyuḥ*, *pīpivás- pipyúṣ-*. — Ar. *bhay-* 'fürchten' (ai. *bhītá-ḥ*, S. 107): ai. *bibhāya bibhyuḥ*, *bibhīvás- bibhyúṣ-*, av. *biwivå*. — Ar. *san-* 'verdienen' (ai. *sātá-ḥ*): ai. *sasāna sasanúṣ-*, av. *hahāna*, *hahanuš-*. — Ar. *van-* 'gewinnen' (ai. *-vāta-ḥ*): ai. *vavanmá*, *vavanvás-*, *vavné*, *vāvāna*, Konj. 2. Sing. *vāvána-ḥ*, gthav. *vaonarə*, jgav. Opt. *vaonyā-t*, Part. *vavanvå*. — Ar. *kan-* 'nach etwas verlangen' (ai. *-kāti-ḥ*): ai. *cākana*, Konj. *cākana-ḥ*, av. *čakana*, gthav. *čāxnarə*.

2) Zu § 365. 368. Ar. *kait-* 'Acht auf etwas haben, wahrnehmen' (ai. *céta-ti*): ai. *cikéta cikituḥ cikitrás-*, *cikitē*, av. *čiciϑwå* und *čikiϑwå*, gthav. 3. Plur. *čikōitərəš* (*-ōi-* nach § 374, 2); über *-kit-* für *-cit-* 1 § 690 Anm. (1). — Ar. *dvaiš-* 'anfeinden' (*dvai-š-* S. 340 f.): ai. *didvēṣa didviṣē*, av. *didvaēša didvišma*. — Ai. *kṣip-*

'werfen' (*kšipá-ti*): *cikšépa čikšipuḥ*. — Ar. *ais-* 'suchen' (ai. *icchá-ti* *-ēša-ti*): ai. *iyēša īšuḥ*, *īšē*, av. *yaēša* d. i. *iyaēša*. — Ai. *aidh-* 'brennen' (*inddhé*, *édhas-*): *īdhé īdhiré*. — Ar. *raudh-* 'abhalten' (ai. *ruṇáddhi*): ai. *rurōdha rurudhē*, av. *"rūraoδa*. — Ai. *ruk-* 'lucere' (*rōca-tē*): *rurōca rurucúḥ rurukvás-*. — Ai. *uk-* 'an etwas Gefallen finden' (*ucya-ti*): *urōca*, *ūcé*. — Ai. *daš-* 'beissen' (S. 125 f.): *dadašvás-*, *dadąšuḥ*. — Ai. *chand-* 'scheinen' (*chanda-ti*): *cachanda*, Opt. *cachadyā-t*. — Ai. *šąs-* 'hersagen, preisen' (S. 92): *šašąsa*, *šašąsē*. — Ai. *vardh-* 'wachsen' (*várdha-ti*): *vavárdha*, *vāvṛdhúḥ vāvṛdhé*. — Ai. *sarj-* 'loslassen' (*sṛjá-ti*): *sasarja*, *sasṛjé sasṛjmáhē*.

3) Zu § 366. 368. Ai. *yaj-* 'verehren' (S. 129): *iyāja*, *yējé* *ījé*. — Ar. *yat-* 'sich bestreben' (ai. *yáta-tē*): ai. *yētē*, av. *yayata*, *yaētatarᵊ*, gthav. *yōiϑᵊmā*. — Ai. *vaš-* 'wünschen, begehren' (S. 91): *vāvašúḥ vāvašé*, Gramm. *uvāša ūšuḥ*. — Ar. *naš-* 'zugrunde gehen' (ai. *náša-ti*): ai. *nanāša*, *nēšuḥ*, gthav. *-nənāsā*, *nąsvå*. — Ai. *vyadh-* 'durchbohren' (*vídhya-ti*): *vivyādha*, *vividhuḥ vivyadhuḥ*, *vividhvás-*. — Ar. *ghrabh-* 'greifen' (S. 305): ai. *jagrābha jagṛbhma jagṛbhuḥ*, *jagrāha jagṛhmá jagṛhuḥ*, av. *ja-ya"rva*, *jāgərᵊbuš-tara-* 'der besser erfasst'.

4) Zu § 367. 368. Ai. *tap-* 'erhitzen' (*tápa-ti*): *tatā́pa*, *tēpé*. — Ai. *dhabh-* 'betrügen' (S. 329): *dadā́bha dēbhuḥ*; über *dadámbha* S. 275. — Ai. *ghas-* 'fressen' (S. 97. 111): *jaghā́sa jakšuḥ*, *jakšīyā́-t*, *jakšivás-*. — Ai. *takš-* 'zimmern' (S. 98): *tatákša*, *tatakšé*, av. *tataša*.

Ar. *adh-* 'sagen': ai. *ā́ha ā́ttha āhúḥ*, av. *āδa*. — Ar. *ap-* 'erreichen' (S. 329): *ā́pa*, *āpiré*, av. *frapa* wahrscheinlich reduplikationslos, vgl. Präs. *frapayemi*. — Av. *ar-* 'gewähren' (Konj. *ərᵊnavante* S. 326): *frāra*, gthav. *ārōi*.

5) Zu § 369. Ai. *rāj-* 'herrschen' (S. 98): *rarāja*, *rarājatuḥ*, Gramm. *rarājē*; *rējuḥ*, *rējē*.

6) Zu § 370. Ai. *mā-* 'messen' (*mitá-ḥ*, S. 101): *mamāu*, *mamé mamiré*. — Ai. *šā-* 'schärfen, wetzen' (*šitá-ḥ*, S. 108): Gramm. *šašāu*, ved. *-šašānā́-ḥ*. — Ai. *dā-* 'teilen' (*diná-ḥ*, S. 101): *dadirē*.

Ai. *hā(y)-* (**ghē(i)- ghī-*) 'verlassen' (*hīná-ḥ*, S. 111. 143): *jahāu jahúḥ*, *jahē*. — Ar. *sā(y)-* 'binden': ai. *sišāya*, Gramm. *sišyē* gthav. *hišāyā*; daneben ai. *sasāu* (vgl. Aor. *a-sāt*).

7) Zu § 371. Ai. *yā-* 'gehen' (*yātá-ḥ*, S. 161): *yayāú yayā́tha, yayá yayuḥ, yayivás-, yayē.* — Ai. *dhmā-* 'blasen' (*dhmātá-ḥ*, S. 163): *dadhmāu, dadhmirē.* — Ai. *trā-* 'glücklich hinüberkommen lassen, retten' (*trāta-ḥ*, S. 161): *tatré.* — Ai. *mlā-* 'erschlaffen' (*mlātá-ḥ*, S. 163): *mamlāu.*

372. Perfektische Neubildungen auf Grund von andern, präsentischen oder aoristischen Tempora. Solche Formen haben teils dieselbe Reduplikation erhalten wie die altüberkommenen Perfektformen, teils sind sie nur durch die Endungen als Perfekta charakterisiert worden.

Einige Formen dieser Art sind schon im vorausgehenden erwähnt worden.

1) Formen mit perfektischer Reduplikation.

a) Formen, die sich nur durch den Wurzelvokalismus als solche Anschlussbildungen erweisen: ai. *mamārja* (S. 445) mit *ā* nach *mārṣṭi, mārja-ti* (S. 99), *jugūhē* zu *gūha-tē* (S. 128). Weniger sicher ist Hergehörigkeit von *īriré*, zu *īrtē* (S. 442).

b) Formen mit einem ursprünglich dem Präsens als Formans angehörigen Nasal. Ai. ved. *vi-jānúṣ- saṃ-jānāná-ḥ*, nach *jānā́-ti* (S. 299. 302f.). Ai. ep. *rurundhatuḥ* (neben *rurōdha rurudhē* S. 451), zu *ruṇáddhi, rundha-ti* (S. 277). Gramm. *dadṛha* (vgl. *ádadṛhanta* § 413) neben *dadarha dādṛhāṇá-ḥ*, zu *dṛ́ha-ti* (S. 287). Ep. *jughūrṇa jughūrṇē*, nach *ghūrṇa-ti* 'schwankt' (S. 313). Ved. *pipinváthuḥ*, zu *pínva-ti*, und *jiginváthuḥ*, zu *jínva-ti* (S. 333).

Vgl. noch S. 294f. über *sasañja, babhañja, mamantha, paspandē.*

c) Mit formantischem *s* (S. 337ff.): ai. *titviṣé* (S. 443f.), *didvēṣa* av. *didvaēša* (S. 450), ai. *tatasrē* (S. 444f.), *babhāṣa* (S. 445), *vavasē vāvasē* (S. 446). Ebenso *dadakṣē*, zu *dákṣa-ti* (S. 338), *mimikṣé* neben *miśrá-ḥ* usw. (S. 339).

d) Mit formantischem *sk̑* (S. 350ff.). Ai. *papraccha* zu *pṛcchá-ti* (S. 352), wie lat. *poposcī* zu *posco* (§ 387, 4), ir. *imchom-arcair* (§ 397), gegenüber got. *frah* (S. 446). Ep. *mumūrcha*, zu *mūrcha-ti* (S. 354), Gramm. *juhūrcha*, zu *hūrcha-ti* (S. 354), Gramm. *vavāñcha*, zu *vāñcha-ti* (S. 353). Vgl. auch das themavokalische *ānarcha-t* (§ 413), zu *ṛcchá-ti archa-ti* (S. 354).

e) Mit formantischem *t* (S. 362 ff.). Ai. *nanarta nanṛtuḥ*, zu *nṛtya-ti naṭa-ti*; *pusphōṭa*, zu *sphuṭa-ti*; *pupōṭa* (Gramm.), zu *puṭa-ti*; *vivēṣṭē* (Gramm.), zu *vēṣṭa-tē*; *cicēṣṭa*, zu *cēṣṭa-ti* (S. 363 f.).

f) Mit formantischem *dh* (S. 372 ff.). Ai. *rarādha rarādhúḥ* (S. 448), zu *á-rādhat* (S. 373).

g) Mit formantischem *u̯* (S. 269 ff.). Ai. *jijīva jijīvē*, zu *jīva-ti* (S. 270).

Anm. Beiläufig seien zwei ai. Perfekta genannt, die auf Grund einer mit einem Präfix einheitlich verschmolzenen Wurzel entsprungen sind. Ved. *pipīḍé*, zu *pīḍaya-ti*, aus **pi-zd-*, wie griech. πεπίεσμαι, zu πιέζω (2, 2, 839). Brāhm. *niniyōja*, zu *ni-yuj-* 'anbinden'. Ebenso griech. ἠμφίεσμαι, zu ἀμφι-(F)εσ- 'anziehen, bekleiden'. Zu vergleichen ist die Stellung des Augments vor dem Präfix in ai. *a-pīḍaya-t*, griech. ἐ-πίεζον, ἠμφίεσα u. dgl. (§ 8 S. 14).

2) Formen ohne perfektische Reduplikation. Da der reduplikationslose Typus ai. *vḗda* aus vorarischer Zeit stammt (S. 431 ff.), wird man Perfekta wie ai. *upa-sarpa* (neben *sasarpa*) nicht als Neubildungen nach dem zugehörigen Präsens (*sárpa-ti*) anzusehen haben. Dahingegen sind hier zu nennen Perfektformen, die auf Grund von Präsentia mit spezifisch präsentischer Reduplikation geschaffen wurden, ohne dass man ihnen auch noch die perfektische Reduplikation gab. Ai. ep. *sīdatuḥ*, zu *sīda-ti* (S. 139). Ved. *nindima*, zu *nínda-ti* (S. 140). Ved. *vivakvás-*, zu *vívak-ti* (S. 106). Brāhm. *didāsitha*, zu *dídāsa-ti* (S. 345). Ved. *nṓnāva nōnuvuḥ*, zu *nṓnavīti nōnumaḥ* (S. 113. 156), *davidhāva*, zu *dávidhvat-* von *dhū-* 'schütteln' (§ 68 S. 113); man erwartete **davīdhāva* nach § 14, 3 (S. 23); ein Erklärungsversuch der Ausnahmestellung bei Wackernagel Dehnungsges. S. 18. Av. 3. Sing. *-hišta*, zu *hišta'ti* (S. 139), vgl. lat. *stitī*, zu *sisto* (§ 387, 1). Solche Neuerungen konnten in den ar. Sprachen um so leichter aufkommen, als hier Präsentia wie ai. *dádhāti* und Perfekta wie *dadhāú* in der Gestaltung der Reduplikation nicht auseinandergingen.

373. Zur Reduplikation (§ 13 ff. 356).

1) Für *a* = uridg. *e* drang in dem Typus ai. *jaghā́na* av. *jaγnā* (§ 356, 1. 364 ff.) seit urar. Zeit *i*, *u* ein, wenn die Wurzelsilbe *i*- und *u*-haltig war, z. B. ai. *didvḗṣa didviṣē* av. *didvaēša*, ai. *rurōdha rurudhē* av. *"ruraoδa*, ai. *suṣvāpa suṣupúḥ*. Diese

Reduplikationsweise fand auch da Eingang, wo in der Wurzelsilbe *ir*, *ur* aus *r̥* entwickelt waren (1 § 506), z. B. ved. *titiruḥ titirvás-* und *tuturyā́-t* (neben *tatāra*), zu *tára-ti*; *tistiré tistirāṇá-ḥ* (neben *tastāra*), zu *stara-ti*. Erhalten hat sich *a* in den bezüglich der Wurzelgestaltung anomalen ai. *babhū́va* neben av. *bvāva* d. i. *bubāva* (S. 441), ai. *sasū́va* neben *suṣāva* (Part. *sūtá-ḥ* 'gezeugt'), *šašayāná-ḥ* neben *šišyē* (S. 97). Ferner in ai. ep. *tatyāja tatyajē* (Part. *tyaktá-ḥ* 'verlassen') neben ved. *tityā́ja*; vgl. zu *tatyāja* die ved. *cucyuré cucyuṣé* (S. 39), wo ebenfalls nicht *y*, sondern der ihm folgende Vokal für den Vokalismus der Wurzelsilbe massgebend war. Vgl. § 16, 1, a, α S. 25.

2) Die mit *i̯*, *u̯* beginnenden Wurzeln hatten im Ar. von Haus aus alle dieselbe Reduplikation (*ya-*, *va-* = uridg. **i̯e-*, **u̯e-*) wie die mit andern Konsonanten anfangenden. Dies blieb auch öfters so, z. B. ai. *yayāma yēmúḥ*, *yētē*, *vavāma*, *vavāca*, *vavárdha vavr̥dhē*, av. *yayata yaētatarᵊ*, *vavača vaoxᵊmā*, *vaoze*. Nun stellten sich hierneben im Ai. nicht nur die unter 1) erklärten Neubildungen mit *u* und *i* für *a* in der Reduplikationssilbe wie *yuyōja yuyujē*, *vivēša vivišē* ein, sondern bei Wurzeln auf *a* + Geräuschlaut geschah auch Übergang in die Analogie der attisch reduplizierten Perfekta von Verba, die mit urar. *ai-*, *au-* anlauteten (wie *iy-ḗṣa īṣúḥ* = av. *y-aēša*, ai. *iy-ā́ya īyúḥ*, *uv-ṓṣa ūṣúḥ*, *ūvúḥ*). So *iyā́ja ījúḥ* neben *yējé*, *uvā́ca ūcúḥ* neben *vavā́ca* u. a. S. § 16, a, β S. 25f.

3) Bei Wurzeln, die einkonsonantisch beginnen und schliessen und urar. *a* als Vokal hatten, war im Ai. mehrfach lautgesetzlich *ē* = **ai* in dem schwachen Perfektstamm entstanden, in *sēd-* (*sēdúḥ* usw.) = av. *hazd-* (S. 447) nach 1 § 830, a, ferner bei einigen mit *i̯-* beginnenden Verben, z. B. *yēt-* = av. *yaēt-* (*ya-yata*), *yēj-* (*yējé* vgl. unter 2), *yēm-* (Sing. *ya-yāma*). Nach diesen Mustern schuf man im Ai. Formen wie *pētima pētuḥ* für ved. *paptimá*, zu *pat-*, *sēhāná-ḥ*, zu *sah-*, *pēcuḥ*, zu *pac-* (§ 367), *tēpé*, zu *tap-*, *dēbhuḥ*, zu *dabh-* (§ 371, 4), *nēšuḥ* (gthav. *nąsrā̊*), zu *naš-* (§ 371, 3), *tené*, zu *tan-* (§ 364). In der Zeit, als diese Neuerung aufkam, war für sie Voraussetzung, dass der wurzelanlautende Konsonant in der Reduplikation nicht verändert war; daraufhin schauten die Inder solche perfektischen Stämme mit

ē als eine reduplikationslose 'Ablautform' der Wurzel an. Was um so leichter geschehen konnte, als man von älterer Zeit her tatsächlich unreduplizierte Perfekta hatte, wie *vḗda* (§ 357), *sāhvás*- (§ 358).

Dies führte weiter zur Bildung von *ē*-Formen mit Media aspirata oder Tenuis aspirata im Anlaut, wie *bhējuḥ* (neben *babhāja*, zu *bhag*-), *phēluḥ* (neben *paphāla*, zu *phal*-), sowie von *ē*-Formen mit Doppelkonsonanz im Anlaut, wie *bhrēmuḥ* (neben *babhrāma babhramuḥ*, zu *bhram*-), *trēṣuḥ trēsuḥ* (neben *tatrāsa*, zu *tras*-).

Dass man überdies zu *bēdhúḥ bēdhḗ* neben *babándha* und zu *mēthuḥ* neben *mamantha* schritt (S. 444), erklärt sich daraus, dass man die schwachen Wurzelformen *badh*-, *math*- in *badhnā́-ti*, *mátha-ti* usw. (mit *a* aus *n̥*) mit den Wurzelformen *sad*-, *yaj*- usw. auf gleiche Linie stellte, eine Analogisierung, aus der sich auch die Neubildungen *mamātha* neben *mamantha*, *mathiṣya-ti* neben *manthiṣya-ti* u. dgl. ergeben haben.

Weiter fand dieser *ē*-Typus sogar bei den Wurzeln mit *ā* im Innern Eingang: *rējuḥ*, *rējē* neben *rarāja rarājatuḥ* (§ 371, 5), Gramm. *bhrējē* neben *babhrāja babhrājē* (*bhrāj*- 'glänzen').

Was diesen ganzen ai. *ē*-Typus über seine ursprünglichen Grenzen hinausgehen liess, war der Umstand, dass bei vielen Wurzeln die Bildung von Formen nach der Art von *paptimá* eine schwierige Konsonantengruppe ergeben musste, z. B. bei *pac*-, *tap*-, *nam*-, oder eine andersartige Verundeutlichung, z. B. bei *naś*-, wo **naśuḥ* (vgl. gthav. *nąsvā̊*) neben *nanāśa* entstehen musste.

4) Intensivperfekta mit uridg. *ē* in der Reduplikationssilbe (§ 356, 2) weist besonders das Vedische in grösserer Anzahl auf, und sie sind auch im Av. verhältnismässig nicht ganz selten. Eine besondere Bedeutung gegenüber den Perfekta mit der gewöhnlichen Reduplikation ist nicht wahrnehmbar. Oben sind genannt, in § 364 ai. *jāgā́ra jāgr̥vás*-, in § 365 *rārahāṇá-ḥ*, *vāvárta*, *dādr̥hāṇá-ḥ*, *tātr̥ṣúḥ*, *māmr̥juḥ*, av. *dādarᵊsa*, gthav. *vāvərᵊzātarᵊ*, in § 366 ai. *vāvasē*, in § 367 *sāsā́ha*, § 368 *śāśadúḥ*, in § 371, 1 ai. *dādhā́ra* gthav. *dādrē*, ai. *vārāna*, ai. *cākana* gthav. *čārnarᵊ*, av. *cāxrare*, in § 371, 2 ai. *vāvr̥dhúḥ*, in § 371, 3 *rāvaśē*, av. *jāgərᵊbuštara*-.

Da neben ai. *jāgā́ra* ein *jāgar-ti* mit präsentischer Flexion trat, so wurde *jāgar-* die Grundlage eines ganzen Verbalsystems, so dass hinterher auch *ja-jāgā́ra* gebildet wurde (§ 64 S. 112). Vgl. *bi-bhikṣē* zu dem Desid. *bhíkṣa-tē* (S. 348), griech. δεδίδαχα zu δι-δάσκω (S. 361).

5) Der uridg. Stammtypus *sēd- sōd-* liegt, wie wir § 358 sahen, vor in ai. *sāhvás-* (W. *seĝh-*) und *dāśvás- dāśivás-* (W. *deḱ-*), deren Stamm auch in präsentischen Formen erscheint, *sā́kṣva sā́ha-ti, dā́ṣṭi dā́śa-ti* (S. 98. 123). Nach dem Vorbild der reduplizierten Perfekta kamen *sasāhé, dadāśvás-* auf. Mit letzteren steht *rarājatuḥ* (Präs. *rā́ṣṭi rā́ja-ti* (S. 98. 123) auf gleicher Linie.

Das urar. *ā* in der 3. Sing. von Formen wie *sasā́ha, dadhā́ra* usw. ist, wie in § 358 ebenfalls schon angedeutet wurde, dadurch aufgekommen, dass reduplikationslose dehnstufige Formen wie **dā́śa, *dhā́ra* üblich waren und Reduplikation annahmen (vgl. ir. *ad-roethach* 'ich habe gebeten' zu *-tāich* S. 434. 447, als ob ein redupliziertes Perfekt vorläge). Sie haben das Muster der Bildung der 3. Sing. für beliebige einkonsonantisch auslautende Wurzeln, die urar. *a* hatten, abgegeben.

374. Zum Wurzelablaut (§ 359f.).

1) Das *ā* in der 3. Sing. Indik. Akt. von einkonsonantisch auslautenden Wurzeln wie ar. *dhar-* (§ 358. 373, 5) kann schon in urar. Zeit Regel geworden sein, z. B. ai. *dadhā́ra* av. *dadāra*, jedenfalls war es im Ai. seit urind. Zeit Regel. Im Ai. wurde nun diese 3. Sing. auch als 1. Sing. gebraucht, ohne dass deren alte Gestaltung (*dadhára*) dadurch verdrängt wurde. Im Jgav. wurde entweder umgekehrt die 1. Sing. mit *a* auch als 3. Sing. gebraucht, z. B. *bavara, vavača*, oder in diesen Formen (deren Bartholomae Grundr. der iran. Phil. 1, 198 sieben aufzählt) war noch die alte vorarische 3. Sing. (vgl. griech. γέγονε) erhalten.

2) Im Ai. wie im Av. erscheint zuweilen eine starke Stammgestalt in das Gebiet der schwachen eingedrungen. Z. B. ved. *yuyōpimá* nach *yuyṓpa* (zu *yup-* 'verwischen, versperren'), ved. *vivēśuḥ* (neben *viviśē*) nach *vivḗśa* (zu *viś-* 'eintreten in etwas'), ep. *tastambhuḥ* (neben *tastabhúḥ tastabhāná-ḥ*) nach *tastámbha* (S. 293), ep. *babandhuḥ* nach *babándha* (S. 444), gthav. *čikōitərᵉš* nach **čikōitā* (S. 450). Dehnstufiges *ā* in ved. *śaśāsuḥ*

šašādhi wie *šašāsa*, wie auch im Präsens 3. Plur. *šāsati* und Med. *šāstē* neben *šāsti* Opt. *šišyā-t* (S. 103) begegnen; cp. *varāhatuḥ* (neben *ūhatuḥ*) wie *varāha* (S. 445), cp. *nanāmirē* (neben *nēmē*) wie *nanāma* (zu *nam-* 'sich beugen, verneigen').

375. Dem Ai. eigen ist *-āu* in der 1. 3. Sing. der Stämme auf *-ā*, wie *dadhāú*, *paprāú*. Nach av. 3. Sing. *daδa* (S. 449), *-hišta* (S. 453), ferner nach griech. ἕστα-κα -κε, τέτλα-κα -κε, ἕω-κα -κε, falls sie auf älteren *ἑστα, *τετλα, *ἑω aufgebaut sind (§ 382, 5), und nach 1. 3. Sing. got. *saísō*, *waíwō* und ahd. *teta* erwartet man ai. **dadhā*. In der Tat erscheint dieser Ausgang in ved. 3. Sing. *paprā́* neben *paprāú*. Vermutungen über dieses *-āu* in neuerer Zeit s. 1. Aufl. dieses Werkes 2, 1223. 1244, K. vergl. Gramm. 545, Bezzenberger BB. 26, 153 f., Reichelt BB. 27, 93 f., KZ. 39, 14. 44 f., Thumb Handb. d. Sanskr. 1, 367, Charpentier IF. 32, 92 ff.

Meist wird das *-u̯* entweder mit dem Auslaut einsilbiger Basen auf *-ā^x u̯* zusammengebracht, z. B. das *-u̯* von *ta-sthāú* mit dem *u̯* von *sthāvira-ḥ sthāvarā́-ḥ* (Basis **stāu̯-*), das *-u̯* von *dadāú* mit dem *u̯* von *dāvánē* gthav. *dāvōi* (Basis **dōu̯-*), oder — nach dem Vorgang von Fick — mit dem lat. Perfektausgang *-vī*, so dass z. B. zwischen *paprāú* und *plēvī*, zwischen *jajñāú* und *nōvī* eine nähere Beziehung bestünde. Charpentier a. a. O. vermutet, die ältesten Formen auf *-āu* seien Lok. Sing. eines reduplizierten Abstraktnomens auf *-i* gewesen (vgl. *agnāú* neben *agnā́*, zu *agní-ḥ*, 2, 2, 175). Zunächst habe man z. B. **dadāv āsa* 'ich bin beim Geben gewesen' gesagt. Da nun daneben **dadā́*, die ursprünglichere Form, stand, habe man *dadāú* auch ohne *āsa* gebraucht, und *dadāú* habe dann **dadā́* im Ai. verdrängt.

Anm. Eine Entscheidung wage ich nicht zu treffen, möchte aber noch auf folgendes die Aufmerksamkeit lenken. S. 369 habe ich die flexivischen Ausgänge des germ. schwachen Präteritums got. *-da* usw. erklärt als aus dem in ahd. *teta* as. *deda* erhaltenen Perfekt übertragen. Nun ist die run. 1. Sing. des schwachen Präteritums auf *-do*, z. B. *tawido* (dafür got. *tawida*), wahrscheinlich auf **-dau* zurückzuführen (vgl. Collitz Schwach. Prät. 129 ff.). So verbirgt sich vielleicht hinter dieser run. Formation eine urgerm. Nebenform von ahd. *teta*, die dem ai. *dadhāú* genau entspräche.

b. Armenisch.

376. Zwei alte Perfektformen haben sich erhalten, aber in präsentischer Umbildung: *gitem* 'ich weiss' (S. 92. 443) und *gom* 'ich bin' (S. 92. 446).

c. Griechisch.

377. Weitere Beispiele zu § 364ff.:

1) Zu § 364. Hom. δείδω 'fürchte' aus *δε-δϝο[ι̯]α (hom. δειδ- war ursprünglich δεδϝ-, s. 1 § 337), δέδιμεν δεδίασι δεδιώς (hom. δείδιμεν, δειδιότες), wonach Sing. δέδια δέδιας δέδιε (hom. δείδια usw.); vgl. δέδοικα § 382, 5. — κέκριμαι, zu κρΐνω aus *κρινι̯ω (S. 382). — δέδρομα, zu ἔδραμον 'lief', W. *drem-*. — ἔσπαρμαι, zu σπείρω 'säe' aus *σπερι̯ω. — ἔολα, ἔελμαι, zu hom. εἴλομαι dor. ϝήλω (S. 316). — ἔσταλμαι (bei Gramm. auch ἔστολα), zu στέλλω 'bestelle'.

2) Zu § 365. ἔοικα οἶκα 'bin ähnlich, bin gleich', ἔικτον, ἤϊκτο, ἔοιγμεν ἐοίκαμεν, εἰκώς ἐικυῖα, ἐοικώς, W. ϝεικ-. — πέποιθα, ἐπέπιθμεν, πεποίθαμεν, πέπεισμαι, zu πείθω 'rede einem zu'. — ἐρήρεισμαι ἤρεισμαι (Ψ 284 ist wohl ἐρηρίδαται statt ἐρηρέδαται zu schreiben), zu ἐρείδω 'stütze'. — ἀλήλιμμαι, ἀλήλιφα, zu ἀλείφω 'salbe'. — μέμειγμαι ἀνα-μεμίχαται, zu μίγνῡμι (μείγνῡμι) 'mische'. — ὤϊγμαι, ἀν-έῳγμαι -έῳγα, zu lesb. ὀείγην 'öffnen' (S. 331). — τέτυκται, τετεύχαται τετευχώς, ἐπί-τευκται Hesych (§ 380), zu τεύχω 'verfertige'. — πέπομφα, πέπεμμαι πέπεμπται, zu πέμπω 'schicke'. — ἐλήλεγμαι ἐλήλεγκται, zu ἐλέγχω 'überführe'. — ἔστοργα, zu στέργω 'liebe'. — πέφορβα, zu φέρβω 'weide'. — 3. Plur. ἐρράδαται aus *ϝε-ϝραδ-, zu ἄρδω W. *u̯erd-* (S. 132). — ἔολπα, zu [ϝ]έλπομαι 'hoffe'.

3) Zu § 366. ἔστροφα, ἔστραμμαι, zu στρέφω 'wende'. — πέπλοχα, πέπλεγμαι πέπλεχα, zu πλέκω 'flechte'.

4) Zu § 367. τέτοκα, τέτεγμαι, zu ἔτεκον (S. 120. 132). — δέδεγμαι, zu δέκομαι δέχομαι 'empfange'. — ἔστεμμαι, zu στέφω 'umgebe, umhülle'.

5) Zu § 368. πέφηνα dor. πέφᾱνα, πέφασμαι (§ 382), zu φαίνω (S. 382). — Ion. ἄρηρα ἀρηρώς ἀραρυῖα, zu ἤραρον (S. 145). — ὄλωλα, zu ὄλλῡμι (S. 331).

λέληκα λεληκώς (urgr. ᾱ) λελακυῖα, zu ἔλακον (S. 131). — μεμηκώς (urgr. ᾱ) μεμακυῖα, zu μακών (S. 131). — κατ-έᾱγα, zu (Ϝ)άγνῡμι (S. 331).

Ein Teil der Perfektformen mit ᾱ gehörte zu *e*-Wurzeln: indem bei diesen lautgesetzlich Formen mit ᾰ entstanden waren, wurden zu diesen Formen mit ᾱ nach der Analogie der Formen mit ursprünglichem ᾱ hinzugebildet. μέμηνα zu μαίνομαι ἐμάνην W. *men-* (S. 170. 183). δεδηχώς δέδηγμαι zu δάκνω ἔδακον W. *deñk-* (S. 125f. 316). Bei μέμηλε (dor. μέμᾱλε), das zu μέλει 'liegt am Herzen' (μέμβλεται) gehört, ist eine Verbalform mit μᾰλ- nur mehr vorauszusetzen (zur selben Wurzel gehört μάλα μάλιστα) λέλαμπα, zu λάμπω 'glänze'.

ἧμμαι ἧπται, zu ἅπτω 'hefte an etwas' (ἁφή 'das Haften, Zusammenhang').

6) Zu § 369. ἔρρωγα, herakl. ἐρρηγεῖα, zu ῥήγνῡμι (S. 331). ἄν-ωγα, zu ἦ 'sprach', W. *ēĝ-* (S. 27. 103).

Folgende Perfekta hatten urgriech. ᾱ. τέτηκα, zu τήκω (S. 131). σέσηπα, zu σήπω (S. 131). κέκηδα, zu κήδομαι (S. 131). λέληθα, λέλασμαι, zu λήθω (S. 375). πέπρᾱγα πέπρᾱγμαι, zu πρᾱ́ττω 'tue'.

πέπληθα, zu πλήθω mit urgriech. η (S. 375). -τέτρωγμαι, zu τρώγω 'nage'. ἔζωμαι ἔζωσμαι, zu ζώννῡμι (S. 332).

7) Zu § 370. εἷμαι aus *ἕεμαι, dor. ἀφ-έωμαι (vgl. -έωκα § 382, 5), zu ἵημι (S. 108). δέδεμαι, zu δίδημι (S. 108f.).

8) Zu § 370a. Folgende mit urgriech. ᾱ. τετληώς, zu ἔτλην ταλάσαι (S. 151. 161); über τέτλᾰμεν S. 439. τεθνηώς, zu θνήσκω θάνατος (S. 353); über τέθνᾰμεν S. 439. τέτμημαι, zu τέμνω τέμαχος (S. 316).

Folgende mit urgriech. η. κέκλημαι, zu κικλήσκω καλέω (S. 151. 171). βέβλημαι, zu ἔβλην βάλλω (S. 170). κέχρημαι, zu χρῆ (S. 171f.). πέπρημαι (auch πέπρησμαι, wie εὔ-πρηστος neben πρήθω, vgl. § 382, 2), zu πίμπρημι (S. 178). τέτρημαι, zu τίτρημι (S. 178). Vgl. auch S. 112 über lesb. ἔλλαθι (wie τέτλαθι), neben ἵληθι (S. 178).

Hierzu zahlreiche zwei- und mehrsilbige Stämme auf langen Vokal, besonders die Perfektbildung der jüngeren Schicht der Denominativa. κεχαρηώς κεχάρημαι, zu χαίρω 'freue mich'. τετιηώς 'eingeschüchtert, betrübt', τετίημαι. κεκαφηώς 'schwer atmend'. δεδέημαι, zu δέω 'fehle, ermangle'. νενέμημαι, zu νέμω 'teile aus'. τετύπτημαι, zu τύπτω 'schlage'. Hom. κεκοτηώς, zu κοτέω 'zürne'. Böot. Part. ϝεϝῡκονομείοντες gegenüber att. ῳκονομηκότες (2, 1, 570). τετῑ́μημαι dor. τετῑ́μᾱμαι (S. 213). πεφίλημαι (S. 216). δεδούλωμαι (S. 227).

378. Perfektische Neubildungen auf Grund von andern, präsentischen oder aoristischen Tempora. Einiges der Art ist schon oben erwähnt worden.

1) δεδίδαχα δεδίδαγμαι, zu δι-δάσκω (S. 361).

2) κέκλαγγα neben κέκληγα, zu κλάζω aus *κλαγγ̯ιω, κλαγγάνω (S. 291. 381). Äol. πεφύγγων (att. πεφευγώς), zu φυγγάνω (S. 280).

Gortyn. δεδαμναμένος (ᾱ?), zu δάμνημι δαμνάω (S. 303).

3) Syrak. πέποσχα (att. πέπονθα), zu πάσχω (S. 356).

4) Perfekta zu Denominativa, deren Verbalstamm konsonantisch schloss, wurden vom Verbalstamm aus nach der Analogie der älteren primären konsonantisch auslautenden Verbalstämme gebildet (S. 206), wie κεκήρῡχα κεκήρῡγμαι, zu κηρῡ́σσω 'verkündige', πεφύλαχα πεφύλαγμαι, zu φυλάσσω 'bewache', ἤλπισμαι, zu ἐλπίζω 'hoffe', τετέλεσμαι, zu τελέω 'vollende' aus *τελεσ̯ιω, ἤγγελμαι, zu ἀγγέλλω 'melde'.

379. Zur Reduplikation (§ 13 ff. 356).

1) Wie im Perfekt zu Verba, die mit einer Präposition zusammengesetzt waren, die Präposition von jeher vor der Reduplikation des Perfekts gestanden hatte, z. B. ἐμ-πεποίηκα neben ἐμ-ποιεῖν, so schuf man zu den von ἔν-δημος 'in der Heimat seiend', ἀπό-δημος 'von der Heimat fort seiend' abgeleiteten Verben ἐνδημεῖν, ἀποδημεῖν die Perfekta ἐνδεδήμηκα, ἀποδεδήμηκα statt *ἠνδήμηκα, *ἠποδήμηκα (vgl. ἠμπόληκα, zu ἐμπολᾶν von ἐμπολή) u. dgl. Ebenso παρανενόμηκα (παρά-νομος 'gesetzwidrig handelnd'), ἐπιτετροπευμένος (ἐπί-τροπος 'Obwalter') u. a. Die gleiche Erscheinung beim Augment, z. B. Aor. ἀπεδήμησα.

2) Wie im Arischen, erscheinen die vokalisch anlautenden Verba in zwiefacher Weise behandelt. Teils war der Anlautvokal mit der Reduplikation *e seit uridg. Zeit kontrahiert, z. B. ἦσθα, ἦχα (urgr. ā), ἄν-ωγα (S. 27. 103), teils gebrauchte

man attische Reduplikation, z. B. ἄρ-αρα ἀρ-ἄρυῖα (S. 33). Eine Reduplikation der letzteren Art scheint seit uridg. Zeit vorzuliegen in ἐνήνεγκται, das dem ai. *ānąśa* (S. 34. 431) gegenübersteht und, wie das wurzelverschiedene ἐν-εῖκαι (S. 92 f.), mit der Präposition ἐν zusammengesetzt ist; diese Präposition auch in der Form ἐνήνοχα (χ nach § 382, 6), wie κατ-ήνοκα bei Hesych (vgl. auch ποδ-ηνεκής) zeigt. Von den zahlreichen Neubildungen mit att. Reduplikation sind oben genannt: S. 33 f. ὄδωδα (s. auch S. 448), ὄρωρα (s. auch S. 447), ἐδηδώς (s. auch S. 442), ἀλήλιφα, ὀρώρυχα, dor. ἀγάγοχα (-οχα nach dem sinnverwandten ἐνήνοχα), ὀμώμομαι, ἐλήλαμαι, ferner S. 434. 447 συν-οκωχότε, S. 446 ὀρώρεγμαι. Andere: att. ἀκήκοα, Herodas ἀκήκουκα neben dor. ἄκουκα, att. ἤκουσμαι, zu ἀκούω 'höre'; ion. ἀν-αραίρημαι ἀν-αιρέρημαι neben ἀν-ήρημαι, zu ἀν-αιρέω 'nehme in die Höhe'; ion. ὀρώρηκα neben ὤρηκα (att. ἑόρᾱκα), zu [F]οράω 'sehe'; Hesiod ἐρήρισται neben att. ἤρικα, zu ἐρίζω 'streite'. Das zu ἐδηδώς gehörige hom. ἐδήδοται (wozu später att. ἐδήδοκα) war Neuerung nach πέποται (χ 56 ὅσσα τοι ἐκπέποται καὶ ἐδήδοται).

Zu den attisch reduplizierten Formen, die hinter der Reduplikationssilbe eine zweisilbige Basis aufweisen, wie ἐλήλα-μαι (ἐλήλα-κα), s. S. 438.

380. Reduplikationslose Formen (§ 357). οἶδα, εἰδώς ἰδυῖα (S. 431 ff. 443). Ion. lesb. οἶκα, εἰκώς neben ἔοικα ἐικυῖα (S. 458). Hom. ἔρχαται, zu ἔργω 'verschliesse'. Kret. Fευμένος mit υ aus λ (1 § 476, 8) und κατα-Fελμένος neben hom. ἐέλμεθα, Pindar ἐόλει (S. 458). ὄργυια ὀρέγυια 'Klafter' neben ὤρεγμαι ὀρώρεγμαι (S. 446). ἄγυια 'Strasse' neben ἦχα ἦγμαι (S. 448). αἴθυια, Name eines Wasservogels (S. 431. 448). Ἅρπυια Ἀρέπυια ('Rafferin'), zu ἁρπάζω ἀν-ηρέψαντο (2, 1, 566).

Formen, die nur in Präpositionalkomposita belegt sind (vgl. S. 432): hom. ἀμφι-(F)αχυῖα, zu ἰάχω aus *Fι-Fαχω (S. 140); bei Hesych ἐπί-τευκται· ἐν ἐπιτυχίᾳ ἐστί (Hdschr. ἔστω) neben τέτευχα, τετεύχαται (S. 458).

381. Zum Wurzelablaut (§ 359). Von den vielfachen Neuerungen gegenüber dem uridg. Stand sind die folgenden, die in grösserem oder geringerem Umfang auftreten, die bemerkenswerteren.

1) Die dem Sing. Akt. des Indikativs von Haus aus eigenen Abtönungen *o* (γέγονα, W. *ĝen-*) und ω (ἔρρωγα, W. Ϝρηγ-) erscheinen durch das ganze System der Perfektformen durchgeführt, z. B. γεγόναμεν γεγονώς (S. 442), πεποίθαμεν πεποίθωμεν, hom. πεποίθομεν (S. 458), hom. εἰλήλουθμεν εἰληλουθώς (S. 444), ἐρρώγαμεν (S. 459), ἀφ-έωται (S. 459).

2) Die schwache Stammgestalt ist bei Wurzeln mit *e*-Vokalismus in den aktiven Sing. des Indikativs eingedrungen teils vom Plural und Dual des Aktivs aus, z. B. δέδια (S. 458), ἐλήλυθα (S. 444), teils vom Medium aus, z. B. -ερήριπα (S. 443), ἀλήλιφα (S. 458), τέτραφα (S. 446).

Wo diese Stammgestalt seit alters ausser im Perfekt auch in allen andern Tempora vorkommt, wie bei γέγραφα γέγραμμαι neben Präs. γράφω usw. (die Stufe γροφ- noch in herakl. ἐπιγροφά u. a.), ist der Weg der Ausbreitung dieser Ablautstufe nicht mehr zu ermitteln.

3) Die *e*-Stufe geht in das Gebiet der schwachen Stammform und in das des Sing. Indik. Akt. über. Meist stammte die *e*-Stufe vermutlich aus andern Tempora, deutlich z. B. in λέλειμμαι neben λέλοιπα (S. 443), κέκλεμμαι neben κέκλοφα (S. 446), πέπεμμαι neben πέπομφα (S. 458). Für diese Media ist jedoch zu beachten, dass bei Verba, deren Wurzel nicht *i*, *u*, Nasal, Liquida im Inneren hatte, wie στέφω, δέκομαι (δέχομαι), das Perfekt, vom Sing. Indik. Akt. abgesehen, schon von urgriechischer Zeit her im Medium ε enthalten haben muss (ἔστεμμαι, δέδεγμαι); hier war also eine Übereinstimmung mit dem Vokalismus nichtperfektischer Tempora (στέφω ἔστεψα, δέχομαι ἐδεξάμην) schon von älterer Zeit her vorhanden, und hat damit ein Vorbild für jene perfektischen Media von Wurzeln mit *i*, *u*, Nasal, Liquida vorgelegen. Wo zugleich im Indik. Akt. und Med. die *e*-Stufe erscheint, ist wohl gewöhnlich das Medium mit dem ε vorausgegangen, also z. B. πέπλεχα (neben πέπλοχα) nach πέπλεγμαι (S. 458), κεκλεβώς (neben κέκλοφα) nach κέκλεμμαι (S. 446). Bei ε im Indik. Akt. kann aber hier und da auch noch der alte *e*-Vokalismus des Konj., hom. εἴδομεν, und des *ues*-Part., εἰδώς, εἰκώς (S. 436), vorbildlich mitgewirkt haben, z. B. bei πέφευγα neben πεφυγμένος (S. 444). In denjenigen Fällen, wo im Verbal-

system schon mit Beginn der Überlieferung die *e*-Stufe ganz oder fast ganz durchgeführt erscheint, wie z. B. bei δέδειγμαι δέδειχα, γέγευμαι, ἔζευγμαι ἔζευχα, σέσεισμαι (S. 443 f.), lässt sich am wenigsten erkennen, in welchen Etappen die ursprünglichen Ablautverhältnisse des Perfekts aufgegeben worden sind.

Solche Verbalsysteme, in denen das ganze Perfekt und alle andern Tempora die gleiche Ablautstufe der Wurzel aufweisen, finden sich besonders bei Wurzeln mit *a*-Vokalismus (§ 368), z. B. ἔσκαφα ἔσκαμμαι, zu σκάπτω usw. ('grabe'), τέταχα τέταγμαι, zu τάττω usw. ('ordne'), μέμαχα μέμαγμαι, zu μάττω usw. ('knete'), λέλαφα, zu λάπτω usw. ('lecke').

382. Zum Stammauslaut.

1) Stämme auf σ zeigen im Perf. Med. meistens die Ausgänge -σμαι, -σμεθα, -σμένος gegen 1 § 853, c S. 752, z. B. ἔζεσμαι, ἔζωσμαι, ἤκουσμαι, σέσεισμαι, ἔσβεσμαι, κεκέρασμαι, τετέλεσμαι; daneben lautgesetzlich z. B. ἔζωμαι (W. *i̯ōs*-), γέγευμαι (W. *ĝeus*-), ἐφ-ευμένος (W. *eus*-). -σμ- war Neubildung nach -στ-, wie z. B. ἔζεσμαι für *ἔζειμαι nach ἔζεσται (vgl. ἐσμὲν nach ἐστὲ, S. 94). Umgekehrt auch ἔζωται für ἔζωσται nach ἔζωμαι, ἐγέγευντο für *ἐγεγευ[σ]ατο nach γεγεύμεθα (vgl. κάθ-ηται ἧνται nach ἧμαι ἥμεθα, S. 97).

Ähnlich kamen im Perf. Med. der Stämme auf dentalen Verschlusslaut die Ausgänge -σμαι, -σμεθα, -σμένος nach -σται zustande, z. B. δέδασμαι nach δέδασται (δατέομαι), λέλασμαι nach λέλασται (λέληθα), πέπυσμαι nach πέπυσται (πεύθομαι), πέπεισμαι nach πέπεισται (πέποιθα), κεκάσμεθα nach κέκασται (W. *k̑ad*- S. 448), πέφρασμαι nach πέφρασται (πέφραδον). Den lautgesetzlichen Stand zeigen noch Partizipia (diese waren der Einwirkung von -σται nicht in dem Mass ausgesetzt wie indikativische Formen): hom. κεκορυθμένος, πεφραδμένος, Pindar κεκαδμένος. — Für die Entstehung von ἴσμεν (bei Homer noch ἴδμεν), ᾖσμεν kommen zunächst ἴστε, ᾖστε in Betracht (vgl. oben über ἐσμὲν), aber überdies ἴσασι, ἴσαν ᾖσαν aus *Fιδ-σαντι, -σαν (4).

2) Analogische Neuerung war ferner das σ, das bei ursprünglich vokalischem Stammauslaut vor den medialen Personalendungen auftritt, z. B. τέτεισμαι τέτεισται (S. 440), ἔγνωσμαι ἔγνωσται (S. 450), πέπλησμαι πέπλησται (S. 450), ἔψησμαι (S. 450),

κέκλαυσμαι neben κεκλαυμένος κέκλαυται, κεκέλευσμαι κεκέλευσται; dieses σ findet sich auch ausserhalb des Perfekts, wie in ἐτείσθην ἀποτειστέον, ἐγνώσθην γνωστός, ἐκλαύσθην κλαυστός, ἐκελεύσθην -κελευστός. Zunächst konnte die äusserliche Übereinstimmung von Formen wie σείσω ἔσεισα (W. *tu̯eis-*), ἐρείσω ἤρεισα (ἐρείδω) mit Formen wie τείσω ἔτεισα die Formen wie τέτεισμαι usw. nach dem Muster derer wie σέσεισμαι, ἐρήρεισμαι erzeugen. Ferner mochten gewisse Aoriste auf -σθην vorbildlich wirken, da sich z. B. ἐτείσθης als ursprünglich zum Aorist ἐτεισάμην gehörig ansehen lässt (S. 403), oder da Formen wie ἐγνώσθην, ἐπλήσθην als Verbindung des Aorists -θην (zu W. *dhē-*) mit einer Nominalbildung auf *s* betrachtet werden können (§ 268, IF. 32, 65). Endlich dürfte das Verhältnis der Formen σέσεισμαι, ἐρήρεισμαι zu ihren Aktiva σέσεικα, ἐρήρεικα (unten 5) vorbildlich gewirkt haben: τέτεισμαι zu τέτεικα nach σέσεισμαι : σέσεικα usw.

3) Auch die ν-Stämme bekamen zumteil -σμαι, wie πέφασμαι neben πέφανται, σεσήμασμαι neben σεσήμανται, woneben lautgesetzlich ἔξαμμαι (ξαίνω), ᾔσχυμμαι (αἰσχύνω) u. a. Vermutlich waren zunächst *πεφανσθε, *σεσᾱμανσθε lautgesetzlich (1, 359 f.) zu *πεφασθε, *σεμᾱμασθε geworden, und da diese Formen denen wie δέδασθε, κεκέρασθε (1) glichen, so schuf man πέφασμαι, σεσήμασμαι nach δέδασμαι, κεκέρασμαι. Daneben mag zur Erzeugung von πέφασμαι πεφασμένος das Nomen φάσμα aus *φαν-σμα beigetragen haben. Anderseits aber rief πέφανται auch die Formen πέφανθε πεφάνθαι (vgl. ἔσπαρθε, ἔσταλθε: ἔσπαρται, ἔσταλται) hervor.

4) Im Anschluss an *ἴσσαν, ἴσαν, augmentiert ᾖσαν, das einen *s*-aoristischen Ausgang hatte (§ 311, 1 S. 394), entstand hom. ἴσσᾱσι, att. ἴσᾱσι, dor. ἴσαντι (zum einfachen σ der dor. Form s. W. Schulze KZ. 29, 268. 45, 241). Hierzu wirkte mit die Gleichheit von Perf. ἴστε ἴστον und seinem Präteritum ἴστε ἴστον (ᾖστε ᾖστον). Bei den Dorern rief ἴσαντι, mit ἵσταντι assoziiert, weiterhin die Formen ἴσᾱμι ἴσαμεν ἰσάμεναι usw. nach ἵστᾱμι usw. hervor.

5) Das κ-Perfekt, wie ἕστη-κα neben ἕστα-μεν, ἔφθαρ-κα neben ἔφθαρ-μαι, erscheint bei Homer nur erst bei vokalisch

auslautenden Stämmen gebildet, ausser ἕστηκα z. B. τέτληκα, βέβρωκα, τεθάρσηκα. Wahrscheinlich war das κ dasselbe Formans (sogen. Wurzeldeterminativ, s. S. 62 ff.), das in ausserperfektischen Formen begegnet: dor. ἀφ-έωκα (att. εἷκα = *ἕεκα) neben Aor. ἕηκα ἧκα, lat. *jēcī*, zu κάθ-εμεν, W. *i̯ē-* (S. 102); τέθηκα (τέθεκα) neben ἔθηκα, lat. *fēcī* (phryg. ἀδδακετ ἀδακετ), zu ἔθεμεν, W. *dhē-* (S. 99)[1]). Zunächst wurden den Formen 1. 3. Sing. *ἕω (neben εἷμαι = *ἕεμαι), *ἕστα (neben ἕσταμεν), *βεβᾶ (neben βέβαμεν), *τετλᾶ (neben τέτλαμεν), die den Formen av. *daδa*, got. *saísō*, ved. *paprā́* entsprachen (§ 375), die Endungen -κα -κε nach Analogie von ἕηκα, ἔθηκα, ἔδωκα gegeben. Dann wurde das κ auch den andern Personen des Indik. und den sonstigen Bestandteilen des Perfektsystems zugeführt. Doch hielten sich hier daneben auf lange Zeit hinaus auch noch κ-lose Formen, z. B. ἕσταμεν neben ἑστήκαμεν, ἑστεώς ἑστώς neben ἑστηκώς. Dabei machte sich oft das ganze Aktiv vom Ablaut des Mediums abhängig, z. B. att. εἷκα nach εἷμαι, τέθεκα (phok. -τεθέκαντι) nach τέθεμαι, ἕστᾰκα (transit.) nach ἕσταμαι, δέδεκα nach δέδεμαι; ebenso κέκλικα nach κέκλιμαι, δέδῠκα (transit.) nach δέδῠμαι, τέτακα nach τέταμαι (τα- aus *$t\mathring{n}$-) u. dgl. Weiter kam -κα zu beliebigen Verbalstämmen auf abstufungslosen langen Vokal, darunter besonders zu den jüngeren Denominativa auf -έω -όω usw. (vgl. § 377, 8), z. B. βέβληκα, ἔγνωκα, δέδρᾱκα, κεχάρηκα (κεχαρηώς), γεγάμηκα, δεδείπνηκα, μεμίσθωκα, τετῑ́μᾱκα, δεδάκρῡκα, und zu Verbalstämmen auf Diphthong, z. B. πεπαίδευκα.

Zu ἐλήλαμαι, ὀμώμομαι (S. 461) gesellten sich ἐλήλακα, ὀμώμοκα.

Ferner, wiederum ans Medium anknüpfend, κ-Formen zu Stämmen auf Liquida und Nasal, wie ἔφθαρκα, ἔσταλκα, ἤγγελκα, πέφαγκα, ᾔσχυγκα nach ἔφθαρται, ἔσταλται, ἤγγελται, πέφανται, ᾔσχυνται.

Nach dem Verhältnis von ἕστηκα zu στήσω ἔστησα, von δέδρᾱκα zu δράσω ἔδρᾱσα u. dgl. schuf man die Formen wie πέπεικα zu πείσω ἔπεισα (πείθω), πέφρακα zu φράσω ἔφρασα (φράζω aus *φραδ-i̯ω), γεγύμνακα zu γυμνάσω ἐγύμνασα (γυμνάζω),

1) Vgl. auch δέδοικα δεδοίκαμεν mit δεδίττομαι δεδίξομαι (δϝοικ-. δϝικ-) neben *δεδϝο[i̯]α hom. δείδω, Plur. δέδιμεν W. *duei-* (S. 458).

ἔσπεικα zu σπείσω ἔσπεισα (σπένδω), σέσεικα zu σείσω ἔσεισα (σέσεισται, W. *t̯u̯eis-*), τέτελεκα zu ἐτέλεσα (τελέω -ῶ aus *τελεσι̯ω).

Von den mancherlei andern Neubildungen in der spätern Gräzität und in den Dialekten sei noch genannt: γέγᾱκα bei Pindar, Neuschöpfung zu γέγαμεν (*ĝn̥-*) nach ἕστᾱκα : ἕσταμεν, wie umgekehrt nach demselben Vorbild der Plural ἠρίσταμεν (Komiker) zu ἠρίστηκα (ἀριστάω).

6) Das 'aspirierte Perfekt'. φ und χ im Stammauslaut statt π, β und κ, γ treten seit Homer in Medialformen auf -αται -ατο auf, wie τετράφαται (τρέπω), τετρίφαται (τρῑ́βω), εἰλίχατο (ἕλιξ -ικος), ὀρωρέχαται (ὀρέγω). Nachhomerisch, besonders im Attischen, zugleich im Aktiv, wie τέτροφα τέτραφα (τρέπω), κέκλοφα (κλοπή), πέπομφα (πέμπω), τέτριφα (τρῑ́βω), δέδειχα (δείκνῡμι), ἐνήνοχα (vgl. κατ-ήνοκα, S. 461), ἤλλαχα ther. μετ-ᾱλλαχώς (ἀλλακ-, ἀλλάττω), ὀρώρεχα (ὀρέγω), ἦχα (ἄγω). Die Aspirata ist aus Perfekta, deren Stamm von Haus aus auf Aspirata endigte, übertragen worden, nachdem in einem Teil der Formen vor konsonantisch anlautenden Formantien die Unterschiede der Artikulationsart geschwunden waren. Z. B. τέτραμμαι τέτραψαι τέτραφθε, ἔτρεψα usw. wie γέγραμμαι γέγραψαι γέγραφθε, ἔγραψα usw. (γραφ-), daher τετράφαται τέτροφα τέτραφα statt *τετράπαται usw. nach γεγράφαται γέγραφα, zugleich βεβλάφαται βέβλαφα zu βλάπτω (βλαβ-), κέκλοφα zu κλέπτω wie ἐρράφαται zu ῥάπτω (ῥαφ-) u. dgl. Diese Neuerung erscheint sogar auf das κ des κ-Perfekts übertragen, z. B. arg. δέδωχ[ε, hellenist. εἴρηχα. Vgl. Osthoff Zur Gesch. d. Perf. 284 ff. 614 ff., Curtius Zur Kritik der neuesten Sprachforsch. 58 ff., Meillet Mém. 13, 50 ff., Brugmann-Thumb Griech. Gramm.⁴ 375 [1]).

Umgekehrt ist durch gleichartige Analogiewirkungen auch die Media an die Stelle von Tenuis oder Tenuis aspirata ge-

---

1) Die auf einer unrichtigen Ansicht von dem Lautwert von φθ, χθ (vgl. Brugmann-Thumb Griech. Gramm.⁴ 125) beruhende Erklärung, die J. Schmidt KZ. 27, 309 ff. 28, 176 ff. versucht hat, wird wieder von Hirt Griech. L. u. Fl.² 577 vorgebracht. Auch halte ich die Erklärung des aspirierten Perfekts, die neuerdings Collitz Schwach. Prät. 212 vorträgt, für verfehlt.

kommen, im Aktiv selten, z. B. mess. κεκλεβώς zu κλεπ- (S. 446), -γμ- für -κμ-, -χμ- oft im Medium, z. B. πέπλεγμαι zu πλέκω, δέδεγμαι zu δέκομαι δέχομαι, κεκήρῡγμαι zu κήρῡκ-, δεδραγμένος zu δράσσομαι δραχμή (W. *dergh-*, S. 445).

383. Themavokalische Flexion erscheint in allen Teilen des Perfektsystems. Aus vorgriechischer Zeit waren vermutlich überkommen themavokalische Formen des zugehörigen Augmentpräteritums, wie hom. ἐμέμηκον neben μέμηκα, und Imperativformen, wie κεκράγετε neben κέκρᾱχθι (§ 412 f.). An diese schlossen sich zunächst langvokalischer Konjunktiv und οι-Optativ an, z. B. ὀλώλῃ ὀρώρηται, ὀλώλοι. Weiter folgten der Indik. und das Verbum infinitum. Indik. z. B. ἀν-ώγω neben ἄνωγα, sizil. ὀλώλω, πεπόνθω, hom. ὀρώρεται, μέμβλεται. Infinitive und Partizipia ebenfalls in verschiedenen Mundarten, z. B. lesb. τεθνάκην, rhod. γεγόνειν, hom. (äol.) κεκλήγοντες, delph. τετελευτᾱκούσᾱς. Vgl. lat. *meminere* und *meminēns*, zu *meminī*, ahd. *eigamēs* 'wir haben' für *eigum*.

d. Albanesisch.

384. Hier hat sich von den verschiedenen Stammtypen des Perfekts der Typus *sēd- (§ 358) erhalten als Präteritum zu Präsentia mit -e- (alb. *o* aus *ē* s. 1, 133): *vora* zu *vjer* 'hänge auf' (S. 434. 442), *mb-l'oδa* zu *mb-l'eϑ* 'sammle' (S. 434. 446), *dora*, zu *djeř* 'vernichte, verliere' (S. 441), *š-kora*, zu *š-k'er* 'reisse auseinander' (S. 434. 442), *voδa*, zu *vjeϑ* 'stehle' (S. 434. 445), *ndok'a*, zu *ndjek* 'verfolge' (S. 434. 447), *pok'a*, zu *pjek* 'backe' (S. 447), *dog'a*, zu *djek* 'verbrenne' (S. 447). Andere Beispiele derselben Art: *pεrmora*, zu *pε-mjér* 'pisse', *ropa*, zu *rjep* 'ziehe aus, beraube', *broδa*, zu *breϑ* 'hüpfe'.

Neubildungen müssen sein *porδa*, zu *pjerϑ* 'furze' (S. 445), *mol'a*, zu *mjel'* 'melke' aus **melδ-* = uridg. **melĝ-* (S. 445), ebenso *zvorδa*, zu *z-vjerϑ* 'entwöhne'. Ist hier analogisch *o* für *a* (= uridg. *o*, s. 1, 141) eingetreten (vgl. griech. πέπορδα)?

e. Italisch.

385. Was man in der Grammatik der altitalischen Sprachen als das System der Perfektformen bezeichnet, war ein Gemisch von morphologisch sehr verschiedenartigen Gebilden, die die gleiche Tempusbedeutung bekommen hatten.

1) Echte Perfektformen.

a) Alte reduplizierte Perfektformen, wie lat. *tutudī* = ai. *tutudé* (S. 444), *dedī* = ai. *dadé* (S. 449). Mit Perfekta anderer Sprachen haben wir ausserdem oben zusammengestellt: lat. *iī*, mit attischer Reduplikation (S. 440), *meminī mementō* (S. 441), *tetinī* (S. 441), *peperī* (S. 442), *scicidī* (S. 443), *momordī* (S. 445), umbr. pepurkurent (S. 446), lat. *cecinī* (S. 447), *pepigī* (S. 448), *tetigī* (S. 448 f.), *con-didī* (S. 449), *stetī* (S. 449), *bibī* (S. 449).

b) Unreduplizierte perfektische Formen des Typus griech. Ϝοῖδα (§ 357). Mit Perfektformen anderer Sprachen sind oben verglichen: lat. *vīdī* (S. 443), *līquī* (S. 443), *vīcī* (S. 443), *rūpī* (S. 443 f.), *fūgī* (S. 444), *vortī vertī* umbr. *couortus* (S. 445, doch vgl. unten 2, a). Hierzu wohl auch *pre-hendī* (S. 444), *scandī* (S. 448), *lambī* (S. 447), *fūī* (S. 441).

c) Unreduplizierte Formen des dehnstufigen Typus lat. *lēgī* (§ 358). Mit ausseritalischen Perfektformen sind oben zusammengestellt: lat. *vēnī* (S. 441), *lēgī* (S. 446), *frēgī* (S. 446), *sēdī?* (S. 447), *ēdī* (S. 447).

2) Starke Aoriste.

a) Unreduplizierte starke Aoristformen. Osk.-umbr. *-fed* im zusammengesetzten Perfekt, aus **-bhu̯e-t*, daher hierher wohl auch lat. *fūit* (neben *fūī*), osk. Konj. *fuid* 'fuerit' (S. 124). Osk. **diced* 'dixit', aus *dicust* zu folgern (S. 124), kúm-bened 'convēnit' (S. 124), **per-emed* 'percepit', aus *-emust* zu folgern (S. 126). Lat. *inquit* aus **en-sqᵘe-t* (S. 127). Eventuell auch lat. *vortit vertit* neben umbr. *co-uortus* (S. 126), ferner *fidit* und *scidit* (S. 125). Unsicherer sind

b) reduplizierte starke Aoristformen: lat. *pepigit*, *tetigit*, *pepulit* (S. 143).

3) Sigmatische Aoriste im Lateinischen.

a) *s*-Aoriste, wie *vēxī dīxī* (S. 392 ff.). Darunter vielleicht ältere themavokalisch flektierte *s*-Formen, s. S. 421 f. Vgl. auch § 392 Anm. über umbr. *sesust* 'sederit'.

b) *is*-Aoriste, wie *vīdis-tī vīder-ō* usw. (S. 410. 416 f.).

Dazu kommen noch, wenn man jede gruppenweise auftretende Neubildung rechnet,

4) die lat. Perfekta auf *-vī* und *-uī*, wie *īvī*, *plantāvī*, *genuī*;

5) das osk.-umbr. *f*-Perfekt, wie osk. aíkda-fed 'decrevit', umbr. *piha-fi* 'piatum sit' (vgl. oben 2, a);

6) das osk., pälign., marruc., volsk. *t*-Perfekt, wie osk. prúfatted 'probavit', päl. *coisatens* 'curaverunt';

7) die dem Fut. ex. mit *-us-* zu Grunde liegenden Stammformen im Umbrischen: mit *-l-*, apelust 'impenderit', mit *-ṇkį-*, *purdinśiust* 'porrexerit'.

386. Die Verschmelzung von Perfekt- und Aoristformen setzt voraus, dass das uridg. Perfekt auf italischem Boden sehr früh zu einem 'historischen' Tempus geworden war.

Von den Ausgängen des Ind. Perf. gehörten zum altüberkommenen Perfekt das lat. *-ī* der 1. Sing. = ai. *-ē*, das mit dem Aoristelement *-is-* verschmolzene *-tī* der 2. Sing. (vgl. ai. *-tha*, griech. -θα). Von der themavokalischen Aoristflexion ferner stammte der Ausgang der 3. Sing. alat. *-ed* (jünger *-it*), osk.-umbr. *-ed*. Alles andere ist mehrdeutig und unsicher. Welches im einzelnen der Gang der Verschmelzung der verschiedenen formantischen Elemente gewesen ist, bleibt unklar, zumal da von den Perfektausgängen der osk.-umbr. Mundarten nur die Endungen der 3. Sing. und 3. Plur. Akt. sicher bekannt sind und das historische Verhältnis der osk.-umbr. Endung der 3. Plur. *-ens* zu den lat. Endungen *-ĕrunt* *-ērunt* *-ēre* (IF. 28, 379 ff.) mehrdeutig ist.

Da osk. aa-manaffed 'mandavit' ein Perfekt wie lat. *condidit* war, so hätte man, wenn manafum richtig als 'mandavi' gedeutet wird, anzunehmen, dass die 1. Sing. Indik. Perf. im Osk. auf *-om* ausging, also diejenige Endung hatte, die dem *-ed* der 3. Sing. entsprach. Gegenüber dem osk. Präsens súm 'sum' wäre die Sekundärendung *-m* im Indik. Perf. nicht gerade auffallend.

Neben *-ĕd* (= uridg. **-et*), jünger *-it*, erscheint im Lat. *-īt*, inschriftlich *-eit*, wie *fuueit*, bei Plautus *vīcīt*. Da sich dieser Ausgang namentlich bei *īre* und seinen Komposita findet, z. B. *redieit* *rediīt*, wo *ei* *ī* die alte Wurzelsilbe repräsentiert (S. 440), so ist nicht unwahrscheinlich, dass *-īt* von hier aus sich verbreitet hat. Doch mag das *-ī* = uridg. **-ai* der 1. Sing. (*vīcī*, *tutudī*) mit vorbildlich gewirkt haben.

387. Neubildungen auf Grund von charakterisierten Präsentia im Gebiet der echten Perfekta.

1) Lat. *stitī* zu *sisto* mit dessen Reduplikationsvokal, vgl. av. 3. Sing. *-hišta* (S. 453).

2) Zu Nasalpräsentia (§ 192 ff.). Lat. *lambī*, zu *lambo*, W. *lap- lab-* (S. 447). Vgl. auch S. 293 f. über *pre-hendī* und *pre-hendo* (S. 444) und S. 295 über *pependī* und *pendo pendeo* (S. 444). Dazu eventuell *fefellī*, falls nämlich *fallo* aus **falnō* (S. 318).

3) Zu *d-* und *dh-*Präsentia (§ 290 ff.). *cecīdī*, zu *caedo* (S. 377). *tetendī*, zu *tendo* (S. 378). *cūdī*, zu *cūdo* (S. 378). *fūdī*, zu *fundo* (S. 378). *dē-fendī*, zu *dē-fendo* (S. 379).

4) Zu *sk̑o*-Präsentien (§ 268 ff.). Lat. *poposcī* zu *posco* (S. 352), vgl. ai. *papraccha* (§ 372, 1, d), ir. *-com-arcair* (§ 397). Osk. *comparascuster* 'consultus erit', zu lat. *com-pesco* (S. 357 f.). Umbr. *eiscurent* 'poposcerint, arcessierint', zu ai. *icchá-ti* (S. 352).

5) Auf Nachahmung des Verhältnisses von *ex-uī* zu *ex-uo*, *an-nuī* zu *an-nuo* u. dgl. beruhen die zu *minuo*, *sternuo* gehörigen Perfekta *minuī*, *sternui*, die das Präsensformans *-nu-* enthielten (S. 325. 326. 335), und die Perfekta auf *-uī* zu Denominativa auf *-uo*, wie *statuī*, zu *statuo* (S. 223 f.). Bei *minuī*, *sternuī* erscheint, wie bei den Denominativa, das *u*-Element durchs ganze Verbalsystem durchgeführt.

388. Zur Reduplikation (§ 13 ff. 356).

1) Das einzige Perfekt mit attischer Reduplikation, das in die historische Periode der ital. Sprachen hineingelangt ist, ist lat. *iī* umbr. *iust*. Doch hat hier der wurzelhafte Bestandteil der Form frühe Aussehen und Charakter eines Formans angenommen. S. S. 34 f. 440. 469 f.

2) Wo bei den Verba mit konsonantischem Anlaut das Simplex Reduplikation, die Komposita keine Reduplikation zeigen, kann diese jedesmal lautgesetzlich geschwunden sein nach 1 § 240. Die sichersten Fälle sind Formen wie *reppulī* aus **ré-pepolai* neben *pepulī*, *rettulī* aus **ré-tetolai* neben *tetulī*, *reccidī* aus **ré-cecadai* neben *cecidī*, wonach auch z. B. *dēcidī* aus **dē-c[e]cadai*, *praemordī* aus **prai-m[e]mordai* (mit Vereinfachung der

Geminata nach langem Vokal, bezieh. Diphthong), oder *contulī* aus **cón-t[e]tolai*, *in-currī* aus **én-c[e]currai* (mit Vereinfachung der Geminata hinter Konsonanz) hervorgegangen sein werden. Wiederherstellung der Reduplikation nach Massgabe des Simplex z. B. in *accucurrī*, neben *accurrī*, *ad-didicī*, *dē-poposcī*.

Es mag ein Teil der reduplikationslosen Simplizia dadurch entstanden sein, dass die im Kompositum lautgesetzlich der Reduplikation verlustig gegangene Form auch als Simplex gebraucht werde, z. B. *tulī* (*con-tulī* usw.) für *tetulī*. Aber da es von vorn herein, seit uritalischer und urindogermanischer Zeit, auch unreduplizierte Tempusformen als Perfekt gegeben hat (§ 385, 1, b. c. 2, a), so sind die beiden Klassen schwer voneinander zu sondern. Nur wo erst geraume Zeit später eine unreduplizierte Form neben der reduplizierten als Simplex hervortritt, ist Entstehung aus dem Kompositum einigermassen sicher.

3) Keine Synkope erfuhr die Reduplikationssilbe in *condidī* (zu *con-do*) u. dgl. Neben *abs-condidī* (zu *abs-condo*) trat *abs-condī* nach *dēscendī* neben *dēscendo* u. dgl., da man den zweiten Bestandteil von *abs-condo* nicht mehr als Kompositum anschaute (daher auch *abscōnsum* für *absconditum*, wie *dēscēnsum*). Aber auch umgekehrt alat. (Valerius Antias) *dēscendidī*, später *respondidī* nach *abscondidī*.

4) Dass keine von den Wurzeln, die mit *r*, *l*, *u̯*, *i̯* anlauten, eine reduplizierte Bildung aufweist, scheint auf einer dissimilatorischen Tendenz (Vermeidung dieser Laute im Anlaut zweier aufeinander folgender Silben) zu beruhen: z. B. *rūpī* gegen ai. *lulōpa* (S. 443 f.), *līquī* gegen griech. λέλοιπα (S. 443), *vortī* gegen ai. *vavárta* (S. 445. 468), *junxī* gegen ai. *yuyōja*.

389. Zum Wurzelablaut (§ 359).

1) Bei vielen Perfektformen kann über Zugehörigkeit zu starker oder zu schwacher Stammgestalt kein Zweifel sein. Starke Stammform z. B. in *spopondī spopondimus*, *totondī*, *vīdī*, *līquī*, *fūgī*, schwache z. B. in *tutudī tutudimus*, *scicidī*, *pepigī*, umbr. pepurkurent. Oft ist der Vokalismus ausserperfektischer Formen für das Perfekt massgebend geworden, z. B. *pependī* zu *pendo*, *pepēdī* zu *pēdo* (aus **pezdō*), *cecinī* aus **cecanai* (umbr. *pro-canurent*

'*praecinuerint'), was ja immer auch bei der Bildung von Perfekta im Anschluss an formantisch besonders charakterisierte Präsentien geschehen ist, z. B. *tetendī* zu *tendo*, *poposcī* zu *posco* (§ 387). Nimmt man noch hinzu, dass im Lat. in Folge der durch die Betonungsverhältnisse hervorgerufenen Vokalschwächungen oft die ursprüngliche Qualität kurzer Vokale verdunkelt worden ist und ursprünglich qualitativ verschiedene Vokale gleich geworden sind, z. B. *meminī meminimus*, *cecinī cecinimus*, so ergibt sich, dass in dieser Sprache das Bild der uridg. Vokalabstufungsverhältnisse im Perfekt stark verwischt worden ist. Im Osk.-Umbr. wird sich dieses Bild im ganzen etwas reiner erhalten haben.

2) Dehnstufige Bildungen zu Wurzeln der *e*-Reihe sind: *vēnī* (*venio*) vgl. got. *qēmum* (S. 441), *lēgī* (*lego*) vgl. alb. *-l'oδa* (S. 446), *frēgī* (*frango*, s. S. 290) vgl. got. *brēkum* (S. 446), vielleicht auch *sēdī* (*sedeo*) vgl. got. *sētum* (S. 447).

Normalstufiges *ē* tritt in Formen auf, die erst auf italischem Boden ins Perfektsystem eingerückt sind: *fēcī* (*facio*), wie griech. ἔθηκα zu W. *dhē- dhə-*, *jēcī* (*jacio*), wie griech. ἕηκα zu W. *i̯ē- i̯ə-*. Vgl. S. 465.

ēdī (*edo*) wie got. *fr-ētum* (S. 96. 447), ebenso *ēmī* (*emo*).

Auffallend ist *ē* in folgenden Perfekta. *cēpī*, zu *capio*, gegen got. *hōf* (S. 447). Osk. *sipus* aus **sēp-*, zu lat. *sapio*, gegen ahd. *-suab* (S. 447). Osk. *hipid* Konj. 'habuerit' *hipust* Fut. ex. 'habuerit' (*i* = *ē*, *p* durch Vermischung mit *capio*), zu lat. *habeo* umbr. habetu 'habeto', lit. *gabanà* 'Armvoll' *gobéti* 'begehren'. Umbr. *cehefi* 'captus sit', zu osk. kahad 'capiat, incipiat'. Lat. *ēgī*, zu *ago*, gegen griech. ἦχα (η aus ᾱ), aisl. *ók* (S. 448). *co-ēpī coepī*, zu *apio*, *apiscor*. *pēgī* neben *pepigī*, gegen griech. πέπηγα mit η aus ᾱ (S. 448). Diese *ē*-Formen sind alle durch Nachahmung von *fēcī*, *jēcī* entstanden, *pēgī* ausgenommen, das zum Präsens *pango* nach dem Verhältnis von *frēgī* zu *frango*, seinem begrifflichen Oppositum, geschaffen zu sein scheint.

390. Zu den nichtindikativischen Formen des Perfektsystems.

1) Im Lat. wurden die alten Modusbildungen und die alte Infinitivbildung (sowie auch das alte zum Perfekt gehörige Präteritum) infolge des Eindringens des sigmatischen Aorists ins

Perfektsystem aufgegeben. Nur behauptete sich Imper. *mementō* = griech. μεμάτω (S. 441) wegen des Gebrauchs von *meminī* als Perfectum praesens.

2) Das Oskisch-Umbrische hat einen *ē*-Konjunktiv im Perfekt. Osk. *fefacid* 'fecerit', *hipid* 'habuerit', *fuid* 'fuerit'. Zum *f*-Perfekt (§ 385, 5) osk. sakrafír 'sacrato', umbr. *pihafei pihafi* 'piatum sit'. Zum *t*-Perfekt (§ 385, 6) osk. tríbarakattíns 'aedificaverint'. Zum *ǝk̑i̯*-Perfekt das umbr. *combifianśi* 'nuntiaverit' (§ 392, 3). Diese Konjunktivformation kann von Haus aus ebenso gut zum uridg. Perfekt gehört haben (vgl. griech. πεπόνθῃ, ai. *paprcā-si*) wie zu den ins Perfekt einbezogenen unreduplizierten oder reduplizierten themavokalischen Aoristen (mit osk. *fuid* vgl. ai. *bhuvā-t*).

3) Ein uridg. *u̯es*-Partizip scheint in osk. *sipus* 'sciens' (S. 447. 472) vorzuliegen, s. 2, 1, 570.

391. Das lat. Perfekt auf *-vī*, *-uī* (S. 469). *-vī* hinter langem Vokal, wie *īvī*, *scīvī*, *sēvī*, *plēvī*, *nōvī*, *flāvī*, *fīnīvī*, *amāvī*, *-uī* hinter Konsonanten, wie *genuī*, *texuī*, *crepuī*, *monuī*, *saluī*.

Klar ist zunächst, dass *-uī* nach 1 § 250 aus **-ǝu̯ai*, **-iu̯ai* entstanden ist. Z. B. *genuī* aus **gena-vai*, zu *genitus* aus **genato-s* uridg. **ĝenǝ-*, *lāvī* aus **lova-vai*, zu *lautus* aus **lova-to-s* uridg. **lou̯ǝ-* (S. 152), *monuī* aus **moni-u̯ai*, zu *monitus* uridg. **moni-* (S. 245. 261). *posuī* für älteres *po-sīvī* nach dem Part. *po-situs*, indem dieses als *pos-itus* angeschaut wurde.

Der Ausgangspunkt oder die Ausgangspunkte der Formen auf *-vī* und *-uī* sind noch nicht sicher ermittelt. Die verschiedenen Erklärungsversuche s. bei Stolz Lat. Gramm.[4] 277 ff., wozu jetzt noch Charpentier IF. 32, 93 f. gekommen ist. So viel ist jedoch von vorn herein wahrscheinlich, dass zu den ältesten Formen die wie *sēvī* (*sero*), *sprēvī* (*sperno*), *trīvī* (*tero*), *seivī sīvī* (*sino*) gehören, und dass das Verhältnis von *flāvī*, *nāvī* zu *flāre*, *nāre* u. dgl. und das Verhältnis von *scīvī* zu *scīre* u. dgl. zu *plantāre*, *fīnīre* die Formen *plantāvī*, *fīnīvī* usw. ins Leben gerufen haben. Minder sicher ist die Vermutung, dass für die Entstehung der Formen auf *-uī* ganz oder teilweise das Verbaladjektiv auf *-to-* der Vermittler gewesen sei, indem z. B. *scīvī*: *scītus* oder *plantāvī* : *plantātus* zu **genatos* (*genitus*) die Form

**genavai* (*genui*), zu *monitos* die Form **monivai* (*monui*) usw. hervorgerufen habe (vgl. Collitz Schwach. Prät. 195 ff.). Dass man das *v* von *-vī* mit dem zweiten Komponenten des Diphthongs *āu* in den ai. Formen der 1. 3. Sing. wie *paprāú* zusammengracht hat, ist S. 457 erwähnt worden.

īvī für älteres *iī* (§ 388, 1) zu *īre* nach dem Verhältnis von *scīvī* zu *scīre* u. dgl. Zunächst war wohl *ambīvī* entsprungen, vgl. *ambio* für **amb-eo*.

Einpaar alte *s*-Perfekta (§ 385, 3) wurden nach dem Typus *genuī* umgestaltet: *nexuī*, *pexuī* (speziell nach *texuī*) für *nexī*, *pexī*, zu *necto*, *pecto*; *messuī* für **messī*, zu *meto*.

392. Osk.-umbr. Perfektbildungen, die nicht zum uridg. Perfekt gehören.

1) Das *f*-Perfekt, wie osk. aíkda-fed (§ 385, 5). Wie schon § 385, 2, a bemerkt ist, handelt es sich hier um eine periphrastische Verbindung mit einem Präteritum, das wahrscheinlich zur W. *bheu̯-* gehört (S. 124), um eine Bildung also von ähnlicher Art wie lat. *amā-bam* u. dgl. Nach den Lautgesetzen wäre freilich auch **-dhe-t* (zu W. *dhē-*) als Grundform von -fed möglich (vgl. aamanaffed S. 449).

2) Das osk., prälign., marruc., volsk. *t*-Perfekt, wie osk. prúfatted 'probavit' (§ 385, 6). Vermutlich war diese Bildung ursprünglich das Präteritum eines *to*-Präsens (S. 367 mit Fussn. 1).

3) Umbr. Fut. ex. apelust 'impenderit', *entelust* 'intenderit' (§ 385, 7) sind von den Verbaladjektiva **am-pendlo-*, **en-tendlo-* ausgegangen (2, 1, 374). Ähnlich waren Verbaladjektiva auf *-ə̯ki̯o-* *-ə̯ki̯o-*, älter wahrscheinlich **-mikio-* oder **-nikio-* (Morph. Unt. 6, 367 ff.) die Grundlage der Futura exacta, wie *pur-dinśiust* 'porrexerit', *com-bifianśiust* 'nuntiaverit', und des Konj. Perf. *com-bifianśi* aus **-āə̯ki̯ēd* (§ 390, 2).

Anm. Der Vorgang, dass auf Grund von verbaladjektivischen Formen Formen des perfektischen Verbum finitum entsprangen, bedarf noch der Aufklärung. Vielleicht war umbr. *sesust* 'sederit', *ander-sesust* 'intervenerit' ein ins Perfektsystem aufgenommener *s*-Aorist (zu ai. *satsa-t*, hom. ἕσσα, ir. *seiss* S. 399), ein Seitenstück also zu lat. *dīxī* usw. (§ 385. 3, a). Indem nun *sesust* auf das Part. *sesso-* bezogen wurde und von diesem aus gebildet erschien, schuf man auch auf Grund von semantisch gleichartigen verbalen Adjektiven Perfektformen. Man vergleiche dazu auch, dass auch im Irischen ein alter Aorist **sess-* von *sed-* 'sedere' zum Perfekt umgeformt worden zu sein scheint (Thurneysen Handb. d. Altir. 1, 395).

f. Keltisch.

393. Vom uridg. reduplizierten Perfekt haben sich ausserhalb des Irischen nur wenige Reste erhalten, z. B. gall. ᴅeᴅe (*dede*) 'hat gegeben', zu W. *dō-* (S. 449), mkymr. *cigleu* 'audivit', zu W. *k̑leu̯-* (S. 440).

Gemeininselkeltisch war der Dehntypus uridg. **sōd-* (§ 358): ir. *fo-rāith* 'er half' (zu *rethid*) = akymr. *guo-raut*.

394. Wie im Italischen, so erscheinen auch im Irischen Aoriste flexivisch ins Perfektsystem hinübergezogen. Z. B. sind in dem Paradigma des Aorists *-lod* 'ging' (zu W. *leudh-* S. 125. 444) der Personalendung nach deutlich perfektisch die 2. Sing. *lod* und die Pluralformen wie 3. Plur. *-lotar*, enklit. *-ldatar*.

Im übrigen sind im Irischen alle Haupttypen des uridg. Perfekts vertreten, nämlich reduplizierte und unreduplizierte Formen mit ursprünglicher Vokalabstufung in der Wurzelsilbe und die beiden Dehntypen **sēd-* und **sōd-*.

395. Zu den reduplizierten Formen.

1) Formen zu konsonantisch beginnender Wurzel mit *e* in der Reduplikationssilbe.

-gegon 'ich erschlug' W. *g^{u}hen-* (S. 441). *-reraig* 'er streckte aus', W. *reĝ-* (S. 446). *-selaig* d. i. *-seślaig* 'er schlug nieder', W. *slek- sleg-* (S. 446). 3. Sing. *-cechaing*, zu *cingid* 'schreitet' (S. 134). 3. Sing. *-sescaing*, zu *scingid* 'springt heraus'. 3. Sing. *-sefainn*, 3. Plur. *-sefnatar*, zu *do-seinn* 'treibt, jagt' (S. 134).

-lelgatar 'sie leckten', W. *leiĝh-* (S. 443). *-nenaig* 'er wusch', W. *neig^{u}-* (S. 443). *-senaig* d. i. *-seśnaig* 'er tropfte', W. *sneig^{u}h-* (W. 443). *-selaig* d. i. *-seślaig* 'er beschmierte', 3. Plur. *-selgatar*, W. *sleig-* (S. 443). 3. Sing. *-reraig*, zu *con-rig* 'bindet' (S. 350).

-cechan 'ich sang', 3. Sing. *-cechuin -cechain*, W. *qan-* (S. 447). 3. Sing. *-cechlaid*, zu *claidid* 'gräbt' (S. 134). 3. Sing. *-memaid*, zu *maidid* 'bricht' (S. 406). *-sescaind* 'er sprang', W. *sqand-* (S. 448).

-fuar 'ich fand', 3. Sing. *-fuair*, 3. Plur. *-fuaratar* aus **u̯e-u̯r-* durch die Mittelstufen **u̯ou̯r-*, **fōr-* (1 § 123, 2. 219), zu *frīth*

'inventum est', wahrscheinlich verwandt mit griech. εὑρίσκω εὑρήσω, aksl. *ob-rěsti* (IF. 30, 376 ff.).

In *fīu fiu* 'er schlief, übernachtete', 3. Plur. *feotar* (neben ai. *uvāsa*, arm. *gom*, got. *was*) ist scheinbar der helle Vokal der Reduplikationssilbe *u̯e-* erhalten geblieben oder analogisch wieder hergestellt worden. Vielleicht haben aber **u̯ēs-* (got. *wēsum* ahd. *wārum*) und **u̯e-u̯os-* nebeneinander gestanden und sich vermischt.

In der 3. Sing. erscheint *i* für *e* vor wortschließender einfacher Konsonanz, die durch nachfolgenden palatalen Vokal palatal geworden war. *-lil* 'er haftete', 3. Plur. *-leldar*, W. *lei̯-* (S. 441). *-rir* 'er verkaufte', W. *prei̯-* (S. 449), eine Neubildung, da die Reduplikation ursprünglich **pe-* gewesen sein muss (S. 40). *did* 'er sog', W. *dhē(i̯)-* (S. 449).

Schwund des wurzelanlautenden Konsonanten mit Ersatzdehnung nach 1 § 783, 3. 787 (vgl. Thurneysen Handb. des Altir. 1, 35. 73). *-cēr* 'ich kaufte', 3. Sing. *-cīuir*, W. *qᵘrei̯-* (S. 440 f.). 3. Sing. *-gīuil*, zu *glenid* 'bleibt hängen' (S. 300). *-gēnair* 'er wurde geboren', W. *ĝen-* (S. 442); nach diesem Muster entstand *-mēnair* 'er meinte', W. *men-* (S. 441). *-gēn* 'ich erkannte', 3. Sing. *-gēuin -gēiuin*, 1. Plur. *-gēnammar*, W. *ĝen-* (S. 450). *ara-ruichīuir* 'ist zerfallen', W. *k̑er-* (S. 442). Über Ausnahmen wie *-cechlaid*, *-gegrannatar* s. S. 40.

2) Über die Qualität des Reduplikationsvokals in *-cuala* 'ich hörte', 1. Plur. *-cualammar*, aus **ku-klou̯-* (S. 440), ferner in *ro-cachain* neben *-cechain* (s. o.), *-bobig* 'er brach' (zu Präs. *bongid* S. 294. 406. 448) neben *-tethaig* (zu *tongid* 'schwört'), s. S. 25.

3) Trat die Partikel *ro* mit der reduplizierten Perfektform in feste Komposition, so ergab sich dissimilatorisch *roi-* mit Schwund des Konsonanten der Reduplikationssilbe (S. 38). So *for-roichan* 'hast gelehrt' aus *-ró-chechan*, *-roichlaid* neben *-cechlaid*, *-roigu* 'hat gewählt', 1. Sing. *-roiga*, W. *ĝeus-* (S. 444), *adroigrainn* 'hat verfolgt', zu Präs. *ad-greinn* (S. 288. 406).

Anm. Über die eigentümliche Reduplikationsweise in *-leblaing* 'er sprang', zu *lingid* 'springt', s. R. Schmidt IF. 1, 48 f., Thurneysen a. a. O. 1, 138. 395.

4) Vokalischer Wurzelanlaut. *t-ānaic* 'er kam', zu Präs. *t-ic* (S. 34. 431).

396. Zur Behandlung der Wurzelsilbe der reduplizierten Formen.

1) Wie die Gestaltung der schwachtonigen Wurzelsilbe in *-reraig*, 1. Sing. *-rerag* (W. *reĝ-*), *selaig* (W. *slek- sleg-*) auf dem uridg. *o* der Singularpersonen des Aktivs (griech. γέγονα) beruht, so die in *-nenaig* (W. *neig^{u}-*) u. dgl. wahrscheinlich auf dem entsprechenden uridg. *oi* (griech. λέλοιπα). Vgl. 1 § 254 Anm. 1. Media mit Reduplikation zeigen noch die ihnen von Haus aus zukommende schwache Stammgestalt: *-gēnair* aus **-gegn-* wie ai. *jajñ-é*.

2) Die auf langen Vokal und auf *-ēi̯* und *-ei̯* ausgehenden Wurzeln erscheinen so behandelt, als wenn die Personalendungen unmittelbar an die Anfangskonsonanz der Wurzel angefügt worden seien. So Sing. 1. *-gēn*, 3. *-gēuin*, Plur. 1. *-gēnammar*, 3. *-gēnatar* (vgl. ai. *jajñāú*, griech. ἔγνω-κα ἔγνωσμαι); Sing. 1. *-fuar*, 3. *-fuair*, Plur. 1. *-fuaramar*, 3. *-fuaratar* (vgl. griech. εὕρη-κα εὕρημαι); 3. Sing. *did* (W. *dhē(i̯)-*, vgl. ai. *dadhúḥ*); 3. Sing. *-rir* (vgl. griech. πέπρᾱ-κα πέπρᾱμαι); Sing. 1. *-cēr*, 3. *-cīuir* (ai. *cikrāya*, *cikriyē*); 3. Sing. *-lil*, 3. Plur. *-leldar* (ai. *lilyuḥ*). Vgl. mit diesen Formen z. B. Sing. 1. *-rerag*, 3. *-reraig*, Plur. 1. *-rergammar*, 3. *-rergatar*. Dass die Wurzeln auf *-i̯* hier mit den auf langen Vokal auslautenden Hand in Hand gehen, beruht vermutlich darauf, dass *i̯* zwischen Vokalen (vgl. ai. *cikrāya*) nach 1 § 306 geschwunden war.

Anm. Fingerzeige für die Ermittlung der Entstehung dieser Flexionsweise sind, wie es scheint, dreierlei Tatsachen. Erstens die Gestaltung des reduplizierten Futurums zu den *nă*-Präsentia wie *renaid*, *lenaid* (§ 222), z. B. 2. Sing. *lile* 3. Plur. *lilit*, 3. Sing. *-riri*, 3. Plur. *gīulait* (Thurneysen Handb. d. Altir. 1 § 652). Zweitens das gall. δεδ-ε gegenüber ai. *dadāú* (§ 393). Drittens die Formen wie ai. *jajñúḥ jajñivás- jajñé* neben *jajñāú*, griech. τέτλαμεν neben τετληώς (vgl. S. 439). Es muss im Perfekt eine Ausgleichung zugunsten schwacher Stammgestalt stattgefunden haben (vgl. das Eindringen von *-nă-* für *-nā-* in den Singular bei den Präsentia *renaid* usw., § 222).

397. Einpaarmal wurden Perfektformen auf Grund von charakterisierten Präsentia geschaffen.

ad-roigrainn zu *ad-greinn* 'verfolgt', W. *ghredh-* (S. 288. 406). *-nenaisc* zu *nascid* 'bindet', W. *nedh-* (S. 359). Ebenso wird auch *im-com-arcair* 'hat gefragt' neben Präs. *arco arcu* = lat.

posco (S. 352) aufzufassen sein (vgl. ai. *papraccha* S. 452, lat. *poposcī* S. 470).

398. Wie viele von den Formen des reduplikationslosen uridg. Typus **u̯oida* (§ 357) ins Irische hineingekommen sind, ist schwer zu sagen. Sicher gehört hierher *ro-fetar* 'ich weiss, wusste', 3. Sing. *-fitir*, 1. Plur. *-fitemmar -fetammar*, 3. Plur. *-fitetar -fetatar* (S. 443). Das übrige, was man heranzuziehen geneigt sein könnte, z. B. *ad-con-daire* 'hat gesehen' (S. 445), *do-ommalgg* 'mulxi' (S. 445), *boi* 'fuit' (S. 441), ist schwer zu beurteilen, zumal weil frühe starke Aoriste Perfektflexion angenommen haben, wie sicher *luid* (S. 444. 475).

399. Dehnstufige Bildungen. Im Irischen sind die beiden uridg. Typen **sēd-* und **sōd-* (§ 358) zugleich vertreten.

1) **sēd-*. *-mīdair* 'er urteilte', W. *med-* (S. 433. 446). *-fīdetar* 'sie führten', 3. Sing. enklit. *-id*, W. *u̯edh-* (S. 445). *-īr* 'er gewährte' aus **pēre*, W. *per-* (S. 434. 442). Analogisch *-fīch* 'er kämpfte' zu *fichid* (W. *u̯eiq-*) S. 443.

2) **sōd-*. *-tāich* 'er floh', W. *teq-* (S. 447). *-scāich -scāig* 'er ging fort', W. *sqeq-* (S. 447). 1. Sing. *-gād*, zu Präs. *guidid* 'bittet', W. *g^{u}hedh-* (S. 249). *-rāith* 'er lief' = akymr. *-raut* (S. 433), 3. Plur. enklit. *-rthatar*, zu Präs. *rethid* (S. 134). 3. Sing. *-dāmair*, zu Präs. *daimid -daim*, W. *dem-* (S. 134. 189). 3. Sing. *-lāmair*, zu Präs. *ro-laimethar* 'wagt', vielleicht zu W. *lem-* in lit. *lemoti* 'lechzen' usw. (Walde Lat. et. Wtb.² 420).

g. Germanisch.

400. Bei den Tempusbildungen des Germanischen, die als Fortsetzung des uridg. Perfekts erscheinen, nämlich den sogen. starken Präterita, treten seit Beginn der Überlieferung zweierlei Unterschiede in den Vordergrund.

1) Die Präterita im engeren Sinne, wie got. *bait bitum* 'biss bissen' (S. 443), *skaiskaiþ skaiskaidum* (S. 443), und die sogen. Präteritopräsentia (mit Präsensbedeutung, vgl. griech. οἶδα 'ich weiss', lat. *meminī* 'bin eingedenk'), wie got. *wait witum* 'weiss wissen' (S. 443). Letztere zeigen meist den Charakter von 'Hilfsverba' (*er darf kommen, kann kommen* u. dgl.). Der Unterschied war zunächst nur ein semantischer. Doch führte

dieser mit der Zeit auch zu formalen Verschiedenheiten. So wurde im Ahd. in der 2. Sing. Indik. die Personalendung *-t* nur bei den Präteritopräsentien festgehalten, z. B. *weist* = got. *waist* (1. Sing. *weiȥ* = got. *wait*), während bei den Präterita eine aoristische Form eindrang, z. B. *biȥȥi* gegenüber got. *baist* (1. Sing. *beiȥ* = got. *bait*), *quāmi* gegenüber got. *qamt* (1. Sing. *quam* = got. *qam*), vgl. § 81, 2, b, oder nhd. *ich biss* (nach *wir bissen*) gegenüber *ich weiss*.

Die Präsensbedeutung der Präteritopräsentia hat seit urgermanischer Zeit namentlich folgende Neuerungen zur Folge gehabt. a) Es verbanden sich Infinitiv- und Partizipialformen mit ihnen, wie mit den Präsentien, und zwar Formen, wie sie neben den themavokalischen Präsentien zu stehen pflegen, z. B. verbanden sich Inf. got. *witan* ahd. *wiȥȥan* aisl. *vita*, Part. got. *witands* usw. mit *wait* usw. S. § 81 Anm. S. 136. b) Es gesellte sich ihnen, zum Ausdruck der vergangenen Handlung, ein *t*-Präteritum zu von der Art des Präteritums der sogen. schwachen Verba, z. B. got. *wissa* ahd. *wissa wessa* aisl. *vissa* 'wusste'. c) Ursprünglich präsentische Verba bekamen, wenn sie Hilfszeitworteigenschaft gewannen, Bildung und Flexion der Präteritopräsentia. So got. *kann kunnum* ahd. *kan kunnum* aisl. *kann kunnom* 'verstehe, kann' u. dgl., worüber § 404, 1.

2) Reduplizierte Bildungen, z. B. got. *rai-rōþ* ags. *reord* (S. 448), got. *sai-sō* aisl. *sera* 'säte', stehen neben unreduplizierten, z. B. got. *wait* ahd. *weiȥ* aisl. *veit*, got. *staig* ahd. *steig* aisl. *sté* 'stieg'.

Als von uridg. Zeit her unredupliziert hat man zu betrachten das Präteritopräsens got. *wait* und vermutlich noch das eine oder andre Verbum dieser Klasse, ferner die vom Sing. Indik. ausgeschlossenen Stammformen wie urgerm. **sēt-* (W. *sed-*) in got. *sētum* ahd. *sāȥum* aisl. *sǫtom* 'sassen' (S. 447) und die Stammformen wie urgerm. **mōl-* (W. *mel-*) in got. *mōl mōlum* ahd. *muol muolum* aisl. *mól mólom* 'mahlte' (S. 442).

Reduplikation hat sich ins Urgermanische hinein regelmässig im Präteritum zu Wurzeln mit langem Vokal erhalten. Diese Wurzeln lauten teils aus auf diesen Vokal, z. B. ahd. *teta* as. *deda* W. *dhē-* (S. 449), got. *saísō* aisl. *sera* W. *sē-*; so auch got. *waírō* zu Basis *auē-* (S. 450), aisl. *rera* zu Inf. *róa* zu Basis **erē-* (vgl. ahd. *ruodar* 'Ruder'), teils schliessen sie konsonantisch, z. B. got. *raírōþ* ags. *reord*, W. *rēdh-* (S. 448), got. *faíflōk*, W. *pläq-pläg-* (S. 448). Ausserdem bei einem Teil der kousonantisch schliessenden Wurzeln ohne langen Vokal, aber nur dann, wenn die Wurzelsilbe *i̯*, *u̯*, *n*, *l* enthält, z. B. got. *skaískaiþ* (S. 443), *staístaut* (S. 444), *haíhāh* zu *hāhan* 'hängen' (*hawχ-*), *ga-staístald* zu *ga-staldan* 'erwerben'.

In keinem der Fälle, wo Reduplikation verblieb, ist mehr etwas von Stammabstufung innerhalb des Perfektsystems selbst wahrzunehmen. Nur vermutlich in dem westgerm. Prät. *deda* 'tat'. Neben as. *dādun* erscheint nämlich *dedun* (entsprechend afries. *deden* mndl. *deden*), und dies kann dem ai. *dadhúḥ* von alters her unmittelbar entsprechen (-*un* = *-ṇt*). Lässt man freilich *e* in *dedun* vom Sing. bezogen und die Form aus *dādun* umgebildet sein (Collitz Das schw. Prät. 165), so wäre dann immerhin wahrscheinlich, dass *dādun* selbst in urwestgermanischer oder in urgermanischer Zeit für ein altererbtes **dedun* eingetreten war in Anschluss an die Pluralformen des Typus *sētun* (andre, mir weniger glaubhafte Hypothesen über die erste Silbe von *dādun* bespricht Collitz a. a. O. 156 ff.). Das dem ahd. *tātum tātut tātun* entsprechende got. **dēdum **dēduþ **dēdun* hat sich nur noch in der nach ihm geschaffenen Formengruppe *nasidēdum* usw. erhalten (S. 369).

401. A) Die reduplizierten Bildungen.

Die Reduplikationssilbe ist im Gotischen in weiterem Umfang als in den andern germ. Sprachen erhalten geblieben, regelmässig wo die Wurzelsilbe im Perfekt ablautlich nicht verschieden war von der Wurzelsilbe des Präsens, ausserdem bei der Verschiedenheit Präs. *ē*: Perf. *ō*. Mit Perfekta aussergermanischer Sprachen sind oben zusammengestellt: *skaískaiþ* (S. 443), *staístaut* (S. 444), *raírōþ* (S. 448), *faífāh* (S. 448), *faíflōk* (S. 448), *laítōk* (S. 449), *waírō* 3. Plur. *waírōun* (S. 450). Andere Beispiele: *haíhait*, zu *haitan* 'nennen', *laílaik*, zu *laikan* 'springen', *waíwald*, zu *waldan* 'walten', *saízlēp* (S. 436) *saíslēp*, zu *slēpan* 'schlafen', *ƕaíƕōp*, zu *ƕōpan* 'sich rühmen', *laílōt laílōtum*, zu *lētan* 'lassen', *saísō* (2. Sing. *saísōst*), zu *saian* 'säen' (Präs. **sēi̯e-ti*

S. 197). Bestimmt man das *ai* der Reduplikation, wie hier geschehen ist, als (kurzes) *aí*, so bleibt kaum eine andre Annahme übrig als die, dass dieses *aí* von den mit *h* und *r* beginnenden Wurzeln aus verallgemeinert worden sei (§ 16, 1, a S. 24).

Im Westgermanischen und im Nordischen ist in verhältnismässig nur wenigen Fällen die Reduplikation bewahrt. Ags. *heht* (got. *haíhait*), *reord* (got. *raírōþ*), *leolc* (got. *laílaik*), *leort* (got. *laílōt*, zum *r* vgl. Janko IF. 20, 282, Feist PBS. Beitr. 32, 487). Minder sicher ist Reduplikation in ags. *weold* (got. *waíwald*) u. ähnl. Über die ahd. Formen mit *-r-* wie *sterōȥ* 'er stiess' (Inf. *stōȥan* got. *stautan*), s. S. 40 Fussn. 1. Im Aisl. *sera*, 1. Plur. *serom*, zu *sá* 'säen', aus **se-zō-* (S. 436), *rera*, 1. Plur. *rerom*, zu *róa* 'rudern', wonach analogisch (indem man *-era* als formantischen Wortteil anschaute) *slera* zu *slá* 'schlagen', *grera* zu *gróa* 'keimen', *snera* zu *snúa* 'wenden'.

Dass der reduplizierte Typus in urgermanischer Zeit ein lebendiges Bildungsprinzip gewesen ist, ersieht man deutlich aus got. *aíauk* aisl. *iók*, vermutlich auch ahd. *iar*, da diese Reduplikationsweise hier analogisch auf vokalisch beginnende Wurzeln erstreckt worden ist (S. 27).

402. Die Wurzelsilbe der reduplizierten Formen ist (von as. *deda* Plur. *dedun dādun* abgesehen, s. S. 480) schon für das Urgermanische überall, im Plural wie im Singular, als vollstufig anzusetzen, es fehlt also sowohl das Verhältnis ai. *cichēda* : *cichiduḥ*, als auch das Verhältnis lat. *scicidī* : *scicidimus*.

Zunächst wird derselbe Vokal zugleich im Singular wie im Plural Regel geworden sein bei Wurzeln mit langem Monophthong (§ 369). So got. *laílōt laílōtum* (für **laílatum*, vgl. *lats*), *taítōk taítōkum* (für **taítakum*, vgl. aisl. *taka*), *raírōþ raírōdum*, *faíflōk faíflōkum* usw., wobei zu berücksichtigen ist, dass uridg. *ō* und *ā* in *ō* zusammengefallen waren. Hiernach dann auch *skaískaidum* zu *skaískaiþ*, *staístautum* zu *staístaut*, *baíblandum* zu *baíbland* (*blandan* 'vermischen') usw.

Anm. Die Annahme Feist's PBS. Beitr. 32, 469. 487, dass in den ags. Formen wie *reord*, *leolc*, in denen der Wurzelvokal synkopiert ist, noch die schwache Stammform vorliege, die vor der Synkope auf den Singular übertragen worden sei, halte ich für unrichtig. Vgl. Janko IF. 20, 268.

Auf die Frage, was zur Scheidung der Perfekta in unreduplizierte, wie got. *bait*, *-bauþ*, *band*, *swalt*, und reduplizierte, wie *skaiskaiþ*, *staistaut*, *baíbland*, bei gleichem Bau und Vokalismus der Wurzel in urgermanischer Zeit den Anlass gegeben hat, wird § 405, a eingegangen werden.

403. Da die neugebildeten Präsentia mit *a* zu *e*-Wurzeln, wie got. *skaidan*, *stautan*, *blandan*, *gaggan*, *haldan*, bereits in urgermanischer Zeit bestanden (ahd. *sceidan*, *stōzan*, *blantan* usw.), müssen auch die Perfekta wie got. *skaískaiþ* usw. schon in urgermanischer Zeit vorhanden gewesen sein. Diesen letzteren und den übrigen got. reduplizierten Präterita entsprechen im Westgermanischen und im Nordischen Präteritalformen von anscheinend ganz anderem Gepräge: ohne Reduplikationssilbe, aber mit einer besonderen Art Ablaut gegenüber dem Präsens auch in den Fällen, in denen das Gotische Übereinstimmung im Vokalismus zwischen Perfekt und Präsens aufweist. Sie müssen Neubildungen sein. Sie lagen zunächst im Kampfe mit dem im Gotischen erhaltenen Typus und haben diesen im Anfang der historischen Überlieferung der Sprache noch nicht ganz verdrängt (§ 401).

Im wesentlichen lassen sich hier zwei Gruppen von Neubildungen unterscheiden, die man als die $\bar{e}^2$-Formen (ahd. *ea ia ie*, as. *ē*, ags. *é*, aisl. *é*)[1]) und die *eo*- oder *eu*-Formen (ahd. *eo io*, as. *io eo ie*, ags. *éo*, aisl. *ió*) bezeichnet. Beispiele:

1) Der $\bar{e}^2$-Typus erscheint (von jungen Formen zu andersartigen Wurzeln, wie mndl. *wiey* awfries. *wē* 'wehte' vgl. got. *waíwō*, abgesehen) bei konsonantisch schliessenden Wurzeln mit urgerm. *ē*, *ai*, *au*, *al*. Zu got. *lētan laílōt*: ahd. *liaz* as. *lēt* ags. *lét*, aisl. *lét*; zu got. *-rēdan -raírōþ*: ahd. *riat* as. *rēd* aisl. *réd*. Zu got. *slēpan saízlēp saislēp*: ahd. *sliaf* as. *slēp* ags. *slép*. Zu got. *blēsan* (Perf. **baíblōs* oder **baíblēs*?): ahd. *blias*, aisl. *blés*. — Zu got. *haitan haíhait*: ahd. *hiaz* as. *hēt* ags. *hét*, aisl. *hét*; zu got.

1) Für $\bar{e}^2$ habe ich 1 § 136 Anm. 2 und § 226 $\bar{ę}$ geschrieben (im Gegensatz zu $\bar{ę}$ = ahd. usw. *ā*). Ich wähle hier in Anschluss an andere die Bezeichnung $\bar{e}^2$, um der strittigen Frage, ob urgerm. $\bar{e}^2$ offen oder geschlossen gesprochen worden sei, aus dem Wege zu gehen.

laikan lailaik: ags. *léc*, aisl. *lék*; zu got. *skaidan skaiskaiþ*: ahd. *skiad* as. *scēth* ags. *scéd*. Zu got. *haldan haihald*: ahd. *hialt* as. *held* aisl. *helt heldom*; zu got. *falþan faifalþ*: ahd. *fiald*, aisl. *felt*. Zu got. *blandan baibland*: ahd. *bliant* as. *blend*, aisl. *blett blendom*; zu got. *gaggan*: ahd. *giang* as. *geng*, aisl. *gekk gingom*; zu got. *fāhan faifāh*: ahd. *fiang* as. *feng*, aisl. *fekk fingom*.

2) Der *eo*-Typus tritt auf bei konsonantisch schliessenden Wurzeln mit urgerm. *au*, sekundär auch bei solchen mit *ō*. Zu got. *hlaupan haihlaup*: ahd. *leof liof liaf* as. *hliop* ags. *hléop*, aisl. *hlióp*; zu got. *stautan staistaut*: ahd. *stiaz* as. *stiet*. Zu got. *hrōpan*: ahd. *hriof* as. *hriop* ags. *hréop*.

Über die Entwicklungsgeschichte dieser westgerm.-nord. Bildungen ist eine grössere Anzahl von Hypothesen veröffentlicht worden, von denen keine in jeder Beziehung befriedigt. Die letzte umfassendere Behandlung gewährt Feist PBS. Beitr. 32, 447 ff., wo das ganze Formenmaterial gesammelt und die früheren Ansichten aufgezählt und kritisiert sind.

Anm. Am wenigsten Schwierigkeit bereitet der *eo*-Typus. Man kann die betreffenden Formen als Analogiebildungen ansehen nach **éauka* (got. *aukan* 'mehren, sich mehren'), **éausa* (aisl. *ausa* 'schöpfen'), **éauda* (aisl. *audenn* 'vom Schicksal bestimmt'), in denen das unbetonte *au* zunächst zu *ō* wurde (aisl. *iók*, *iós*). Vielleicht sind aber auch aisl. *hió* und ags. *héow* (zu *hǫgg(u)a* und *héawan* 'hauen') lautgesetzlich aus **héhauwa*, **héhōwa* entstanden, da im Aisl. und Ags. zwischenvokalisches *h* früh geschwunden ist. Nun möchte man $ē^2$ entsprechend auf *éai* zurückführen in **éaika* (got. *af-aiaik* 'leugnete'), dazu noch aisl. *hét* und ags. *hét* auf **héhaita*, wie aisl. *hió* ags. *héow* = **hehauwa*. Doch kommt man so bei $ē^2$ mit den analogischen Nachbildungen kaum durch. Da im Urgermanischen der Langdiphthong *ēi* zu $ē^2$ geworden ist, könnte neben den reduplizierten Perfekta (wie got. *lailōt*, *saislēp*, *skaiskaiþ*) die eine oder andere Aoristform mit *ēi* gelegen haben (z. B. **lē²t*- neben präsentischem **lē¹t*, vgl. lit. *léidmi léidžu* S. 103; **skē²-þ*- neben **skei-þ*- **skoi-þ*-, vgl. ahd. *skēri*) und ins alte Perfekt eingedrungen sein. Vgl. Aor. 2. Sing. ahd. *zigi* ags. *tige* im Perfektsystem *zēh táh* (§ 407). Die Einbeziehung von Aoristformen in das erzählende Perfekt (vgl. § 385, 2. 3 über lat. *fuit*, *vēxit* u. dgl. und § 394 über ir. *-lod* u. dgl.) bildet das Gegenstück zur Einbeziehung von Präsensformen in die Flexionsweise der Präteritopräsentia, wie got. *kunnum* (§ 400, 1). Nach **lē²t*-, **skē²þ*-, **hē²t*- entstanden dann **hē²ld*-, **blē²nd*-, gleichwie nach Thurneysen Handb. des Altir. 1, 397 ir. Prät. *fo-cāird* zu Präs. *fo-ceird* 'wirft' nach *tāich* zu *techid* u. dgl. geschaffen worden ist (§ 399, 2).

404. B) Die seit uridg. Zeit unreduplizierten Bildungen des Typus **u̯oida* (§ 357) und was sich ihnen im Germanischen angeschlossen hat.

Wie viele unreduplizierte Formen ausser got. *wait witum* ahd. *weiȝ wiȝȝum* aisl. *veit vitom* (S. 443) ins Urgermanische hineingekommen sind, ist unklar. Jedenfalls hat aber dieser Typus im Germanischen grossen Zuzug dadurch gewonnen, dass die Mehrzahl der reduplizierten Perfektformen ihre Reduplikationssilbe aufgab. Dass dieses in urgermanischer Zeit lediglich auf rein lautgesetzlichem Wege geschehen sei, ist nicht nachzuweisen und mir unwahrscheinlich. Höchstens ist zuzugeben, dass teilweise eine haplologische Tendenz nebenher beteiligt gewesen sei, s. § 13 S. 22.

1) Zunächst mag die Klasse der Präteritopräsentia unter Führung von *wait* = ai. *vḗda* usw. reduplikationslos geworden sein. Mit Perfektformen andrer idg. Sprachen sind § 364 ff. ausser *wait* noch zusammengestellt: Got. *man* 'glaube' *munum* as. *far-man* ('verachte') *-munun* aisl. *man munom*, W. *men-* (S. 441). Got. *skal* 'soll' *skulum* ahd. *scal sculum* aisl. *skal skolom*, W. *sqel-* (S. 442). Got. *daug* 'es taugt, nützt' ahd. *toug tugun*, W. *dheugh-* (S. 444). Got. *ga-dars* 'wage' *-daúrsum* ahd. *gi-tar -turrum*, W. *dhers-* (S. 445). Got. *ga-nah* 'es reicht hin, genügt' ahd. *gi-nah* ags. *ȝe-neah -nuȝon*, W. *(e)neḱ-* (S. 446). Got. *ga-mōt* 'finde Raum, kann' (ursprünglich etwa 'habe eine von mir zu leistende Abgabe einem zugemessen') ahd. *muoȝ muoȝum*, W. *med-* (S. 446). Got. *aih* 1. Plur. *aigum aihum* ags. *áȝ* ahd. 1. Plur. *eigum*, W. *aiḱ-* (S. 448). Echt perfektisch sind noch einpaar andre. Got. *ōg* 'fürchte' *ōgum* neben *un-agands* 'sich nicht fürchtend', griech. ἄχομαι (S. 121), also wie got. *us-ōn -ōnum* neben *us-anands* 'aushauchend' und wie aisl. *ók* ai. *ā́ja* (S. 448), wonach anzunehmen ist, dass auch ir. *ad-āgor -āgur* 'fürchte' 3. Sing. *ad-āgathar* ursprünglich ein Perfekt gewesen ist (ähnliche Übergänge zum Präsens s. § 383); *ni ōgs* 'fürchte nicht', ein kurzvokalischer Konjunktiv, gewährleistet das hohe Alter dieses german. Perfekts. Got. *lais* 'ich weiss' (mit Infin. verbunden), zu *laisjan* 'lehren' ahd. *lirnēn* 'lernen' (W. *leis-*) gehörig, mag eine speziell got. Schöpfung gewesen sein.

Einige Male bewirkte der den Präteritopräsentia eigentümliche semantische Charakter als 'Hilfszeitwort' (§ 400, 1), dass präsentische Formen zu Präteritopräsentia umgebildet wurden, ein Vorgang der von urgermanischer Zeit an bis auf die jüngste Zeit herab begegnet. *nu*-Präsentia waren ursprünglich got. *kann* 'kenne, verstehe, weiss' *kunnum* ahd. *kan kunnum* aisl. *kann kunnom*, ahd. *an* 'gönne' *unnum*, mnd. *darn* 'wage', s. § 247; zu dem Übergang zu perfektischer Flexion bei *kunnum* vgl. ved. *-jānúṣ- -jānāná-ḥ* in Anschluss an das Präs. *jānā-ti* (S. 452). Got. *mag* 'vermag, kann' *magum*, ahd. *mag magum* und *mugum*, das entweder zur Wurzel von griech. μῆχος und μηχανή 'Hilfsmittel' (dor. μᾶχ-) oder zur Wurzel von griech. μῆκος 'Länge', μήκιστος 'der längste' (dor. μᾶκ-) zu stellen ist, gehörte ehemals als Präsens zu § 74 (aksl. *mogą* gilt mit Recht als Lehnwort aus dem Germanischen); die westgerm. Ablautung ahd. *mag mugum mohta* (gegen got. *mag magum mahta*) war Neuerung nach dem Muster von ahd. *scal sculum scolta*, ags. *ȝe-neah -nuȝon -nohte* u. dgl. Ahd. Sing. *willu* 'ich will' *wili wili* Plur. *wellemēs wellet wellent* (Prät. *wolta*) bildete sich allmählich — 2. Sing. *wilt* schon im Ahd. — zu einem Präteritopräsens, nhd. *will* usw., um. Nhd. fränk. *er brauch* (statt *er braucht*) mit dem Infin. nach er *darf*, *kann* usw.

Anm. Ob zu den ursprünglichen Präsentien auch got. *þarf þaúrbum* ahd. *darf durfum* aisl. *þarf þurfom* gehört, ist zweifelhaft. S. 328. 333.

Dass für die Präteritopräsentia die Reduplikationslosigkeit ein charakteristisches Zeichen war, zeigt deutlich der Gegensatz von got. *aih* und *-aiaik*, *aíauk*, wobei zu beachten ist, dass in beiden Fällen die starke Wurzelform schon im Urgermanischen durch das Perfektsystem hindurch verallgemeinert worden ist.

405. Was dann 2) die Klasse der Präterita im engeren Sinne betrifft, so sind hier folgende Unterabteilungen zu machen.

a) Formen zu Wurzeln mit *e*-Vokalismus, die den ererbten uridg. Ablautunterschied im Perfektsystem beibehielten. Dahin gehören die konsonantisch schliessenden Wurzeln, die vor dem Schlusskonsonanten *i̯*, *u̯*, Nasal, Liquida hatten (§ 365). Z. B. zu got. *beitan* 'beissen' *bait bitum* (S. 443), zu *-biudan* 'bieten' *-bauþ -budum* (S. 444), zu *bindan* 'binden' *band bundum* (S. 444), zu *wairþan* 'werden' *warþ waúrþum* (S. 445). Andre Beispiele, die oben nicht genannt sind: got. *greipan* 'greifen' *graip gripum*, *sliupan* 'schlüpfen' *slaup slupum*, *wairpan* 'werfen' *warp waúrpum*, *hilpan* 'helfen' *halp hulpum*.

Zahlreiche Formen dieser Klasse entsprangen in Anschluss an charakterisierte Präsentia.

Zu Nasalpräsentien. 1) Zu Präsentien mit Binnennasal (§ 199 ff.). So zu ahd. *klimban* 'klimmen' (§ 205): *klamb klumbum* und entsprechende Perfekta zu den ebenda genannten Präsentien ahd. *ringan* 'sich hin und her bewegen' ags. *wrinȝan* 'drehen, pressen', ags. *slincan* schwed. *slinka* 'kriechen', got. *fra-slindan* 'verschlingen' ahd. *slintan* 'schlingen', got. *stiggan* 'stossen', ahd. *springan* 'springen', ags. *đrintan* 'schwellen', § 207, 2 mhd. *schrimpfen* 'schrumpfen', § 207, 3 ahd. *scrintan* 'bersten'. 2) Zu Präsentien auf *-no-* (§ 226 ff.). So zu got. *skeinan* 'scheinen' (§ 232): *skain skinum*, vgl. ahd. *scein scinum* aisl. *skein skinom*, und entsprechende Perfekta zu den ebenda genannten Präsentien ahd. *swīnan* 'abnehmen, schwinden', ahd. *grīnan* aisl. *grína* 'den Mund verziehen, greinen', ahd. *(h)rīnan* aisl. *hrína* 'berühren'; ferner zu ahd. *kīnan* 'keimen' (§ 223). Zu Präsentien mit *-ll-* aus *-ln-*, z. B. ahd. *swellan* aisl. *suella* 'schwellen': ahd *swal swullum* aisl. *sual s(u)ullom*, s. S. 320. Zu ahd. as. ags. *spurnan* 'treten' (vermutlich aus **spurunan*, S. 302): ahd. *sparn spurnum* ags. *spearn spurnon*, und entsprechend zu ags. *murnan* 'sich bekümmern, trauern': *mearn murnon*, s. S. 320. Im Ags. sogar *fræȝn fruȝnon* zu *friȝnan* 'fragen' (vgl. got. *fraihnan*: *frah frēhum*), s. S. 319. 3) Zu Präsentien auf *-nuo-* (§ 253), z. B. zu got. *af-linnan* 'vergehen, weichen' ahd. *bi-linnan* 'weichen, nachlassen': got. *-lann -lunnum* ahd. *-lan -lunnum*.

Wurzel mit *-so-* (§ 255 ff.). Genannt sind schon got. *-þans -þunsum* ahd. *dans dunsum*, zu got. *-þinsan* ahd. *dinsan* 'ziehen', W. *ten-* (S. 444 f.), ahd. *bal bullum*, zu *bellan* 'bellen', W. *bhel-* (S. 445); von derselben Art vermutlich ahd. *gellan* 'gellen' *gal gullum* aisl. *giallan gall gullom* (S. 338). Wurzelerweiterndes *s* auch in got. *fra-liusan* ahd. *far-liosan* 'verlieren', wozu got. *-laus*

-lusum ahd. *-lōs -lurum*, und in ahd. *wisan* 'vermeiden', wozu *-weis* (§ 261).

Wurzel mit *-sko-* (§ 268 ff.). Ahd. *ir-leskan* 'erlöschen' *-lask* (S. 359).

Wurzel mit *-to-* (§ 282 ff.). Ahd. *flehtan* 'flechten' (S. 362 f.) *flaht fluhtum*. Ahd. *brestan* aisl. *bresta* 'bersten' (S. 363) ahd. *brast brustum* (jünger *brāstum*) aisl. *brast brustom*. Ahd. *sceltan* 'schelten' (S. 367) *scalt scultum*. Ahd. *fehtan* 'kämpfen' (S. 367 f.) *faht fuhtum* (mhd. auch *vāhten*). Aisl. *serða* 'Unzucht treiben' (S. 368) *sarð surðom*.

Wurzel mit *-dho-* (§ 291). Ahd. *brettan* ags. *breȝdan* aisl. *bregða* 'schwingen' (S. 375) ahd. *brat bruttum* ags. *brœȝd bruȝdon* aisl. *brá brugðom*. Ebenso ags. *streȝdan* 'streuen' (S. 375) *strœȝd struȝdon*.

Wurzel mit *-do-* (§ 292). Got. *swiltan* 'hinsterben' ahd. *swelzan* 'verbrennen' aisl. *suelta* 'hungern' (S. 376) got. *swalt swultum* ahd. *swalz swulzum* aisl. *sualt s(u)ultom*; ebenso ahd. *smelzan* ags. *meltan* 'schmelzen' (S. 376), aisl. *velta* 'sich wälzen' (S. 378 f.). Got. *giutan* ahd. *giozan* 'giessen' (S. 378) got. *gaut gutum* ahd. *gōȝ guȝȝum*; ebenso ahd. *sciozan* aisl. *skióta* 'schiessen' (S. 376), ahd. *sliozan* 'schliessen' (S. 377), ahd. *fliozan* aisl. *flióta* 'fliessen' (S. 378), mhd. *spriezen* 'spriessen' (S. 378). Ahd. *glīzan* 'glänzen' (S. 378) *gleiȝ gliȝȝum*; ebenso ahd. *rīzan* 'reissen, ritzen' (S. 379).

Da wir S. 122 die Präsentia got. *skaidan*, *stautan*, *blandan*, *gaggan*, *haldan*, ahd. *walzan* als Neubildungen zu *skaiskaiþ* usw. betrachtet haben, fragt es sich, wodurch beim Perfekt von *e*-Wurzeln in urgermanischer Zeit die Scheidung in reduplizierte Formen und unreduplizierte (wie got. *bait*, *-bauþ*, *band*, *swalt*) zustande gekommen ist. Ich nehme folgenden Hergang an. Neben den Präsentia wie *skaidan* standen einmal, zumteil noch in historischer Zeit, Iterativa auf *-éįō*, die uridg. *o* in der Wurzelsilbe hatten (§ 178). Got. *gaggjan* (*gaggida* Luk. 19, 12) mhd. *gengen* neben *gaggan*, ahd. *blenden* (lit. *blandýti-s* aksl. *blǫditi*) neben *blandan*, got. *waltjan* ahd. *welzen* aisl. *velta* neben *walzan*, ferner vgl. lit. *skaidyti* 'trennen' ai. *chēdaya-ti* 'schneidet ab' zu got. *skaidan*. So wird es auch bei Wurzeln der *a*- und der *o*-Reihe einige Doppelheiten dieser Art, primäres Verbum und Iterativum nebeneinander, gegeben haben, wie got. *hāhan* trans. 'hängen' und ahd. *hengen* aisl. *hengia* trans. 'hängen'. Waren nun Gruppierungen zustande gekommen wie (in got. Form ausgedrückt) **gaggjan* : **gaigagg*, **skaidjan* : *skaiskaiþ* (vgl. lat. *spondeo* : *spopondī*), entsprechend dem ahd. *swerien* : *swuor*, aisl. *sueria* : *s(u)ór*, so konnte leicht *gaggan* neben **gaggjan* aufkommen nach dem Vorbild von *hāhan* : **haggjan* usw. In derselben Weise betrachteten wir S. 121 f. z. B. *faran* (Prät. *fōr*) als Umbildung von *farjan* nach dem Verhältnis von *skaban* zu *skōf*, *-anan* zu *-ōn* u. dgl. Wenn nun nur die Verba wie *beitan*, *-biudan* im Perfekt die Reduplikation aufgaben, so hängt das damit zusammen, dass bei ihnen Perfekt und Präsens durch den Wurzelvokalismus voneinander geschieden waren, hier also eine grössere Verundeutlichung der Form durch die Weglassung der Reduplikation nicht stattfinden konnte.

b) Formen zu Wurzeln mit *e*-Vokalismus, die nur im Singular des Indikativs den uridg. Stand (*o*-Vokal in der Wurzel) festhielten und im übrigen durch Formen des Typus **sēd-* ersetzt wurden. Dahin gehören die einkonsonantisch schliessenden Wurzeln (§ 364. 366. 367). Z. B. zu got. *bairan* 'tragen' (W. *bher-*) *bar* mit Plur. *bērum* (S. 442), zu got. *wisan* 'sein' (W. *u̯es-*) *was* mit Plur. *wēsum* (S. 446), zu got. *sitan* 'sitzen' (W. *sed-*) *sat* mit Plur. *sētum* (S. 447). Über das Motiv des Ersatzes des reduplizierten Typus **se-zd-* als schwacher Stammform durch den Typus **sēd-* s. S. 435. Bei gewissen Verben müssen im Perfekt Formen des Typus **sesod-* **sezd-* und Formen des Typus **sēd-* nebeneinander im Gebrauch gewesen sein (vgl. etwa ahd. *iar* und *uar*, lat. *pepigī* und *pēgī*, osk. *fefacid* Konj. und lat. *fēcī*). Aus dem a. a. O. genannten Motiv gewann dann der Typus **sēd-* die Oberhand, und der Typus **sezd-* ging gänzlich unter.

c) Formen zu Wurzeln mit *a*-Vokalismus. Sie zeigen im Sing. und Plur. des Indikativs urgerm. *ō*, gleichwie das entsprechende Präteritopräsens got. *ōg* (S. 484). Z. B. zu got. *skaban* ahd. *scaban* aisl. *skafa* 'schaben' (W. *skabh-*) got. *skōf skōbum* ahd. *scuob scuobum* aisl. *skóf skófom*; damit ist verwandt got. *ga-skapjan* 'erschaffen' (ursprünglich 'durch Schnitzen herstellen') ahd. *scaphen skepfen* aisl. *skapa*, wozu got. *-skōp -skōpum* ahd. *scuof scuofum* aisl. *skóp skópom* (S. 448). Ebenso zu got. *hafjan* ahd. *heffen* aisl. *hefia* 'heben' (W. *qap-*) got. *hōf* ahd. *huob* aisl. *hóf* (S. 447), zu ahd. **int-seffen* 'merken' as. *-sebbian* (W. *sap-*) ahd. *int-suab* (S. 447), zu ahd. *laffan* 'lecken' (W. *lap- lab-*) *luof* (S. 447 f.), zu got. *-anan* 'hauchen' (W. *an-*) *-ōn* (S. 448), zu ahd. *erien erren* 'arare' (W. *ar-*) *uar* (S. 447) neben redupliziertem *iar* (S. 481), zu aisl. *aka* 'führen' (W. *aĝ-*) *ók* (S. 448).

In den zuletzt angeführten Formen mit vokalischem Anlaut got. *-ōn* usw. mag, soweit sie in ununterbrochener Überlieferung aus uridg. Zeit stammten, schon damals *e-* als Reduplikation mit dem Wurzelanlaut kontrahiert gewesen sein (§ 356, 3). Vom germanischen Standpunkt aus waren sie seit urgermanischer Zeit ebenso ohne Reduplikation wie got. *skōf* usw.

406. C) Die uridg. dehnstufigen Typen **sēd-* und **sōd-* zu Wurzeln mit *e*-Vokalismus (§ 358).

1) **sēd-*. Dieser Typus erscheint bei konsonantisch anlautenden und einkonsonantisch schliessenden Wurzeln als schwache Stammform, wie got. *sat* : *sētum*. S. § 405, b S. 488. Fälle, wo der Typus **sēd-* zugleich aussergermanisch auftritt, sind S. 433 f. genannt, wie z. B. got. *mētum*: ir. *mīdair*.

Vereinzelt steht das Perfekt zu got. *itan* ahd. *ezzan* aisl. *eta* 'essen' insofern, als hier *ē* auch im Sing. des Indikativs auftritt: got. *fr-ēt -ētum* ahd. *āz āzum* aisl. *át ǫ́tom* (S. 447). Die Sonderstellung hängt mit dem vokalischen Anlaut zusammen (§ 356, 3), und zwar zunächst wohl damit, dass schon in der Zeit des Urgermanischen, als es bei Wurzeln wie *sed-* im Perfekt noch reduplizierte Formen gab, das Aussehen des zu *itan* gehörigen Perfekts im Anlaut ein wesentlich anderes war als das der Formen zu konsonantisch anlautenden Wurzeln.

2) **sōd-*. Dieser Typus war ebenfalls bei *e*-Wurzeln in urgermanischer Zeit im Gebrauch, und zwar beherrschte er alle Formen des Perfektsystems. Er bewirkte, dass die betreffenden Verba meist ein neues Präsens nach der Art der Präsentia der *a*-Wurzeln (z. B. got. *skaban* neben *skōf skōbum*, § 405, c S. 448) bekamen. Got. *fōr fōrum* ahd. *fuor fuorum* aisl. *fór fórom* (Präs. got. *faran* ahd. *faran* aisl. *fara* 'fahren'), zu W. *per-* (S. 442). Got. *mōl mōlum* ahd. *muol muolum* aisl. *mól mólom* (Präs. got.

malan ahd. *malan* aisl. *mala* 'mahlen'), zu W. *mel-* (S. 442). Ahd. *gi-wuog -wuogum* (Präs. *gi-wahanen* 'erwähnen', S. 219), zu W. *ueq^u-* (S. 445). Got. *slōh slōhum* ahd. *sluoh* und *sluog sluogum* aisl. *sló slógom* (Präs. got. *slahan* ahd. *slahan* aisl. *slá* 'schlagen'), zu W. *slek-* (S. 446). Got. *grōf grōbum* ahd. *gruob gruobum* aisl. *gróf grófom* (Präs. got. *graban* ahd. *graban* aisl. *grafa* 'graben'), zu W. *ghrebh-* (lett. *grebju* 'höhle aus' aksl. *grebą* 'schabe, kratze'). Got. *swōr swōrum* ahd. *swuor swuorum* aisl. *s(u)ór s(u)órom* (Präs. got. *swaran* ahd. *swerien* aisl. *sueria* 'schwören'), zu W. *suer-* (osk. sverruneí 'arbitro'), deren Schwundstufe *sur̥-* durch das Part. Perf. ahd. *gi-sworan* aisl. *sorenn* vertreten ist. Ein derartiges ō-Perfekt begegnet auch unter den Präteritopräsentien: got. *ga-mōt* ahd. *muoʒ*, zu W. *med-* (S. 446. 484), wozu zugleich got. *mētum* (1). Vgl. § 358.

407. Einmischung von themavokalischen unreduplizierten (ursprünglich eventuell augmentierten) Präteritalformen in die 2. Sing. Ind. Perf. im Westgermanischen. Von dieser Erscheinung war schon § 81, 2, b S. 135f. die Rede. Es handelt sich zunächst um die zu § 405, a gehörigen Formen wie ahd. *zigi* ags. *tiʒe* 'du ziehest' (zu ahd. *zēh zigum* usw.), die, wie der stimmhafte auslautende Konsonant bei den auf Tenuis oder *s* auslautenden Wurzeln zeigt, den Wortton einst auf dem thematischen Vokal hatten, und von denen eine grössere Anzahl aussergermanischen Präteriten entspricht, wie ausser *zigi* (= ai. *diśá-ḥ á-diśa-ḥ*) ahd. *bi-libi, biʒʒi, liwi, stigi, ridi, buti, ruʒʒi, bugi, trugi, klubi, wurti, wurri, mulki* (S. 124 ff.). Ahd. *kuri* (2. Sing. zu *kōs kurum*), dem ai. *á-juṣata*, Präs. *juṣátē* entsprechend (S. 125), kommt zugleich als Injunktiv vor: *ni curi* 'noli', *ni curit* 'nolite' (vgl. got. *ni ōgs* S. 484). Ferner gehören hierher die dehnstufigen 2. Sing. wie ahd. *māʒi* ags. *mǽte* 'du massest', zu ahd. *mat māʒum* usw., und die ebenfalls dehnstufigen 2. Sing. wie ahd. *sluogi* ags. *slóʒe* 'du schlugst', zu ahd. *sluog sluogum* usw. Ahd. *māʒi* lässt sich zu griech. μήδομαι, *sāʒi* zu lit. *sédu* stellen (S. 123). Wenn jedoch diese letzteren Übereinstimmungen nur zufällige sein sollten, wären die Formen wie *māʒi* wahrscheinlich erst nach Analogie des Verhältnisses von *zigi* zu *zigum* aufgekommen, ebenso die Formen wie *sluogi* und die wie ahd. *hiaʒi, fiangi*.

Lautgesetzlich war *-i* = *-*es* nur hinter kurzer Wurzelsilbe, wie *zigi* (1, 926 f. 929). Nach dem Vorbild dieser Formen hielt sich *-i* auch in *māʒi*, *sluogi* usw. Wegen des Schwundes des *-s* (*-z*) s. Walde Ausl. 14. 126 ff.

Dass gerade nur die 2. Sing. dieser themavokalischen Präterita blieb und Ersatz für die eigentlichen Perfektformen auf *-t* wurde (z. B. ahd. *buti*, *quāmi*, *huobi*, *hiaʒi* : got. *-baust*, *qamt*, *-hōft*, *-haihaist*), erklärt sich daraus, dass in dieser Perfektform lautgesetzlich häufig eine stärkere Verundeutlichung des Stammauslauts eintreten musste. Das gleiche Motiv hat im Griech., Lat. und Ir. in der 2. Sing. Perf. Durchführung eines vokalisch anlautenden Formans statt des uridg. *-*tha* zur Folge gehabt, im Griech. -ας (Aoristausgang), z. B. πέπονθας, im Lat. *-istī*, z. B. *pepercistī*, im Ir. *-*as* (oder etwas dem ähnliches), z. B. *-ānac*.

h. Baltisch-Slavisch.

408. Die Einbusse am Bestand des uridg. Perfektsystems ging in diesem Sprachzweig in der umgekehrten Richtung wie im Lateinischen, Keltischen, Germanischen vor sich: während das *u̯es*-Partizipium lebendig blieb, schwanden die Formen des Verbum finitum.

Nur der eine Indikativ **u̯oida* blieb bestehen: aksl. *vědě* 'ich weiss' (: ai. *véda*, S. 443) mit Medialendung, die hier, wie in lat. *vīdī*, *tutudī* die Aktivendung ersetzt hat. Eine präsentische Umbildung von *vědě* war *věmь* 'ich weiss', 3. Sing. *věstъ*. Gewisse andere Formen aber dieses Präsens, wie 2. Plur. *věste*, der Optativstamm *vědi-* (1. Plur. *vědimъ* usw.), der Imper. *věždь*, dürfen noch als echt perfektische Formen gelten. Flexivische Übereinstimmung mit alten Präsensformen wird die Hinüberleitung dieses Perfektums ins Präsenssystem (z. B. Part. *vědy*, *vědomъ*) bewirkt haben. Mit 2. Sing. *věsi* ist preuss. *waisei waisse* 'du weisst' identisch, und wie dessen *ai*, so beruht auch das *ai* der 1. Plur. *waidimai* und des Inf. *waist* auf dem *oi* von uridg. **u̯oida*. Unsicher ist, dass der preuss. Inf. *po-lāikt* 'bleiben' (vgl. Präs. *po-līnka* 'er bleibt' S. 279, *po-laikūt* lit. *pa-laikyti* 'behalten') auf einem dem griech. λέλοιπα entsprechenden Indikativ beruhe.

Die Partizipialformen des Baltisch-Slavischen sind sämtlich reduplikationslos, z. B. lit. *kir̃tęs* aksl. *črъtъ* gegenüber ai. *cakr̥trás-*. Vgl. dazu § 357.

409. Wir ordnen die Partizipialformen (ausser S. 440 ff. s. auch 2, 1, 563 ff.) nach den oben als uridg. angesetzten verschiedenen Stammklassen an:

1) Bei den uridg. Perfekttypen griech. γέγονα, λέποιπα, οἶδα erscheint häufig Schwundstufenform der Wurzelsilbe in einer Weise, dass man diese als altererbt ansehen darf. Z. B. lit. *gìnęs*, zu *genù giñti* 'treiben', aksl. *žьnъ*, zu *žьnją žęti* 'schneiden, ernten', W. *g^{u}hen-* (S. 441). Lit. *mìręs*, zu *mírsztu miñti* 'sterben', aksl. *mьrъ*, zu *mьrą m(ь)rěti* 'sterben', W. *mer-* (S. 441). Lit. *lìpęs*, zu *limpù lìpti* 'kleben bleiben', aksl. *pri-lьpъ*, zu *pri-lьpną -lьpnąti* 'ankleben' intr., W. *leip-* (S. 443). Lit. *kir̃tęs*, zu *kertù kir̃sti* 'scharf hauen', aksl. *črъtъ*, zu *črъtą črěsti* 'schneiden', W. *qert-* (S. 445). Wo der Wurzelvokal *e* ist, was im Lit.-Lett. häufig der Fall ist, könnte man an die ursprüngliche *e*-Stufe im Mask. (griech. (ϝ)ειδώς neben (ϝ)ιδυῖα § 359) denken. Da *e* jedoch nur in Fällen auftritt, in denen diese Stufe auch anderwärts im Verbalsystem erscheint, so ist Abhängigkeit von diesen andern Formen glaubhafter, z. B. lit. *geĩdęs*, zu *geidžù geĩsti* 'verlangen, begehren', aksl. *židъ*, zu *židą žьdą žьdati* 'warten, erwarten', lit. *pa-keñtęs*, zu *pa-kenczù -kę̃sti* 'erleiden' (S. 444), *lẽžęs*, zu *lëžiù lë́szti* 'lecken' (S. 443). Solche Abhängigkeit tritt besonders deutlich zutage in Fällen wie lit. *pérdęs* zu *pérdžu pérsti* neben lett. *pirdis* zu *perdu pirst* 'furzen' (S. 445). Die auf einen Geräuschlaut ausgehenden *e*-Wurzeln ohne *i̯*, *u̯*, Nas., Liqu. unmittelbar vor diesem Schlusskonsonanten (§ 366. 367) haben durchgehends *e* im Part., was im wesentlichen ebenfalls durch die andern Formen des Verbalsystems wird bewirkt worden sein, z. B. lit. *vẽžęs*, zu *vežù vèszti*, aksl. *vezъ*, zu *vezą vesti* 'vehere', W. *u̯eĝh-* (S. 445), lit. *dẽgęs*, zu *degù dègti*, aksl. *žegъ*, zu *žegą žešti* 'brennen', W. *dheg^{u}h-* (S. 447).

Zuweilen hängt die Gestaltung der Wurzelsilbe damit zusammen, dass präsentische Bildungselemente über dieses Tempus hinaus verbreitet worden sind, z. B. lit. *mį̃zęs*, zu *mężù mižañ mį̃szti* 'mingere', W. *meiĝh-* (S. 443), *į-si-rė́žęs* 'sich gereckt habend', W. *rēĝ-* (S. 288. 446).

Auch bei den Wurzeln mit *a*-Vokal (§ 368) zeigt sich Abhängigkeit von den andern Teilen des Verbums, z. B. lit. *sùsęs* zu *susù sùsti* 'räudig werden' (vgl. aksl. *sъchъ*, zu *sъchną sъchnąti* 'trocken werden'), aber *saũsęs* zu *saustù saũsti* 'trocken werden', W. *saus-* (S. 448).

Bei Wurzeln wie *dhē- dhə-* 'ponere' (§ 370) war Vollstufe der Wurzelsilbe die Regel. Aksl. *děvъ*, zu *děją* und *deždą děti* 'legen' (S. 449), *spěvъ*, zu *spěją spěti* 'vorwärts kommen' (S. 449), *sěvъ*, zu *sěją sěti* 'säen'. Preuss. *po-stāuns*, zu 1. Plur. Indik. Präs. *po-stānimai*, Inf. *po-stāt* 'werden', aksl. *stavъ*, zu *staną stati* 'sich stellen' (S. 449). Preuss. *dāuns*, zu Inf. *dāt* 'geben, lassen', aksl. *davъ*, zu Inf. *dati* 'geben'; abweichend davon lit. *dãvęs*, s. 2, 1, 573. Lit. *dė́jęs* und *stójęs* sind Neubildungen nach *dė́jau* (*dė́mi* und *dedù dė́ti*) und *stójau* (*stóju stóti*). Diese Abhängigkeit wird beleuchtet durch *ė̃jęs*, zu *ė́jaũ* 'ich ging', 3. Sing. *ė̃jo*, und *ė̃męs*, zu *ė́miaũ* 'ich nahm', 3. Sing. *ė̃mė* (§ 5 Anm. S. 12).

Zu zweisilbigen Basen auf Langvokal (§ 370 a): aksl. *znavъ*, zu *znają znati* 'kennen' (S. 450). Von derselben Art *oravъ*, zu *orją orati* 'pflügen', *bьravъ*, zu *berą bьrati* 'lesen, sammeln', *glagolavъ*, zu *glagolją glagolati* 'reden', *dělavъ*, zu *dělają dělati* 'tun', *želěvъ*, zu *želěją želěti* 'wünschen', *chvaljь* und *chvalivъ*, zu *chvalją chvaliti* 'loben', ferner preuss. *eb-signāuns*, zu *signāt* 'segnen', *murrawuns*, zu **murrāt* 'murren', *billīuns*, zu *billīt* 'sagen'. Dagegen im Litauischen wieder mit *-j-* z. B. *žiójęs*, zu *žióju žiójau žióti* 'den Mund aufsperren' (S. 198), *penė́jęs*, zu *penù penė́jau penė́ti* 'füttern' u. dgl. S. 2, 1, 572.

2) Dehnstufentypus **sēd-* (§ 358). Lit. *sė́dęs*, zu *sė́du sė́sti* 'sich setzen', preuss. *sīdons* 'sitzend', aksl. *sědъ*, zu *sędą sěsti* 'sich setzen', W. *sed-* (S. 447). Lit. *stė́gęs*, zu *stė́giu stė́kti* '(ein Dach) decken', W. *steg-* (S. 447). Lit. *vė́męs*, zu *vemiù vė́miau vė́mti* 'vomere', W. *u̯em-* (S. 442). Lit. *ė́dęs*, zu *ė́du ė́sti* 'fressen', preuss. *īduns*, zu 2. Plur. Imper. *īdeiti* Inf. *īst* 'essen', aksl. *jadъ*, zu *jamь jasti* 'essen' (S. 447).

D. Das Augmenttempus zum Perfekt.

410. Reduplizierte themavokallose Formen mit sekundären Personalendungen, sogenannte Plusquamperfekta, sind nur im Arischen und im Griechischen sicher belegt. Gleichwie der Konj. und der Opt. des reduplizierten Perfekts, sind sie von dem Augmenttempus und dem Konjunktiv und Optativ, die zu dem Präsenstypus *bú-bhas-ti* (§ 61 ff.) gehören, äusserlich nicht zu unterscheiden.

Bei Wurzeln der *e*-Reihe könnte man im Sing. Ind. Akt. Formen mit *o* erwarten nach der Art von γέγονα, δέδορκα. Sie finden sich aber nicht. Im Griechischen kommt diese Singularbildung des Plusquamperfekts überhaupt nicht vor[1]). Im Ar. aber ist *a* mehrdeutig, und das *g* z. B. von ai. *á-ja-gan* kann leicht sekundär sein; Formen mit *ā* aber (vgl. Perf. ai. *da-dhāra* av. *da-δāra* S. 434 f. 456) fehlen ganz.

411. Beispiele: Mehrsprachliches. W. *g^{u}em-* 'gehen, kommen': ai. 2. 3. Sing. *á-jagan*, 2. Plur. *á-jaganta* (vgl. *á-karta* u. a. mit starker Stammgestalt S. 91), 3. Plur. Med. *a-jagmiran*, zu Perf. *jagáma*, hom. βέ-βασαν, zu Perf. βέβαμεν.

Arisch. Ai. *cakaram*, zu *cakāra* (S. 450). 3. Sing. *a-cikēt*, 3. Plur. *á-cakriran*, zu *cikḗta* (S. 450). 3. Sing. *didiṣṭa*, zu *didḗśa* (S. 443). 2. Sing. *cākán*, zu *cākana*, W. *kan-* 'befriedigt sein, Gefallen finden' (vgl. § 373, 4 S. 455). Gthav. *"rūraost* 'er verwehrte', *"rūraoδa* (S. 451).

Im Ai. in der 2. und 3. Sing. Akt. auch *-ī-*, entsprechend dem *-ī-* von *á-kārī-ḥ á-kārī-t* (S. 154), z. B. *á-bubhōjīḥ*, *ájagrabhīt*, *á-vāvacī-t*.

Griechisch. Ep. ἐπέπιθμεν, zu πέποιθα (S. 458), -γεγάτην, zu γέγονα (S. 442), ἕσταμεν, zu Perf. ἕσταμεν (S. 449).

Die 3. Plur. ging auf -σαν aus: z. B. ἕστασαν, μέμασαν (zu μέμονα S. 441), ἐδείδισαν d. i. ἐδέδϝισαν (zu δείδω S. 458).

1) Die Plusquamperfektformen wie ἐγεγόνη, ἐδεδόρκη (ἐγεγόνειν, ἐδεδόρκειν) oder augmentlos γεγόνη usw. als umgebildet aus Formen zu betrachten, die zu den Perfektformen γέγονα, δέδορκα in demselben Verhältnis standen, in welchem pluralische oder dualische Plusquamperfektformen wie ἐπέπιθμεν, -γεγάτην zu entsprechenden Perfektformen wie *πέπιθμεν (dafür historisch πεποίθαμεν), γεγάāσι standen, ist man nicht berechtigt. Der *o*-Vokalismus der Formen wie (ἐ)γεγόνη rührt daher, dass das *o* des Ind. Sing. Perf. Akt. überhaupt vielfach über diesen seinen ursprünglichen Bezirk hinausgetragen worden ist (§ 381, 1 S. 462).

Verbreiteter als das Aktiv und in allen drei Numeri üblich war das Medium, z. B. ἤϊκτο, zu ἔοικα (S. 458), τετύγμην, zu τέτυγμαι (S. 458), βεβλήατο, zu βέβλημαι (S. 459), ἐδεδούλωτο, zu δεδούλωμαι (S. 460).

Den Perfektformen ἐλήλαται, ὀμώμοται, ἀληλεμένος entsprechen ἠλήλατο, ὀμώμοτο und die Aktivformen wie ὀλώλε-μεν -τε -σαν. Über diese Formen und die Singularformen wie ὀλώλεα, ᾔδεα, πεποίθεα (-η) s. S. 416. 438.

412. Themavokalische Formen. Wie die themavokallosen Formen dem Augmentpräteritum des Präsenstypus *bá-bhas-ti* gleichen (§ 410), so gleichen die themavokalischen Bildungen, z. B. ai. *á-ca-kra-t*, dem Augmentpräteritum des Präsenstypus *sá-šca-ti* (§ 87 ff.).

Themavokalische Bildung hat, ebenfalls übereinstimmend im Ar. und Griech., zumteil auch der Imper. Perf., z. B. ai. 2. Du. *mumōcatam*, 2. Plur. *mumōcata* neben *mumuktam mumugdhí* (*muc-* 'losmachen'), 2. Sing. *pipráyasva* (*prī-* 'erfreuen'), *vāvṛdhasva* (*vardh-* 'wachsen'), griech. κεκράγετε neben κέκρᾱχθι (κράζω 'schreie'), κεχήνετε (χαίνω χάσκω 'gähne, klaffe'). Dieses *-e-* (*-o-*) ist jedoch ebenso zunächst mit dem kurzen Konjunktivvokal des Perfekts, z. B. in ai. *mumōcat*, *pipráyat*, hom. εἴδομεν, πεποίθομεν, zusammenzubringen, wie im *s*-Aorist der thematische Vokal der Imperativformen wie ai. *nēṣ̌a nēṣ̌atu*, griech. ep. οἶσε οἰσέτω mit dem kurzen Konjunktivvokal dieser Tempusklasse zu identifizieren ist (S. 422 f.). Diese perfektischen Imperativformen hatten demnach zu unsern themavokalischen Indikativen keine direkte Beziehung. Eher sind diesen die Optativ- und Konjunktivformen des Griechischen, wie πεπλήγοι ὀλώλοι, πεπλήγῃ ὀλώλῃ an die Seite zu stellen. Nur haben sie keinen Anspruch darauf, für altüberkommen gehalten zu werden. S. § 383 S. 467.

413. Beispiele:

Arisch. Ai. *á-cakrat*, zu *cakā́ra* (S. 450), *a-cikitat* und *a-cikētat*, zu *cikḗta* (S. 450), *tastámbhat*, zu *tastámbha* (S. 293. 456), *a-dadhāvat*, zu *dadhā́va* (Gramm.), Präs. *dhā́va-ti* 'rennt, läuft', *á-tatviṣ̌anta*, zu *titviṣ̌ḗ* (S. 443), *dádhṛṣ̌anta*, zu *dadhárṣ̌a* (S. 445), *á-dadṛhanta* und *á-dadṛhanta* (TS.), zu *dadarha* bei Gramm. und *dadṛha* bei Gramm. (§ 372, 1, b S. 452). Av. *jaγmaṯ*, zu Opt. *jaγmyąm* (S. 441), *-jaγnaṯ*, zu *jaγnvah-* (S. 441), *tatašaṯ*, zu *tataša* (S. 451).

Griechisch. Ep. ἐμέμηκον, zu μεμηκώς (S. 459), ἐπέπληγον, zu πέπληγα (S. 448), δείδιε d. i. δέδϝιε, zu δείδω (S. 458). Zu κ-Perfekta (§ 382, 5 S. 464 ff.): hesiod. ἐπέφῡκον, lesb. ἐπ-έστακε, kypr. ὀμώμοκον.
